Allan Oslo

DIE FREIMAURER

Albatros

Titel der deutschen Originalausgabe:
Freimaurer: Humanisten? Häretiker? Hochverräter?

Die Deutsche Bibliothek – CIP-Einheitsaufnahme
Ein Titeldatensatz für diese Publikation ist bei
Der Deutschen Bibliothek erhältlich.

ISBN 3-491-96059-2
www.patmos.de

Inhaltsverzeichnis

Zum Geleit

Der Begriff Freimaurerei umfaßt alle Erscheinungsformen eines Bundes, der sich von den Britischen Inseln ausgehend in den letzten zweieinhalb Jahrhunderten in fast alle Gegenden der Erde ausgebreitet hat. Die ihm zugrunde liegenden Ideen und das wesentliche Brauchtum sind weltweit gleich, obwohl keine Organisation besteht, die den gesamten Bund umfaßt und leitet.

Wie im Staatsleben haben sich auch im Freimaurerbund regionale und nationale Gliederungen entwickelt, die – nach Art diplomatischer Beziehungen – miteinander durch wechselseitige Anerkennung verbunden sind. Auf Grund der geschichtlichen Entwicklung und Struktur der einzelnen Gesellschaften wurden auch Differenzierungen herausgebildet, die, wie z. B. bei den christlichen Kirchen, zu einem Nebeneinander verschiedener Systeme führten und die gegenseitigen Kontakte erschweren oder gar verhindern.

Die aller Freimaurerei zugrunde liegende Idee ist die im Begriff des Bauens symbolisierte Gestaltung des einzelnen Menschen und der menschlichen Gesellschaft. Diese Idee nimmt unter den besonderen Umständen einer geschichtlichen Situation vielfältige Formen an. Selbstverständnis und Erkenntnisfähigkeit, religiöse, ethnische und politische Vorstellungen sowie gesellschaftliche und wirtschaftliche Verhältnisse prägen das jeweils aktuelle Bild vom Menschen und damit auch die konkreten Zielvorstellungen jener, der Freimaurerei zugrunde liegenden Gestaltungsidee.

Die Historiographie spricht seit Beginn des 18. Jahrhunderts von der Geschichte der Freimaurerei. Die vielfältigen Erscheinungsformen, die als Vorläufer des Bundes und als Einflüsse auf seine Entwicklung angesehen wurden, bilden die unter wissenschaftlichen Kriterien nur schwer darstellbare Vorgeschichte der Freimaurerei.

Als gesichert kann gelten, daß der Freimaurerbund sich im Anschluß an die Steinmetzvereinigungen ausgebildet hat. Sowohl organisatorische Strukturen als auch traditionelle Formen entstammen dieser Wurzel. Durch symbolische Transformation kann unschwer die praktische Tätigkeit des Bauens in die Aufgabe zur Gestaltung des Menschen und der menschlichen Gesellschaft überführt werden. Dies allein aber erklärt noch nicht, »warum Monarchen und Fürsten, Präsidenten und Staatsmänner, Denker und Dichter, Künstler und Wissenschaftler sowie Geistliche . . . dem Bunde beitraten.«

Der Autor verfolgt deshalb diese Spur weiter zurück bis zum Klosterwesen, das ihm in zweifacher Hinsicht auf die Freimaurerei eingewirkt zu haben scheint: direkt als Hüter von Wissen, das über viele Jahrhunderte hinweg durch Klöster und christliche Ritterorden bewahrt und weitergegeben wurde, und indirekt über die Gilden und Zünfte, die ebenfalls im Klosterwesen wurzeln. Die ursprünglich zu den Klöstern gehörenden Bauhütten haben sich später abgesondert und verselbständigt. Die sehr ausführlich geschilderte Entwicklung bietet einen eigenständigen kulturgeschichtlichen Abriß, der gelegentlich den Zweck der Ausführungen – den Bezug zur Freimaurerei – vergessen läßt.

In gleicher Ausführlichkeit, mit Akribie und Sachkenntnis werden die vielschichtigen personellen und sachlichen Verflechtungen und Interessenkollisionen dargestellt, die im Mutterland der Freimaurerei zu schweren und langwierigen religiösen und dynastischen Machtkämpfen geführt haben. Sie waren ein Anstoß zur Ausbildung konkurrierender Systeme innerhalb des Bundes, den Antients (royalistisch-anglikanisch-episkopal), den Moderns (deistisch-nonkonformistisch-tolerant) und der Schottischen Maurerei (royalistisch-katholisch), die mit ihrer Ausbreitung in andere Länder auch ihre charakteristischen Elemente mit verpflanzt haben und dort noch heute spürbar sind.

Der Autor bringt außer einer Fülle von Informationen auch eine Reihe neuer und weiterführender Gesichtspunkte. Die Ausführungen werden sicher das Interesse der Sachverständigen finden und hoffentlich dazu beitragen, die Forschung im Bereich der freimaurerischen Vor- und Frühgeschichte neu zu beleben.

Heinz C. Lott
Meister der Freimaurerischen
Forschungsgesellschaft
Quatuor Coronati e. V. Bayreuth

Entkleidung? Entteufelung?

Noch ein Buch über die Freimaurer? Ist nicht schon alles gesagt worden? Gibt es sie überhaupt noch? Sind sie so interessant, daß man schon wieder über sie schreibt?

Gewiß, die Bibliographie über die Freimaurer (seit 1698) umfaßt etliche tausend Titel, das meiste aus der Hand der Gegner; und noch heute kann man sich durch das immer wieder aufgelegte Taschenbuch des Freimaurers Jürgen Holtorf *»Die verschwiegene Bruderschaft – Freimaurer-Logen: Legende und Wirklichkeit«* von 1983, durch das mehrfach aufgelegte Heft des evangelischen Pfarrers und Nichtmaurers Friedrich-Wilhelm Haack *»Freimaurer«* von 1975 oder durch den Bildband des Paul Naudon *»Geschichte der Freimaurerei«* von 1981 in der Übersetzung (aus dem Französischen) und der Bearbeitung des Dr. Hans-Heinrich Solf (1982) über diesen Bund informieren. Warum also nun dieses Buch?

Keines der genannten Bücher verfolgt die Freimaurerei so weit in ihren religiös-historisch-politischen Zusammenhang zurück. Um es ganz deutlich zu sagen: dieses Buch versteht sich nicht als lückenlose und komplette Geschichte der Freimaurerei, es will einen umfassenden Überblick über Entstehung, Entwicklung, Entzweiung und Entfaltung der Freimaurerei geben; das politische Umfeld in Schottland und England, die Anfänge der heutigen Freimaurerei seit 1560, die Rolle des dynastisch-religiösen Machtkampfes um den britischen Thron, die drei verschiedenen, politisch gefärbten Maurereien, die dabei entstanden, durchleuchten; es will Antwort auf die Fragen geben: Warum sind Monarchen und Fürsten, Präsidenten und Staatsmänner, Dichter und Denker, Juristen und Philosophen, Kaufleute und Künstler, Geistliche und Naturwissenschaftler so gern dem Bunde beigetreten? Warum wurde die Freimaurerei von der katholischen Kirche, dem Faschismus und dem Kommunismus verboten und verfolgt? Wo kommt sie wirklich her und wie alt ist sie?

Das Buch verfolgt deshalb die Pflege des Wissens über die Natur von der Antike ins Kloster und zu den christlichen Ritterorden bis hin zu den Rosenkreuzern und der Befreiung des geheimen Wissens aus der engen Ausschließlichkeit des Klosters – und gelangt zu neuen Schlußfolgerungen über Wesen, Werdegang, Gegenwart und Zukunft des Freimaurerbundes. Der vollständige Text der heute noch gültigen Konstitutionen von 1723 als historisches Dokument sowie eine Auswahl bekannter Freimaurer und genaue Zahlen über die Freimaurer in Deutschland runden das Bild ab.

Eine Enthüllungsschrift will und kann es nicht sein; denn von einem überzeugten Freimaurer wäre dies nicht zu erwarten; dennoch scheut es nicht die ehrliche Analyse der historischen Aspekte und Elemente, die das Freimaurertum formen halfen. Auch will es keine Werbeschrift sein, da es um Objektivität bemüht ist.

Bei dieser Gelegenheit möchte ich den Brüdern meiner Loge danken, die mich zu diesem Werk ermutigten und mir mit Rat und Tat während der schwierigen Aufgabe beistanden, und dennoch nicht namentlich genannt werden wollen. Doch am meisten bin ich Barbara King zu Dank verpflichtet, ohne deren Hilfe weder das Manuskript noch die Auswahl der bekannten Freimaurer noch das Personenregister hätten geschrieben werden können.

Frankfurt, im September 1988

Allan Oslo

I

Entstehung

FREIMAUREREI, MAUREREI, MASONEY, MASONNERIE, KÖNIGLICHE KUNST, weltbürgerliche Bewegung mit dem humanitären Ideal des vollkommenen Menschentums. Der Name rührt her von den freien (im Gegensatz zu den zunftgebundenen) Steinmetzen an den mittelalterlichen Bauhütten. Durch die Übernahme von dieser Gemeinschaft erlangte er symbolische Bedeutung. Jeder Freimaurer ist verpflichtet, nach Wahrheit, Menschenliebe, Selbstkritik und Duldsamkeit zu streben; die Freimaurer verehren Gott im Symbol des ›Allmächtigen Baumeisters aller Welten‹. Sie setzen sich für die gemeinsamen Bestrebungen einer humanitären Ethik ein, bekämpfen Totalitarismus auf politischem und kirchlichem Gebiet, Chauvinismus, Fanatismus, Aberglaube, Kastengeist und treten für ein friedliches, sozial gerechtes Zusammenleben ein.

Die Vereinigungen der Freimaurerei heißen LOGEN (auch ›Johannislogen‹). Die Freimaurerei erkennt nur solche Logen an, die nach anerkanntem Ritual ›arbeiten‹ und die Erlaubnis zur ›Arbeit‹ von der GROSSLOGE besitzen. In jedem Land gibt es eine oder mehrere Großlogen. Nicht anerkannte Logen heißen WINKELLOGEN. Die Logen wählen Logenmeister (MEISTER VOM STUHL) und Logenbeamte für eine bestimmte Zeit, die Großlogen jährlich den Großmeister und seine Beamten.

Die Logenmitglieder (›Brüder‹) können in einem festen Stufensystem (›Grade‹) aufsteigen. Die ersten 3 Grade sind: Lehrling, Geselle, Meister. Hierauf bauen die HOCHGRADE auf: in allen angelsächsischen Großlogen 30, in anderen 4, 8 oder 9 weitere Grade. Das Leben in der Loge ist bestimmt durch Feiern, Geselligkeit, Erkennungszeichen in Wort und Griff, Anrede als Bruder, ferner Symbole wie Winkelmaß, Hammer, Kelle, Schurz und formelhafte Redewendungen. Die Arbeitsstätten heißen Tempel oder Bauhütten.

Geschichte: Die Freimaurerei ist aus der alten englischen Werkmaurerei entstanden. 1717 gründeten vier Londoner Bauhütten die erste Großloge. 1723 verfaßte der Presbyterianer J. Anderson das ›Konstitutionsbuch‹, das die ›Alten Pflichten‹ enthält (eine Art freimaurerisches Sittengesetz). Die christliche Freimaurerei entstand in Schweden. Sie ist besonders in den nordischen Staaten, in den Niederlanden, in Nordamerika und in Deutschland verbreitet. 1743 tauchte der Royal Arch in Irland auf; in den Vereinigten Staaten ist er heute mit dem York Ritus verknüpft. Um 1740 erschienen in Frankreich die Schottengrade.

Nach Deutschland kam die Freimaurerei 1737 durch die Gründung der Loge Absalom in Hamburg. Mit der humanitären Geistesrichtung vielfach verwandt, übten die deutschen Großlogen auch eine umfassende humanitäre Tätigkeit aus. Viele Fürsten, Staatsmänner, Feldherren, Gelehrte, Dichter, Künstler, Kaufleute, Industrielle sind Mitglieder der Logen gewesen, so Friedrich der Große, Friedrich Wilhelm I., Wilhelm I., Friedrich III.; Blücher, Scharnhorst, Hardenberg; Lessing, Wieland, Goethe, Fichte; Haydn, Mozart u.a. Unter dem Druck des Nationalsozialismus mußten sich seit 1933 alle Logen auflösen.

So lautet es in Band 2, Seite 259 des Neuen Brockhaus in der fünften, völlig neubearbeiteten Auflage von 1974.

Doch die Tatsache, daß die Symbole und Bezeichnungen in der Freimaurerei aus der Zunft der Steinmetzen stammen, erklärt noch lange nicht, warum Monarchen und Fürsten, Präsidenten und Staatsmänner, Denker und Dichter, Künstler und Wissenschaftler sowie Geistliche so gern dem Bunde beitraten.

Aufklärung tut not, und wir werden hier beweisen, daß die Freimaurerei mit Zunftwesen nicht das geringste zu tun hat, daß das Wesen und das Geheimnis der Freimaurerei anderen Ursprungs ist, daß sie eine spezifisch englische, noch präziser schottische Entwicklung darstellt und auf dem europäischen Festland weder Vorläufer noch Parallelen aufweist.

Daß die Freimaurerei sich dennoch im Schoße der Maurergilde des Inselreichs entwickelt hat, liegt weniger am Zusammenschluß der Maurer zu einer Zunft als am gemeinsamen Ursprung beider Einrichtungen – dem Klosterwesen.

Die Priesterkaste

Sowohl im alten Ägypten als auch im Lande Sumer und Akkad stellte die Priesterkaste stets die Staatsbeamten und Hüter des (geheimgehaltenen) Wissens. Dieses System wurde später von den Juden – den Leviten – und den frühen Griechen übernommen. Bei den Römern erfuhr es seine totale Bürokratiesierung.

Klerus ist die Gesamtheit der Kleriker, der Welt- und Ordensgeistlichen, die durch Ordination von den Laien unterschieden sind. Die Priester waren die einzigen Menschen, die lesen und schreiben konnten. Auch bei den Juden waren es die Priester gewesen, die Thora-Rollen sowie alles Geschriebene hüteten und unter Verschluß hielten. Die Schrift und die Schriftrollen galten bei ihnen als sakral, d.h. den Gottesdienst betreffend. Daher solche Bezeichnungen wie Hieroglyphen (heilige Schriftzeichen) und Heilige Schrift (die Bibel).

Priester schrieben die Chronik ihrer Zeit, trieben Studien in der Philosophie und Theologie, machten Experimente in der Alchimie und Naturwissenschaft, erstellten Horoskope für die Herrscher, betrieben Astronomie, forschten und ergänzten die Kenntnis der Heilkunde und der heilenden Kraft der Kräuter, operierten Kranke und balsamierten Mumien ein, entwickelten das Handwerk, brauten Bier, kelterten Wein und pflegten die Freien Künste einschließlich der Baukunst.

Die Eremiten in Ägypten

Doch seit alters her gab es auch Eremiten und Einsiedler, die sich der Betrachtung der Natur und der Andacht hingaben, weitab jeglicher Verpflichtung dem Staat oder der Obrigkeit gegenüber. Im Christentum der ersten Jahrhunderte übernahm Ägypten aus der Antike zahlreiche Ideen und Einrichtungen und führte sie in den neuen Glauben ein. Als ersten Eremit der Christenheit darf man den heiligen Paulos aus Theben (um 230–um 341) bezeichnen, der vor der Christenverfolgung 249–251 in die Wüste um Theben geflüchtet und von da an ein Leben in Meditation, Gebete und Duldsamkeit in einer Höhle verbracht haben soll. (Er soll 112 Jahre alt geworden sein!)

Sein berühmtester Schüler war der heilige Antonios der Große aus Ägypten (um 250–um 356), der 270 ein asketisches Leben führte und sich 15 Jahre später in die absolute Abgeschiedenheit eines Berges am Nil zurückzog. Etwa 305 verließ er seine Einsamkeit, um das Einsiedlerleben derer zu organisieren, die es ihm gleich getan und sich in seiner Nähe niedergelassen hatten. Nachdem das Edikt von Mailand (313) der Christenverfolgung vorerst ein Ende bereitet hatte, zog Antonios mit seinen Schülern auf einen Berg in der Ostwüste zwischen dem Nil und dem Roten Meer und gründete dort eine Einsiedelei, die heute noch seinen Namen (Deir Mar Antonios) trägt.

Aus den Eremiten-Siedlungen entwickelten sich die Einsiedeleien griechisch: *monastrion*), in denen die Einsiedler (gr. *monchos* = Alleinlebender) in völliger religiöser Abgeschiedenheit lebten. Die Einsiedeleien wurden ausnahmslos in abgelegenen Gegenden errichtet: in der Wüste (= Öde), an den Grenzen des besiedelten Raumes oder auf blankem Felsen einsamer Berggipfel. Ihr Ziel war, durch Andacht, die Vertiefung ins Gebet und das Studium der heiligen Schrift die persönliche Vervollkommnung zu erlangen.

Doch erst durch einen Schüler des heiligen Antonios wurde aus dem Einsiedlerwesen ein Mönchtum im heutigen Sinne, durch den heiligen Pachomios aus Ägypten (um 290–347). 314 zog er sich in die Einsamkeit der Eremiten bei Theben in Oberägypten zurück, 320 gründete er mit Gleichgesinnten das Kloster Tabennesi am Ostufer des Nil, das erste christliche Kloster überhaupt. Er schrieb auch die erste Ordensregel in der christlichen Geschichte und gründete in 26 Jahren elf Klöster mit mehr als 7000 Mönchen und Nonnen.

Zu dieser Zeit entbrannte ein dogmatischer Streit zwischen den Anhängern der arianischen Lehre und den Athanasianern, Anhänger des Bischofs Athanasios von Alexandria. Der Presbyter Arius in Alexandria (250–336) formulierte die Lehre von der Wesensähnlichkeit Christi mit Gott dem Vater, welche zum »amtlichen« Glaubensbekenntnis im gesamten römischen Kaiserreich wurde: Christus sei durch den göttlichen Willen ein aus dem Nichts erschaffenes Geschöpf, wegen seiner sittlichen Bewährung habe ihm Gott aber die Würde seines Sohnes verliehen. Athanasios (um 295–373), seit 328 Bischof von Alexandria, trat hingegen für die Wesensgleichheit des Sohnes mit dem Vater ein und bekämpfte das arianische Dogma erbittert, jedoch erfolglos. Alle Bischöfe und Diakone, die gegen die amtliche Lehrmeinung opponierten, wurden verbannt und fanden Zuflucht in den Einsiedeleien, Monastrien und Klöstern. Von da an zeichnete sich eine dogmatische Trennung zwischen den Ordensgeistlichen und den Weltgeistlichen ab.

Der heilige Pachomios starb gerade in dem Jahr, in dem Athanasios aus seinem zweiten Exil nach Alexandria zurückkehren durfte. Doch kaum war Constantius Alleinherrscher geworden, wurde Athanasios' Rehabilitierung widerrufen, und er mußte zu den Mönchen des heiligen Antonios fliehen. Dieser hatte nämlich zwischen 346 und 350 Alexandria dreimal besucht und dem Bischof gegen die Arianer geholfen. Noch im selben Jahr starb Antonios der Große im Alter von 105 Jahren! Ein Jahr später vollendete Athanasios, noch im Kloster, seine *»Vita Antonii«* in griechischer Sprache, die sehr bald darauf ins Lateinische übersetzt wurde, eine große Verbreitung fand und die Entstehung des Mönchtums im Abendland beschleunigte.

Das Vorbild des ägyptischen Mönchtums gelangte in den benachbarten Sinai, nach Palästina (Kloster in Bethlehem), Syrien und bis nach Kleinasien. Basileios der Große (um 329–379), Bischof von Caesarea (Kappadokien) und Begründer des griechischen Mönchtums, lernte 356 das Eremitenleben in seiner Heimat kennen. Er wollte ein asketisches Dasein führen und fand das Einsiedlerleben nicht befriedigend. Also besuchte er 357 die Klöster von Ägypten und führte das Mönchswesen in Kleinasien ein. Er gründete zahlreiche Klöster und schrieb ihnen eine Regel vor; seine fromme Schwester Makrina wurde selbst Nonne und später Äbtissin. Auch er und seine Mönche waren Gegner der arianischen Lehre.

Die Einsiedler in Gallien

Die keltische Kirche Galliens hatte Gelegenheit, sich über den »arianischen Streit« aus erster Hand zu informieren: wegen seines erbitterten Kampfes gegen das amtliche Dogma wurde Athanasios 335 von Kaiser Konstantin dem Großen ohne Verurteilung an den Rhein verbannt. Von Trier aus bereiste der Bischof von Alexandria Gallien und warb für seinen Kampf unter den Abendländern.

Die druidischen Gallier, wie später auch die Iren und Schotten, waren reibungslos zum Christentum gekommen. Die Leichtigkeit, mit der sie eine gewisse Form des Christentums annahmen, zeigt, daß sie diesen Ideen geistig sehr nahe gestanden haben. Nichts in dieser neuen Offenbarung stieß sie ab. Weder die göttliche Einheit noch der unsichtbare Gott, der das Universum in all seinen Formen in sich vereinigt, noch die Dreifaltigkeit, noch der Gott, der von einer Jungfrau geboren wurde (Ambrosius Merlin, um 480, der sagenhafte Magier aus Wales zur Zeit Königs Artus, wurde von einer Jungfrau geboren), noch der leibhaftige Gott, noch der göttliche Mensch, der ans Kreuz geschlagen wurde, noch die Auferstehung, noch die Unsterblichkeit der Seele. Dies alles lehrten ihre Priester schon vor der Christianisierung.

Doch die Hoffnungen brachen zusammen, als das Christentum in den Händen der vom Staat eingesetzten Bischöfe zu einem Werkzeug der Unterdrükkung wurde. Daher brauchte Athanasios keine große Überredungskraft, um sie von der Berechtigung seines Kampfes gegen die Staatskirche zu überzeugen. Der prominenteste Vertreter seines Kampfes in Gallien wurde der heilige Hilarius (315–367), Bischof von Poitiers. Seit 355 trat er offen als Führer des Kampfes gegen den Arianismus im lateinischen Westen auf und kündigte dem arianischen Metropoliten von Gallien, Saturninus von Arelate, die Kirchengemeinschaft auf. Daraufhin wurde er 356 von Kaiser Constantius nach Kleinasien verbannt. Dort lernte er das Werk des großen Basileios kennen und wurde in seiner Opposition noch bestärkt. Nachdem ihm 360 die Rückkehr gestattet worden war, gründete er eine Einsiedelei bei Poitiers und setzte in Gallien den Sieg der Athanasianer durch.

Auch der berühmte Martinus, Bischof von Tours (316–397), schloß sich dem heiligen Hilarius an und wurde Missionar in den römischen Provinzen Pannonien und Illyrien. Wegen seines Widerstands gegen die arianische Lehre wurde er aus Illyrien ausgewiesen und ging nach Italien, zunächst nach Mailand und später auf die Insel Gallinaria. 360 war er wieder bei Hilarius in Poitiers. Von diesem angeregt, gründete Martinus ein Monastrium in Ligugé nach der Basileischen Regel, das erste Kloster in Gallien, und wurde der erste Vertreter des asketisch-mönchischen Ideals in Gallien. 371 aus dem Monastrium auf den Bischofssitz von Tours geholt, baute er sich 375 vor der Stadt ein anderes Monastrium (*majus monasterium*, später Marmoutier). Als Bischof machte Martinus Marmoutier zu einem großen Klosterkomplex, der Asketen aus ganz Europa anzog, aus dem Apostel das Christentum keltischer Art in ganz Gallien verbreiteten und die Berater der Könige kamen. Kein Wunder, daß das Amt des Beraters am Hofe Marmouset hieß! Martinus ist der Nationalheilige Frankreichs (St. Martin) und Vater des Mönchtums in Gallien sowie der erste große Führer des Mönchtums im Abendland.

Die Eremiten in Italien

Rom hinkte mächtig hinterher. Nachdem Athanasios, Bischof von Alexandria, erneut abgesetzt worden war, floh er 339 nach Rom und blieb in Italien bis 346. Durch ihn erfuhren die Römer zum ersten Male von den Eremiten und Einsiedlern in Ägypten. Seitdem hausten *Anachoreten* (Zurückgezogene), Eremiten, *Sarabaiten* (Einsiedler) in Höhlen und Wäldern und streiften *Gyrovagen* (Wandermönche) durch die Halbinsel. Erst 380 erschienen die ersten Einsiedeleien bei Rom und Mailand. Die ersten Basiliken wurden jedoch noch in griechischem Stil gebaut.

Erst mit Hilfe des heiligen Hieronymus (um 347–420) sollte das alles sich ändern und das Bistum von Rom einen eigenen Charakter (die römisch-katholische Lehrart) erhalten. Nach seiner Taufe begab sich Hieronymus – er stammte aus Stridon an der Grenze von Dalmatien und Pannonien – in die Kaiserresidenz Trier, wo er den Entschluß zur christlichen Askese faßte. 373 brach er zu einer Pilgerfahrt nach Jerusalem auf. 379 wurde er von Paulinus, Bischof von Antiochia, zum Priester geweiht. Zuvor hatte er drei Jahre als Einsiedler in der Wüste Chalkis (Ostsyrien) verbracht. 383 wurde er Sekretär des Papstes Damasus und erhielt von ihm den Auftrag, die einzelnen lateinischen Übersetzungen von Bibeltexten, die für Missionszwecke unter den Latinern erstellt worden waren, zu revidieren und eine neue und vollständige Übersetzung anzufertigen.

Nach dem Tode des Damasus (Dezember 384) kehrte Hieronymus in den Orient zurück. Die reiche Witwe Paula mit ihrer Tochter Eustochium folgten ihm nach Antiochia und Alexandria. Seit 386 lebten sie in Bethlehem, wo er sich ins Kloster zurückzog und Paula drei Frauen- und ein Männerkloster mit Schule und Bibliothek unterhielt. Die Schriften des Kirchenvaters Hieronymus sowie seine lateinische Bibelübersetzung (später Vulgata genannt) beeinflußten das römische Christentum nachhaltig.

Eine Bereicherung der römischen Lehrart des Christentums brachte die Taufe des heiligen Augustinus durch Ambrosius, den Bischof von Mailand (387). Augustinus (354–430) stammte aus Numidien (dem heutigen Algerien), 374 lehrte er Rhetorik in Thagaste, 375 in Karthago; 383 versuchte er sein Glück in Rom. Von dort gelangte er als Lehrer der Rhetorik in die damalige Hauptstadt des westlichen Reiches Mailand. Hier lernte er die neoplatonische Philosophie des Plotinos aus Alexandria (der ab 244 platonische Philosophie in Rom als erster überhaupt gelehrt hatte), durch die Predigten des Ambrosius kennen und vertiefte sich in die Bibliothek der Einsiedelei Cassiciacum bei Mailand, wo er 386 eine intellektuelle und eine moralische Bekehrung erlebte, die zu einer asketischen Absage an Karriere und Sinnlichkeit führte. Bis dahin war er Anhänger der dualistischen Sekte der Manichäer gewesen. 388 kehrte er nach Thagaste zurück, wo er eine kleine Gemeinde von Asketen um sich scharte, die sich der Naturbetrachtung und dem Studium hingab. 391 wurde er Diakon in Hippo und 396 zum Bischof von Hippo geweiht.

In einer Abhandlung für die Einsiedeleien von Italien empfahl Augustinus 397 das Studium der Freien Künste *(artes liberales)*. In der Antike waren es neun; Martianus Capella aus Karthago prägte um 410 als erster in seinem enzyklopädischen Werk ihre Siebenzahl. Es sind diese die Grammatik, Rhetorik, Dialektik, Arithmetik, Geometrie, Astronomie und Musiktheorie.

Allein Augustins Empfehlung läßt erkennen, daß die Entwicklung in Italien noch nicht das Stadium des Mönchswesens erreicht hatte. In den großen Monastrien des Ostens, wie in Bethlehem, ging man daran, das Werk Gottes, die Natur und den Menschen, zu erforschen und zu studieren als göttliche Aufgabe an den göttlichen Geist im Menschen. Man sammelte Handschriften des bekannten und des geheimgehaltenen Wissens (gr. *mysterion*), bildete sich darin aus und erweiterte es durch eigene Forschung, Betrachtung und Experiment. Welch eine Rettung des Gesamtwissens der Antike, gerade nachdem die Erhebung des Christentums zur Staatsreligion unter Theodosius am 24. 2. 391 die Christen in Alexandria zu tumultartigen Ausschweifungen gegen den Staatskult der bisherigen Herrscher verleitet hatte, in deren Verlauf die gesamte Serapeion-Bibliothek vernichtet worden war: über 200.000 Schriftrollen fielen dem Feuer zum Opfer!

Die keltische Mission

Hatte die katholische Lehrart noch keine Ausbildungsstätte für die Missionierung des Abendlandes im Sinne des Bischofs von Rom, so war die Missionstätigkeit der keltischen Kirche in Gallien um so eifriger. Die treibende Kraft hierfür war zweifelsohne der lateinische Kirchenschriftsteller Johannes Cassianus (360–434). Der aus der Dobrudscha (dem Mündungsgebiet der Donau im heutigen Rumänien) stammende Cassianus trat in das Kloster zu Bethlehem ein, als auch Hieronymus da weilte. Von dort aus bereiste er Ägypten und lernte zehn Jahre lang das Leben der Wüstenmönche kennen. Als Abgesandter für Johannes Chrysostomos kam er 405 aus Konstantinopel nach Rom (längst hatte Rom seinen Glanz und seine Vormachtstellung als Hauptstadt des Römischen Reiches eingebüßt: unter Diokletian, 284–305, war Mailand die neue Hauptstadt im Westen geworden, 403 verlegte sie Kaiser Honorius nach Ravenna) und kehrte, als dieser im Exil gestorben war (407), nicht mehr in den Orient zurück. Um 415 gründete Cassianus in Massilia (Marseille) je ein Männer- und ein Frauenkloster und wirkte durch seine Schriften für die Ausbreitung des monastisch-asketischen Ideals im Abendland. Von dem zwölfbändigen Werk *»Über die Mönchserziehung und über Heilmittel gegen die acht Hauptsünden«* behandeln die ersten vier das ägyptische Klosterleben und die übrigen acht dasselbe im Hinblick auf die innere Vervollkommnung des Mönches. Das vierundzwanzigbändige Werk *»Unterredungen«* bietet Erbauung in der Form von Gesprächen mit ägyptischen Mönchsvätern. Seine Regel und seine Schriften galten fortan als ein Fundament der Mönchsliteratur.

Vater der Keltenmission war jedoch eine andere Berühmtheit ihrer Zeit: der heilige Germanus, Bischof von Auxerre (378–448). Zunächst als Jurist in Rom tätig, wurde er vom Westkaiser Honorius zum Statthalter von Armorica (der heutigen Bretagne) ernannt, 418 wurde er zum Bischof geweiht. Erst jetzt wurde der Kirchenfürst Asket und errichtete unweit seiner Residenz das Mönchskloster der heiligen Kosmas und Damian nach der Regula cassiani. Durch die Eroberungszüge der arianischen Germanen (Burgunder, Franken, Westgoten) in Gallien und den Einfall der heidnischen Angeln, Sachsen und Jüten in England und Wales – was zu einer massenhaften Flucht der keltischen Britonen aus England in die von ihm verwaltete Provinz (Bretagne) führte – aufgeschreckt, erkannte er die Dringlichkeit einer gezielten Missionstätigkeit auf den Inseln. 429 besuchte er England, um sich ein Bild von der Lage zu machen; 431 weihte er den Mönch Palladius zum Bischof und schickte ihn nach Schottland als Missionar der Pikten, 432 schickte er den Mönch Patricius (St. Patrick) als Missionar nach Irland. Wenn sie auch Bischöfe waren und dadurch Kirchenfürsten (Weltgeistliche), so handelte es sich um eine asketisch-monastische Mission keltischer Prägung und führte zur Gründung zahlreicher Klöster in Irland als Missionszentren.

Die Mönchsorden

Erst durch Benedictus von Nursia (um 480–547) kam die entscheidende Umwandlung vom orientalisch-griechischen Einsiedlerwesen zum christlich-römischen Mönchtum.

Aus edler Familie, gab Benedikt die Studien in Rom auf, um als Einsiedler in den Höhlen der Sabinerberge zu leben. In Sublacum am Anio gründete er dann (510) eine Klostergemeinschaft nach dem Vorbild des Pachomios, die er aber nach Zwistigkeiten verließ. Nach üblicher Datierung verwandelte er um 529 den Tempel des Sonnengottes Apollo auf dem Monte Cassino in eine Kirche, die dem großen Missionar Martin von Tours geweiht war, und baute dazu ein Kloster. Für dieses und die Tochterklöster verfaßte er seine *Regula monachorum.* In seiner Regel verarbeitete er die Regeln seiner Vorgänger Basileios, Cassianus, Caesarius von Arelate (Arles) sowie die verlorene Regel des Inselklosters Lerinum (Lérins bei Cannes). Aus diesem Kloster kam Caesarius (um 470–542) nach Arelate, wurde Abt eines Klosters, für das er seine Mönchsregel schrieb. Seit 502 war er Metropolit von Arelate, förderte sehr das Klosterwesen in Gallien, besonders durch die Nonnenregel, die er 511 dem von seiner Schwester Caesaria geleiteten Johanneskloster von Arelate gab.

Die Tätigkeit, die Benedikt von den Mönchen forderte, teilte er ausgewogen auf in *labor manuum* (Handarbeit) und *lectio* aus den Codices der Bibliothek. Doch seine Bibliothek bestand damals nur aus wenigen Handschriften und konnte nicht zur Weiterbildung gereicht haben.

Die Rettung der antiken Literatur in den mittelalterlichen Klöstern verdanken wir Cassiodorus (um 490–583), dem wahren Gründer der klösterlichen Gelehrtenschulen.

Während der Herrschaft der arianisch-christlichen Ostgoten in Italien (493–553) machte Cassiodor Karriere, die ihresgleichen sucht: 506/07 machte ihn König Theoderich der Große zum Quaestor mit dem Auftrag, die königlichen Verfügungen in elegantem Latein zu redigieren. 514 wurde er Konsul, 523–527 Magister officiorum, oberster Leiter der Zivilverwaltung, 533–537 Praefectus praetorio und Patricius. 538 nahm er Abschied von der politischen Bühne und widmete sich der Askese und dem Studium der heidnischen sowie christlichen Schriftsteller. Schon 535 hatte er mit Papst Agapetus I. versucht, in Rom eine Gelehrtenschule einzurichten. Jetzt gründete er 555 auf seinen Gütern bei Scylaceum (Süditalien, 552 durch den byzantinischen Feldherrn Narses zurückerobert, wo die griechischen Mönche nach der Basileischen Regel zahlreich vertreten waren) die Einsiedelei Castellum und das Kloster Vivarium, dessen Bibliothek er zum ersten Bildungszentrum Italiens machte. In den *»Institutiones«* gab er den Mönchen einen Studienführer: Buch 1 für die geistliche Lektüre, Buch 2 für die sieben *artes liberales.*

Die Klostergemeinschaft

Der Archetypus der Regula benedicti wurde vor der ersten Zerstörung Monte Cassinos 577 nach Rom gerettet. In ihrer endgültigen Fassung bestand sie aus 73 Kapiteln. Ehelosigkeit, Armut und Gehorsam sollten die Grundpflichten des neuen Lebens bilden. Siebenmal am Tage und um Mitternacht mußten sich die Mönche zum Gottesdienst versammeln. Dennoch sollte daneben die Handarbeit nicht fehlen. Deshalb sollte jedes Kloster so angelegt werden, daß sich alles Nötige – Wasser, Mühlen, Gärten, Werkstätten – innerhalb der Klostermauern befand. Über dem Leben des Klosterbruders stand die Losung *ora et labora.*

Die Abgeschiedenheit der Einsiedelei war nicht mehr die eines einzelnen, sondern einer Gemeinschaft, die in Brüderlichkeit und gemeinsamem Eigentum lebte. Der Auftrag der Mönche erweiterte sich gegenüber früher dahingehend, daß die entlegenen Gebiete, die sie für ihren späteren Wirkungsbereich aussuchten, kultiviert, bestellt und bewässert – kurz urbar gemacht werden sollten.

Der Mönchsorden, vielmehr die Klostergemeinschaft, bestand aus drei unterschiedlichen Klassen: den Klerikern, die sämtlich dem Adel entstammten, meist als Zweitgeborene; den Konversen (= Laienbrüder), die Gelübde ablegten, aber keine klerikale Weihe empfingen, aus dem Bürgertum kamen und die praktische Arbeit und das Handwerk im Kloster verrichteten; und die Oblaten, d.h. die im Kloster erzogenen, für den Ordensstand bestimmten Kinder sowie Laien, die sich in widerruflichem Gehorsamsversprechen einem geistlichen Orden anschlossen.

Das Kloster bestand aus einer inneren und einer äußeren Schule. In der inneren wurden die Kinder unterrichtet, die für den Ordensstand vorgesehen waren und sich darauf vorbereiteten. Sie wurden in der lateinischen Sprache, in Literatur, Verskunst, Erklärung der römischen Schriftsteller und der Heiligen Schrift, aber auch in den sieben Freien Künsten unterwiesen. Die äußere Schule war für die Söhne des Adels aus der Umgebung des Klosters bestimmt; sie wurden im Lesen und Schreiben unterrichtet. Hier wie dort herrschte strenge Zucht.

Allein anhand der Erziehungsgrade wird deutlich, daß die Laienbrüder das Handwerk, der Adel das Lesen und Schreiben lernten. Alles übrige war den Klerikern selbst vorbehalten, und sie hielten das Wissen geheim und hüteten es.

Die meisten Hofbeamten, ja sogar Kanzler, Ratgeber, Tutoren und Minister, kamen aus dem Kloster und dem geistlichen Stand. Da die Adeligen ebenfalls im Kloster erzogen und die Kinder der Fürsten von Geistlichen als Hoflehrer und Erzieher unterrichtet wurden, kann man mit Recht sagen, daß die geistigen und weltlichen Führer der Christenheit aus dem Kloster kamen.

Zu den gehüteten Wissensgebieten gehörten auch die Hermetischen Künste: die okkulten Weisheiten Gottes aus Religion, Astrologie, Magie, Medizin und Mystik – das Wesen aller Mysterien. Die Meditation in der Einsamkeit der Zelle förderte das Entstehen eines esoterischen Christentums, das sich im Laufe der Jahrhunderte in eigenartigen Aufnahmeritualen manifestierte, die an die Denkformen frühchristlicher Gnostiker erinnern. Eine Symbolik besonderer Art beeinflußte die Gedankenwelt des Ordens. Ziel aller Bestrebungen des Mönches sollte die Erlangung der persönlichen Vervollkommnung sein. Auch die Beschäftigung mit Alchimie und Magie hatte zum Ziel, die Materie durch Läuterung aus einem unvollkommenen in einen vollkommenen Zustand zu bringen.

Und schließlich gehörte auch zu den gehüteten Wissensgebieten die Baukunst, die ja Geometrie und Statik vereinigte. Sie erforderte das höchste Maß an Wissen. Kenntnis der Beschaffenheit von Baumaterial und Gestein war ebenso erforderlich wie Architektur und Planentwurf. Keine Kunde vereinigte auf sich so viele Kenntnisse und Wissensgebiete wie die Baukunst. Kein Wunder, daß man sie die Königliche Kunst nannte.

Galt Plato bei den Mönchen des Mittelalters als Vater der Philosophie, Logik und Metaphysik, so sahen sie in Euklides den Vater der Geometrie und der Baukunst. Sie übernahmen von den letzten römischen Baumeistern, von den Byzantinern in Süditalien und von Byzanz selbst Prinzipien des Steinbaus und entwickelten den romanischen Baustil. Basiliken und Abteien entstanden durch ihre Hand. Der wesentliche Teil der Grundgedanken für diese Bauten geht auf die klassische griechische Wissenschaft zurück. Also mußten die Baumeister, zumindest die der Romanik, diese Wissenschaft gekannt haben, und zwar nicht nur oberflächlich.

Dieses Wissen ob der Harmoniegesetze und der Mathematik, das durch ständige Erforschung fortlaufend ergänzt wurde, erlaubte es den Mönchen des heiligen Benedikt, Kenntnisse wiederzufinden und weiterzugeben, die seit alters her nur »Eingeweihten« zugänglich waren.

Die irischen Mönche

Dennoch blieb die Wirkung dieser Gesetze zunächst auf Italien beschränkt, das zwar 553 von der Ostgotenherrschaft befreit wurde, aber nur, um von Byzanz gänzlich eingenommen zu werden. Auch der Einfall der arianisch-christlichen Langobarden ab 568 in den Norden des Landes brachte keine Abhilfe. Fortan waren der Norden und der Süden langobardisch, und die Mitte war mit der Hauptstadt Ravenna ein byzantinisches Exarchat. Der Exarch war weltliches und geistliches Oberhaupt zugleich, was nichts anderes bedeutete, als daß die orthodoxe Lesart des Christentums im byzantinischen Teil Italiens und die arianische im langobardischen Teil staatlich wurde. In das Missionsvakuum Galliens stießen nun unerwarteterweise irische Mönche vor und brachten ihre keltische Lesart zu den Germanen in Burgund, Rätien und Norditalien. Aus der Klosterschule von Armagh, die der heilige Patrick um 440 gegründet hatte, waren zahlreiche Mönchsmissionare hervorgegangen, die weitere Missionszentren auf der grünen Insel gründeten: Bangor, Clonard, Clonmacnoise, Derry, Kells und Lismore.

Der heilige Columban der Ältere (521–597) wurde 551 zum Priester geweiht, errichtete Kirchen und die berühmten Klöster Daire Calgaich in Derry und Dair-magh in Durrow. 563 gründete er mit zwölf Mönchen eine Kirche und ein Kloster auf der Insel Iona vor der Westküste Schottlands als Sprungbrett zur Missionierung der Schotten. Seit 500 waren irische Scoten in den Westteil Schottlands eingewandert und hatten sich das Land mit den Pikten, den Ureinwohnern, geteilt. 585 kam der heilige Columban (543–615) mit zwölf Mönchen in die Vogesen und predigte den Alemannen in Burgund. Columban, ein Druide, wurde im Kloster von Bangor von Druiden erzogen. Diese eigenartige Mischung der alten Kulte mit der neuen Religion war typisch für die Kelten, insbesondere in Irland, da man dort von Invasionen germanischer und sonstiger Stämme verschont geblieben war. »Der heilige Kertigern (†612)«, berichtet ein englischer Autor, »läßt wieder mehrere druidische Sitten aufleben und scheint eine Zeitlang in einer völlig druidischen Art zu handeln.« Derselbe Autor schreibt von dem König Diarmuid MacCaerbhail (†528), er sei halb Druide, halb Christ.

Als die irischen Mönche ins Frankenreich kamen, gab es dort bereits 200 Klöster nach den Regeln von St. Martin, Cassianus und Caesarius. Von Anegray in den Vogesen wechselte Columban nach Gallien, nachdem er das Kloster Iona im Trierer Raum gestiftet hatte. Für die zahlreichen Schüler, die er gewonnen hatte, gründete er die Klöster Luxeuil und Fontaines im Burgundischen mit streng asketischer Regel. Wegen seiner Angriffe gegen die Lebensführung am Burgunder Hof, aber auch wegen seiner Einhaltung des Osterfestes nach keltischem Brauch, geriet er mit dem Klerus des Landes in Streit; eine Synode der fränkischen Bischöfe verurteilte ihn 603 mit Zustimmung des Hofes von Theuderich II. (596–613), verbannte ihn aus dem Lande und entfernte ihn 610 gewaltsam aus seinem Kloster Luxeuil. Mit dem heiligen Gallus und anderen Mönchen zog er nach Rätien (die heutige Schweiz) und missionierte dort unter den heidnischen Alemannen; Gallus gründete eine Einsiedlerzelle, aus der 720 die Benediktinerabtei St. Gallen entstand.

Als Columban abermals ausgewiesen wurde, bat er den König der Langobarden Agilulf (590–616), ein Kloster in Bobbio, Norditalien (612), auf der Pilgerstraße nach Rom gründen zu dürfen.

Die römische Mission

Der Bischof von Rom hatte es wahrlich nicht leicht, sich durchzusetzen. Seine Vorstellung von der Natur Christi wurde lediglich von der Mönchskirche Galliens geteilt. Solange der Arianismus die offizielle Lehre im gesamten Reich darstellte, konnte er nicht einmal die Bischöfe des Westens auf seiner Seite wissen.

Die Völkerwanderung der arianisch christianisierten germanischen Stämme hatte die Lage erst recht verschlimmert. 401 fielen die Westgoten unter König Alarich in Italien ein, wurden jedoch vom Regenten des Weströmischen Reiches, dem römischen Feldherrn vandalischer Herkunft Stilicho, bei Polentia (402) und Verona (403) geschlagen. Kaiser Honorius verließ seine Hauptstadt Mailand und suchte Zuflucht in Ravenna vor den einfallenden Goten. Seitdem war Ravenna (bis 751) die Hauptstadt Italiens bzw. des westlichen Kaiserreichs. Stilicho kommandierte die rheinischen Legionen nach Italien ab und vernichtete 405 starke germanische Scharen, namentlich Ostgoten, die Italien bedrohten.

Am 31.12.406 überschritten Vandalen, Quaden und Alanen nach Kämpfen mit den die römische Grenze verteidigenden Franken den Rhein nach Gallien. Den gallischen Regierungssitz hatte Stilicho von Trier nach Arelate (Arles) zurückverlegt. Auch die Burgunder und Alemannen überschritten den Rhein. 409 brachen die drei erstgenannten Völker nach Spanien ein, verwüsteten das Land und wurden schließlich als Föderaten angesiedelt.

Nach Stilichos Hinrichtung (408) fiel Alarich ein zweites Mal in Italien ein. Zweimal rückte er gen Rom, beim dritten Male nahm er Rom ein (24.–27.8.410) und plünderte es. Mit gewaltiger Beute und nach Gefangennahme der Galla Placidia, der Halbschwester des Honorius, zog Alarich nach Unteritalien, um nach Afrika überzusetzen, starb aber unterwegs und wurde bei Cosenza im Busento begraben.

Seit 413 bestand das burgundische Föderatenreich um Worms unter König Gundahar (Gunther) aus dem Geschlecht der Gibikunge. Um dieselbe Zeit breiteten sich die Salfranken im nördlichen Gallien aus.

Athaulf führte die Westgoten nach Gallien, eroberte 415 bis 418 Barcelona und wurde dort ermordet. Sein Bruder Wallia schloß einen Vertrag mit Honorius, sandte Placidia zurück und vernichtete im römischen Dienst (418) die silingischen Vandalen und die Alanen, die weiter gen Süden zogen und nach Nordafrika gelangten. Honorius berief ihn aus Spanien ab und wies den Westgoten Wohnsitze im südwestlichen Gallien an.

Da der Bischof von Arelate zum Primas von Gallien wurde, beschränkte sich das Primat des Bischofs von Rom auf Italien mit Vorranganspruch vor allen westlichen Bischöfen. Im Streit um die Natur Christi, der durch das bittere Ressentiment der Patriarchen von Alexandria und Antiochia gegen ihren

Kollegen in Konstantinopel verschärft wurde, dessen Anspruch auf Vorrang seiner Stadt als Hauptstadt des Reiches sie zurückwiesen, vertrat der Westen die Formel, daß Jesus zwei Naturen habe, die in Christus auch nach seiner Menschwerdung zu erkennen seien, der Unterschied zwischen ihnen also trotz der Einheit der Person gewahrt bleibe. Diese »katholische« Lehrart wurde von allen Mönchen des Westens in ihrem Kampf gegen den Arianismus vertreten.

Im Osten hingegen vertrat Nestorios (428–431 Patriarch von Konstantinopel) die antiochenische Christologie. Nach seiner dyophysistischen Lehre seien die zwei Naturen Christi völlig getrennt, ja die menschliche Natur Christi sei auf Kosten der göttlichen zu betonen.

Auf Betreiben der alexandrinischen Partei wurde Nestorios abgesetzt und verbannt. Neue Staatslehre im Osten wurde die Formel des Mönches Eutyches, Klostervorsteher in Konstantinopel, von der einen Natur *(mone physis)*, nach der das menschliche Wesen Christi vollständig in dem göttlichen aufgegangen sei. Da im oströmischen Reich Kirche und Staat eine Gewalt darstellen, wurde die neue Lehre 451 überall durchgesetzt. Der Westen blieb hiervon unbehelligt. Besser gesagt fühlte sich der Westen an diese Verordnung nicht gebunden. Und als das Weströmische Reich 476 sein Ende erlebte und der oströmische Kaiser versuchte, diesen Monophysitismus auch im Westen durchzusetzen, kam es 484 zum Schisma zwischen Ost- und Westkirche.

Doch die politische Entwicklung Italiens isolierte den Primas vollends, da der arianische Nachfolger des Weströmischen Reiches 493 durch die Ostgoten unter König Theoderich dem Großen beseitigt wurde. Auch die Ostgoten waren Arianer. Gallien hatte es schon besser: Chlodwig I., König der Franken, war auf dem besten Wege, ganz Gallien unter seine Herrschaft zu bringen. 493 heiratete er die burgundische Königstochter Chlotilde, eine Katholikin. Ihr gelang, was die katholische Kirche stets erträumt hatte: 496 ließ sich Chlodwig vom heiligen Remigius, Bischof von Reims, taufen. Der Arianismus verlor seinen Rückhalt und konnte rasch verdrängt werden. Die Unterstützung der Kirche erleichterte die Eroberung gegen die Westgoten und förderte ein gutes Verhältnis zur keltisch-romanischen Bevölkerung. 507 schlug Chlodwig denn auch mit burgundischer Hilfe die Westgoten bei Vouglé. Ganz Aquitanien wurde dem Frankenreich einverleibt. Nur Septimanien blieb west- und die Provence ostgotisch. Das Reich der Burgunder fand 516 zum Katholizismus den Übertritt. Das Reich der Sweben im Nordwesten Spaniens wurde erst 561 katholisch.

Durch die byzantinische Eroberung Italiens (553) gerieten die Päpste in völlige Abhängigkeit vom Kaiser im Osten. Sie durften erst nach kaiserlicher Wahlbestätigung die Weihe empfangen. 568 drang auch eine Horde Langobarden unter der Führung ihres Königs Alboin in Italien ein. Ihr Vormarsch in Norditalien stieß auf keinen nennenswerten Widerstand; innerhalb von eineinhalb Jahren hatten sie alle wichtigen Städte nördlich des Po mit Ausnahme von Pavia erobert, das sich 572 ebenfalls ergeben mußte. Sollten die Päpste darin eine Befreiung von der Bevormundung durch den monophysitischen Byzantinern sehen? Wäre die Herrschaft der arianischen Langobarden, die sogleich das Mischehenverbot eingeführt hatte, denn erstrebenswerter? Die politischen Kämpfe legten sich allmählich. Den Byzantinern verblieben: Isturien, das Exarchat Romagna mit Ravenna als Sitz des Exarchen, die Pentapolis, der Dukat von Rom mit Teilen Südtoscanas und Campaniens, der Dukat von Neapel, die Südspitze der Halbinsel und Sizilien. Das Gebiet von Perugia verband Pentapolis und römischen Dukat.

Man kann sich also vorstellen, unter welchen Bedingungen die Klöster des heiligen Benedikt und die des Cassiodor ihr Dasein fristen durften, umzingelt von griechischen Einsiedeleien und Klöstern des heiligen Basileios, bedrängt von Arianern, die keinen Sinn für Asketentum und Mystizismus, für Eremitentum und Einsiedler-Ideal hatten, und von Monophysiten, die einer Trennung zwischen Staat und Kirche – der »Zweigewaltenlehre«, die seit Papst Gelasius I., 492–496, angedeutet und systematisch vertreten wurde – verständnislos gegenüberstanden.

Der energische Kaiser Maurikios (582–602) führte in den italienischen und nordafrikanischen Provinzen eine Verwaltungsreform durch. Er faßte in beiden Regionen die Militär- und Zivilgewalt unter einem militärischen Führer zusammen. Kein Wunder, daß Maurikios mit der Wahl des Benediktinermönchs Gregor zum Papst einverstanden war.

Aus römischem senatorischem Adel 540 geboren, war Gregor Jurist und Staatsbeamter, bevor er 572 Stadtpräfekt von Rom wurde. Zwei Jahre später dankte er ab und ergab sich dem Mönchtum voller Hingabe. Seinen Palast auf dem Monte Caelio im Südosten Roms verwandelte er in das Benediktinerkloster San Andrea und gründete weitere sechs auf seinen Besitzungen in Sizilien. Nach etwa vierjährigem Klosterleben machte Papst Benedikt ihn 577 zu einem der sieben Diakone, die die kirchlichen Bezirke der Stadt leiteten. Pelagius II. ernannte ihn 579 zum päpstlichen Nuntius in Konstantinopel. Noch in seiner Abwesenheit wurde er 585 zum Abt des von ihm gestifteten Klosters bestimmt. Dies nahm Gregor zum Anlaß, der byzantinischen Hauptstadt zu entfliehen und wieder die Abgeschiedenheit des Klosters aufzusuchen.

Die Lage im Westen hatte sich etwas verbessert. Der neue König der Langobarden Authari (584–590) hatte die katholische Theudelinde, Tochter des Herzogs von Bayern, geheiratet. Zwar machte dies ihn nicht zum Katholiken, dennoch stimmte es ihn den romanischen Untertanen gegenüber milde.

Erfolgreicher war eine andere Heirat: die des Rekkared, Sohn des Westgotenkönigs Leowigilds. 587 ließ er sich vom heiligen Leander, Bischof von Sevilla, taufen und besiegelte damit das Schicksal des Arianismus in Spanien. Konnte man auf eine gleiche Entwicklung in Italien hoffen? Die Langobarden waren nun die einzigen Arianer in Europa.

Bereits 577 waren Mönche aus dem Mutterkloster Monte Cassino nach Rom gekommen, in ihrem Gepäck brachten sie neben anderen Kostbarkeiten die von Benedikts eigener Hand geschriebene Klosterregel. 585 machten die Langobarden das Mutterkloster zu einer Festung. Wer sich von den Mönchen retten konnte, fand Zuflucht im Kloster San Andrea von Rom.

589 wütete in Rom als Folge von Naturereignissen eine heftige Pest, die am 7.2.590 auch Pelagius II. dahinraffte. Zu diesem für die Geschichte Italiens

und der Kirche kritischen Zeitpunkt, wurde Gregor gegen seinen Willen auf den Heiligen Stuhl gewählt. Der byzantinische Kaiser Maurikios stimmte der Wahl zu, zumal Gregor der Taufpate seines Stammhalters war.

Gregor ordnete die Verwaltung des päpstlichen Grundbesitzes neu und schuf das Patrimonium St. Petri, den Vorläufer des Kirchenstaates, der im folgenden Jahrhundert begründet wurde. Er war außerdem der erste Papst, der eine leistungsfähige Registratur einführte. Die Laien im päpstlichen Hauswesen ersetzte er durch Mönche. Von größter Bedeutung erwies sich sein Entschluß, das benediktinische Mönchtum zu fördern und es praktisch zum Hauptverbündeten und Werkzeug der Papstkirche zu machen.

Und die Gelegenheit hierzu bot sich wie von selbst: wieder eine Mischehe gab dazu den Anstoß. Aethelberht, König von Kent, hatte Bertha, Tochter des Königs Charibert von Paris, geheiratet, und diese war fränkische Christin. Gregor beschloß, anstelle der irischen Mönche Vertretern der römisch-katholischen Kirche die Missionierung der Angelsachsen zu übertragen. 596 sandte er Augustinus, den Prior des Klosters San Andrea, mit 40 Mönchen aus, um auf den Britischen Inseln das Christentum zu neuem Leben zu erwecken.

Die Benediktiner in England

Im Frühjahr 597 landete der heilige Augustinus mit seinen Mönchen auf der Insel Thanet vor der Küste von Kent. Die gesamte Ostseite Englands bestand damals aus sieben Königreichen der germanischen Jüten (Kent), Sachsen (Wessex, Sussex, Essex) und Angeln (Mercia, Ostanglia, Northumbria bestehend aus Bernicia, Deira und Lindsey). Die Britonen waren nach Nord- und Südwales abgedrängt worden. König Aethelberht von Kent empfing die Benediktiner freundlich, wies ihnen eine Stelle in Canterbury zu, wo sie ein Kloster errichten konnten, und gestattete ihnen, in der alten Kirche des heiligen Martin zu predigen. Im Herbst desselben Jahres weihte der Erzbischof von Arles Augustinus zum Bischof der Angeln. Zu Weihnachten 597 fand eine Massentaufe in Canterbury statt, nachdem der König selbst sich zum Christen hatte taufen lassen.

601 gründete Augustinus das Kloster der heiligen Peter und Paul, das erste Benediktinerkloster außerhalb Italiens, das ebenso berühmt wurde wie das Mutterkloster von Monte Cassino, das damals nicht mehr existierte. Nach anfänglichen Schwierigkeiten wurden 604 die Bistümer London und Rochester eingerichtet, die Kent und Essex missionierten. Mit dem Tode Aethelberhts (616) jedoch gewann das Heidnische wieder die Oberhand, und die Missionare mußten nach Gallien fliehen. Essex ging dem Christentum ganz verloren, während der tolerante Sohn des Königs von Kent, Edbald, den Bischof von Rochester wieder einsetzte. Mit Edbalds Taufe 619 gelang es der römisch-katholischen Lehre in Südengland für immer Fuß zu fassen.

Die Angeln im nördlichen Teil des Landes erlebten eine andere Entwicklung. Aethelfrith, König von Bernicia im äußersten Norden Englands, besiegte und tötete den König von Deira und vereinigte beide Reiche zum Königreich Northumbria, besiegte 603 die dalriadischen Scoten und 613–616 die walisischen Britonen, wurde jedoch 616 selbst besiegt und getötet durch Edwin, den vertriebenen Erben des Thrones von Deira. Aethelfriths Söhne Oswald und Oswiu flohen auf die Insel Iona vor der Westküste Schottlands und fanden dort Aufnahme im Kloster, wo sie zum Christentum bekehrt wurden. Edwin setzte den Kampf gegen die Waliser fort und wurde zum anerkannten Oberlehnsherrn von ganz England mit Ausnahme von Kent. Er annektierte das britonische Königreich von Elmet, fiel in Nordwales ein und nahm die Inseln Anglesey und Man im Westen.

Mit dem König von Kent verbündete sich Edwin durch Heirat: 625 zog Aethelburh, Schwester des Königs Edbald von Kent, nach York, um Edwin zu ehelichen. In ihrem Gefolge reiste Paulinus als erster Benediktinermissionar und Bischof in Northumbria. 627 ließ sich Edwin von Paulinus in der neu und aus Holz errichteten Kirche von York taufen, und zahlreiche Untertanen in Northumbria und Lindsey taten es ihm gleich.

Paulinus war jedoch nicht der erste Missionar im Norden der Insel. Bereits um 314 war York der Bischofssitz des Eborius; der heilige Ninian, Apostel der Pikten, hatte 397 in Whithorn (Candida Casa) an der Küste von Galloway im Südwesten Schottlands eine Steinkirche erbaut, deren Bischof er wurde. Seit 563 missionierten die Iren des heiligen Columba in Schottland und Wales: St. Beuno in Nord- und St. David in Südwales, St. Illtud in Llantwit Major und St. Cadog in Llancarfan. Unter den Angeln jedoch war das Christentum noch neu und hatte kaum Wurzeln schlagen können, als es einen schweren Rückfall erlitt: 632 fiel Edwin in der Schlacht von Halfield im Kampf gegen die vereinten Kräfte des Cadwallon, König von Gwynedd, und Penda, Häuptling der Mercier. Paulinus mußte sich nach Kent zurückziehen.

Bereits 630 unternahm Honorius, Erzbischof von Canterbury, eine neue Mission: Er schickte Felix aus Burgund nach Ostanglia als Bischof von Dunwich, seitdem war die ostanglische Kirche Rom treu ergeben. 634 wurde der Römer Birinus mit der Mission der Westsachsen (Wessex) als Bischof von Dorchester betraut.

Während sich die römische Mission im Süden Englands langsam ausbreitete, ließ der neue König von Northumbria Oswald (633–641) die keltischen Missionarmönche des Klosters von Iona kommen. 635 gründete der heilige Aidan das keltische Missionskloster Lindisfarne an der Ostküste Northumbriens nahe der schottischen Grenze, das zum Gegenstück des Benediktiner Missionsklosters von Canterbury werden sollte. Von hier aus begannen 653 die keltischen Mönche, den christlichen Glauben unter den Mittelangeln und Merciern zu verbreiten. Auch Essex gewannen sie zurück.

Am Anfang gab es wenig Reibereien zwischen der römischen und der keltischen Mission. Oswald von Northumbria gab gemeinsam mit Cynegils von Wessex Dorchester an der Themse dem Birinus als Bischofssitz; die Iren Maildubh in Wessex und Fursey in Ostanglia arbeiteten in Gebieten, die von der römischen Kirche bekehrt wurden; und Jakob der Diakon setzte die Arbeit des Paulinus in Northumbria fort.

Die keltische Kirche war auf einem monastischen System aufgebaut und kannte keine festen Gemeinden bzw. Diözesen. Ihre Missionare waren Wanderbischöfe, was insgesamt die keltische Gesellschaft widerspiegelte. Die römische Mission hingegen war zentralistisch aufgebaut und organisiert. Hinzu kam der Unterschied in den Bräuchen, insbesondere der Berechnung des Osterdatums.

Zum offenen Streit kam es dann durch den heiligen Wilfrid (634–709/10). Mit vierzehn kam er ins irische Kloster Lindisfarne zum heiligen Aidan, als noch die heiligen Chad und Cedd dort weilten. 650 wechselte er nach Canterbury zum dortigen Kloster der Benediktiner über. 653 begleitete er achtzehnjährig den heiligen Benedikt Biscop (628–689/90) nach Rom. Anschließend verbrachte er drei Jahre im Kloster von Lyon. 657/58 kehrte er nach Northumbria zurück und erhielt das 661 vom keltischen Abt von Melrose gegründete Kloster Ripon. Kurz davor (655) war es Oswiu, König von Bernicia, gelungen, Northumbria wieder zu vereinen. Als König des gesamten Landes (655–670) und keltischer Christ förderte er die keltische Mission unter den heidnischen Merciern. Sein zweiter Sohn Alhfrith ging ins Kloster, wurde jedoch, von der Königin Eanfled unterstützt, Anhänger der römischen Lehre. In Wilfrid sah er einen guten Mitstreiter und ließ ihn 663 durch den gallischen Bischof Agilbert zum Priester weihen.

Die Partei der keltischen Kirche wurde von den Bischöfen Colman von Lindisfarne und Cedd sowie der Äbtissin Hilda angeführt. Auf der Synode von Whitby 664 zeichnete sich ein Sieg der römischen Kirche ab, die sich darauf berief, den Bräuchen des Apostels Petrus unmittelbar zu folgen. Daraufhin gab Colman sein Amt als Abt von Lindisfarne auf und begab sich mit einer großen Schar von irischen und angelsächsischen Anhängern nach Nordwestirland.

Nach dem Erfolg der römischen Kirche auf der genannten Synode ließ Alhfrith Wilfrid zum Bischof von York wählen. Die Bischöfe jedoch, die ihn hätten weihen können, waren sämtlich keltisch. Also begab sich Wilfrid nach Compiègne im Frankenreich und ließ sich dort weihen. König Oswiu war mit dieser Wahl nicht einverstanden; er setzte stattdessen den Kelten Chad als Bischof von York ein. Wilfrid mußte ins Kloster Ripon zurück.

Für Benedikt von Nursia war es nicht schwer, Steinmetzen und Baumeister der byzantinischen Baukunst zu finden, war doch Italien eine Kolonie Ostroms geworden. Doch im Lande der Iren, Kelten, Scoten, Pikten und Angelsachsen war der Steinbau noch nicht üblich. Die ersten Gründungen der Einsiedler und Wanderbischöfe und später die der Benediktinermönche waren aus Holz. Erst mit der Entsendung des syrischen Mönches Theodorus von Tarsus als siebtem Erzbischof von Canterbury (668–690) kamen Baumeister aus Rom auf die Insel. Wilfrids Kloster und Klosterkirche in Hexham (673) und Benedikts Abtei in Wearmouth (674) wurden in Stein und römischem Stil gebaut. Weitere Klöster, Abteien und Klosterkirchen folgten. Und wie nicht anders zu erwarten, waren ausschließlich Mönche die Bauherren, Bauleiter und Bauausführer.

Die Bauhütten

Der Steinbau im romanischen Stil war ausschließlich eine Domäne der Benediktiner. Sämtliche früheren Einsiedeleien und Abteien, die die Wissenschaften und die Sieben Freien Künste pflegten, gingen von der bereits erwähnten Reduzierung der Freien Künste durch Martianus Capella aus Karthago (410) aus. Dieser wiederum berief sich auf den römischen Staatsmann und Philosophen spanischer Herkunft Seneca d.J. (4 vor – 65 nach Christus), der bereits in dem Werk *»Epistolae Morales«*, Kapitel LXXXVIII, Malerei, Bildhauerei und Marmorbearbeitung von den Freien Künsten ausgeschlossen hatte. Das Verdienst der Benediktiner war, nach griechischem Vorbild – unter byzantinischem Einfluß – die Baukunst in ihren Wissenschaften wieder aufgenommen zu haben. Fortan sollten sie die größten Baumeister der Romanik und Gotik werden.

Derartige Bauarbeiten nahmen mehrere Jahre in Anspruch und erforderten die ununterbrochene Anwesenheit der Bauleute und benötigten Fachkräfte aus anderen Schwesterklöstern. Das alles bedingte die Entstehung provisorischer Hütten an der Baustelle, in denen die Bausteine hergerichtet wurden, die Bauleute ihre Werkzeuge aufbewahrten, zum Gebet und zu Besprechungen zusammentraten und vielfach auch aßen und schliefen. Meist waren es einfache Bretterbuden, die allgemein als »Bauhütte« (lat. *logium*, pl. *logia*) bezeichnet wurde.

Die Bauleute wurden *caementarii* genannt, was nicht so einfach mit Maurer übersetzt werden kann. Vielmehr faßte der Begriff alle am Bau Beschäftigten zusammen: Baumeister, Bildhauer, Steinmetzen, Steinschneider, Maurermeister, Steinleger, Zimmerleute, Glaser, Fußbodenleger, Dachdecker, Schreiner, Kunstmaler, Planer, Entwerfer, Innendekorateure, Aufseher, Parlierer, Maurer, Ziegelleger und Hilfskräfte. Sie setzten sich zusammen aus Mönchen, Laienbrüdern und Oblaten.

Die Mönche stellten die Gruppe der Baumeister, Führungs- und Fachkräfte; die Laienbrüder Maurer und Handwerker, die Oblaten schließlich Hilfskräfte und Handlanger.

Die Zusammensetzung der Bauhüttengemeinschaft aus Geistlichen und Laien sowie Profanen machte es erforderlich, eine Regel für diese »gemischte« Gesellschaft zu finden, da die Regel des heiligen Benedikt lediglich das Leben der Ordensbrüder betraf. Außerdem paßte die Bezeichnung »Bruderschaft« nicht mehr ganz; denn damit war die *fraternitas*, die Gemeinschaft der Mönche, gemeint.

Auch bedingt durch die längere Dauer der Bauarbeiten bedeutete der Begriff Bauhütte allmählich nicht mehr nur die Bretterhütte, sondern bezog sich auch auf die sich dort versammelnden Bauleute – z.B. Bauhütte an der Marienkapelle als Bezeichnung der Vereinigung der an diesem Bau tätigen Werkleute. Die Regel für diese gemischte Gemeinschaft hieß denn auch Bauhüttenordnung. Die Mauern wurden aus Bruchstein gebaut, indem man die flachen Bruchsteine aufeinander schichtete und mit Mörtel ausfüllte. Die Innen- und manchmal auch die Außenmauern wurden dann mit feinem Mörtel verputzt. Das war die Aufgabe der Laienbrüder als Maurer und Steinleger. Ihre Werkzeuge waren die Kelle und das Lot.

Durch ihre Kenntnis der Königlichen Kunst waren nur die Geistlichen in der Lage, Steine zu behauen, sei es als Standbild, Eckstein, Säulenrundstein, Säulenkapitel oder Relief. Ihre Werkzeuge als Steinbehauer umfaßten Winkelmaß, Zirkel, Maßstab, Zweispitz und Spitzhammer.

Da die Zahl der Zeichner und Bauplaner unter den Mönchen klein war, kamen sie aus verschiedenen Klöstern zusammen, um ein Bauvorhaben durchzuführen. Diese Mönche reisten von Land zu Land, waren bewaffnet und hatten eine fast militärische Disziplin. Die Bauleitung beaufsichtigte die Beobachtung der Bauhüttenordnung und die gewissenhafte Erfüllung aller Verpflichtungen, was das verwendete Material, die Verarbeitung und die aufgewandte Arbeitszeit betraf.

Die erste Bauhüttenordnung, von der wir wissen, betraf die Bauhütte am Kloster des Heiligen Abbondius am Comersee in Oberitalien vom Jahre 634 und findet sich im Kodex des Königs Rotharis. Dieser Kodex wurde 725 durch König Liutprand bestätigt und erweitert.

Anfang des 9. Jahrhunderts begann man erstmals mit dem Bau von Pfalzen als königliche Wohnburgen und Tagungsorte der Hofgerichte. Sie stellten die ersten profanen Bauten dar, die aus Stein errichtet wurden. In den meisten Fällen war die Errichtung derartiger Bauten darauf zurückzuführen, daß der Abt des betreffenden Klosters zugleich auch weltlicher Herrscher war.

Als erste Klosterbauhütte in Deutschland, die für den Bau einer Pfalz eingesetzt wurde, wird die des Heiligen Aurelius an der Benediktinerabtei zu Hirsau bei Calw im Schwarzwald (gegründet 830) genannt, deren Abt Wilhelm gleichzeitig Pfalzgraf von Scheuern war und ihr Regeln und Gebräuche vorschrieb. Von den 150 Mönchen der Abtei waren zwölf als Zeichner und Planentwerfer tätig.

Hier haben wir es mit einer idealen Kombination zu tun: ein Adeliger, der in der Königlichen Kunst und den geheimen Wissenschaften eingeweiht ist. In der Regel waren die weltlichen Herrscher jedoch beim Bau ihrer Pfalzen und Burgen auf die Baukunst der Geistlichen angewiesen und belohnten den Orden mit großzügigen Schenkungen.

König Egbert von Wessex (802–839), der die sieben Reiche Englands zum Königreich Anglia vereinigt hatte, war der erste Herrscher in England, der den Auftrag zum Bau einer Pfalz erteilte. König Alfred der Große (871–899) war ein bedeutender Gesetzgeber, Schriftsteller und Übersetzer lateinischer Werke. Sein Sohn Eduard hatte eine Vorliebe für den Bau und die Maurerei entwickelt, doch erst dessen Sohn Aethelstan (925–939) gelang es, zu den Mysterien zugelassen und in der Königlichen Kunst unterwiesen zu werden. Er war der erste Weltliche, von dem wir wissen, der zur innernen Schule des Klosters Zugang gefunden hat, ohne für den geistlichen Stand bestimmt zu sein.

Über die Aufnahme des Suchenden hatte der Abt und sein Rat zu entscheiden, nachdem sie sich in einem gewissenhaften Vorprüfungsverfahren von der Person, dem Charakter, dem Ruf und der Absicht des Aufnahmesuchenden überzeugt hatten. Für die Aufnahme selbst wurden Gebühren erhoben, die sich nach dem Vermögensstand des Aufnahmesuchenden richteten. Die Aufnahme erfolgte in einem feierlichen Akt und bestand aus äußerst schwierigen Prüfungen und Proben. Während des Aktes wurde es dem Suchenden immer wieder freigestellt, seinen Antrag zurückzuziehen. Bestand er, so wurden dem Aufgenommenen die Qualifikationen zugesprochen, die ihm den Besuch der inneren Schule erlaubten. Erst nachdem der Aufgenommene die Königliche Kunst erlernt hatte, wurde er zu den Hermetischen Künsten zugelassen, zu den Mysterien. Das Wort Mysterium stammt aus dem griechischen *mysterion* und bedeutet Geheimnis, Geheimlehre und sogar Glaubensgeheimnis. Das Wort erfuhr später eine Spaltung seiner Bedeutung: Mysterium traf nur noch auf die Hermetischen Künste zu, während die Königliche Kunst in mittelenglisch *mystere*, vom altfranzösischen *mestier* (neufranz. *metier*), umgewandelt wurde. Damit kommt die beabsichtigte Bedeutung zum Ausdruck: die Königliche Kunst ist ein Fachwissen, d.h. ein Metier (neuengl. *mystery*), während die Hermetischen Künste eine Geheimlehre sind.

Kloster Cluny

Diese unbekannte, unerkannte Seite des Benediktinerordens, der »eingeweihte« Kern, Hüter der Hermetischen Künste, stand quer durch die Geschichte jener Zeit in Wechselbeziehungen zu den politischen und militärischen Ereignissen. Die Eingeweihten des Ordens achteten darauf, friedlich mit Äbten ihrer Wahl zu arbeiten und nicht mit denen, die ihnen durch weltlichen Druck aufgezwungen wurden. Vom Lateran aus, wohin der »eingeweihte Kern« 585 vor dem Druck der Langobarden geflüchtet war, ließ sich dieser Kern in Fleury-sur-Loire, am Knotenpunkt Frankreichs, Burgunds und Aquitaniens, nieder. Es scheint, als hätte sich alles nach dort in Bewegung gesetzt.

Als das Kloster von Fleury brannte, retteten die Mönche als erstes die wertvollen Manuskripte, die vollständigste Sammlung klassischen Wissens in dieser Epoche. Als die fränkischen Könige die Loire überschritten und die Grenzen Aquitaniens veränderten, emigrierte das »Wissen«. Es zog ins Burgund, dessen Herrscher seiner Arbeit mehr Verständnis entgegenbrachte. Vermutlich ging der »Kopf« des Ordens nach Saint-Seine. Fest steht, daß von Saint-Seine aus der Abt Witizza (um 750–821), nachdem er der Karolingermacht entkommen war, sich nach Katalonien, nahe Montpellier, und von da nach Aniane in Aquitanien begab, wo er den Namen Benedikt annahm. Abt Witizza wurde der heilige Benedikt von Aniane.

Hier in Aniane verband Benedikt endgültig die Regeln des Gründers mit denen des heiligen Columban zu einer gemeinsamen Regel. Das war der Auftakt zur Klosterreform der Synode von Mainz (813). Ludwig der Fromme (813–840), Sohn und Nachfolger Karl des Großen, nahm den Reichsabt Benedikt von Aniane aus seinem Königreich Aquitanien mit an den Hof. Bis zu seinem Tode blieb dieser dem Kaiser als Berater zur Seite. Von 816 bis 819 folgten einander die Synoden, welche die Reform der Klöster und Bischofssitze zum Ziele hatten. Auf der großen Reichssynode zu Aachen (817) versuchte der Kaiser, alle Klöster im Reiche zu einem Bunde zu vereinen. Weitere Reformsynoden des Benediktinerordens folgten 826 in Rom, 836 in Aachen und 843 in Gerniny. Kurze Zeit später scheint die Ordensspitze wieder nach Glanfeuil zurückgekehrt zu sein, dann – auf der Flucht vor normannischen Plünderern – nach Saint-Savin-sur-Gartempe, schließlich nach Saint-Martin-d'Autun (880).

Von da aus brachte der Abt Berno, der mehr als neunhundert Manuskripte mit alter Weisheit im Gepäck hatte, den Orden nach Gigny im Jura. Von dort zog er kurz darauf mit zwölf Mönchen in ein Gebiet, das ihm von Karl III. von Burgund gegeben wurde: nach Cluny.

910 entstand das Kloster Cluny und wurde für die nächsten zwei Jahrhunderte ein neues Monte Cassino, Bewahrer der großen Tradition, Sitz der Lehre für alle, die in die mönchischen Traditionen eindringen wollten, und gleich-

zeitig der Mittelpunkt intensiver Ausstrahlung auf die Christenheit. In der Schenkungsurkunde wurde ausdrücklich gefordert, »daß man hier mit äußerstem Eifer die Werke der Barmherzigkeit gegenüber den Armen, Bedürftigen, Besuchern und Reisenden pflegt«.

Im Jahre 932 verlangte eine Bulle des Papstes Johannes XI. von Odo, dem zweiten Abt (927–942): »Wir wollen, daß Euer Kloster mit all dem, was ihm gehört, losgelöst ist von aller Zugehörigkeit zu irgendeinem König, Bischof oder Grafen, wer immer dies auch sei.« So entstand die Regel der Kluniazenser *(Ordo cluniacensis)*: 1300 Klöster ordneten sich unter die neue Regel, von Odo gänzlich umgearbeitet, und wurden dem Heiligen Stuhl direkt unterstellt. Der Traum des großen Gregor, das Mönchswesen zur Reservearmee des Papstes zu machen, ging endlich in Erfüllung.

Diese neue Regel reduzierte nochmals die Zeit der geistlichen Mönche für manuelle Arbeiten. Die verschiedenen Tätigkeiten, die das Leben eines großen Klosters verlangte, und die landwirtschaftlichen Arbeiten verblieben bei den weltlichen Mönchen *(laici monachi)*, den Inhabern von Pfründen, den Landarbeitern und den Leibeigenen.

Die geistlichen Mönche widmeten sich der Verwaltung, dem Studium, der Lektüre, der Schreib- und Illuminierkunst, der Architektur, der Bildhauerei und der Malerei. Die Gebiete der Klöster der Kluniazenser waren – wie damals üblich – sehr groß. Doch der Orden behielt lediglich die Geschäftsführung oder den Besitzanspruch, alle landwirtschaftliche Bebauung legte man in weltliche Hände. Im allgemeinen sind es nicht mehr die Mönche, die kultivierten. Sie waren nur noch die Lehrer.

Nach diesem System arbeiteten später auch die Komtureien des Templerordens.

Der neue Baustil, der fortan mit Cluny in Zusammenhang stand, wurde zum architektonischen Signum des Benediktinerordens. Die erste Kirche von Cluny – Cluny I – wurde vom Abt Berno 915 begonnen. Ein halbes Jahrhundert später wurde Cluny II erbaut, wahrscheinlich unter Abt Aymar. Lefèvre-Pontalis gab diesem Typ die Bezeichnung benediktinischer Plan. Dieser Typ wurde in der Folgezeit immer wieder angewendet, bis zur Kirche von Mont-Saint-Michel, die 1023 begonnen wurde.

In diesem Zusammenhang muß auch Guillaume von Volpiano erwähnt werden, einer der wenigen Architekten, dessen Name uns überliefert ist. Er war ein aus Italien stammender Baumeister-Mönch, baute die Abtei Saint-Bénigne in Dijon und wurde deren Abt. Die Normannen hatten sich verpflichtet, die von ihnen verwüstete Normandie wieder aufzubauen, und es war der Baumeister-Mönch Volpiano, der dieses Unternehmen leitete.

Er selbst baute Fécamp im Jahre 1003 und Bernay im Jahre 1013 wieder auf, gleichzeitig bildete er die Schüler aus, die im Jahre 1034 Le Bec-Hollouin, Jumièges und das Männer- und Frauenkloster von Caen erbauten.

Der Italiener Volpiano, der in Burgund sein architektonisches Können erlernte, trug zwar das Wissen von Cluny, aber nicht die Formen weiter. Er baute unter dem Himmel der Normandie nicht den Stil Burgunds, sondern den der Normandie. Seine Architektur paßte sich der Landschaft, der Luft und auch dem Geist der Bewohner von Neustrien an. Und dem Baumaterial, das er verwendete.

Diese Anpassung der Architektur an die Landschaft war bemerkenswert. Man fand sie in der Romanik von Aquitanien, der Auvergne oder der Loire wieder. Dieser Geist der architektonischen Anpassung drang auch nach Cluny (während Eginhard beim Bau von Aachen noch das Byzantinische betonte). Volpianos »Schüler« gehörten zu den hervorragendsten Baumeistern des Abendlandes. Sie – zumindest ihre geistigen Nachfolger – waren für die gesamte englische Gotik verantwortlich.

England und die Normannen

926 ließ König Aethelstan die Stadt Exeter mit Türmen und Mauern aus Stein befestigen. Es waren die ersten Profanbauten in Stein in England. Sein jüngster Sohn Edwin war Kleriker geworden, nach der mittelalterlichen Maxime: Der Erstgeborene behält Titel und Lehen, der Zweitgeborene geht ins Kloster, der dritte wird Soldat. Edwin soll 932 die Bauhütte an der Klosterburg von York geleitet und ihr Regeln und Bräuche vorgeschrieben haben.

Damit wurde ein Prozeß eingeleitet, der nach und nach dazu führte, daß die Königliche Kunst nicht Domäne der Mönche blieb. Die Klöster ließen sich jedoch diesen Umstand teuer entschädigen und häuften Grundbesitz an, bis sie fast die Hälfte des Landes besaßen.

Mit dem Einmarsch der Normannen in London (1066) vollzog sich in vielerlei Hinsicht ein Wechsel in der Zusammensetzung der Bauhütten. Bereits 1067 begann man mit dem Bau der White Tower von London; hierfür ließ Wilhelm I. der Eroberer Kalkstein aus der Normandie sowie Steinmetzen aus den Klöstern der Normandie – mit Hilfe seines Bruders, des Erzbischofs von Rouen – kommen. Der Baustil Volpianos fand seinen Einzug in England. Eine bis dahin nie gekannte Bautätigkeit entfaltete sich im Inselreich: 1068 begann man den Bau des Schlosses in Lincoln, 1069 die Kirchburg in Oxford, ebenfalls 1069 das Schloß in York, 1070 das Schloß Windsor, 1070 den Neubau der Kathedrale von Westminster usw. Eine erhebliche Anzahl von Steinmetzen und Bauleuten wurde benötigt. Der neue Normanne auf dem englischen Thron verweltlichte die Bauhütte, indem er Laienbrüder und Oblaten aus den Klöstern heranzog und die Bauleitung einem Laienmeister übertrug. In der Ordnung der Bauhütte am Tower, deren Pflichten nicht so streng waren wie die der Ordensleute, wurden die Bauleute noch immer mit der lateinischen Bezeichnung *cementarius*, pl. *cementarii*, gekennzeichnet.

Die Ritterorden

Der Geist Clunys als Benediktinerreformorden hatte nicht nur das Mönchtum und die Bautätigkeit beeinflußt. Er stellte sich der Weltgeistlichkeit trotzig und unabhängig gegenüber. Benediktiner-Päpste gewährten Cluny zahlreiche Privilegien und verteidigten seine Unabhängigkeit. Um 999, als Odilo Abt war und wohl Auseinandersetzungen mit der Weltgeistlichkeit hatte, präzisierte Papst Gregor V. erneut: »Wir bestimmen, daß kein Bischof, kein Priester zur Priesterweihe oder zur Weihe einer Kirche, eines Priesters, Diakonen oder zur Messe in dieses ehrwürdige Kloster kommen darf, wenn er nicht vom Abt des Klosters eingeladen wurde.«

Im Jahr 1027 lehnte Papst Johannes XIX. es strikt ab, dem Kloster den Kirchenbann aufzuerlegen oder es zu exkommunizieren. (Diese Privilegien erhielt fast im gleichen Wortlaut später der Templerorden.)

Die Effektivität der Kluniazenser als Soldaten Christi unter der Führung des Heiligen Stuhles wird erst deutlich, wenn man sich vor Augen führt, welche Rolle die Zusammenarbeit der Normannen mit Rom gespielt hat:

1034 wurde die Abtei Le Bec-Hellouin in der Normandie gegründet, in der die Jugend des Adels unterrichtet wurde, darunter Wilhelm, der Sohn Tankreds von Hauteville, des Herrn von Cotentin.

1042 besetzte dieser Wilhelm von Hauteville Apulien. Seit

1043 bestand das Königreich Beider Sizilien aus Neapel und Sizilien.

1059 wurde Robert Guiscard von Hauteville Herzog von Apulien und Kalabrien.

1060 nahm er Messina ein.

1066 trieb der Benediktinermönch Lanfranc, Lehrer in Le Bec-Hellouin, mit allen Mitteln die Eroberung Englands durch die Normannen voran, als ob es darauf ankäme, den Rücken des Abendlandes gegen die Sachsen zu sichern.

Der Kampf gegen Byzanz – das ewige Anliegen der Päpste wurde auf zwei Fronten geführt: in Süditalien und Kleinasien. Nach der vernichtenden Niederlage der Byzantiner gegen die Türken bei Mantzikert (1071), bat Kaiser Michael VII. den Westen, der Christenheit im Osten gegen die Türken zur Hilfe zu kommen. Der Normanne Roussel von Bailleul stellte sich und seine Truppe, aus dem Königreich Beider Sizilien kommend, zum Schein in den Dienst der Byzantiner.

1073 eroberte er Lykaonien und Galatien in Kleinasien und machte sich dort selbständig, ein kleiner Vorgriff auf die Kreuzzüge. Byzanz rief daraufhin die muslimischen Türken zur Hilfe, und Roussel wurde am Berg Sophon vernichtend geschlagen.

1082 gelang es auch Robert Guiscard durch den Sieg von Durazzo über Alexios Komnenos, Byzanz endgültig aus Italien zu vertreiben.

1085 war er in Syrakus und
1090 auf Malta.

Daß diese Entwicklung der päpstlichen Politik mit Cluny und den Benediktinern kein Zufall war, beweist die Liste der Päpste jener Epoche:

Papst Gregor VII. (1073–1085) war Benediktinermönch aus Cluny und hieß Hildebrand, bevor er zum Papst gewählt wurde; er begünstigte die normannische Herrschaft in Unteritalien, soweit dies in seinen Kräften stand.

Papst Viktor III. (1086–1087) war Benediktiner und Abt von Monte Cassino.

Papst Urban II. (1088–1099) war französischer Benediktinermönch aus Cluny, hieß Odon de Lagery, ehemaliger Prior von Cluny, Domherr in Reims, Kardinalbischof von Ostia.

Papst Paschalis II. (1099–1118) war Benediktiner aus Cluny.

Papst Gelasius II. (1118–1119) war Benediktiner aus Monte Cassino.

Nach der Staatenbildung der Normannen in Beiden Sizilien als päpstliches Lehen unternahm der Heilige Stuhl den zweiten Versuch, ohne Bevormundung durch den Kaiser des Heiligen Römischen Reiches Deutscher Nation, Macht zu entfalten und das irdische Jerusalem (Rom war längst dem himmlischen Jerusalem gleichgestellt) zu erobern. Als Herrscher beider Jerusalem wäre der Papst absoluter und anerkannter Herrscher der Christenheit in Ost und West geworden.

Und er brauchte auf den Anlaß nicht lange zu warten: Beim Konzil von Piacenza (1095) baten Gesandte des Kaisers Alexios Komnenos den Papst Urban II., er möge Truppen schicken, die dabei hülfen, Kleinasien für die Christenheit zurückzuerobern. Urban reagierte sofort und setzte 1096 die Idee der Kreuzzüge in die Tat um.

Ein Heer von normannischen und französischen Rittern sowie Klerikern aller Benediktinerklöster, von Fußsoldaten begleitet, ergoß sich nach und nach in die Provinzen des Byzantinischen Reiches auf dem Balkan und in dem östlichsten Zipfel Europas. Anfang Mai 1097 begannen die ersten Kreuzfahrer, über den Bosporus überzusetzen. Allein Gottfried von Bouillon brachte ein Heer von 30.000 Fußsoldaten und 10.000 Berittenen mit. Der Normanne Bohemund von Tarent wurde von 7.000 Rittern begleitet.

Man schätzte die von Papst Urban II. mobilisierten und von Kaiser Alexios verstärkten Truppen des ersten Kreuzzuges auf insgesamt 150.000 Mann. Balduin von Bourg erhielt die Grafschaft Edessa, Bohemund von Tarent das Herzogtum Antiochia, und Gottfried von Bouillon das Königreich Jerusalem als päpstliches Lehen, wie bereits vor Beginn des Kreuzzuges ausgemacht worden war.

Urban tat noch viel mehr, als einen Kreuzzug zu organisieren: Auf seine Anregung zog Robert von Molesme 1098 mit 20 Mönchen aus dem von ihm 1075 gegründeten Kluniazenserkloster Molesme aus, um ein neues Kloster in Citeaux nach der ursprünglichen strengen Regel des hl. Benedikt zu errichten. Danach wurde die neue Ordensgründung Cistercium, Zisterz benannt. Seine ersten Konstitutionen erhielt der Orden der Zisterzienser durch seinen zweiten Abt Alberich. Die *»Charta caritatis«* vom dritten Abt, dem Engländer

Stephan Harding (1109–1134), bildete später neben der ursprünglichen Benediktinerregel die Grundlage des Ordenslebens. Sie schrieb strengste Armut vor, einfache Kirchenbauten, kein silbernes oder goldenes Gerät, fleischlose Kost.

Auch auf Initiative des unermüdlichen Urban geht die Gründung der »Brüderschaft des Hospitals des heiligen Johannes zu Jerusalem« (die Hospitaliter oder Johanniter) zurück. Bruder Gerhard von Martigues aus der Provence war der Vorsteher eines Pilgerhospitzes, das um 1070 in Jerusalem gegründet und von Benediktinern aus Amalfi geführt wurde. Jerusalem fiel in die Hände der Kreuzfahrer am 14. Juli 1099 nach langwieriger Belagerung und einem verlustreichen Angriff. Kurz nach der Eroberung gründete Bruder Gerhard mit 3000 Rittern den ersten Ritterorden der Christenheit. Sie verschrieben sich der Pflege und Betreuung kranker Pilger.

Schließlich stand Urban II. auch bei der Entstehung der »Regularkanoniker der Kirche des glorreichen Grabes des Herrn« (die Sepulkriner) Pate. 1099 setzten Gottfried von Bouillon, »König« von Jerusalem, und der Patriarch Eumarius 20 Kanoniker ein, unter dem Namen »Kanoniker der Kirche der Auferstehung des Herrn«, und statteten sie mit reichen Pfründen aus. Diese ursprünglich weltlichen Kleriker wurden vom Patriarchen Arnulf von Rohes 1114 reformiert unter der augustinischen Regel als *canonigos regulares*.

Die Augustinerregel war für Kanoniker das, was die Benediktinerregel für Mönche bedeutete. Sie ging auf die vom hl. Augustin (†430) für Weltpriester, die in Gütergemeinschaft lebten, festgesetzte Regel zurück und war durch die Synoden von 1059 und 1063 sowie die Gregorianische Reform 1073–1085 entstanden.

Zwar wurde die Neugründung der Zisterzienser 1110 von Papst Paschalis II. approbiert, ihrer Strenge wegen drohte sie jedoch zu verlöschen, hätte sie 1112 nicht unerwartet eine berühmte Verstärkung erfahren: der heilige Bernhard von Clairvaux trat gemeinsam mit 30 Rittern in das Kloster ein. Bernhard wurde um 1090 nahe Dijon im Schloß Fontaine geboren. Seine Mutter war Aletz de Montbard, die von Herzögen von Burgund abstammte. Er wurde in der Klosterkirche Saint-Vorles in Châtillon-sur-Seine unterrichtet. Mit einundzwanzig stellte er sich dem Zisterzienserorden vor, um Mönch zu werden. Unter den mitgeführten Rittern befanden sich fünf seiner Brüder und sein Onkel André de Montbard, der spätere Seneschall des Templerordens.

Derartig bestärkt wurde von Citeaux aus 1113 La Ferté und 1114 Pontigny gegründet. Hugo, seit 1093 Graf der Champagne und später ein prominentes Mitglied des Templerordens, schenkte 1115 dem Kloster Citeaux ein Gebiet im Wald von Bar-sur-Aube; darauf gründete 1124 Bernhard mit zwölf Mönchen das Kloster Clairvaux, dessen Abt er wurde.

Die Templer

Als Balduin von Bourg, Graf von Edessa und Vetter der beiden Vorgänger auf dem Thron von Jerusalem, der Brüder Gottfried von Bouillon und Balduin von Boulogne, 1118 zum König von Jerusalem gekrönt wurde, traten vor ihn neun »gottesfürchtige« Ritter unter der Führung von Hugo von Payens und erboten sich, die Feinde des Glaubens zu bekämpfen und auch die Pilgerrouten zu schützen. Der König nahm dies an und gab ihnen als Quartier einen Raum seines Palastes, der auf den Ruinen des Tempels Salomos stand.

Die neun Ritter legten vor dem Patriarchen von Jerusalem die Gelübde der Armut, Keuschheit und des Gehorsams nach der Augustinerregel als Laienbrüder ab, und die Domherren vom Heiligen Grab überließen ihnen ein Gebäude. So entstand der Orden der Soldaten Christi vom Tempel zu Jerusalem (die Templer). Bis 1127 blieb die Zahl der Ritter auf diese neun beschränkt, mit Ausnahme Hugos, des Grafen der Champagne, der sich 1125 zu ihnen gesellte. Während dieser Jahre bereiteten sie sich auf ihre Mission vor, die sie von den Johannitern grundlegend unterschied.

Auf dem Konzil zu Troyes (13.1.1128) in der Champagne zwischen Clairvaux und Payens erklärte Hugo von Payens seinen Wunsch, einen Mönchs-Soldaten-Orden zu gründen, dessen Kern von seinen neun Templerkameraden gebildet werden sollte. Das Konzil willigte ein und beauftragte Bernhard, Abt von Clairvaux, damit, die Regel zu verfassen.

Die Regel, die der heilige Bernhard diktierte, war mönchisch und in ihrer Substanz zisterziensisch. Selbst das weiße Gewand der neun Ritter war jenes der Zisterzienser. Dennoch ähnelte sie viel mehr den »Auflagen«, die für die Laienbrüder galten, als den Regeln für Mönche, die das Ordensgelübde abgelegt hatten.

Die Templer – wie auch die Laienbrüder – schworen nur Keuschheit, Armut und Gehorsam, die Mönche der Zisterzienser legten noch das Gelübde der Beständigkeit ab. Die Mönche waren total geschoren, Templer wie Laienbrüder mußten zwar kahl sein, durften aber einen Bart tragen und waren nicht denselben religiösen Übungen unterworfen wie die Zisterzienser. Templer wie Laienbrüder mußten eine Probezeit absolvieren, bevor sie ihr Gelübde ablegten. Während der Probezeit mußte sich der Ritter physischer und moralischer Prüfungen unterziehen. Wurde er nach dieser Zeit für wert befunden, ein Tempelritter zu sein, erhielt er eine Art Initiation (Einweihung), deren Höhepunkt der »Ritterschlag« war.

Normalerweise war jetzt der neue Ritter würdig, die »Kabale« zu reiten, d.h. sich in den Geheimzeichen der Kabbala auszukennen. Die Waffen, die man ihm übergab, waren mit kabbalistischen Zeichen geschmückt, einer Symbolik, in die man ihn während der Probezeit eingeführt hatte und die von den Wappenherolden gehütet wurde.

Gleichzeitig etablierte sich eine Berufsritterschaft, die sich aus den Bruderschaften heraus entwickelte. Auch sie kannte eine Probezeit und Prüfungen. Es war eine Ritterschaft, die nach kabbalistischen Angaben aufgebaut war. Diese Angaben bezogen sich auf die einzelnen Stände und hatten ihren Ursprung in der millenarischen Gnosis. Damit das Geheimnis der kabbalistischen Angaben bewahrt blieb, verständigten sich die Ritter untereinander in bildhaften Symbolen, durch phonetische Wortspielereien und musikalische Harmonien.

Für die historische Einordnung der Templer ist von Bedeutung, daß ihre Gründung in Troyes zeitlich mit den ersten Anfängen der Ideale der weltlichen Ritterschaft zusammenfiel, die sich in den folgenden Jahrzehnten über ganz Europa ausbreitete. Man propagierte diese Ideale in altfranzösischen Heldengedichten, alles Werke von Benediktiner-Geistlichen, deren Ziel es war, die »Reiterei« *(Cavalerie)* zum »Rittertum« *(Chevalerie)* hochzustilisieren.

Der Aufbau des Templerordens sah einen Großmeister als Oberhaupt vor, der seinen Sitz in Jerusalem hatte. Ihm standen vier Pferde, ein Kaplan und ein sarazenischer Sekretär für Dolmetscheraufgaben zur Verfügung.

Der Orden bestand aus vier Klassen: Die Ritter *(fratres milites)*, die anfangs von adliger Herkunft sein mußten. Später aber, nach den hohen Verlusten, war dies nicht mehr Voraussetzung; die Kaplane *(fratres capellani)*, die geistliche und geistige Elite, die auch, falls es sie gegeben hat, die Geheimlehre behüteten; die Servienten oder Knappen *(fratres servientes)* sowie die Hausleute, Landarbeiter, Knechte und Handwerker *(fratres famuli et officii)*. Sie trugen zur Unterscheidung braune oder blaue Ordensgewänder. Die Handwerker waren noch einmal gegliedert in Gesellen der Freiheit: Baumeister und Steinmetzen; Gesellen der Pflicht: Schreiner und Schlosser; Meister der Axt: Zimmerleute. Alle Ordensangehörigen waren der gleichen Ordensregel unterworfen und standen im Genuß der ihrem Stand entsprechenden Privilegien.

Das wirklich neue an diesem Ritterorden war jedoch die Toleranz. Die Ritter waren verschiedener Nationalität und mußten im Heiligen Land zusammenstehen und zusammen kämpfen, was zur Verwischung der nationalen Eigenarten führen mußte. Die Kleriker des Ordens studierten den Feind und dessen Kultur und Sprache, fungierten als Dolmetscher bei den zahlreichen Verhandlungen in der zweihundertjährigen Geschichte der lateinischen Levante. Von daher rührt der Respekt der Templer gegenüber den Errungenschaften ihrer Feinde.

Im allgemeinen heißt es, daß die Gotik aus dem Zisterzienserorden hervorgegangen sei oder daß die Zisterzienser zumindest die »Handlungsreisenden der Gotik« waren. Durch den heiligen Bernhard, »der ihn lehrte und ihm seine Mission gab«, wurde der Templerorden zu einer Art Nachkomme der Zisterzienser. Schon aus diesem Grund ist der Templerorden sehr eng mit der Gotik verbunden. Seine Mission war klar umrissen: die Bundeslade zu finden, die abendländische Zivilisation zu fördern und den Tempel zu bauen.

In der Ordensregel taucht die erste offizielle Aufgabe des Templerordens nicht mehr auf: die Bewachung der Pilgerwege. Auch ist die Beschreibung der dem Orden übertragenen weltlichen Aufgaben neu formuliert: Aufgaben, die bis dahin bei den Klöstern lagen. Zum gleichen Zeitpunkt, zu dem der heilige Bernhard die Templer durch ihre Ordensregel bevollmächtigte, Länder, Häuser und Leute, die sie bewirtschaften sollten, zu erwerben, verbot er seinem eigenen Orden, künftig Länder, Häuser und Leute anzunehmen. Übrigens übertrugen die Benediktinerabteien nach und nach ihre Länder den Templern. Fast sah es so aus, als wäre der Templerorden der neueste Reformorden der Benediktiner nach den Kluniazensern und den Zisterziensern gewesen; er verfügte auch – neben dem Ritterelement, das bis dahin nicht zum Klosterwesen gehört hatte – über eine große Anzahl von Geistlichen, Klerikern, Kanonikern und Mönchen, von Laienbrüdern ganz zu schweigen.

Unmittelbar nach dem Konzil zu Troyes (1128) erhielt der Templerorden den päpstlichen Segen. Von nun an hatte er seine Regel und sein Ordensgewand: weiße Mäntel für die Ritter, schwarze für die Herolde und Knappen.

Daß der Orden bereits erste Kontakte zu Fürsten noch vor dem Konzil geknüpft hatte, zeigen die Schenkungen, die er schon erhalten hatte: 1127 übergab ihm Hugues d'Amboise ein Gebiet in Anjou; Anfang 1128 schenkte ihm Königin Maria von Portugal das Schloß und den Titel eines »Soure auf dem Mondego«.

Sofort nach dem Konzil begann die »Rekrutierung«. Die einzelnen Ritter begaben sich nach Italien, Flandern, Normandie, Champagne, Burgund, Spanien und Sizilien. Hugo von Payens ging in Begleitung von zwei Soldaten und zwei Geistlichen des Zisterzienserordens im Frühjahr 1128 nach England, durchquerte es bis nach Schottland und rekrutierte für Jerusalem. Überall wurde er mit Begeisterung und starkem Zulauf begrüßt. König Heinrich I. von England (1100–1135) übertrug ihm Lehensgüter in der Normandie.

Schottland und die Templer

In Schottland regierte König David I. (1124–1153). Er war der jüngste der sechs Söhne von König Malcolm III. und verbrachte seine Jugend am Hofe des Königs Heinrich I. von England, der durch Heirat mit dessen Schwester Edith sein Schwager geworden war. 1113 hatte der dreißigjährige David eine Tochter des Grafen von Northumbria geheiratet und die englische Grafschaft Huntingdon erhalten. Schottland war von der normannischen Invasion verschont geblieben, wie früher von der angelsächsischen. Am Hofe des anglonormannischen Königs von England hatte David eine Menge Ritter kennengelernt, die später für ihn entscheidend werden sollten. Mit Hilfe dieser anglonormannischen Ritter gelang es David nämlich, sich von seinem Bruder Alexander I., König der Schotten (1107–1124), die Herrschaft über Cumbria, Strathclyde und Teile von Lothian zu sichern. Ganz Südschottland und Nordnorthumbrien unterstand nun dem energischen David, der zahlreiche Anglonormannen in seinen Dienst genommen hatte. Während seiner Königsherrschaft siedelten sich Normannen und anglonormannische Ritter in Schottland an und gründeten große Dynastien. Darunter war auch Walter, der 3. Sohn des 4. Steward von Dol in der Bretagne, der Stammvater der späteren Stuarts von Schottland, der von König David zum Steward (Vorsteher der Hofhaltung, deutsch: Truchseß, franz.: *senechal*) ernannt wurde. (Malcolm IV. bestätigte 1157 das Steward-Amt und machte es in der Familie des Trägers erblich.)

David war auch ein hervorragender Patron der Kirche und organisierte die schottische Christenheit neu. Er begrüßte die drei neuen Orden (Templer, Zisterzienser, Augustiner Kanoniker) in seinem Land und bedachte sie mit großen Schenkungen. Die Zisterzienser betätigten sich hierbei als Baumeister für alle drei Orden. Noch in 1128 wurde mit dem Bau der Komturei der Templer in Kilwinning begonnen. Als Baumeister fungierte Lord James Steward, Bruder Walters. 1130 entstand an der Stelle der alten Steinkirche des hl. Ninian *(Candida Casa)* eine Zisterzienserabtei mit Klosterkirche. 1140 baute Hugo von Moville, Connetable von Schottland, eine Abteikirche in Kilwinning, bei deren Bauhütte erstmals das Wort *logia* belegt ist.

Mit den neuen Orden kam überhaupt der Steinbau nach Schottland. Bis dahin wurden Sakral- und Burgbauten aus Holz errichtet. Der normannische Stil in Stein blieb auf England beschränkt. Unter David entstanden auch die Burganlagen Edinburgh, Stirling, Berwick und Roxburgh.

Wie man sieht, spielten die Templer in Schottland von Anfang an eine gewichtige Rolle. Hier kam der Gegensatz zwischen der klösterlichen und der weltlichen Bauhütte gar nicht auf: die katholische Kirche war hier unter den Kelten nicht verbreitet; Benediktinerklöster spielten im Lande keine entscheidende Rolle. Die neuen Orden betätigten sich als Bauhütten für Sakral- wie Profanbauten gleichermaßen.

War die Mehrheit der Baumeister in Frankreich im 11. und in der ersten Hälfte des 12. Jahrhunderts Kleriker, wurde nun deren Anteil immer geringer. Dennoch blieb der »Maurermeister des Königs«, wie der Bauherr und Baumeister der profanen Bauten genannt wurde, stets ein Kirchenmann. Von der zweiten Hälfte des 12. Jahrhunderts an ging die Mehrheit der Baumeister in den weltlichen Bauhütten auf die Laien über, während die klösterliche Bauhütte nach wie vor in den Händen der Reformorden der Benediktiner, insbesondere der Zisterzienser und Templer lag, die gemäß ihrer Mission ab 1140 damit begannen, Laienkirchen (Kathedralen) im gotischen Stil zu errichten.

Der neue Baustil erforderte eine ungeheure Anzahl von Steinmetzen. Immer mehr Burgen und Schlösser wurden in dem neuen Stil errichtet; Bauvorhaben, deren Verwirklichung Jahrzehnte und mehr brauchte und einer stabilen Ordnung bedurfte. Allein die Bauhütte am Kölner Dom (ab 1248) bestand über zwei Jahrhunderte und brachte die Steinmetzen zu höchstem Ansehen.

Die erste Steinmetz- und Hüttenordnung für die Profanbauten erließ Kaiser Rudolf von Habsburg 1275; sie erlangte für das gesamte Heilige Römische Reich Geltung und hatte die Organisation des Handwerks, dessen Gerichtsbarkeit und die Regelung des Baubetriebes im Auge, aber auch die Unterstützung bei Krankheit und Arbeitslosigkeit, regelte das moralische Verhalten der Brüder untereinander und gegen Fremde und verbot den Verrat des Handwerksgeheimnisses strengstens. Die erste Ordnung für Klosterbruderschaften der Steinmetzen soll vom Papst Nikolaus III. 1277 durch einen Ablaßbrief erlassen worden sein.

In England vollzog sich diese Trennung zwischen Steinmetzen und Maurern nicht. Noch immer galt die Bauhüttenordnung aus dem Kloster sinngemäß auch für die weltlichen Bauhütten und bestand meist aus zwei Teilen: der erste zeichnete die »Geschichte« der Königlichen Kunst auf – sofern man überhaupt von einer geschichtlichen Darstellung im modernen Sinne sprechen kann –, als vornehmste aller Freien Künste und älteste Kunst überhaupt. Danach folgte eine Aufzählung der Pflichten der Meister und Gesellen sowie ein kurzes Schlußgebet.

Untergang des Templerordens

Bereits auf dem Konzil zu Lyon hatte Papst Gregor X. 1274 die christliche Welt erneut aufgerufen, streng gegen den Wucher einzuschreiten. Er beunruhigte sich über den Reichtum des Templerordens und schöpfte Verdacht wegen seiner unabhängigen Stellung; er gab dem Gedanken Ausdruck, es sei wünschenswert, die verschiedenen geistlich-militärischen Orden zu verschmelzen. Dann würden sie einander überwachen und in ihren Ansprüchen hemmen; der Heilige Stuhl würde die Oberherrschaft ausüben. Ein verlockender Plan, den Papst Nikolaus IV. wieder aufnahm, der aber nie ausgeführt wurde, obwohl man ihn auf einen Zusammenschluß der Templer mit den Johannitern ohne die Deutschritter beschränkt hatte.

Das Heilige Land ging 1291 endgültig an die Muslime verloren, die Ritterorden zogen sich nach Zypern zurück. Die Tempelritter waren schon keine Kolonialmacht mehr wie zur Zeit Wilhelms von Tyrus, sie waren eine Kontinentalmacht geworden; eine Umwandlung, die ihr Ziel am Ende der Kreuzzüge erreicht hatte.

Der König von Frankreich, Philipp IV. der Schöne (1285 bis 1314), der seit 1294 mit England und seit 1296 mit Flandern Krieg führte und ebenfalls seit 1296 mit dem Papsttum in Konflikt stand, brauchte Unsummen von Geldern, um den Krieg zu finanzieren und die leeren Staatskassen aufzufüllen. Dafür nahm er mehrmals bei den Templern Anleihen auf. Selbst noch Ende 1307 borgte er bei ihnen 500.000 Pfund für die Mitgift seiner Tochter Isabella, die am 25.1.1308 König Eduard II. von England heiratete.

Philipp dachte daran, sich die Templer gehorsam zu machen. Eine Truppe, die über das ganze Abendland verbreitet war (allein in Frankreich besaßen die Templer 1307 etwa 2000 Komtureien und mehr als zwei Millionen Hektar Land), hätte gut zu seinen Großmachtträumen gepaßt. Er überschüttete den letzten Templergroßmeister bei dessen Rückkehr mit Ehren und Freundschaftsbekundungen und schlug ihm vor, einen seiner Söhne als Tempelritter aufzunehmen. Philipps Sohn hätte allein schon durch seine hohe Geburt sehr rasch Großmeister werden können.

Jacques de Molay verweigerte dies höflich, aber bestimmt. Deshalb versuchte es Philipp über seinen Papst: Klemens V. sollte auf den Spuren von Nikolaus IV. den Gedanken Gregors X. wieder aufnehmen und die beiden militärischen Orden, die Templer und die Johanniter, unter dem Oberbefehl eines seiner Söhne vereinigen.

In der Zwischenzeit versuchte der König seine Geldnot zu lindern: gestützt auf den Aufruf Gregors X., den Wucher zu bekämpfen, ließ er am 22. Juli 1306 sämtliche Juden ohne Unterschied des Standes, Alters und Geschlechts ergreifen und in Gefängnisse und Kerker einsperren. Binnen Monatsfrist mußten sie unter Zurücklassung ihres beweglichen und unbeweglichen Vermögens das Land verlassen. Ihr Vermögen fiel der Krone zu. Die Templer ahnten, was auf sie zukommen würde: Jacques de Molay hatte die Anfrage des Papstes nach der Möglichkeit eines Zusammenschlusses der beiden Ritterorden abgelehnt. Es war eine Frage der Zeit, wann Philipp unter irgendeinem Vorwand zuschlüge. Der Boden in Frankreich wurde für die Ritter zu heiß, und sie sahen sich nach einem Ausweg um. Sie brauchten nicht lange zu suchen.

Seit 1290 erhob König Eduard I. von England Anspruch auf den schottischen Thron und versuchte mit aller Gewalt, die Schotten in die Knie zu zwingen. Ein Aufstand erschütterte Schottland von 1295 bis 1304, die Allianz mit Frankreich von 1295 gab den Schotten die nötige Rückendeckung. Doch dann einigten sich England und Frankreich und schlossen 1299 Frieden. Isoliert und allein nicht in der Lage, gegen das mächtige England zu siegen, gaben die Schotten auf und erkannten 1304 König Eduard als Lehensherrn an.

Bis der achte Robert Bruce sich anschickte, die Thronansprüche seines Vaters und Großvaters zu realisieren und die Macht in Schottland zu übernehmen. Es galt jedoch erst, einen letzten Thronanwärter aus dem Weg zu räumen: John Comyn, Neffe des letzten Königs John de Balliol (1292 bis 1296). Erst dann könnte Robert gegen die englischen Garnisonen in Schottland vorgehen.

Am 10.2.1306 wurde Comyn von Roberts Männern in der Franziskanerkirche von Dumfries ermordet. Robert eilte nach Scone, dem Krönungsort der schottischen Könige, und ließ sich dort am 25.3.1306 als Robert I. von Schottland krönen. Daraufhin wurde er von Papst Klemens V. am 18.5.1306 exkommuniziert.

Eduard I. rückte gegen Robert vor. Schottland war damals faktisch von den Engländern besetzt. Garnisonen an allen strategischen Punkten sollten dafür sorgen, daß die Schotten sich nie wieder erhöben. Eduard betrachtete Robert I. als Rebell und Verräter. Die Engländer besiegten ihn gleich zweimal: am 19.6. bei Perth und am 11.8. bei Tyndrum. Dabei wurde seine Frau gefangengenommen, und drei seiner Brüder wurden hingerichtet. Der König selbst versteckte sich vor der Verfolgung auf der Insel Rathlin vor der Nordküste Irlands.

Im Februar 1307 kehrte er nach Ayrshire zurück. Anfangs hatte er nur einen zuverlässigen Mitstreiter – seinen einzigen lebenden Bruder Eduard. Dann gelang es ihm, die Ritter des Templerordens in Schottland auf seine Seite zu bringen, und diese riefen ihre Brüder in Frankreich zur Hilfe.

Ein gemeinsames Interesse band beide Seiten aneinander, und die Zusammenarbeit zahlte sich für beide Parteien aus. Nach und nach vertrieb Robert die Engländer aus dem Land. Führende Kirchenmänner des Landes unterstützten ihn gegen den Feind. 1313 besiegte er selbst den letzten John Comyn Graf von Buchan.

In der Zwischenzeit hatte Philipp der Schöne seinen erwarteten Schlag gegen die Templer in Frankreich (in der Nacht zum 15. September 1307) ausgeführt; Papst Klemens V. hatte am 22.5.1312 den Orden aufgelöst und seinen Besitz dem Johanniterorden übereignet. Eine Epoche der Verfolgungen begann, insbesondere in Frankreich, Spanien und Italien, wo die Inquisition (durch Papst Gregor IX. 1231/32 zu einer päpstlichen Einrichtung gemacht und damit die Dominikaner betraut) mit ihrer Folter (1252 durch Papst Innozenz IV. eingeführt) mächtig genug war.

In Schottland standen die Templer nach wie vor in hohem Ansehen und kämpften Seite an Seite mit ihrem Gönner. Der entscheidende Sieg gelang dem König und ihnen in der Schlacht von Bannockburn bei Edinburgh am 24. Juni 1314. Die Fremdherrschaft war beseitigt und Schottland unabhängig. Nach dem Sieg gründete Robert I. den Königlichen Ritterorden von Schottland, dem die verwaisten Tempelritter sich anschlossen. Die Kaplane suchten und fanden bei den Mönchsklöstern Aufnahme; Gesellen der Freiheit (die Baumeister und Steinmetzen) arbeiteten auf eigene Rechnung und bildeten nach und nach die weltlichen Bauhütten von Schottland.

Die ausführliche Darstellung der Entwicklung des Klosterwesens und des Templerordens zeigt eindeutig, wo das Wissen gepflegt und gehütet wurde, wo die Beschäftigung mit den Hermetischen und Freien Künste und der Königlichen Kunst möglich gewesen war. Die Anziehungskraft der Klöster und Ritterorden auf den Adel und den Klerus lag nicht im Gebet, noch im Handwerk, sondern im Wissen begründet. Und um zu diesem Wissen zu gelangen, mußte man sich Probezeit und Prüfungen unterziehen.

All dem begegnen wir später in der Freimaurerei wieder. Warum die Symbolik der Freimaurer mehr von der Bauhütte als von Ritterorden herrührt, werden wir an der weiteren Entwicklung der Ideengeschichte des Abendlandes erkennen.

Die Steinmetzgilden

Bis zum Ausbruch der Pest in London im Jahre 1349 galt die Königliche Kunst nicht als Handwerk oder Zunft, sondern als Kunst. Noch immer faßte die lateinische Bezeichnung *cementarius* alle am Bau Tätigen zusammen. Andere Varianten waren *lapicida* (1143 beim Bau der Abtei in Leicester belegt) und *lathomus* (1281 bereits in den Londoner Stadt-Akten, Cal. Letter-Book B, belegt).

In den politischen Wirren von 1136 zerstörte das Feuer Häuser und Kathedrale von London, auch Winchester ging in Flammen auf. Im Zusammenhang mit dem Wiederaufbau tauchte erstmalig der normannisch-französische Begriff *mazon* auf, wird aber erst im 14. Jahrhundert bevorzugt verwendet. In den englisch geschriebenen *»York Minster Mason's Ordinances«* aus dem Jahre 1370 wird das Wort *masoun* gebraucht. In den zwei ersten Fassungen der maurerischen Konstitutionshandschriften, dem Regius-Gedicht (1390) und dem Cooke-Manuskript (1410), wird stets das Wort *mason* verwendet.

1351 wurde der Gemeine Rat der Stadt London zum ersten Mal aus den *»mysteries«*, den Handwerksgilden, statt aus den Stadtbezirken gewählt. Und da waren die Maurer nicht vertreten (Cal. Letter-Book F). Um diesen Nachteil zu beheben, legten einige Maurermeister und Zimmerleute dem Bürgermeister und den Ratsherren der Stadt ein einfaches Handwerksstatut zur Genehmigung vor, um eine eigene Maurerzunft zu gründen. So entstand 1356 die Mason Company in London.

Die Londoner Maurerordnungen ähneln den Ordnungen stark, die die Stadtobrigkeit zu dieser Zeit für andere Gewerbe genehmigt hatte. Sie fordern eine siebenjährige Lehrzeit; sie verbieten, daß ein Maurer den Lehrling oder Gesellen eines anderen Meisters vor Ablauf der Vertragszeit annimmt; sie erklären, daß jeder dazu Befähigte sowohl Steine behauen als auch setzen dürfe (Berufswahlfreiheit); und sie setzen Sicherheitsleistung fest, falls ein Maurer einen Vertrag schließen sollte.

Bereits das Vorwort zu den Verordnungen für das Maurerhandwerk sagt, daß die Maurer nicht wie andere Gewerbe von einer Leitung der Handwerksleute ordnungsgemäß verwaltet würden. Das besagt, daß damals unter den Londoner Maurern keine Gilde bestand, daher sehen sie keinen Verwaltungsapparat für eine Gilde vor.

Doch gerade die Gründung einer Handwerkszunft führte zur Trennung zwischen Maurern und Steinmetzen in der Bauhütte. Maurer war ein Handwerk, Steinmetz und Bauplanung hingegen ein Metier, ein Fachwissen, eine Kunst. Die Mason Company konnte auf keinen Fall die Königliche Kunst vertreten; die Maurerordnung von 1356 hieß denn auch *»London Regulations for the Trade of Masons«*. Man brauchte eine neue Bezeichnung für den Berufsstand der Steinmetzen, um ihn vom Handwerk der Bauleute zu unterscheiden.

Und damit kommen wir zur Entstehung des englischen Begriffs *freemason.* Seit wann gibt es ihn? Was besagt er eigentlich? Ist die Umsetzung des Begriffs in »Freimaurer« denn richtig? Müßte er nicht mit »Steinmetz« übersetzt werden?

Die Freimaurer

Immer wieder wurde herumgerätselt, was die Vorsilbe »frei« bei Freimaurer bedeuten sollte. Frei wovon? Frei im Gegensatz zu unfrei? Im Sinne der Freien Künste? Freiberuflich tätig? Frei weil nicht an eine Gilde oder Zunft gebunden? Deutet der Ausdruck auf eine Zweigleisigkeit innerhalb des Baugewerbes hin?

Um es ganz klar zu sagen: Freimaurer, Franc-maçon, Franc Masson, Liberi Muratori sind wörtliche Übersetzungen aus dem englischen freemason. Daher müssen wir dem im Englischen auf den Grund gehen.

Als noch das Wort cementarius alle Steinhandwerker und Bauleute umfaßte, war eine Unterscheidung nach Maurern, Bildhauer, Steinmetzen etc. nicht erforderlich. Erst im späten 12. Jahrhundert, als die Gotik sich entfaltete, wurde der Bau nicht mehr aus Bruchsteinen oder Ziegeln, sondern aus behauenen Steinen in kunsvollen Bögen und Gewölben, Fassaden und Türmchen errichtet. Das hochangesehene Fachwissen der Steinmetzen, Bildhauer, Steinschneider und Architekten wurde abgehoben, indem man für sie die Bezeichnung *sculptores lapidum liberorum* einführte (bereits 1212 in London Assize of Wages belegt!). In Oxford finden wir 1391 noch einen *magister lathomus liberarum petrarum* erwähnt.

In den Statuten für die Arbeiter von London aus dem Jahre 1351, die im Anglo-Französischen abgefaßt waren, erscheint als wörtliche Übersetzung hiervon *mestre mason de franche peer.*

Sowohl das lateinische als auch das anglo-französische Wort bedeutet zu deutsch »Behauer des freien Steines«. Ganz gleich, was ein freier Stein sein mag, ob der feinkörnige Sand- oder Kalkstein der sich von Dorset bis zur Küste von Yorkshire erstreckenden Schicht, oder einfach der gewachsene Stein, der Felsblock im Gegensatz zum Bruch- oder Feldstein: es handelt sich offensichtlich um die Steinmetzen.

Das erste uns bekannte Auftreten der englischen Entsprechung *(freeston mason)* bringt das Letter-Book H der Stadt London unter dem Datum 9. August 1376. Damals wurde der Gemeine Rat der Stadt abermals durch die Handwerksgilden gewählt. An 19. Stelle der 47 aufgeführten Vertretungen von Berufsständen und Zünften finden wir die freestone masons als *Fellowship of Prescription* (als Gemeinschaft mit anerkannter Satzung, ein eingetragener Verein sozusagen), an 36. Stelle stehen die masons als *Company* (als Zunft).

Sowohl das Regius-Gedicht von 1390 (im Dialekt von Cloucestershire und dem westlichen Oxfordshire der englischen Midlands geschrieben) als auch die Cooke-Handschrift von 1410 verwenden stets das Wort »mason« für die Bauleute; der Ausdruck »freestone mason« kommt bei ihnen überhaupt nicht vor.

John Marwe von Norwich wird manchmal als »mason«, manchmal als »freestone mason« bezeichnet (Fabric Roll of Norwich Guildhall 1410/11). Ferner trifft man noch 1638 und 1652 in Kirchenrechnungen in Norwich (St. Peter-Kirche, Mancroft) auf die Bezeichnung »freestone mason«.

In den Bauabrechnungen des Wadham College aus dem Beginn des 17. Jahrhunderts wechselt »freestone mason« mit »freemason« ab, und auch in Abrechnungen des beginnenden 18. Jahrhunderts aus dem Christ's College in Cambridge wurden beide Ausdrücke abwechselnd verwandt, um den bekannten Bauunternehmer Robert Grumbold zu bezeichnen.

Demnach ist das Wort »freemason« eine Neubildung aus dem 17. Jahrhundert, und zwar in der Form von »free mason« und später »free-mason«. Elias Ashmole, der Historiker, schrieb 1646, er wäre ein »Free Mason« geworden, und 1682 sprach er von der »Fellowship of Free Masons« in London. 1686 schrieb der Historiker Robert Plot über die »Society of Free-Masons«; ebenfalls 1686 schrieb der Historiker John Aubrey über die »Fraternity of Free-Masons«. 1688 sprach der Historiker und Genealoge Randle Holme III. von jener »Society called Free-Masons«. Und selbst die Konstitutionen der Freimaurerei von 1723 heißen »The Constitutions of the Free-Masons«.

Bis zur Gründung der heutigen Freimaurerei bedeutete der Begriff »freemason« Steinmetz. Wann er seinen Sinn in die humanitäre Freimaurerei verwandelt hat, wird uns auf den nächsten Seiten beschäftigen. Da die englische Sprache den Begriff sowohl für das Handwerk als auch für den Orden der Freimaurer verwenden mußte, gewöhnte man sich zur Unterscheidung, die Bezeichnungen »operative freemason« und »speculative freemason« anzuwenden. Ins Deutsche übertrug man es mit den Entsprechungen »Werkmaurer« und »humanitärer Maurer«. Dabei wäre es viel treffender, wenn man für Werkmaurer »Steinmetz« und für den »spekulativen Maurer« »Freimaurer« verwenden würde.

Die Dominikaner

Der Begriff »freestone mason« umfaßte nicht nur die Steinmetzen, sondern auch die Baumeister und Planer - eben jene, die aus dem Kloster kamen oder die Hermetische Kunst außerhalb des Klosters pflegten. Alles ging gut, bis die Dominikaner und andere Mönchsorden ihre Konkurrenten zu verfolgen begannen unter dem Vorwand, diese würden als Hexer und Hexen mit dem Teufel paktieren. Der unmittelbare Anlaß hierfür war der vermutete Einfluß von Häretikern unter ihnen.

Die Dominikaner erwirkten beim Vormund von König Heinrich VI. 1425 die Bestätigung eines Parlamentsbeschlusses aus dem Jahr 1360, wonach es den »freestone masouns«, verboten wurde, Kapitel oder Kongregationen abzuhalten. Das zwang die Vereinigung der Steinmetzen, Zuflucht bei der Maurerzunft zu suchen und sich als artverwandt auszugeben. Seitdem war die Bezeichnung *Hole Crafte and Fellowship of Masons* (die Zunft und Gemeinschaft aller Maurer) aufgekommen.

1436 erwarb die Gilde in London ein Grundstück und errichtete darauf die Mason Hall, 1472 bekam sie ein Wappen und 1481 mit königlicher Erlaubnis eine Zunfttracht (während eine Steinmetzzunft erst 1677 als Company of Stonemasons ihren Freibrief erhielt!)

Doch zurück zu Schottland, dem Geburtsland der heutigen Freimaurerei.

Schottland und die Stewarts

Im großen Unabhängigkeitskrieg wurde König Robert I. Bruce von schottischen Magnaten und Kirchenmännern sowie Rittern aus Schottland und Frankreich (Templer) unterstützt. Robert selbst besiegte John Comyn Graf von Buchan und nahm 1313 Perth, das bis dahin in den Händen einer englischen Garnison gewesen war. Doch das eigentliche Kämpfen besorgten in erster Linie seine Mitstreiter – insbesondere sein Neffe Thomas Randolph, den er 1312 zum ersten Grafen von Moray gemacht hatte –, die nach und nach Galloway, Douglasdale, den Wald von Selkirk und die meisten Gebiete der Ostküste und schließlich – im März 1314 durch Moray – Schloß Edinburgh eroberten. Als die englische Garnison in Stirling von ihnen bedrängt wurde, versuchte eine große englische Armee sie zu entsetzen. Die Schlacht bei Bannockburn am 24.6.1314 endete mit dem vollständigen Sieg Roberts über die Engländer.

Unmittelbar nach diesem großartigen Sieg wurden zahlreiche Helfer Roberts geadelt bzw. zum Ritter geschlagen und in den just aus Anlaß dieses Sieges gegründeten Königlichen Ritterorden von Schottland aufgenommen. Ein Parlamentsbeschluß vom selben Jahr entschied, daß jeder Adlige, der an den Treueid dem König von England gegenüber festhielt, seinen Besitz verwirkte und das Land verlassen müßte. Meist waren es Anglonormannen, die seit den Tagen Königs David I. in Schottland ansässig waren, darunter auch Eduard de Balliol, Sohn des John de Balliol, König der Schotten von 1292 bis 1296. Mit dem auf diese Weise freigewordenen Besitz belohnte Robert Ritter und Kirchenmänner, die ihm beigestanden hatten.

König Robert I. verbrachte seine Regierungsjahre nach 1314 mit der Konsolidierung der Verwaltung und der Bekämpfung der Engländer, die nach wie vor nicht auf ihren Anspruch auf die Oberherrschaft von Schottland verzichten und Robert als König der Schotten nicht anerkennen wollten. Bis dahin hatte Robert keinen männlichen Erben, so daß eine Nachfolgeregelung getroffen werden mußte. 1315 gab er seine Tochter Marjory dem Walter Stewart, dem 6. *lord high steward* (Truchseß) von Schottland, zur Frau. Aus dieser Verbindung wurde am 2.3.1316 ein Sohn geboren, der den Namen Robert erhielt. In der neuen Nachfolgeregelung von 1318 wurde der junge Robert zum Thronfolger bestimmt, sollte König Robert kein Sohn geboren werden.

Inzwischen ging der Krieg mit England weiter: 1318 nahmen Thomas Randolph und James Douglas Berwick am Tweed, unmittelbar jenseits der schottisch-englischen Grenze, an der Ostküste ein; 1319 verwüsteten sie Nordengland; 1322 besiegte Moray eine englische Armee bei Byland in Yorkshire, Nordengland. 1323 gelang es Moray, den Papst zur Anerkennung Roberts als König der Schotten und zur Aufhebung des Kirchenbanns gegen den König zu bewegen. Dafür erhielt der Papst das Recht, die hohen Kirchenämter in

Schottland zu besetzen; die Kirche Schottlands hatte bereits seit 1192 als besondere Tochter des Päpstlichen Stuhles gegolten und dem Papst unmittelbar unterstanden. Der Römische Stuhl richtete in Schottland ein System von »Provisionen« oder päpstliche Ernennung zu den vakanten Kirchenämtern ein. Das schnitt nicht nur das Recht der Herrscher ab, welche ihre treuen Beamten mit solchem Kirchenamt zu belohnen pflegten, sondern bedeutete gleichzeitig den Abfluß von beträchtlichen Geldern nach Rom in Form von Steuern, die der vom Papst zu solchen Posten Ernannte abzuführen hatte.

Als wäre damit auch ein anderer Bann gebrochen, wurde am 5.3.1324 der langersehnte Stammhalter David geboren. Als Walter Stewart 1326 starb, wurde dessen zehnjähriger Sohn Robert Stewart 7. Erbsteward von Schottland und vom Parlament als rechtmäßiger Thronfolger nach David bestätigt.

In England standen Veränderungen bevor: Eduard II. Schwager des Königs Karl IV. von Frankreich, lag (seit 1294) mit seinem Oberlehnsherrn im Streit wegen der Grenzziehung der Grafschaft Gascogne; als Höhepunkt dieses Streites marschierte nun 1325 Karl von Valois, Onkel des französischen Königs, in Aquitanien ein. Krieg brach zwischen beiden Parteien aus und drohte, England mit hineinzuziehen. Isabella von Frankreich, Gemahlin Eduards II. von England und Schwester Karls IV. von Frankreich, übernahm es, zwischen beiden zu vermitteln. Ein Waffenstillstand wurde erreicht; Karl verlangte von Eduard, ihm als Herzog von Aquitanien den Treueid zu leisten. Das war für Eduard unannehmbar. Als Kompromiß wurde nun dessen dreizehnjähriger Sohn und Nachfolger Prinz Eduard zum Herzog von Aquitanien erhoben und nach Paris geschickt, den Treueid zu leisten.

Damit war das Schicksal Edwards II. besiegelt: Mit Hilfe ihres Bruders und der englischen Gegner Eduards, die in Frankreich Zuflucht gefunden hatten, und mit der Verlobung ihres Sohnes mit Philippa, Tochter von Wilhelm Graf von Hainault und Holland, landete Isabella mit 700 Mann unter der Führung von Roger Mortimer im September 1326 in England, nahm Eduard II. gefangen und setzte ihn nach einer Verhandlung vor dem Parlament ab. Am 29.1.1327 wurde ihr vierzehnjähriger Sohn als König Eduard III. gekrönt. Als Regent wurde dessen Onkel Heinrich Graf von Lancaster eingesetzt, doch die wahren Herrscher über England waren Isabella und ihr Liebhaber Mortimer. Noch im September 1327 wurde Eduard II. in der Haft getötet.

Im selben Sommer versuchten die Engländer – der Streit mit Frankreich wegen der Grafschaften Guyenne, Gascogne und Ponthieu war ja beigelegt worden, so daß England erneut sein Augenmerk auf Schottland richten konnte –, die Lage in Schottland zu ihren Gunsten zu entscheiden. Der Feldzug mißglückte vollends, nicht zuletzt dank der taktischen Überlegenheit des Grafen von Moray, Thomas Randolph. Der war auch an den anschließenden Friedensverhandlungen maßgebend beteiligt, die zur Anerkennung Roberts als König der Schotten führten. In Erfüllung der Bedingungen des Friedens von Northampton wurde am 17.7.1328 Eduards III. Schwester Johanna mit dem vierjährigen Thronfolger von Schottland vermählt. 1329 gestand der Papst den Königen von Schottland das Recht zu, mit heiligem Öl gesalbt zu werden.

Am 7.6.1329 starb König Robert I. von Schottland und überließ den Thron einem fünfjährigen Kind; als Regent fungierte dessen Vetter Graf von Moray.

König Eduard III. machte nie ein Hehl daraus, daß er gegen den Friedensvertrag mit Schottland war. Er hatte ihn auf Drängen seiner Mutter und Mortimers unterzeichnet, gerade als er nach dem Tode des letzten französischen Königs aus der direkten Linie der Kapetinger, Karl IV. (1.2.1328), selbst Anspruch auf den Thron von Frankreich erhob. Die Krönung eines Vetters seiner Mutter als Philipp VI. von Valois (Mai 1328) wollte er keineswegs anerkennen. Kaum war er achtzehn geworden, ließ er Mortimer festnehmen und hinrichten (November 1330); die Mutter schickte er in den Ruhestand (sie starb 1358 als Nonne). Er erklärte den Friedensvertrag mit Schottland für null und nichtig und verweigerte seinem Schwager David II. die Anerkennung als König der Schotten. (Einer der Hauptgründe für seinen Haß auf die Schotten war, daß er im Feldzug vom Sommer 1327 sich seine Sporen nicht verdienen konnte, was seinem Sohn Eduard, dem Schwarzen Prinzen, bei der Eroberung von Caen in der Normandie 1346 gelingen sollte.)

Nach dem Vertrag von Saint-Germain-en-Laye zwischen Eduard und Philipp von Frankreich (1331) über die Grafschaft Gascogne nahm Eduard Verbindung zu den anglonormannischen Schotten, die seinerzeit (1314) durch Robert I. wegen ihrer Treue zum englischen Königshaus enteignet worden waren auf und stachelte sie zu einer Invasion in Schottland mit seinem Segen an. Unter der Führung von Eduard de Balliol landeten sie 1332 bei Kinghorn an der Ostküste Schottlands und schlugen sich durch bis Perth, das sie im August einnahmen. Einen Monat später ließ sich Eduard de Balliol in Scone zum König krönen; zwei Monate später erkannte er Eduard III. als Oberlehnsherrn an.

Das hinderte die Royalisten nicht daran, mit einer großen Koalition gegen Eduard de Balliol vorzugehen und ihn bei Annan, Dumfries, am 6.12.1332 empfindlich zu schlagen. Diesmal griff Eduard III. persönlich ein: er marschierte auf Berwick, das noch in den Händen einer schottischen Garnison war, belagerte es, trat den schottischen Entsetzungstruppen unter der Führung des damaligen Regenten Archibald Douglas entgegen und schlug sie am 19.7.1333 vernichtend. Douglas fiel in der Schlacht, Balliol wurde wieder eingesetzt, und der zehnjährige König David mußte (1334) nach Frankreich fliehen. Für ihn regierte der achtzehnjährige Robert Stewart gemeinsam mit John Randolph, 2. Graf von Moray.

Weil Philipp VI. 1336 massive Hilfe für David II. vorbereitete, unterstützte Eduard III. seinerseits die flämischen Städte gegen Frankreich; Philipp ordnete daraufhin die Einziehung Aquitaniens (24.5.1337) an. Eduard erwiderte dies mit Widerrufung seines Treueids und erhob erneut Anspruch auf den französischen Thron. Damit begann der Hundertjährige Krieg (1337-1453).

1339 versuchte Eduard, im Norden Frankreichs zu landen, wurde jedoch von den Franzosen besiegt; am Kampf beteiligte sich auch der fünfzehnjährige David. Im selben Jahr erlitt Eduard eine zweite Niederlage: Robert Stewart – seit 1338 Alleinregent – vertrieb Eduard de Balliol aus Perth.

Im Januar 1340 legte sich Eduard III. den Titel »König von Frankreich« zu (seitdem und bis 1801 nannte sich jeder englische Souverän gleichzeitig König von Frankreich), errang Juni 1340 in der Seeschlacht von Sluis einen entscheidenden Sieg und verspielte ihn auf dem Lande; auch hier kämpfte David in den Reihen der Franzosen mit. Im September schlossen beide Parteien einen Waffenstillstand, und David kehrte 1341 nach Schottland zurück.

Weil Philipps Beamte sich in die inneren Angelegenheiten der Gascogne einmischten, griffen die Engländer im Oktober 1345 französische Posten an der Grenze des Herzogtums Bretagne an. Durch diesen Erfolg ermutigt, landete Eduard III. im Juli 1346 in der Normandie, eroberte Caen und belagerte im September Calais. David unternahm ein Ablenkungsmanöver, um seinem Gönner Philipp zu helfen, und fiel in Nordengland ein. Bei Neville's Cross, Durham, wurde er am 17.10.1346 besiegt, verwundet und gefangengenommen. Robert Stewart übernahm die Regierungsgeschäfte während der Gefangenschaft Davids (bis 1357).

Das Schicksal Schottlands wurde wieder einmal in Frankreich entschieden: im August 1347 hatte sich Calais ergeben, im September war ein Waffenstillstand vereinbart worden, im Oktober Eduard als strahlender Sieger nach London zurückgekehrt. Eduard beschloß, die französische Bevölkerung von Calais durch englische zu ersetzen, so daß Calais auf immer englisch bliebe. Zur Feier des Sieges ordnete er Reit- und Ritterturniere an und gründete (1348) den Hosenbandorden als Königlichen Ritterorden von England. Nur die Pest, der Schwarze Tod, die England zum erstenmal 1348/49 heimsuchte, vermochte den Triumph zu dämpfen.

1355 erhob König Karl II. von Navarra Anspruch auf den französischen Thron (er war der Enkel Ludwigs X.) und bat England um Beistand; daraufhin erhoben die Franzosen Anspruch auf Aquitanien, was vom Papst entschieden verurteilt wurde. Das ermutigte Eduard, den Schwarzen Prinzen, im November 1355 Languedoc zu verwüsten. Im Siegesrausch beschloß Eduard III., einen leichten Gewinn zu machen: im Januar 1356 marschierte er über die Grenze nach Schottland, nahm Eduard de Balliol gefangen, zwang ihn, Titel und Land dem König von England abzutreten, und verheerte Südschottland. Sowohl David als auch Balliol waren nun Gefangene des unersättlichen Eduard.

Als der Schwarze Prinz von Bordeaux aus gen Norden zog, stellte sich im September 1356 König Johann II. der Gute (König von Frankreich seit 1350) ihm bei Poitiers entgegen. In der Schlacht gelang es dem Prinzen, den König zu besiegen und gefangenzunehmen. Bei diesem Fang konnte sich Eduard III. erlauben, David II. gegen das Versprechen, ein Lösegeld in Höhe von 100.000 Goldmark zu zahlen, freizulassen (1357).

Um diese Summe aufzubringen (drei Viertel davon wurden insgesamt bezahlt), mußten die Magnate und Kirchenmänner tiefer in die Tasche greifen, da der ewige Krieg mit England die Staatskasse hatte veröden lassen. Mehr noch: die Königsstädte *(royal burghs)* mußten stärker besteuert werden; dafür verlangten und erhielten diese das Recht, Vertreter ins Parlament zu entsenden und das Schicksal solcher Steuer zu überwachen. So entstand der 3. Stand des Dreiständeparlaments. Dennoch war die Summe nicht aufzubringen, was

David zu einem Verzweiflungsakt trieb, sein Wort zu halten: er schlug 1363 dem Parlament vor, einen Sohn Eduards III. als Thronfolger zu bestimmen. Das konnte der Stolz der Schotten, die jahrzehntelang um ihre Unabhängigkeit gekämpft und diese mit Blut und Entbehrungen bezahlt hatten, nicht zulassen. Zu Recht führten der Thronfolger Robert Stewart und dessen Stammhalter John die Revolte gegen Davids Ansinnen an. Bis zu seinem Tode (22.2.1371) glänzte David II. durch Verschwendungssucht.

Robert II. Stewart, 1371–1390, und Robert III. Stewart, 1390–1406

Robert II., der erste Stewart auf dem schottischen Thron und Begründer der Dynastie, war bereits fünfundfünfzig Jahre alt, als er den Thron bestieg, obwohl er seit 1334 das Land regiert hatte. 1384 machte er seinen ältesten Sohn John (*1337) zum Mitregenten; 1388 beteiligte er ferner seinen zweitältesten Sohn Robert Stewart (*1340) an der Regierung. Ihm folgte 1390–1406 John als König Robert III., dennoch führte der zweitgeborene Robert die Regierungsgeschäfte weiter und wurde auch 1398 zum 1. Herzog von Albany gemacht. Robert III. bestimmte alsdann 1399 seinen Stammhalter David zum Mitregenten, was Albany nicht dulden wollte; also setzte er seinen Neffen, David Herzog von Rothesay, bei sich im Schloß gefangen, bis dieser im März 1402 starb. Und wieder regierte er unumstritten über das Land.

Um seinen einzigen noch lebenden Sohn, Jakob (*1394) vor dem mächtigen Albany zu schützen, schickte ihn Robert III. nach Frankreich. Doch die Engländer kaperten das Schiff und nahmen den Thronfolger (1406) gefangen. Kurz danach starb der schwache König.

Jakob I. Stewart 1406–1437

Albany war nun der unumstrittene Herrscher über Schottland, offiziell als Regent für den gefangenen Jakob. Er dachte nicht daran, für diesen Lösegeld aufzubringen. Die Opposition hierzu schürte der Clan Douglas, der von Robert I. mit Besitzungen im Wald von Selkirk im Süden Schottlands belohnt worden war. Ferner etablierten sich die Clanoberhäupter (*Lords of the Isles*) im westlichen Hochland dermaßen, daß sie mächtiger als die Könige der Schotten wurden.

Ein wichtiges Ereignis fällt in diese Zeit: die Gründung der ersten schottischen Universität in St. Andrews. Durch die Unabhängigkeitskriege zogen es die schottischen Studenten vor, eher nach Paris als nach Oxford oder Cambridge zu gehen. Doch die Universitäten waren die Ausbildungsstätte des Klerus, und als Schottland in der Zeit 1408 bis 1418 den Gegenpapst Benedikt XIII. anerkannte, nachdem Frankreich gegen ihn gestimmt hatte, war es unerläßlich geworden, eine eigene schottische Universität zu haben.

1414 traf auch die Gründungsbulle des Papstes Benedikt XIII. in St. Andrews ein.

Nach dem Tode des 1. Herzogs von Albany (1420) regierte sein Sohn Murdac Stewart 2. Herzog von Albany das Land im Namen des abwesenden rechtmäßigen Königs, der 1424 aus der Gefangenschaft entlassen wurde.

In den 13 Jahren, in denen er auch die Regierungsgewalt innehatte, etablierte Jakob die erste starke Monarchie seit einem Jahrhundert. Als erstes strebte er an, die Macht der Magnate zu brechen. 1425 ließ er mehrere führende Adlige, darunter auch Murdac und andere Mitglieder seiner Familie, verhaften und hinrichten. Die für seine Regierung nötigen Finanzen besorgte er sich durch Einziehung des Besitzes seiner Widersacher und Überwachung der Finanzbeamten im Land. Er versuchte, den Abfluß der Kirchensteuer nach Rom zu stoppen. Auf dem Konzil von Basel (1431–1449), wo die Teilnehmer nach Mitteln suchten, dem Einfluß des Papstes in der Kirche Einhalt zu gebieten, war Schottland durch den Schotten Thomas Livingston vertreten, einen der ersten Absolventen der Universität von St. Andrews.

Dennoch wurde Jakob I. durch eine Verschwörung um Walter Graf von Atholl, der den Thron für sich selbst begehrte, am 21.2.1437 in Perth ermordet. Seine Witwe verlor keine Zeit, die Verschwörer verhaften und hinrichten zu lassen.

Jakob II. Stewart 1437–1460

Auf Jakob I. folgte dessen einziger überlebender sechsjähriger Sohn, der erst 1449 die Regierungsgewalt tatsächlich übernehmen konnte. Seine erste Aufgabe sah er darin, die monarchische Autorität wiederherzustellen. 1449 enteignete er das Haus Livingston und 1452 das Haus Douglas. Die Einnahmen aus diesen Besitzungen ermöglichten es ihm, eine zentrale Administration einzurichten und die Justizverwaltung zu reformieren.

Zu den wichtigsten Errungenschaften der Regierung Jakobs II. gehört die Gründung der Universität von Glasgow (1451), Schottlands zweite Universität. Dann wandte er sich den Engländern zu, die erneut Anspruch auf die Oberherrschaft über Schottland erhoben. 1456 griff er englische Außenposten in Schottland an. 1460 wurde er während seiner Belagerung von Schloß Roxburgh durch eine defekte Kanone getötet.

Jakob III. Stewart 1460–1488

Das Drama der Stewarts wiederholte sich abermals: der achtjährige Jakob wurde zum König gekrönt. Als Regenten fungierten erst die Mutter (†1463), dann der Bischof von St. Andrews (†1465) und schließlich eine Gruppe von Adligen unter der Führung der Familie Boyd, die sich 1466 des Königs bemächtigten. Mit der Erwerbung der Inseln Orkney und Shetland 1468/69 (als Mitgift der Prinzessin Margarete, Tochter Königs Christian I. von Dänemark, Gemahlin Jakobs III. seit 1469) erreichte Schottland seine größte Ausdehnung.

Das fünfzehnte Jahrhundert brachte der Wirtschaft Schottlands Erholung, trotz anhaltender Unruhen und Kriege. Kaufleute und Handwerker wetteiferten miteinander. Die Errichtung von Schlössern und die Ausdehnung von Klosteranlagen sowie der Bau von Kathedralen waren weit verbreitet, langjährige Bauhütten an den Königsresidenzen in Linlithgow und Stirling, Stiftskirchen und schöne Burgkirchen sind weitere Beweise des Wohlstands. Königsburgstädte mit ihrem Anteil am internationalen Handel und Baronsburgstädte mit ihren Rechten innerhalb ihrer eigenen Örtlichkeit florierten gleichermaßen. Die Handwerker drohten, den Kaufleuten die Führung in den Stadtgemeinden streitig zu machen. Ein Erlaß von 1469 gab dem Kaufmannsstand jedoch die Mehrheit im Stadtrat.

Doch mit dem Wohlstand machte sich eine Tendenz zur Inflation bemerkbar, und die Verschlechterung des gemünzten Geldes setzte der Regierung Jakobs III. zusätzlich zu. Unmittelbar nach seiner Heirat schüttelte Jakob den Einfluß der Barone ab und übernahm aktiv die Regierungsgeschäfte. Er war ein schwacher Monarch, der es nicht verstand, den Respekt des hohen Adels zu gewinnen. Im Gegensatz zu seinem Vater gelang es ihm nicht, die Regierungsgewalt zu zentralisieren und die Macht des Hochadels zu brechen.

1472 wurde St. Andrews Sitz des ersten Erzbistums Schottlands als Belohnung für die Bemühungen Jakobs, das Mönchswesen zu fördern und es zu seiner ursprünglichen Reinheit zurückzuführen (er errichtete sogar in Perth ein Haus der strikten Kartäuser). Die Erhöhung der Kirchengemeinde Schottlands war an sich ein erwünschter Schritt, doch der erste Erzbischof von St. Andrews sicherte sich den Posten, indem er den Papst gegen den König unterstützte. Das erklärt die Begeisterungslosigkeit der Schotten hierfür.

1487 machte der Papst dem König die Konzession, er werde die Besetzung eines vakanten Kirchenamts bis zu acht Monate hinausziehen, um dem König Gelegenheit zu geben, seinen Kandidaten zu benennen.

1488 rebellierten zwei mächtige Grenzclans gegen den König und gewannen den fünfzehnjährigen Kronprinzen für ihre Sache. Jakob III. wurde am 11.6.1488 nach seiner Niederlage in der Schlacht von Sauchieburn gegen die Rebellen auf der Flucht erschlagen.

Jakob IV. Stewart 1488-1513

Nachfolger wurde sein fünfzehnjähriger Sohn Jakob, ein stämmiger, fähiger, gebildeter und großzügiger König. Es gelang ihm, Schottland unter königlicher Kontrolle zu vereinen und den Widerstand des letzten großen Lord of the Isles zu brechen (1493); unter ihm wurde Glasgow 1492 Sitz des zweiten Erzbistums des Landes und 1495 die dritte Universität (King's College) in Aberdeen gegründet.

Obwohl seine Regierung im Inland friedlich und ohne Widerstand verlief, wurde sie durch erneute Kriege mit England belastet: 1495 bereitete Jakob eine Invasion vor, um den Anwärter auf den englischen Thron, Perkin Warbeck, (den angeblichen jungen Herzog von York) zu unterstützen – ein letzter

Versuch des Hauses von York, das Haus von Lancaster und Heinrich VII. Tudor vom Thron zu fegen. Jakobs Beitrag bestand aus einzelnen Einfällen in Nordengland. Doch nach der Gefangennahme Warbecks schloß Jakob 1497 einen siebenjährigen Frieden mit dem neuen Herrscherhaus in London ab. Die Beziehungen zwischen Schottland und England besserten sich vollends durch den Vertrag auf ewigen Frieden (1502) und die Vermählung Jakobs mit Margarete Tudor, der vierzehnjährigen ältesten Tochter Heinrichs VII. von England (1503).

Jakobs IV. Regierung machte Schottland international mächtig und stellte den Höhepunkt der schottischen Entwicklung in Diplomatie, Kunst, Literatur und Poesie dar. Doch die ehrgeizigen Pläne des Monarchen kosteten immense Summen zum Aufbau der Artillerie, der Marine und der Gesandtschaften. Um all das finanzieren zu können, vergab die Krone Ländereien auf Lehnsbesitzbasis gegen eine ansehnliche Anzahlung und unveränderlichen jährlichen Pachtzins, was auf Dauer und durch den generellen Preisanstieg im 16. Jahrhundert die Krone erheblich schwächte.

Heinrich VIII. (1509–1547) von England, Schwager Jakobs IV., wurde in die antifranzösischen Machenschaften des Papstes Julius II. (1503–1513) verstrickt, und in 1512 erneuerten Schottland und Frankreich ihre alte Allianz als Gegengewicht. Als Heinrich 1513 in Frankreich einfiel, überschritt Jakob die Grenze nach England und eroberte vier Burgen im August 1513. Doch seine Armee wurde in der Schlacht von Flodden bei Branxton am 9.9.1513 vernichtend geschlagen, und Jakob fiel in der Schlacht. Er hinterließ einen einzigen legitimen Sohn, seinen Nachfolger, und zahlreiche natürliche Söhne, die in späteren Jahren zu Ruhm und Ansehen gelangen sollten.

Jakob V. Stewart 1513–1542

Der Kronprinz war erst achtzehn Monate alt, als er zum König gekrönt wurde. Unmittelbar danach heiratete seine Mutter Margarete Tudor Archibald Douglas 6. Graf von Angus, den eifrigen Führer der pro-englischen Partei in Schottland, während die pro-französische von John Stewart 4. Herzog von Albany geführt wurde.

In den ersten Regierungsjahren war Jakob ein Spielball in den Händen beider Parteien. Um es noch komplizierter zu machen, schlug sich Margarete Tudor auf die Seite Albanys gegen ihren Mann. Angus besiegte jedoch Albany und zwang ihn, 1524 nach Frankreich ins Exil zu gehen. Ferner hielt er Jakob von 1526 bis 1528 gefangen und beherrschte unumstritten das Land.

Die Zeit der Reformation (1517–1660)

Hier sollten wir die Darstellung der politischen Entwicklung kurz unterbrechen, um eine andere Komponente in der Entstehung der Freimaurerei zu beleuchten: die religiöse Umwälzung des 16. Jahrhunderts. Neue Ideen und kulturelle Aspekte des Abendlandes warfen ihre Schatten voraus und fanden ihren Niederschlag in neuen Orden – Renaissance, Humanismus, Reformation, Deismus, Empirismus, Pietismus, Materialismus, Theismus, Atheismus, Rationalismus, Irrationalismus und Aufklärung, um nur einige zu nennen.

Die Freimaurerei ist ein Kind ihrer Zeit, sie ist nicht im luftleeren Raum entstanden; man kann sie nicht behandeln, ohne die Strömungen der Zeit zu berücksichtigen. Auch die Reformation und deren unzähligen Ableger spielten eine entscheidende Rolle in der Relativierung der christlichen Vorstellungen einer allein selig machenden Kirche als einzigem Heil der Menschheit und begründeten letztendlich den Begriff der Toleranz in der Freimaurerei.

Aber die Reformation selbst war nicht aus dem Nichts entstanden, auch nicht aus einer einmaligen Situation heraus – sie hat etliche Vorläufer, auf deren Lehre sie aufbaute bzw. die sie wiederbelebte:

Die Paulikianer

Um 650 in Armenien entstandene dualistische christliche Bewegung, von dem Dualismus des Marcionismus (einer gnostischen Bewegung im frühen Christentum) und vom Manichäismus (einer gnostischen Religion, vom persischen Propheten Mani im 3. Jahrhundert gegründet) direkt beeinflußt. Die fundamentale Lehre der Paulikianer war, daß es zwei Prinzipien gäbe: einen bösen und einen guten Gott; ersterer wäre Schöpfer und Herrscher der Welt, letzterer des Jenseits. Daraus entnahmen sie, daß Jesus nicht wirklich Marias Sohn wäre, da der gute Gott kein Fleisch angenommen und Mensch geworden wäre. Sie nahmen das Evangelium nach Lukas und die Briefe Pauli (daher von ihren Gegnern nach ihrer Verehrung Pauli »Paulikianer« genannt; sie bezeichneten sich selbst als »Christen«) an, lehnten jedoch das Alte Testament und die Briefe Petri ab, ferner lehnten sie Kult, Hierarchie und Sakramente der etablierten Kirche ab.

Stifter der Paulikianer war wohl ein Armenier namens Konstantin, der sich selbst den Beinamen Silvanus (Silas war einer der Gefährten Pauli) zulegte. Er gab dem Manichäismus einen markanten christlichen Charakter. Die Sekte soll eine weitverbreitete politische und militärische Rebellion in den asiatischen Provinzen des Byzantinischen Reiches kurz nach deren Auftreten gestartet haben. Zwischen 668 und 698 schickten die Kaiser Konstantin IV. und Justinian II. zwei Expeditionen, um sie zu unterdrücken. Konstantin (Silvanus) wurde zu Tode gesteinigt und sein Nachfolger Simeon (Titus) lebendig verbrannt.

Zu Beginn des 9. Jahrhunderts lebte der Paulikianismus wieder auf, breitete sich nach Kilikien und Kleinasien unter Sergius (Tychicus) aus, der ihn stark genug gemacht hatte, die von Kaiser Michael I. und Kaiserin Theodora veranlaßte Verfolgung und das anschließende Massaker zu überstehen; die Paulikianer verbanden sich daher mit dem muslimischen Emir von Melitene. Die Anzahl und die Macht der Paulikianer war am stärksten unter Karbeas und Chrisocheir, den Führern im dritten Quartal des 9. Jahrhunderts. Die Strafexpedition des Kaisers Basileios I. brach 872 ihre militärische Macht und verpflanzte sie nach Thrakien, um als Grenzschützer gegen die Bulgaren zu dienen, doch sie überlebten in Asien mindestens bis zu den Kreuzzügen.

Die Bogomilen

Um die Mitte des 10. Jahrhunderts in Bulgarien entstandene dualistische religiöse Bewegung durch Verschmelzung dualistischer, neomanichäischer Lehren der Paulikianer mit einer lokalen slawischen Bewegung, welche darauf abzielte, die frisch eingerichtete Bulgarische Orthodoxe Kirche im Namen eines evangelischen Christentums zu reformieren. Sie wurde nach ihrem Stifter, dem Priester Bogomil, benannt.

Die Zentrallehre der Bogomilen basierte auf einer dualistischen Kosmologie und besagte, daß die sichtbare und materielle Welt eine Schöpfung des Teufels wäre. Dadurch leugneten sie die Lehre von der Fleischwerdung und lehnten die christliche Konzeption von der Materie als Vehikel für die Gnade ab. Sie lehnten auch die Taufe, das heilige Abendmahl und die gesamte Organisation der orthodoxen Kirche ab. Die Morallehre der Bogomilen war folgerichtig dualistisch. Sie verdammten solche menschlichen Funktionen, die den Menschen in Berührung mit der Materie brachten, insbesondere Ehe, Fleischverzehr und Weingenuß. Diese Sittenstrenge der Bogomilen wurde durchweg selbst von ihren ärgsten Feinden anerkannt.

Während des 11. und 12. Jahrhunderts breitete sich der Bogomilismus in mehrere europäischen und asiatischen Provinzen des Byzantinischen Reiches aus. Seine Zunahme in Konstantinopel führte um 1100 zur Verurteilung und Einkerkerung prominenter Bogomilen der Metropole und zur öffentlichen Verbrennung seines Anführers Basileios. In der zweiten Hälfte des 12. Jahrhunderts breitete er sich westwärts aus. Der serbische Herrscher Stephan Nemanya war gezwungen, eine Generalsynode seines Landes einzuberufen, um ihm Einhalt zu gebieten. Noch wichtiger war seine Ausdehnung nach Bosnien, wo der Bogomilismus, modifiziert und als Patarener oder Bosnischer Glaube bekannt, von Herrschern und Hochadel angenommen und in eine nationale Bewegung umgewandelt wurde. Der Bogomilismus breitete sich westlich bis zum Atlantik aus und wirkte auf die Katharer. Anfang des 13. Jahrhunderts bildeten die dualistischen Gemeinden Südeuropas ein Geflecht vom Schwarzen Meer bis zum Atlantik.

Die Katharer (griech. katharos »rein«)

Eine christliche Bewegung mit neomanichäischem Dualismus von den zwei Prinzipien, dem Guten und dem Bösen, die in strenger Askese die vom Teufel geschaffene Welt zu überwinden suchte. Diesem Bösen stand für sie in streng dualistischer Scheidung der gute Gott gegenüber. Sie gab sich selbst den Namen »Christiani« oder »Boni homines«. Sie kam vom Balkan, wo die Paulikianer und Bogomilen beheimatet waren, nach Westen.

Die ersten Katharer erschienen im Limousin zwischen 1012 und 1020. Von Wilhelm IX. Herzog von Aquitanien und bald danach von einem Großteil des Hochadels im Süden geschützt, gewann die Bewegung dort schnell an Boden, und in 1119 befahl das Konzil von Toulouse vergebens den weltlichen Mächten, den kirchlichen Behörden zu helfen, diese Häresie niederzuwerfen. Doch die Menschen hingen an diesen bons hommes, deren Askese und antipriesterlichen Predigten die Massen beeindruckten.

In der ersten Hälfte des 11. Jahrhunderts erschienen vereinzelt Gruppen solcher Asketen im westlichen Deutschland, in Flandern und im nördlichen Italien. Eine Periode des rapiden Wachstums kam in den 30 Jahren ab 1140 auf. Um diese Zeit war die bogomile Kirche im Begriff, sich neu zu organisieren, und bogomile Missionare sowie westliche Dualisten auf dem Weg zurück vom Zweiten Kreuzzug (1147–1149) waren am Werk im Westen um die Mitte des Jahrhunderts. Seit etwa 1140 waren die Katharer eine organisierte Kirche mit einer Hierarchie, Liturgie und einem System von Doktrinen. Um 1149 etablierte sich der erste Bischof in Nordfrankreich; einige Jahre später installierte er Kollegen in Albi und in der Lombardei. Der Status dieser Bischöfe wurde bestätigt und das Prestige der Katharer Kirche erhöht durch den Besuch des bogomilen Bischofs Niketas in 1167. In den darauffolgenden Jahren wurden weitere Bischöfe eingesetzt, bis es gegen Ende des Jahrhunderts insgesamt elf Bistümer gab: eines in Nordfrankreich, vier im Süden und sechs in Italien. Alexander III. (1159–1181) war der erste Papst, der seine Besorgnis über die Ausbreitung der Häresie der Katharer (er nannte sie »Albigenser« nach dem Bistum Albi, dem alten Albiga) im südlichen Frankreich zum Ausdruck brachte.

Die extreme Askese machte die Katharer zu einer Kirche der Auserwählten, und dennoch wurde sie in Frankreich und Norditalien eine populäre Religion. Dieser Erfolg wurde durch Teilung der Gemeinde in zwei Körperschaften erreicht: die »Vollkommenen« und die »Gläubigen«. Die Vollkommenen wurden von den Gläubigen durch eine Initiationsfeier erhoben (»Cosolamentum«). Sie weihten sich der Kontemplation, und man erwartete von ihnen die höchsten ethischen Maßstäbe. Von den Gläubigen wurde nicht erwartet, daß sie die Maßstäbe der Vollkommenen erreichen.

Die Lehrsätze der Katharer von der Schöpfung führte sie dazu, die biblische Geschichte neu zu schreiben; sie erfanden eine sorgfältig ausgearbeitete Mythologie, sie zu ersetzen. Den größten Teil des Alten Testaments betrachteten sie mit Reserviertheit; manche von ihnen lehnten es ganz ab. Die orthodoxe Lehre von der Fleischwerdung wurde abgelehnt. Jesus war lediglich ein Engel; sein menschliches Leiden und Sterben war eine Illusion. Sie kritisierten entschieden die Weltlichkeit und Korrumpiertheit der katholischen Kirche.

Die Doktrinen der Katharer zielten nach den Wurzeln des orthodoxen Christentums und der politischen Institution der Kirche; sie genossen nahezu 100 Jahre steten Aufstieg, bis Innozenz III. (1198–1216) den päpstlichen Thron bestieg und versuchte, eine Koalition der weltlichen und geistlichen Macht gegen sie zu mobilisieren. Er bemühte sich, Raimund VI. Graf von Toulouse für diesen Kampf gegen die Häresie zu gewinnen, doch das endete in einer Katastrophe; der päpstliche Legat wurde in Januar 1208 ermordet, und der Graf wurde der Komplizenschaft an diesem Mord bezichtigt. Innozenz ließ die Zisterzienser 1209 den Kreuzzug gegen die Katharer (Albigenserkriege 1209–1229) predigen, und eine Armee, angeführt von nordfranzösischen Baronen, fiel in Toulouse und die Provence ein und massakrierte deren Einwohner, Katharer und Katholiken gleichermaßen. Der Krieg wurde offiziell 1229 mit dem Vertrag von Paris beendet, das rottete die Häresie jedoch nicht aus. Eine planmäßige Verfolgung durch die Inquisition mit dem Segen des heiligen Ludwig IX. von Frankreich war erfolgreicher in der Zerschlagung der Macht der Katharer. In 1244 wurde die große Festung von Montsegur, ein Bollwerk der Vollkommenen, eingenommen und zerstört. Die Katharer mußten in den Untergrund; die unablässige Verfolgung durch die Inquisition im Süden Frankreichs (Toulouse, Albi u.a.) während des ganzen 13. Jahrhunderts trieb die französischen Katharer in die Flucht nach Italien; die Hierarchie verschwand in den 1270er Jahren und die Bewegung Anfang des 15. Jahrhunderts.

Die Waldenser (franz. Vaudois, ital. Valdesi)

Eine im 12. Jahrhundert in Südfrankreich entstandene Laienbewegung (Arme von Lyon), deren Anhänger danach trachteten, Jesu in Armut und Einfachheit nachzueifern; benannt nach deren Stifter Petrus Waldus (Peter Waldo, Pierre Valdes), einem reichen Kaufmann in Lyon, der sein Vermögen an die Armen verteilte. Als Laie predigte er in Lyon (1170–1176), doch die kirchlichen Behörden nahmen Anstoß an dem Mangel an theologischer Ausbildung und dem Gebrauch einer nichtlateinischen Fassung der Bibel. Waldus nahm am 3. Laterankonzil (1179) in Rom teil und wurde durch Papst Alexander III. in seinem Armutsgelübde bestätigt, erhielt jedoch nicht die kirchliche Anerkennung, die er als Prediger suchte. Unbeirrt setzten er und seine Anhänger ihre Predigertätigkeit fort; der Erzbischof von Lyon verdammte ihn, und Papst Luzius III. setzte im Ketzeredikt 1184 auch die Waldenser unter Bann.

Danach trennten sich die Waldenser von der Lehre der Römischen Kirche und verwarfen deren Lehrautorität, Hierarchie, Tradition, Sakramente und die Vorstellung vom Fegefeuer. Ihre Lehre basierte auf einem vereinfachten

Biblizismus, moralischer Strenge und Tadelung der Mißbräuche der zeitgenössischen Kirche. Ihre Bewegung, die sich auch mit anderen Sekten verband und von deren Lehren einiges übernahm, breitete sich rasch nach Spanien, Nordfrankreich, Flandern, Deutschland, Böhmen, Ungarn, Polen, der Lombardei und Süditalien aus.

Rom reagierte tatkräftig, aus der Exkommunizierung wurde Verfolgung und Vernichtung. Obwohl die Waldenser regelmäßig beichteten, einmal jährlich Kommunion feierten, fasteten und Armut predigten, verwarfen sie (neben dem Fegefeuer) die Totenmesse, die Anbetung des Kruzifixes und die Heiligkeit der Kirchen; und sie lehnten es ab, weltliche Gerichte anzuerkennen, da diese Eide verlangten.

Zu Beginn des 13. Jahrhunderts kehrte eine Anzahl von Waldensern zur Orthodoxie zurück, vermutlich unter dem Druck der Inquisition; gegen Ende des Jahrhunderts hatte die Verfolgung die Waldenser-Gemeinden in manchen Gegenden völlig ausgerottet, und aus Sicherheitsgründen verzichteten die übriggebliebenen Waldenser auf ihr markantes Gewand. Am Ende des 15. Jahrhunderts waren sie nur noch in den Tälern der Cottischen Alpen an der italienisch-französichen Grenze anzutreffen, bis sie 1526 durch Guillaume Farel zu einem neuen Leben erweckt wurden.

John Wycliffe (um 1326–1384) und die Lollarden

– aus dem Mittelholländischen *lollaert* (»Unkrautsäer«), eine Bezeichnung, die bereits früher auf gewisse kontinentale Gruppen angewendet wurde, die in Verdacht standen, frommen Dünkel mit häretischem Glauben zu verbinden. Nach 1382 wurde sie höhnisch für die Anhänger Wycliffes verwendet.

Seit Beginn der Einmischung der Päpste in politische Belange (z.B. Innozenz III.: Ablehnung der Magna Charta von 1215) wuchs in England mit dem neuerwachten nationalen Bewußtsein eine Abneigung gegen Rom, die im Hundertjährigen Krieg besonders durch das Mißtrauen gegen die von 1309 bis 1377 in Avignon residierenden, vom französischen König beherrschten Päpste genährt wurde. 1366 verweigerte das englische Parlament dem Papst den Feudaltribut. In Oxford begann um 1370 der Theologe und Philosoph John Wycliffe, zunehmend radikale religiöse und soziale Ansichten zu verbreiten. Er lehnte die Lehre von der Transsubstantiation ab und unterstrich die Wichtigkeit des Predigens und den Vorrang der Bibel als Quelle der christlichen Lehre. Er predigte willkommen in London zugunsten einer Einziehung der Pfründen, doch seine Verbindung zu Johann von Gaunt, Herzog von Lancaster, dem jüngeren Bruder Eduards III., mißfiel seinen kirchlichen Vorgesetzten. Im Februar 1377 wurde er vor sie befohlen, doch der Prozeß platzte, und Wycliffe zog sich unbehelligt und nicht verurteilt zurück. Dieses Jahr sah sich Wycliffe auf der Höhe seiner Popularität und seines Einflusses: Parlament wie König konsultierten ihn, ob es rechtens sei, die Schätze des Königreichs Rom vorzuenthalten, und Wycliffe bejahte dies.

Im Mai verabschiedete Papst Gregor XI. fünf Bullen gegen Wycliffe, verdammte dessen polito-kirchlichen Theorien und forderte dessen Inhaftierung. Das Urteil blieb jedoch ohne Konsequenzen; Oxford lehnte es ab, seinen hervorragenden Gelehrten zu verurteilen. Da begann Wycliffe, die Autorität des Papstes anzuprangern. Er behauptete, das päpstliche Amt habe keine biblische Rechtfertigung, setzte den Papst mit dem Antichristen gleich und begrüßte das Schisma im Papsttum des 14. Jahrhunderts als Vorspiel zu dessen Vernichtung. Wycliffe wurde der Häresie bezichtigt und 1378 von seinem Lehramt suspendiert; dennoch wurde er nie angeklagt oder verurteilt, und er setzte seine schriftstellerische und Predigertätigkeit bis zu seinem Tode 1384 fort.

Die erste Lollardengruppe versammelte sich (1380) um einige Gelehrtenkollegen Wycliffes an der Oxforder Universität unter der Führung von Nikolaus von Hereford. Die Bewegung gewann Anhänger außerhalb des Kampus; und die antiklerikalen Untertöne der Bauernrevolte von 1381 wurden – möglicherweise zu Unrecht – dem Einfluß Wycliffes und der Lollarden zugeschrieben. 1382 zwang William Courtenay, Erzbischof von Canterbury, einige Oxforder Lollarden, ihren Ansichten abzuschwören und sich zur katholischen Kirche zu bekennen. Dennoch breitete sich die Sekte unter Städtern, Kaufleuten, dem niederen Adel und sogar dem niederen Klerus aus. Zahlreiche Ritter des königlichen Haushalts gaben ihr ihre Unterstützung, dazu auch einige Mitglieder des Unterhauses.

Von Anfang an tendierte die Lollardenbewegung dazu, Wycliffes gelehrten Scharfsinn abzulegen. Die vollständigste Niederschrift der frühen Lollardenlehre erschien in den *»Zwölf Thesen«*, geschrieben zur Vorlage beim Parlament von 1395. Sie begann mit der Feststellung, daß die Kirche in England ihrer »Stiefmutter, der großen Kirche von Rom«, unterwürfig geworden sei. Die gegenwärtige Priesterschaft sei nicht die, welche von Christus bestimmt worden war, während das römische Ritual der Priesterweihe keine Vollmacht in den Heiligen Schriften habe. Die klerikale Ehelosigkeit verursache abartige Begierde, während das »Scheinwunder« der Transsubstantiation (Umwandlung von Brot und Wein in Leib und Blut Christi) die Menschen in den Götzendienst treibe. Das Weihen von Wein, Brot, Altären, Meßgewändern und ähnlichem wurde mit der schwarzen Kunst und Geisterbeschwörung in Verbindung gebracht. Prälate sollten, auch nicht vorübergehend, kein Richterbzw. Herrscheramt bekleiden, da kein Mensch zwei Herren gleichzeitig dienen könne.

Die »Zwölf Thesen« verwarfen ferner die besonderen Messen für die Toten, das Pilgern zu heiligen Gräbern, die Opferdarbringung vor Bildnissen und erklärten die Beichte vor einem Geistlichen für unnötig zur Erlangung der Absolution. Kriegsführung sei dem Neuen Testament zuwider, und das Keuschheitsgelübde der Nonnen führe zu den Schrecken von Abtreibung und Kindermord. Und schließlich, die Fülle von unnötigen Künsten und Gewerben, welche in der Kirche betrieben würden, fördere »Verschwendung, Neugierde und Verschleierung«.

Die »Zwölf Thesen« deckten alle Hauptlehren der Lollarden ab, bis auf zwei: daß die Hauptaufgabe der Priester das Predigen sei, und daß alle Menschen freien Zugang zur Heiligen Schrift in ihrer eigenen Sprache haben sollten. Die Lollarden zeichneten für zwei Bibelübersetzungen ins Engliche verantwortlich: die eine Wycliffes, die 1382 von Hereford herausgebracht wurde, die andere eine durch Wycliffes Sekretär John Purvey verbesserte Fassung 1388.

Die Thronbesteigung Heinrichs IV. im Jahre 1399 (–1413) signalisierte eine Welle von Repressionen gegen die Bewegung. 1401 wurde das erste englische Statut zur Verbrennung von Ketzern (*De haeretico comburendo*) verabschiedet. 1414 wurde ein Lollardenaufstand unter der Führung von Sir John Oldcastle durch Heinrich V. (1413–1422) rasch niedergeschlagen. Die Rebellion brachte den Lollarden schwere Repressalien und markierte das Ende ihres politischen Einflusses.

In den Untergrund getrieben, lebte die Bewegung von da an hauptsächlich unter den Kaufleuten und Handwerkern, von einigen klerikalen Anhängern unterstützt. Gegen 1500 begann ein Wiedererwachen der Lollarden, und noch vor 1530 ging die alte Lollarden- in der neuen Protestantenbewegung auf. Die Lollardentradition förderte die Ausbreitung des Protestantismus und machte die öffentliche Meinung empfänglich für Heinrichs VIII. (1509–1547) antiklerikale Gesetzgebung während der englischen Reformation. Als die Geistlichkeit in England den Zusammenhang zwischen Wycliffes Lehre und der von Jan Hus in Böhmen erkannte, wurden 1417 Wycliffes Gebeine ausgegraben und verbrannt.

Jan Hus (1372–1415) und die Hussiten

Aus Anlaß der Heirat Richards II. (1377–1399) mit Anna von Böhmen (1382), Tochter Karls IV., zogen Adelige aus Böhmen in deren Gefolge nach London. 1399, nach der Gefangennahme Richards durch Heinrich IV., kehrten sie nach Prag zurück und brachten die Schriften Wycliffes nach Böhmen heim, mit denen dann Jan Hus bekannt wurde.

1402 wurde Jan Hus zum Priester geweiht und zum Pfarrer einer Kirche in Prag bestimmt. Während der nächsten zwölf Jahre als Prediger wurde er ein beliebter Führer der tschechischen nationalen Reformbewegung. 1403 protestierte er gegen die Verurteilung Wycliffes durch die deutsche Mehrheit an der Prager Universität. Er wurde zum tschechischen Führer der Studenten im Kampf zwischen Böhmen und Deutschen an der Universität. 1409 wurde Hus zum Oberpfarrer (Rektor) der Prager Universität gewählt. Im selben Jahr endete der Kampf mit dem Exodus der Deutschen aus Prag.

Die katholische Kirche war damals in zwei Lager gespalten und hatte zwei Päpste gleichzeitig. Von 1309 bis 1377 residierten die Päpste in Avignon, Frankreich, anstatt in Rom, dem himmlischen Jerusalem. Zwar wurden die Dispute der Franziskaner, welche sich schließlich in der Lehre der Spiritualen kristallisierten, ihre absolute Armut sei die Christi, 1322 grausam beigelegt, doch eine Gruppe von ihnen, geführt vom General des Ordens Michael von Cesena und von Wilhelm von Ockham (1285–1349), wurde zu erbitterten und schrecklichen Kritikern des Papsttums. Der italienische politische Philosoph Marsilius von Padua (1280–1343), der mit ihnen konform ging, zeichnete 1324 in seinem Werk *»Defensor pacis«* einen weltlichen Staat auf, in dem die Kirche eine Verwaltungsbehörde, das Papsttum und das Bistum menschliche Institutionen und die geistlichen Würden zu ehrenamtlichem Nichts reduziert waren. Ockham und Marsilius gebrauchten nahezu alle Argumente, die gegen das Papsttum jemals vorgebracht worden waren.

Mehrfach verdammt, hatte Marsilius so gut wie gar keinen unmittelbaren Einfluß gehabt, doch während des großen Schismas des Papsttums (1378–1417) und später, im 16. Jahrhundert, hatten seine und Ockhams Lehre ihre Zeit.

Der Wunsch der Christenheit auf Rückkehr des Papstes von Avignon nach Rom wurde endlich durch Urban VI. (1378–1389) erfüllt. Da die Römer auf die Versammlung der Kardinäle, in der Urban zum Papst gewählt wurde, Druck ausgeübt hatten, und da die französischen Kardinäle gegen die Rückkehr nach Rom und die äußerst ungestümen Reformforderungen des neuen Papstes waren, erklärten sie die Wahl für ungültig. Noch im selben Jahr wurde Klemens VII.(1378–1394), ein Verwandter des Königs von Frankreich, zum Gegenpapst erhoben; er kehrte nach Avignon zurück und gründete dort eine zweite Kurie. Das westliche Schisma nahm seinen Anfang.

Der Ruf nach einem Generalkonzil wurde laut, das die Westkirche wiederzuvereinen und das Schisma beenden sollte. Doch erst 1409 konnte dies auf dem Generalkonzil von Pisa versucht werden. Hier wurden beide regierende Päpste (Gregor XII. 1406–1415 in Rom und Benedikt XIII. 1394–1417 in Avignon) abgesetzt und Alexander V. (1409–1410) gewählt. Ein solcher Vorgang war vollkommen neu: ein Konzil richtet über den Papst! Anstatt Einigung der Kirche, hatte man nun drei Päpste (Alexander V. residierte in Bologna). Nach ihm wurde Johannes XXIII. (1410–1415) gewählt, ein unwürdiger Nachfolger, dessen Wahl als ungültig betrachtet wurde.

Ein wirklich großes Konzil war nun unbedingt erforderlich, und nur der deutsche König Sigismund (seit 1387 König von Ungarn, seit 1410 König der Deutschen und seit 1433 Kaiser) konnte dies bewerkstelligen: das Konzil von Konstanz (1414–1418) begann; Johannes XXIII. versuchte, es 1415 durch Flucht zu vereiteln, doch der König hielt das Konzil zusammen. Es wurde eine der ganz großen kirchlichen Versammlungen. Das Problem der Einheit wurde dadurch gelöst, daß zwei Päpste (Johannes und Benedikt) abgelöst wurden, während der dritte (Gregor) abdankte. Martin V. (1417–1431) aus der römischen Familie der Colonna wurde dann gewählt und bestätigt.

Doch der allgemeine Ruf nach Reform innerhalb der Kirche blieb ungehört. Und just aus diesem Grund blieben alle Reformbewegungen am Leben; und der Konflikt mit dem böhmischen Reformator Jan Hus trat zutage.

Sein unerbittliches Predigen für Reform (gegen den Reichtum und die ungeistliche Lebensführung der meist deutschen Prälate), ließ ihn beim Erzbischof von Prag in Ungnade fallen, und dieser brachte die Angelegenheit vor Papst Alexander V. Obwohl dieser Hus untersagte, seine Predigertätigkeit fortzusetzen, und ihn zum Widerrufen aufforderte, legte Hus bei dessen

Nachfolger Johannes XXIII. Berufung ein und predigte weiter mit Erfolg. 1411 wurde er exkommuniziert, worauf er mit leidenschaftlichen Predigten gegen päpstliche Politik und Simonie erwiderte. Als der Gegenpapst (Johannes) einen Kreuzzug gegen den König von Neapel (einen Anhänger von Gregor XII.) ausrief, verurteilte Hus diese Entscheidung und den Verkauf von Ablässen, der sie begleitete, und die Prager Bevölkerung revoltierte. Hus mußte (1412) die Stadt verlassen.

Als das Konzil von Konstanz einberufen wurde, willigte Hus ein, gegen die Zusicherung freien Geleits vor dem Konzil zu erscheinen. Er erreichte Konstanz am 3.11.1414, doch vor Ablauf eines einzigen Monats wurde er verhaftet und in einem Dominikanerkloster eingekerkert. In seinem Prozeß wurde er der Ketzerei bezichtigt und am 6.7.1415 auf dem Scheiterhaufen verbrannt.

Nach seinem Tode veröffentlichten zahlreiche böhmische Ritter und Edelleute einen formellen Protest und boten jedem, der wegen seines Glaubens verfolgt wurde, Schutz und Beistand. Die Hussiten brachen mit Rom, indem sie eine tschechische Liturgie verwendeten und die Kommunion in beiden Formen, Brot und Wein, den Laien spendeten. (Die Doktrin hierzu wurde Utraquismus, die gemäßigten Hussiten Utraquisten genannt.)

Unter König Wenzel IV. (1378–1419) von Böhmen verbreitete sich die Bewegung rasch. Jakoubek von Stribro, der Nachfolger von Hus, formulierte die »Vier Artikel von Prag«: (1) Predigtfreiheit; (2) Kommunion in beiden Formen; (3) Armut des Klerus und Enteignung des Kirchenbesitzes; (4) Bestrafung notorischer Sünder.

Auf Wenzel folgte sein Halbbruder Kaiser Sigismund auf dem böhmischen Thron (1419–1437). Er war ein erklärter Gegner der Hussiten. 1420 veröffentlichte er eine Bulle des Papstes Martin V., in der dieser zu einem Kreuzzug gegen die Hussiten aufrief. Mehrere Kämpfe folgten, doch die Hussiten blieben stets Sieger. Eine Friedensverhandlung war nicht möglich, da Martin dies schlichtweg abgelehnt hatte.

Erst nach dessen Tode (1431) erklärte sich das Konzil von Basel (1431–1449) bereit, mit den Hussiten als Gleichberechtigten zu verhandeln. Eine hussitische Delegation diskutierte (1433) vier Monate lang auf dem Konzil die »Vier Artikel von Prag«. Im Juli 1436 erreichte sie den Frieden von Iglau und setzte alle ihrer Artikel durch. Das Ergebnis: eine unabhängige Böhmisch-Katholische Kirche mit Jan Rokycana als gewählten Erzbischof, die 1620 in die römisch-katholische Kirche aufging.

Der Humanismus

In der abendländischen Geistesgeschichte ist der Humanismus eine geistige Bewegung, die die griechische und römische Kulturwelt zu erschließen suchte und für die Bildung des Menschen fruchtbar machen wollte. Der mittelalterliche Humanismus erlebte seine Blüte im 12. Jahrhundert in Frankreich und England. Im 14. Jahrhundert entstand in Italien der die Neuzeit mitprägende Renaissance-Humanismus. Er griff zunächst auf lateinische Schriftsteller, besonders Cicero, zurück, der als Muster der klassischen Sprache der hohen Rede gefeiert wurde. Bahnbrechend für diesen Humanismus war der Florentiner Dichter und Philologe Francesco Petrarca (1304–1374); von ihm angeregt, entwickelte sich Florenz zum Zentrum des Studiums der Wissenschaft und der Poesie des Lateinischen, und seit dem ebenfalls Florentiner Dichter Giovanni Boccaccio (1313–1375) des griechischen Altertums (besonders Homer). In Deutschland faßte der Humanismus im 14. Jahrhundert am Hofe Karls IV. (1346–1378) und an einigen Universitäten Fuß. Der neuzeitliche Humanismus des 15. Jahrhunderts hatte jedoch eine andere Ursache:

Von den Türken ernsthaft bedrängt, versuchte der byzantinische Kaiser Konstantin XI. Dragases (1448–1453) verzweifelt, Hilfe vom Abendland zu mobilisieren, um ein erfolgreiches gemeineuropäisches Unternehmen gegen die Türken zu führen. Er bot den Übertritt zum römisch-katholischen Glauben und die Union beider Kirchen an. 1452 wurde die Union in der Hagia Sophia von Kardinal Isidor verkündet. Die Hilfe des zerstrittenen Abendlandes blieb jedoch aus.

Eine gewaltige Übermacht unter Sultan Mehmet II. (1451–1481) begann Anfang April 1453 die Belagerung von Konstantinopel. Mit Hilfe einer neuen Waffe, einer schweren Artillerie , wurde nach verlustreichen Kämpfen und todesmutiger Verteidigung unter der Führung des Kaisers und des Genuesen Giustiniani, die beide kämpfend fielen, schließlich am 29. Mai 1453 das »Zweite Rom« erobert. Konstantinopel wurde zur Hauptstadt des Osmanischen Reiches, das byzantinische Kaisertum erlosch, die Kirchenunion wurde widerrufen, die griechischen Gelehrten suchten in Italien Asyl und ein neues Betätigungsfeld als Kulturmittler.

Durch die byzantinischen Gelehrten und mit Papst Nikolaus V. (1447–1455) hielt der Humanismus in Rom seinen Einzug. Nikolaus begründete die Vatikanische Bibliothek; unter seinen Nachfolgern zeigte sich eine wachsende Verweltlichung des Papsttums, vor allem wurde der Nepotismus immer mehr gefördert. Der Verfall des Papsttums erreichte seinen Höhepunkt unter Alexander VI. (1492–1503).

Die Übertragung des antiken Erbes durch die griechischen Gelehrten von Byzanz nach Italien wurde für die Neuzeit von welthistorischer Bedeutung. Durch Suche nach Handschriften und eifriges Sammeln (Bibliotheken) wurde der Kreis der bekannten antiken Schriftsteller erweitert. Zugleich wetteiferten die Humanisten mit den lateinischen Vorbildern in Vers und Prosa. Daraus entstand eine neulateinische Literatur. Die Pflege der antiken Schriftüberlieferung bewirkte eine kritische Einstellung zur Überlieferung, den Beginn historischer Kritik und vielfach eine Verdiesseitigung des Lebensgefühls. Zu den ersten Humanisten der Neuzeit kann man Marsilio Ficino (1433–1499) zählen. Mit 29 war er bereits das Haupt der Platonischen Akademie von Florenz; 1469 verfaßte er sein Kommentar zu Platos *»Symposion« (»De amore«* genannt); 1473 wurde er zum Priester geweiht, mit einem Amt am Florentiner Dom; 1474 schrieb er *»Liber de Christiana religione«*, 1482 *»Theologia Platonica«*, seine wichtigsten Arbeiten. 1484 erschien Ficinos vollständige Übersetzung Platos ins Lateinische, die erste komplette Ausgabe in einer europäischen Sprache überhaupt.

Ficinos Interpretation des Platonismus fand weite Verbreitung und hatte großen Einfluß auf das europäische Denken. Seine Lehre, daß der Mensch von Natur aus zur Religion tendiere, was ihn von den niederen Tieren unterscheide, und daß alle Religionen ein Maß an Wahrheit besäßen, hat das deistische Denken des 17. Jahrhunderts inspiriert.

Giovanni Conte Pico della Mirandola (1463–1494) war ebenfalls ein Streiter für freie Religiösität, wie sein Meister Ficino. Sohn des Prinzen von Mirandola, genoß er eine umfassende humanistische Bildung, studierte dann kanonisches Recht in Bologna und aristotelische Philosophie in Padua, besuchte Paris und Florenz, wo er Hebräisch, Aramäisch und Arabisch lernte. In Florenz lernte er den großen Ficino kennen.

Durch die Bekanntschaft mit der hebräischen Kabbala wurde Pico der erste christliche Gelehrte, der kabbalistische Doktrinen zur Untermauerung christlicher Theologie verwendete. Um 900 Thesen zu verteidigen, die er von verschiedenen griechischen, hebräischen, arabischen und lateinischen Schriftstellern entnommen hatte, lud er 1486 Gelehrte aus ganz Europa zu einer öffentlichen Disputation nach Rom ein. Zu diesem Anlaß schrieb er sein berühmtes Werk *»De dignitate hominis«* (Rede von der Würde des Menschen). Eine päpstliche Kommission jedoch erklärte 13 dieser Thesen für ketzerisch, und Papst Innozenz VIII.(1484–1492) verbot die Versammlung.

Trotz seiner darauffolgenden Schrift *»Apologia«* in Rechtfertigung dieser Thesen, fand es Pico klüger, nach Frankreich zu fliehen, wo er verhaftet wurde. Nach kurzer Haft siedelte er um nach Florenz, wo er Mitglied der Platonischen Akademie unter dem Schutz des Florentiner Prinzen Lorenzo de Medici wurde. 1492 wurde er durch Papst Alexander VI. von der Anklage wegen Ketzerei freigesprochen. Bereits ein Jahr nach seinem Tode wurden seine Werke in der Sammlung *»Commentationes Ioannis Pici Mirandulae«* (1495–1496) herausgegeben. Seine Arbeit über die Mängel der Astrologie beeinflußte später den Astronomen Johannes Kepler nachhaltig.

Die Entdeckungen

Der Fall Konstantinopels (1453) war nur ein Signal für die schier ungeahnte Wandlung in den Ländern des östlichen Mittelmeers. Bulgarien war bereits 1396 türkische Provinz geworden. 1456 fiel Athen, 1459 Serbien, 1460 Morea, 1461 die letzte griechische Herrschaft in Trapezunt, 1463 Bosnien und 1483 wurde die Herzegovina besetzt. Damit war die Vorherrschaft der Türken auf dem Balkan vollendet. Das griechisch-orthodoxe Christentum blieb unter der Türkenherrschaft bestehen und bewahrte die Balkanvölker vor der völligen Preisgabe ihrer nationalen und kulturellen Eigenständigkeit. Die Führerrolle innerhalb der Orthodoxie übernahm nun als die einzige relativ unabhängige Macht der Moskauer Staat mit dem Anspruch, das »Dritte Rom« zu repräsentieren.

Nach diesen Eroberungen kam die Herrschaft der Türken im östlichen Mittelmeer einer Sperrung der alten Karawanenstraßen gleich. Weil damit der Handel zwischen Abendland und Morgenland, besonders mit Indien, zum Erliegen kam, versuchten die zur See hin orientierten Staaten Portugal und etwas später Spanien, den Seeweg nach Indien zu finden. Heinrich der Seefahrer (1394–1460), Sohn Königs Johann I. von Portugal, förderte die Entdekkungsfahrten längs der afrikanischen Küste. 1415 wurde Ceuta erobert, 1419 die Madeira-Inseln, 1427 die Azoren. Portugal wurde eine führende Kolonialmacht, 1444 wurde die erste portugiesische Kolonialgesellschaft gegründet. 1445 wurde Kap Verde, 1455 wurden die Kapverdischen Inseln, 1461 Sierra Leone erreicht. Durch Fortschritte in der Naturkenntnis wurden die Voraussetzungen für solche Unternehmungen geschaffen: Kompaß (seit dem 14. Jahrhundert), erste Weltkarte (1471) und das Wissen um die Kugelgestalt der Erde.

1469–1471 wurden die Gebiete Tanger und weiter südlich dem Königreich Algarve zugeschlagen. 1482 wurde die Kongomündung erreicht, 1487 umfuhr Bartolomeo Diaz die Südspitze Afrikas. 1492 entdeckte der Genuese Christoph Kolumbus Amerika im Dienste Spaniens: er landete auf der Bahamainsel Guanahani und entdeckte Kuba und Haiti. 1494 unternahm der Florentiner Amerigo Vespucci mehrere Fahrten nach Südamerika; 1498 fand der Portugiese Vasco da Gama den Seeweg nach Ostindien; 1500 entdeckte Cabral Brasilien für Portugal. Mit diesen Entdeckungen und seit der Eroberung Syriens (1516) und Ägyptens (1517) durch die Osmanen war die wirtschaftliche Vormachtstellung Italiens (Venedig, Florenz) gebrochen, der atlantische Handel löste den Mittelmeerhandel ab.

Geistige, soziale und wirtschaftliche Wandlungen

Von Italien gingen alle geistigen, sozialen und wirtschaftlichen Wandlungen aus; die an italienischen Universitäten ausgebildeten Gelehrten brachten den Humanismus in ihre Heimatländer, in die Hochschulen, Stadtkanzleien und Klöster. Die Universität war die dritte Schulart im Abendland nach der Kloster- und Domschule. Kamen die Schüler früher aus dem Adel und waren zum Teil für den geistlichen Stand bestimmt, so entstammten die Studenten nun dem Bürgertum, Kaufmanns- und Bauernstand.

Die Rechtsgelehrten führten das römische Recht allmählich ein. Es maß dem Landesherrn unumschränkte Gewalt zu: *»Princeps legibus absolutus«*. So bildete sich nach und nach überall der fürstliche bzw. königliche Absolutismus heraus. Er beseitigte hier früher, dort später alle ihm entgegenstehenden Eigenrechte. So starben Adelsherrschaft und *libertas ecclesias* ab. An die Stelle der ritterlichen Lehnsaufgebote traten Söldnerheere (Landsknechte) als sicherste Stütze des Absolutismus.

Das Rittertum verlor durch die neuen Fußtruppen seine militärische Bedeutung. Die umwälzende Wirkung der neuen Taktik wurde durch die neue Waffentechnik (Feuerwaffen, seit 1325 Büchsen, seit 1415 Donnerbüchsen und Kanonen) gesteigert. Die Einnahmen der Ritter aus dem Ackerbau hielten infolge der veralteten Dreifelderwirtschaft einem Vergleich mit den Einkünften der Handelsherren in den Städten nicht stand. Daher erzwangen die Ritter Erhöhung der Leistungen und Abgaben von den Bauern. Die Folgen waren Unzufriedenheit und Auflehnung des bedrückten Bauernstandes. Das Bürgertum in den Städten gewann durch Gewerbefleiß und Handel an Reichtum, Macht und Bildung.

All das ging der Reformation voraus, ja bedingte sie. Unermüdlich und zu allen Zeiten wurden Stimmen laut, die eine Kirchenreform forderten, und immer wieder wurden sie als ketzerisch abgetan, verfolgt und vernichtet. Die Synode von Bourges (1438) erstrebte bereits die Unabhängigkeit vom Papst in kirchlichen Angelegenheiten. Das war die Geburtsstunde der gallikanischen Kirche Frankreichs. Mehr noch, die Erlasse Ludwigs XI. vom 8. Januar 1475 ordneten an, alle aus Rom kommenden Briefe, Bullen oder anderen Stücke zu untersuchen und nachzusehen, ob in ihnen nichts gegen die Rechte des Königreiches oder der Gallikanischen Kirche enthalten war. Seither gab es mehrere Verordnungen des Parlaments, die es verbaten, irgendwelche Bullen oder Breven des Römischen Hofes ohne Offene Briefe (*lettres-patentes*) des Königs, die deren Verlautbarung anbefahlen und die bei Gericht registriert sein mußten, entgegenzunehmen, durchzuführen oder durchführen zu lassen.

Erasmus (1466-1536)

An dieser Stelle soll die Leistung eines unmittelbaren Vorläufers der Reformation erwähnt werden: die des Humanisten Erasmus von Rotterdam. Ein Augustiner Kanoniker, wurde er 1492 zum Priester geweiht. Studien in Paris bestätigten seine Abneigung gegen scholastische Theologie und brachten ihn in Kontakt mit den Humanisten. 1499 besuchte er England und wurde dort von John Colet bewegt, sich statt mit guten Schriften (Schriftstellern) mit heiligen Schriften (Bibel) zu beschäftigen.

Die Beschäftigung mit beiden führte ihn zur Suche nach einem vernunftmäßigen, den sittlichen Gehalt des Neuen Testaments betonenden Christentum (1503 *»Enchiridion militis Christiani«*, Handbuch des christlichen Streiters). Im Sommer 1504 fand Erasmus in der Bibliothek des Klosters Park bei Louvain, Belgien, ein Manuskript des Lorenzo Valla *»Annotationes«* über das Neue Testament, das die Vulgata (die lateinische Bibelübersetzung des Kirchenvaters Hieronymus) kritisierte und eine kritische Methode mit einer Bevorzugung exakter philologischer Exegese befürwortete. Diese Entdeckung war bedeutend für seine weitere Entwicklung; 1505 erschien seine eigene Edition dieses Manuskripts.

Dann begann er Griechisch zu lernen und stellte während seines zweiten Aufenthaltes in England (1505/06) seine eigene Abschrift des griechischen Neuen Testaments zusammen. 1506 begleitete er den italienischen Leibarzt Königs Heinrich VII. als Hauslehrer der Söhne nach Italien und promovierte in Turin. In Venedig wurde er Lehrer von Alexander Stewart, dem jungen Erzbischof von St. Andrews, und begleitete ihn nach Padua und Siena. 1509 ging er zum drittenmal nach England, wo er als Gast von Sir Thomas More weilte. 1511 berief ihn John Fisher an die Universität Cambridge, wo er Griechisch lehrte und über die Briefe des Hieronymus Vorlesungen hielt. Erzbischof Warham bedachte ihn mit der Pfründe von Aldington in Kent, die er gegen eine Pension eintauschte. 1514 machte er sich auf nach Basel. Dort gab Erasmus 1516 das Neue Testament in der griechischen Urfassung mit eigener lateinischer Übersetzung heraus. Diese erste kritische Ausgabe wurde später die Grundlage für Luthers Übersetzung. Von Erasmus stammt auch die heute übliche Aussprache des Altgriechischen (Itazismus).

Als Textkritiker, Herausgeber und Grammatiker hat Erasmus die neuzeitliche Philologie mitbegründet. Sein Traum war, der christliche Humanismus könne den Nationalismus im Zaume halten. Er widmete seinen Kommentar über die vier Evangelien den vier Herrschern der neuen Nationalstaaten, Heinrich VIII. von England, Franz I. von Frankreich, Karl I. von Spanien, Ferdinand von Österreich, und sprach dabei die Hoffnung aus: wie hier ihr Name verbunden sei mit dem der Evangelisten, so möchten ihre Herzen zusammengeschweißt werden durch das Evangelium.

Martin Luther (1483–1546) und die Reformation

Luther studierte an der Universität Erfurt und trat 1505 ins Kloster der Augustiner-Eremiten der strikten Observanz ein, 1507 wurde er zum Priester geweiht. 1508 studierte er an der neuen Universität Wittenberg, wo er 1512 die Doktorwürde in Theologie erhielt. Einige seiner Professoren waren Nominalisten der modernen Schule des englischen Philosophen und Theologen Wilhelm von Ockham (1285–1349). Seit 1512 lehrte er an der Universität Wittenberg biblische Theologie. Seit 1511 war er Prediger in seinem Kloster und 1514 auch in der Pfarrkirche; in seinem Orden war er inzwischen Prior und ab 1515 Bezirksvikar über elf weitere Klöster.

In der akademischen Diskussion, ob man bei der Scholastik und dem Thomismus verbleiben oder andere Wege gehen sollte, entschied sich Luther Anfang 1517 für die Einführung eines neuen Programms: Ersetzung Aristoteles und der scholastischen Theologen durch einen biblischen Humanismus, der auf das direkte Studium der Bibel abzielt, unter Wiederbelebung des Griechischen, Hebräischen und eines erneuerten Lateins als Werkzeug hierfür, und als dogmatische Norm setzte er die Kirchenväter, insbesondere den heiligen Augustin. Dabei folgte er Erasmus in allen Punkten.

Mit dem Anschlag der 95 lateinischen Thesen gegen den Mißbrauch des Ablasses (Tetzel) an der Tür der Schloßkirche zu Wittenberg am 31. Oktober 1517 begann die Reformation.

Der Papst in Rom hätte Luther und seine Auflehnung spielend und rasch niedergeschlagen, wäre Papst Leo X. (1513–1521) nicht mit höherer Politik beschäftigt gewesen. Nur wer die eiserne Langobardenkrone als König von Italien trug, konnte zum Kaiser des Heiligen Römischen Reiches Deutscher Nation gekrönt werden. Theoretisch war es also ein Wahlamt und kein dynastisches Anrecht; jeder europäische Fürst war hierfür wählbar: Heinrich VIII. von England, Franz I. von Frankreich, Karl I. von Spanien.

Die Säkularisierung des Papsttums rettete Luther, der Papst fürchtete Karl von Spanien; denn dieser vereinigte bereits die Kronen von Spanien, Burgund (einschließlich der Niederlande) und Österreich auf sich. Seine Wahl zum Kaiser würde alle Dynastien Europas, mit Ausnahme von Frankreich, zu Minderheiten degradieren. Also schloß Leo X. 1516 mit Franz I. ein Konkordat: Der König ernannte nach wie vor die hohe Geistlichkeit und beherrschte die französische Kirche, ließ dafür Zahlung der Annaten (Abgaben) nach Rom zu und anerkannte den Supremat des Papstes über die Konzilien.

Bei der Kaiserwahl in Frankfurt am Main im Juni 1519 siegte jedoch König Karl über seinen Rivalen König Franz. Ausschlaggebend waren nicht allein die vom Bankhaus Fugger verbürgten hohen Bestechungsgelder, sondern auch das Mißtrauen gegen Papst und Franzosen. Nun versuchte der Papst, sich mit Friedrich dem Weisen, Kurfürst von Sachsen und Beschützer Luthers, gegen Karl zu verbünden. Im Juni 1520 gab die Bulle *»Exsurge Domine«*Luther 60 Tage Frist zum Widerruf seiner Thesen und zur Unterwerfung. Luther veröffentlichte nun drei reformatorische Schriften:

1. *»An den christlichen Adel deutscher Nation von des christlichen Standes Besserung«*,

2. *»Von der babylonischen Gefangenschaft der Kirche«*,

3. *»Von der Freiheit eines Christenmenschen«*.

Heinrich VIII. (1509–1547) und die englische Reformation

Heinrich VIII. von England schrieb 1521 eigenhändig sein Buch gegen Luther *»Assertio septem sacramentorum adversus Martinum Lutherum«*, wofür er vom Papst Leo X. den Titel »Verteidiger des Glaubens« erhielt. Aber seit 1520 bestand an der Universität Cambridge eine Gruppe von Gelehrten, die sich regelmäßig im »White Horse Inn« traf, um die durch Luthers Revolte aufgeworfenen theologischen und ekklesiologischen Fragen zu diskutieren. Wegen ihres Hanges zur neuen Denkungsart wurde sie »Kleindeutschland« genannt. Zu dieser Gruppe, die die erste Generation der englischen Reformation führen sollte, gehörten Thomas Bilney (Erasmischer Humanist, 1531 in Norwich als Ketzer verbrannt), William Tyndale (Humanist und Bibelübersetzer, 1536 in Antwerpen als Ketzer verbrannt), Robert Barnes (Prior der Augustiner in Cambridge, 1540 in London als Ketzer verbrannt), Hugh Latimer (Prediger und später Unterstützer Heinrichs in der Annullierungssache, 1555 in Oxford als Ketzer verbrannt) und Thomas Cranmer (ab 1532 protestantischer Erzbischof von Canterbury, 1556 in Oxford als Ketzer verbrannt).

Durch die Luthersche Übersetzung des Neuen Testaments ins Deutsche (1522) angeregt, besorgte Tyndale eine englische Übersetzung desselben. Von der Kirchenautorität in England daran behindert, seine Bibel zu veröffentlichen, begann er 1525 in Köln, das Neue Testament in Englisch zu drucken, und beendete dies in Worms. Ebenfalls 1525 fügte Cranmer zu seinen bisherigen Gebeten ein neues hinzu: für die Abschaffung der päpstlichen Macht in England. Barnes wagte sogar am Weihnachtsabend 1525 eine Predigt gegen die klerikale Weltlichkeit, doch unter Druck der Universitätsleitung mußte er seinen ketzerischen Ideen offiziell abschwören. 1528 jedoch floh er mit zahlreichen Lutheranern nach Deutschland und gelangte nach Wittenberg, wo ihn eine fortdauernde Freundschaft mit Luther, ein Augustiner wie er, verbinden sollte.

Ein anderer Augustiner aus Cambridge, Miles Coverdale (1488–1569), der unter dem Einfluß seines Priors Barnes Lutheraner geworden war und sich biblischen Studien gewidmet hatte, predigte als weltlicher Priester in Essex gegen Götzenbilder und die Messe und mußte 1528 ebenfalls nach Deutschland fliehen, wo er 1529 Tyndale in Hamburg bei der Übersetzung des Pentateuchs half und sich später in der englischen Kolonie der Kaufleute in Antwerpen niederließ, um die Bibel zu übersetzen.

Seit 1527 verfolgte König Heinrich VIII. den Wunsch, von seiner ersten Gemahlin Katharina von Aragonien (1485-1536) befreit zu werden, um Anna Boleyn zu ehelichen und einen männlichen Thronerben zu zeugen (Katharina hatte ihm sechs Kinder geschenkt, von denen nur Maria Tudor überlebte;

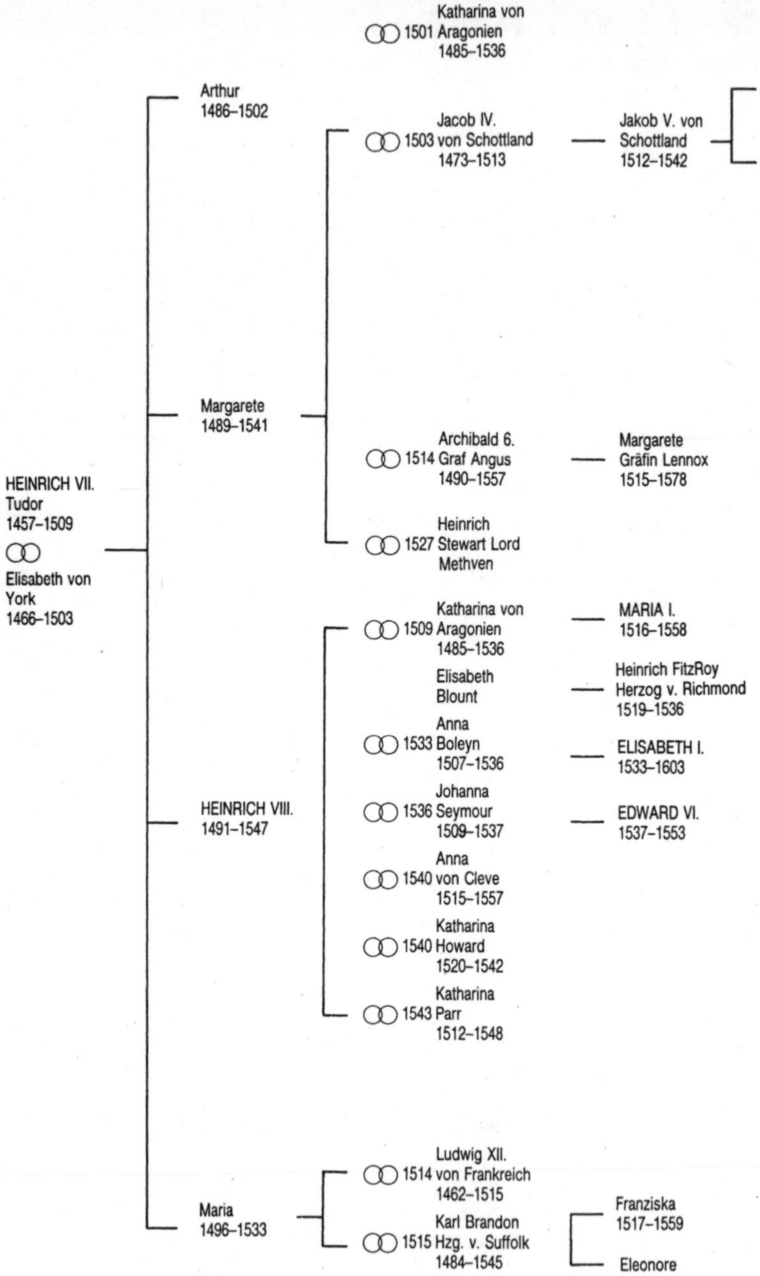
HEINRICH VII. Tudor 1457–1509
Elisabeth von York 1466–1503
Arthur 1486–1502
1501 Katharina von Aragonien 1485–1536
Margarete 1489–1541
1503 Jacob IV. von Schottland 1473–1513
Jakob V. von Schottland 1512–1542
1514 Archibald 6. Graf Angus 1490–1557
Margarete Gräfin Lennox 1515–1578
1527 Heinrich Stewart Lord Methven
HEINRICH VIII. 1491–1547
1509 Katharina von Aragonien 1485–1536
MARIA I. 1516–1558
Elisabeth Blount
Heinrich FitzRoy Herzog v. Richmond 1519–1536
1533 Anna Boleyn 1507–1536
ELISABETH I. 1533–1603
1536 Johanna Seymour 1509–1537
EDWARD VI. 1537–1553
1540 Anna von Cleve 1515–1557
1540 Katharina Howard 1520–1542
1543 Katharina Parr 1512–1548
Maria 1496–1533
1514 Ludwig XII. von Frankreich 1462–1515
1515 Karl Brandon Hzg. v. Suffolk 1484–1545
Franziska 1517–1559
Eleonore

⚭ 1536 Magdalene von Frankreich 1521–1537

⚭ 1538 Maria von Guise 1515–1560
- 2 Söhne jung gestorben
- MARIA STUART 1542–1587
  - ⚭ 1558 Franz II. von Frankreich 1544–1560
  - ⚭ 1565 Heinrich Stuart Lord Darnley 1545–1567 — JAKOB VI. (I.) 1566–1625
  - ⚭ 1567 Jakob Hepburn Graf Bothwell 1536–1578 — Tochter

⚭ 1544 Matthias 4. Graf Lennox 1516–1571
- Heinrich Stuart Lord Darnley 1545–1567
  - ⚭ 1565 Maria Stuart 1542–1587 — JAKOB VI. (I.) 1566–1625
- Karl Stuart 5. Graf Lennox 1556–1577
  - ⚭ 1574 Elisabeth Cavendish –1582 — Arabella Stuart 1575–1615
- 2 Söhne 4 Töchter jung gestorben

⚭ 1554 Philipp II. von Spanien 1527–1598

⚭ 1536 Heinrich Grey Hzg. v. Suffolk 1517–1554
- JOHANNA 1537–1554
  - ⚭ 1553 Guilford Dudley –1554
- Katharina –1568
  - ⚭ 1560 Eduard Seymour Graf Hertford 1539–1621 — Eduard Seymour 1561–1612
- Maria

⚭ Heinr. Clifford Graf Cumberland — Margarete

seit 1518 war die Königin »unfruchtbar«). Das Gewohnheitsrecht in England bestimmte nämlich, daß keine Frau und kein natürlicher (unehelicher) Sohn Anspruch auf den Thron erheben durften. Doch der Papst – die einzige Autorität, die eine Annullierung der Ehe erklären könnte – war seit der Plünderung von Rom (6.5.1527) durch die Truppen des erwählten Kaisers Karl V. faktisch Gefangener des Kaisers, Katharinas Neffe.

So versuchte Heinrich mit seinem mächtigen Kanzler Kardinal Wolsey, die Lage politisch zu lösen, indem der Papst vom Einfluß des Kaisers befreit würde: Er verbündete sich (Januar 1528) mit dem gegen Karl V. im Krieg stehenden Frankreich. Seine Rechnung ging jedoch nicht auf: 1529 siegte der Kaiser und zwang Frankreich im »Damenfrieden« zu Cambrai (4.8.1529), Karls Souveränität in Flandern anzuerkennen und auf Mailand, Genua und Neapel zu verzichten. Unfähig, eine Entscheidung zu treffen, die den gewaltigen Kaiser erzürnen würde, zögerte der Papst, die Scheidung zu gewähren, und bot jede erdenkliche und zweifelhafte Lösung an, die Thronfolge zu sichern, einschließlich der Zustimmung zu einer Heirat der Prinzessin Maria mit Heinrichs natürlichem Sohn von Elizabeth Blount, Henry Fitzroy, Herzog von Richmond (1519–1536).

Wolsey sorgte dafür, daß die Anhörung im Scheidungsprozeß in London stattfand, und der päpstliche Legat Kardinal Campeggio traf auch tatsächlich in England ein. Doch unter dem Druck des Kaisers und als Vorbedingung des Vertrages von Barcelona zwischen Karl V. und Klemens VII. (29.7.1529) befahl der Papst noch im Juli seinem Legaten, den Fall an Rom zu verweisen.

Enttäuscht griff Heinrich nach jeder potentiellen Hilfe. Obwohl gegen die Reformation Luthers eingestellt, holte sich Heinrich im August 1529 den Rat des Reformationsgelehrten Thomas Cranmer, der ihm auch ein Argument zur Annullierung lieferte: die Ehe verstieße gegen das biblische Verbot einer Vereinigung zwischen einem Mann und seines Bruders Witwe. Prompt wurde Cranmer damit beauftragt, den Annullierungsantrag zu begründen und ihn in Rom zu vertreten. 1530 wurde eine Gesandtschaft unter der Leitung des Grafen von Wiltshire (Anna Boleyns Vater) nach Italien entsandt, der Cranmer angehörte.

Heinrich rechnete nicht mit Hilfe aus Rom, weder der Papst noch dessen Legat auf Lebenszeit Kardinal Thomas Wolsey versprachen ein Ende seines Dilemmas; die Stimmung im Lande zeigte jedoch eine zunehmende Abneigung gegen die Herrschaft eines Kardinals, und Revolten gegen Klerus, fremde Kaufleute (der deutschen Hanse), Steuereintreiber und ausbeuterische Landbesitzer flammten überall auf. Die kostspielige und verfehlte Außenpolitik, Pest (1529 die schwitzende Krankheit) und Handelsdepression quälten das Land, das zwei Millionen Einwohner zählte. Heinrich beschloß, dem Volk entgegenzukommen und ihm einen Sündenbock zu opfern: Kardinal Wolsey. Dieser wurde im Oktober 1529 abgesetzt, starb jedoch einen Monat später, gerade rechtzeitig, um einem Prozeß wegen Hochverrates zu entgehen.

Heinrich berief nun, um seine Scheidung zu erlangen, das sogenannte Reformationsparlament ein, das ab November 1529 für sieben Jahre tagte – erstmalig in der englischen Geschichte –, 137 Verordnungen beschloß und Gesetze in Bereichen erließ, von denen kein feudales Parlament bisher hatte zu träumen gewagt. »König im Parlament« wurde das revolutionäre Instrument, mit dem die mittelalterliche Kirche vernichtet wurde.

Diesem Reformationsparlament gehörte ein Mann an, der zum wahren Herrscher über England aufsteigen sollte: Thomas Cromwell (1485–1540). Er hatte ab 1510 in den Niederlanden unter den englischen Kaufleuten gelebt und war heimlicher Lutheraner geworden, noch bevor er 1520 in Wolseys Dienste als Sachwalter getreten war. 1525 beauftragte ihn Wolsey mit der Auflösung von kleineren Klöstern, die nicht mehr rentabel waren, was ihn unbeliebt machte. Im November 1529, nach dem Fall seines Gönners, war er Mitglied des Unterhauses und trat Anfang 1530 in Heinrichs Dienst, und gegen Ende des Jahres wurde er als Ratsmitglied vereidigt. Ein Jahr später gehörte er dem inneren Kreis von Geheimräten an. Gleichzeitig festigte er seinen Platz im Unterhaus.

Der erste Schritt zur Vernichtung der mittelalterlichen Kirche war, sie einzuschüchtern: Eine Provinzialsynode wurde 1531 einberufen, um den Souverän als Oberhaupt der Kirche und des Klerus von England, »soweit es das Gesetz Christi erlaubt«, anzuerkennen.

Auch dieser Frontalangriff auf die Macht Roms konnte den Papst nicht erweichen, die Ehe des Königs für ungültig zu erklären; er bot lediglich einen neuen Ausweg an: Katharina möge den Schleier nehmen, so daß dem König die Erlaubnis zur Wiederheirat erteilt werden könne. Katharina lehnte ab, und Heinrich trennte sich im Juli 1531 endgültig von ihr.

Cromwell schlug dem König vor, sich an die protestantischen Fürsten in Deutschland zu wenden, um eine Unterstützung in der Scheidungssache zu sichern. Zu diesem Zweck wurde die Freundschaft von Robert Barnes zu Luther ausgenützt: Unter Zusicherung freien Geleits (die Lutheraner wurden gerade in England verfolgt, ihr Anführer Bilney 1531 in Norwich auf dem Scheiterhaufen verbrannt), wurde Barnes für gelegentliche diplomatische Missionen zwischen England und Deutschland eingesetzt.

In der Zwischenzeit nahm der Druck des einflußreichen Teiles der Nation (Hochadel, Niederadel und Kaufmannsstand, wirkungsvoll vertreten im Parlament) zu. Die Politik des neuen Kanzlers Thomas More, die Bischöfe zu unterstützen und die Privilegien der Kirche zu bewahren, wurde durch die gewaltsame Feindseligkeit des Parlaments verhindert. Die antiklerikale Haltung der Vertreter der Nation verstärkte den Druck gegen Rom, und so gewann Thomas Cromwell im April 1532 den Kampf um die Herrschaft im Rat und wies dem König den Weg, sein Ziel ohne den Papst zu erreichen: Vernichtung der Macht Roms in England und deren Ersetzung durch das königliche Supremat in der Kirche. Am 16. Mai 1532 legte die Provinzialsynode der Erzdiözese von Canterbury der Krone ein Dokument vor, in dem sie feierlich versprach, niemals Dekrete zu erlassen oder zusammenzukommen ohne königliche Zustimmung; womit sie einen Laien an die Spitze des geistlichen Ordens setzte.

1532 wurde auch Thomas Cranmer nach Deutschland als Botschafter an Kaiser Karl V. entsandt, doch mit dem Geheimauftrag, sich mit den protestantischen Fürsten in Verbindung zu setzen. In Nürnberg lernte er Andreas Osiander (1498–1552) kennen, dessen theologische Position zwischen Luther und der alten Orthodoxie dem behutsamen Cranmer und dessen Nichte Margarete dem Jungesellen Cranmer gefielen. Trotz seiner Priesterweihe heiratete er sie noch 1532; gleichzeitig unterzogen sich seine theologischen Ansichten eines Wandels in Richtung reformierter Kirche.

Mit Cromwells Rolle als Ratgeber in kirchlichen Fragen griff die Regierung das Papsttum an, indem sie drohte, dessen Einkünfte abzuschneiden; das Annatenstatut von 1532 ermächtigte Heinrich, wenn er dies für angebracht hielte, die Zahlungen des Einkommens des ersten Jahres aller neueingesetzten Bischöfe an Rom aufzuheben.

Im August 1532 starb Erzbischof William Warham von Canterbury; im Dezember stand fest, daß Anna Boleyn schwanger war. Am 25. Januar 1533 heiratete Heinrich Anna heimlich; er entschied sich auf Cromwells Anraten für Thomas Cranmer als nächsten Erzbischof.

Doch wenn Cranmer den König vor Bigamie retten wollte und Annas Kind ehelich geboren werden sollte, mußte das Recht der Königin auf Berufung in Rom gegen das Gericht des Erzbischofs beseitigt werden – durch Abkappen der Verfassungsbindungen Englands an das Papsttum. Im März 1533 wurde Cranmer zum Kardinal geweiht, im April die Berufungseinschränkungsakte verabschiedet, im Mai die Ehe mit Katharina für null und nichtig erklärt und die Ehe mit Anna anerkannt, und am 1. Juni wurde sie zur Königin gekrönt. Noch immer versuchte der Papst zu retten, was zu retten war: Er bot dem König an, sämtliche künftigen Kinder Anna Boleyns für legitim zu erklären, sollte der König von der Scheidung absehen und in den Schoß der Kirche zurückkehren. Doch es war bereits zu spät. Im September wurde Prinzessin Elisabeth geboren; der Papst vergalt es dem König mit einer Exkommunikation, die aber niemanden störte.

In der Sukzessionsakte vom März 1534 wurde den Bürgern befohlen, die Königsheirat mit Anna als »unzweifelhaft wahr, aufrichtig und vollkommen« anzunehmen. Ein zweites Annatenstatut schnitt die meisten finanziellen Bindungen an Rom ab, und im November wurde die konstitutionelle Revolution feierlich begangen in der Suprematsakte, die verkündete, daß Heinrich Tudor »Oberhaupt der Kirche von England« war und schon immer gewesen sei; auf die frühere Einschränkung »soweit das Gesetz Christi erlaubt« wurde gänzlich verzichtet.

Die mittelalterliche Lehre von der Gewaltenteilung, die besagte, daß das göttliche Gesetz höher stand als das menschliche, wurde Kraft Verfassung beseitigt; die neue englische (anglikanische) Kirche war im Grunde eine Sache des Tudorschen Staates. Bis zur Enteignung der Klöster war es nur noch ein Schritt; weder Apathie noch Mißbrauch brachten die Mönchsorden zu Fall, sondern die Tatsache, daß sie mit einer nationalen Kirche unvereinbar waren: religiöse Orden waren per Definition supranationale Organisationen, die traditionell die Politik des Papsttums unterstützten. Ihre Beseitigung betrieb Cromwell Anfang 1536. 1539 bestand in England keines der Klöster mehr; Besitz im Werte von zwei Millionen Pfund fiel der Krone zu.

Gemeinsam mit Cromwell bemühte sich Cranmer um eine englische Bibel. Antwerpen war inzwischen ein Sammelbecken für englische Kaufleute und flüchtende Protestanten geworden. Dorthin waren Tyndale und Coverdale gezogen. Eine weitere Persönlichkeit gesellte sich zu ihnen: John Rogers (1500–1555). Er war 1534 als Kaplan der englischen Kaufleute nach Antwerpen gekommen. Unter dem Einfluß des Humanisten Tyndale gab er den römisch-katholischen Glauben auf und bekannte sich zum Protestantismus.

Nachdem Tyndale 1536 verraten und als Ketzer auf dem Scheiterhaufen verbrannt worden war, übertrug Rogers Tyndales Übersetzung des Alten Testaments (bis 2. Chronik fertiggestellt) zusammen mit der Übersetzung der restlichen Bücher einschließlich der Apokryphen durch Coverdale, dazu die 1526 erschienene übersetzung Tyndales des Neuen Testaments, und publizierte das Gesamtwerk unter dem Namen Matthäus Bibel 1537 in Antwerpen. Er benutzte das Pseudonym Thomas Matthew, um dem Schicksal Tyndales zu entgehen. Kurz danach wurde diese Bibelversion in England verkauft. Obwohl Rogers mit der eigentlichen Übersetzung nicht befaßt war, versah er sie mit Anmerkungen und wertvollen Einleitungen, die als erste englische Kommentare der Bibel gelten.

Coverdale kehrte 1538 nach England zurück und arbeitete mit Cranmer an der Ausgabe der Great Bible (1539). Cranmer war mehr und mehr für die Reform der Kirche im Sinne des Protestantismus, fand jedoch wenig Verständnis bei einem Souverän, der zwar die Bindung an Rom nicht wünschte, dennoch den römisch-katholischen Ritus beibehalten wollte. Die Kirche von England war eine katholische, mit dem König statt dem Papst als Oberhaupt. Bereits seit 1536 wurde Cranmer von den Rebellen im Norden als der führende Erneuerer anerkannt; 1538 verließ er den traditionellen römisch-katholischen Glauben an die Transsubstantiation, behielt jedoch seinen Glauben an die Präsens Christi im heiligen Abendmahl bei. Seine Position wurde sehr schwierig nach der Sechsartikel-Akte von 1539, die solche angriff, die für die Abschaffung des Zölibats eintraten und die Transsubstantation leugneten, war er doch verheiratet und konnte dies nie bekannt werden lassen.

Cromwell seinerseits machte 1539 den Fehler, den König zur Heirat mit Anna von Kleve, Schwester des Herzogs von Kleve, zu zwingen, als einen Schritt zur Allianz mit den protestantischen Fürsten in Deutschland, da alles darauf hindeutete, daß die zwei größten katholischen Mächte, Frankreich und das Heilige Römische Reich, im Begriffe waren, sich gegen das abtrünnige England zu verbünden. Die Heirat fand am 6.1.1540 statt; Heinrich haßte seine vierte Frau, und als bereits im Februar feststand, daß die Allianz mit den Protestanten unnötig war, wurde die Ehe ein Ärgernis. Cromwell fiel im April in Ungnade und wurde im Juni verhaftet. Eine Provinzialsynode annullierte am 9. Juli die Ehe; Cromwell wurde ohne Anhörung verurteilt und am 28. Juli hingerichtet, und Robert Barnes, seines Beschützers beraubt, zwei Tage später als Ketzer verbrannt. Miles Coverdale floh nach Straßburg und John Rogers nach Wittenberg.

Cranmer überlebte alle drei Versuche seiner Gegner, ihn durch Verurteilung wegen Ketzerei zu vernichten, aufgrund des unbegrenzten Schutzes, den

Heinrich ihm angedeihen ließ; er vertraute, schätzte und verteidigte Cranmer. Außerdem war Heinrich wieder einmal in die Wirren auf dem Kontinent gezogen worden. 1542 flammte der Kampf zwischen dem Kaiser und Frankreich wieder auf. Heinrich, der sich seit 1534 Irland und 1536 Wales einverleibt und mit ihnen das Vereinigte Königreich gebildet hatte, nahm nun den Titel »König von England, Irland und Frankreich« an. Durch den Geheimvertrag vom 11.2.1543 schlug er sich auf die Seite des Kaisers gegen Franz I. von Frankreich. Die Schotten – durch die vernichtende Niederlage gegen die Engländer im November 1542, die zum Tode ihres Königs beigetragen hatte, und die englische Bevormundung anti-englisch eingestellt – verbündeten sich im Vertrag vom 15.12.1543 mit Frankreich. Das lieferte England den Vorwand zum Einmarsch über die schottische Grenze (4.5.1544) unter der Führung des Eduard Seymour, Graf von Hertford, während das Hauptheer Boulogne in Frankreich belagerte.

Heinrichs Sieg in Boulogne war kostspielig (Boulogne blieb bis 1550 in englischer Hand), schwere Besteuerung und Anleihen genügten nicht, die Kosten zu decken. Also wurden die Ordensländereien verkauft, die Cromwell so erfolgreich der Krone hinzugefügt hatte. Obwohl der Kaiser inzwischen hinter Englands Rücken mit Frankreich (19.9.1544) Frieden geschlossen hatte, wollte Heinrich verbissen weiterkämpfen. Franz I. schickte seine schottischen Verbündeten gegen England vor, und sie besiegten unter der Führung des Grafen von Angus, Leutnant von Südschottland, am 27.2.1545 die englischen Truppen bei Ancrum Moor. Franz gedachte daraufhin, England selbst anzugreifen, doch der Mangel an Geldmitteln zwang Heinrich zu verhandeln. Im Frieden von Ardres (7.6.1546) versprach Franz, seine schottischen Verbündeten zu verlassen und 800.000 Kronen auf acht Jahre für die Rückgabe von Boulogne zu zahlen. Am 27.1.1547 starb Heinrich VIII. von England, am 31.3.1547 Franz I. von Frankreich.

Jetzt erst schlug die Stunde Cranmers; seit 1543 war das Gewicht im Rat pro-reformatorisch; jetzt deutete der Vormund des neunjährigen Königs Eduard VI., Eduard Seymour (seit 16.2.1547 Herzog von Somerset und Protektor des Reiches), an, daß er die Kirche von England in eine protestantische verwandelt wissen wollte. Cranmer hatte bereits 1545 eine Litanei für die reformierte Kirche von England komponiert, die noch heute im Gebrauch ist. 1547 zeichnete er persönlich für die Veröffentlichung des Predigtenbuches verantwortlich, mit dem er den Mißstand, daß der nichtreformierte Klerus nicht genug predigte, beseitigen wollte. Die Hochkirche von England ward geboren: protestantische Lehre, bischöfliche Verfassung und katholischer Gottesdienst waren ihre Komponenten. 1548 konnte Cranmer endlich seine Ehe mit Margarete Osiander öffentlich bekanntmachen.

Eduards Regierung bemühte sich, den Klerus und das Volk viel schneller in die Reformation zu treiben, als die meisten von ihnen anzunehmen bereit waren. Für dieses ehrgeizige Programm waren Prediger und Propagandisten dringend gesucht; und da die Truppen Kaiser Karls Straßburg bedrohten wegen der Haltung seiner Protestanten unter der Führung von Martin Bucer (1491–1551), die das Augsburger »Interim« des Kaisers ablehnten, flohen

1548 zahlreiche Protestanten – auf Cranmers Einladung – nach England, darunter auch Bucer selbst, Coverdale und Rogers, und verstärkten dessen Bemühen um die Reformierung der Kirche von England. 1549 erschien das *»Erste Gebetbuch von Eduard VI.«*, noch mild protestantisch. Auch nach dem Fall Somersets 1549 blieb die gefürchtete katholische Gegenreaktion aus, da John Dudley (der spätere Herzog von Northumberland), der Somerset abgelöst hatte, beschloß, eine noch extremere Art der reformierten Religion einzuführen. Zu den neuen Predigern in England gehörte auch John Knox (1514–1572), der spätere Reformator Schottlands, der neunzehn Monate lang Galeerendienst in Frankreich tat, bevor er auf englische Intervention hin entlassen wurde. Er predigte im Auftrage der Regierung Englands in der turbulenten Garnisonsstadt Berwick am Tweed (an der schottischen Grenze). 1551 wurde er zu einem der sechs königlichen Hofkaplane ernannt. 1551 wurde Coverdale Bischof von Exeter, Rogers Domherr von St. Paulus Kathedrale in London und Nicholas Ridley (1503–1555), der bisherige Kaplan Cranmers (1537) und Kanonikus von Canterbury (1541) und Westminster (1545), Bischof von London.

Bucer faßte seine Lehre von der Reform durch Bekehrung, Frömmigkeit und Disziplin zusammen in dem massiven Programm zur Reformierung Englands, das er 1551 König Eduard VI. von England überreichte. Unter dem Einfluß von Bucer, Ridley und des Polen Jan Laski wurde das Gebetbuch 1552 durch das *»Zweite Gebetbuch von Eduard VI.«* ersetzt, diesmal eindeutig protestantisch.

Die Rückkehr Englands zum römisch-katholischen Glauben unter Maria Tudor (1553–1558) bewirkte eine radikale Verfolgung der Reformationsführer; Cranmer, Rogers, Ridley und andere wurden als Ketzer auf dem Scheiterhaufen verbrannt. Coverdale setzte sich nach Dänemark und John Knox, zuletzt Bischof von Rochester, nach Genf ab.

Die Stuarts und die Reformation

Zurück nach Schottland, dessen politische Entwicklung wir bereits dargestellt haben. Wir verließen Jakob V., den 7. Stewart auf dem schottischen Thron, als Gefangenen von Archibald Douglas, des 6. Grafen von Angus und eifrigen Führer der pro-englischen Partei in Schottland. Er war der zweite Ehemann von Prinzessin Margarete Tudor (1489–1541), Jakobs Mutter. Margarete hatte im August 1503 König Jakob IV. von Schottland geheiratet, um den Frieden zwischen den beiden Inselreichen zu besiegeln, doch die magere Mitgift, die ihr Vater, König Heinrich VII. Tudor, erübrigen konnte, machte verbesserte Beziehungen zwischen England und Schottland unmöglich. Jakob fiel 1513 im Kampf gegen England, und Margarete regierte als Vormund und Regentin für ihren achtzehn Monate alten Sohn, den einzigen Überlebenden ihrer sechs Kinder. Margaretes Heirat 1514 mit Archibald Douglas, einem Streiter für England, gab dem Parlament Anlaß, sie als Regentin durch John Stewart, 4. Herzog von Albany, den Anführer der pro-französischen Partei, zu ersetzen. Margarete wandte sich danach von Angus ab und schlug sich auf die Seite Albanys gegen ihn. Angus besiegte jedoch Albany und zwang ihn, 1524 nach Frankreich ins Exil zu gehen; ferner hielt er den König von 1526 bis 1528 gefangen. 1527 erlangte Margarete die Scheidung und heiratete kurz danach Heinrich Stewart.

1528 gelang es dem 16jährigen König Jakob V., aus der Gefangenschaft zu fliehen und Angus zur Flucht nach England zu zwingen. Noch im selben Jahr kehrte seine Mutter an den Hof zurück, und ihr dritter Gemahl wurde zu Lord Methven gemacht. 1529 wurde David Beaton (1494–1546) der spätere Kardinal von Schottland, sein vertrauter Berater. 1530 war Jakobs Macht über Schottland gefestigt, wachsamen Auges verfolgte er die Entwicklung in England und die Bemühungen seines Onkels Heinrich VIII. um Annullierung seiner Ehe. Beaton riet ihm jedoch mit Erfolg, der reformistischen Religionspolitik Englands nicht zu folgen. Das Jahr 1534 wurde in vielerlei Hinsicht schicksalhaft für Schottland: Heinrich trennte durch die Suprematsakte England endgültig vom Papsttum in Rom ab, als Lord von Irland zitierte er den letzten irisch-gebürtigen Vizekönig von Irland (Kildare) nach England, bereitete die Union von Wales und Irland mit England vor und konspirierte mit seiner Schwester am schottischen Hof zwecks der Einverleibung Schottlands. Beaton bewies, daß Margaret Staatsgeheimnisse an ihren Bruder verraten hatte; sie fiel in Ungnade und zog sich auf Schloß Methven zurück, wo sie sieben Jahre später starb. Zwar unterzeichnete Jakob 1534 mit seinem Onkel Heinrich von England einen Freundschaftsvertrag, war jedoch seitdem für die Vorschläge Beatons, eine Annäherung an Frankreich anzustreben, zugänglich.

Auf Vermittlung Beatons schloß Jakob nacheinander zwei Ehen mit Französinnen, jeweils mit ansehnlicher Mitgift. Die Ehe mit der zarten Madeleine von Frankreich (1521–1537) dauerte ein halbes Jahr: sie erlag im rauhen Schottland einem Lungenleiden. Seine zweite Frau war Maria von Guise (1515–1560), Tochter des Herzogs Claudius von Lothringen-Guise, Witwe von Ludwig von Orléans, Herzog von Longueville und Mutter von François 3. Herzog von Longueville. Aus der 1538 geschlossenen Ehe gingen zwei Söhne (im Kindesalter gestorben) und eine Tochter, Maria Stuart, hervor. Da die französische Sprache den Buchstaben W im englischen Sinne nicht kannte, schrieb man Stewart, wie man's sprach: Stuart!

1539 wurde David Beaton für seine Verdienste zum Erzbischof von St. Andrews ernannt und blieb auch in diesem Amt der erbitterte Gegner der Reformation in Schottland, die bereits beim Landadel manch einen Anhänger gefunden hatte.

Als England 1542 gegen Frankreich Krieg führte, verbündete sich Jakob mit Franz gegen Heinrich. Jakobs Unterstützung für Frankreich und das Papsttum verstimmte viele Mitglieder des Hochadels, welche mit den Reformisten in England sypathisierten. Und als die Engländer Schottland 1542 angriffen, überschritt die kleine schottische Armee die Grenze nach England, wurde jedoch vom protestantischen Adel im Stich gelassen, so daß sie am 24. November vernichtend geschlagen wurde. Am 14. Dezember, eine Woche nach der Geburt seiner Tochter Maria Stuart, starb der dreißigjährige König. Unter seinen zahlreichen natürlichen Kindern ragte Jakob Stuart Graf von Murray (1531–1570) hervor, der Regent von Schottland nach der Abdankung von Maria Stuart wurde.

Maria Stuart 1542–1567

Jakob Hamilton, 2. Graf von Arran (1517–1575), wurde am 22. Dezember 1542 per Parlamentsbeschluß nächster Thronanwärter, Regent des Reiches und Vormund der Königin. Arran war pro-englisch und wurde darin von Angus, der nun aus England zurückgekehrt war, unterstützt; beide tendierten auch zur Reformation, fanden jedoch im Erzbischof von St. Andrews, David Beaton, einen unerbittlichen Widersacher, was zu Beatons Inhaftierung von Januar bis April 1543 führte. Im Vertrag von Greenwich (1.7.1543) schlossen Arran und Angus mit Heinrich VIII. ein Bündnis, wonach Maria Stuart nach Vollendung des zehnten Lebensjahres gemeinsam mit dem englischen Thronfolger Eduard (1537–1553) am englischen Hof erzogen werden sollte, den sie später heiraten würde. Anfang September gelang es Beaton, die Königinwitwe und Maria Stuart ins Schloß Stirling zu bringen und Maria am 9. September 1543 in der Kathedrale von Stirling zu krönen. Mit einer feurigen Rede mobilisierte Beaton die Haß- und Rachegefühle der Schotten gegen England; Arran änderte daraufhin seine pro-englische Politik, versöhnte sich mit Maria von Guise und machte Beaton zum Kanzler und eigentlichen Herrscher über Schottland. Auf Beatons Betreiben erklärte das schottische Parlament (The Estates = Die Stände) am 3.12.1543 den Vertrag mit Heinrich für ungültig; zwölf Tage später unterzeichneten die Gesandten Franz' I. von Frankreich in Edinburgh einen Bündnisvertrag mit dem Regenten und den schottischen Ständen, die im Namen Maria Stuarts alle früher bestehenden Verträge zwischen Frankreich und Schottland seit der Zeit König Roberts I. bestätigten.

Mit dieser Rückendeckung begann Kanzler Beaton die systematische Verfolgung der Protestanten im Reich. 1544 wurde er dafür vom Papst zum päpstlichen Legaten (Kardinal) ernannt. Die schottischen Protestanten unter der Führung der Grafen Lennox und Glencairn baten Heinrich von England um Hilfe, der seinen Traum von der Einverleibung Schottlands noch nicht aufgegeben hatte. Am 4. Mai 1544 fiel auch Graf Hertford ohne Kriegserklärung in Schottland ein, steckte Edinburgh, Leith und Grathon in Brand und zerstörte die Abteien von Kelso, Melrose, Dryburgh, Roxburgh und Coldingham. Dann aber wendete sich das Kriegsglück. Die Schotten, mit ihrer unwegsamen Heide und ihren Mooren besser vertraut, schlugen unter Graf Angus ihre Feinde bei Ancrum Moor am 27.2.1545; die Grafen Lennox und Glencairn flüchteten mit ihren Familien nach England.

Die Schottische Reformation hatte inzwischen einen Führer bekommen: George Wishart (1513–1546). Während er noch in Melrose Griechisch lehrte, wurde er der Ketzerei bezichtigt und ging (1538) nach Cambridge, der Hochburg der Reformation in England, wo er den Reformator Hugh Latimer (1485–1555) kennenlernte. Als Ergebnis einer vorübergehenden Reaktion des orthodoxen Katholizismus mußte Latimer 1539 sein Bistum Worcester verlassen und als Wanderprediger durch das Land ziehen; Wishart wurde als Prediger nach Bristol geschickt, wo er abermals der Häresie beschuldigt wurde. Diesmal ging er nach Genf, wo er die Erste Helvetische Konfession der Reformierten Kirche von 1536 kennenlernte und ins Englische übersetzte. 1542 kehrte er als Tutor nach Cambridge zurück, das unter der Wirkung von Nicholas Ridley (1503–1555) in ein Reformationsseminar verwandelt worden war. Er organisierte die Protestanten und predigte reformatorische Doktrinen; einer seiner eifrigsten Anhänger wurde John Knox (1514–1572). 1540 zum Priester geweiht, praktizierte er 1543 als apostolischer Notar im Gebiet von Haddington, war also noch linientreu. Zwei Jahre später war Knox Tutor der Söhne zweier Edelmänner aus Ostlothian (östlich von Edinburgh), die tief in die Intrigen des politischen Protestantismus verstrickt waren. Unter ihrem Schutz begann Wishart im Dezember 1545 eine Predigttour in den Lothians. Knox war sehr häufig in dessen Begleitung, was ihn zum überzeugten Anhänger des reformierten Glaubens machte. Beatons Häscher erreichten auch Wishart, der sich in Schutzhaft des Patrick Hepburn 3. Grafen von Bothwell begab, unter der Bedingung, daß er nicht an Kardinal Beaton ausgeliefert werde. Er kam in den Kerker des Edinburgher Schlosses, wurde trotzdem ausgeliefert, verurteilt und am 1. März 1546 auf dem Scheiterhaufen verbrannt.

Drei Monate später überfielen die Reformierten das Schloß St. Andrews, den befestigten Wohnsitz des Kardinals, ermordeten Beaton (29.5.1546), der sich vergebens auf die Unantastbarkeit seines geistlichen Standes berief, und verschanzten sich in der Burg.

Heinrich VIII. starb am 27.1.1547 und Franz I. am 31.3.1547. Im April 1547 gelangte John Knox (als Tutor) mit seinen Schülern nach St. Andrews. Erst die drei Monate, die er dort verbringen sollte, machten aus ihm den neuen Führer der schottischen Reformation. Der Regent belagerte das Schloß St. Andrews; die Rebellen wurden von der Seeseite von den Engländern verproviantiert. Gegen Ende Juni gelangten französische Kriegsschiffe dorthin, vertrieben die englischen und bombardierten die Burg. Die Rebellen kapitulierten gegen Zusicherungen, die nicht eingehalten wurden. Knox und andere wurden zum Galeerendienst als Sklaven auf französischen Schiffen verurteilt und erst 19 Monate später auf englische Intervention hin wieder entlassen.

In England regierte Graf von Hertford, nunmehr Herzog von Somerset, als Protektor des Reiches und Vormund des neunjährigen Königs. Er erneuerte das alte Begehren, die kleine Braut Maria Stuart für sein Mündel Eduard auszuliefern. Mehr noch: an der Spitze von 20.000 Mann überschritt er am 2.9.1547 die schottische Grenze, nachdem er vergebens versucht hatte, die Schotten zu einer freiwilligen Union mit England zu bewegen. Am 10. September wurde das schottische Heer, von Arran befehligt, bei Pinkie in die Flucht geschlagen; Leith wurde geplündert und niedergebrannt; der Weg nach Edinburgh lag dem Feind offen. Die Königinwitwe floh mit ihrer Tochter ins Kloster auf der Insel Inchmahome.

Von da an griff Maria von Guise energisch in die Politik ein: Gesandtschaften wurden mit König Heinrich II. von Frankreich (1547–1559) ausgetauscht, neue Anhänger gesucht und an den Hof berufen. Im Februar 1548 erließ Somerset einen Aufruf an das schottische Volk, um ihm die Vorteile der angestrebten Verbindung zwischen Eduard und Maria klarzumachen. Gleichzeitig entsandte er Lord Grey von Wilton mit einem Heer, das Haddington (östlich von Edinburgh) nahm und eine englische Besatzung dort beließ.

Die feindliche Stimmung gegen England, wegen der Invasion erneut hochgekommen, und die feurige Rede der Königinwitwe vor dem am 8.2.1548 in Stirling zusammengetretenen Parlament brachten die politische Wende: die schottischen Edlen beschlossen in Stirling, Maria Stuart dem Dauphin von Frankreich als Gemahlin anzutragen und den Vorschlag zu machen, sie nach Frankreich zu senden, um an Heinrichs Hof erzogen zu werden. Am gleichen Tag wurde der Graf von Arran durch den König von Frankreich zum Herzog von Châtellerault gemacht.

Am 16. Juni 1548 landete eine französische Flotte in Leith und setzte 6000 Mann Fußvolk und eine Anzahl schwerer Geschütze an Land. 8000 Schotten stießen dazu, Haddington wurde belagert, und Somerset trat den Rückzug an. Noch im Juli bestätigten die drei Stände des Königreichs Schottland das Eheschließungsprojekt. Am 13. August siedelte die fünfjährige Maria Stuart an den französischen Hof über.

1549 wurde das Erste Gebetbuch von Eduard VI. per Parlamentsbeschluß in England eingeführt; die radikalen Kräfte im Rat, von John Dudley Graf von Warwick angeführt, waren eher für strengere Maßnahmen zur Reformierung der Kirche als Herzog Somerset, der Protektor des Reiches. Sie importierten Prediger vom Kontinent, darunter auch den Schotten und Galeerensklaven John Knox, und setzten sie überall im Reich als Prediger und Propagandisten für Kalvinismus ein (Geburtsstunde des Puritanismus in England).

Knox brachte Ordnung in die Grenzgarnisonsstadt Berwick am Tweed und führte das System der Kongregationen nach puritanischem Muster ein. Von dort aus nahm er den Kontakt über die Grenze mit den protestantischen Kräften in Schottland auf, zumal England sich mit Schottland und Frankreich im Krieg befand und die Grenze nicht geschlossen war.

Somersets schwerwiegende Fehler in der Politik führten zur Spaltung der radikalen Gruppe in der Regierung, und der größere Teil machte unter der Führung des Grafen von Warwick gemeinsame Sache mit den Konservativen, um Somerset zu stürzen. Das geschah im Oktober 1549. In dem nun folgenden, drei Monate andauernden Kampf siegten Warwick und seine radikalen Anhänger. Von da an bis zum Tode Eduards VI. im Jahre 1553 regierte Warwick (der sich selbst im Oktober 1551 zum Herzog von Northumberland erhob) uneingeschränkt. Am 1. April 1550 wurde der Friede von Boulogne zwischen England und Frankreich geschlossen; Schottland war mit einbezogen. Bucer und Ridley bestimmten in England die Religionspolitik; Knox wechselte 1551 nach Newcastle und wurde zu einem der sechs Hofkaplane ernannt, deren Amt periodischen Aufenthalt und Predigt am Hofe sowie Wanderverkündigung des Evangeliums in Gebieten einschloß, deren Klerus noch nicht evangelisch genug war: Buckinghamshire, Kent und London.

Knox drückte der Kirche von England in dreierlei Hinsicht seinen Stempel auf. Er nahm an der Formulierung ihrer Artikel teil; sicherte die Einfügung der sogenannten schwarzen Rubrik ins Gebetbuch, welche die körperliche Anwesenheit Christi im geweihten Brot und Wein der heiligen Messe leugnet und das Knien während der Kommunion als Nichtanbetung von Elementen erklärt; und er wurde zu einem der Hauptpflegeväter des englischen Puritanismus, einer Reformbewegung, die innerhalb der Staatskirche mit dem Ziel begann, weitreichendere Reformationsprinzipien in Lehre und Gottesdienst anzuwenden.

Am 7. September 1550 verließ die Königinwitwe Schottland in Richtung Frankreich, um ihre siebenjährige Tochter zu besuchen. Ende Oktober 1551 verließ sie Paris, schiffte sich in Portsmouth aus und begab sich am 2. November nach London. Herzog Northumberland (Herzog Somerset, der Protektor des Reiches, war gerade in Haft genommen), der vierzehnjährige König und sein ganzer Hof bereiteten ihr einen ihrem Rang gebührenden Empfang. Ende November war sie in Edinburgh und stellte fest, daß in ihrer Abwesenheit die Reformation an Boden gewonnen hatte. Die beiden Parteien, in welche sich die Glaubensverschiedenheit in Schottland gespalten hatte, zeichneten sich schon ab: einerseits die Anhänger des alten Katholizismus, an deren Spitze der Erzbischof Johann Hamilton stand, der Bruder des Regenten; auf der anderen Seite der Graf von Argyll, der insgeheim von Lord Jakob Stuart, Prior von St. Andrews und natürlicher Bruder Maria Stuarts (der spätere Graf von Murray), gelenkt wurde.

Am 6. Juli 1553 starb Eduard von England, nicht ganz sechzehnjährig. Seine Halbschwester Maria Tudor die Katholische folgte ihm in der Regierung und setzte die katholische Religion wieder ein. John Knox floh vor den Verfolgungen unter dem neuen Regime nach Genf, wo er enttäuscht feststellte, daß das Schicksal der »wahren Religion« in England von den Ansichten einer einzigen Frau abhing. Er konnte keine Sicherheit für die Reformation erblikken, solange die Laune eines Souveräns die Religionsgeschicke einer Nation bestimmte. Wäre es unter solchen Umständen nicht gerechtfertigt, daß die protestantischen Untertanen sich der Subversion ihrer Religion durch einen römisch-katholischen Herrscher widersetzten, wenn nötig mit Gewalt? Knox stellte diese Frage den protestantischen Führern auf dem Kontinent vor. Johann Calvin in Genf und Heinrich Bullinger in Zürich hatten nur einen Rat: Geduld, Gebet und ganz bestimmt keinen bewaffneten Widerstand. Vom französischen protestantischen Theologen Theodor Beza hätte Knox wohl eher eine Bestätigung erhalten; denn Beza schrieb 1554 seine »*Traité de l'authorité du Magistrat*«, in der er ähnliche Ideen wie Knox entwickelte.

Jedenfalls formulierte Knox daraufhin seine schicksalhafte Schlußfolgerung, die später in Schottland angewendet werden sollte, daß gottesfürchtige Magistratsherren und Hochadlige sowohl das Recht als auch die Pflicht hätten, einem Herrscher, der die Sicherheit der wahren Religion bedrohte, Widerstand zu leisten, nötigenfalls mit Waffengewalt.

Noch im selben Jahr wurde Knox, auf Drängen Calvins, Pfarrer einer Kongregation englischer Flüchtlinge, meist Puritaner, in Frankfurt am Main, blieb dort jedoch nur wenige Monate. Danach wurde er Geistlicher der anwachsenden Kongregation englischer Flüchtlinge in Genf.

In der Zwischenzeit schrieb König Heinrich II. von Frankreich auf Wunsch der Königinwitwe von Schottland an den Herzog von Châtellerault, um ihn anzuhalten, dieser Fürstin die Regentschaft abzutreten. Am 22. März 1554 sandte auch die elfjährige Königin von Schottland einen von ihr unterzeichneten Befehl an den Herzog, auf sein Amt als Regent von Schottland zu verzichten. Anfang April legte der Herzog in Gegenwart der drei im Parlament versammelten Stände seine Regentschaft nieder, da er den größten Teil des Adels den Wünschen der Königinwitwe geneigt sah.

Am 12. April 1554 wurde Maria von Guise zur Königin-Regentin von Schottland ausgerufen. Bei diesem Anlaß gewährte sie allen verbannten Protestanten eine Amnestie, in der Absicht, an den Führern dieser Partei eine Stütze zu gewinnen. Sie hoffte, die Macht der Katholiken damit auszugleichen, die der einzige Halt der Hamiltons waren, die sie noch immer fürchtete. Zwischenzeitlich waren die Heiratsverhandlungen zwischen Maria Tudor und dem Witwer Philipp, Kaiser Karls ältestem Sohn, abgeschlossen; am 19.7.1554 war Philipp in Southampton gelandet, die Vermählungsfeierlichkeiten fanden am 25. Juli in Winchester statt; am 26. Dezember lehnte das englische Parlament eine Krönung Philipps zum König von England ab.

Am 3. Oktober 1555 erkannte der Reichstag zu Augsburg die Existenz des Lutheranismus in Deutschland an und proklamierte den Frieden zwischen beiden Konfessionen. Fürsten und Städte waren frei, zwischen Katholizismus und Protestantismus zu wählen; die Untertanen jedoch mußten den Glauben ihres Fürsten annehmen.

Durch die tolerante Stimmung ermutigt, brach John Knox 1555 zu einem Besuch in Berwick auf, wo er Marjorie Bowes heiratete, die er bereits 1549 während seiner Tätigkeit in der Garnisonsstadt kennengelernt hatte. Anschließend (1556) verbrachte er neun Monate in Schottland. In Edinburgh staunte er über den Fortschritt, den die Sache der Reformation erzielt hatte, und über den überaus herzlichen Empfang, den er von allen Klassen der Gemeinde erfuhr. Bei Besuchen auf den Landsitzen des Hochadels trug er diesem seine Doktrin vom »gerechtfertigten Widerstand» gegen römisch-katholische Herrscher, die den Glauben ihrer protestantischen Untertanen angriffen, vor und drängte auf Aufgabe aller katholischen Riten und Zeremonien. Knox riet dem Adel, sich zur Verteidigung des Protestantismus zusammenzurotten, falls dies erforderlich werden sollte. Ein zwingendes Schreiben seiner Kongregation rief ihn nach Genf zurück.

In Erfüllung des Vermächtnisses ihrers Führers unterzeichneten die protestantischen Lords von Schottland 1557 einen »Bund« und verpflichteten sich, die »Kongregation des Herrn« zu fördern und deren Geistliche zu verteidigen (daher der Name »Lords of the Congregation«). Die Königin-Regentin sah es angebracht, ihnen Konzessionen zu machen, solange Frankreich mit England und Spanien im Kriege lag. (In der Zwischenzeit wurde die fünfzehnjährige Maria Stuart mit dem vierzehnjährigen Dauphin Franz am 24. April 1558 feierlich vermählt, was den Griff Frankreichs nach Schottland noch verstärkte.)

Am 17. November 1558 starb Maria von England kinderlos; ihre Halbschwester Elisabeth bestieg den Thron. Diese war zur Zeit des Scheidungsprozesses und der Hinrichtung ihrer Mutter Anna Boleyn für unehelich erklärt worden. Daher schien es, Maria Stuart hätte als Enkelin von Margarete, der ältesten Schwester Heinrichs VIII. von England, die Erbfolge der Maria Tudor antreten müssen. Deshalb ordnete Heinrich von Frankreich an, daß der Titel »König und Königin von England und Irland« dem Titel »König und Königin von Schottland«, den Franz und Maria Stuart führten, hinzugefügt würde. Elisabeth empfand dies als Beleidigung und verfolgte von da an Maria mit ihrem Haß.

Am 15. Januar 1559 wurde Elisabeth durch den Bischof von Carlisle mit dem ganzen Zeremoniell des katholischen Ritus in Westminster gekrönt. Im März widerrief das Parlament die unter der vorhergehenden Regierung zugunsten der katholischen Religion angenommenen Statuten und setzte die reformierte Religion wieder ein.

Am 2. April wurde zwischen Frankreich, England und Spanien der Friede von Cateau-Cambrésis geschlossen; damit war Frankreich wieder frei, die französische Königin-Regentin von Schottland zu unterstützen, der protestantischen Expansion im Lande endgültig Einhalt zu gebieten. Zu diesem Zwekke befahl sie den protestantischen Predigern, als Rädelsführer der anwachsenden protestantischen Insubordination am 10. Mai vor ihr im Schloß Stirling zu erscheinen. Die Protestanten riefen daraufhin Knox aus Genf zurück, und die reformierten Lords, Gutsherren und Bürgerlichen sammelten sich in Dundee. Am 4. Mai gesellte sich Knox zu ihnen, und sie marschierten gegen Perth, wo die Mönchsklöster – nach einer feurigen Rede von Knox – geplündert wurden.

Nun ließ die Regentin eine Bestimmung veröffentlichen, durch die allen Schotten geboten wurde, sich zur katholischen Religion zu bekennen und nach ihren Satzungen zu leben. Die reformierten Adeligen sandten den Grafen von Argyll und Lord Jakob Stuart zur Regentin, um ihr zu bedeuten, daß man sie gerechterweise nicht ihres Glaubens wegen verurteilen dürfte, da die Königin-Regentin ihn doch selbst bisher zumindest geduldet hätte; sie wären entschlossen, eher ihr Leben aufzugeben als ihren Glauben.

Da die Regentin, die Schwester dreier fanatisch katholischer Geistlicher und zweier Äbtissinnen aus Überzeugung, diese Vorstellungen nicht gelten ließ, schlugen die »Lords der Kongregation« zu und begannen, Heiligenbilder, Kirchen und Klöster zu zerstören. Am 25. Juni bemächtigten sie sich der Stadt Perth, damals eine der bedeutendsten Städte Schottlands. (Am 10. Juli starb Heinrich II. von Frankreich. Der Dauphin folgte ihm auf dem Thron unter dem Namen Franz II. von Frankreich, Schottland, England und Irland. Seit der Thronbesteigung wurde der junge König von den Guisen beherrscht, den Erzfeinden der französischen Hugenotten.)

Am 1. August kamen die Schotten der reformierten Partei in Stirling zusammen und beschlossen, die Unterstützung Englands zu erbitten. Am 10. September schlossen sich der Herzog Châtellerault und sein Sohn, Graf von Arran, den Rebellen an. Am 18. September besetzten die Aufständischen Edinburgh, und die Regentin zog sich mit den zu ihrer Unterstützung entsandten französischen Truppen nach Leith zurück. Im Januar 1560 blockierte eine englische Flotte den Hafen von Leith und brachte den Führern der Kongregation Verstärkung. Im April schlossen sich 10.000 Engländer den schottischen Protestanten an.

Am 10. Juni starb die Königin-Regentin Maria von Guise zu Edinburgh; am 6. Juli wurde der Vertrag von Edinburgh unterzeichnet, in dem die Gesandten Franz II. und Maria Stuarts anerkannten, daß die Kronen von England und Irland Elisabeth rechtmäßig zukamen und ihr Herrscherpaar demzufolge künftig die Wappen dieser Länder und den Titel »König von England und Irland« nicht mehr führen sollte. Frankreich wie England verpflichteten sich, ihre Truppen zurückzuziehen. Das so neutralisierte Schottland sollte sein Haus selbst in Ordnung bringen.

Die Chancen standen schlecht für eine befriedigende Lösung; denn eine zentrale Autorität fehlte. Die Königin war römisch-katholisch und in Frankreich abwesend, all ihre Sympathien – politisch wie religiös – galten der Verliererseite.

Das Parlament hatte noch nie großes Gewicht gehabt oder Macht ausgeübt. Doch nun, als es im August 1560 ohne königliche Autorität zusammentrat, nahm es die Religionssache ernsthaft in Angriff. Die Schottische Konfession (eiligst durch Knox und drei andere vorbereitet), ein im Ton gemäßigt calvinistisches Dokument mit größerer Betonung der Sakramente als Calvin lehrte, wurde als der Glaube der Nation verabschiedet. Päpstliche Jurisdiktion wurde abgeschafft und die heilige Messe verboten, bei Todesstrafe nach dem dritten Verstoß.

Es blieb nun, der Reformierten Kirche Form und Fassung zu geben. Knox legte dem Parlament mit Hilfe eines Ausschusses anerkannter Kirchenmänner »*Das Erste Buch der Disziplin*« vor, mit Vorschlägen für die Konstituierung und Finanzierung der Reformierten Kirche. Der Gottesdienst sollte durch das »*Book of Common Order*« (auch Knoxes Liturgie genannt) geregelt werden, was eine revidierte Ausgabe der von Knox in Genf verwendeten Order darstellte. Die Generalsynode sollte das zentrale Legislativorgan der schottischen Kirche werden. Das Disziplinbuch schlug auch ein verblüffendes Sozialprogramm mit Unterricht und Armenunterstützung vor.

So dominierte die anglikanische (bischöfliche) Staatskirche 1559 endgültig in England und wurde 1560 in Irland amtlich, während die schottische Staatskirche presbyterianische Züge aufwies.

Die Kirche in Schottland mochte im 16. Jahrhundert nicht mehr weltfremde bzw. unsittliche Priester als in früheren Generationen gehabt haben, doch die Unruhe wegen deren Mängel hatte ständig zugenommen, und die Machtstruktur der Kirche ließ die Möglichkeit einer Reform von innen und ohne Revolution ausgeschlossen erscheinen. Die Kirche wies sich auf Pfarreienebene als Versager aus, da 1560 der Hauptteil der Einnahmen aus fast neun Pfarreien von zehn für Klöster und andere zentrale Institutionen bestimmt gewesen war. Das Papsttum, als Gegenleistung für den Erhalt seines Anteils aus diesem Reichtum, hatte die geistliche Führung der Kirche von Schottland aufgegeben: seit 1487 hatte die königliche Kontrolle über die Besetzung der höheren Kirchenämter ständig zugenommen. All das, zu einer Zeit, als das Jahreseinkommen der Kirche (400.000 Pfund in 1560) zehnmal so hoch war wie das der Krone, erklärt leicht die Attraktivität des Kirchenamts für nichtgeistliche Karriereadlige. Kirchenländereien waren Laien als Lehnsgut übertragen, Laien waren auch Eintreiber von Kircheneinkünften geworden und mit Abteien als Pfründen belohnt worden. Dadurch wurde Kirchenbesitz, insbesondere Klosterbesitz, effektiv säkularisiert; und der Protestantismus bot dem Adel und den Gutsbesitzern von Schottland nicht nur eine geistlich lebendige Kirche mit Laienbeteiligung, sondern auch die Möglichkeit, das belehnte Kirchengut nicht mehr zurückgeben zu müssen. So wurden in kürzester Zeit Hunderte von Klöstern überfallen, geplündert und aufgelöst. Die Folge war, daß Tausende von Mönchen zu Flüchtlingen und Vertriebenen wurden, ohne Obidienz im Lande, womit wir bei der Geburt der Freimaurerei angelangt sind.

Erinnern wir uns doch:

Die Priester der Kelten – Druiden genannt – (und nicht nur bei den Kelten) pflegten das damals bekannte Wissen und hielten es geheim. Dieses Wissen teilte sich in drei Hauptgruppen:

1. die Hermetischen Künste: die okkulten Weisheiten Gottes aus Religion, Astrologie, Magie, Zaubertrank bzw. Heilkunde, Mystik, Esoterik, Alchimie – das Wesen aller Mysterien;

2. die Freien Künste: Schreibkunst, Grammatik, Rhetorik, Dialektik, Verskunst, Geometrie, Arithmetik, Astronomie, Harmonie;

3. die Königliche Kunst: nicht das Handwerk des Bauwesens, vielmehr Planentwurf, Architektur, Statik, Materiallehre, Harmoniegesetze und Bauleitung – kurz: die Baukunst.

Damals gab es nur zwei Stände: Adel und Priester, wobei die Priester selbst aus adeligen Familien kamen. Alles übrige waren Unfreie und Leibeigene.

Die Eremiten (in Schottland seit dem 4. Jahrhundert) wollten durch Meditation, Duldsamkeit, Entsagung und Andacht eine Selbstveredelung erreichen, Selbstläuterung und persönliche Vervollkommnung erlangen. Auch als sie sich durch den heiligen Ninian, Missionar der Pikten von Schottland, seit 397 zu Einsiedeleien (Eremitagen) zusammenschlossen, blieb ihr Ziel die Andacht, die Vertiefung in das Gebet und das Studium der Heiligen Schrift, um dadurch die persönliche Vervollkommnung zu erlangen.

Erst die keltischen (irischen) Mönche, die seit 568 die Scoten in Schottland missionierten, verbanden beide Funktionen – Priestertum und Askese – zu einer Klostergemeinschaft. Sie war eine geschlossene Gesellschaft mit absoluter Selbstversorgung. Bestand der Klerus bis dahin aus Weltgeistlichen, so setzte sich die Klostergemeinschaft aus drei unterschiedlichen Klassen zusammen: Klerikern, Laienbrüdern und Laien. Die Kleriker (Ordensgeistliche im Gegensatz zu den Kirchenfürsten) entstammten dem Adel, die Laienbrüder dem Bürgertum, die Laien aber kamen aus der Bauernschicht.

Das Kloster beherbergte zwei Schulen und einen Kreis der Auserwählten: die äußere Schule war für die Kinder des Adels aus der Umgebung bestimmt, hier lernten sie vor allem Latein, Literatur, Verskunst, Lesen und Schreiben. Der Adel erhielt also Allgemeinbildung, die Laienbrüder aus dem Bürgertum erlernten das Handwerk, und die Laien aus dem Bäuerlichen betätigten sich als ungelernte Arbeitskräfte. Alles übrige war den Klerikern selbst vorbehalten, wobei die Mönche die Freien Künste, die Schönschreibekunst, die Illuminierkunst, die Bildhauerei und Malerei pflegten, teilweise auch Heilkräuterkunde und theologische Auslegung der Heiligen Schrift. Nur Auserwählte fanden über die Esoterik der Meditation Zugang zum inneren Kreis der Eingeweihten, der die Hermetischen Künste pflegte und geheim hielt. Eine Symbolik besonderer Art als Erkennungszeichen der Eingeweihten der verschiedenen Klöster und ein bestimmtes Aufnahmeritual kennzeichneten die Berufung in den Kreis des absoluten Geheimwissens. Kein Wunder, daß Kelten mit Zauberkräften, die das Monopol des geheimen Kreises bedrohten, als Hexer verfolgt und vernichtet wurden.

Dieser Aufbau setzte sich bei den Templern fort, die seit 1128 in Schottland vertreten waren. Der Orden bestand aus vier Klassen: den Rittern (adeliger Herkunft), den Kaplanen (die geistliche und geistige Elite, Hüter der Geheimlehre), den Knappen und den Knechten (Landarbeiter, Handwerker, Reitknechte). Der Unterschied in der inneren Ordnung der Komturei zum Kloster lag darin, daß die Ritterordensgemeinschaft offener war als die geschlossene Gesellschaft der Mönche. Hier schwor man Keuschheit, Armut und Gehorsam, der Mönch schwor zusätzlich Beständigkeit. Der höchste Rang, der innere Kreis der Templer, war der geistliche Ritter. Dieser wurde durch besondere Initiation (Einweihung) in den Kreis berufen. Jetzt erst war er würdig, sich in den Geheimzeichen der Kabbala auszukennen. Die Waffen, die man ihm übergab, waren mit kabbalistischen Zeichen geschmückt, einer Symbolik, in die man ihn während der Einweihung eingeführt hatte und die von den Waffenherolden des inneren Kreises gehütet wurde. Die Mitglieder dieses Kreises verständigten sich untereinander in bildhaften Symbolen, durch phonetische Wortspielereien und musikalische Harmonien.

Mit den Templern kam auch der Steinbau nach Schottland – in dem typischen Templerstil der Burganlagen und Komtureien. Die Schlösser Schottlands aus dieser Zeit sind die ersten aus Stein gebauten Profanbauten (Holyrood House in Edinburgh wurde 1128 zunächst als Abtei gegründet; der Palast entstand erst später als Vergrößerung). Nach der Auflösung des Templerordens (22.5.1312) suchten die Ritter bei anderen Orden Anschluß, die Kaplane gliederten sich in die verschiedensten Ableger der Mönchsorden ein (somit kehrte das hermetische Wissen der Templer ins Kloster zurück), während die Handwerker des Baugewerbes (Gesellen der Freiheit) auf eigene Rechnung arbeiteten und nach und nach die weltlichen Bauhütten bildeten. Die Bauführung blieb jedoch in den Händen von Geistlichen, die jetzt die einzigen Vertreter der Königlichen Kunst waren. Mit der Gründung der ersten schottischen Universität (1414) in St. Andrews wurde die äußere Schule des Klosters langsam überflüssig. Sie war bereits früher durch die Domschule ersetzt worden und ging nun in die Hochschule auf. Hier wurde das Allgemeinwissen einschließlich Theologie und Rechtswissenschaft gepflegt. Langsam wurden die Freien Künste aus dem Kloster ausgelagert. Nur noch die Hermetischen Künste blieben ein Monopol der Mönchsorden. Wer sich dafür interessierte, mußte sich für den geistlichen Stand mit allen Konsequenzen entscheiden.

Und nun wurden die Klöster aufgelöst! Das Geheimwissen wurde obdachlos. Und da seine Hüter gleichzeitig die Vertreter der Königlichen Kunst waren, lag es doch auf der Hand, daß sie in der Bauhütte für sich und für das Geheimwissen eine neue Bleibe suchten und fanden. Jetzt erst vertrat die Körperschaft alle am Bau Beschäftigten: Baumeister, Planer, Entwerfer, Innendekorateure, Kunstmaler, Bildhauer, Steinmetzen, Steinschneider, Steinleger, Maurermeister, Zimmerleute, Dachdecker etc., Hilfskräfte, Angelernte, Lehrlinge, Gesellen, Meister, und – an der Spitze der Pyramide – der innere Kreis der Eingeweihten, Hüter des Geheimwissens!

Die Entwicklung des Maurerhandwerks in Schottland hatte einen anderen Weg genommen als in England. Der Steinbau kam ohnehin recht spät dorthin; die *»motte«*, der frühste Burgentyp, war eine Festung aus Holz, und diese Bauten verschwanden erst im 15. Jahrhundert. Aus dem Jahre 1288 stammt der erste Bericht, daß man Stein beim Bau der Wälle der Burg von Stirling benutzte. Da der Steinbau ausschließlich in den Händen der Klöster und der Tempelritter gelegen hatte, war ein selbständiges Maurerhandwerk noch nicht entwickelt. Erst nach Auflösung des Templerordens (1312) versuchten die Gesellen der Freiheit (Baumeister und Steinmetzen), die Gesellen der Pflicht (Schreiner und Schlosser) und die Meister der Axt (Zimmerleute) dieses Ordens, auf eigene Rechnung zu arbeiten und das erlernte Handwerk auszuüben. Dennoch blieb es dabei, daß die Leitung, Bauplanung und -zeichnung der Aufträge von Krone, Kirche und Freistädten in den Händen der Vertreter der Königlichen Kunst aus dem Kloster lagen.

Auch in Schottland bedeutete die Bauhütte *(logia, logge, loygge, luge, ludge, lodge)* zunächst eine Art Werkstatt, in der die Maurer Steine zerkleinerten und zurichteten, dann gesellten sich weitere Bretterbuden hinzu als Lager für Baumaterial und Werkzeug, als Aufenthaltsraum in den Pausen, als Kantine und als Versammlungsraum, wo Fragen des Bauvorhabens erörtert und Beschwerden besprochen wurden. Dann wurde auch hier das Wort Loge manchmal zur Bezeichnung einer Gruppe von Bauleuten benutzt, die gemeinsam an einem besonderen, länger dauernden Bau arbeiteten. Die älteste Bauhütte dieser Bedeutung in Schottland war die Bauhütte an der Augustinerabtei Holyrood in Edinburgh von 1128, gefolgt von der Bauhütte an der Abteikirche in Kilwinning von 1140.

Schottland ist flächenmäßig nicht viel größer als Bayern, hatte jedoch um 1500 nicht einmal 2 Millionen Einwohner; die Kirche von Schottland hatte kein eigenes Erzbistum und war lange vom Erzbischof von York abhängig, bis der Papst 1192 beschloß, die schottische Kirche Rom direkt zu unterstellen; 1225 wurden in Schottland Provinzialsynoden unter päpstlicher Autorität abgehalten. 1329 gestand der Papst den schöttischen Königen das Recht zu, gesalbt zu werden. 1414 wurde das theologische Seminar von St. Andrews als Kern der ersten Universität des Landes durch päpstliche Bulle gegründet, 1451 folgte Glasgow; und erst 1472 wurde das erste schottische Erzbistum in St. Andrews errichtet, gefolgt 1492 von Glasgow.

Die erste Korporation der Bauleute in Schottland entstand in Edinburgh, wo Maurer und Zimmerer 1475 einen Siegelbrief erhielten. Korporationen (engl. *incorporations*) gab es in bestimmten schottischen Orten für die Leitung und Verwaltung des Handwerks und die Förderung des Gottesdienstes unter ihren Mitgliedern. Sie wurden durch sogenannte Siegelbriefe (engl. *seals of cause*) errichtet, die zumindest in einigen Fällen aus Vorschriften und Statuten bestanden, die von den Handwerkern geschaffen und von der Stadtverwaltung genehmigt worden waren. Stets waren Maurer und Zimmerleute eine einzige Gruppe: 1469 sollten die Maurer und Zimmerleute nach einem Statut in Schottland nur die Feiertage einhalten, welche die Kirche als große und feierliche Feste bestimmt hatte. Die Maurer und Zimmerer der Loge an der Kirche von St. Nikolaus in Aberdeen scheinen schon 1483 bis zu einem gewissen Grad organisiert gewesen zu sein. 1527 gewährte die Stadt Aberdeen den Böttchern, Zimmerern und Maurern einen Siegelbrief und bestätigte ihn 1541. In einem Vertrag von 1537 ernannte die Stadtverwaltung von Dundee George Boiss zum Maurer auf Lebenszeit an der Frauenkirche. Darin wird auch »the auld use and consuetude of Our Lady Luge of Dundee« (die alte Übung und Gewohnheit der Loge...) erwähnt.

Der Begriff »Freimaurer« kam in Schottland nicht vor. Das Handwerk des Maurers bestand aus Steinleger = Maurer (schott. *cowan*) und Steinbehauer = Steinmetz (schott. *mason*); bei beiden gab es die Abstufung Lehrling (sieben Jahre Lehrzeit), eingetragener Lehrling (drei Jahre nach Abschluß der Lehre), Genosse (Geselle) und Meister. Unter den Steinbehauern bildete sich eine besondere Gruppe von Steinmetzen, die ein eingetragenes Werk- oder Steinmetzzeichen *(mark mason)* hatten. Schottland kannte weder Gilden noch Zünfte, noch Companien der Bauleute.

Die Königliche Kunst gehörte nicht zur Handwerkskorporation, sie war vielmehr nach wie vor Domäne der Ordensgeistlichen, die Bauleiter und -aufseher, Architekten und Bauzeichner nahezu aller Steinbauten stellten. Sowohl Krone als auch Kirche und Städte ernannten Bauleiter (engl. *masters of work*), die finanzielle und Verwaltungsaufgaben erfüllten. Das Amt des Generalaufsehers und Hauptbauleiters (engl. *Warden General and Principal Master of Work*) der schottischen Krone wurde um 1539 geschaffen. Ursprünglich wurde der Oberbauleiter für einen einzelnen Bau ernannt, z.B. für die Burg Stirling oder das Schloß zu Linlithgow. Später aber erstreckte sich seine Amtsgewalt auf alle königlichen Bauten. Durch dieses Amt und durch den Einzug der Königlichen Kunst seit 1560 in die Logen und Korporationen, verwandelten sich die Körperschaften des Bauhandwerks in organisierte und reglementierte Berufsverbände mit schriftlich niedergelegten Vorschriften. Die Hauptlogen wurden zu Territoriallogen mit gewissen amtlichen oder halbamtlichen Pflichten gewerblicher Natur. Dem cowan = Steinleger = Maurer wurde die Befugnis, zugehauenes (Stein-)Werk zu bearbeiten oder zu setzen oder mit Sand und Kalk zu bauen aberkannt. Zur Unterscheidung zwischen Maurer und Steinmetz wurde das Maurerwort (in Anlehnung an die Erkennungszeichen des Kreises der Eingeweihten) eingeführt, das sich erst nach 1560 manifestierte und zunächst auf die Ordensgeistlichen als Vertreter der Königlichen Kunst beschränkte. Erst später wurde es zum allgemeinen System entwickelt und dem Steinmetzlehrling nach Abschluß der Lehre mitgeteilt.

II

Entwicklung

Die Tudors in England 1485–1603

Die Geschichte der Freimaurerei ist mit den Stuarts in England eng verknüpft, dies wiederum hängt mit dem Hause Tudor und dessen Kampf um die Festigung seiner Dynastie zusammen. Um die Ereignisse verfolgen zu können, müssen wir die Entstehung des Thronfolgeanspruchs der Stuarts auf den englischen Thron näher betrachten.

Das Haus Tudor gelangte 1485 an die Macht in der Person von Heinrich VII. (1457–1509), dem letzten lebenden männlichen Vertreter des Hauses Lancaster. Als sich Richard III. 1483 des Thrones bemächtigte, spaltete sich die Yorksche Partei, was Heinrich – der damals im Herzogtum Bretagne im Exil lebte – die ersehnte Chance bot: er versprach, Elisabeth von York (1466–1503), die älteste Tochter Eduards IV., zu heiraten und somit die Häuser Lancaster und York zu versöhnen, wenn die Yorkisten ihn unterstützten. Am 7.8.1485 landete er in Wales und marschierte auf London zu. In der Schlacht von Bosworth am 22. August besiegte und erschlug er Richard III., am 30. Oktober wurde er zum König gekrönt, und am 18. Januar 1486 ehelichte er, wie versprochen, Elisabeth von York.

Von den zahlreichen Kindern, die sie dem König geboren hatte, überlebten vier: Arthur, Prinz von Wales (*1486), Margarete (*1489), Heinrich (*1491) und Maria (*1496). Heinrichs Herrschaft war nicht unumstritten: bereits 1486 rebellierten die Yorkisten unter der Führung des Lords Lovell, Richards III. Kämmerer; 1487 revoltierte Lambert Simnel, der sich als Eduard Graf von Warwick ausgab, den Sohn von Georg Herzog von Clarence, Richards III. ältestem Bruder, und die Unterstützung des John de la Pole Graf von Lincoln (designierter Nachfolger Richards III.), zahlreicher irischer Häuptlinge sowie 2000 deutscher Söldner (finanziert von Margarete, verwitwete Herzögin von Burgund und Schwester Richards III.) gewann. Schon damals war es klar geworden, daß sich der König auf die Loyalität Nordenglands sowie Irlands nicht verlassen konnte. Die Rebellion wurde im Juni 1487 niedergeschlagen und Simnel festgenommen. Als Heinrich feststellte, daß Simnel ein Schwindler war, von dem keine weitere Gefahr ausging, beschäftigte er ihn in der Hofküche. 1491 tauchte ein neuer Schwindler auf: Perkin Warbeck, ein gutaussehender Flame, bestens durch Margarete von Burgund vorbereitet, gab sich als Richard aus, den jüngeren Sohn Eduards IV. Nacheinander und zu verschiedenen Zeiten von Frankreich, von Maximilian von Österreich (dem späteren Kaiser), Regent der Niederlande, von Jakob IV. von Schottland und von einflußreichen Männern in Irland und England unterstützt, fiel Perkin dreimal in England ein, bevor er 1497 festgenommen werden konnte.

Heinrich suchte die internationale Anerkennung seiner Herrschaft; als Frankreich Anstalten machte, sich das Herzogtum Bretagne einzuverleiben, fand sich Heinrich gemeinsam mit Spanien und dem Römischen Reich in einen Krieg gegen Frankreich hineingezogen, und das gerade dann, als der falsche Prinz Richard seinen Thron bedrohte. Also schloß er 1492 einen Separatfrieden mit Frankreich, der ihm die ersehnte Anerkennung seiner Dynastie und eine ansehnliche Pension brachte. Durch die wirtschaftliche Wichtigkeit Englands für die Niederlande gelang es Heinrich, 1496 Maximilian und die Niederlande zu überreden, den Prätendenten fallen zu lassen und einen Friedensvertrag und ein Freihandelsabkommen zu schließen. Die traditionellen Feindseligkeiten mit Schottland konnten 1499 durch einen weiteren Friedensvertrag beigelegt werden. Nur die spanischen Herrscher waren nicht bereit, so schnell eine Bindung mit dem Haus Tudor einzugehen: Ferdinand und Isabella von Spanien waren der Ansicht, daß Heinrichs Dynastie nicht gesichert wäre, so lange der Prätendent (Perkin Warbeck) am Leben war.

Heinrich griff daraufhin zum Justizmord und ließ den Inhaftierten am 23. November 1499 hinrichten. 1501 kam Katharina von Aragonien (*1485), die jüngste Tochter Ferdinands und Isabellas, nach England, um den gleichaltrigen Kronprinzen Arthur zu heiraten. Die Hochzeit der Kinder fand im November statt, die Ehe wurde jedoch nicht vollzogen, da der junge Prinz im April 1502 verstarb. In diesem Jahr schloß Heinrich mit Schottland einen ewigen Frieden und besiegelte ihn mit der Verlobung seiner ältesten Tochter Margarete Tudor mit Jakob IV. Stewart von Schottland; die Hochzeit fand im August 1503 statt.

Die Bedrohungen der jungen Dynastie hörten jedoch nicht auf: Der älteste lebende Sohn der Elisabeth, Eduards IV. Schwester, nämlich Edmund de la Pole Graf von Suffolk, war 1499 in die Niederlande geflohen. Durch den Tod der beiden Söhne Heinrichs, des Säuglings Edmund (1500) und des Kronprinzen Arthur (1502) sowie der Gattin Heinrichs, Elisabeth von York (1503), ermutigt und von Maximilian unterstützt, landete Suffolk in England und versuchte, Heinrich zu stürzen. Erst als es dem König 1506 gelang, Suffolk in den Tower von London einzukerkern, war ein Friede mit dem römischen Kaiser möglich, der mit der Verlobung der jüngsten Tochter des Königs, Maria, mit dem sechsjährigen Enkel des Kaisers, Karl (dem späteren Kaiser Karl V.), besiegelt wurde. Um die wichtige Verbindung nach Spanien nicht zu verlieren und die bereits erhaltene Hälfte der Mitgift nicht wieder herausrücken zu müssen, bemühte sich Heinrich um die Verlobung Katharinas, der jungen Witwe, mit seinem einzigen noch lebenden Sohn und nunmehr Thronerben, Prinz Heinrich. Auch Katharinas Eltern waren an dieser Verbindung interessiert, da Spanien Englands Hilfe gegen Frankreich benötigte. So wurde der junge Prinz kurz vor seinem zwölften Geburtstag mit der siebzehnjährigen Witwe seines Bruders verlobt (25.6.1503); der päpstliche Dispens wurde am 24. November 1504 erteilt. Nach dem Tode Heinrichs VII. am 21. April 1509 folgte ihm sein achtzehnjähriger Sohn als Heinrich VIII. auf den Thron, heiratete am 11. Juni Katharina und wurde mit ihr am 23. Juni gekrönt.

Von den vielen Kindern, die Katharina zwischen 1510 und 1518 geboren hatte, überlebte nur eins: Maria Tudor (*1516). Seit Ende 1518 stand fest, daß die Königin keine Kinder mehr bekommen konnte (sie war erst 33, aber völlig verbraucht). Die Dynastie war in Gefahr: sollte der König keinen männlichen

Thronerben zeugen, ginge der Thron an den Sohn seiner ältesten Schwester Margarete. Diese hatte im Laufe ihrer zehnjährigen Ehe mit König Jakob IV. (1513 gefallen) mehrere Kinder geboren, von denen ebenfalls nur eines am Leben geblieben war: Jakob (*1512). 1514 hatte sie Archibald Douglas 6. Graf von Angus geheiratet, einen Parteigänger Englands, was das schottische Parlament veranlaßte, Margarete die Regentschaft zu entziehen und sie samt Gemahl ins Exil nach England zu entlassen. Dort gebar sie 1515 eine Tochter, Margarete Douglas. Die andere Schwester Heinrichs, Maria, war achtzehnjährig mit dem zweiundfünfzigjährigen König Ludwig XII. von Frankreich im Oktober 1514 vermählt worden. Sie hatte in diese rein politische Heirat nur unter der Bedingung eingewilligt, daß sie nach dem Ableben des Gatten ihren nächsten Bräutigam selbst bestimmen durfte. Die Ehe hatte keine drei Monate gedauert, da Ludwig am 1. Januar 1515 verstarb. Um ihrem Bruder zuvorzukommen, der sie nun mit König Karl von Kastilien (Karl V.), der gerade am 5. Januar als großjährig erklärt worden war, vermählen wollte, heiratete sie noch im Februar in Paris Charles Brandon Herzog von Suffolk und schenkte ihm 1517 eine Tochter, Franziska.

Die Dynastie des Hauses Tudor hing an einem seidenen Faden: Heinrich VIII. hatte keinen Sohn, und die Lebensaussichten des sechsjährigen Jakob V. von Schottland waren nicht ermutigend, dennoch war er der nächste Thronanwärter. In seiner Verzweiflung ließ sich Heinrich mit Elisabeth Blount ein, und sie gebar ihm 1519 seinen ersten lebensfähigen Sohn – unehelich! Nichtsdestotrotz erkannte ihn Heinrich an, indem er ihn hochhielt, dem Hof zeigte und ihn Henry Fitzroy (= Heinrich Königssohn) nannte. Am 18. Juni 1525 wurde dieser mit sechs Jahren zum Herzog von Richmond gemacht und erhielt einen eigenen Hof. 1531 wurden ihm durch Parlamentsakte ausgedehnte Ländereien übertragen.

Dennoch wurde diese Anerkennung bestritten; denn nach einem ungeschriebenen Gesetz durften weder natürliche Kinder noch Töchter den Thron besteigen. Das war auch der einzige Grund für die Bemühungen Heinrichs, seine »unfruchtbare« Ehe annullieren zu lassen.

Ein heilloses Durcheinander folgte: Anna Boleyn, die sich drei Jahre lang geweigert hatte, sich Heinrich ohne Heirat hinzugeben, gab schließlich im Dezember 1532 seinem Drängen nach und wurde schwanger – unehelich! Die heimliche Eheschließung am 25. Januar 1533 machte die Lage noch schlimmer: Jetzt lebte der König in Bigamie! Und all das wegen eines Mädchens; denn am 7. September gebar die neue Königin eine Tochter: Elisabeth. Und um es noch vertrackter zu machen, starb Heinrich Herzog von Richmond 1536 siebzehnjährig an Magersucht!

1536 gab es an Tudor-Mitgliedern Heinrichs Töchter Maria und Elisabeth, Margaretes Kinder Jakob Stewart und Margarete Douglas (Margarete wuchs am englischen Hof mit ihrer gleichaltrigen Base Maria Tudor auf, während ihre Mutter seit 1528 in dritter Ehe mit Heinrich Stewart Graf von Methven am schottischen Hof ihres Sohnes weilte) sowie Marias Töchter Franziska und Eleanore – Thronanwärter war wieder einmal Jakob V. von Schottland, der sich gerade mit Madeleine von Frankreich vermählt hatte, nachdem er lange

Jahre mit Margarete Erskine verbunden gewesen war, die ihm mehrere Kinder geboren hatte.

Maria mußte für illegitim erklärt werden, damit Anna Boleyns Kind legitim geboren werden konnte: Maria sei in Schande empfangen, in einer inzestuösen Ehe Heinrichs mit dessen Bruders Witwe. Elisabeth wiederum war tatsächlich in Schande empfangen, da die Ehe zwischen Heinrich und Katharina erst im Mai 1533 für null und nichtig erklärt wurde. Dazu kam es, daß beide Mädchen waren und demzufolge vom Thronerbe ausgeschlossen waren.

Die Rettung lieferte die vierte Frau im Leben Heinrichs VIII., Johanna Seymour. Als Heinrich sie am 30. Mai 1536 ehelichte, war Katharina bereits gestorben (7. Januar) und Anna Boleyn hingerichtet (19. Mai). Diese dritte Ehe des Witwers Heinrich war legitim in den Augen aller; die aus dieser Ehe hervorgehenden Kinder hätten es nicht schwer, ihren Anspruch zu behaupten und durchzusetzen. Und am 12. Oktober 1537 gebar Johanna den rechtmäßigen Thronerben Eduard (und starb selbst zwölf Tage danach). Die Familie Seymour genoß das Wohlwollen Heinrichs bis zu seinem Tode. Johannas Bruder Eduard wurde Protektor des Reiches und Regent für den minderjährigen König Eduard VI.; ein anderer Bruder, Thomas, wurde Großadmiral.

Eduard war nun Kronprinz und Jakob Thronnachfolger nach ihm, falls Eduard ohne männliche Nachkommenschaft bleiben sollte. Jakob hatte inzwischen eine neue Familie gegründet: seine junge Ehe mit der fünfzehnjährigen Madeleine von Frankreich dauerte kein halbes Jahr, die zarte Frau erlag dem rauhen Klima Schottlands, und der Witwer heiratete 1538 zum zweiten Mal eine Französin: Maria von Guise. Auch Marias Tochter Franziska war inzwischen verheiratet mit Henry Grey Marquis von Dorset; 1537 gebar sie ihm eine Tochter, Lady Johanna Grey.

Am 14. Dezember 1542 starb Jakob V. von Schottland. Von den vier Kindern, die ihm Maria von Guise geboren hatte, überlebte nur eins: die am 8. Dezember, sechs Tage vor seinem Tode, geborene Maria Stuart.

Eine neue Situation war nun entstanden, die nach einer Regelung der Nachfolge rief. Alle Tudor-Nachkommen, mit Ausnahme von Eduard, waren Mädchen! Eduard war erst sieben; vieles könnte geschehen vor seiner Volljährigkeit. Also wurden die Prinzessinnen Maria und Elisabeth – noch immer illegitim – als Thronfolger nach Eduard eingesetzt, falls dieser kinderlos bleiben sollte (Drittes Nachfolgegesetz von 1544). Sollten beide Prinzessinnen ihrerseits kinderlos sterben, ginge die Nachfolge an Marias Tochter Johanna und nach ihr an ihre Schwester Katharina. Maria Stuart, Enkelin Margarete Tudors aus erster Ehe, sollte Eduard heiraten; damit hätte man zwei Fliegen mit einer Klappe geschlagen: eine mögliche Thronfolgerin wäre an das eigene Reich gebunden, und durch Eduards Heirat mit der Königin von Schottland hätte ihr gemeinsamer Sohn beide Kronen auf sich in Personalunion vereint; der englische Traum von der Annexion Schottlands ginge dann friedlich in Erfüllung.

Bereits der Vertrag von Greenwich (1. Juli 1543) hatte deshalb vorgesehen, daß Maria Stuart nach Vollendung des zehnten Lebensjahres gemeinsam mit dem englischen Thronfolger Eduard am englischen Hof erzogen werden sollte, den sie später heiraten würde. Am 9. September wurde Maria gekrönt, am 3. Dezember erklärte das schottische Parlament den Vertrag mit Heinrich für ungültig; zwölf Tage später wurde ein Bündnisvertrag mit Frankreich geschlossen. Der katholische Erzbischof von St. Andrews und Kardinal von Schottland begann danach, die Protestanten im Reich systematisch zu verfolgen. Die Anführer der Reformierten, die Grafen Lennox und Glencairn, baten England um Hilfe. Das Bündnis wurde mit der Heirat von Matthäus Stewart 4. Graf von Lennox (1516–1571) mit Margarete Douglas (1515–1578), König Heinrichs Base, 1544 besiegelt. Am 4. April marschierte Eduard Seymour Graf von Hertford (Johanna Seymours Bruder und Onkel des Thronfolgers) gegen Schottland. Am 27. Februar 1545 verloren die Protestanten, und Lennox mußte mit Frau nach England fliehen. In London gebar Margarete Douglas Gräfin von Lennox am 7. Dezember einen Sohn: Heinrich Stewart.

Erneut veränderte sich die Thronfolge; auf Eduard müßte nun – wenn man Frauen von der Thronfolge ausschlösse – Heinrich Stewart folgen. Einen Schönheitsfehler hatte die Sache dennoch: Heinrich Stewart hatte keinen Anspruch auf den Thron von Schottland! Er wäre ein Stuart, der mit leeren Händen käme und den englischen Thron bestiege! Lieber bliebe man bei der alten Regelung und behielte man den jungen Stuart für weitere Verwendung im Auge. Am 28. Januar 1547 starb Heinrich VIII. und hinterließ einen neunjährigen Sohn als Spielball in den Händen von zwei mächtigen Rivalen: Eduard Seymour Graf von Hertford, nun zum Herzog von Somerset erhoben – und John Dudley Graf von Warwick seit Heinrichs Tod Kronratsmitglied.

Im August 1548 siedelte die fünfjährige Maria Stuart an den französischen Hof über, um mit ihrem zukünftigen Gemahl, dem Dauphin Franz (*1544), erzogen zu werden. Eine Heirat Eduards VI. mit Maria war nicht mehr möglich, und Thomas Seymour überredete Franziska Brandon (Maria Tudors Tochter), ihre älteste Tochter Johanna in sein Haus zu bringen, da er sie später mit seinem gleichaltrigen Neffen, König Eduard, verheiraten wollte. Seymour wurde jedoch am 20. Mai 1549 enthauptet, und Johanna kehrte zu ihren Eltern nach Bragdale zurück.

1549 machte Warwick mit den Landbesitzern und Katholiken gemeinsame Sache, um Somerset zu stürzen; es gelang ihm auch, im Oktober Somerset zu verhaften und in den Tower bringen zu lassen. Seitdem herrschte er uneingeschränkt über England. Sein Ehrgeiz war damit nicht zu Ende: Im Oktober 1551 erhob er sich selbst zum Herzog von Northumberland, holte Lady Johanna Grey und ihre Eltern an den Hof, machte ebenfalls im Oktober Dorset zum Herzog von Suffolk und ließ Johanna nicht mehr aus den Augen.

Als es 1553 feststand, daß der fünfzehnjährige König an Schwindsucht sterben werde, verheiratete Northumberland Lady Johanna am 21. Mai mit seinem Sohn Lord Guildford Dudley und zwang Eduard VI., Lady Johanna und deren männlichen Erben zum Thronfolger zu bestimmen. Da das ungeschriebene Gesetz der Thronfolge durch Heinrich VIII. umgangen worden war, konnte man mit Hilfe des Parlaments den Thronfolger einfach bestimmen. Maria Tudor die Katholische, rechtmäßige Thronfolgerin Eduards, wurde übergangen.

Eduard starb am 6. Juli; am 10. Juli erklärte Northumberland Johanna zur ersten Königin von England. Maria floh nach Norfolk in Nordengland zu den katholischen Lords. Neun Tage später erklärte der Bürgermeister von London, daß Johanna nicht die Königin sei. Maria zog am 3. August in London ein; Northumberland und seine Söhne sowie Johanna samt Ehemann und Vater kamen in den Tower. Unter den Söhnen Northumberlands, die mit ihm im Gefängnis gelandet waren, befand sich Robert Dudley, der später während der Regierungszeit Elisabeths eine große Rolle spielen sollte.

Noch am 30. Juli schrieb Kaiser Karl V. an seinen Sohn Philipp (Witwer seit 1545) und riet ihm zu einer Verlobung mit Maria Tudor. Im Oktober trat das erste Parlament der neuen Regierung zusammen; die Scheidung Katharinas von Aragonien wurde für irrtümlich erfolgt und für nichtig erklärt, womit Maria als legitim galt, während Elisabeth nach wie vor illegitim blieb. Ende Oktober willigte Maria in die Heirat ein; am 3. Dezember wurde der Heiratsvertrag dem englischen Rat vorgelegt. Die Ehe mit dem katholischen Anwärter auf den spanischen Thron erschien dem Rat als Todesurteil für den Protestantismus in England. Außerdem würde die Heirat England an Spanien binden und die Gleichgewichtspolitik der Engländer zunichte machen. Am 6. Dezember verließ Elisabeth den Hof nach Ashridge.

Der Haß gegen die Spanier und die Papisten im ganzen Land ließ Elisabeth als die ideale Königin erscheinen, würde sie Eduard Courtenay Graf von Devon heiraten. Eine protestantische Verschwörung zur Absetzung der katholischen Königin brach am 25. Januar 1554 in Kent, Devon, den Midlands und Wales aus; ihr Anführer Sir Thomas Wyatt marschierte auf London zu, nachdem dort der Heiratsvertrag am 12. Januar von englischer sowie spanischer Seite ratifiziert worden war. Am 7. Februar wurde jedoch Wyatt geschlagen und festgenommen. Die kranke Elisabeth wurde aus Ashridge abgeholt und am 17. März in den Tower eingesperrt. Maria wollte sie endgültig von der Nachfolge ausschließen lassen: Es seien genug andere da, die Anspruch auf den Thron hätten, die Gräfin Lennox, die Herzogin von Suffolk – und Königin der Schotten.

Zwar fand die Vermählung Philipps mit Maria Tudor am 25. Juli in Winchester statt, eine Krönung Philipps zum König von England jedoch wurde vom Parlament am 26. Dezember abgelehnt. Die befürchtete Bindung Englands an Spanien war nicht mehr zu vermeiden: Am 25. Oktober 1555 dankte Kaiser Karl V. als Souverän der Niederlande zugunsten Philipps ab, und am 16. Januar 1556 wurde dieser König von Spanien und den überseeischen Besitzungen; am 7. Juni 1557 erklärte England als Verbündeter Spaniens Frankreich den Krieg.

Die Vermählung der Kinder Maria Stuart und Franz von Frankreich fand am 24. April 1558 statt; Maria Tudor, Königin von England, starb am 17. November, und das englische Volk atmete endlich auf. Hunderte von Protestanten hatten auf dem Scheiterhaufen den Märtyrertod gefunden. Elisabeth hatte die ganze Zeit unter Bewachung gestanden und war das Symbol der Hoffnung für die Protestanten; erst am 6. November – kurz vor ihrem Tode – erkannte Maria Elisabeth als ihre Nachfolgerin an.

Die Situation bot König Heinrich II. von Frankreich eine willkommene Gelegenheit, sich durch seine Schwiegertochter Maria Stuart Englands zu bemächtigen: Da Elisabeth mit Sicherheit – nicht nur nach katholischem Kirchenrecht, sondern auch, bis zum Zusammentritt des Parlaments, nach englischem Gesetz – illegitim war, wäre Maria Stuart die rechtmäßige Nachfolgerin Maria Tudors. Daher ordnete Heinrich an, daß der Titel »König und Königin von England und Irland« dem Titel »König und Königin von Schottland«, den Franz und Maria führten, hinzugefügt würde. Seit dem Friedensvertrag vom 2. April 1559 zwischen Frankreich, England und Spanien trug Maria offen das Wappen Englands auf ihrem Wappenschild.

Marias Anspruch wurde für Elisabeth zum Problem. Der Anspruch wäre an sich harmlos gewesen – nichts weiter als eine Mahnung, daß Maria ein Recht auf den Thron besaß, falls Elisabeth kinderlos starb –, wenn nicht Religion und Politik miteinander verkoppelt gewesen wären. Wie Elisabeth damals der Brennpunkt der protestantischen Hoffnungen gegen den Katholizismus ihrer Schwester gewesen war, so wurde Maria von Schottland jetzt der Brennpunkt der katholischen Hoffnungen. Früher oder später mußte der Papst Elisabeth exkommunizieren und sich nach einem katholischen Fürsten umsehen, der bereit war, sie abzusetzen. Schon ließ die Regentin von Schottland im Mai eine Bestimmung veröffentlichen, durch die allen Schotten geboten wurde, sich zur katholischen Religion zu bekennen und ihren Satzungen nach zu leben. Heinrichs VIII. Testament hatte vorgesehen, daß nach Maria und Elisabeth Johanna Grey bzw. ihre Schwester Katharina die nächste Thronerbin sein sollte. Von dem schottischen Zweig der Tudors (durch seine Schwester Margarete) wollte er nichts wissen. Johanna wurde 1554 enthauptet, ihre Mutter, Herzogin von Suffolk, war gerade gestorben (1559), Katharina war noch nicht verheiratet.

Maria Stuart ihrerseits war die letzte aus der direkten Linie des Hauses Stuart; sollte sie kinderlos sterben, ginge die Thronfolge an den nächsten männlichen Verwandten über: Jakob Hamilton (1517–1575) 2. Graf von Arran und (seit 1549) Herzog von Châtellerault, seit 22. Dezember 1542 nächster Thronanwärter, Regent (bis 1554) und Vormund Maria Stuarts. Dieser hatte auch einen Sohn und rechtmäßigen Erben der Thronfolge: Jakob Hamilton (1537–1609), seit 1549 3. Graf von Arran. Durch diese Eigenschaft stand er der Königin nahe und wurde streng bewacht, damit er nicht auf die Idee käme, während der langen Abwesenheit der Königin die Lage in Schottland zu eigenem Vorteil zu beeinflussen – also wurde er 1554 mit siebzehn zum Kommandanten der Schottischen Garde am französischen Hof gemacht.

Elisabeth entdeckte die Möglichkeit einer Personalunion beider Reiche, sollte sie den jungen Grafen Arran heiraten; denn Maria konnte, wie viele vermuteten, ohne Kinder zu hinterlassen, sterben. Vielleicht waren die Aufständischen in Schottland aber auch gezwungen, sie abzusetzen, und dann war Arran der nächste Thronerbe.

Die Lage in Schottland hatte sich zwischenzeitlich zugespitzt. Am 4. Mai kehrte John Knox aus der Verbannung zurück und fand ein Schottland vor, das dicht vor dem Aufruhr stand. Am 25. Juni bemächtigten sich die Protestanten der Stadt Perth. Am 10. Juli starb König Heinrich II. von Frankreich an einer Verwundung, die er sich in einem Turnier zugezogen hatte. Der fünfzehnjährige neue König, Franz II., ließ sich bei der Krönung zum König von Schottland, England und Irland ausrufen.

Elisabeth mußte nun handeln: Der junge Graf Arran war den Ansprüchen des ehrgeizigen französischen Königs ein Dorn im Auge, je früher er beseitigt würde desto besser. Mit Hilfe ihres vorzüglich arbeitenden Geheimdienstes wurde Arran in Sicherheit gebracht und nach England geleitet, wo sie sich ihn besah und für gut befand.

Franz hingegen – von den beiden ehrgeizigen Onkeln Maria Stuarts, dem Kardinal von Lothringen und dem Herzog von Guise, beherrscht – griff in die schottische Politik ein und schickte französische Truppen, um den häretischen Aufstand zu beenden. Daraufhin versammelte sich die »Kongregation«, wie sich der aufständische protestantische Adel und die Prediger nannten, am 1. August in Stirling und entschloß sich, die Unterstützung Englands zu erbitten. Elisabeth schmuggelte daraufhin Arran über die Grenze nach Schottland, wo er dem Aufstand Macht und Ansehen verleihen sollte. Und am 10. September schlossen sich Arran und sein Vater, Herzog von Châtellerault, den Rebellen an. Am 18. September besetzten die Aufständischen Edinburgh, und die Regentin zog sich mit den zu ihrer Unterstützung entsandten französischen Truppen nach Leith zurück.

Die Verstärkung aus Frankreich segelte Ende November ab; Anfang Dezember verlor sie vier Schiffe und tausend Mann, Stürme vernichteten Ende Dezember ihre Hauptflotte. Vier weitere Schiffe und zweitausend Mann sollen dabei umgekommen sein, während der Rest zur Rückkehr in den Hafen gezwungen wurde. Am 27. Dezember segelte auch eine englische Flotte nach Schottland, um die Aufständischen zu unterstützen, gelangte jedoch – durch dieselben Stürme behindert – erst am 23. Januar 1560 mit der Flut nach Leith und blockierte den Hafen. Anfang Februar wurde überall in England eifrig zum Krieg gerüstet, eine große Anleihe wurde in den Niederlanden untergebracht, Pulver und Munition für England heimlich aufgekauft. Am 27. Februar erhielt die Situation durch den Vertrag von Berwick ein ganz neues Gesicht: Elisabeth nahm Schottland unter ihren Schutz, um seine Freiheit und Privilegien zu retten, und erklärte sich zu einer offenen Intervention bereit; die aufständischen Schotten ihrerseits verpflichteten sich, Hilfe zu senden, falls die Franzosen in England einfallen sollten. Einen Monat später rückte die englische Armee über die schottische Grenze. Am 7. Mai wurde ihr Angriff auf Leith abgeschlagen, die Verluste waren hoch; dennoch waren die Franzosen verhandlungsbereit, da vor Ende August keine Hilfe nach Leith gesandt werden konnte.

Während der Friedensverhandlungen zu Edinburgh verschob sich die politische Lage noch weiter zu Englands Gunsten: Maria von Guise starb am 10. Juni, und die Wirren in Frankreich nahmen einen immer größeren Umfang an. Am 6. Juli wurde der Vertrag von Edinburgh unterzeichnet, in welchem die Gesandten von Franz II. und Maria Stuart anerkannten, daß die Kronen von England und Irland Elisabeth rechtmäßig zukamen und ihr Herrscherpaar demzufolge künftig die Wappen dieser Länder und den Titel »König von England und Irland« nicht mehr führen sollte. Franzosen und Engländer zogen sich aus Schottland zurück; das Parlament, das die Schotten im August einberiefen, begann, durch nichts und niemand behindert, den Staat nach Herzenslust umzuformen. Die Macht des Papstes wurde abgeschafft, das Lesen der Messe verboten und nach dreimaligem Verstoß gegen das Verbot mit dem Tode bestraft, ein protestantisches Glaubensbekenntnis wurde angenommen. Der Vertrag von Berwick wurde bestätigt, und um die beiden Länder in unlösbarer Union zu vereinen, beschloß das Parlament, Elisabeth zu bitten, den Grafen Arran zu heiraten, dessen Thronfolge das Parlament gesetzlich festlegte.

Elisabeth konnte zufrieden sein: Maria Stuart könnte weiterhin Königin von Frankreich spielen, die Macht im nun protestantischen Schottland hatte sie bereits verloren. Noch nie war der Thron Elisabeths so sicher wie jetzt – Maria war mit ihren eigenen Mitteln ausgeschaltet, die Gräfin Lennox mit ihrem Stammhalter Heinrich Stewart Lord Darnley stand nahezu unter Hausarrest und konnte nichts ausrichten. Nur noch eine Person könnte sich gefährlich zeigen: Katharina Grey, die zweite Tochter der Herzogin von Suffolk und nach Heinrichs VIII. Testament die nächste Thronerbin. Schon einmal war sie eine Gefahr gewesen. Zu Beginn der Regierung hatte man versucht, sie nach Flandern zu entführen und für die Interessen der Katholiken zu benutzen. Es wurde nun festgestellt, daß sie just und heimlich Eduard Seymour, den ältesten Sohn des Protektors Herzog von Somerset (Elisabeth hatte ihn gerade im Januar 1559 rehabilitiert und zum Grafen von Hertford gemacht), geheiratet hatte und schwanger war. Einen Sohn aus dieser Ehe konnte Elisabeth nicht dulden; da sich weder der Priester, der die Ehe vollzogen hatte, noch die verantwortlichen Zeugen meldeten, ließ Elisabeth die Ehe für ungültig erklären und schickte Hertford und Katharina in den Tower.

König Franz II. weigerte sich, den Vertrag von Edinburgh zu ratifizieren, da dieser die Thronfolge seiner Gemahlin abstreite; die Anerkennung der legitimen Herrschaft Elisabeths solle nicht auf Kosten der Bestreitung des legitimen Anspruchs Marias erzielt werden. Am 5. Dezember starb König Franz an einem Abszeß im Ohr und heftigen Fieberanfällen, und Maria Stuart wurde mit achtzehn Jahren Witwe, jeden politischen Einflusses in der Fremde beraubt: Als die Nachricht vom Tode des Königs Schottland erreichte, versammelte sich das Parlament am 16. Januar 1561 und beschloß, Lord Jakob Stuart (1531–1570 Marias Halbbruder aus der Verbindung Jakobs V. mit Margarete Erskine, die ihm mehrere Kinder geboren hatte und jetzt Gattin von Lord Douglas war; bereits in jungen Jahren wurde er nach der Sitte der Zeit zu hohen geistlichen Würden bestimmt, und bereits bei der Abreise Marias nach Frankreich – 1548 – hatte er die Stelle eines Priors von St. Andrew bekleidet) sowie dessen Bruder, den Bischof von Ross nach Frankreich zu schicken, um die Königin zu bitten, in ihr Land zurückzukehren. Ferner befand das Parlament, daß eine Heirat der verwitweten Königin, die ja Katholikin war, mit dem protestantischen Thronfolger Arran für alle Parteien von Vorteil sei. Lord Jakob Stuart hatte die Protestanten im Kampf gegen Marias Mutter geführt und nahm nun den Weg über London, um sich mit Elisabeth zu verständigen und sie seiner Ergebenheit für die neue Religion zu versichern, und traf am 4. April bei Maria ein. Inzwischen drängten die englischen Abgesandten bei Maria auf Ratifizierung des Vertrages von Edinburgh; sie blieb dabei, diese ohne Beistand ihres Kronrates nicht geben zu können. Am 4. Mai reiste Lord Jakob Stuart nach Edinburgh mit der Nachricht zurück, daß die Königin baldigst nach Schottland aufbrechen würde.

Maria Stuart in Schottland (1561–1568)

Maria Stuart erreichte Schottland am 19. August 1561 in Begleitung zahlreicher Franzosen, darunter drei jüngere Onkel aus dem Hause Guise. Sie war als Französin aufgewachsen, von der Politik des Hauses Guise beeinflußt, und wollte die französische Lebensweise an ihrem Hofe beibehalten. Die sechs Jahre ihrer effektiven Regierungszeit zeichneten sich aus durch ihr Unvermögen, die neuen Verhältnisse in Schottland zu begreifen, diplomatisch vorzugehen und sich mit Elisabeth zu verständigen.

Bereits Ende August ernannte sie ihren Halbbruder Lord Jakob Stuart (den früheren Gegner ihrer Mutter), Jakob Hepburn 4. Graf von Bothwell (der, obwohl Protestant, ein Mitstreiter ihrer Mutter war), William Maitland von Lethington (der bereits 1558 Sekretär ihrer Mutter war, sich jedoch auf die Seite der Aufständischen geschlagen hatte, um an der Vertreibung der Franzosen aus Schottland zu partizipieren) und George Gordon 6. Graf von Huntley zu ihren ersten Ministern und Mitgliedern ihres Kronrates.

Marias Politik, die ihr von ihren weltgewandten Oheimen bereits in Frankreich eingeschärft worden war, zielte auf eine Verständigung mit der reformierten Partei ab, als der stärksten im Lande, und sollte in zweiter Linie erreichen, daß Elisabeth ihr Erbrecht auf den englischen Thron anerkannte. Botschaften wurden mit Elisabeth ausgetauscht, englische Minister erschienen am 1. Dezember 1561 abermals bei Maria mit der dringlichen Bitte, den Vertrag von Edinburgh zu ratifizieren, vor allem den 5. Artikel, demzufolge die Königin von Schottland Wappen und Würden des englischen Königreiches ablegen mußte. Maria Stuart weigerte sich; sie erwiderte, daß eine derartige Verpflichtung einem Verzicht auf ihre Geburtsansprüche gleichkomme. Fast sah es so aus, als säße auf dem schottischen Thron eine Französin, die sich lediglich für die Thronbesteigung Englands interessierte. Schottland selbst wiederum wurde faktisch von Lord Jakob Stuart (seit 7. Februar 1562 Graf von Marr und seit 10. September desselben Jahres Graf von Murray) regiert, der jeden Gegner rigoros aus dem Weg räumte. Ein neuer Stern am politischen Himmel wurde im November Jakob Douglas 4. Graf von Morton (1516–1581): obwohl Protestant, wurde er von Maria Stuart zum Kanzler Schottlands ernannt.

Der Heiratskandidat und Thronfolger Arran zeigte die ersten Anzeichen von Wahnsinn und beschuldigte den Grafen von Bothwell, jener habe ihn aufgefordert, mit ihm gemeinsam die Königin zu entführen und sich dann mit ihm die Herrschaft über Schottland zu teilen. Beide Edelleute wurden vor Gericht gestellt; Murray nutzte die Gelegenheit, sich beider mit einem Schlage zu entledigen: Im März 1562 kamen beide in Haft; während es Bothwell im August nach England zu entkommen gelang, verbrachte Arran sein ganzes Leben (bis zu seinem Tode 1609) in Verwahrung.

Somit stand die Thronfrage in Schottland wieder offen, und Murray hätte sie gerne für sich entschieden, während Arrans Vater, der fünfundvierzigjährige Herzog von Châtellerault, sie in der Familie Hamilton sehen wollte. Doch da gab es noch eine weitere Partei, die auf den schottischen Thron ein Auge geworfen hatte: die Familie Lennox! Margarete Gräfin Lennox war die Halbschwester Jakobs V., Maria Stuarts Vater, von der gemeinsamen Mutter Margarete Tudor. Doch Maria stammte aus der ersten Ehe der Tudor-Tochter ab, was ihren Anspruch auf den englischen Thron stärkte. Was ihn jedoch schwächte, war der Umstand, daß sie nicht in England geboren war. Sowohl Gräfin Lennox als auch ihr Sohn Heinrich Stuart Lord Darnley aber waren in England geboren, wo Graf Lennox seit 1545 als zum Tode verurteilter schottischer Verbannter gelebt hatte. Eine Heirat ihres Sohnes Darnley mit Maria Stuart bot einen dreifachen Vorteil; sie verschmolz die beiden Ansprüche, schaltete jede Nebenbuhlerschaft aus und brachte sowohl die Lennox als auch die katholische Partei in England auf Marias Seite.

Darnleys Mutter hatte es nie vergessen, daß sie in Heinrichs VIII. Testament bei der Festsetzung der Thronfolge übergangen worden war. Schon nach Franz' II. Tod (1560) hatte sie die Vorteile einer möglichen Heirat zwischen ihrem Sohn und Maria erkannt und nach dieser Heirat getrachtet (Darnley suchte seine Base Maria in Paris auf und blieb bei ihr bis 11. August 1561), und im Frühjahr 1562 waren sie und ihr Gatte wegen der von ihnen gesponnenen Intrige in eine schwierige Lage gekommen.

Als Elisabeth im Oktober 1562 an den Blattern erkrankte und am Tage der Krisis mehrere Stunden lang bewußtlos war, trauerte der Hof schon um eine Sterbende. Der Staatsrat beriet bereits über ihren Nachfolger. Man war geteilter Ansicht. Die einen waren für Katharina Grey (die 1561 einen Sohn, Eduard Seymour, geboren hatte, den Elisabeth für unehelich erklärt hatte, da sie bereits die Ehe der Katharina für ungültig hatte erklären lassen), die anderen für Heinrich Huntingdon Graf von Hastings; für Maria von Schottland oder Lord Darnley war niemand, wenigstens gab es keiner offen zu. Drei Tage später genas Elisabeth und ernannte Robert Dudley (*1532, den sie bereits 1558 zum Master of the Horse und im April 1559 zum Ritter des Hosenbandordens gemacht hatte) sowie Thomas Howard 4. Herzog von Norfolk (*1538, römisch-katholischer Thronanwärter, der die englischen Truppen bei dem 1559/60 erfolgten Einmarsch in Schottland befehligt hatte) zum Staatsrat.

Nach dieser Erfahrung trat im Januar 1563 das zweite Parlament der Regierung zusammen und legte in Petitionen des Ober- und Unterhauses Elisabeth nahe, sie möge sich verheiraten, um die Thronfolge endgültig zu sichern. Elisabeth hielt das Parlament hin und nahm Graf und Gräfin Lennox wieder in Gnaden auf. Die Gunst der Stunde nutzend, veranlaßten die Lennox Elisabeth, an Maria zu schreiben und ihr Gesuch auf Aufhebung des Todesurteils und Wiedereinsetzung in Titel und Besitz in Schottland zu befürworten.

Während des Parlaments von 1563 befaßte sich Elisabeth mit Marias eventueller Heirat. Sie durfte keinen ausländischen katholischen Fürsten heiraten. (Auch John Knox war im Frühjahr bei seiner Predigt vor dem schottischen Adel über Marias Heirat dieser Meinung.) Vom Standpunkt Englands aus wäre ein englischer Edelmann, zu dessen Treue ihr selbst und dem Lande gegenüber Elisabeth unbedingtes Vertrauen gehabt hätte, der ideale Gatte gewesen. Und nur zu einem Menschen, zu Dudley, hatte sie dieses Vertrauen. So beschloß sie, die Idee dem schottischen Gesandten nahezubringen.

In dieser Stimmung zeigte sich Elisabeth ihrer Base, der Gräfin Lennox, gegenüber kulant und schrieb im Juni den gewünschten Brief an Maria. Im März 1564 suchte der Gesandte Elisabeths die Königin von Schottland zu einer Eheschließung mit Lord Robert Dudley zu überreden. Am 30. März erwiderte Maria, es sei unter ihrer Würde, einen einfachen Untertan zu ehelichen. Und am 14. April ließ die Gräfin Lennox endlich die Katze aus dem Sack: sie bewarb sich um die Hand der Königin von Schottland für ihren Sohn Heinrich Stewart Lord Darnley.

Immer wieder kam der englische Gesandte am schottischen Hof auf Dudley zurück und lockte mit der von Maria seit 1562 gewünschten Begegnung mit Elisabeth. Doch Maria war es allmählich leid, von Elisabeth bevormundet zu werden. Am 4. Juni erklärte sie kategorisch, sie werde in keine Begegnung mit der englischen Königin einwilligen, ehe diese Fürstin sie nicht als Erbin der englischen Krone anerkannt habe. Elisabeth, die seit langem die Pläne der Gräfin Lennox kannte, gab ihrem Gesandten Weisung, er möge bekanntgeben, daß sie ihre Einwilligung zur Heirat Marias mit Darnley nicht geben könne. Am 5. Juli jedoch erteilte sie dem Grafen Lennox die Erlaubnis, nach Schottland zu reisen, und gab ihm Empfehlungsbriefe an die Königin mit. Am 4. September kam dieser in Edinburgh an und wurde am 27. September von Maria in Audienz empfangen.

Elisabeth bemühte sich noch immer um die Heirat Dudleys mit Maria, und da letztere keinen einfachen Untertan zu ehelichen gedachte, wurde Dudley im September zum Grafen von Leicester gemacht. Heinrich Darnley trug bei der feierlichen Belehnung als nächster Verwandte der englischen Königin das Schwert voran. (Bothwell wechselte gerade aus dem englischen Exil nach Frankreich über.)

Am 3. Dezember fällte das schottische Parlament die Entscheidung, durch die Graf Lennox wiederum in den Besitz seiner beschlagnahmten Güter gelangte; und bald darauf erhielt Elisabeth Darnleys Gesuch, seinem Vater folgen zu dürfen. Elisabeth lehnte rundweg ab, da ihre Beauftragten im Begriffe waren, mit Murray und Maitland die Bedingungen zu besprechen, die sie zugleich mit Leicester anbot. Unter keinen Umständen wollte sie ihren Lieblingsplan gefährden. Doch schließlich gab sie dem Drängen ihres Kanzlers nach, und am 13. Februar 1565 erreichte Darnley Edinburgh, wo er drei Tage später mit Maria auf einem Fest zusammentraf.

Kurz vor und gleich nach Darnleys Ankunft verlangte Maria von Elisabeth wieder die Anerkennung ihrer Ansprüche auf die Thronfolge. Murray und Maitland halfen mit eindringlicher Überredung nach. Sie gaben Leicester vor Darnley den Vorzug, wagten es aber nicht, Maria zu drängen, ohne daß die Thronfolge vorher gesichert war. Am 5. März sandte Elisabeth ihre Antwort, die Maria erst am 16. erhielt. Sollte Maria Leicester heiraten, würde Elisabeth ihn zu allen ihr zu Gebote stehenden Ehren erheben; sie würde ferner Marias

Anspruch in jeder nur erdenklichen Weise fördern, falls sie auf eine formale Untersuchung ihres Anspruchs und eine Veröffentlichung desselben verzichte, bis Elisabeth selbst verheiratet sei oder bekanntgegeben habe, daß sie nicht heiraten wolle.

Die Reaktion war vorprogrammiert: verletztes Selbstgefühl trieb Maria Darnley in die Arme. Nachdem sie sich entschlossen hatte, ihren Vetter zu ehelichen, beauftragte sie den französischen Gesandten, die Zustimmung des Königs von Frankreich zu erbitten. Am 18. April erhielt sie die Nachricht von der Einwilligung und beeilte sich, dies Elisabeth wissen zu lassen. Daraufhin befahl Elisabeth, die Gräfin Lennox in ihrem Hause Whitehall gefangenzuhalten, und sandte Throckmorton nach Schottland mit dem Auftrag, gegen die Ehe Einspruch zu erheben.

Throckmorton kam am 15. Mai in Edinburgh an und begann damit, den Grafen Lennox und seinen Sohn Darnley – sie waren ja englische Untertanen, wenn auch aus Schottland stammend – nach England zurückzubeordern unter Androhung der Beschlagnahme aller ihrer Güter. Er wurde am gleichen Tage noch von Maria Stuart empfangen, die sich heftig über Elisabeths anspruchsvolles und böswilliges Gebaren beklagte; und um ihm die Unumstößlichkeit ihres Vorsatzes zu beweisen, machte sie Darnley unverzüglich zum Grafen von Ross und Ardmannack und sprach ihm ausgedehnte Ländereien in Schottland zu. Er nahm diesen Titel ohne Elisabeths Einwilligung an und legte, trotz seiner englischen Lehensverpflichtung, den Lehnstreueid ab.

Am 24. Juni wurde die Gräfin Lennox aus ihrem Hause in den Tower von London überführt. Zwischen Murray, dem Herzog von Châtellerault und den Grafen Argyll und Rothes (die des Beistands der Königin Elisabeth versichert waren, den ihnen Throckmorton ausdrücklich bestätigte) kam es zu einem Komplott, um Darnley zu hindern, die Königin der Schotten zu heiraten und Murray an die Spitze der Regierung zu stellen. Graf Lennox und sein Sohn sollten dem Statthalter von Berwick ausgeliefert und Maria Stuart in Loch-Leven gefangengesetzt werden. Am 28. Juni wurde der Bischof von Dunblane zum Papst entsandt, um einen Dispens zu erbitten. Am 20. Juli wurde Darnley zum Herzog von Albany ernannt; am 22. Juli traf der Bischof von Dunblane aus Rom ein mit dem Dispens des Papstes, und das Eheaufgebot der Maria Stuart und des Heinrich Stuart wurde in der Kirche von Sankt Gilbert zu Edinburgh verlesen. Am 29. Juli ließ Maria ihre Verbindung mit Darnley in der Kapelle von Holyroodhouse einsegnen und verlieh ihm auf Grund der Verbriefungen vom Tage zuvor den Königstitel für die Dauer ihrer Ehe. Die Vermählung fand nach katholischem Ritus statt, und Darnley, der sich zeit seines Lebens zur Hochkirche Englands bekannt hatte, verkündete seine Rückkehr zum wahren Glauben.

Am 5. August erlangte Graf Bothwell Straferlassung und die Erlaubnis, nach Schottland zurückzukehren. Am 22. August erklärte Maria Stuart Murray, Argyll und deren Mitschuldige für Rebellen und forderte die Untertanen auf, sich um ihre Fahne zu scharen. Es ging nicht mehr um Religion, da die Grenzen sich verwischt hatten (Maria hatte ihrem Volk keinen Anlaß gegeben, einen Religionskrieg zu entfesseln; vielmehr verhielt sie sich neutral, ihr katholischer Glaube war Privatsache der Königin und hatte nur solche Glaubenseiferer wie John Knox unversöhnlich gestimmt). Es ging lediglich um die Macht im Staate – die Douglas' und die Hamiltons konnten nicht tatenlos zusehen, wie ein Emporkömmling der Familie Lennox durch einsamen Beschluß einer trotzigen Königin zum König und Lehnsherrn über sie gemacht wurde.

Anfang Oktober wurde Bothwell in der Eigenschaft eines Großadmirals von Schottland bestätigt (ein seit 1511 in Bothwells Familie erblicher Rang); er kommandierte die Südgrenzen. Huntley und er waren zur Zeit die einflußreichsten Führer der Partei der Königin.

Am 9. Oktober zog Maria Stuart in Begleitung der Grafen Huntley und Bothwell an der Spitze eines zu Biggar zusammengezogenen Heeres von zehntausend Mann nach Dumfries. Die Rebellen hatten ihre Streitkräfte noch nicht sammeln können und flüchteten nach England zu dem Grafen Bedford, der ihnen bis Carlisle entgegengezogen war, um ihnen im Falle glücklichen Gelingens beizuspringen. Da Elisabeth versprochen hatte, sie zu schützen, schickten sie Murray und den Abt von Kilwinning nach London, um ihren Beistand zu erflehen.

Am 22. Februar 1566 heiratete Graf Bothwell Lady Johanna Gordon, Schwester des Grafen Huntley. Die Hochzeit wurde am Hofe von Holyrood gefeiert, und die Festlichkeiten währten fünf Tage. Die Heirat brachte Bothwell großes Vermögen, da die Braut bei ihrer Heirat von der Königin alle Familiengüter wieder zurückerhielt. Dazu verlieh die Königin ihm für seine treuen Dienste noch die Einkünfte aus der Abtei Melrose und die Grafschaft Dunbar.

In der Zwischenzeit entwickelte sich Darnley zum Tyrannen und schüttete seinen ganzen Haß auf Marias ersten Sekretär, den Italiener David Riccio (Rizzio), den er für die Ursache hielt, daß Maria ihm, Darnley, die Matrimonialkrone verweigerte. Darnley beriet sich mit dem Kanzler Morton und den Anhängern des Grafen Murray, auf welche Weise Riccio umzubringen sei und Maria Stuart gezwungen werden könne, die aufrührerischen Lords aus der Verbannung zurückzurufen. Maitland, der Marias erster Sekretär gewesen war, hatte diesen Posten wegen seiner offensichtlichen Ergebenheit für Murray verloren. Darnley wurde zum wehrlosen Werkzeug Mortons und seiner Freunde. Diese hatten Riccios Untergang geschworen, weil sie wußten, daß er entschlossen sei, seinen ganzen Einfluß aufzuwenden, sie durch das Parlament ächten zu lassen. Sie betrachteten Riccio als Kreatur des Papstes und der Guisen und somit als Stütze des Katholizismus in Schottland.

Am 2. März unterzeichneten Murray, Argyll, Glencairn, Rothes, Boyd, Ochiltree und andere mehr zu Newcastle ein diesbezügliches Übereinkommen. Am 7. März ließ die Königin vom Parlament die Ächtung Murrays und seiner zahlreichen Mitschuldigen bestätigen. Am 9. März wurde der Palast gestürmt und Riccio vor den Augen der Königin umgebracht. Huntley und Bothwell entkamen durch ein Fenster des Palastes. Am 10. März löste Darnley als König von Schottland das Parlament auf und verständigte sich mit Murray und den übrigen Flüchtlingen, die sich in Newcastle eingefunden hatten. Unter seinem Einfluß gewährte Maria Murray und Argyll Vergebung, Maitland jedoch nicht; als neuen Staatssekretär ernannte sie Jakob Melvil. Dann zog Maria Murray auf ihre Seite und trennte ihn von den Verschwörern. Mit Murray als Stütze begann eine neue Ära der Mäßigung und Vernunft; sie bildete ein Kabinett, dem ungefähr gleichviel Mitglieder beider Konfessionen angehörten.

Am 19. Juni 1566 kam Maria Stuart im Schloße von Edinburgh mit einem Sohne nieder, Jakob Stuart VI., und bat Elisabeth, die Patenschaft zu übernehmen, und diese willigte zähneknirschend ein. Ihre ganze Thronfolgepolitik war zusammengebrochen: die aussichtsreichsten Kandidaten auf den englischen Thron hatten sich zusammengetan und einen männlichen Erben gezeugt! Und Elisabeth hatte noch immer nicht geheiratet und kein eigenes Kind geboren. Außerdem war sie im Mai erneut an den Blattern erkrankt (noch vor der Geburt Jakobs) und hatte erkannt, wie wichtig es war, sich für einen Heiratskandidaten zu entscheiden. Sie hatte auch deshalb noch im Mai einen Gesandten nach Wien geschickt, der dem dortigen Botschafter Englands signalisieren sollte, Elisabeth wäre für eine Heirat mit dem Erzherzog Karl zu gewinnen. Von den Thronfolgeberechtigten Tudor-Nachkommen lebten damals die Gräfin Lennox und ihre beiden Söhne (sechs weitere Kinder waren jung gestorben) Heinrich Stuart Lord Darnley und Karl Stuart sowie Maria Stuart aus der Linie der Margaret Tudor sowie Katharina Grey und ihr (für unehelich erklärter) Sohn Eduard Seymour.

Am 6. Oktober unternahm Bothwell in seiner Eigenschaft als Befehlshaber der Südgrenzen eine Inspektionsreise in die Grenzgebiete; denn Geächtete, die sich zu Banden zusammenschlossen, beunruhigten ständig diese Gebiete. In Verfolgung einer solchen Bande geriet er am 7. persönlich mit einem Rebellenführer ins Handgemenge, wurde schwer verwundet und in diesem Zustand auf das Schloß Heremitage gebracht. Am 17. besuchte ihn Maria in Begleitung ihres Bruders Murray und einem zahlreichen Gefolge für einige Stunden, um noch in derselben Nacht wieder nach Jedburgh zurückzureiten. Auf diese Weise legte die Königin eine Strecke von etwa hundert Kilometern in Sturm und Regen zurück. In Jedburgh angekommen, erbrach sie mehrmals hintereinander, erblindete vorübergehend und verlor schließlich die Besinnung. In der Nacht vom 21. schien es mit ihr tatsächlich zu Ende zu gehen. Bothwell ließ sich in einer Sänfte nach Jedburgh schaffen, um der Kranken nahe zu sein, und blieb weiterhin um sie. Am neunten Tage der Erkrankung setzte die Krise ein, tags darauf war die Gefahr vorüber. Erst am 28. fand sich Darnley ein, um sich nach Marias Befinden zu erkundigen.

Am 17. Dezember wurde Marias Sohn vom Erzbischof von St. Andrews zu Stirling nach katholischem Ritus auf den Namen Karl Jakob getauft. Mit Darnley stand es schon lange nicht zum Besten. Bereits um die Geburt ihres Kindes hatte Maria erfahren, daß Darnley der Drahtzieher der Ermordung Riccios gewesen war. Am 29. September hatte sie durch den Grafen Lennox erfahren, daß sein Sohn heimlich Vorbereitungen träfe, um Schottland zu verlassen. Tags darauf hatte sie ihn vor dem Kronrat zur Rede gestellt, doch Darnley schwieg sich über die Gründe für sein Verhalten aus. Als es mit ihr zu

Ende zu gehen schien, erschien er als letzter, um sich nach ihr zu erkundigen. Anläßlich der Tauffeierlichkeiten blieb er der Taufe fern, um sich von den Gesandten Elisabeths nicht erniedrigen zu lassen, die Weisung hatten, ihn nicht zu beachten. (Im Jahre davor hatte schon Tamworth, Botschafter Elisabeths, einen Paß zur Rückkehr nach England zurückgewiesen, weil Darnley ihn als König von Schottland unterzeichnet hatte.)

Am 13. Januar 1567 wurde Darnley einer neuen Verschwörung gegen die Königin angeklagt, der seit dem 5. an den Pocken erkrankt war; Maria befürchtete die Ansteckungsgefahr der gerade überstandenen Krankheit des Gatten und wünschte nicht, daß er im Palast wohnte, wo sich ihr Söhnchen befand. Sie quartierte ihn außerhalb der Stadtmauer im Hause des Profosen von Sankt Marien ein. Am 9. Februar verließ Murray Edinburgh nach St. Andrews, um seine Frau zu besuchen; Maria wohnte der Hochzeitsfeier eines ihrer Diener im Holyroodpalast bei, als die Verschwörer das Haus, in dem sich Darnley befand, durch eine Pulverexplosion in die Luft sprengten.

Am 12. Februar erließ Maria Stuart eine Proklamation, um jenen große Belohnung zu versprechen, die zur Entdeckung der Mörder Darnleys Beihilfe leisteten. Am 15. kehrte Murray zurück und nahm an den Sitzungen des Kronrats teil. Sofort wurde Bothwell als Mörder Darnleys bezeichnet; Murray konnte sich diese Chance nicht entgehen lassen, sich des zweitmächtigsten Mannes im Reiche zu entledigen. Nachts wurden anonyme Anschläge an den Mauern angebracht; sie trugen die Namen der Mörder, obenan stand Bothwell. Am 17. berief die Königin das Parlament ein, um den Prozeß gegen die mutmaßlichen Mörder zu eröffnen. Am 24. März klagte Darnleys Vater, Graf Lennox, in aller Form Bothwell an, seinen Sohn ermordet zu haben. Wieder verließ Murray rechtzeitig den Tatort: einige Tage vor der auf den 12. April angesetzten Verhandlung schiffte er sich nach Frankreich ein. Am 12. April wurde Bothwell freigesprochen. Zwei Tage später erhielt Huntley seine beschlagnahmten Güter zurück, und Maria Stuart bestätigte die schon früher gemachten Schenkungen an Murray, Bothwell, Morton und andere. Wie stark Bothwells Partei im Lande und Murray isoliert waren, wurde am 19. April deutlich: als an diesem Tag die Parlamentstagung beendet wurde, vereinigten sich die meisten Lords und Edelleute sowie mehrere Bischöfe des Königreichs bei Bothwell, unterzeichneten ein Schriftstück, demzufolge sie sich verpflichteten, ihn gegen jede Verleumdung zu schützen, und versprachen, alles zu tun, was in ihrer Macht stand, um die Königin zu bewegen, Bothwell zu ehelichen, sobald es dem Gesetz nach möglich war.

Elisabeth konnte nicht tatenlos zusehen, wie Maria Stuart den ewigen Feind der englischen Interessen in Schottland heiratete. Sie begann, den Aufstand zu schüren. Doch als man sie darauf hinwies, daß die Lords daran dächten, den unmündigen Jakob zu krönen, wenn Maria Bothwell heiratete warnte sie: dieser Schritt sei weder für sie noch für irgendeinen anderen Monarchen tragbar.

Am 7. Mai sprach ein weltliches Konsistorium gleichzeitig mit dem erzbischöflichen Gerichtshof die Scheidung des Grafen Bothwell von seiner Gattin Johanna Gordon aus. Am 12. machte Maria Stuart Bothwell zum Herzog von Orkney und Shetland; am 14. begnadigte sie alle, die den Vertrag zugunsten Bothwells unterzeichnet hatten, und unterschrieb darauf ihren Ehevertrag. Am 15. Mai ehelichte Maria Stuart Bothwell; die Zeremonie wurde nach protestantischem Ritus in einem Saal des Palastes von Holyrood von Adam Bothwell, Bischof von Orkney, vollzogen.

Der Aufstand brach mit aller Gewalt aus. Am 7. Juni schlossen die rebellierenden Lords mit ihren gesammelten Truppen das Schloß Borthwick ein, in dem sich Maria und ihr Gemahl aufhielten. In der Nacht jedoch gelang den beiden die Flucht nach Dunbar. Am 11. zogen Morton und die übrigen Verbündeten in Edinburgh ein und verkündeten durch ihre Proklamation, sie hätten, da ihre Königin von Bothwell gefangengehalten werde, einen Geheimen Rat gebildet zur Regierung des Königreichs und zur Befreiung ihrer Herrscherin. Am 14. verließ Bothwell, dem es gelungen war, 2500 Mann zu sammeln, Dunbar und zog in Richtung Seaton. Am 15. trafen beide Parteiein aufeinander; Bothwell flüchtete nach Dunbar zurück, die Königin übergab sich den Rebellen und wurde nach Edinburgh als Gefangene verbracht. Am 27. Juni 1567 verließ Bothwell den Hafen in Richtung Orkney-Inseln mit drei Schiffen, wurde verfolgt, eingeholt und ging zwei seiner Schiffe verlustig. Trotzdem setzte er seine Fahrt fort und wandte sich nach Norwegen; als dänische Kreuzer ihn abfingen, stellte er sich unter den Schutz Friedrichs II. König von Dänemark und Norwegen. Im März 1571 forderte Graf Lennox – inzwischen Regent von Schottland –, von englischer Seite dazu gedrängt, die Auslieferung Bothwells. Da der König von Dänemark mit der Bestrafung der Rebellen in Schottland und der Rückkehr Marias auf den Thron rechnete, lehnte er eine Auslieferung ab. Erst als im Juni 1573 alle Hoffnungen auf eine Rückkehr der Königin begraben wurden, und Friedrich II. von der bereits 1570 erfolgten Annullierung der Ehe Bothwells erfahren hatte, verweigerte er dem Flüchtling den Schutz und ließ ihn ins Gefängnis von Malmö bringen, wo Bothwell am 4. April 1578 starb. (Im August 1589 ehelichte Jakob VI., Marias Sohn, Anna von Dänemark, Friedrichs II. Tochter.)

Bothwell ist jedoch für unsere Geschichte der Freimaurerei in Schottland von besonderer Bedeutung: der Protestant war einer der Auserwählten des inneren Kreises der Hermetischen Künste gewesen, der sich in der Maurerloge etabliert hatte, und wurde von seinen politischen Gegnern beschuldigt, Maria Stuart mit Hilfe der Magie verzaubert zu haben! (J. Schierm, *»Life of James Hepburn Earl of Bothwell«*, Edinburgh 1887.) Somit wäre er der erste »Freimaurer« in Schottland, von dem wir Kenntnis erhalten haben.

Die Entstehung bzw.Entwicklung der Freimaurerei beruht auf drei wesentlichen Komponenten: die geheimwissenschaftliche, die religiöspolitische und die dynastiepolitische. Wir haben gesehen, daß die Auflösung der Klöster in Schottland ab August 1560 die Hermetischen Künste und die Königliche Kunst mit dem Kreis der Auserwählten, die sie pflegten, in die Korporationen und Logen des Bauhandwerks trieb. Der religiöspolitische Aspekt hing zwar mit dem Kampf der Reformation gegen die etablierte Lehre der christlichen Kirche zusammen, doch erst im Laufe des 17. Jahrhunderts spielte er für die Freimaurerei eine entscheidende Rolle. Hingegen sind die Verhältnisse um das Haus Stuart bis 1813 aus dem Orden nicht wegzudenken. Seit 1688 wurde die Loge zum geheimen Treffpunkt der Anhänger des abgesetzten Stuart-Königs.

Daher kommen wir nicht umhin, die politische und ideelle Entwicklung zu verfolgen, die die Freimaurerei entscheidend mitgeprägt hatte und sie zum Ziel zahlreicher päpstlicher Bullen werden ließ. Der Kampf um die Thronfolge der Tudors wiederholte sich ab 1688 mit der Thronfolge der Stuarts und war maßgebend an der Entstehung der englischen Freimaurerei beteiligt.

Jakob VI. von Schottland 1567–1625

Am 24. Juli 1567 zwangen die schottischen Lords die vierundzwanzigjährige Königin Maria Stuart, eine Abdankungsurkunde zugunsten ihres Sohnes zu unterzeichnen und Murray zum Regenten des Königreichs zu ernennen. Am 29. wurde der erst dreizehn Monate alte Prinz Karl Jakob unter dem Namen Jakob VI. in Stirling gekrönt.

Am 11. August traf Murray in Edinburgh ein. Von Frankreich kommend, war er über London gereist, um sich mit Elisabeths Ministern zu verständigen. Am 22. wurde er zum Regenten Schottlands. Am 20. Dezember erklärte das Parlament Bothwell des Hochverrats für schuldig, weil er die Königin entführt, sie gefangengehalten und zur Ehe mit ihm gezwungen hatte. Am 2. Mai 1568 gelang es Maria Stuart aus Loch-Leven zu entkommen, tags darauf widerrief sie ihre erzwungene Abdankung und scharte Getreue um sich. Am 12. erklärte Murray alle Anhänger der Königin von Schottland für Hochverräter, schlug sie in die Flucht und zwang Maria, am 16. Mai nach England zu flüchten.

Der Kind-König wuchs in einer Atmosphäre des Bürgerkriegs auf, ohne an den Geschehnissen teilzunehmen. Sein erster Vormund war Johann Erskine Graf von Mar (dessen Vater vor ihm bereits Vormund Jakobs V. und Maria Stuarts gewesen war), der 1566 von Maria selbst damit beauftragt worden war. Seitdem verfolgte er in dem Kampf zwischen der Parteien Marias und Jakobs ausschließlich Jakobs Interessen: Er verhinderte es, daß Jakob in die Hände Bothwells fiel, war einer der Anführer der Aufständischen, die Bothwell aus dem Lande vertrieben, Maria absetzten und Jakob zum König machten.

Murray, der erste Regent, wurde am 22.1.1570 ermordet, der zweite, Lennox, am 3.9.1571 hingerichtet, der dritte, Mar, am 28.10.1572 vergiftet. Erst Morton konnte sich lange genug (bis März 1578) behaupten, um etwas Ruhe und Stabilität in die schottischen Verhältnisse zu bringen. Jakobs Regierung ratifizierte die Regelung des Parlaments von 1560, die reformierte Kirche einzuführen, und unternahm dauerhafte Maßnahmen zur Stiftung von Kirchen. Das Konkordat von Leith (1572) erlaubte der Krone, Bischöfe mit Zustimmung der Kirche zu ernennen. Wie zu Maria Stuarts Regierungszeit, versuchte die Krone zu verhindern, daß der Reichtum der alten Kirche ganz verweltlicht wurde. Und wenn die Krone die Bistumseinkünfte vor dem Schicksal der Klosterreichtümer rettete, so erwartete sie auch einen Anteil daran für ihre Dienste. Eine presbyterianische Partei innerhalb der Kirche, deren Mitglieder die Gleichheit aller Geistlichen und Unabhängigkeit von staatlicher Kontrolle forderten, lehnte diesen Kompromiß ab. Im *Zweiten Buch der Disziplin* (1578) forderten sie, daß die neue Kirche allen Reichtum der alten übernehme, daß sie durch gewählte Presbyter und nicht durch eine beschöfliche Kirchenverfassung geleitet würden, daß der Staat sich in die Angelegenheiten der Kirche nicht einmische, vielmehr von ihr Rat annehme. Unter diesem Druck wurde Morton gezwungen, im März 1578 die Regentschaft abzutreten.

Zwischenzeitlich verringerte sich die Zahl derer, die Anspruch auf den englischen Thron erheben konnten: Die Gräfin Lennox war nach Ermordung ihres Sohnes (1567) begnadigt und aus dem Tower entlassen worden. 1574 besuchte sie ihre Schwiegertochter Maria Stuart im Schloß Shrewsbury, wo sie in hausarrestähnlicher Gefangenschaft gehalten wurde, versöhnte sich mit ihr und verheiratete ihren zweiten Sohn Karl Stuart Graf von Lennox (1556–1577) mit der jüngeren Tochter Elisabeth Cavendish der Gräfin Shrewsbury aus erster Ehe mit Sir Wilhelm Cavendish von Chatsworth. Kurz drauf erfuhr Königin Elisabeth von dieser durch sie nicht genehmigten Heirat und ließ die Gräfin Lennox sowie die Gräfin Shrewsbury ins Gefängnis werfen. 1575 wurde eine neue Thronanwärterin aus dieser Verbindung geboren: Arabella Stuart; ihr Vater starb im Dezember 1577 und ihre Großmutter, Gräfin Lennox, im März 1578. Von der Seymour-Linie (die auf Margarete Tudor, Heinrichs VIII. Schwester, zurückging und als illegitim erklärt worden war) und von Maria Stuart selbst abgesehen, gab es also nur zwei Anwärter: Jakob VI. und nach ihm seine Kusine Arabella.

Am 26. April 1578 setzte sich der junge Graf von Mar (1558–1634, Sohn des Regenten Mar, der 1572 vergiftet worden war) auf Betreiben Mortons durch Überrumpelung in den Besitz des Schlosses von Stirling, wodurch er den elfjährigen Jakob VI. in seine Gewalt bekam. Mar war mit dem jungen König im Schloß Stirling zusammen aufgewachsen; nun erklärte er sich – im Einklang mit der langen Tradition im Hause Erskine – zum Vormund des Monarchen. Am 9. Mai drang Morton ins Schloß ein und bemächtigte sich des Königs und riß wiederum die Oberhoheit an sich.

Am 22. Januar 1575 war Jakob Hamilton Herzog von Châtellerault, der Thronanwärter, gestorben; sein ältester Sohn Graf von Arran seit 1562 dem Wahnsinn verfallen, so wurde Lord Johann Hamilton von Arbroath das Haupt dieser mächtigen Familie. Nach Maria Stuart und ihrem Sohn war Lord Arbroath der nächste Anwärter auf die Krone Schottlands, ein Grund mehr für Morton (aus dem Hause Douglas), ihn zu vernichten. Am 2. Mai 1579 erließ Morton eine Proklamation im Namen Jakobs VI., durch die Lord Arbroath und Lord Claudius Hamilton zu Hochverrätern erklärt und zur Rechenschaft gezogen wurden. Ersterer floh nach Flandern, der andere nach England; am 10. November sprach das schottische Parlament die Ächtung der beiden aus.

Anfang September 1579 gelangte Esmé Stuart Graf von Aubigny an den Hof Jakobs VI., er war der Vetter des Königs väterlicherseits und in Frankreich im katholischen Glauben aufgezogen worden. Als Geheimagent des Herzogs von Guise, war er von diesem beauftragt worden, sich der Gefühle des jungen »Prinzen« für seine Mutter zu versichern und mit den Feinden Mortons dessen Sturz vorzubereiten. Am 5. März 1580 wurde Esmé Stuart von Jakob VI. zum Grafen Lennox ernannt, der ihm zugleich die ausgedehnten Ländereien zusprach, die Eigentum dieses alten Geschlechts waren. Im

Dezember wurde Morton auf Befehl Jakobs VI. wegen Beteiligung an der Ermordung Darnleys verhaftet und am 2. Juni 1581 hingerichtet. Am 5. Januar 1581 ernannte Maria Stuart den Herzog von Guise zum Generalbevollmächtigten des Königreichs Schottland und erteilte ihm Vollmacht, ihren Sohn nach Frankreich zu bringen. Anfang August wurde Esmé Stuart durch Jakob VI. zum Herzog von Lennox, Grafen von Darnley, Lord von Torboltoun und Dalkeith erhoben.

Neben der politischen Entwicklung Schottlands sollten wir den Werdegang der Maurer- und Steinmetzorganisationen nicht außer Acht lassen. Wir hatten bereits erwähnt, daß die Maurer und Zimmerleute in Schottland eine andere Entwicklung als in England durchgemacht hatten. Das Archiv der Burg von Edinburgh (1403–1538) zeigt, daß bereits um 1400 das Lehrlingssystem ausgebildet war. 1469 gab es ein Statut für Maurer und Zimmerleute als Handwerker, die Steinmetzen darunter waren recht gering. Um diese Zeit entstanden auch die Logen von Kilwinning und Edinburgh. Noch hießen die Handwerkskörperschaften Korporationen (in England dagegen Companien) und dienten der Leitung und Verwaltung bestimmter Handwerke und der Förderung des Gottesdienstes unter ihren Mitgliedern, da sie ja ursprünglich als Laienbrüder verschiedener Klöster das Handwerk erlernt hatten. Durch »Siegelbriefe« (in England waren es Freibriefe), die aus Vorschriften und Statuten bestanden, von den Handwerkern selbst in Anlehnung an solche aus dem Kloster geschaffen und von der Stadtverwaltung genehmigt, wurden sie in Regional- oder Territoriallogen umgewandelt, die für Ordnung und Aufsicht in den einzelnen Bauhütten in ihrem Zuständigkeitsbereich sorgten. Der Vorsteher einer solchen Loge wurde Diakon (*deacon*) genannt. Die hauptsächlichsten Baukorporationen waren die in Edinburgh, wo Maurer und Zimmerleute 1475 einen Siegelbrief bekamen, in Aberdeen, wo die Stadt den Böttchern, Zimmerleuten und Maurern 1527 einen Siegelbrief gewährte, und in Glasgow, wo die Organisation aus dem Jahre 1551 stammte. Weitere Korporationen, zu denen auch Maurer gehörten, wurden in Aitchison's Haven, Ayr, Canongate, Dumfries, Dunfermline, Dundee, Haddington, Lanark, Perth, St. Andrews und Stirling gegründet. In St. Giles zu Edinburgh erließen die städtischen Behörden 1491 ein Statut, daß die Arbeitsbedingungen des Maurermeisters, seiner Kollegen und der Gehilfen festlegte.

Das Amt des Generalaufsehers und Hauptbauleiters der schottischen Krone wurde 1539 geschaffen und in der Familie Hamilton (Hammyltoun) gehalten. Daß die Korporation keine Gilde oder Zunft war, beweist das schottische Parlamentsgesetz von 1540: es ermächtigte jeden, der Bauten ausführte, tüchtige Handwerker zu beschäftigen, weil die Forderungen der Handwerker erpresserisch hoch waren, besonders in den Städten.

All das änderte sich seit Auflösung der Klöster und dem Zustrom der Steinmetzen und Bauplaner in die Korporationen: eine deutliche Anhebung des Niveaus war unverkennbar, eine Reglementierung und Unterscheidung der einzelnen Sparten wurde durchgesetzt – Zimmerer, Böttcher, Maurer, Steinmetzen, Bauzeichner und -planer. Bei allen Sparten wurden die Stufen (Grade) der organisierten Handwerker festgelegt: der Handwerkslehrling war durch seinen Lehrvertrag für die Dauer von sieben Jahren an seinen Meister gebunden und gehalten, alle Angelegenheiten seines Lehrmeisters geheimzuhalten; er hatte keinen Anteil an der Leitung der Loge (*ludge*) und erhielt das Maurerwort nicht. Der eingetragene Lehrling (*enter' d prentis*) hingegen war Mitglied der Organisation und erhielt die Vergünstigung des Maurerwortes »bei seiner Eintragung«. Bei seiner Aufnahme wählte er zwei eingetragene Lehrlinge als Instruktoren *(intenders)*, die ihn in dem mit diesem Grad verbundenen esoterischen Wissen unterrichteten, einschließlich Zeichen und Stellung. Das galt sinngemäß bei der Beförderung zum Gesellen *(fellow of craft)* sowie bei der Erhebung zum Meister *(mason)* bzw. zum Meister mit dem eigenen Steinmetzzeichen *(mark mason)*.

Dies alles war neu im Kreise der Handwerker (und in England noch völlig unbekannt) und wurde in Anlehnung an die Erkennungszeichen der Templer und des Kreises der Eingeweihten entwickelt und eingeführt. Der nächste Schritt lag klar vor Augen: die Trennung der Steinmetzen und Bauzeichner (Vertreter der Königlichen Kunst = Maurer = masons) von den Maurern und Steinlegern (Bauhandwerker = Bauarbeiter = cowans) sowie Zimmerern und Böttchern. Dies erfolgte nun endgültig durch die Statuten, die William Schaw, seit 1590 Hauptbauleiter des Königs und Generalaufseher, am 28. Dezember 1598 in Edinburgh verkündete: Cowans haben nichts in der Loge verloren! Bei Strafe von zwanzig schottischen Pfund für jede Zuwiderhandlung wurde es den Gesellen und Meistern der Masons verboten, Cowans aufzunehmen bzw. mit ihnen zusammenzuarbeiten. Die Bedeutung von cowan (= Bauhandwerker) erweiterte sich mit der Zeit, um Steinmetzen einzuschließen, die keine gesetzmäßige Lehre durchlaufen hatten (*loses*) sowie Männer, die wohl eine Steinmetzlehre vollendet hatten, dann aber nicht nach »Sitte und Gewohnheit der Aufnahme als Steinmetz« in den Handwerksverband aufgenommen worden waren (*lewis*).

Das obdachlos gewordene Geheimwissen, das nun in der Loge Aufnahme gefunden hatte, lockte zahlreiche Menschen – vor allem Pfarrer der Presbyterianer –, die mit dem Bauhandwerk nicht im Zusammenhang standen, in den Kreis der Eingeweihten aufgenommen zu werden. Das Geheimwissen übte schon zu allen Zeiten eine beachtliche Anziehungskraft auf Phantasiereiche und Intellektuelle; als dieses Wissen nur im Kloster gepflegt wurde, mußte derjenige, der sich dafür ernsthaft interessierte, sich für das Ordensleben mit allen Konsequenzen entscheiden. Jetzt war es erreichbarer ohne solche drastischen und einschneidenden Maßnahmen. Aufsichtspersonen, Naturforscher, Historiker und Mitglieder des Hoch- und Niederadels waren dafür gleichermaßen zu haben.

Der erste eindeutige Beleg dafür, daß ein Nichtwerkmaurer Mitglied einer Steinmetzloge war (Wir wollen den Ausdruck »Maurerloge« im schottischen Sinne verwenden, was dem englischen »Freimaurerloge« = Steinmetzloge entsprach), stammt aus dem Jahre 1600: das Protokoll der Loge von Edinburgh (Sie besitzt eine ununterbrochene Reihe von Protokollbüchern, die von 1599 bis zum heutigen Tage reichen!) vom 8. Juni 1600 zeigt, daß John Bothwell, Gutsherr *(laird)* von Auchinleck, als Mitglied der Loge anwesend war.

Als möglicherweise noch frühere Beispiele können wir diejenigen Geistlichen der Kirche von Schottland anführen, die das Maurerwort nach 1560 besaßen. Für diese Nicht-Werkmaurer ersannen die Schotten den Ausdruck »Gentleman mason«. Mitglieder des Hoch- und Niederadels, die in die Edinburgher Loge aufgenommen wurden, waren unter anderem im Jahre 1634 Lord Alexander, Sir Anthony Alexander und Sir Alexander Strachan, 1638 Henry Alexander, der seinem Bruder Sir Anthony als Oberbauleiter der Krone nachfolgte, um 1640 General Alexander Hamilton.

Bei einer derartigen Resonanz wird die als St. Clair-Charter bekannte Urkunde von 1601 verständlich: Darin vereinbarten Vertreter der Logen (*ludge*) von Edinburgh, St. Andrews, Haddington, Aitchison's Haven und Dunfermline mit Zustimmung von William Schaw, dem Oberbauleiter des Königs, daß William St. Clair von Roslin (Rosslyn) dem König für sich und seine Erben »Freiheit und Gerichtsbarkeit« über alle Maurer Schottlands abkaufen sollte. Die Bedeutung dieser Urkunde liegt nicht nur in den Ansprüchen der St. Clairs von Roslin, über die Maurer von Schottland ein erbliches Aufsichtsrecht auszuüben, sondern in der Vereinigung von nicht weniger als fünf Territoriallogen, um diesen Anspruch zu unterstützen.

Die Rosenkreuzer

Der Schock der Reformation (der protestantischen Revolution) und die Auflösung der (katholischen) Klöster in den reformierten Ländern hatte die christliche Mystik aus ihrer Introvertiertheit aufgeschreckt; die Abgeschiedenheit des Mönchtums war plötzlich aufgehoben, und die christliche Esoterik mußte in die offene (profane) Welt hinaus. Die Geistesart dieser christlichen Spiritualität kennzeichnete sich mindestens durch drei Aspekte:

1. Die spirituelle Kosmologie und Wirklichkeitsschau, der es nicht allein darauf ankam, die sich erschließende Welt in neuer Weise zu interpretieren, sondern diese Welt im Zuge einer »Generalreformation« zu verändern. Und die Ziele für diese Veränderung wurden nicht von innerweltlichen Gegebenheiten, etwa von den Resultaten der jungen Naturwissenschaft, gewonnen; das hieße, von der quantitativen Seite der endlichen Welt eine zureichende Antwort auf die Frage nach dem Sinn erwarten. Wohl wandte sich jetzt der mystisch Gesonnene – im Gegensatz zu dem mystisch nach innen gewandten Mönch – der äußeren Welt zu. Doch in dieser Außenwelt achtete er auf die Qualitäten, Buchstaben und Signaturen desselben Schöpfergottes, der in der »heiligen Bibel« zum Menschen spricht. Für den christlichen Mystiker fing die Ehrfurcht nicht erst bei der Würde des Menschen an – es war das Antlitz Gottes und des Christus, das er in den Kreaturen erblickte; die Schöpfung war dem Menschen anvertraut.

2. Die Initiation, die sich auf den Menschen bezog, der sich selbst verändern lassen müßte, wenn er die Welt reformieren und verändern wollte. Initiation heißt Einweihung, heißt Anfang eines Weges zu einer Veränderung, die »innen« beginnt. Und das war eine Erinnerung an ein spezifisch Christliches. Die Evangelien sprechen vom Weg, sie sprechen von der Nachfolge Christi. Die mystische Lehre sprach in eine Zeit hinein, in der bei der Übermacht von Institutionen, der kirchlichen wie der ihrem Programm nach spirituell-weltanschaulichen, eine derartige Erinnerung an die Weg-Struktur des Christentums angebracht war. Nur weil dieser Weg-Charakter der christlichen Botschaft vergessen und vernachlässigt worden sei zugunsten einer nur noch gelehrten, gepredigten, dogmatisierten Christologie, konnte das spirituelle Vakuum innerhalb des westlichen Christentums entstehen. Dieser christliche Einweihungsweg wurde in kürzester Form zusammengefaßt und als Meditationsformel angeboten: »Aus Gott sind wir geboren, in Jesu sterben wir, durch den Geist werden wir wiedergeboren.«

3. Der Ordensgedanke als Ausdruck brüderlicher Verbundenheit derer, die den Weg gingen und die sich im Sinne ihrer besonderen Wirklichkeitsschau und Zielsetzung mitgestaltend, umgestaltend in diese Welt hineinstellten. Wohl war die Erkenntnisbemühung, auch das Beschreiten eines spirituellen Weges, die Sache des Einzelnen, doch die äußere Mitgliedschaft oder Zuge-

hörigkeit zu einer ordensähnlichen Gemeinschaft könnte einen unterstützenden Charakter haben.

Diese christliche Spiritualität, die stets mit der Beschäftigung mit den Hermetischen Künsten einherging, trat nun aus der Innenwelt des Klosters in die Außenwelt. In Schottland suchte sie Zuflucht in der Bauloge als Maurerei, in Schlesien in der Schuhmacherzunft (»die Edle Kunst« im Rang nach der »Königlichen Kunst« der Maurerei, die ebenfalls aus dem Kloster kam und eine Domäne der Mönche gewesen war); in katholischen Ländern wurde sie zum Bestandteil des neuen Ordens der Jesuiten, und in Mitteleuropa machte sie sich selbständig als Rosenkreuzerei. Doch überall wurde ihr mit Intoleranz begegnet: Als Adam Haselmayer sich in Deutschland auf die Rosenkreuzerei bezog, wurde er von den Jesuiten gefangengenommen und auf eine Galeere geschmiedet; als Jakob Böhme (1575–1624) in Schlesien seine erste mystische Schrift *»Aurora«* 1612 verfaßte, wurde ihm vom lutherischen Hauptpastor von Görlitz verboten, sie zu veröffentlichen bzw. weitere theosophische Schriften abzufassen und zu verbreiten; wegen seiner rosenkreuzerischen Veröffentlichungen wurde der Diakon (d.h. zweiter Pfarrer) der lutherischen Kirche in Vaihingen an der Enz Johann Valentin Andreae (1586–1654) der unlutherischen Ketzerei verdächtigt und 1619 gezwungen, sich von seinen Schriften zu distanzieren.

Um sich der Verfolgung der dogmatisierten Kirche zu entziehen, hüteten die Mystiker ihr Geheimnis und verständigten sich untereinander durch Symbole und Allegorien. Gänzlich unerkannt verrichteten die Brüder ihr Werk. Sie waren Mönche ohne Kloster, Priester ohne Zölibat; man kannte sie bei ihrer karitativen Tätigkeit (etwa während des Dreißigjährigen Krieges) nicht als Angehörige einer besonderen Formation. Umso wichtiger war die Verbundenheit im Geist; denn alljährlich am Johannisfest (bei den Maurern in Schottland) bzw. am Pfingstfest (bei den Rosenkreuzern auf dem Kontinent) fanden sie zueinander.

Die Rosenkreuzer wurden 1614, am Vorabend des Dreißigjährigen Krieges, zum ersten Male in der Literatur genannt, und zwar in einem in Kassel erschienenen, aus zwei Teilen bestehenden Büchlein: *»Allgemeine und General REFORMATION, der gantzen Welt. Beneben der FAMA FRATERNITATIS deß löblichen Ordens des Rosenkreutzes / an alle Gelehrte und Häupter Europae geschrieben«.* Doch stellte dies keineswegs das Entstehungsdatum dieser mystischen Bruderschaft dar, noch den Zeitpunkt, an dem die Mitglieder dieses »Ordens« beschlossen hatten, nach einer mehr esoterischen eine exoterische, nach außen gewandte Wirksamkeit zu entfalten und die »heimliche und offenbare Philosophie« mit praktischer Hilfeleistung zu verbinden (wie es auch die Maurerei anstrebte). Der *»Fama«* nach soll ein Christian Rosenkreuz (1378–1484), der gegen Ende des 14. Jahrhunderts eine Wallfahrt nach Jerusalem unternommen habe und unterwegs in Damaskus und später in Fesz in die uralten geheimen Weisheiten und Erkenntnisse der Araber eingeweiht worden sei, 1459 (das Jahr der Chymischen Hochzeit) in Deutschland mit drei Klosterbrüdern und vier anderen Genossen die Bruderschaft des Rosenkreuzes mit dem Ziele gegründet haben, die Kirche zum Urchristentum zurückzufüh-

Allgemeine vnd General
REFORMATION,
der gantzen weiten Welt.
Beneben der
FAMA FRATERNITATIS,
Deß Löblichen Ordens des Rosenkreutzes / an alle Gelehrte vnd Häupter Europæ geschrieben.
Auch einer kurtzen RESPONSION, von dem Herrn Haselmeyer gestellet / welcher deßwegen von den Jesuitern ist gefänglich eingezogen / vnd auff eine Galleren geschmiedet:
Jtzo öffentlich in Druck verfertiget / vnd allen trewen Hertzen communiciret worden.

Gedruckt zu Cassel / durch Wilhelm Wessell /
ANNO M. DC. XIV.

Chymische Hochzeit:
Christiani Rosencreütz.
ANNO 1459.

Arcana publicata vilescunt; & gratiam prophanata amittunt.

Ergo: ne Margaritas obijce porcis, seu Asino substerne rosas.

Straßburg /
In Verlägung / Lazari Zetzners.
Anno M. DC. XVI.

Titelseite der alten Rosenkreuzer-Schriften

ren und die menschliche Wohlfahrt in Staat und Kirche zu begründen. Ein verborgenes Haus Sancti Spiritus habe den Brüdern als Zufluchstätte gedient. Diese seien dann in verschiedene Länder gezogen, um dort neue Adepten zu gewinnen und Nachfolger ausfindig zu machen.

Fest steht jedoch, daß die *»Chymische Hochzeit«* bereits 1602 und die *»Fama Fraternitatis«* 1604 in handschriftlichen Fassungen im Umlauf gewesen waren, daß das Symbol Rosenkreuz erstmalig in Dantes *»Göttlicher Komödie«* (1307 begonnen) erschienen war: Der Himmel besteht dort aus einer Reihe von kabbalistischen Kreisen, die ein Kreuz durchschneidet, in dessen Mitte eine Rose blüht. Fest steht auch, daß die erste als Rosenkreuzer bekannte Bruderschaft 1494 im dänischen Schleswig entstanden war (auf sie bezieht sich Fortuin in seinem Buch *»De Guildarum Historia«*, das sich hauptsächlich mit der historischen Dokumentation zur dänischen Geschichte befaßt), daß die Rosenkreuzer im Gefolge der Anna von Dänemark 1589 nach Schottland gekommen waren, wo sie mit den Maurern als identische bzw. artverwandte Bewegung fusionierten. Ein äußerlicher Beweis hierfür mag das in Edinburgh 1638 erschienene Gedicht *»Muses Threnodie«* von Henry Adamson dienen, in dem es heißt:

> *»For wie be brethren of the Rosie Crosse*
> *We have the Mason's Word and the second sight.«*
> zu deutsch:
> *»Denn wir sind Brüder vom Rosenkreuz,*
> *Wir haben das Maurerwort und das zweite Gesicht.«*

Fest steht ferner, daß Anreaes Vater, der 1601 als evangelischer Abt von Königsbronn starb, Rosenkreuzer war, dem seine Gegner nachsagten, er habe sein Vermögen mit »Alchymisterei« vertan.

Die Rosenkreuzerei gelangte über die englischen Kolonien in Frankfurt und Antwerpen direkt nach England, noch bevor die Maurerei durch die Schotten dorthin getragen wurde. Michael Maier (1568–1622), Rosenkreuzer aus Nürnberg und Leibarzt des Kaisers Rudolf II., nahm 1616 Kontakt mit seinem Freund und Kollegen Robert Fludd (1574–1637, Arzt und Alchimist) sowie Francis Bacon (1561–1626, Philosoph, Schriftsteller und Begründer der neueren Erfahrungswissenschaft) auf, behauptete, daß die Gold- und Rosenkreuzer schon 1570 gegründet worden seien, und machte in England Propaganda für die Rosenkreuzer. Fludd schrieb daraufhin unter dem latinisierten Namen Robertus de Fluctibus noch 1616 das rosenkreuzerische Traktat *»Apologia compendiaria«*. Maier selbst schrieb 1618 *»De Fraternitate Rosae Crusis«*.

Neben dem Kreuz, als christlichem Symbol, versinnbildlicht die senkrechte Linie das Leben, die horizontale, das Leben kreuzende, den Tod. (Der Weg zur Seligkeit des Daseins geht durch den Tod.) Die Rose als Symbol der Schönheit spielte bereits in den Initiationsriten der Alten, z.B. der Isisweihe, eine große Rolle: in Graden, die das Erlebnis der Neugeburt des Menschen aus halb tierischem Dasein zum Inhalt hatten, erfolgte diese Wandlung durch die mystische Kraft der Rose. Diese war in Ägypten und Griechenland aber auch Symbol der Verschwiegenheit. Was die Eingeweihten, mit der Rose geschmückt (*sub rosa*), als Geheimnis erfahren hatten, sollten sie unverbrüchlich verschweigen.

Am 19. August 1589 heiratete Jakob VI. von Schottland Anna, Tochter des Königs von Dänemark und Norwegen. Sie gebar ihm sechs Kinder (1594 Heinrich, 1596 Elisabeth, 1598 Margarete, 1600 Karl, 1601 Robert und 1605 in England Maria); Heinrich starb 1612 mit achtzehn, Maria 1607 mit zwei, Margarete und Robert noch jünger. Nur zwei Kinder überlebten ihre Eltern und gründeten eigene Familien: Karl, Jakobs Nachfolger, und Elisabeth, die 1613 Friedrich Kurfürst von der Pfalz heiraten und die Großmutter Georgs I., des ersten Königs aus dem Hause Hannover auf dem englischen Thron, werden sollte.

Drei Tage vor ihrem Tode fixierte Königin Elisabeth von England und Irland das schriftlich, was sie bereits 1586 anläßlich des englisch-schottischen Bündnisses entschieden hatte: Jakob von Schottland sollte ihr auf dem Thron folgen. Am 23.3.1603 starb sie unverheiratet und kinderlos. Mit ihr erlosch das Haus Tudor.

Jakob I. Stuart König von England, Irland und Schottland 1603–1625

Mit dem Aussterben des Hause Tudor gelangte das Haus Stuart in der Person des neunten Monarchen seit 1371 auf den englischen Thron. Nach genau fünfzig Jahren regierte wieder ein männlicher Souverän über das Inselreich. Wir müssen hier zum besseren Verständnis festhalten, daß die Stuarts auf dem englischen Thron gleichzeitig Könige von Schottland waren, das heißt in Personalunion. Jakob war noch immer der VI. Jakob auf dem schottischen Thron, wenn auch erst der I. von England. Erst 1707 wurde Schottland mit England und Irland vereinigt.

Das Land (England und Wales) zählte bei Jakobs Regierungsantritt etwa 4 Millionen Einwohner, meist im Süden und Osten; allein in London zählte man 200.000 Seelen (die zweitgrößte Stadt, Norwich, hatte lediglich 15.000). Im ganzen gab es (nach Thomas Wilsons *»The State of England«*, 1600) 25 Städte *(Cities)* und 641 Stadtgemeinden *(Boroughs)* bzw. Landstädte bis zu 5000 Einwohnern.

Vier Fünftel der Bevölkerung war noch in Landwirtschaft und Schafzucht beschäftigt; Wolltuche waren der Hauptexportartikel. Ein Großteil des gemeinen Volkes lebte stets am Rande des Existenzminimums; dieser Verarmungsprozeß erfaßte auch das Kleinbauerntum, das auf zusätzliche Landarbeit und die Almende angewiesen war; die Verkümmerung der kleinbäuerlichen Existenzen *(Cottagers = Kottenbauern)* schritt weiter voran. Unter den Ackerbauern *(Husbandmen)* und den Landarbeitern gab es viel wirkliche Armut; die Zahl der gelegentlichen Unterstützungsempfänger machte ein Sechstel der Bevölkerung aus. Zugleich waren diese Leute an ihren Pfarrbezirk gebunden, da nach dem Armengesetz von 1597 jede Pfarrgemeinde für ihre eingesessenen Armen verantwortlich war.

Von dieser übergroßen Massenarmut schied sich das gesunde und selbstbewußte Bauerntum *(Peasantry)* der Freibauern *(Yeomen)*. Der Stand der kleinen Grundbesitzer *(Yeomanry)* war eine Schicht unter dem Stand des niederen Adels *(Gentry)* und über dem Kottenbauer oder dem auf Lohnarbeit angewiesenen Zwergbauer und beteiligte sich selbständig an den wöchentlichen Marktgeschäften. Er war der Kern der Freibauernschaft, die etwa ein Sechstel der Gesamtbevölkerung ausmachte. Teilweise gingen die Freisassen in die niedere Gentry ein, teilweise sanken sie zu Kleinbauern ab. Als Leute mit Grundbesitz *(Property)* waren sie geschäftstüchtig, politisch bewußt, eifersüchtig auf den niederen Adel, religiös gewissenhaft und im Bürgerkrieg anti-royalistisch. Um 1600 gab es in England und Wales etwa 80.000 Freisassen (die Freeholders, die das aktive Wahlrecht innehatten, weil sie ein versteuertes Jahreseinkommen aus ihrem Landbesitz von 40 Schilling und mehr nachgewiesen hatten); weitere 10.000 Freibauern standen wegen großen Reichtums noch darüber. Daneben gab es noch die Pächter (*Leaseholders*, Pächter auf Lebenszeit oder länger) und die Erbpächter (*Copyholders*, die Lehnsgutinhaber mit Verpflichtungen dem Landlord gegenüber). Die darunterstehenden Steuerpächter (*Farmer*, als kündbare Pächter) waren nicht mehr dazu zu rechnen. Obwohl der Bauernstand nicht das Parlament beschickte und selten das Friedensrichteramt übernahm, übte er zeitweilig durch sein Wahlrecht, seine verwandtschaftlichen Beziehungen zu aufsteigenden Familien und seine Unabhängigkeit einen beträchtlichen mittelbaren Einfluß aus. Über der Freisassenschaft erhob sich die Schicht des niederen Landadels *(Gentry)* und der Edelleute (*Gentlemen*), wobei auch hier die Grenzen fließend waren: die gehobenen Kaufleute und bürgerlichen Berufe – darunter die Juristen, Professoren und unteren Klerikern – waren dem sozialen Rang nach Gentlemen oder verschafften sich durch Landkauf das Ansehen des Edelmannes; umgekehrt hatten viele der Kaufleute der City von London als Gentry oder Yeomen begonnen oder waren deren nachgeborene Söhne. Die Kaufleute investierten ihr Geld regelmäßig in Land, ebenso wie die königlichen Beamten und die Juristen, während die Landbesitzer ihre Hände in Industrie und Handel hatten.

Die Gentry (Landadel) gliederte sich in die Ritter (*Knights of the shire*, etwa 500) und die Rittergutsbesitzer (*Squires*, etwa 16.000). Die Ritter hatten Wappen und Adelsdiplom und eine Hofhaltung mit wenigstens 24 Dienern und 500 Pfund Haushaltskosten jährlich. Um 1600 war Wappenerwerb über das »College of Heralds« für Kaufleute gegen Geld möglich. Die Squires mit Jagdrecht und Waffenrock bedurften einer Rente von jährlich 1000 oder 800 Pfund. Sie waren eine neue Klasse, die seit der Reformation durch Länderkauf oder Belohnungen hochgekommen war; deren nachgeborene Söhne gingen – da der Titel nicht erblich war – als Juristen, Offiziere oder Kaufleute ins bürgerliche Leben zurück. Diese neue Klasse hatte ein anderes Verhältnis zum Landbesitz als die älteren Magnaten und drängte auf möglichst hohe Renten. Mit ihr verschob sich das soziale Schwergewicht von Krone, Kirche und feudalen Landlords auf die »Squirearchie«. Um 1600 meldete sich unter diesen Leuten, die mehr durch Talent und Mut als durch vornehme Geburt emporgekommen waren, ein soziales Selbstbewußtsein an, das ein künftiges Element des Widerstands gegen den Stuart-Absolutismus in den Grafschaften werden sollte. Um diese Zeit waren alle Knights und etwa 1400 Squires auch Friedensrichter. Zwar wurde dieses Ehrenamt von der Krone ernannt, in der Verwaltung des Rechts und der staatlichen Hoheitsfunktionen jedoch war der Friedensrichter selbständig. Dadurch gewannen die Squires enge Berührung mit dem Volk und waren die maßgebenden lokalen Autoritäten. Sie bedurften der Krone, andererseits konnte die Krone nur mit ihnen zusammen ihre Herrschaft geltend machen. Etwa die Hälfte der Unterhausmitglieder waren auch Friedensrichter.

Im Unterhaus saßen 92 Vertreter der Grafschaften gegenüber 417 Vertretern der Cities und Boroughs und den Vertretern der beiden Universitäten Oxford und Cambridge. Zur Gentry gesellte sich noch mit London und den bedeutenderen Städten ein anderes Element: Der gewählte Oberbürgermeister

(Lord Mayor) von London stand faktisch im Range eines Gouverneurs einer Grafschaft *(Lord Lieutenant)*; er nahm gelegentlich an den Sitzungen des Staatsrats *(Privy Council)* teil und hatte das Recht auf Zutritt zum Thron. Die zwei gewählten Grafschaftsaufseher *(Sheriffs)* der Stadt durften an der Schranke *(Bar)* des Unterhauses Beschwerden der Stadt vorbringen. Außerdem saßen vier Abgeordnete *(Commoners)* aus London im Unterhaus. Die Leitung der Stadt lag bei 26 freigewählten Ratsherren *(Aldermen)* und 200 Ratsmitgliedern *(Common Councillors)*. Neben den 89 Gilden und Innungen bestand eine eigene Miliz und Polizei. Alle Kommunalsteuerzahler *(Ratepayers)* besaßen das parlamentarische Stimmrecht. Die großen Londoner Kaufleute (aber auch die von Exeter, York, Hull, Newcastle und anderen größeren Städten) stellten zusammen mit den Führern der Londoner Korporationen eine einflußreiche, finanzstarke Elite, das Geschäftskapital *(Business Interest)*, dar. Mit London ragte das kommerziell-bürgerliche Element in die Spitze der sozialen Pyramide hinein. Dazu kamen die königlich privilegierten Handelskompanien, wie die Moskau-Kompanie von 1553, die Ostland-Kompanie von 1579, die Levante-Kompanie von 1581, die Ostindien-Kompanie von 1600 und die Virginien-Kompanie von 1606.

Über der Gentry (besitzenden Ständen) und der reichen Kaufmannschaft standen die Pairs *(Peers)* aus Hochklerus und Hochadel als nobilitas major. Zu ihnen rechnete man die Prinzen aus königlichem Geblüt, die beiden Erzbischöfe von Canterbury und York, die Herzöge *(Dukes)*, Markgrafen *(Marquesses)*, Grafen *(Earls)*, Vicomten *(Viscounts)*, Bischöfe, Freiherren *(Barons)* und die *»Life-Peers«* (auf Lebenszeit ernannte Pairs). Nachfolger der erblichen Pairs waren die ältesten Söhne; die jüngeren sanken zur Mittelschicht ab, so daß keine Absonderung des Hochadels eintrat. Bei Regierungsantritt Jakobs I. gab es 61 weltliche Lords: 19 Grafen, einen Markgrafen, zwei Vicomten und 39 Barone (bis 1688 wuchs ihre Zahl auf etwa 7000 an!); ihr Rang gründete sich nicht nur auf ihre alte Würde und auf die Nähe zur Krone, sondern stets auch auf ihren Reichtum. Ihre angemessene Tätigkeit lag neben dem Oberhaus (gemeinsam mit 26 Vertretern des Hochklerus) im Staatsrat, in der Statthalterschaft der Grafschaften, im königlichen Haushalt oder anderen leitenden Ämtern bei den Gerichtshöfen und Behörden; verglichen mit der Gentry verloren sie unter den Stuarts an politischem Gewicht.

Auch in England hatte die Reformation bewirkt, daß aus einer Kirche drei wurden. Als Heinrich VIII. sich vom Papst lossagte, beließ er die hierarchische Gliederung und fast alle Dogmen und Einrichtungen der katholischen Kirche und änderte lediglich die Spitze, indem er sich an die Stelle des Papstes setzte und von allen Geistlichen den Suprematseid forderte, durch den sie ihn als höchstes Oberhaupt anerkennen mußten. Hieraus entwickelte sich die eigenartige Form der sogenannten anglikanischen oder Hochkirche: ein Luthertum mit Prälaten und Bischöfen, Ohrenbeichte und Zölibat, ein Katholizismus ohne Papst und Peterspfennig, Orden und Klöster. Und es lag in der Natur einer so unbefriedigenden Reform, daß jeder, der eine wirkliche religiöse Überzeugung besaß, sich damit der Verfolgung aussetzen mußte. War er ein gläubiger Katholik, der dem Papst anhing und die spätere Vermählung des

Königs als Ehebruch ansah, so wurde er als Hochverräter enthauptet; war er ein ehrlicher Protestant, der das Zeremonienwesen verwarf und die Priesterehe für erlaubt hielt, so wurde er als Kirchenschänder gehenkt; war er ein strenger Calvinist, der die Brotverwandlung leugnete, so wurde er als Ketzer verbrannt. Die willkürliche Zwitterschöpfung der Hochkirche hat denn auch die Wirkung gehabt, daß sich in den Gebieten der englischen Krone nicht nur der Katholizismus mit besonderer Hartnäckigkeit behauptete – vor allem in Irland –, sondern auch die evangelische Lehre eine große Reinheit bewahrte, wie dies die Puritaner schon durch ihren Namen anzeigten: ihr Hauptverbreitungsgebiet war Schottland, wo ihr ebenso rabiater wie sittenstrenger Anführer John Knox eine Kirche gründete, die lediglich auf dem Prinzip der Leitung durch die Gemeindeältesten, die Presbyter, aufgebaut war, weshalb sie sich gleichzeitig Presbyterianer nannten; später hießen sie wegen ihres Gegensatzes zur offiziellen Kirche auch Dissenter oder Nonkonfirmisten, wegen des Bündnisses, das sie zum Schutz ihrer Konfession geschlossen hatten, Covenanter und wegen der völligen staatlichen und kirchlichen Unabhängigkeit, die sie für jede ihrer einzelnen Gemeinden beanspruchten, Independenten.

Das waren bei weitem nicht alle christlichen Kirchen in England zu Beginn des 17. Jahrhunderts: Von Polen aus gewann der von den Italienern Lälius (1525–1562) und Faustus (1539–1604) Sozzini begründete und im Rakower Katechismus (1605) kodifizierte Sozinianismus einige Verbreitung. Es war dezidiert antitrinitarisch, weshalb seine Anhänger sich auch Unitarier nannten. Sie lehrten, Christus habe sich nicht für die Sünden der Welt geopfert, sondern nur eine neue Lehre gegeben und ein sittliches Vorbild begründet. Nur der Vater Jesu Christi galt ihnen als Gott; er habe aber seinen Sohn nach dessen Tode wegen seiner Reinheit und seines Gehorsams zu göttlicher Würde erhoben, und darum sei man berechtigt, ja verpflichtet, beide anzubeten. Taufe und Abendmahl erklärten sie für nützliche, aber nicht absolut notwendige Einrichtungen. Der ältere Sozzini griff die Rationalisierung des Satisfaktionsbegriffs auf, die Paulus teils nach römisch-strafrechtlichen, teils nach talmudisch-dialektischen Analogien vorgenommen hatte, und widerlegte die traditionelle Rechtfertigungslehre durch eine scharfsinnige, wenn auch etwas oberflächliche Beweisführung: Christus könne nicht als Repräsentant der ganzen Menschheit gelitten haben, da man andere nur zu vertreten vermöge, wenn man von ihnen eine Vollmacht besitze, eine solche Vollmacht aber konnten die kommenden Generationen dem Heiland unmöglich ausstellen; außerdem seien nur Geldschulden übertragbar, nicht jedoch moralische Verschuldungen und Strafen. Diese rein juristische Deduktion hat u.a. der Rechtsgelehrte Hugo Grotius (1583–1645) übernommen, der die Anschauung vom sogenannten »Naturrecht« 1609 begründete. Recht und Staat beruhten nach ihr nicht auf unmittelbarer Einsetzung durch Gott, sondern seien Menschenwerk, hervorgegangen aus unserer vernünftigen Naturanlage, unserem Selbsterhaltungstrieb und unserer Neigung zu geselligem Zusammenschluß.

Auf dieselbe Weise dachte sich Johannes Althusius (1557–1638) die Entstehung des Staates: zuerst sei die Familie gewesen, aus dieser sei der Stamm geworden, später hätten sich Gemeinden gebildet, aus diesen seien Provinzen und schließlich der Staat gekommen; dieser bestehe also nicht aus einer Summe von Individuen, sondern aus einer Summe von Korporationen, und infolgedessen könne die höchste Macht im Staate nur den Korporationen zustehen, dem gegliederten Volke, den Ständen – dem Parlament: das war die berühmte Doktrin von der »Volkssouveränität«, die sich das englische Parlament in seinem Kampf gegen den Stuart-Absolutismus zueigen machte.

Aber auch Jean Bodinus (1529/30–1596) vor ihm, der noch ein Anhänger der absoluten Monarchie war, erklärte bereits 1576, die Souveränität des Fürsten finde ihre Schranken an der Religion und Moral. Und genau das wurde von den »Monarchomachen«, den Fürstenbekämpfern, zum Angelpunkt ihrer Theorien erkoren, die den Grundsatz vertraten, daß jeglicher staatliche Angriff in die Religion der Untertanen unerlaubt sei. Der Herrscher habe seine Gewalt lediglich vom Volke, das sie ihm durch einen Vertrag übertragen habe: das war die sogenannte »Kommissionstheorie« die von den Kirchenparteien in England vertreten wurde. Überschreite der Herrscher seine Befugnisse, insbesondere durch Vergewaltigung der Gewissensfreiheit seiner Untertanen, so könne der Vertrag jederzeit wieder rückgängig gemacht werden: das Volk habe in diesem Falle das Recht des Widerstandes, es dürfe den Tyrannen absetzen und, wenn er nicht freiwillig weiche, sogar töten. Die Praktiker dieser Theorie waren der Hugenotte Poltrot de Meré, der den Herzog Franz von Guise 1563 ermordete, der Katholik Balthasar Gérard, der Wilhelm I. von Oranien 1584 erschoß, die Katholiken Johann Savage und Anton Babington, die 1586 ein weitverzweigtes Komplott gegen das Leben der Königin Elisabeth anzettelten, der Dominikaner Jakob Clément, der Heinrich III. von Frankreich 1589 niederstach, die katholischen Londoner Pulververschwörer, die beinahe Jakob I., seine Familie und das ganze Parlament 1604 in die Luft gesprengt hätten, und der Katholik Franz Ravaillac, der Heinrich IV. von Frankreich 1610 erdolchte.

Die Theorie vom Naturrecht führte dazu, daß das theologische Interesse jede andere Art von Gemeinschaftsgefühl verschlang: die physischen (Staats-) Grenzen wurden durch moralische verdrängt. Die politische Stellungnahme jedes einzelnen wurde nicht durch seine Staatsangehörigkeit, nicht durch Rasse, Sprache oder Familienbande, sondern lediglich durch sein Glaubensbekenntnis bedingt. Die Guisen und ihre Anhänger handelten als französische Landesverräter, indem sie mit Spanien konspirierten; die Hugenotten handelten ebenfalls als Landesverräter, indem sie heimlich mit Deutschland verhandelten. Die schottischen Katholiken suchten bei Frankreich Hilfe; die reformierten Provinzen der spanischen Niederlande riefen die Engländer ins Land. Die papistischen Untertanen der Königin Elisabeth wünschten den Sieg der spanischen Armada; die puritanischen Untertanen der Maria Stuart erhofften eine englische Invasion; die französischen Protestanten zedierten Havre dem englischen Erbfeind.

In diesem Schlachtfeld der Konfessionen und der politischen Unruhen, unzufrieden mit den kontroversen Auslegungen ein und derselben Religion und beziehungslos zum fremden, absolutistischen Herrscher aus dem Hause Stuart, der kaum zu sehen war, im Gegensatz zu seiner Vorgängerin Elisabeth, der Volksmonarchin, suchten Hochadel, Gentry, Intellektuelle und rationalistische Naturwissenschaftler Zuflucht in der christlichen Spiritualität: durch Verwandlung und Veredelung der Natur und des Menschen strebten sie die Bildung einer idealen Gemeinschaft, einer Mustergesellschaft an, eines Reiches der Tugend, Gerechtigkeit und Sühne schon auf dieser Welt, der Vermählung von Antike und Christentum mit den tiefsten Mysterien der Natur, um das höchste menschliche Glück zu verbürgen. Physiker, Mathematiker, Mediziner, Politiker, Dichter, Philosophen und Offiziere verbanden sich in einer eigenen Mischung von Utopie und Wirklichkeit, von Wissenschaftlichkeit und Träumerei mit den spiritualistischen Vertretern der Alchimie, Astrologie, Magie und des Okkultismus auf der Suche nach einer besseren Welt unter dem Symbol Rose und Kreuz und folgten dem mystischen Glockenklang, den Robert Fludd in seinem rosenkreuzerischen Traktat von 1616 hatte ertönen lassen, entlehnten jedoch die äußere Bezeichnung für ihre geheime Gesellschaft dem 1624 erschienenen utopischen Fragment *»Nova Atlantis«* des Empiristen Francis Bacon, ohne dessen Lehre zu folgen, daß die Wissenschaft das Glück begründe. Der Philosoph Fludd verpflanzte als Arzt in London die phantastische Naturphilosophie und Theosophie des Paracelsus (1493–1541) und die Gedanken des Nikolaus Cusanus (1401–1464) nach England und begann seine Hauptwerke mit dem *»Tractatus Apologeticus integritatem Societatis de Rosae Cruce defendens«* (1617) nach seiner ersten rosenkreuzerischen Veröffentlichung *»Apologia compendiaria«* von 1616.

Jakob I. kam mit hohen Erwartungen nach England; denn in Schottland war er kaum mehr als ein feudaler Oberhäuptling, dem während seiner Minderjährigkeit und der Gefangenschaft seiner Mutter die Reformation über den Kopf gewachsen war. Im Jahre 1598/99 hatte er die Welt mit einer ausführlichen Darlegung seiner politischen Ideen in der Schrift *»The Trew Law of Free Monarchies«* bedacht. Hierauf begründete er theologisch und philosophisch das Königtum von Gottes Gnaden *(Jus Divinum),* wonach die erbliche Monarchie von Gott eingesetzt war, und nicht nur das: Gott habe das Recht der Herrschaft einer bestimmten Familie übertragen, die allein das Charisma der Herrschaft innehabe. Der wahre König entstamme dieser geheiligten Dynastie; er stehe selbst über dem Gesetz, und alle Rechte und Privilegien leiteten sich von ihm ab. Selbst ein schlechter König sei unabsetzbar; denn auch er sei göttliches Werkzeug, das dem Volk zur Strafe vorstehe. (Die englische Staatskirche übernahm 1640 offiziell diese Lehre!)

Seine Erwartungen schienen sich zu erfüllen, als die Anglikaner ihn als Erben der Tudors, die Puritaner ihn als Schüler von John Knox und George Buchanan und die Katholiken ihn als Sohn der Maria Stuart willkommen hießen. Selbst Irland begrüßte ihn freundlich. In seiner königlichen Deklaration nannte er sich König von England, Schottland, Frankreich und Irland.

Doch Jakob war in England ein Fremdling und mit den Besonderheiten des englischen Lebens kaum vertraut. Er entschied sich in der Kirchenpolitik für die anglikanische Bischofskirche, so daß neben das göttliche Recht des Königs das göttliche Recht der Bischöfe trat; der Gegensatz der Staatskirche zu den übrigen Konfessionen einerseits und des Stuart-Absolutismus zum Parlament und den besitzenden Ständen andererseits mußten unweigerlich zu einer offenen Konfrontation führen, was sich im Bürgerkrieg von 1642 entlud. Hinzu kam Jakobs Günstlingswirtschaft und Finanzpolitik: er nutzte sein Recht der Verleihung von Titeln wie Ritter- und Adelstand zugunsten seiner Finanzen aus, 1611 begründete er eine neue Würde, die des Baronet, die etwa 1000 Pfund kostete und in drei Raten zu bezahlen war. Später ging er dazu über, Pair-Würden und hohe Ministerstellen zu verkaufen.

Jakob war im calvinistischen Geist erzogen worden, seine eheliche Verbindung mit Anna von Dänemark unterstrich seinen Willen, sich dem protestantischen Norden einzugliedern, eine Politik, die 1613 in der Heirat seiner Tochter Elisabeth (seit 1606 mit ihren beiden Brüdern Heinrich und Karl am englischen Hof aufgewachsen) mit Friedrich V. von der Pfalz, dem Haupt der deutschen Calvinisten, fortgesetzt wurde. Die Königin war eher für eine Heirat nach Spanien und liebäugte offen mit dem Katholizismus am Hofe, was die Lage nicht gerade entschärfte, nicht zuletzt durch den großen Einfluß des spanischen Gesandten Conde de Gondomar. Diese plötzliche Begeisterung der Königin für das katholische Element führte zu Spannungen zwischen ihr und dem König bis zu ihrem Tode.

Als aber 1618 mit dem Prager Fenstersturz der Dreißigjährige Krieg begann, der böhmische Adel im November 1619 Jakobs Schwiegersohn Friedrich von der Pfalz als Friedrich I. auf den böhmischen Thron erhob und dieser am 8. November 1620 aus Böhmen fliehen mußte, geriet Jakob in Verlegenheit. Obwohl sein Land mit Friedrich als Haupt der protestantischen »Union« sympathisierte, schreckte er vor einer kriegerischen Unternehmung zurück und hoffte, durch eine Familienverbindung mit Spanien die katholischen Aktionen zu hemmen und Friedrich zu retten. Er leitete wiederum Verhandlungen mit Madrid ein durch Vermittlung von Gondomar, um eine Heirat seines Sohnes Karl (Heinrich war 1612 gestorben) mit der Infantin Maria, Tochter des Königs von Spanien, zu erreichen. Spanien hatte diese Heirat nie erwogen, am wenigsten jetzt, da das habsburgische Kaisertum einem Sieg über den Protestantismus näher als je stand. Inzwischen hatte Friedrich neben Böhmen auch sein Stammland am Mittelrhein an spanische und bayerische Truppen verloren und floh deshalb 1622 nach Den Haag.

Bisher hatte Madrid die Verhandlungen hingezogen, um England von einer Intervention auf dem Festland abzuhalten. Auch als Prinz Karl und Herzog Buckingham am 7.3.1623 nach Madrid aufbrachen, hielt man die beiden Werber in Madrid möglichst lange hin (Gondomar war inzwischen Mitglied des Staatsrats geworden) und verlangte, Karl müsse erst zum römisch-katholischen Glauben zurückfinden. Empört eilten beide nach London zurück und verlangten den Krieg gegen Spanien. Damit war Jakobs Spanienpolitik endgültig zusammengebrochen. Auch das Parlament, das 1624 wieder zusammentrat, sprach sich für einen Waffengang gegen Spanien aus (der 1624–1629 andauerte!). Buckingham arrangierte nun eine französische Heirat für Karl mit dem Hintergedanken, durch ein französisch-englisches Vorgehen am Rhein doch noch die Pfalz für den Schwiegersohn des Königs zurückzugewinnen.

Karl I. 1625–1649

Nach dem Tode Jakobs I. am 27. März 1625 folgte ihm sein vierundzwanzigjähriger Sohn Karl auf den Thronen von England, Irland und Schottland. Zwei Monate später kam die Heirat mit der fünfzehnjährigen Prinzessin Henriette Maria (1609–1669), der Schwester Ludwigs XIII., zustande. Der Papst hatte sich nach geheimen Konzessionen an den englischen Katholizismus mit dieser Ehe einer katholischen Prinzessin mit einem protestantischen König einverstanden erklärt. Karls Heirat und seine Begünstigung bischofskirchlicher Bestrebungen, die von den Puritanern als papistisch verseucht angesehen wurden, erregten den Verdacht auf kryptokatholische Neigungen des Königs.

Als Karl im Juni 1625 das Parlament einberief, verlangten die Squires Verschärfung der antikatholischen Gesetze, Maßnahmen zur Begünstigung der puritanischen Freikirchen und die Bekämpfung der »arminianischen« Ausgleichsbestrebungen. Die Arminianer waren Anhänger jenes niederländischen Theologen und Predigers Jakob Arminius (1560–1609), der die strenge Prädestinationslehre Calvins ablehnte, der menschlichen Vernunft zur Erwirkung des eigenen Seelenheils eine Rolle zuschrieb und so papistisch war, daß er sogar die Katholiken als wirkliche Christen gelten lassen wollte; er humanisierte und katholisierte den Calvinismus etwa im Sinne des Erasmus, trat für den Wert menschlicher Werke, für Zeremonien, Liturgie und die Gegenwart Christi im Sakrament ein. Für die Ultra-Protestanten war er ein getarnter Romhöriger, ein Papist im protestantischen Gewande. Arminianismus schien sich in ihren Augen überall zu regen, wo man auf äußere Werke und äußeres Tun in Liturgie und Ritual Wert legte.

Die Ehe Karls begann gleich mit einer Differenz mit der Königin: sie war erbost darüber, daß die Katholikengesetze trotz ihres Ehevertrags in Geltung blieben. Sie weigerte sich sogar, an den protestantischen Krönungszeremonien teilzunehmen, so daß der König allein in Weiß erschien, um zu dokumentieren, daß er doch dem englischen Volke angetraut sei.

Das (4.) Parlament von 1629 wandte sich erneut der religiösen Frage zu; Anlaß war eine königliche Erklärung, nach der die kirchenpolitischen Streitigkeiten den Konvokationen des Klerus überlassen bleiben sollten, als jenen Versammlungen des Klerus, deren Berufung und Zusammensetzung mehr oder minder im Belieben des Königs lagen. Der Führer der Opposition im Unterhaus, der Puritaner Sir John Elliot (1592–1632), behauptete, eine solche Vorkehrung würde dem Papismus und Arminianismus Tür und Tor öffnen; offenbar wolle man der Hure von Babylon neue Farben auflegen, um sie anziehender zu machen und ihr eine Gefolgschaft im Lande zu gewinnen. Im März 1629 entschied der König, das Parlament zu entlassen; als der Sprecher *(Speaker)* sich erheben wollte, um das Haus beschlußunfähig zu machen, hielten ihn zwei Unterhausmitglieder in seinem Stuhl fest, bis man drei Resolutionen verlesen hatte. Damit wurde das Recht des Königs, das Haus beliebig zu vertagen, gewaltsam in Frage gestellt. Die Resolutionen legten drei Punkte fest: Wer auch immer religiöse Neuerungen einführe oder Papismus und Arminianismus begünstige, sei Hochverräter; wer auch immer zur Erhebung von Tonnen- und Pfundgeldern ohne parlamentarische Bewilligung rate, sei Hochverräter; jeder Kaufmann, der ein derartiges Tonnen- und Pfundgeld zahle, sei ein Verräter an den Freiheiten Englands.

Damit waren die Gegner der Krone zu weit gegangen. Die Commons wurden diesmal nicht vom Oberhaus unterstützt. Die Würde des Hauses schien untergraben, die Form war verletzt und Gewalt gebraucht worden. Die Öffentlichkeit distanzierte sich. Manche Protagonisten der Opposition sahen ein, daß eine durch die Petition of Rights von 1628 beschränkte Monarchie einem unbeherrschten radikalen Parlament vorzuziehen war. Das Haus wurde aufgelöst, und es trat die nächsten elf Jahre nicht mehr zusammen. Der Mitkämpfer der Opposition Sir Thomas Wentworth (1593–1641), seit 1628 Präsident des Rates der Nordregion, ging mit anderen Mitkämpfern zur Krone über.

Jetzt übernahm Karl persönlich das Regiment: 1629 schloß er Frieden mit Frankreich, 1630 mit Spanien. Er verband sich enger als zuvor mit seiner katholischen Gemahlin und ließ einen päpstlichen Vertreter am Hofe zu. William Laud (1573–1645) betrieb als Bischof von London und seit 1633 als Erzbischof von Canterbury eine Kirchenpolitik, für die die Hierarchie eine göttliche Einrichtung war, die in der Krone gipfelte. In seinen Visitationen kontrollierte Laud die Verwendung des *»Book of Common Prayer«*, erstrebte liturgische Einheit und schaltete puritanisch eingestellte Prediger aus. Der Erzbischof wurde vom König in seinen Uniformitätsbestrebungen lediglich gehindert, soweit es sich um Katholiken handelte und die anti-katholische Gesetzgebung angewandt werden sollte. Den Ultra-Protestanten schien es, als ob die Katholiken straffrei blieben, während protestantische Freikirchler bestraft wurden. Wenn auch beide, König und Erzbischof, Protestanten blieben, verbreitete sich der Verdacht, daß sich am Hofe »Pfaffentum« breit mache, zumal verschiedene Minister dem Katholizismus zuneigten und einige von ihnen als Katholiken starben. Die sich ausbreitende königliche Verwaltungsmaschinerie fand in der Bischofskirche einen Arm, der bis in die Gemeinden hineinragte. Irland war mit Karls Politik recht einverstanden: seit 1633 wurde der König in Irland durch Sir Thomas Wentworth als Vizekönig vertreten, der die religiösen Konzessionen Karls in die Tat umsetzte; die Katholiken durften sich endlich an den verschiedenen öffentlichen Aktivitäten beteiligen. Anders verhielt es sich mit Schottland: Sowohl Jakob als auch Karl hatten ihr Reich im Norden vernachlässigt, Jakob besuchte Schottland ein einziges Mal (1617) während seiner Doppelherrschaft. Schon am Anfang seiner Regierung und im Rahmen seiner Finanzpolitik hatte Karl sich hier die Nobilität zum Gegner gemacht, indem er das früher an sie verliehene Kroneigentum wieder zurückverlangte. Der schottische Hochadel war aber ausgerechnet der Teil der Nation, der seinen Vater gegen das presbyterianische Kirchenregiment unterstützt hatte.

In dieser Situation war die Krone bestrebt, ihre erfolgreiche Kirchenpolitik auf Schottland auszudehnen. William Laud versuchte auch hier, eine Uniformität der Gottesverehrung durchzusetzen, und zwar nur gestützt auf die Autorität des Königs und auf die wenigen schottischen Bischöfe, die zugleich Staatsämter innehatten. Die Sanktion des schottischen Parlaments und der presbyterianischen Kirchenbehörden fehlte. 1637 gipfelten seine Reformversuche in der Einführung eines schottischen *»Book of Common Prayer«*, das dem englischen Gebetbuch nachgebildet war. Im Juli 1637 wurde die neue Liturgie zum erstenmal in der St. Giles-Kathedrale von Edinburgh gelesen. Aber die Zeremonie ging in Protestrufen und Krawallen unter, die sich in die Stadt und aufs Land fortsetzten. Der presbyterianische Klerus bestimmte hier die öffentliche Meinung. Der mattgesetzte Adel, der Klerus und die Mittelklassen vereinigten sich zum religiös-politischen Bund (*National Covenant*) von 1638, der alle verpflichtete, im Namen der Reinheit des Evangeliums alle religiösen Änderungen abzulehnen, die nicht durch die freie Versammlung der schottischen Kirche (*Kirk*) bestätigt worden waren. Beflügelt von einem allgemeinen religiösen Enthusiasmus sammelte sich unter dem erfahrenen Veteranen Alexander Leslie (1580–1661), der schon unter König Gustav Adolf von Schweden 1631 für die protestantische Sache in Deutschland gekämpft hatte und erst 1637 nach Schottland zurückgekehrt war, ein Heer. Schließlich stand die ganze Nation in Waffen (selbst die schottischen Truppen auf dem Festland), vor der das angerückte kleine Heer des Königs zurückweichen mußte. Das war der Erste Bischofskrieg vom März 1639, der schon entschieden war, bevor er eigentlich begonnen hatte. Im Vertrag von Berwick mußte Karl am 18.6.1639 zugeben, daß die kirchliche Generalversammlung in Schottland den Bischöfen übergeordnet bleiben sollte.

Jetzt erst (1640) berief Karl seinen fähigsten Diener aus Irland zurück, Sir Thomas Wentworth, der sich zusammen mit Erzbischof Laud für eine Wiederaufnahme der Kriegshandlungen einsetzte. Aber schon der Erste Bischofskrieg hatte die königlichen Finanzen erschöpft. Karl bedurfte des Parlaments gegen die Schotten. Wentworth selbst, nun zum 1. Grafen von Strafford ernannt, riet zur Einberufung. So endete unerwartet die »elfjährige Tyrannei«. Das (5.) »Kurze Parlament« tagte nur drei Wochen und weigerte sich, dem König Gelder zu bewilligen, ebenso hielten es (April 1640) die City London und die Ost-Indien Kompanie, die beide sich weigerten. Das schottische Heer überschritt nun den Tweed im August und erzwang den Vertrag von Ripon. Diesmal verlangten die Schotten für ihr Heer 850 Pfund täglichen Kostenersatz und hielten Northumberland und Durham auf Kosten des Königs besetzt, bis die vereinbarte Summe bezahlt sei. Damit war die Finanzfrage unaufschiebbar geworden und verlangte sofortige Maßnahmen. Das führte erneut zur Berufung des Parlaments.

Im November 1640 trat das (6.) »Lange Parlament« zusammen, schaffte Strafford und Laud, die einzigen Stützen des Königs, ins Gefängnis, verurteilte Strafford, ließ ihn im Mai 1641 enthaupten und diktierte seinen Willen dem König auf. Im Juli schienen die englischen Freiheiten gerettet zu sein; die Schotten erhielten auf Grund parlamentarischer Bewilligungen ihr gefordertes Geld und wurden nach Hause geschickt. Diese schottische Armee hat jedoch für die Geschichte der Freimaurerei eine ungeahnte Bedeutung: mit der Armee zog die schottische Maurerei über die Grenze nach England, Mitglieder der Loge zu Edinburgh unterhielten dort eine Feldloge, die am 20. Mai 1641 den Generalquartiermeister Robert Graf von Murray in Newcastle, England, in den »Maurerbund« aufnahm! Hier wird zum erstenmal deutlich, daß (1) die Feldloge mit Sicherheit mit einer Baueinheit nicht das geringste zu tun hatte, da Zeltlager keiner Werkmaurer bedürfen, und (2) der innere Kreis aus dem Kloster, Hüter des geheimen Wissens, der sich in der Werkloge eingemietet hatte, bereits im Begriffe war, sich wieder zu verselbständigen. Die Feldloge vor Newcastle unterstand der Mutterloge von Edinburgh, in deren Protokolleintragungen wir diese Aufnahme gefunden haben; sie war jedoch keine Werkloge, bestand nicht aus Bau- bzw. Steinmetzhandwerkern. Hier wird der allegorische Charakter der Symbole aus der Königlichen Kunst deutlich: als Tochterloge einer territorialen Maurerloge bediente sich diese rein »freimaurerische« Loge der Initiationsriten für Lehrling, Geselle und Meister, wie sie seit einem Jahrhundert entwickelt worden waren.

König Karl I. von Schottland besuchte sein Reich im Norden der Insel im August 1641 zum erstenmal, bestätigte dort die Presbyterianer, fand in religiösen Fragen einen Ausgleich und gewann sogar unter dem schottischen Adel eine starke Partei für sich. Auch in England hatten sich die Wogen geglättet. Bei seiner Rückkehr nach London 1641 wurde Karl enthusiastisch empfangen. An eine Revolution dachte niemand, fast niemand – mit Ausnahme der Königin: insgeheim bemühte sie sich um katholische und päpstliche Hilfe, gegen das Parlament. Und plötzlich, im Oktober 1641 probten die irischen Katholiken den Aufstand. Seit 1610 wurden presbyterianische Schotten und puritanische Engländer in Nordirland (Ulster) verstärkt angesiedelt, unter Enteignung irischer Grundbesitzer, und ein steter Strom von irischen Kriegern und Kirchenmännern in katholische Länder setzte ein; seit 1618 gab es eine katholische Hierarchie in Irland. Karl hatte den Katholiken erlaubt, sich an den verschiedenen öffentlichen Aktivitäten zu beteiligen; das Parlament schlug in seiner Opposition des königlichen Absolutismus einen anti-irischen und pro-presbyterianischen Kurs ein. Die katholische Feindschaft gegen die protestantische Herrschaft war das allgemeine Motiv. Der Angriff der Aufständischen auf Dublin mißlang, aber die protestantischen Distrikte um Ulster wurden überrannt. Bei den Ausschreitungen kamen etwa 5000 Menschen um, während weitere 10.000 in anderen Gegenden ihr Leben verloren. Im Gegenschlag schlachteten die Protestanten etwa 1000 Katholiken ab. Hatte sich im Jahr davor das calvinistisch-presbyterianische Element in Schottland gegen die Krone gewaltsam zur Wehr gesetzt, so lehnten sich die Katholiken Irlands jetzt gegen das Parlament auf.

Und das spaltete das Parlament in zwei Lager und führte zum Ersten Bürgerkrieg (1642–1646): Unter der Führung von Sir Edward Hyde (1609–1674) und Lord Falkland (1610–1643) bildete sich eine royalistische (anglikanische) Gruppe und umfaßte zwei Drittel des Oberhauses und ein Drittel des Unterhauses, während der Rest die radikal puritanische Einstellung unter der Führung von John Pym (1583/84–1643) und John Hampden (1594–1643) vertrat. Und entsprechend der Teilung des Hauses teilte sich bald auch das Land in Regionen der königlichen und der parlamentarischen Partei. Karl rief in Nottingham zum Heereszug auf, während das Parlament seinerseits die Verteidigung des Rechts und der wahren Religion, für Gesetz, Freiheit und Frieden des Königreichs eine Heeresmacht sammelte. Der größte Teil des Hochadels und ein beträchtlicher Teil der Gentry waren royalistisch, wobei viele von ihnen vorher Opponenten der Krone waren. Selbst viele derjenigen, die zum Protestantismus neigten, waren für den König und gegen jene Extremisten, die die Bischofskirche gänzlich beseitigen wollten. Alle Katholiken entschieden sich daher aus Furcht vor dem Puritanismus für die Sache des Königs. Die Kaufleute in den Hafenstädten, in London und dem Themse-Tal, die mit ihnen verwandtschaftlich oder wirtschaftlich verbundene Gentry und die Yeomen-Farmer standen meist auf Seiten des Parlaments; hier war der Kern jenes konsequenten Protestantismus, der sich durch William Lauds Neuerungen und Nachstellungen verletzt fühlte. Wegen der feindlichen Haltung der Londoner City zog Karl mit seinem Hof am 10. Januar 1642 nach Windsor im Norden (grob gesagt standen der Norden und der Westen auf Seiten des Königs und der Süden und Osten auf Seiten des Parlaments), und abermals bemühte sich die Königin um Hilfe für ihren Gemahl – diesmal im calvinistischen Holland!

Seit 1617 galt der Erbstatthalter der niederländischen Republik, Moritz Prinz von Oranien, Graf von Nassau (1567–1625), als Beschützer der Calvinisten, und als der Anführer der lutherischen »Union« Friedrich V. von der Kurpfalz und König von Böhmen 1620 gegen die Truppen der Kaiserlichen verlor und die spanischen Truppen die Kurpfalz für Bayern eroberten, brach er 1621 den Frieden mit Spanien und bot seinem Kampfgefährten Friedrich sowie dessen Gemahlin Elisabeth (der einzigen lebenden Schwester Karls I. von England) ein würdiges Asyl. Kurz vor dessen Tod heiratete sein Bruder und Nachfolger, Friedrich Heinrich (1584–1647) von Oranien die Hofdame der Elisabeth Stuart, die ihm am 27.5.1626 seinen Stammhalter und Nachfolger Wilhelm gebar. Friedrich Heinrich nahm als Statthalter eine gemäßigte Haltung gegenüber den miteinander streitenden religiösen Richtungen der Reformierten – Calvinisten, Lutheraner, Arminianer, Sozinianer, Unitarier – ein.

König Gustav II. Adolf von Schweden (1594–1632) landete im Juni 1630 in Peenemünde und marschierte durch Deutschland gegen die kaiserlichen und bayerischen Truppen, zahlreicher protestantischer Adel, darunter auch Truppen aus England und Schottland, stießen zu ihm und kämpften in seinen Reihen; auch Friedrich von der Pfalz folgte ihm in der Hoffnung, seine Pfalz zurückzugewinnen (Bayern hatte 1628 die Oberpfalz annektiert und hielt die Rheinpfalz besetzt). Doch weder der schwedische König († 6.11.1632) noch der sogenannte »Winterkönig« Friedrich († 29.11.1632) kehrten von dieser Expedition zurück.

Zwischen 1614 und 1630 gebar Elisabeth Stuart zwölf Kinder, von denen drei eine wichtige Rolle spielten: Karl Ludwig wurde 1648 Fürst der

Rheinpfalz, Sophie wurde die Mutter von Georg I., dem ersten König von England aus dem Hause Hannover, und Prinz Ruprecht (Rupert) von der Pfalz (1619–1682). Letzterer besuchte 1636 als sechzehnjähriger den englischen Hof und machte auf seinen Onkel Karl großen Eindruck. 1638 kämpfte er gegen die kaiserlichen Truppen, wurde bei Vlotho an der Weser gefangen genommen und verbrachte eine dreijährige Gefangenschaft in Österreich. 1641 kehrte er zu seiner Familie nach Den Haag zurück. In dem Bemühen, England als Geschäfts- und Kriegsverbündeten gegen Spanien zu gewinnen (Frankreich lag auch seit 1635 im Krieg mit Spanien, konnte aber seit 1638 wegen des Bürgerkriegs im eigenen Lande kein aktiver Verbündeter sein), verehelichte Friedrich Heinrich von Oranien am 2. Mai 1641 seinen fünfzehnjährigen Sohn Wilhelm mit Karls neunjähriger Tochter Maria in London. Nun reiste die Königin Henriette Maria im Februar 1642 mit ihrer Tochter Maria nach Den Haag, um ihren Schwager zur Hilfe anzuhalten. Ruprecht von der Pfalz brach unverzüglich nach England auf, der Statthalter hingegen stieß auf Widerstand bei der Oligarchie von Holland: Während er für den König war, entschied sich Holland für das Parlament.

Am 22. August 1642 wurde der Bürgerkrieg durch König Karl formell eröffnet. Mit seinen Truppen und Falkland (seit Januar Staatssekretär des Königs) sowie Hyde (der im Mai zum König in York gestoßen war) und Ruprecht von der Pfalz schlug er in Oxford sein Hauptquartier auf. Durch örtliche Erfolge brachte der König zwei Drittel des Landes unter seine Kontrolle. In London verlautete, der König verhandle mit seinen Schwägern, den Königen von Frankreich († 1643) und Dänemark, sowie mit den irischen Rebellen. Die Verstärkung der königlichen Truppen durch die von der Königin herbeigeführte Hilfe sowie die Einnahme Bristols durch Prinz Ruprecht als Oberbefehlshaber der Kavallerie (beides im Juli 1643) neben den Gerüchten über die Verhandlungen des Königs steigerten die Besorgnis der Parlamentspartei und auch der Schotten.

Daraufhin boten die Schotten den Opponenten eine Armee an unter der Bedingung, daß sie sich für ein presbyterianisches Kirchenregiment in England einsetzen würden. Der Not gehorchend, entschied sich die Parlamentspartei dafür, obwohl die meisten einer Einführung des schottischen Systems, völlig frei von Staatskontrolle und mit Rechten zum Eingriff ins Privatleben, widerstrebten. Angesichts des Fortschritts der königlichen Sache schloß man mit den Schotten einen Bund, *»The Solemn League and Covenant«* von 1643.

Das Bündnis mit den Schotten brachte die Entscheidung. Im Januar 1644 marschierten sie in England ein, und sofort ging der Norden verloren, das belagerte Hull wurde entsetzt und das königliche Nordheer in York eingeschlossen. Ruprecht, seit Januar 1644 Graf von Holderness und Herzog von Cumberland, eilte vom Süden der Nordarmee zu Hilfe; aber die vordringenden Schotten konnten sich mit der *»Eastern Association«*, einem Heer aus fünf östlichen Grafschaften unter der Führung von Oliver Cromwell (1599–1658), vereinigen und stellte sich am 2. Juli 1644 bei Marston Moor in der Nähe von York zum Kampf. Hier kam es zur ersten großen Schlacht des Krieges, die an sich noch nichts entschied; daraufhin floh die Königin zu ihrem Neffen, dem

König von Frankreich; das war das letzte Mal, daß sie ihren Gemahl gesehen hatte. Cromwell war Anhänger des Independentismus, dem das vorwiegend puritanische Parlament aufs tiefste mißtraute. Seine Religiösität lehnte jede feste Form eines religiösen Glaubens im Namen des lebendig machenden Geistes ab. Jeder sollte – so hielt er es zum Entsetzen der presbyterianischen Kleriker – nach seinen Gefühlen beten und predigen. Er selbst fühlte vor jedem Kampf, daß »der Geist Gottes über ihn gekommen« sei. Sein Spiritualismus paarte sich mit einem persönlichen Sendungsbewußtsein, aus dem er seine Handlungen gerechtfertigt fand. Und seine Autorität war mit der Schlacht bei Marston Moor so gewachsen, daß das Parlament ihm den Oberbefehl übertragen mußte. (Inzwischen hatte der König im November 1644 den Oberbefehl der königlichen Truppen dem Prinzen Ruprecht übertragen.) Zur selben Zeit hatte das Parlament die Akten über das alte Kirchenregiment geschlossen, indem der alte Erzbischof William Laud verurteilt und im Januar 1645 enthauptet wurde. Dies festigte den Bund mit den Schotten.

Im März 1645 verließ Edward Hyde (inzwischen Vormund des vierzehnjährigen Prinzen von Wales und späteren Königs Karl II.) den König und begleitete den Prinzen auf militärischen Unternehmungen im Westen Englands, während Ruprecht gegen die Truppen Cromwells vorrückte und Leicester (Mai 1645) einnahm. Das führte zur Entscheidungsschlacht bei Naseby (14. Juni). Diesmal hatte Cromwell die gesamte Reiterei unter sich und vernichtete die königliche Armee. Die Privatpapiere des Königs fielen den Feinden in die Hand und richteten mehr Unheil an als die Schlacht selbst, da das diplomatische Spiel Karls nunmehr bekannt wurde. Die Hoffnungen Karls auf den Beistand der katholischen Hochländer Schottlands, die gegen die presbyterianischen Schotten in den Kampf getreten waren, und dann der Iren erfüllten sich nicht. Jene wurden geschlagen, und diese stellten unerfüllbare Forderungen.

Die Niederlagen mehrten sich; am 5. November kehrte Karl nach Oxford zurück, und gegen Ende April 1646 mußte er die Stadt heimlich und verkleidet verlassen, um bei den schottischen Truppen Schutz zu suchen, die bei Newark lagerten. Auch im April floh der Prinz von Wales in Begleitung seines Vormundes auf die englische Insel Jersey vor der französischen Küste, sein Bruder Jakob hingegen wurde im Juni, nachdem Oxford sich ergeben hatte, verhaftet und Ruprecht aus England verbannt. Noch immer war Karl König der Schotten, sein Glaube an die Gerechtigkeit seiner Sache war freilich unerschüttert. Zwei Vorteile hatte er noch in der Hand: keine dauernde Änderung ließ sich ohne seine Zustimmung durchführen, und wenn er Geduld hatte, mußten sich seine uneinigen Feinde, das puritanische Parlament, die presbyterianischen Schotten und die independentische Armee, früher oder später entzweien. Naseby war zwar noch im Zeichen eines allgemeinen Einvernehmens geschlagen worden; aber das Parlament hatte seinen Rückhalt mehr an der schottischen Armee als an der neuen geistigen und militärischen Macht, die sich im englischen Heer verkörperte. Und am 16. Oktober 1646, während König Karl bei seinen Schotten weilte, wurde dort Elias Ashmole in der Feldloge zu Warrington in die »Freimaurerei« aufgenommen!

Das Haus Salomonis (1646)

Das Lebensgefühl der Renaissance aus Naturmystik, Kabbalistik und Symbolik, die Absage an kirchlich-starre Bindung und Bevormundung, die epochale Veränderung der wirtschaftlichen und sozialen Ordnung im 15. und 16. Jahrhundert führten zu einer entscheidenden Hinwendung des menschlichen Geistes und Interesses zum Diesseits, zu Welt und Mensch hin. Der Mensch begann, sich die Erde zu unterwerfen und das Leben des einzelnen wie der Gesellschaft den neuen Erkenntnissen einer allgemein gültigen Wissenschaft unterzuordnen; die Herrschaft des Menschen über die Natur, seine geistige Autonomie, begründete ein natürliches System auf dem Gebiete von Wissenschaft, Kunst, Religion und Staat. Das Universum selbst wurde Gegenstand der Philosophie. Die Universitäten, die in der Tradition der aristotelisch-scholastischen Bildung, unter dem Zwang ihrer Statuten und unter der Herrschaft der Jesuiten (in den katholischen Ländern) oder der protestantischen bzw. – in England – der staatlichen Kirchenordnungen lebten, standen abseits der umfassenden Bewegung naturwissenschaftlichen Geistes. Die wenigen Jünger dieser neuen Wissenschaft fühlten sich als eine neue Aristokratie und suchten engen Zusammenhang. Bereits in den Priesterschaften des Ostens waren Mathematik und Astronomie betrieben worden. Im Bunde der Pythagoreer und in der von Plato begründeten Genossenschaft, der »Akademie«, hatte sich die gemeinsame Wissenschaftsarbeit auf den gleichen Gebieten fortgesetzt. Wohl in keinem anderen Jahrhundert hat der menschliche Geist einen ähnlichen Fortschritt zu verzeichnen wie im Zeitalter eines Kepler, Galilei, Descartes und Leibniz. Das Unzulängliche der damals vordrängenden mechanischen Naturauffassung führte ganz von selbst zur Annahme seelen- oder geistartiger immanenter Kräfte, wie Weltseele, Gestirn-, Pflanzen- und Tierseele, die uns in der ganzen europäischen Metaphysik bis auf Galilei und Descartes begegnen. Erst das 17. Jahrhundert schuf mit seiner mechanischen Naturkenntnis die Bedingungen, unter denen moderne Akademien Bestand haben. Das Bedürfnis der Forscher, ihre Entdeckungen und Erfindungen mitzuteilen und sich durch diese Mitteilung die Priorität zu sichern, führte zum Zusammenschluß. Die so entstehenden Sozietäten waren zunächst private Vereinigungen, verwandelten sich aber bald in öffentliche Institute.

Trotzdem standen die großen Männer, die den geistigen Umbruch herbeiführten, in einer Welt argwöhnischer Kontrolle von seiten der Kirche. Giordano Bruno (1548–1600) wurde verbrannt, Tommaso Campanella (1568–1639) von der Inquisition jahrelang eingekerkert, Galileo Galilei (1564–1642) starb im Kerker, Johannes Kepler (1571–1630) mußte seine als Hexe angeklagte Mutter verteidigen, René Descartes (1596–1650) wagte sich mit seiner Schrift über den »Kosmos« nicht ans Licht. Kein Wunder also, daß diese Vereinigungen sich wie Geheimbünde verstanden und sich gegen Bespitzelung und unweigerliche Verfolgung durch einen überall wiederkehrenden Apparat von Zeichen und Symbolen, Formeln und Stufengliederung absicherten.

Von einer gemeinsamen Grundstimmung waren diese Bünde getragen, nämlich von dem Gefühl, daß die Schöpfung in allen ihren Teilen gottgewollt sei und der Mensch durch die Versenkung in ihren Zusammenhang und Erfüllung seiner Diesseitspflichten sein Glück und Ziel erreiche (das alte Prinzip der Naturbetrachtung und Meditation im Kloster). Die vom Humanismus bedingte Pflege der Sprache und Literatur oder die vom Geiste der Naturwissenschaft getragene Beschäftigung mit Mathematik, Physik und Technik standen im Vordergrund. Auch die mit dem heimischen Kunsthandwerk in Verbindung stehenden alchimistischen Gesellschaften in den größeren Städten zählten recht achtbare Mitglieder (der junge Leibniz gehörte einer solchen in Nürnberg als Sekretär an). Alle diese Männer aber, die sich selber nicht recht an die Öffentlichkeit wagten, setzten ihre ganze Hoffnung auf die Zukunft und suchten auf deren Gestaltung durch die pädagogische Arbeit ihrer Bünde Einfluß zu nehmen. In den Mitgliederlisten dieser Vereine, für die religiöse Toleranz charakteristisch war, überwog die Zugehörigkeit zum reformierten Bekenntnis. (Die größte von ihnen, »Der Palmbaum«, stand von Anfang an zum reformierten Herrscherhaus der Hohenzollern in einem gewissen Verhältnis, und 1644 wurde der Große Kurfürst selber ihr Mitglied; überhaupt erscheinen brandenburgische Adelsgeschlechter häufig in ihren Listen.)

Über ganz England verteilt (wie zuvor auf dem Kontinent) finden wir eine Gemeinde aus Gelehrten, Geistlichen und einfachen Bürgern, die sich der Erforschung der Natur bis in ihre letzten geheimnisvollen Zusammenhänge und der Verwertung dieser Erkenntnis für die Entfaltung einer neuen Religiosität hingab. Eine andere, aus den Tiefen der druidisch-christlichen Mystik mächtig empordrängende Bewegung, die ebensowenig in den Landeskirchen wie in der mittelalterlichen Kirche zu ihrem Recht gekommen war, verband sich mit dem Humanismus zu stiller, aber wirksamer Opposition gegen die herrschenden Kirchengewalten.

So lagerte im England der Reformation und Gegenreformation unter der Oberfläche eine geistige Schicht, die der Nährboden für Vereinigungen und Bünde wurde, die dem einzelnen inmitten der Anfechtungen, Verfolgungen und des Bürgerkrieges einen Rückhalt gewähren sollten und in gemeinsamer Arbeit die herrschenden Ordnungen und Anschauungen umzugestalten suchten. Vorläufer derselben war der englische Humanist, Philosoph und Kanzler Thomas More (1478–1535), der seinen Staatsroman *»Über die beste Staatsform und über die neue Insel Utopia«* veröffentlichte, worin zum erstenmal seit Plato ernsthaft ein Idealstaat, ein gesellschaftliches Idealbild, entworfen wurde. More stellte 1516 hier das Prinzip der religiösen Toleranz auf. Die Utopia fand große Verbreitung (die in lateinischer Sprache abgefaßte englische Staatsphilosophie wurde 1524 ins Deutsche, 1548 ins Italienische, 1550 ins Französische, 1551 ins Englische und 1636 ins Spanische übertragen), erhielt jedoch erst im 17. Jahrhundert zahlreiche Nachfolger:

Des Franzosen Jean Bodin (1530–1596) religionsphilosophische Schrift *»Collegium heptaplomeres«* vertrat 1580 den Standpunkt einer allen Konfessionen zugrunde liegenden natürlichen Religion und forderte vom Staat Toleranz für die Bekenntnisse. In der Figur des Toralba kam Bodins eigene Meinung zum Ausdruck, und hier wurde er zum Prediger des religiös-universalen Monotheismus der Florentiner (platonischen) Akademie, während er selbst die Kabbala benutzt hat. Mit seiner Auffassung der natürlichen Religion beeinflußte er den englischen Botschafter am französischen Hofe Edward Herbert (später erster Baron Herbert von Cherbury), der zum Vater des englischen Deismus werden sollte. Bodins Schrift *»Über die Republik«* von 1576 mit seiner Naturrechtphilosophie wurde 1606 ins Englische übertragen und beeinflußte später den englischen Philosophen Thomas Hobbes.

Der Engländer Francis Bacon (1561–1626), 1618–1621 Baron Verulam und Kanzler des englischen Königreichs, seit 1621 Viscounte St. Alban, von Haus aus Jurist, der Welt bekannt durch seine juristischen, politischen, literarischen und philosophischen Schriften, vertrat seit 1605 als höchste Aufgabe der Wissenschaft die Naturbeherrschung und zweckmäßige Gestaltung der Kultur durch Naturerkenntnis, bekämpfte Vorurteile und Idole, und bezeichnete als Hauptquelle der Erkenntnis die auf Experiment und Induktion gegründete Erfahrung. 1605 widmete er dem König zwei Abhandlungen, die ihn zum Vater des modernen Empirismus werden ließen. Darin begründete er die Erfahrungsphilosophie, die erkenntnistheoretische Anschauung, daß es nichts Apriorisches, Angeborenes gebe, daß alle Erkenntnis aus der Erfahrung (Empirie) herrühre; auf diese gründe der methodologische Empirismus alle Wissenschaft. Bacon stieß dadurch auf religiöse, soziale und skeptische Opposition. Sein Versuch eines Neuaufbaus aller Wissenschaften jedoch bereitete den Boden für die Gründung der Königlichen Gesellschaft der Wissenschaften (*Royal Society*) vor. 1610 schrieb er das Fragment eines Staatsromans *»Nova Atlantis«* in der Tradition von Thomas More; auf dem unbekannten Eiland Bensalem errichtet der König ein ideales Gemeinwesen und stiftet eine Art Orden, das »Haus Salomonis«, ein geheimes »Kollegium der sechs Tage«. Die Rosenkreuzer in England übernahmen den Titel für ihre Gesellschaft, lehnten jedoch den philosophischen Inhalt ab.

Der Engländer Edward Baron Herbert von Cherbury (1582–1648) lernte die Naturreligionsphilosophie Bodins während seines fünfjährigen Auftenthaltes in Paris als englischer Botschafter am französischen Hof kennen und schätzen, was seinen Niederschlag in seiner Schrift *»De Veritate«* fand (erschienen 1624 zu Paris). Darin kam Cherbury zur Erkenntnis, fünf religiöse Grundsätze seien gottgegeben und angeboren im menschlichen Geiste von Anbeginn der Zeit: der Glaube an ein höchstes Wesen, an die Notwendigkeit, dieses Wesen anzubeten, an das Streben nach einem gottesfürchtigen und tugendhaften Leben als die wünschenswerteste Form der Anbetung, an die Notwendigkeit der Reue und an Lohn und Sühne im Jenseits. Diese fundamentale religiöse Überzeugung sei bereits im Besitze des ersten Menschen und essentiell für alle wertvollen positiven gestifteten Religionen seitdem gewesen. Ein gerechter Gott würde sich nicht nur einem Teil seiner Schöpfung offenbaren; daher könne die wahre Religion nur eine universelle sein, alle Unterschiede zwischen den Sekten und Kulten überall auf der Welt seien lediglich verschiedene Darstellungen der all-anerkannten Wahrheiten. Sie würden erst dann Korruptionen, wenn sie zu barbarischen Praktiken führten wie Menschenopfer und das Niedermetzeln von religiösen Rivalen. 1645 erweiterte Cherbury seine Lehre von der Naturreligion zur Lehre des Deismus durch die Doppelveröffentlichung *»De causis errorum«* und *»De religione laici«.*

Der Niederländer Hugo Grotius (1583–1645), von Haus aus Jurist, gab mit fünfzehn Jahren 1598 Martianus Capellas Handbuch von den sieben Freien Künsten heraus und versah es mit eigenem Kommentar; 1604 schrieb er eine juristische Abhandlung *»De jure praedae«* (Über das Recht von Prise und Beute) in Verteidigung des Rechtes seines Landes, Beute zu machen, da Spanien-Portugal den Niederländern das Handelsrecht unterschlagen hätte. 1607 wurde Grotius Generalstaatsanwalt der Provinz Holland; 1609 erschien ein Kapitel aus seinem genannten Buch gesondert unter dem Titel *»Mare liberum«* (Das freie Meer), das große Verbreitung fand und mehrmals nachgedruckt wurde (John Selden erwiderte 1635 darauf mit der Abhandlung *»Mare clausum«* und begründete damit den englischen Anspruch auf Meeresbeherrschung). 1618 ließ Prinz Moritz von Oranien alle Führer der Opposition verhaften, Grotius wurde zu lebenslanger Haft verurteilt, 1621 gelang es ihm jedoch, aus der Haft zu fliehen und sich nach Paris durchzuschlagen, wo er im Exil lebte. Dort veröffentlichte er auch 1625 sein Meisterwerk *»De jure belli ac pacis«* (Über das Recht in Krieg und Frieden) und 1627 *»De veritate religionis christianiae«* (Über die wahre christliche Religion), das seinen Ruhm begründete und in vierzehn Sprachen, darunter Arabisch und Urdu, übersetzt wurde. Darin stellte er seine universale Gelehrsamkeit in den Dienst, die Neuordnung der Gesellschaft unabhängig von den Konfessionen auf die Vernunft zu gründen und den Kampf der Doktrinen möglichst zu beseitigen.

Der Italiener Tommaso Campanella (1568–1639), der platonische Philosoph, Dichter und Schriftsteller, der versucht hat, den Renaissance-Humanismus mit der römisch-katholischen Theologie zu versöhnen, der überzeugte Dominikaner aus Kalabrien, lernte das Werk des italienischen Philosophen Bernardino Telesio (1509–1588), eines Gegners des scholastischen Aristotelianismus, kennen und veröffentlichte 1591 in Neapel seine *»Philosophia sensibus demonstrata«*, in der er Telesios empirische Betrachtung philosophischer Fragen darstellte und die Notwendigkeit für menschliche Erfahrung als Grundlage der Philosophie betonte. Daraufhin wurde er verhaftet, wegen Häresie verurteilt und eingekerkert; als er einige Monate später entlassen wurde, reiste er nach Padua, wo er Galilei kennenlernte und 1593 erneut verhaftet und der Sodomie bezichtigt, freigesprochen, dann beschuldigt wurde, mit einem Juden über Fragen des christlichen Glaubens debattiert zu haben. 1596 schwor er der Kezerei ab, deren er beschuldigt worden war. 1599 wurde er verhaftet und nach Neapel gebracht, um sich wegen Ketzerei und Aufruhr zu verantworten. Als er unter Folter gezwungen wurde, seine Anführerrolle zu gestehen, täuschte er im Februar 1600 einen Anfall von Wahnsinn vor, um dem Tode zu entrinnen. Er wurde zu 27 Jahre Haft verurteilt. Im Gefängnis schrieb er 1602 sein Hauptwerk *»Civitas solis«* (Sonnenstaat), das erst 1635 in Paris gedruckt werden sollte. Darin setzte er die Reihe der utopischen Idealstaaten (Plato, More, Bacon) fort; sein ideales Gemeinwesen sollte von Männern regiert werden, durch Vernunft aufgeklärt, wo das Werk eines jeden zum Wohle der Gemeinde beiträgt, wo Privateigentum, unbotmäßiger Reichtum sowie Armut nicht existieren, denn niemand darf mehr beanspruchen als er benötigt.

Während große Gelehrte und Philosophen Verfolgung, Verbot und Verhaftung auf sich nahmen, um für eine tolerante Gesellschaft von Gläubigen einzutreten, vermehrten sich die Absplitterungen im protestantischen Lager durch die Baptisten, Independentisten, Dissenter, Nonkonformisten, Latitudinianer und Quäker. 1608 suchte eine Gruppe von Separatisten aus Lincolnshire Asyl in Holland; ihr Führer John Smyth (Smith) veröffentlichte seine Ansichten 1609 in Amsterdam und setzte sie noch im selben Jahr in die Tat um, indem er sich selbst und dann weitere 36 Personen taufte und mit ihnen eine Baptisten-Kirche gründete. 1612 kehrte ein Teil von ihnen nach England zurück und gründeten eine Gemeinde in London. Eine Gruppe von Nonseparatisten tat es ihnen gleich und gründete 1616 bei London eine besondere Gemeinde, aus der die Sekte der »gläubig getauften Christen« 1638 entstand; am Lagerfeuer des Heeres unter Oliver Cromwell predigten sie und gewannen zahlreiche Anhänger. Sie traten für die Taufe von Gläubigen und nicht von Kindern ein, und zwar durch Eintauchen in Wasser statt Bespritzen.

Damit nicht genug, sorgte der Laientheologe John Biddle (1615–1662) dafür, daß die Sozinianer in England Einzug hielten. 1644 schrieb er das Manuskript *»Zwölf Argumente gegen die Göttlichkeit des Heiligen Geistes«* und verbreitete es handschriftlich; daraufhin wurde er 1645 vor den Parlamentarischen Ausschuß zitiert, der damals nicht in London sondern in Gloucester tagte und der ihn als Ketzer zu einer Haftstrafe verurteilte. 1647 wurde er gegen Kaution entlassen; sofort veröffentlichte er sein Manuskript als Buch, worauf er erneut verhaftet und sein Buch beschlagnahmt und verbrannt wurde. Zwei weitere Traktate wurden im Zuge der Untersuchung unterdrückt, da sie die Lehre von der Gleichwertigkeit der drei Personen der Trinität (Vater, Sohn und Heiliger Geist) angriffen. Biddle erhöhte den Schöpfer über die beiden anderen der Trinität. Unter dem Druck der Westminsterer Generalversammlung, die ursprünglich zur Reform der englischen Staatskirche einberufen worden war, stellte das Parlament 1648 diese Häresie unter die Todesstrafe; Freunden gelang es jedoch, es Biddle zu ermöglichen, bis 1652 in Straffordshire unter Beobachtung zu leben, als er wieder verhaftet wurde. Oliver Cromwell stellte ihn unter seinen persönlichen Schutz und entließ ihn im selben Jahr. Nun begann Biddle mit seinen Anhängern, Biddelianer oder Unitarier genannt, sich regelmäßig zum Sonntagsgottesdienst zu treffen. 1653 übersetzte er eine Biographie des Sozzini ins Englische und veröffentlichte 1654 seinen eigenen Katechismus, worauf er im Dezember 1654 erneut vor das Parlament geladen und sein Katechismus vom Henker öffentlich verbrannt wurde.

Francis Bacon sollte noch zwei Gründungen von großer Bedeutung ins Leben rufen, deren Wirkung noch heute spürbar ist: sein ausgesprochener Gedanke, der gesamten wissenschaftlichen Forschung eine Gesetzmäßigkeit zu geben, diente auch dem Plan zur Gründung einer Gemeinschaft von Gelehrten, die ausschließlich der Förderung der Naturwissenschaft gewidmet sein sollte. 1616 wurde vom Historiker, Altertumsforscher und Dichter Edmund Bolton (1575–1633) der Plan einer Königlichen Akademie entworfen. Ein Deutscher namens Samuel Hartlib (1600–1662) aus Elbing (im heutigen Polen), der an der Universität Cambridge studiert und sich seit 1628 in England niedergelassen hatte, verband sich mit dem schottischen Erziehungsphilosophen John Dury (1596–1689) und teilte dessen Ansichten über die Notwendigkeit der Einheit der protestantischen Kirchen, die Schulreform und Lehrerausbildung. Ferner stand er völlig auf der Seite des tschechischen Schulwesen-Reformators Amos Comenius (1592–1670). In Nachahmung einer früheren Gelehrtengesellschaft in Nürnberg, die durch den Dreißigjährigen Krieg zerstört worden war, gründete Hartlib in London eine private Gelehrtengesellschaft mit humanitärer Zielsetzung nach Francis Bacon und Comenius und gab ihr den Namen »Antilia«. Gestützt auf die Pansophie des Comenius, verfaßte er den Plan einer pansophischen Gesellschaft von Gelehrten und legte ihn dem Parlament zur Genehmigung vor. Hartlib rechnete so sicher mit der staatlichen Unterstützung, daß er Comenius veranlaßte, nach London zu kommen. Dieser hielt sich deswegen von 1641 bis 1642 dort auf, reiste aber nach Schweden ab, als die Verhandlungen an einem toten Punkt angelangt waren. Hartlib gab jedoch nicht auf, er hatte 1641 eine Utopie in Baconscher Tradition unter dem Titel *»Makaria«* veröffentlicht, also betrieb er die von ihm geplante Gesellschaft privat unter diesem Namen.

Ein weiterer Deutscher namens Theodor Haak war 1625 nach England gekommen und lebte als freier Gelehrter erst in Oxford, dann in London. Dieser regte 1645 an, Boltons Plan wieder aufzunehmen und wöchentliche Zusammenkünfte der namhaften Naturforscher abzuhalten, sich über den Stand der naturwissenschaftlichen Forschung zu unterhalten und über neue Experimente zu berichten. So entstand die private geheime Gesellschaft »Das unsichtbare Kollegium« *(Invisible College)* in Oxford, zu deren Mitgliedern auch Samuel Hartlib, Robert Boyle, Robert Samber – und Elias Ashmole gehörten. Der große englische Naturforscher Robert Boyle (1627–1691) spricht davon in verschiedenen Briefen 1646 und 1647 als von einem philosophischen Kollegium.

Das war die erste große Gründung, die auf Bacon zurückging, die zweite hängt mit der Person Elias Ashmole zusammen:

Drei Strömungen lassen sich in der Zeit des englischen Bürgerkriegs ausmachen: die Bestrebungen nach religiöser Toleranz, das Bemühen um einheitliche Entwicklung der Wissenschaften und die Pflege der Hermetischen Künste. Letzteres wurde von esoterischen Bünden übernommen, so von den Rosenkreuzern und der schottischen Maurerei. Zweimal marschierten die Schotten in England ein, und beide Male lieferten sie uns den Beweis, daß die Pflege der Hermetischen Künste unter dem Namen »Maurerei« bzw. »Freimaurerei« unabhängig von der Zunft der Maurer und Steinmetzen bestanden hatte, wenn auch organisatorisch unter deren Ägide; ferner beweist uns das Gedicht von 1638 in Edinburgh die Fusion der gleichgesinnten Rosenkreuzer und Maurer in Schottland. Der Einfluß dieser Entwicklung auf die englischen

Verhältnisse läßt sich vermuten, wenn nicht mittelbar nachweisen: Der schottische Ausdruck »mason« für den Steinmetzen (anders als in England, wo »freestone mason« bzw. »free mason« diese Bedeutung hatte) fand bereits in die Ordnungen und Satzungen von englischen Companien Eingang – das York-Manuskript von 1620 begann mit dem Wort »masonrie« für Steinmetzwesen und Baukunst; bei den aus Schottland stammenden Handschriften, die den Titel *»Die Pflichten, die einzuhalten jedem wahren Steinmetzen* (schott.: true mason) *geziehmt«* trugen, tauschte man den schottischen Ausdruck gegen den englischen für Steinmetz aus – »free mason« (nicht zu vergessen, daß die Kirchenrechnungen in Norwich aus 1638 und 1652 noch von »freestone mason« sprachen!).

Außerdem tauchte plötzlich in London innerhalb der Maurercompanie die erste bekannte und sicher festgestellte Loge der angenommenen Maurer auf, sie hieß »Acception«. In die Acception wurden Mitglieder und Nichtmitglieder der Companie aufgenommen; die Zeremonie der Aufnahme in die Acception unterschied sich von jeder Zeremonie der Zulassung zu der Zunftfreiheit der Companie. Die Rechnungsbücher der Companie sind ab Geschäftsjahr 1619/20 lückenlos erhalten. Der Eintragungen sind viel zu wenige: zwei, im Jahre 1630/31 und 1646/47, erwähnen ganz kurz mit der Acception zusammenhängende Ausgaben; drei, in den Jahren 1645/46, 1649/50 und 1663/64, beziehen sich ebenso kurz auf Summen, die für die Tafel der Acception ausgegeben wurden; eine, 1676/77, erwähnt einen Saldo von 6 Pfund eingenommen von den »zuletzt angenommenen (*accepted*) Maurern«. Eine Eintragung aus 1638/39 nennt den Namen der in die Acception aufgenommenen fünf Personen: vier von ihnen waren alte Mitglieder der Companie, einer war kein Mitglied. Ebenso verhält es sich mit der Eintragung von 1649/50: sechs Aufnahmen, vier davon alte Mitglieder der Companie, zwei Nichtmitglieder.

Das alles gibt Anlaß zur Vermutung, daß die Acception eine Einrichtung (das Wort Lodge/Loge kam noch nicht vor!) ähnlich der rosenkreuzerisch-maurerischen Loge der Schotten war, beweist dies jedoch nicht.

Elias Ashmole (1617–1692), Polyhistor von vielen Graden: Offizier, Physiker, Astrologe, Rechtsanwalt, Mediziner, Alchimist, Botaniker, Historiker, Rosenkreuzer, (später) Mitglied der Royal Society, Royalist aus Oxford, der sich im Bürgerkrieg auf der Seite des Königs tapfer geschlagen hatte und mit ihm 1645 nach Oxford zurückgekehrt war, wo er sich der in Oxford im selben Jahr bereits gegründeten Gelehrtengesellschaft anschloß, der bereits 1644 durch William Backhouse Rosenkreuzer geworden war, gründete nun 1646 mit dem Astrologen William Lilly (1602–1681), dem Mathematiker William Ougthred (1574–1660), dem Arzt Thomas Wharton, den Doktoren John Harwitt und John Pearson und anderen das »Haus Salomonis« als Mittelpunkt ihrer Gemeinschaftsarbeit, das ein Sanktuarium sein sollte für ihr inbrünstiges Suchen nach den tiefsten Mysterien der Natur und dem Geheimnis des menschlichen Glücks. Eine eigene Mischung dieser Intellektuellen von Wissenschaftlichkeit und Spiritualität vereinte Physiker, Mathematiker und Mediziner mit Alchimisten, Astrologen, Magiern und Okkultisten aller Art. Das Traumbild dieser Gesellschaft war eine ideale Gemeinschaft, die höchstes menschliches Glück verbürgte. Man schwärmte von einem Reich der Tugend, Gerechtigkeit und Sühne schon auf dieser Welt; durch Verwandlung und Veredlung der Natur sollte die »Generalreformation der ganzen Welt« herbeigeführt werden. Den Namen für ihre geheime Gesellschaft entlehnten sie aus Bacons *»Nova Atlantis«*, folgten auch teilweise dessen Lehre, daß die Wissenschaft das Glück begründe, gepaart mit dem mystischen Ideal, das Robert Fludd unter dem latinisierten Namen Robertus de Fluctibus in einem rosenkreuzerischen *»Tractatus apologeticus«* schon 1616 aufgestellt hatte.

Im April 1646 verließ König Karl Oxford, das gerade belagert wurde, und begab sich zu den schottischen Truppen bei Newark, Nottinghamshire, die unter dem Oberbefehl des alten Haudegens Alexander Leslie standen, den Karl selbst im Oktober 1641 zum ersten Grafen von Leven und Lord Balgonie gemacht hatte, wo er am 5. Mai ankam; Oxford ergab sich im Juni, Jakob Herzog von York, zweiter Sohn des Königs, wurde verhaftet, und zahlreiche Royalisten schlossen sich den Schotten im Norden und Nordosten an. Der royalistische Offizier Ashmole gelangte so nach Warrington (östlich von Liverpool) in der Grafschaft Lancashire. Dort lernte er die schottische Maurerei kennen, die ähnliche Ziele verfolgte und Gebiete bearbeitete, wie die ihm von der Rosenkreuzerei und der geheimen Gelehrtengesellschaft bekannten, und entschloß sich zur Aufnahme. Am 16. Oktober 1646 wurde er in der Feldloge zu Warrington, gemeinsam mit Oberst Henry Maniwaring, in die Maurerei aufgenommen. Hierüber schrieb er in sein Tagebuch:

1646, 16. Oktober – 4.30 am Nachmittag wurde ich in Warrington, Lancashire, zusammen mit Oberst Henry Maniwaring aus Karincham in Cheshire, zum freien Maurer gemacht (made a Free Mason). *Die Namen derer, die von der Loge* (Lodge) *anwesend waren: Mr. Rich. Penket, Vorsteher* (Warden); *Mr. James Collier, Mr. Rich. Sankey, Henry Littler, John Ellam, Rich. Ellam und Hugh Brewer.*

Diese Eintragung ist historisch von besonderer Bedeutung. Während die Sozietät der Acception in London von angenommenen (*accepted*) Maurern spricht, verwendet Ashmole die Bezeichnung »gemachte« (*made*); während die Londoner Acception nichtoperative Maurer (*masons*) annahm, wurden hier in der Feldloge Nichtoperative zu Steinmetzen (*Free Masons*) gemacht. Während die Acception von der Innung (*Company*) ausging und der Begriff »Loge« im Zusammenhang hiermit keine Verwendung fand, spricht Ashmole von Mitgliedern der Loge (*of the Lodge*). Während die bis dahin einzige überlieferte Aufnahme der Acception (1638/39) von vier operativen Neumitgliedern und einem nichtoperativen sprach, spricht Ashmole hier offensichtlich von einer Loge, die der Korporation der Steinmetzen von Schottland unterstand, jedoch mit dem eigentlichen Handwerk lediglich symbolisch bzw. allegorisch im Zusammenhang stand. (Es sei hier nochmals darauf hingewiesen, daß die Masons Company von London bis 1677 sowohl Maurer als auch Steinmetzen als einzige verbriefte Gilde einschloß.)

Offensichtlich unterstand diese Feldloge nicht der Territorialloge von Edinburgh, sonst hätten wir dieses Ereignis in ihren lückenlos vorhandenen Protokollen gefunden. Ashmole geht in seiner Notiz nicht darauf ein, so daß wir lediglich seine Eintragung zur Verfügung haben. Bei solchen Aufnahmen wurde stets ein Manuskript der Satzungen (*Constitutions*) benutzt, die aus Chronik (*History*), Pflichten (*Charges*) und Anordnungen (*Regulations*) bestanden. Und bei der Aufnahme Ashmoles wurde aller Wahrscheinlichkeit nach die Abschrift des maurerischen Konstitutionsmanuskripts mit dem selben Datum, die von Edward Sankey aus Warrington gefertigt wurde und heute als Sloane-Manuskript Nr. 3848 bekannt ist.

Karls Glaube an die Gerechtigkeit seiner Sache wurde von seinen Untertanen in Schottland geteilt. Als die Differenzen, die zum Bürgerkrieg geführt hatten, beigelegt wurden, zogen sich die Schotten im Januar 1647 zurück; das royalistische Lager löste sich auf, der König blieb in der Grafschaft Northamptonshire in lockerem Hausarrest, da die Parlamentspartei ihn zu isolieren trachtete, um somit sein Einlenken zu erzwingen. Ashmole und seine Oxforder Genossen siedelten nach London um, und das »Haus Salomonis« mietete sich beim Hause der Maurergilde, in der Mason's Alley, Basing Hall Street, London, ein.

Man sollte meinen, daß der Einzug dieser Einrichtung, die die schottische Maurerei einschloß, in die Companie die Existenz der Acception stärken müßte; doch diese Annahme verkennt die politische Entwicklung: London war anti-royalistisch und anti-schottisch sowie anti-presbyterianisch, seit Beginn des Bürgerkriegs bereitete sich die puritanische Miliz von London auf den Angriff der Royalisten von Oxford herkommend vor; die Londoner Gesellen und Lehrlinge aller Gilden wurden bewaffnet. Wenn auch der erste Bürgerkrieg außerhalb Londons entschieden wurde, die Londoner vergaßen nicht, was die Schotten als Preis für die Unterstützung gegen die Royalisten gefordert hatten. Der Puritanismus war damals auf dem besten Wege, England zu beherrschen. Armee und Verwaltung bestanden aus Puritanern, sogar das neugeschaffene Oberhaus. Jedermann machte sich so schnell wie möglich aus dem Staube, wenn diese neuen Heiligen erschienen, näselnd, augenverdrehend, kurzgeschoren, schwarzgekleidet, von langsamem Gang und gemessenen Bewegungen, überall Verderbtheit, Gottlosigkeit und Ärgernis witternd. Es war selbstverständlich eine Sünde zu tanzen, ins Theater zu gehen, Liebesbriefe zu schreiben, einen gestärkten Kragen zu tragen, sich das Essen schmecken zu lassen; und sonntags war überhaupt alles eine Sünde. An diesem heiligen Tage war es verboten, ein Beet zu begießen, sich rasieren zu lassen, einen Besuch zu machen, ja sogar zu lächeln; und am Samstag und Montag, die dem Sonntag benachbart sind, waren solche Dinge zumindest suspekt. Aus dieser übertriebenen Sabbatheiligung sprach der Geist des Judentums; und in der Tat: es fiel schwer, die Puritaner überhaupt noch als christliche Sekte anzusehen; sie stützten sich in fast allem auf das Alte Testament. Sie nannten sich nach den israelitischen Helden, Propheten und Patriarchen, sie durchsetzten ihre Rede mit hebräischen Wendungen, Sprüchen und Gleichnissen, sie fühlten sich als militante Diener Jehovahs, die er berufen habe, die Götzenanbeter, Irrgläubigen und verstockten Kanaaniter mit Feuer und Schwert zu vertilgen. Die Streiter Gottes, das auserwählte Volk waren sie, die rechtgläubigen Puritaner, und jedes Mittel der List, Gewalt und Grausamkeit war erlaubt zum guten Endzweck: der Niederwerfung der Heiden und der Aufrichtung der Theokratie. Ihr Gott war der Gott Mosis, ein Gott der Rache, des Zornes, der erbarmungslosen Gerechtigkeit und eifervollen Demütigung der Sünder. Ein solcher Geist konnte mit den Toleranzbestrebungen der geheimen Gelehrtengesellschaften, des Hauses Salomonis, der schottischen Maurerei nicht konform gehen; in der Maurercompanie – einer angesehenen Gilde und Mitglied des Stadtrats – gab es für solche Ideen (noch) keinen Platz.

Im Juni 1647 fühlte sich auch ein junger Offizier und Puritaner berechtigt, mit 500 Mann den König festzunehmen und ins Hauptquartier des Heeres nach Newmarket zu bringen. Als das Heer im August gen London marschierte, wurde der König nach Hampton Court verbracht, wo er mit seinen Kindern Elisabeth und Heinrich Herzog von Gloucester vereint wurde. Im November jedoch gelang es Karl zu fliehen und sich mit Hilfe von Freunden auf den Weg zur Insel Jersey zu begeben. Auf der Insel Wight jedoch scheiterte die Überfahrt, und Karl blieb dort unter Beobachtung durch den Gouverneur, der sich neutral verhalten und es sich dennoch mit dem Parlament nicht verderben wollte. Am 26. Dezember kam Karl mit seinen Schotten zu einem Übereinkommen, wonach die Schotten die Wiedereinsetzung Karls auf dem englischen Thron mit Waffengewalt durchsetzen wollten, wenn Karl das schottische presbyterianische System in England für mindestens drei Jahre einführte. Im April 1648 gelang es Karls zweitem Sohn Jakob, aus der Gefangenschaft zu fliehen und seinen Vater auf der Insel Wight aufzusuchen, während Karls Stammhalter Prinz Karl von Wales sich mit seinem Vormund Edward Hyde in Schottland aufhielt, von Paris kommend, um den schottischen Einmarsch zu organisieren.

Die Schotten drangen nach Süden vor, diesmal im Interesse des Königs; ihr Einmarsch in Nordengland gab den royalistischen Revolten in Wales, Essex und Kent Auftrieb. Cromwell wandte sich gegen die vordringenden Schotten. In dieser neuen Polarisation schlossen die Royalisten mit dem Parlament den Vertrag von Newport 1648. Darin gestand man zu, daß das Parlament den Krieg in gerechter und gesetzlicher Verteidigung geführt habe; ferner sollte für drei Jahre der Presbyterianismus maßgebend bleiben und später eine beschränkte Bischofskirche errichtet werden, wobei das Parlament weiterhin die Kontrolle über die Miliz behalten sollte. Die Folge dieser Übereinkunft zwischen Royalisten und presbyterianischen Parlamentariern war das Gesetz gegen Häresie und Blasphemie vom Mai 1648, das den Forderungen der Armee nach Duldung aller protestantischen Denominationen völlig entgegengesetzt war. Das war alles andere als eine Sicherung der protestantischen religiösen Freiheit nach den Vorstellungen des Independentismus. Das Heer blieb nun auf sich allein gestellt. Also kamen die Offiziere der Armee in Windsor zusammen und gelobten, nicht eher zu ruhen, bis sie den König für dieses erneute Blutvergießen zur Verantwortung gezogen hatten. Der erste Krieg hatte sich noch gegen die bösen Ratgeber des Königs gerichtet, der zweite richtete sich gegen seine Person. Die Schlacht bei Preston gegen die Schotten im August

1648 beendete sogleich den Krieg. In drei Tagen und Nächten war der Feind vernichtet; kaum einer entkam der Verfolgung; alle noch schwelenden Aufstände wurden unterdrückt. Gott hatte offenbar ein Zeichen gegeben; Cromwell fühlte sich bestärkt, als Werkzeug der göttlichen Rache das Haupt des Königs zu fordern; die siegreiche Armee kehrte zurück und beherrschte London und Westminster. Und als die Parlamentarier nicht zustimmen wollten, den König als Verräter hinrichten zu lassen, ließ Cromwell 45 anwesende Abgeordnete verhaften und 100 weitere am Eintreten hindern. Am 6. Dezember schieden auch die presbyterianischen Abgeordneten aus. Statt aus 490 Mitgliedern bestand das Parlament (im Januar 1649) nur noch aus 90 Anhängern der Armee; und diese war entschlossen, die alte Monarchie abzuschaffen. Am 20. Januar wurde König Karl I. Stuart vor Gericht gestellt, am 27. verurteilt und am 30. hingerichtet.

Karl II. König der Schotten 1649–1685

Auf dem Kontinent hatte sich in der Zwischenzeit einiges verändert: Im März 1647 war der Statthalter der Vereinigten Provinzen, Prinz Friedrich Heinrich von Oranien, gestorben; sein Sohn Wilhelm II., Schwiegersohn Karls I., war Statthalter geworden. Am 30. Januar 1648 wurde der erste Vertrag (zwischen Spanien und den Niederlanden) des Westfälischen Friedens in Den Haag unterzeichnet, womit die Vereinigten Provinzen unabhängig wurden; und am 24. Oktober 1648 wurde in Münster der zweite Vertrag (zwischen Frankreich und dem Reich) unterzeichnet. Der Dreißigjährige Krieg ging damit zu Ende; Elisabeth Stuarts ältester lebender Sohn, Karl Ludwig, erhielt als Kurfürst von der Pfalz die Rheinpfalz zurück, während die Oberpfalz bei Bayern blieb. Elisabeth selbst war mit ihren restlichen Kindern (einschließlich Prinz Ruprecht von der Pfalz) in Den Haag geblieben und bezog eine Pension vom Hause Oranien. Im Westfälischen Frieden wurde der Augsburger Religionsfrieden von 1555 bestätigt, unter Einbeziehung der Reformierten. Der Papst verdammte sogleich den Westfälischen Frieden.

Ein Teil der englischen Flotte, etwa ein Drittel, hatte sich Ende 1648 als Royalisten abgesetzt, nach Holland zu Prinz Ruprecht begeben, und versuchte nun im Interesse der königlichen Sache durch einen Kleinkrieg den englischen Handel zu stören. Das neue Parlament antwortete mit hohen Geldstrafen, Güterentzug und Gefangensetzung. Robert Blake (1599–1657) wurde im Februar 1649 zum Admiral ernannt; zwei Monate später vertrieb er die kleine royalistische Flotte des Prinzen Ruprecht aus Kinsale bei Cork und verfolgte sie aus dem Ärmelkanal nach Süden.

Das Ausland stellte sich generell gegen die Königsmörder. Das Reich, Schweden, Dänemark und die Vereinigten Provinzen waren dem neuen Regime feindlich gesinnt. Wilhelm von Oranien fühlte sich als Beschützer der Stuarts und unterstützte den Prinzen Karl (Prinz von Wales) mit Rat und Geldmitteln. (Hier in Rotterdam gebar auch Lucy Walter dem achtzehnjährigen Prinzen am 9. April 1649 seinen ersten, wenn auch unehelichen, Sohn Jakob, den späteren Jakob Scott Herzog von Monmouth.) Nur die Provinz Holland hielt an ihren freundschaftlichen Beziehungen zu England fest. In Frankreich erkannte Kardinal Mazarin die Republik nicht an; französische Seeleute führten einen Privatkrieg gegen englische Schiffe. Die spanische Regierung verhielt sich freundlicher, lediglich als Gegner Frankreichs und der Niederlande; aber auch hier waren Herrscher und Volk feindlich eingestellt.

Die Verhältnisse in Frankreich waren nicht dazu angetan, den Stuarts zu helfen: Ludwig XIV., Henriette Marias (der Witwe Karls I.) Neffe, war erst zehn Jahre alt. Zwar galt er als »sichtbare Gottheit«, wurde dennoch vernachlässigt und Dienern überlassen; am Hofe regierte seine Mutter Anna von Österreich als Vormund, und im Lande herrschte Kardinal Jules Mazarin

(1602–1661) als Kanzler; Ludwig war gerade neun, als sich der Adel und das Pariser Parlament, vom Haß gegen den Kanzler getrieben, 1648 gegen die Krone erhoben; das war der Beginn eines langen Bürgerkriegs, der als Fronde bekannt wurde. Außerdem befand sich das Land bereits seit 1635 im Kriege gegen Spanien. Während des Bürgerkriegs litt Ludwig unter Mittellosigkeit, Mißgeschick, Angst, Demütigung, Kälte und Hunger, was den Charakter, das Verhalten und die Denkungsart des jungen Königs prägte. Er hat es weder den Parisern noch dem Adel, noch dem gemeinen Volk je verziehen.

In England standen die Royalisten, Presbyterianer und die radikalen Leveller gegen das Parlament. Die Leveller (Einebner), insbesondere eine kleinere radikale Gruppe unter ihnen, *»the true Levellers«*, entstanden 1645/46 unter den radikalen Parlamentariern in und um London; sie forderten freien Grund und Boden für jeden und Verteilung des Landbesitzes an alle. Ihr Ziel war eine soziale und wirtschaftliche Reform, eine sozialistische Republik ohne Privateigentum an Land, ohne Geld und ohne den Unterschied von arm und reich. Während des Bürgerkriegs kämpften sie auf der Seite der Parlamentarier und zwangen die Generäle, einen Armeerat anzunehmen, der aus Offizieren und gemeinen Soldaten gleichermaßen bestand. Im Oktober 1647 wurde in diesem Rat ein Leveller-Dokument (*»Agreement of the People«*), eine Satzung für einen neuen Staat, debattiert und abgelehnt; im März 1649 wurden John Lilburne (1614–1657) und andere Leveller-Führer eingekerkert; im Mai wurden meuternde Leveller-Truppen in London und Oxfordshire (auf dem Wege nach Irland) unterdrückt. Die Mehrheit der Leveller trat aber für die bisherige Eigentumsverteilung, für Begrenzung der Regierungsgewalt und für individuelle Freiheitsrechte ein. Sie propagierten allerdings allgemeines männliches Stimmrecht, jährliche Parlamente und völlige Religionsfreiheit. Für sie war die (puritanische) Revolution von 1648 noch nicht zu Ende; eine wirkliche Demokratie sei noch nicht geschaffen. Zwanzig von ihnen jedoch, die sogenannten *»Diggers«*, versammelten sich im April 1649 bei St. George's Hill in Surrey, gingen von sich aus zu gemeinsamer Bodenbearbeitung ohne Rücksicht auf die bestehenden Rechtsverhältnisse über und wollten durch ihr Beispiel eine allgemeine Liebes- und Geistesgemeinschaft schaffen. Deren Führer, Gerard Winstanley (1609–nach 1660) verbreitete diese Idee in Pamphleten und gewann Beistand in Kent, Buckinghamshire, Northamptonshire und Essex; doch im März 1650 wurde ihre Kolonie zerschlagen.

Für die Schotten war die Hinrichtung ihres rechtmäßigen Königs ein glatter Mord und Frevel an der geheiligten Person des Souveräns. Noch im Todesjahr Karls riefen sie dessen Sohn, Karl Prinz von Wales, zum König von Schottland aus. Im selben Jahr erschien auch die Schrift *»Eikon Basilike«*, die ein Bild des Königs in seinem Leiden und seiner Einsamkeit gab und angeblich von Karl selbst verfaßt war. In Holland schrieb ebenfalls im selben Jahr der deutsche Dichter und Dramatiker Andreas Gryphius (1616–1664) das Trauerspiel *»Ermordete Majestät; oder Carolus Stuardus, König von Großbritannien«*.

Im revoltierenden Irland hatten sich nach Karls Hinrichtung fast alle hadernden Gruppen für Karl II. und gegen die Republik erklärt, das katholische

Landvolk, die englischen Landlords und auch der presbyterianische Norden. Die königstreuen Kräfte beherrschten fast das ganz Land; die Parlamentspartei hielt sich lediglich in Dublin und in anderen befestigten Punkten. Wenn Dublin fiel, war Irland unabhängig. Cromwells stehendes Heer belief sich 1649 auf 44.000 Mann, von denen 12.000 für Irland vorgesehen waren. Das war damals die stärkste Militärmacht der Welt; mit dieser Armee im Rücken war Cromwell in Parlament und Staatsrat der mächtigste Mann. Im August 1649 rückte Cromwell mit 15.000 Mann nach Irland und schlug die sich schon acht Jahre behauptende Revolte mit furchtbarer Gewalt nieder. Er verheerte ganze Gebiete; in den Metzeleien von Drogheda bei Dublin vom September, wo 500 Priester erschlagen wurden, und Wexford wurde kein Pardon gegeben. An diesem unmenschlichen Rachefeldzug des »Werkzeugs Gottes« entzündete sich der abgrundtiefe irische Haß gegen England, der kein gütliches Einvernehmen mehr zuließ.

Karl Prinz von Wales gelangte im März 1650 mit 1200 Mann unter der Führung von Marquis Montrose (1612–1650) nach Schottland, nahm den antikatholischen und anti-anglikanischen, presbyterianischen *»Covenant«* und wurde als König anerkannt. Der greise Haudegen und General Leslie Graf von Leven kehrte aus dem Ruhestand zurück und schloß sich den Truppen des Königs an. Die katholischen Hochländer unter Montroses Führung erlitten jedoch am 27. April eine Niederlage bei Carbisdale. Cromwell kehrte im Mai aus Irland zurück, wurde am 25. Juni zum Oberbefehlshaber der Armee erklärt und gegen Schottland losgeschickt. Bei Dunbar an der Ostküste Schottlands schlug Cromwell am 3. September die Schotten unter Leven. Trotz der Niederlage krönten die Schotten den jungen Stuart, versammelten ein neues Heer und rückten in England ein. Bei Worcester wurden sie Anfang September 1651 völlig vernichtet und Leven gefangen genommen. Karl II. entkam und wurde zum Flüchtling, der 40 Tage lang durch England streifte, von einer Handvoll Getreuen geschützt, bis er im Oktober nach Frankreich fliehen konnte. Schottland verlor seine Unabhängigkeit und wurde neun Jahre lang von England beherrscht.

In der Zwischenzeit hatten Prinz Ruprecht und seine royalistische Flotte in Lissabon Zuflucht gesucht; Admiral Blake antwortete mit der Kaperung von mehreren portugiesischen Schiffen. Dann verfolgte er Ruprecht ins Mittelmeer und zerstörte die royalistische Schwadron bei Cartagena in Spanien im November 1650; zum erstenmal überhaupt war somit eine englische Flotte im Mittelmeer aufgetaucht. Im Mai 1651 entriß Blake den Royalisten die Scilly Inseln am südwestlichen Zipfel Englands, kurz danach saß er auch im Staatsrat.

Am 6.11.1650 war der tatkräftige Wilhelm II. von Oranien gestorben; seine Gemahlin, Maria Henriette Stuart, Tochter Karls I., gebar acht Tage später ihr erstes und einziges Kind, Wilhelm (den späteren König von England). Holland, das stets pro-englisch war, setzte sich unter dem Pensionär (Senator) Johan de Witt (1625–1672) in den Vereinigten Provinzen durch, strich die Pension für Elisabeth Stuart, verwitwete Königin von Böhmen, und beschränkte die Macht der Maria von Oranien.

Nach den Erfolgen Admiral Blakes gegen Prinz Ruprecht vor Lissabon und im Mittelmeer fühlte sich das republikanische England stark genug, die niederländische Handelsrivalität zugunsten des eigenen Handels einzuschränken oder gar auszuschalten. Dazu erließ das Parlament ein Schiffahrtsgesetz (1651), wonach alle nach England gehenden europäischen Güter auf englischen Schiffen bzw. Schiffen des Produktionslandes einzuführen waren; die Güter aus Amerika, Afrika und Asien durften nur auf englischen Schiffen ins Land gebracht werden; schließlich sollten die englischen Fischgründe nur englischen Fischern offenstehen. Mit diesem Gesetz sollte das niederländische Transportmonopol gebrochen werden.

Die Abwehrmaßnahmen der Niederländer begünstigten die piraterieähnlichen Zusammenstöße des Prinzen Ruprecht mit den englischen Schiffen in den Azoren und West-Indien (1651–1652) und führten 1652 zum Krieg. Zwischen Mai 1652 und Juni 1653 lieferten sich Blake und Admiral von Tromp mehrere große Seeschlachten, die die niederländische Flotte trotz mehrerer eindrucksvoller Erfolge schwächten. Da das Rumpfparlament von England in Selbstherrlichkeit beschloß, sich per Gesetz für immer zu konstituieren, was der Armee, dem eigentlichen Sieger im Bürgerkrieg, nicht gefiel, löste Cromwell am 20. April 1653 das Parlament gewaltsam auf. Da nun König, Lords und Commons beseitigt waren, debattierte der Armeerat unter Cromwells Vorsitz als eine Art verfassungsgebende Versammlung eine neue Verfassung. General Harrison setzte sich für eine Versammlung der würdigsten und religiösesten Leute des Landes, für einen Rat der Heiligen (*Assembly of Saints*) ein. Harrison gehörte einer independentischen Sekte an, den »Männern der Fünften Monarchie«, die glaubten, daß nach dem Fall der vier großen Weltreiche, nämlich des Assyrisch-Babylonischen, des Persisch-Medischen, des Mazedonischen und schließlich des Römischen Reiches das Reich Christi, die Fünfte Monarchie, zu beginnen hätte.

Cromwell, halb Mystiker, halb Realpolitiker, entschied sich für diesen Vorschlag (Seit September 1651 war der Widerstand der Schotten und seit 1652 der der Iren endgültig besiegt); an alle independentischen Kongregationen erging nun die Aufforderung, Listen von Personen einzureichen, die sich für die neue Versammlung eigneten. Aus diesen Listen wählte der Armeerat 129 englische, 6 irische und 5 schottische Mitglieder, die sich auf Befehl Cromwells im Juli 1653 in Westminster trafen und in Form eines Parlaments konstituierten. In dieser Versammlung puritanischer Notablen waren mithin erstmals alle drei britischen Nationen vertreten und wurde als Union der Reiche England, Irland und Schottland aufgefaßt. Dennoch wurde Irland als besetztes Gebiet behandelt: Das Land wurde enteignet, parzelliert und unter Soldaten und Kreditoren verteilt; Katholiken und Anglikaner durften keinen Gottesdienst abhalten.

Die Schotten lehnten sich ohnmächtig gegen Cromwells Annexionsbestrebungen auf, und da dies nichts nutzte, verließen Hunderte von Royalisten das Land und schlossen sich ihrem König im Exil an. Iren, Schotten und Engländer kämpften auf der Seite der Vereinigten Provinzen gegen das verhaßte Regime in England. Seit April 1652 kämpfte bereits Jakob Herzog von York

(Bruder Karls II. und später selbst König von England) in der französischen Armee gegen Spanien unter General Turenne; 1653 war Prinz Ruprecht mit einem einzigen Schiff nach Frankreich zurückgekehrt und schloß sich seinem Vetter Karl an.

Die puritanische Oligarchie der Heiligen entwickelte ungehemmte Reformfreudigkeit, die allgemeine Unruhe hervorrief. Einige von ihnen gingen so weit, das Bürgerliche Gesetz (*Common Law*) durch das Mosaische zu ersetzen, oder dachten daran, alle überkommenen Eigentumsverhältnisse umzuwerfen. Schließlich gab die gemäßigte Minderheit in diesem Parlament am 12. Dezember 1653 die Befugnisse des Hauses in die Hände Cromwells zurück. Nun verabschiedete der Armeerat die erste geschriebene Verfassung Englands (*Instrument of Government*), nach der tatsächlich regiert wurde. Neben dem garantierten Grundrecht für religiöse Freiheit (außer für Katholiken und Anglikaner, versteht sich) sah sie eine unabhängige starke Exekutive mit einem kleinen Staatsrat zur Seite vor; die Exekutive lag in der Hand eines Protektors (*Lord Protector*), nämlich Oliver Cromwells, der im Januar 1654 feierlich als Protektor eingeführt wurde.

Und nun machte sich Cromwell daran, die Stuarts auf dem Kontinent zu verfolgen. In den Niederlanden war De Witt inzwischen (seit 1653) der leitende Staatsmann geworden. Mit ihm schloß Cromwell am 5. April 1654 den Frieden von Westminster, mit dem er den ihm verhaßten Krieg zwischen zwei puritanischen Regierungen beendete. Holland bekam günstige Friedensbedingungen, mußte allerdings das Haus Oranien von allen Staatsämtern ausschließen (was De Witt recht gelegen kam) und jede Unterstützung für das Haus Stuart unterbinden. (Damals befand sich Karl gerade in Köln.) Seitdem verbrachte Maria von Oranien die meiste Zeit (bis 1657) bei ihrem Bruder fern der Niederlande.

Neun Monate lang regierte Cromwell ohne Parlament mit Hilfe des Staatsrats und verabschiedete über 80 Verordnungen der Innenpolitik. Im September 1654 berief Cromwell das Parlament ein, das als erstes die neue Verfassung kritisierte und abändern wollte. Cromwell schloß sogleich alle aus, die die Grundlagen der Verfassung nicht bejahten. Doch der Streit ging weiter, da das Protektorat weder durch das Parlament noch durch die Allgemeinheit gestützt wurde.

Die Schotten, die Kavaliere, die Levellers, die »Männer der Fünften Monarchie« und viele andere beklagten sich. Eine Revolte der Royalisten in Salisbury wurde von Cromwell gewaltsam unterdrückt, die Führer hingerichtet und viele ohne Rechtsverfahren als Arbeitssklaven zu den Barbados-Inseln geschickt. Gegen derlei lokale Bewegungen suchte Cromwell sich zu sichern, indem er das Land in zehn Distrikte einteilte und über jeden einen Generalmajor mit einem Truppenkontingent einsetzte.

Die Offiziere dieser Truppen erhielten das Recht, die lokalen Behörden zu kontrollieren und das Volk zu einem puritanischen Lebenswandel zu zwingen. Pferderennen, Hahnenkämpfe, Tanz, Schauspiel und andere »frivole« Vergnügungen wurden verboten, die Gasthäuser geschlossen und ein Polizeisystem aufgebaut, das dem Land Angst und Schrecken vor den »Heiligen« und ihren Soldaten einflößte. Polizeispitzel, Agenten und Denunzianten machten Jagd auf Regime-Gegner: Klerus, Katholiken, Hochadel und Splittersekten wurden als Royalisten verfolgt, verhaftet, verbannt oder hingerichtet. Auch in den englischen Gemeinden (Kolonien) auf dem Kontinent mehrten sich die Spitzel und Agenten, die sich das Vertrauen mancher hohen Herren erschlichen hatten, um von innen heraus gegen sie zu spionieren.

Und nun begann Cromwell, den Stuarts in Frankreich den Boden heiß zu machen. Frankreich befand sich noch immer im Krieg mit Spanien. Cromwell verständigte sich mit Kardinal Mazarin und griff Ende 1654 zugunsten Frankreichs gegen Spanien ein; er sah in Spanien den natürlichen Feind, den Antichristen und den Helfer der englischen Papisten. Zum Schutze der puritanisch-protestantischen Republik befreundete er sich mit dem katholischen Frankreich und erhielt dafür die Duldung der Hugenotten und die Vertreibung der Stuarts aus Frankreich.

Karl, Herzog Jakob von York und Herzog Heinrich von Gloucester folgten daraufhin Prinz Ruprecht nach Deutschland (Köln), während die Königin-Mutter Henriette Maria von Frankreich mit ihrer kleinen Tochter Henriette Anna, die sie inzwischen erfolgreich zum römisch-katholischen Glauben bekehrt hatte, in Paris blieb.

Auf der Flucht vor englischen Spitzeln und puritanischer Verfolgung bekam die Feldloge der schottischen Maurerei ein ganz neues Gesicht: sie wurde zur politischen Versammlung der Royalisten, die in ihrer Arbeit den wahren Zweck, die Wiedereinsetzung der Stuarts in England, hinter Allegorien verhüllten. Hinter dem Bild vom Sohn der Witwe (1. Kön. 7, 13–15), das sich auf Hiram, den Baumeister des Salomonischen Tempels zu Jerusalem, im Meistergrad bezieht, verbarg sich nun Karl II., Sohn der Witwe (des Märtyrers) Karls I.

Eine dritte Maurerei war also entstanden nach der schottischen Maurerei und der schottisch-englischen Freimaurerei. Beschränkte sich die erste auf die Beschäftigung mit dem Geheimwissen als Mittel der Läuterung und Veredelung des Menschen, und schloß die zweite auch die Generalreformation der ganzen Welt ein, so erhielt die dritte einen politischen Geheimauftrag, eine Art Untergrundbewegung eher als eine Verschwörung.

Da Cromwell mit Frankreich zusammenging und De Witt Englands Verbündeter war, wandte sich Karl an Spanien um Hilfe und schloß mit ihm in Brügge (im Spanischen Flandern) im April 1656 einen Vertrag; sein Bruder Jakob befehligte die schottisch-irisch-englischen Truppen im Dienste Spaniens in Flandern. Mit von der Partie war auch sein jüngerer Bruder Heinrich Stuart Herzog von Gloucester.

Im Juli 1656 berief Cromwell ein neues Parlament ein in der Erwartung, daß die Generalmajore eine ihm genehme Zusammensetzung des neuen Parlaments erreichen könnten. Die Kosten des spanischen Krieges nötigten ihn dazu; das Ergebnis war negativ: Zahlreiche Gegner kamen ins Parlament. Daraufhin veranlaßte Cromwell den Staatsrat unter Berufung auf einen Artikel des *»Instrument of Government«*, 100 Abgeordnete auszuschließen. Dieses verkleinerte und ihm genehme Haus stellte auch den Antrag, Cromwell zum

König zu erheben! Oliver Cromwell war eine eigenartige Mischung aus Realismus und Mystik, Toleranz und Tyrannei, Frömmigkeit und Sektierertum. Der Mann, der dem Geist vertraute, regierte mit dem Schwert; daher war er für die Republikaner ein Verräter, für die Presbyterianer ein Zerstörer der christlichen Einheit, für die »Männer der Fünften Monarchie« das große Tier der Apokalypse und für alle ein furchterregendes Rätsel. Seine Idee der Toleranz war zwar nach heutigem Maßstab eng, da Katholiken und Anglikaner davon ausgeschlossen blieben, aber sie umfaßte alle christlichen Formen des Protestantismus: Independenten, Baptisten, Puritaner, selbst solche Sekten wie »Gesellschaft der Freunde« des George Fox (1624–1691), eine spiritualistische Sekte, die zum ersten Christentum und zur einfachen Weisheit der Bergpredigt zurückstrebte, auch die Quäker des James Nayler (1618–1660), die »Männer der Fünften Monarchie« des Hugh Peters (1598–1660), die Unitarier des John Biddle (1615–1662), die Mährischen Brüder, die Millenarier – kurz, die ganze bunte Unterschicht des spiritualistischen Nonkonformismus. In seiner Überzeugung, daß nach den Worten der Bibel die Juden über alle Lande zerstreut sein müßten, ehe sich das tausendjährige Reich erfüllen könne, die Juden jedoch seit 1290 in England nicht mehr vertreten waren, stimmte er der Petition des Manasse ben Israel (1604–1657) aus Holland von 1656 zu und erlaubte es 1657 den Juden, sich wieder in England anzusiedeln. Allein diese Tatsache beweist, daß die Freimaurerei kein Werk der Juden ist, wie man im Dritten Reich gerne behauptete; Anlaß zu solcher irrigen Annahme gaben die zahlreichen jüdischen Symbole in den Freimaurer-Ritualen, insbesondere der Salomonische Tempel.

Doch bedenkt man, daß die Freimaurerei aus der Welt des Klosters stammt, wo man die Mystik des Alten Testaments gepflegt hatte, daß die Templer unzählige kabbalistische Symbole ihrem Ritual zugrunde legten, daß der Humanismus sich der Kabbala ausgiebig bediente, daß die Presbyterianer und nach ihnen die Puritaner auf das Alte Testament und dessen Symbolik zurückgriffen (nur die Quäker machten mit den Lehren des Neuen Testaments Ernst), versteht man mühelos, wo die Symbolik der Rosenkreuzer und Freimaurer herrührt.

Die Gewaltherrschaft Cromwells hatte jeden royalistischen Widerstand im Keime erstickt; seit 1654 amtierte General George Monck (1608–1670) als Vizekönig von Schottland; seit 1657 hatte Cromwells Sohn Henry (1628–1674) dieses Amt in Irland inne. 1658 schickte Cromwell seine mustergültige Armee gegen die Spanier in Flandern; in der Schlacht in den Dünen vom 14. Juni befehligte Jakob Stuart den rechten Flügel der spanischen Armee; sein Bruder Heinrich zeichnete sich bei dieser Schlacht aus. Die Engländer gingen jedoch als Sieger hervor, Dünkirchen fiel in ihre Hand; die englische Flotte beherrschte den Kanal, den Atlantik und das Mittelmeer; England erschien als erste Seemacht; Spanien hatte seine Großmachtstellung eingebüßt.

Am 3. September 1658 starb Oliver Cromwell. Sein schwacher Sohn Richard (1626–1712) folgte ihm als Protektor, und die Unruhen brachen erneut aus. Er machte sich die Armee zum Feind, indem er sich anmaßte, den Oberbefehl selbst zu führen; Royalisten und Presbyterianer sandten Botschaften an Karl II. nach Brüssel, die von Edward Hyde, der 1658 zum Kanzler ernannt worden war, empfangen wurden. Richard berief sein erstes Parlament im Januar 1659 ein, die Armee verstärkte ihren Rat; als das Parlament dem Armeerat verbat, sich ohne Richards Genehmigung zu versammeln, ergriff der Rat die Macht und zwang Richard, das Parlament am 21. April aufzulösen. Die Putschisten beriefen anschließend das Rumpfparlament ein, das 1653 von Oliver Cromwell aufgelöst worden war; der Rumpf entließ Richard, und sowohl er als auch sein Bruder Henry legten am 25. Mai ihr Amt nieder.

Damit war das Signal für erneute royalistische Erhebungen gegeben worden: aus den verschiedensten Parteien vereinigten sich Gegner der putschenden republikanischen Armee; überall im Westen und Osten regten sich die alten Freunde des Königs, die wieder mit Vollmachten von ihm versehen wurden. Für den 1. August 1659 wurde die Einnahme von Gloucester, Lynn und Chester, Anschläge auf Plymouth, Bristol, Shrewsbury und Exeter vereinbart. General Edward Montagu (1625–1672) sollte mit der Flotte aus dem Sund zurückkommen, um die Erhebung zu unterstützen. Man glaubte, auf Hilfe vom Kontinent rechnen zu können: Die Spanier standen im Bunde mit Karl II., in den spanischen Niederlanden war man bereit, eine Expedition, hauptsächlich von irisch-schottischen Truppen, die von Ostende unter dem Herzog von Gloucester nach einer der östlichen Grafschaften von England gehen sollte, zu unterstützen. In Frankreich willigte Mazarin ein, daß Marschall Turenne dem Herzog von York, der ihn in Amiens aufgesucht hatte, das Versprechen gab, ihn mit einer ansehnlichen Hilfsmacht und dem nötigen Geschütz von den französischen Küsten an die englischen hinüberzuführen. Karl selbst erwartete nur einen ersten günstigen Erfolg, um ebenfalls hinüberzugehen; er machte sich in Begleitung eines französischen Generals von Brüssel nach Calais auf den Weg.

Der Aufstand wurde jedoch verraten und im Keim erstickt. Unter dem Eindruck dieses Sieges gegen die Royalisten ordnete das englische Parlament am 3. September die Verpflichtung an, weder Karl Stuart noch die ganze Nachkommenschaft des Königs Jakob I. anzuerkennen. Eine neue republikanische Diktatur der Armee unter Generalmajor John Lambert (1619–1684), der im Oktober sowohl das Rumpfparlament als auch den Staatsrat auflöste und das Land mit Hilfe eines Generalrats regierte, schien sich anzubahnen.

Der abgesetzte Staatsrat rief General George Monck, Gouverneur von Schottland, zu Hilfe: Monck wurde zum Oberbefehlshaber der ganzen Armee berufen. Dieser hatte in Schottland für Ruhe und Frieden gesorgt und versprochen, dem Presbyterianismus wieder zur Rückkehr ins Parlament zu verhelfen, wofür er die Unterstützung der Schotten gewann. Am Neujahrstag 1660 überschritt er die schottisch-englische Grenze und vereinigte sich Mitte Januar mit den Truppen von Thomas Fairfax (1612–1672) in York. Militärisch beherrschte Monck von diesem Augenblick an England und Schottland. Systematisch begann er, die Armee von Independenten und Sektierern zu säubern.

Am 3. Februar zog Monck in London ein, wurde zum Mitglied des Staatsrats ernannt und erschien dort am 4. Februar, um seinen Platz einzunehmen, weigerte sich jedoch, den Eid gegen den König und das gesamte Haus Stuart zu leisten. Das Rumpfparlament wurde durch Moncks Führung gezwungen, am 21. Februar die im Dezember 1648 ausgeschlossenen presbyterianischen Mitglieder zuzulassen. Am 15. März löste sich das wieder hergestellte Lange Parlament auf, nachdem es alle Beschlüsse der Cromwell-Zeit für null und nichtig erklärt hatte. Großer Jubel erfüllte London; statt des von den Mördern des Königs an der Stelle seiner Bildsäule in der alten Börse gesetzten Spruches »Der Tyrann ist fort« wurde nun »Es lebe der König« geschrieben, und Freudenfeuer wurden abgebrannt.

In der Tat hatte sich die Lage der Stuarts auf dem Kontinent verbessert: 1657 war Maria von Oranien als Vormund ihres Sohnes Wilhelm anerkannt worden, wenn auch De Witt nach wie vor an der Abmachung mit England, das Haus Oranien von allen öffentlichen Ämtern fernzuhalten, festhielt; 1658 war Sophie von der Pfalz mit Ernst August Kurfürst von Hannover vermählt worden; im Hause der Prinzessin Maria von Oranien lernte ihr Bruder Jakob, Herzog von York, Anna Hyde, Tochter des Kanzlers Edward Hyde, kennen und vermählte sich Anfang 1660 mit ihr in aller Stille. Frankreich, Spanien, Portugal und Habsburg bemühten sich, gute Kontakte zum Hofe Karls II. in Brüssel zu unterhalten.

Am 25. März stellte die Stadt London beim Staatsrat offiziell den Antrag, unverzüglich eine Einladung an Karl II. zu richten, zurückzukommen und sein königliches Amt zu verwalten; man regte dabei an, der König möge versichern, daß er eine allgemeine Amnestie erteilen, die Rückstände der Armee zahlen und die religiöse Frage an eine nach den Gesetzen gewählte, gelehrte und fromme Konvokation verweisen wolle. Monck schickte John Greenville, die Stadt London Mordaunt zum König nach Brüssel. Kanzler Hyde bereitete eine entsprechende Deklaration des Königs vor, die einem Toleranzedikt gleichkam; sie sollte jedoch auf Anraten der Royalisten, nicht aus Brüssel im spanischen Teil der Niederlande verkündet werden, um Gerüchten, der König sei zum Katholizismus übergetreten, keine neue Nahrung zu bieten. So wechselte Karl nach Breda im protestantischen Teil der Niederlande über und datierte sein Edikt als Deklaration von Breda vom 4. April.

Nun ging Monck daran, zwischen den gemäßigten Presbyterianern und den gemäßigten Anglikanern zu vermitteln, um eine Vereinigung herbeizuführen. Auf seinen Wunsch begab sich der schottische Prediger Sharp noch im April nach Breda. Er war der erste Geistliche aus den drei Reichen, der zum König kam. Bald darauf erschienen Abgeordnete der Londoner Geistlichkeit. Karl und Jakob waren, wie Monck selbst, konfessionsfrei (Libertiner), sie zeigten den Geistlichen ihr Wohlwollen und versprachen, auf den bereits 1641 vom Erzbischof von Armagh, James Ussher (1581–1656), vorgetragenen Entwurf zu einer Verbindung beider Formen zu einem gemäßigten Bistum zurückzukommen und dies mit dem Parlament zu besprechen.

Inzwischen hatte sich das Oberhaus wieder gebildet und mit dem Unterhaus im Sinne der alten Verfassung konstituiert. Am 1. Mai proklamierte das Parlament Karl zum König. Die Proklamation enthielt die Anerkennung, daß unmittelbar nach dem Tode Karls I. die Krone durch Geburtsrecht und unzweifelhaftes Erbe an die erlauchte Majestät Karls II. gekommen und derselbe durch Gottes Vorsehung König von England, Irland, Schottland und Frankreich geworden sei.

Karl II. war auf Einladung der Stände von Holland nach Den Haag gekommen, als eine Delegation der beiden Häuser des Parlaments – zwölf Lords, sechs Commons – am 8. Mai bei ihm anlangte, um ihn zur Rückkehr einzuladen. Am 22. Mai schiffte sich der König mit seinen Brüdern Jakob (der jetzt zum Oberadmiral ernannt worden war) und Heinrich sowie zahlreichen Getreuen nach England ein; an seinem 30. Geburtstag (29. Mai) zog er in London ein.

Karl II. König von England und Irland 1649–1660–1685

Karls Deklaration der Religionsfreiheit wurde zwar von allen begrüßt, jedoch von dem wiederhergestellten Konventionsparlament als Toleranz gegen Anglikaner und Presbyterianer, nicht jedoch gegen Katholiken und protestantische Sekten begriffen. Schottland war wieder unabhängig geworden und wählte ein neues, eigenes Parlament. Das am 1. Januar 1661 zusammengetretene Parlament bedeutete den Sieg der Presbyterianer über Protester, Resolutioner, Covenanter und Episkopale. Am 29. Dezember 1660 wurde das englische Parlament aufgelöst; Neuwahlen wurden ausgeschrieben. Die Verschwörung der Männer der Fünften Monarchie vom 6. Januar 1661, die das Schwert Gideonis für den König Christus zogen, bewirkte ein radikales Vorgehen – unter General Monck und Admiral York – gegen alle Sektierer und führte zu einem Ruck nach rechts, so daß das am 8. Mai eröffnete neue Kavaliersparlament – das achtzehn Jahre lang bestehen sollte – überwiegend aus Anglikanern bestand; die Presbyterianer bildeten eine starke Minderheit; Katholiken und Puritaner waren nicht vertreten.

In Erfüllung des Toleranzedikts von Breda wurde eine Synode aus gemäßigten Anglikanern und gemäßigten Presbyterianern gebildet, die im April erstmalig zusammentrat, um eine Vereinheitlichung des Glaubens zu erzielen, was jedoch nicht gelang, so daß die anglikanische Mehrheit im Parlament am 19. Mai 1662 das Uniformitätsgesetz verabschieden konnte. Damit wurde die Bischofskirche als staatlich bestimmt, der Covenant für ungesetzlich erklärt, und alle Prediger und Geistlichen wurden aufgefordert, bis zum 24. August ihre Unterwerfung unter dieses Gesetz auszusprechen, sonst würden sie als abgesetzt betrachtet und ihre Stellen neu besetzt, als seien sie gestorben.

In Schottland waren viele Laienprediger damit einverstanden, einige Adlige stellten sich dagegen, etwa 270 Geistliche jedoch – etwas über ein Viertel der Gesamtzahl – wurden ihrer Gemeinden entzogen wegen Ungehorsams. In England wurden nahezu 2000 Geistliche (etwa ein Fünftel) von ihren Pfründen ausgeschlossen. In Irland wurde mit der zweiten Ansiedlungsakte 1662 den protestantischen Loyalisten ihr Besitz zurückgegeben.

Karl II. stand dem Katholizismus viel näher als dem Protestantismus; als Libertiner schwankte er zwischen Bekenntnislosigkeit und Katholizismus; das anglikanische Bekenntnis nahm er an, weil er als König das Oberhaupt der vom Papsttum abgefallenen Landesbischöfe, der Repräsentant der gesetzlich gewordenen Abtrünnigkeit war. Bei seinem Aufenthalt in Frankreich, in den spanischen Niederlanden und im katholischen Deutschland gehörte seine Sympathie dem Katholizismus, weil seine Gegner eben die eifrigsten Bekenner des Protestantismus waren. Er verkehrte viel mit geistlichen Personen; einige seiner vornehmsten Berater im Exil waren auch tatsächlich zum Katholizismus übergetreten.

Nach seiner Flucht von Worcester (1651) hatte er Papst Innozenz X. (1644–1655) durch den dazu ermächtigten Augustinergeneral vermitteln lassen, er werde nachmalig als König von England seinen katholischen Untertanen Gunst erweisen, wenn der Papst ihn nachdrücklich unterstützte. Der Papst hatte ihm geantwortet, erst möge er sich selbst katholisch erklären und einen bestimmten Termin dafür festsetzen. So weit konnte und wollte Karl noch nicht gehen. Nach dem Tode Innozenz X. wurden ähnliche Verhandlungen mit seinem Nachfolger Alexander VII. (1655–1667) durch den Herzog von Pfalz-Neuburg und den Kurfürsten von Mainz geführt. Karl versprach darin, einst als König nicht zu dulden, daß seine katholischen Untertanen um ihrer Religion willen Ungelegenheiten erführen, sondern sie vielmehr mit seinen übrigen Untertanen auf der gleichen Stufe zu stellen.

Auch ohne seinen Übertritt vollzogen zu haben, ist Karl II. bald zu Beginn seiner Regierung (die nun seit 1649 rückwirkend datiert wurde, als wäre die Republik nie gewesen!) mit dem Römischen Stuhl in Verbindung getreten: es wurde über die Aufstellung eines katholischen Bischofs mit Rom verhandelt. In seiner Umgebung hat man ernstlich daran gearbeitet, eine Aussöhnung mit Rom ins Werk zu setzen. Ein im Namen Karls II. an den Papst gerichtetes Schreiben versprach, sich von der Gemeinschaft der protestantischen Kirchen loszusagen und zur Einheit der römischen Kirche zurückzukehren. Karl erklärte sich darin bereit, das von Pius IV. (1564) aufgestellte Glaubensbekenntnis, die Beschlüsse des Tridentinums (1545–1563) und die in der jansenistischen Streitsache ergangene Entscheidung Innozenz X. (1653) anzunehmen. Diesem vollkommenen Anschließen an die Lehre sollte aber die Beibehaltung und die weitere Ausbildung einer in hohem Maße selbständigen hierarchischen Reichsverfassung zur Seite stehen. Der Erzbischof von Canterbury sollte zum Patriarchen der drei Reiche erhoben werden; von ihm sollte die Kirche des Reiches nur mit Vorbehalt einiger Reservatrechte des Apostolischen Stuhles verwaltet werden.

Hier wird ganz deutlich, daß Karl II. eine Kirche analog der gallikanischen (bereits seit 1458) anstrebte. Gerade hatte die theologische Fakultät an der Sorbonne (1655 gegründet) die alten gallikanischen Freiheiten nach den Ideen des Baseler Konzils (1431–1449) wieder in Erinnerung gebracht; in den Streitigkeiten Alexanders VII. mit der französischen Krone war die Idee eines französischen Patriarchats wieder aufgetaucht. Ungefähr in denselben Tendenzen wollte man eine anglikanisch-katholische Kirche konstituieren. Nicht um die volle Wiederherstellung der päpstlichen Autorität, sondern um eine Hebung des Schismas mit Beibehaltung möglichst großer Selbständigkeit der anglikanischen Kirche war es dabei gegangen: man meinte die episkopale Hierarchie zur Gemeinschaft mit Rom zurückführen zu können. Man hoffte, den Presbyterianern werde schon ein Zustand genügen, wie ihn die Protestanten in Frankreich noch behaupteten; aus dem Beispiel dieser Macht meinte man schließen zu dürfen, daß Katholizismus und Protestantismus unter einem Zepter bestehen könnten.

Die Verhandlungen zur Erlangung des angestrebten Zieles waren naturgemäß langwierig und mußten im Geheimen, ohne Einschaltung des Parlaments bzw. des Staatsrats, betrieben werden. Karl – wie auch Ludwig XIV., der Große Kurfürst von Brandenburg und der Kaiser – war vom absolutistischen Recht des Monarchen überzeugt, mußte sich jedoch einem langsam übermächtig werdenden Parlament beugen, durch dessen Gnade er auf dem Thron saß. Der Kanzler, Edward Hyde, inzwischen (1661) Graf von Clarendon, riet dem König, eine Deklaration zu erlassen, die nicht etwa allein den Katholiken, sondern allen Parteien zugute kommen und ihnen neben der anglikanischen Kirche eine erträgliche Existenz sichern sollte. Sie erschien bereits im Dezember 1662. Am 18. Februar 1663 eröffnete der König die neue Sitzung des Parlaments mit einer Thronrede, in der er die Annahme seiner Deklaration empfahl. (Seit Mai 1662 war Karl mit der portugiesischen Infantin Katharina von Braganza, 1638 bis 1705, einer überzeugten Katholikin, verheiratet.) Er kam mit seiner Deklaration nicht durch; das Parlament ließ die Besorgnis durchblicken, daß der Katholizismus alsdann wieder zur Herrschaft gelangen könnte; mehr noch: es forderte ihn auf, alle Priester der römischen Kirche, insbesondere die Jesuiten, aus England auszuweisen, mit Ausnahme derer, die im Haushalt der Königin-Mutter sowie der Königin und in den Häusern der fremden Gesandten beschäftigt seien.

Sommer 1665 suchte die Beulenpest England zum letzten Male heim und forderte 68.000 Todesopfer; es war die Bubonenpest, die seit einem Vierteljahrhundert in Europa, bald in einem, bald in dem anderen Lande, aufgetreten war und wie vor kurzem Holland, so nun England heimsuchte. (Heinrich Herzog von Gloucester, der jüngste Bruder des Königs, war bereits Mitte September 1660 und Maria von Oranien am 24. Dezember 1660 in London an den Blattern gestorben.) Das Parlament kam im Oktober 1665 wegen der grassierenden Seuche nicht in London, sondern in Oxford zusammen. Während die anglikanischen Kleriker flüchteten, bestiegen die presbyterianischen Prediger aufs neue die Kanzel, um dem Volk, ehe es hinweggerafft wurde, die Worte des ewigen Heils zu verkünden. Ihr alter religiöser Eifer lebte wieder auf: die öffentliche Not und die Naturpflicht der Religion schienen ihnen das Verbot, unter dem sie litten, von selbst aufzuheben (Die Korporationsakte von 1661 verbot die Vergabe von Ämtern an Personen, die die Sakramente in einer anglikanischen Kirche nicht empfangen hatten; die Uniformitätsakte von 1662 schloß solche Personen von Kirchenämtern aus; die Konventikelakte von 1664 machte Versammlungen der Nonkonformisten und Sektierer zum Gottesdienst illegal, selbst in privaten Räumen, wenn vier und mehr Außenseiter anwesend sein sollten); denn kein von sterblichen Menschen erlassenes Gesetz würde sie entschuldigen, wenn sie die Sorge für die unsterbliche Seele der umkommenden Brüder vernachlässigen wollten. Das Ansehen, das sie dadurch wiedergewannen, ihr wachsendes Selbstgefühl verstärkte die Besorgnis des Parlaments gegen sie, und das Parlament stellte eine Formel auf (ein Schibboleth, wie man damals sagte), um die Gefährlichen unter den Nonkonformisten von denen, die man dulden könnte, zu unterscheiden. Sie sollten unter Eid wieder für ungesetzlich erklären, daß jemand die Waffen gegen den König oder seine Beauftragten ergreife, und sich verpflichten, auf keine Veränderung in Kirche und Staat zu denken. Wer den Eid nicht leiste, dem sollte bei schwerer Strafe verboten sein, sich einer Stadt mit Korporationsrechten und einem Burgflecken, der Abgeordnete nach dem Parlament sende, auf fünf englische Meilen zu nähern (Fünfmeilenakte von 1665). Diese neue Akte, die schon durch ihre Schärfe einen widrigen Eindruck machte, hat eher dazu gedient, den Presbyterianern politische Bedeutung zu geben, als ihnen diese zu entreißen. Sie machten die Doktrin, daß der Widerstand unter gewissen Umständen erlaubt sei, zu der ihren. In Irland wurden die Katholiken daran gehindert, sich in Städten niederzulassen. Die Aussiedlungsakte von 1665 verpflichtete die Cromwellschen Siedler in Irland, ein Drittel des ihnen übertragenen Landes wieder zurückzugeben, von dem die Katholiken (die nur noch 20% des Landes besaßen im Vergleich zu 59% im Jahre 1641) für ihre Verluste unter dem Commonwealth teilentschädigt werden sollten.

Zu allem Überfluß brach in der Nacht zum 2. September 1666 ein Feuer in einer engen Gasse von London aus, wurde von einem starken Ostwind getrieben, wütete vier Tage lang und legte den größten Teil der Stadt in Schutt und Asche: 400 Straßen, mehr als 13.000 Wohnhäuser, 89 Kirchen, darunter die Kathedrale von St. Paul, und eine große Anzahl anderer öffentlicher Gebäude wurden zerstört.

Die Dissenter Schottlands nahmen diese Wende zum Anlaß, für einen Frieden mit den Holländern, denen ihre ganze Sympathie gehörte, zu propagieren. Mehr noch: im November 1666 kam es zu einer Schilderhebung der eifrigsten Presbyterianer; der Covenant wurde noch einmal in Lanark ausgerufen; es gelang der Regierung jedoch, den Aufstand vom Pentland mühelos zu beenden. Der Adel im Bunde mit dem bischöflichen Klerus setzte an zum Gegenangriff: sie forderten, die Abschwörung des Covenants nicht allein von den Geistlichen und Beamten zu verlangen, sondern zu einem allgemeinen Landesgesetz zu machen.

Während des kostspieligen Krieges Englands gegen die Vereinigten Provinzen der Niederlande unter Johan de Witt (1665–1667) hielt Karl II. Kontakt zu seinem Vetter Ludwig XIV., dem Verbündeten der Holländer, um zu einem Frieden mit Holland zu gelangen. Anfang 1667 ließ er Henry Jermyn Graf von St. Albans (1604–1684), den vormaligen Oberkammerherr des Hofhalts der Königin-Mutter, an diese schreiben, die sich wieder (seit 1665 wegen der Pest in London) in Frankreich aufhielt; durch sie sollte Ludwig ersucht werden, seinen Einfluß für die Annahme der von Karl vorgeschlagenen Friedensverhandlung in London zu verwenden. Im Februar 1667 kam St. Albans selbst nach Paris unter dem Vorwand der Geschäfte der Königin-Mutter, bei der er Wohnung nahm. Bei den Gesprächen St. Albans mit Marschall Turenne kam man nun auf die Allianz zu reden, die zwischen den beiden Königen gestiftet werden sollte. Unter anderem sollte Ludwig XIV. nach dem ersten Entwurf alle Interessen unterstützen, die Karl II. außerhalb und innerhalb seines Reiches haben könnte. Die Entwürfe entsprachen den alten politisch-religiösen Intentionen der Königin-Mutter, die sie immer im Auge behielt. Der amtliche Staatsrat in England nahm auch jetzt keinen Anteil daran. In den Erklärungen, die die beiden Könige austauschten – es waren eigenhändige Briefe des einen und des anderen an die Königin-Mutter Henriette Maria, die sie vorher als bindend anzuerkennen vereinbart hatten –, verpflichtete sich ein jeder, ein Jahr lang in keine den Interessen des anderen zuwiderlaufende Verbindung zu treten. Wenn Karl mit dem Parlament, das sich jetzt mit der anglikanischen Kirche verbunden hatte, zerfallen war, so lag dies hauptsächlich an seinen katholisierenden Tendenzen, denen es widerstrebte. Seine Minister konnten erwägen, sich auf die Presbyterianer und selbst die Nonkonformisten zu stützen; der König aber dachte nicht daran. Sollte es zu neuen Wahlen kommen, so mußte er wenigstens der eifrigen Teilnahme der Katholiken sicher sein, die ihm während seines Exils gezeigt hatten, daß sie so unbedeutend nicht waren, sondern über ansehnliche Geldmittel verfügten und einen gewissen Einfluß ausübten.

So fand im Januar 1669 ein Treffen des Königs, mit seinem Bruder York und einigen der vornehmsten Katholiken, Clifford, Bellasis, Arundel und Arlington, statt, in dem der König seinen Entschluß bekräftigte; Arundel begab sich zur Königin-Mutter nach Frankreich, durch sie gelangte er zu einer geheimen Audienz bei Ludwig XIV. Sein Antrag ging nicht allein auf Freundschaft und Allianz, sondern auf die innigste Verbrüderung der beiden Könige zu einem Zweck, der an Größe und Bedeutung in den Annalen der Welt seinesgleichen nicht hätte. Er sprach den Entschluß Karls aus, sich mit der katholischen Kirche zu versöhnen, in der Sache komme es darauf an, die Besitzer der Kirchengüter, deren Zurückforderung man wie zur Zeit Maria Tudors fürchtete, vor aller Besorgnis sicherzustellen. Er erwarte die Zustimmung der Presbyterianer und Dissenter, denen die anglikanische Kirche verhaßter sei als die katholische; auch gebe es unter den Anglikanern viele, die dem Katholizismus geneigt seien, so daß der Widerstand nicht allzu groß sein würde. In den Festungen in Schottland sowie in England seien katholische oder sonst zuverlässige Befehlshaber eingesetzt. Auch auf die Truppen von Irland könne man zählen; denn Ormonde, obwohl Protestant, sei doch zu loyal, um sich zu widersetzen.

Die Verhandlungen wurden mündlich und geheim geführt, Arundel pendelte zwischen beiden Ländern hin und her; im Juni 1669 wurde er von Ludwig beauftragt, dem neuen französischen Gesandten am englischen Hofe, Colbert Croissy, eine Depesche zu überbringen, worin dieser ins Geheimnis eingeweiht wurde, womit es möglich wurde, auch die Unterhandlung über ein Bündnis gegen Holland wieder aufzunehmen. Zwei verschiedene Entwürfe also, dennoch mit gleichartigem Ziel: die beiden Fürsten vereinigten sich zu engster Freundschaft; mit gemeinsamen Kräften wollten sie die katholische Kirche in England herstellen und die Republik vernichten, die ihnen beiden gleichermaßen verhaßt war, und Wilhelm von Oranien in sein Erbe wiedereinsetzen.

Die presbyterianischen Schotten mußten erst gewonnen werden: auch im Juni erging ein königlicher Erlaß (Karls II. als König von Schottland), vom Vizekönig für Schottland John Maitland Lord Lauderdale (1616–1682) unterzeichnet, in dessen Folge eine große Anzahl von presbyterianischen Predigern, die aus ihren Stellen entfernt worden waren, in dieselben zurückgeführt wurde. Und unter dem Eindruck dieses Erlasses wurden die Wahlen zum Parlament hier in Schottland, wo man keine republikanische Fraktion zu fürchten hatte, wirklich vorgenommen: der Gegensatz der Parteien, von denen keine den vollen Sieg davontrug, verschaffte der Regierung ein Übergewicht über beide.

Lauderdale eröffnete das Parlament in Edinburgh am 19. Oktober 1669 mit vollem Erfolg: er beruhigte die Presbyterianer, vermied dabei doch, die Antipathie der Prälaten und ihrer Partei zu wecken. Eine Anerkennung des Supremats wurde durchgesetzt, die der Krone eine fast absolute Autorität über die Kirche einräumte. Das Parlament stimmte zu, 20.000 Mann in Waffen dem König, wo und wann er es verlange, zur Verfügung zu stellen.

Indes gingen die geheimen Unterhandlungen zwischen Karl und Ludwig weiter. Der französische Gesandte gab gleich zu bedenken, daß die Erklärung der Katholizität Karls, wenn sie voranginge, eine so große Aufregung in England und der ganzen protestantischen Welt hervorriefe, daß der Krieg gegen Holland kaum möglich bliebe. Viel besser, man fange mit dem Krieg an; denn da die Nation in ihrem ostindischen Handel von der Republik beeinträchtigt sei, so werde sich leicht ihre Eifersucht gegen Holland anstacheln lassen; zugleich mit Hilfe von Frankreich werde der König stark genug für seine Unternehmung werden und dann auch mit einer großen Sicherheit zum Religionswechsel schreiten können; der Krieg werde ihm Gelegenheit bieten, die unzuverlässigen Truppen anderweitig zu verwenden und sich nur mit den zuverlässigen zu umgeben.

An dieser Unterhandlung beteiligte sich in Frankreich Karls jüngste Schwester Henriette Anna von England, seit 1661 Herzogin von Orléans, in der früheren Vermittlereigenschaft ihrer Mutter, die am 10. September bei Paris verstorben war, ohne den Erfolg ihrer Pläne erleben zu können. Und die Tochter brachte die Sache zum Abschluß: am 16. Mai 1670 landete sie in Dover, wo der König auf sie wartete; er unterzeichnete (1. Juni) den Geheimvertrag von Dover und versprach, ihn binnen eines Monats zu ratifizieren.

Noch vor Ablauf dieser Frist starb plötzlich Karls Schwester (30. Juni) unter mysteriösen Umständen, die zur Vermutung Anlaß gaben, sie sei vergiftet worden. Buckingham fuhr mit einer Kondolenzgesandtschaft nach Frankreich und verhandelte mit dem Hof über das Bündnis gegen Holland. Die ohne Mitwirkung des Parlaments zustande gekommene Übereinkunft konnte noch nicht offiziell bekanntgemacht werden: die Wiedereröffnung des Parlaments am 24. Oktober 1670 erfolgte nämlich zu einem ungünstigen Zeitpunkt, da Frankreich im September Lothringen besetzt hatte und der Ruf gegen die Übermacht Ludwigs laut wurde. Und noch stärker, fast im Sinne der alten Elisabethanischen Zeiten, brach der Widerwille gegen die Katholiken aus. Man beklagte sich über das Anwachsen der Kapellen und gottesdienstlichen Häuser der Katholiken, die große Anzahl der Priester und Jesuiten in der Hauptstadt und den Grafschaften, ihre Konvente, Fraternitäten, Schulen und die Verbreitung ihrer Religionsbücher; der König wurde eindringlich zur Abstellung dieser Umstände aufgefordert.

Dessen ungeachtet kam es im November zu einem geheimen Treffen des Königs mit dem päpstlichen Internuntius zu Brüssel in Whitehall auf Vermittlung des venezianischen Botschafters. Und am 31. Dezember 1670 wurde in Paris die Allianz mit Frankreich unterzeichnet; für England leisteten die fünf Minister Clifford, Arlington, Buckingham, Ashley und Lauderdale ihre Unterschrift, von denen nur die ersten zwei (die Katholiken) von der Existenz des Geheimvertrags wußten.

York war dafür, den Krieg ohne parlamentarische Hilfe zu führen; man dürfe das im April 1671 vertagte Parlament erst wieder einberufen, nachdem ein glücklicher Kriegserfolg errungen und die Katholizität ausgesprochen worden sei. (York war bereits 1669 heimlich zum Katholizismus übergetreten, mußte dies auf Anraten seines Bruders noch geheimhalten und weiterhin die anglikanischen Sakramente empfangen.)

Eine Schrift, die damals großes Aufsehen erregte, die Doktorarbeit eines Schotten, lehrte, daß die legislative Gewalt und das Recht der Steuerbewilligung von den Königen dem Parlament verliehen worden sei und von ihnen zurückgenommen werden könnte; Lauderdale sah auch im Parlament nur ein Werkzeug der Macht.

Am 15. März 1672 erschien Karls neue Indulgenzerklärung; der König versicherte darin, daß er das Institut der anglikanischen Kirche ungeschmälert, in sich selbst unangetastet erhalten wolle; zugleich erklärte er aber alle Strafgesetze gegen Nonkonformisten und Rekusanten für aufgehoben; den protestantischen Dissenter versprach er, Plätze für ihre gottensdienstliche Versammlungen anzuweisen; die Katholiken sollten auf häuslichen Gottesdienst beschränkt bleiben. Zwei Tage davor hatten englische Schiffe die Smyrnaflotte der Holländer angegriffen; am 18. März erschien auch die englische Kriegserklärung, an der Buckingham mitgearbeitet hatte.

Noch im Mai 1672, bevor er zum ersten See-Einsatz des dritten anglo-niederländischen Krieges aufbrechen sollte, vollzog York durch die Hand des Jesuiten-Pater Beddingfield in aller Form den Übertritt zum Katholizismus. Das führte allenthalben zu Besorgnis, da dem König kein lebensfähiger Erbe geboren worden und der rechtmäßige Thronfolger nun katholisch geworden war. Man kam auf die Notwendigkeit einer Scheidung zurück; die leitenden Mitglieder des Parlaments sagten dem König, sie würden die Sache durchsetzen, so daß die Nachfolge seiner Nachkommenschaft aus einer neu einzugehenden Ehe zugesichert werden solle. Der damalige Kanzler Lord Ashley, gerade zum Grafen von Shaftesbury erhoben, hätte die Autorität seines Amtes für die legale Durchführung dieses Vorhabens verwenden können und es ohne Zweifel getan. Die Absicht ging dahin, den König mit einer protestantischen Prinzessin zu vermählen, um aller Besorgnis einer katholischen Sukzession auf immer ein Ende zu machen. Allein der König wollte davon nichts wissen. Er begünstigte lediglich seinen ersten natürlichen Sohn, der Protestant war, und verlieh ihm noch mehr Würden: Jakob Fitzroy (1649–1685), Sohn Karls mit Lucy Walter, war 1662 aus Paris nach London gebracht, am 14. Februar 1663 zum Baron Tyndale, Grafen von Doncaster und Herzog von Monmouth erhoben und zum Mitglied des Hosenbandordens gemacht; am 20. April desselben Jahres mit der reichen Schottin Anna Scott Gräfin von Buccleuch verheiratet und zum Jakob Scott Herzog von Buccleuch erhoben worden; 1668 wurde er Hauptmann der Königswache und 1670 in den Staatsrat aufgenommen. Und nun kommandierte Monmouth englische Truppen auf dem Kontinent gegen Holland.

Unter diesen Gesichtspunkten wird der Wunsch des Parlaments von 1673 verständlich, die Katholiken unbedingt vom Parlament auszuschließen. Am 12. März lag die von den Lords bereits genehmigte Akte gegen die Zunahme des Papismus zur dritten Lesung vor, als ein Mitglied des Unterhauses den Antrag stellte, ihr noch das Proviso hinzuzufügen, daß in Zukunft niemand zu einem Amt oder zu öffentlicher Tätigkeit gelangen dürfe, der nicht dem Dogma von der Transsubstantiation abschwöre. Die Lords gaben schließlich in allen strittigen Punkten nach; die Königin, deren Haushalt sie von dem Gesetz auszunehmen suchten, weil ihr Recht auf einem Staatsvertrag beruhe, begnügte sich damit, daß sie in der neuen Akte nicht namentlich genannt wurde.

Selbst Ludwig riet seinem Verbündeten Karl, dem Drängen des Parlaments in der Religionssache zunächst nachzugeben, um den Krieg führen zu können; sei dies geschehen, so könne er auf seine früheren Entwürfe, des Erfolges gewiß, zurückkommen; er, der König von Frankreich, sei dann bereit, ihn, nicht nach dem Wortlaut der Verträge mit etwa 6000 Mann, sondern mit 12.000, mit 15.000 Mann, ja mit seiner ganzen Macht in seinen Entwürfen zu unterstützen und seine Autorität zu festigen. Das Ergebnis der Testakte von 1673 war, daß Anglikaner und Presbyterianer wenn auch nicht vereinigt, so doch einander um vieles näher gekommen, die Katholiken vom Staate so gut wie ausgeschlossen waren. Soweit zum Unternehmen, den Katholizismus in England wiederherzustellen.

Die Katholiken wiederum wollten die Position des Herzogs von York gefestigt wissen; die Kolonie New Amsterdam in Nordamerika war 1664 zu seinen Ehren in New York umbenannt worden. Die Testakte gestattete ihm nicht, seine Admiralswürde zu verwalten, so wurde der Oberbefehl über die Flotte dem Prinzen Ruprecht von der Pfalz übertragen, ausdrücklich deshalb, weil er ein eifriger Protestant war, für welches Bekenntnis seine Familie so viel gelitten habe. Um York in seinem Recht auf Thronfolge bestärken zu können, erschien es seinen Freunden – wenn er auch zwei Töchter hatte, Maria (*1662) und Anna (*1665) – doch wünschenswert, daß ihm aus einer vollkommen ebenbürtigen Ehe ein Sohn erwüchse, der einst sein Erbe sein könne. Eifrig suchten sie nach einer neuen Gemahlin für ihn, da seine Gattin Anna Hyde (die noch 1670 zum Katholizismus übergetreten) 1671 gestorben war. Auch der König fand, daß die Wahl sehr wichtig sei: er kenne seinen Bruder; in allem seinem Tun sei er von Priestern und Frauen abhängig.

Nach langem Suchen entschied man sich für die Prinzessin Maria von Modena (1658–1718), deren Mutter eine der Nichten Mazarins war; sie hatte sich jedoch bereits dem Klosterleben gewidmet. Mit Hilfe des Kardinals Barberini wurde der Papst veranlaßt, den Dispens zu erteilen, um durch diese Heirat die Katholiken Englands zu bestärken. Die Zeremonie der Trauung wurde im September 1673 durch Prokuration vollzogen.

Als das Parlament am 20. Oktober zusammenkam, beschloß es noch vor der eigentlichen Eröffnung, die Bitte an den König zu richten, die beabsichtigte

Vermählung seines Bruders mit der Prinzessin von Modena nicht zustande kommen zu lassen. Der König erwiderte, die Vermählung sei nicht beabsichtigt, sondern bereits erfolgt. Kurz danach gelangte die fünfzehnjährige Braut in Begleitung ihrer Mutter in Dover an; der Bischof von Oxford erkundigte sich lediglich nach der in Modena vollzogenen Trauung und erklärte alsdann die Ehe für gültig. Noch im November erschien das neuvermählte Paar in London.

Im April 1675 hatte Karl das Projekt der Katholizität bereits fallen gelassen, da er damit auf so großen Widerstand gestoßen war. Das Parlament war überwiegend anglikanisch, die Presbyterianer waren trotz Neuwahlen verschwindend gering. Als neue politische Kraft war der Großschatzmeister Thomas Osborne (1632–1712) emporgestiegen, den Karl im April 1674 zum Grafen von Danby gemacht hatte. Als das Parlament am 13. April eröffnet wurde, lag ihm ein Entwurf Danbys vor, das Gesetz der Uniformität mit dem des unbedingten Gehorsams (Nonresistenzakte) auf das engste zu vereinen, die Presbyterianer aus dem Unterhaus und Katholiken aus dem Oberhaus zu entfernen, die Staatsgewalt in den Händen der Anglikaner zu konzentrieren, Parlament und Regierung zu einer einzigen herrschenden Partei zu vereinigen und in der Außenpolitik gemeinsame Sache zu machen. Diese anglikanisch-royalistische Idee führte zur Bildung einer »Hofpartei« (den späteren Tories bzw. Konservativen) im Unterhaus, geführt von Danby, während die »Landpartei« (die späteren Whigs bzw. Liberalen) unter Shaftesbury im Oberhaus die Opposition bildete und von den Presbyterianern unter Holles Unterstützung erfuhr.

Zu Danbys Politik gehörte auch die Abkehr von der Verbindung mit Frankreich und den Katholiken und die Hinwendung zu Holland und den Protestanten. Das englische Parlament äußerte seine Besorgnis, Frankreich würde nach geschlossenem Frieden ein Unternehmen gegen England führen, womit das Eindringen des Papsttums unfehlbar zu erwarten wäre, und ersuchte den König, geeignete Bündnisse abzuschließen. Und so hatte Danby freie Hand, die alten Pläne einer Heirat des vierten Thronanwärters Wilhelm III. von Oranien (1650–1702) mit der zweiten, seiner Kusine Maria (1662–1694), näherzutreten.

Einer der Hauptgründe der Allianz Karls mit Ludwig XIV. war, dem Neffen zu seinem rechtmäßigen Erbe – der Statthalterschaft der vereinigten Provinzen der Niederlande – zu verhelfen. Im Februar 1672 war Wilhelm zum Oberbefehlshaber der Streitkräfte ernannt worden, am 8. Juli wurde er zum Statthalter ausgerufen; am 20. August wurde sein Hauptwidersacher, Johan de Witt, ermordet, und am 2. Februar 1674 beschlossen die Vereinigten Stände von Holland und Westfriesland, die Würden eines Statthalters, Generalkapitäns und Generaladmirals dem Prinzen von Oranien und dessen männlichen Nachkommen zu übertragen; die übrigen Provinzen schlossen sich dem an. Im Dezember 1674 wurde ihm seitens des englischen Gesandten angedeutet, man würde es in England begrüßen, sollte er um die Hand seiner Base anhalten. 1676 kam der Gesandte erneut darauf zu sprechen und versicherte, dies brächte den Prinzen der englischen Krone viel näher, da er sie mit der

Kusine teilen würde. Und nun wandte sich der Prinz nach dessen Zerwürfnis mit Spanien an seinen Oheim und verkündete seine Bereitschaft zur doppelten Bindung an die englischen Interessen: im November 1677 wurde die Vermählung in London vollzogen, und am 10. Januar 1678 vereinbarten die Bevollmächtigten Englands und Hollands einen Allianzvertrag.

Als Frankreich versuchte, Holland bei dem beabsichtigten Frieden von Nimwegen hereinzulegen, kam am 26. Juli ein neuer Vertrag zwischen England und Holland zustande, in dem sie Ludwig XIV. ein Ultimatum von 14 Tagen setzten, auf die erhobenen Ansprüche Verzicht zu leisten; Herzog von Monmouth, Karls natürlicher Sohn, wurde als Oberbefehlshaber aller Streitkräfte mit englischen Truppen nach Holland mit dem Auftrage geschickt, sich bei Ablauf der gesetzten Frist mit dem Prinzen von Oranien zu vereinigen. Am 1. August 1678 wurde der Friedensvertrag unterzeichnet.

Noch in diesem August holten Shaftesbury und seine Partei zum entscheidenden Schlag gegen den Thronfolger aus: ein puritanisch gesinnter Pfarrer in London und ein abtrünnig gewordenes Mitglied des Jesuitenordens berichteten dem König von einer Jesuitenverschwörung, ihn zu ermorden, so daß der Herzog von York ihm auf dem Thron folgen könne, unter dem man eine Reform Englands zugunsten des Katholizismus erwarte. Coleman, der Privatsekretär der Herzogin von York, sei eingeweiht und stehe in verräterischer Korrespondenz mit dem jesuitischen Beichtvater Ludwigs XIV. Shaftesbury im Ober- und Russell im Unterhaus forderten daraufhin (November 1678), den Herzog von York aus dem Rat und der Umgebung des Königs zu entfernen. Die beiden Staatssekretäre Coventry und Williamson warnten, dies würde den Thronerben auf die Seite der Katholiken und der Franzosen treiben, von denen man ihn entfernen wolle; man könne der Gefahr beikommen, indem man die Magistrate bei Strafe verpflichte, die Gesetze gegen die Katholiken auszuführen. Man ging nach der Verurteilung Colemans (28. November) sogar soweit, die Königin selbst zu beschuldigen, am katholischen Komplott beteiligt zu sein. Die Opposition ließ nicht mit sich reden; Karl war auch nicht bereit, dem Parlament in der dynastischen Frage so viel Mitspracherecht einzuräumen; denn dem Prinzip des Erbrechts verdankte er selbst seine Krone: Ende Dezember vertagte er das Parlament, am 24. Januar 1679 erklärte er es für aufgelöst und schrieb Neuwahlen aus. Am 21. Februar versuchte der Erzbischof von Canterbury, York zum anglikanischen Glauben zu bekehren – vergebens. York begab sich, auf Anraten des Königs, nach Brüssel.

Am 6. März 1679 wurde das neue Parlament eröffnet; doch die neue Zusammensetzung war noch ungünstiger für den König; auch der Versuch, Shaftesbury zu gewinnen, indem er ihn zum Präsidenten des geheimen Rates ernannte, bewirkte gerade das Gegenteil: die in den Verhandlungen des Parlaments zum Übergewicht gekommene Partei trat nun in die Regierung selbst ein. Russell und Monmouth fanden auch ihren Weg in den geheimen Rat. In einer Versammlung beider Häuser des Parlaments am 30. April ließ Karl durch den Lordkanzler Finch die Bestimmungen vortragen, durch die auch unter einem katholischen Nachfolger die protestantische Religion auf immer gesichert werden könne: 1. alle kirchlichen Ämter und Pfründen sollten auf eine solche Weise übertragen werden, daß nur fromme und gelehrte Protestanten zu ihnen gelangen und ein papistischer Nachfolger keinen Einfluß auf die Präsentation ausüben könnte; 2. kein Papist sollte im Ober- bzw. Unterhaus des Parlaments Eintritt finden; 3. das beim Tode des Königs amtierende Parlament sollte für eine gewisse Zeit nicht aufgelöst werden dürfen; und wenn keines beisammen wäre, das zuletzt vorhergegangene ohne neuen Wahlen wieder in Wirksamkeit treten; 4. weil kein Papist zu einem Vertrauensamt gelangen dürfe, sollte keine Stelle im geheimen Rat oder in den Kanzleigerichten und Gerichten ohne Genehmigung des Parlaments besetzt werden; auch die Gouverneure und ihre Stellvertreter sowie die Offiziere der Marine sollten entweder durch das Parlament oder durch eine von diesem zu bestimmende Kommission ein- bzw. abgesetzt werden. Dennoch wurde dieser Entwurf zu Fall gebracht; eine Akte zur Ausschließung des Herzogs von York von der imperialen Krone wurde eingebracht; am 15. Mai erfolgte die erste, am 22. bereits die zweite Lesung. Dahinter steckte abermals Shaftesbury, der die Absicht hatte, den natürlichen Sohn Karls II., Herzog von Monmouth, auf den Thron von England zu erheben, um durch diesen seine konstitutionellen und religiösen Ideen zur Herrschaft zu bringen. Damals war es ihm gelungen, seinen Schützling in den geheimen Rat einzuführen; sie traten zugleich miteinander in das geheime Komitee ein, das die politischen Geschäfte vorbereitete und leitete. Hier wurde auch der Vorschlag gemacht, eine bestimmte Zeit für die Entfernung Yorks festzusetzen; doch andere Mitglieder des Komitees sträubten sich aus Besorgnis, daß Shaftesbury dann vollkommen in Besitz der obersten Gewalt kommen dürfte; denn schon leitete dieser die große Partei, die jetzt die Mehrheit des Unterhauses bildete, und besaß ein großes Ansehen in der Hauptstadt. Danby, Führer der anglikanisch-royalistischen Partei, war soeben gestürzt worden und kam in den Tower (bis 1684). Um all diesen Schwierigkeiten zu entgehen, bewilligte Karl am 27. Mai die Habeaskorpusakte, wonach die Zeit, die eine Verhaftung vor dem Prozeß dauern könne, auf 24 Stunden beschränkt wurde, und vertagte das Parlament.

Die Verschwörungstheorie forderte handfeste Opfer: Coleman und drei Jesuiten waren bereits auf dem Schafott geendet; im Juni wurden fünf weitere Jesuiten verurteilt und in Tyburn durch den Strang in den Tod befördert. In Schottland wurde der Erzbischof von St. Andrews, James Sharp, vordem selbst Presbyterianer, wegen seiner schonungslosen Energie bei der Durchsetzung der Uniformitätsakte von eifrigen Covenantern ermordet; und noch bevor man gegen sie einschreiten konnte, schlugen sie weiter zu: in Rutherglen bei Glasgow wurden die Akten verbrannt, durch die der Covenant abgeschafft, Bistum und Supremat wieder eingeführt worden waren; in kürzester Zeit zählten sie mehrere Tausend und vermochten sich gegen die Truppen der Regierung im Feld zu halten.

Nicht etwa das Attentat gegen Sharp, sondern daß die Bewegung sich behaupten konnte und Unterstützung fand, mag mit den letzten Veränderungen in der Regierung von England zusammenhängen. Die Autorität Lauderdales, der Schottland bisher beherrschte, wurde durch die Empörung erschüttert. Unter dem Einfluß anwesender Schotten entschloß sich der König, seinen legitimierten Sohn Monmouth mit der Unterdrückung der Revolte zu beauftragen. In Schottland stieß Monmouth auf Unterstützung des Landes, besiegte die Rebellen am 22. Juni und stellte die Ordnung wieder her. Die Anordnung, die er alsdann traf, obwohl er die Feldkonventikel verbot, weil dabei verkappte Jesuiten Eingang fänden, drückte Milde und Nachsicht aus und kam den Presbyterianern zugute; er erschien als Gönner und Freund Schottlands und wollte so erscheinen.

Der Anglikanismus, wie er durch die Restauration gegründet war, hielt sich nur noch in Irland vollkommen aufrecht. Alle Versuche, die Bewegung, die aus den Verschwörungsprozessen entsprang, auch dorthin zu verpflanzen, wo zwei verschiedene Nationalitäten und Religionen, um den Besitz des Landes streitend, einander gegenüberstanden, schlugen fehl. Noch lenkte Ormonde das Ruder mit sicherer Hand. Gemäßigt und fest von Natur, in der Regierung des Landes erfahren, verstand er es, den agitierenden Einflüssen auszuweichen.

In den beiden anderen Reichen hatte der Presbyterianismus, in dem einen durch Waffenerfolg, in dem anderen durch Wahlerfolg, in diesem Augenblick das Übergewicht bekommen. Kein Zweifel, daß Shaftesbury im nächsten Parlament (Oktober 1680) ebenso mächtig werden mußte wie im vorangegangenen. Er wurde als der Verfasser der toleranten Fundamentalen Konstitutionen für Carolina in Nordamerika (1670 zusammen mit John Locke) und als der wirksame Gegner der strengen Uniformitätsgesetze betrachtet. Noch hatte er die hohe Stellung eines Präsidenten des geheimen Rates inne. Er war der Mentor Monmouths, der als Generalkapitän der Steitkräfte sich ebenfalls einer hohen Position erfreute; durch den Erfolg, den er in Schottland gehabt hatte, strahlte er in neuem Glanz. Schon längst hatte man die Behauptung in Umlauf gesetzt, Karl II. sei mit der Mutter Monmouths, Lucy Walter (1630–1658), insgeheim verheiratet gewesen; in Paris sei ihr Sohn einst als Prinz von Wales begrüßt worden. Wenn der König das in Abrede stelle, so geschehe es nur unter dem Einfluß der katholischen Fraktion und des Herzogs von York, der ja einst seine eigene Vermählung zu leugnen die Stirn gehabt habe.

Im August 1679 erkrankte Karl II. schwer; die Gegner Shaftesburys, die Vertreter der royalistischen Partei, luden York ein, seinen Bann aufzuheben und insgeheim an den Hof zurückzukommen; der kranke König billigte dies auch. Unerkannt gelangte York nach sechsmonatiger Verbannung nach London. Anfang September erfuhr Monmouth von der Anwesenheit seines Nebenbuhlers im Schloß. Er weigerte sich, die Aussöhnung mit dem Oheim anzunehmen. Dadurch verlor er die Gunst des Vaters; die Verbindung, in die er mit den Presbyterianern, selbst den Fanatikern, getreten war, wurde ihm auf das schlimmste ausgelegt. Noch im September wurde er aus England verbannt; und er begab sich zunächst nach Arnheim in den Niederlanden, wo er im Hause des Prinzen Ruprecht von der Pfalz Wohnung nahm. York eilte nach Brüssel, seine Familie zu holen; denn es war ihm erlaubt worden, nach Schottland zu gehen. Bei seiner Rückkehr wurde er am 21. Oktober im Merchant-Taylors-Hall von der Artilleriekompanie, deren Kapitän er war, gefei-

Die maurerische Zeitrechnung

Es war die erste Maurerloge Schottlands, die rein spekulativen Charakter hatte und dem Territoriallogensystem der Maurerkorporationen nicht unterstand. Der Gründer war Mitglied der (unpolitischen) Loge von Edinburgh gewesen und hatte weder Lizenz noch Kommission von dieser, eine Loge zu gründen; deshalb ergriff die Loge von Edinburgh gegen den »Sünder« Disziplinarmaßnahmen. (D. Murray Lyon, History of the Lodge of Edinburgh, 1900, S.106; zitiert nach D. Knoop & G.P. Jones, The Genesis of Freemasonry, 1948, S. 222)

Die Maurerei, deren spekulativer Charakter 1560 erstmalig belegt ist, war stets staatlich organisiert und unter amtliche Aufsicht gestellt; sie war die unpolitische und konfessionsfreie Fortsetzung der klösterlichen und templerischen Pflege der Hermetischen sowie Königlichen Kunst, ohne die strenge Abgeschiedenheit der Mönchsgemeinschaft und das Zölibat der Ordensritter. Selbst die Feldlogen in England von 1641 und 1646 waren lizenziert und ebenfalls unpolitisch. Waren die Exilfeldlogen auf dem Festland nach 1651 stuartisch orientiert und hatten sie das Ziel, Karl II., »Sohn der Witwe«, auf den Thron zu heben, so fanden sie nach der Restauration des Königtums von 1660 keine Daseinsberechtigung mehr und blieben eine einmalige »Entgleisung« der Maurerei ins Politische.

Der Zustrom der Gentlemen Masons in den Maurerbund hielt unvermindert an: In der Loge von Aberdeen finden wir in den ersten Akten Aufzeichnungen aus dem Jahre 1670, daß von den 49 Maurermeistern, die damals Logenmitglieder waren, nur zehn Werkmaurer waren; die übrigen waren vier Mitglieder des hohen Adels, drei Edle, acht Angehörige der freien Berufe, neun Kaufleute und fünfzehn Handwerker. Im März 1672 wurde der ehrenwerte Alexander Seaton, Bruder des Grafen von Winton, in die Loge zu Aitchison's Haven aufgenommen. In den siebziger Jahren des 17. Jahrhunderts traten der Graf von Cassillis, der Graf von Eglintoune, Sir Alexander Cunningham und Lord William Cochrane in die Loge von Kilwinning ein. Die Manuskripte von Aitchison's Haven, Kilwinning, Melrose, Stirling und Dumfries aus dieser Zeit datierten nach maurerischer Zeitrechnung AM. Die erste jakobitische Loge Schottlands von 1679 datierte »AM 5679«, woraus leicht nachzurechnen ist, daß die maurerische Zeitrechnung mit dem Jahr 4000 vor Christus begann. Doch warum dies? Was hatte sich damals ereignet, das für die Maurerei von solch entscheidender Bedeutung werden sollte? Da die Freimaurerei bis auf den heutigen Tag diese Zeitrechnung beibehielt, sollten wir uns an dieser Stelle damit befassen!

Ein Jahr besteht für uns heute aus 365,25 Tagen. Das war nicht immer so. Für das Alte Testament zum Beispiel galten die Jahre der jüdischen Zeitrechnung; und bei ihnen, wie bei allen benachbarten Kulturvölkern der damaligen

Welt, bestand das Jahr – ein Mondjahr im Gegensatz zu unserem Sonnenjahr – aus 354 Tagen zu 12 Monaten von abwechselnd 29 und 30 Tagen und begann ursprünglich (im 10. Jahrundert vor Christus) am 7. Oktober. Ein Tag wurde von Sonnenuntergang bis Sonnenuntergang gerechnet und bestand – wie auch früher bei den Sumerern – aus sechs Wachen, drei in der Nacht und drei bei Tage.

Die Israeliten, wie alle übrigen Semiten, die ursprünglich Halbnomaden waren, kannten die Sieben-Tage-Woche. Weder die Monate noch die Wochentage hatten irgendwelche Namen. Sie wurden einfach gezählt. Die Monatsnamen, die im Alten Testament erstmalig im 1. Buch der Könige im Zusammenhang mit dem Salomonischen Tempelbau vorkommen (drei an der Zahl), waren kanaanäisch und nicht hebräisch. Der älteste hebräische Kalender war der Gezer Kalender aus den Tagen Salomos. Im Jahre 722 v.Chr. wurde für Handel und Verkehr der assyrische Kalender übernommen, bei dem das Jahr am 25. März begann.

Da sich die Kalenderdaten des Mondjahres fortwährend gegen den natürlichen Ablauf der Jahreszeiten verschoben, suchte man schon frühzeitig, dies durch Einschalten eines 13. Monats zu beheben. Anfangs geschah dies je nach Bedarf, so jedes zweite Jahr oder alle drei Jahre. Nach der Eroberung Jerusalems (587 v.Chr.) führten die Babylonier dort ihren Kalender ein; die Juden übernahmen nach ihrer Rückkehr aus der Babylonischen Gefangenschaft im Jahre 538 v.Chr. den neubabylonischen Kalender – einschließlich dessen Monatsnamen –, der auch der persische Staatskalender geworden war, mit einem achtjährigen Schaltzyklus, d.h., daß man innerhalb acht Jahren dreimal einen 13. Monat einfügte. Gerechnet und datiert wurde nach den Regierungsjahren der persischen Könige (bis 332 v.Chr.).

Die Griechen rechneten seit dem 5. Jahrhundert v.Chr. (bis 200 n.Chr.) nach dem lunisolaren Jahr mit dem achtjährigen Schaltzyklus, den sie von den Persern übernommen hatten. 432 v.Chr. versuchte der Astronom Meton aus Athen den babylonischen neunzehnjährigen Schaltzyklus einzuführen, kam damit jedoch nicht durch. Doch obwohl die Babylonier, Perser und später auch die Griechen den Tag von Sonnenaufgang bis Sonnenaufgang rechneten, begann der Tag für die Juden weiterhin mit dem Sonnenuntergang. Seit 332 v.Chr. rechneten sie in Israel nach dem von Alexander dem Großen eingeführten makedonischen Kalender (bis 200 v.Chr.), datierten jedoch seit 312 v.Chr. nach der Seleukidenära und führten von 200 v. bis 70 n.Chr. den babylonischen Kalender wieder ein.

Die Juden in der Diaspora übernahmen meist den Kalender ihres Gastlandes, wurden jedoch durch Boten aus Israel über den genauen Termin der jüdischen Feiertage informiert. Die Seleukiden modifizierten von Anfang an den makedonischen Kalender nach dem babylonischen neunzehnjährigen Schaltzyklus; die Ptolemäer in Ägypten ersetzten den makedonischen durch den ägyptischen Kalender und verwendeten das ägyptische Jahr (fünfundzwanzigjähriger Schaltzyklus).

Unser Kalender hat sich aus dem römischen Kalender entwickelt. Auch im alten Rom (750 v.Chr.) beruhte der Kalender auf dem Mondjahr, bestand aus

304 Tagen zu 10 Monaten ohne Wocheneinteilung, von März bis Dezember; wobei etwas später (ca. 700 v.Chr.) die beiden Monate Januar und Februar hinzugefügt wurden, so daß das Jahr 354 Tage zählte. Auch hier wurden von Zeit zu Zeit Zusatzmonate eingeschaltet. Von 222 bis 153 v.Chr. begann das Jahr am 15. März, dann wurde der Jahresanfang auf den 1. Januar vorverlegt. Durch die ungenauen Einschaltungen entstanden solche Unstimmigkeiten, daß im Jahre 50 v.Chr. der Frühlingsanfang plötzlich in die Iden des Mai fiel statt in den späten März.

Mit Hilfe des Astronomen Sosigenes aus Alexandrien veranlaßte Julius Cäsar (100–44 v.Chr.) 46 v.Chr. eine Kalenderreform und führte das ägyptische Jahr ein, bestehend aus 12 Monaten zu je 30 Tagen und 5 Zusatztagen, alle 4 Jahre durch einen weiteren Zusatztag ergänzt. Auch die Teilung des Monats in drei Wochen zu je 10 Tagen übernahm er aus Ägypten. Man datierte nach der Ära der Stadt Rom (a.u.c. / *ab urbe condita* = seit der Gründung der Stadt), die nach Varros (116–27 v.Chr.) Berechnung am 21. April 753 v.Chr. beginnt. Augustus (63 v.–14 n.Chr.) stellte 27 v.Chr. ein Verzeichnis der Konsuln auf, nach dem bis ins 6. Jahrhundert amtlich datiert wurde. 8 v.Chr. mußte er am julianischen Kalender eine Korrektur vornehmen, so daß dieser Kalender erst ab 4 n.Chr. seine endgültige Form bekam. Außerdem rechnete man den Tag – und das bis 1925! – astronomisch von Mittag bis Mittag. Die Datierung nach der Gründung von Rom und den Konsuln mochte für den amtlichen Verkehr im ganzen Römischen Reiche gelten, für den Gebrauch der einzelnen Provinzen jedoch nicht.

Doch die Juden in der Diaspora, insbesondere in Ägypten, hatten mit einem anderen Problem zu kämpfen: sie hatten sich so sehr integriert, daß sie das Hebräische nicht mehr lesen konnten. Sie halfen sich zunächst mit Umschriften des hebräischen Bibeltextes in griechische Buchstaben. Aber was nützte das, wenn die Sprache nicht mehr verstanden wurde? Also übersetzte man in Alexandrien um 250 v.Chr. die fünf Bücher Moses (den Pentateuch) ins Griechische. Die übrigen Bücher folgten nach und nach. Diese griechische Fassung heißt *Septuaginta*, abgekürzt LXX. Der Name geht auf die im Aristeasbrief überlieferte Legende zurück, nach der 72 Juden in 72 Tagen das ganze Alte Testament ins Griechische übersetzt haben.

Aufgrund dieser Übersetzung und Festlegung des Textes kam ein alexandrinischer Jude namens Demetrios auf die Idee, die historischen Daten der Israeliten nach der Heiligen Schrift zusammenzustellen. Und da sich die Juden auf Adam als Stammvater berufen, begann seine Zählung mit der Erschaffung Adams, die nach seiner Rechnung etwa um 5000 v. Chr. stattgefunden haben sollte! So wurde im 3. Jahrhundert v.Chr. der erste Versuch unternommen, eine Chronologie nach der Bibel vorzunehmen.

Diese Art der Datierung nach alttestamentlichen Angaben wurde auch vom jüdischen Chronisten Josef ben Mattitjahu, besser bekannt als Flavius Josephus (37–100), im Jahre 93 bei seinem Werk *»Jüdische Altertümer«* verwendet. Noch handelte es sich nicht um eine feststehende Zeitrechnung; es wurden lediglich die Jahre eines jeweiligen Abschnittes addiert. Auch Josephus legte die griechische Fassung der Bibel seiner Arbeit zugrunde.

Allein die alexandrinische Übersetzung, die vor der Festlegung und Vereinheitlichung des Bibeltextes um 100 n. Chr. entstanden war, zeigte starke Abweichungen von besagtem kanonisierten Text. Hinzu kam, daß die Judenchristen diese griechische Fassung übernahmen und sich bei polemischen Auseinandersetzungen mit den Juden darauf beriefen. Im Auftrage des jüdischen Patriarchen übersetzte daher bis 140 der Proselyt Aquila die kanonisierte Fassung erneut ins Griechische. Kurz darauf benutzte der Rabbiner Josse ben Halafta diese Übersetzung zur Erstellung einer Zeitrechnung. Er verwendete als erster die Weltära nach der Erschaffung der Welt. Danach geschah dies am 7. Oktober 3758 vor Christus.

Auch die Christen – ein Begriff, der erstmalig durch Ignatius Bischof von Antiochien († nach 110) in seinem Brief an die Magnesianer zur Bezeichnung der Nichtjuden, die zum Glauben an Jesus Christus konvertierten, verwendet wurde – hatten nun das Bedürfnis, eine eigene Übersetzung der Bibel zu besitzen, frei von Judaismen und Semitismen. Und diese Fassung besorgte 180–190 ein Gnostiker aus Ephesus in Kleinasien namens Theodotion für die Christengemeinde in der Seleukidenhauptstadt, indem er die Septuaginta korrigierte.

Die Christen in der ptolemäischen Hauptstadt Alexandrien hingegen besorgten sich um 200 eine Neuübersetzung durch Symmachos ben Joseph. Unter Zugrundelegung dieser Fassung datierte der erste christliche Chronograph Sextus Julius Africanus (180–250) aus Jerusalem im Jahre 221 eine Weltchronik *(Chronographiai),* beginnend mit der Erschaffung der Welt im Jahre 5499 vor Christus.

Der fruchtbarste aller christlichen Autoren Origenes (185–254) siedelte 229 von Alexandrien nach Caesarea in Palästina über. Dort bemühte er sich um die Sicherung des Bibeltextes. In seinem Werk *»Hexapla«* (vor 245) stellte er den Text in sechs Kolumnen nebeneinander: 1. der hebräische Text in hebräischen Buchstaben, 2. der hebräische Text in griechischer Umschrift, 3. die Übersetzung des Aquila, 4. die des Symmachos, 5. die der LXX und 6. die des Theodotion. Aufgrund der fünften Kolumne der Hexapla stellten Eusebios (260–340) und Pamphilos († 310) in Caesarea um 300 eine Rezension der Bibel her, die in Palästina starke Verbreitung fand. Eusebios führte die Tradition Africanus fort und schrieb 303 eine Weltchronik, die mit der Schöpfung begann. Nach ihm fand die Schöpfung im Jahre 5200 vor Christus statt.

Eine neue Zeitrechnung bahnte sich aus einer unerwarteten Richtung den Weg. Bis dahin datierte man nach den Regierungsjahren eines Herrschers oder nach der Gründung einer Stadt oder eines Reiches. Kaiser Diokletian (284–305) reformierte 287 die Steuer im Römischen Reich, indem er die Indiktion – sie kam zuerst unter Kaiser Trajan (98–117) vor, wurde von Severus Septimus (193–211) bis Carinus (282–284) allmählich eine Haupteinnahmequelle des Römischen Reiches – regulär machte und für jeweils fünf Jahre im voraus als fast unveränderlich festlegte. Diese Steuerreform wurde 297 in Ägypten eingeführt, und schon benutzten sie die Ägypter als Zeitrechnung. Konstantin der Große (306–337) wandelte diese vernünftige Praxis seit 313 in einen theoretisch bereits 312 beginnenden Zyklus von fünfzehn Jahren um.

Fortan finden wir die Indiktion als Ära und Mittel für byzantinische und westliche Chronologien und Finanzwirtschaft bis zur Auflösung des Heiligen Römischen Reiches Deutscher Nation in 1806. Doch noch wichtiger war es, daß Konstantin, der als erster Kaiser das Christentum begünstigte, die Sieben-Tage-Woche erstmalig und offiziell einführte.

In Palästina entschied sich der jüdische Patriarch Hillel II. 344 für die Weltära, welche die Erschaffung der Welt drei Jahre älter machte und mit dem Jahr 3761 v.Chr. begann. Da seine Reform des Kalenders keinen großen Anklang gefunden hatte, entschloß er sich, das » Geheimnis« des Kalendermachens zu lüften, und veröffentlichte 358/359 den babylonischen neunzehnjährigen Lunarzyklus neben dem altjüdischen achtundzwanzigjährigen Solarzyklus, auf die er seine Reform gestützt hatte. Dennoch dauerte es bis zum 8. oder 9. Jahrhundert, bis seine Reform eine allgemeine Verbreitung bei den Massoreten fand; und erst seit dem 11. Jahrhundert wurde diese Datierung offiziell angenommen. Danach beginnt die Weltära der Juden am 7. Oktober 3761 v.Chr.

Seitdem die Kirche im 4. Jahrhundert aus der Verborgenheit an die Öffentlichkeit getreten war, zeigte sie eine Abneigung gegen den heidnischen Jahresanfang vom 1. Januar, insbesondere wegen der heidnischen Neujahrsbräuche. Die Feier der Beschneidung Jesu an diesem Tage war kein wirksames Mittel gegen die Reste des Heidentums. Kaum wurde die christliche Religion 381 zur Staatsreligion erklärt, als der Jahresanfang auch auf das vorangehende Weihnachtsfest verlegt wurde, das ja als Geburtstag des Heilands genau genommen wirklich den Anfang der Datierung bezeichnen sollte. Dennoch rechnete man nach wie vor nach der Indiktionsära.

Mit der Teilung des Römischen Reiches 395 in Ost- und Westreich verstärkten sich die orientalischen Tendenzen im Christentum des Ostens, da es nicht mehr unter Zwang stand, wegen Rom und der katholisch-westlichen Auffassung des christlichen Dogmas stets nach Kompromissen suchen zu müssen. Der orientalische Charakter der neuen Religion, sein jüdisches und hellenistisches Erbe, wurde immer deutlicher. In Alexandrien unternahm der Mönch Panodoros um 400 den Versuch, eine christliche Weltära zu schaffen. Nach ihm wurde die Welt am 25. März 5492 v.Chr. erschaffen. Diese Weltära fand bei ägyptischen Chronisten häufig Verwendung.

Der Papst im Westen hatte schon seine Last mit den Irrlehren in Ost und West. Noch gab es keinen Papst in Rom, lediglich einen Bischof von Rom, der seit über hundert Jahren bemüht war, seine Lesart des Christentums allen übrigen Bischöfen aufzuzwingen. Erst Bischof Leo (440–461), später als Papst Leo der Große bekannt, wich bei seiner Inthronisation 440 von der Tradition des Primats inter pares ab und proklamierte sich zum Stellvertreter Petri und zum obersten Bischof der Christenheit. Dennoch war er genötigt, die Ostertafel des Patriarchen von Alexandrien Kyrillos (412–444) in Ermangelung einer eigenen zu verwenden. Sein Nachfolger Hilarius (461–468) beauftragte daher den Astronomen Victorius von Aquitanien mit der Erstellung einer entsprechenden Ostertafel. Dieser revidierte den Kalender und führte 463 die Großpassahperiode – später als Victorianische Periode bezeichnet – ein. Es war eine Kombination des achtundzwanzigjährigen Sonnenzyklus mit dem neunzehnjährigen Mondzyklus nach Hillel II. zu 28 mal 19 oder 532 Jahren.

Noch vor der arabischen Eroberung wurde in Ostrom eine neue, die byzantinische Weltära eingeführt, die dritte Weltära nach der jüdischen und alexandrinischen, die auf einer künstlichen Errechnung der alttestamentlichen Angaben basierte. Nach ihr jedoch soll die Welt am 1. September 5509 v.Chr. erschaffen worden sein. Diese Ära hat sich rasch in der Literatur und den Urkunden der Byzantiner durchgesetzt. In Rußland blieb sie sogar bis 1700 in Gebrauch, in Griechenland gar bis Anfang des 19. Jahrhunderts. So gab es zu Beginn des 7. Jahrhunderts drei Weltären nach der Bibel, und alle drei im Osten! Die Juden begannen das Jahr um den 7. Oktober, die Byzantiner und Alexandriner am 1. September.

Da nun die Ostertafel des Kyrillos mit dem Jahr 247 diokletianisch (= 531 n.Chr.) auslief, veranlaßte Papst Johannes I. (523–526) im Jahr 525 den römischen Mönch Dionysius Exiguus (500–560), eine neue zu erstellen. Dieser bereitete eine modifizierte alexandrinische Ostertafel vor, unter Anwendung der viktorianischen Periode. Er ließ die nächste Viktorianische Periode im Jahre 248 der Indiktion beginnen, mochte jedoch nicht nach dem Christenverfolger Diokletian datieren.

Gestützt auf den damals sehr verbreiteten Glauben, daß Jesus ungefähr um das Jahr 750 AUC geboren worden sei, ließ er Jesus zu Beginn der viktorianischen Periode, also im Jahre 1 v.Chr., zur Welt kommen. (Bis 1740 galt dies noch als das Jahr 0 oder Beginn der christlichen Ära). So bestimmte er, daß Jesus am 25.12.753 AUC geboren sei, und begann damit seine Zeitrechnung, die dionysische Ära genannt. Die Jahre danach wurden AD (= *ab incarnatione Domini nostri Iesu Christi* = seit der Fleischwerdung unseres Herrn Jesus Christus) gerechnet.

Diese Datierung nach Christi Geburt blieb nur der Geistlichkeit bekannt und ihnen auch nur im Zusammenhang mit der Ostertafel. Man rechnete weiterhin nach der Indiktion und begann das Jahr weiterhin mit dem 25. Dezember.

Erst 597 brachten römische Missionare die römische Lesart des Christentums nach England. 664 übernahm England die neue Ostertafel samt der dionysischen Ära. 676 wird die christliche Ära erstmalig in England belegt, kurz darauf auch in Gallien.

Sehr zögernd folgten einige Gelehrte dem Beispiel der Datierung nach Christi Geburt in chronographischen Werken. Der heiliggesprochene Benediktiner und Kirchenlehrer Beda von Jarrow, genannt Venerabilis (um 673–735), schrieb 731 eine Chronik der englischen Kirche von der Landung Julius Cäsars 55/54 v.Chr. bis zur Landung des ersten katholischen Bischofs Augustinus in Kent 597 und führte darin als erster die Datierung vor und nach Christus ein. Auch für ihn begann das Jahr zu Weihnachten. Er war aber auch der erste, der die Bestimmung der Geburt Christi durch Dionysius beanstandete. Die Evangelien besagten, daß Jesus Christus zu Regierungszeit Herodes des Großen geboren wurde. Und dieser starb spätestens 750 AUC, also müßte die Geburt Christi spätestens 4 v.Chr. erfolgt sein.

Im 8. und 9. Jahrhundert finden wir immer häufiger Datierungen nach Christi Geburt auf privaten und königlichen Urkunden. Der deutsche Mönch Regino von Prüm († 915) lehnte 899 die Bestimmung nach Christi Geburt für sein zweibändiges *»Chronicon«* rundweg ab. Papst Johannes XIII. (965–972) benutzte schließlich die christliche Ära anstelle der Indiktion. Seitdem wurde sie allgemein üblich.

Mit dem genannten Papst tauchte jedoch eine andere kirchlich bestimmte Theorie auf und begann die Epoche der christlichen Ära und danach auch die einzelnen Jahre nicht erst – wie bisher – mit der Geburt, sondern schon mit der durch die Verkündigung an Maria erfolgten Empfängnis Jesu als dem entscheidenden Moment seiner Fleischwerdung. Auch diese Theorie ist von der Praxis übernommen worden. Danach begann das Jahr am 25. März. Dieser Jahresanfang kam in der päpstlichen Kanzlei bereits unter Johannes XIII. auf und setzte sich in Mittel- und Oberitalien durch. Auch die Normannen in Unteritalien, die ihre Grafschaften als päpstliches Lehen erhielten, übernahmen ihn und lösten damit den byzantinischen Jahresanfang vom 1. September ab. Unter dem Einfluß des Ordens der Zisterzienser (gegr. 1098) und der gesteigerten Marienverehrung setzte sich dieser Jahresbeginn im Frankreich der frühen Kapetinger durch. England wechselte erst im 14. Jahrhundert vom 25. Dezember zum 25. März als Jahresanfang über. Deutschland beharrte auf dem Weihnachtsdatum, zumal es zwischen den Kaisern und den Päpsten nicht gerade einvernehmlich war. Kaiser Friedrich II. (1220–1250) benutzte sogar den 1. September der Byzantiner.

Die Wiedereinführung des heutigen Jahresanfangs, der von 153 vor bis 380 n.Chr. im heidnischen Rom in Anwendung gewesen war, geht auf Initiative der deutschen Kaiser zurück. Er taucht erstmalig 1260 in der deutschen Reichskanzlei auf, während der kaiserlosen Zeit, und auch anschließend während der Regierungszeit des Kaisers Rudolf von Habsburg (1273–1291). Unter Kaiser Ferdinand I. (1556–1564) setzte er sich endgültig im Deutschland der Habsburger durch, 1559 in Dänemark und Schweden, 1563 in Frankreich (anstelle der Passionsära, die ab 25. März datierte), 1575 in den spanischen Niederlanden und 1600 in Schottland; bei der römischen Kurie 1621 für Breven und 1691 für Bullen (endgültig und allgemein sogar erst 1908!), und in England – 1753. Zur Geburtsstunde der englischen Freimaurerei (1717) begann also das Jahr noch am 25. März, während es in Schottland am 1. Januar anfing!

Das 16. Jahrhundert war das Zeitalter der religiösen Unruhen und Spaltungen. Entstehung der evangelischen Kirchen ab 1520, Gründung der Gesellschaft Jesu 1534, Abfall Englands von der katholischen Kirche 1538. Es war aber auch das Jahrhunderts des Buchdrucks und der zahlreichen Bibelübersetzungen. Jede Kirche wollte eine eigene Übersetzung haben.

Neue lateinische Übersetzungen unter Verwendung der griechischen und hebräischen Versionen wurden erstellt, evangelisch durch Leo Jud 1524 in Zürich, katholisch durch den spanischen Dominikaner Santes Pagninus 1527 in Lyon. Luther lieferte seine deutsche Übersetzung des Neuen Testaments 1522 und des Alten Testaments 1523–1537. Die katholische Antwort darauf besorgte der Ingolstädter Theologe Johann Eck 1537. Die französische Fassung erschien 1535 in Genf und wurde von Calvin selbst durchgesehen. Karl V. veranlaßte die katholische Fassung von 1550 aus Louvain. Die erste englische Übersetzung fertigte der Protestant William Tyndale 1525, wurde jedoch von den englischen Behörden daran gehindert, sie in England zu veröffentlichen. Er druckte sie in Köln und Worms 1530–1536. Die Behörden in Antwerpen beschlagnahmten seine Version, verurteilten ihn wegen Häresie und verbrannten ihn 1536 lebendig. Die wichtigste englische Ausgabe war die Bishop's Bible, erschienen 1568, zur Regierungszeit der Königin Elisabeth I.; König Jakob I. veranlaßte eine Revision der Übersetzung unter Anwendung der Tyndaleschen Fassung, die 1611 als King-James-Bible erschien und bis heute die einzige amtliche Bibel in England geblieben ist.

Eine Revision anderer Art war ebenfalls fällig geworden: eine Kalenderreform. Im Jahre des Konzils von Tarent 1545 stellte man fest, daß der Frühlingsanfang – wichtig für die Osterbestimmung – sich um zehn Tage verspätet hatte. Das Konzil beauftragte Papst Paul III. (1534–1549), eine Kalenderreform zu veranlassen. Dies gelang jedoch erst unter Papst Gregor XIII. (1572–1585) mit Hilfe des Jesuiten und Astronomen Christopher Clavius (1537–1612). Die päpstliche Bulle vom Februar 1582 bestimmte, man möge den 5. Oktober 1582 des julianischen Kalenders in den 15. Oktober umwandeln. Im selben Jahr übernahmen Frankreich, Italien, Luxemburg, Portugal und Spanien den gregorianischen Kalender. Ein Jahr später folgte der katholische Teil der Schweiz, 1584 folgten der katholische Teil Deutschlands, Belgien und die Niederlande, 1600 übernahm ihn Schottland unter französischem Einfluß zusammen mit dem neuen Jahresanfang (1. Januar); Deutschlands Protestanten folgten 1699; England folgte erst 1752!

Die Rechnung nach Christi Geburt stellte jedoch keine befriedigende Lösung für Chronisten und Historiker dar. Zumal man ja nicht mehr nach der Geburt, sondern nach dem Moment der Fleischwerdung rechnete. Außerdem eignete sich diese Rechnung nur für Jahresdaten nach Christi Geburt, nicht davor. Da war die Weltära viel praktischer gewesen. Sie kam jedoch für die abendländische Kirche überhaupt nicht in Frage, da die abtrünnige Ostkirche sich ihrer bediente. Die Befreiung aus diesem Dilemma gelang dem französischen Jesuiten Dionysius Petavius im Jahre 1628: er führte die Zeitrechnung vor Christus ein, aber erst nachdem er die jüdische Weltära kritisch überprüft und korrigiert hatte. Nach Petavius wurde die Schöpfung im Jahre 3983 v.Chr. vollendet!

Das mochte für die katholische Kirche nun gelten, für die englische jedoch schon gar nicht. Für sie errechnete der irische anglikanische Erzbischof und Gelehrte James Usher (1581–1656) anhand der Angaben der Bibel im Jahre 1650, daß die Schöpfung im Jahre 4004 v.Chr., am 26. Oktober, um neun Uhr morgens vollendet worden sei!

Die King-James-Bibelausgaben in England der Folgezeit datierten den Verlauf des Alten Testaments am Rande des Textes nach dieser Weltära, *anno mundi* also, abgekürzt AM. Auch die Zunft der Maurer und Steinmetzen in England und Schottland übernahm diese Datierung für ihre Chronik. Sie zog die Konsequenz daraus, daß Christi Geburt vier Jahre früher, als von Dionysius Exeguus angenommen, stattgefunden haben mußte, und zog vier Jahre ab. Somit war Adam 4000 vor Christus erschaffen worden.

Die Maurer gingen davon aus, daß Adam, unser aller Vater, die Freien Künste, insbesondere die Geometrie = Königliche Kunst, in seinem Herzen getragen haben muß; denn er lehrte zweifellos seinen Söhnen die Geometrie. Kain baute schließlich eine Stadt, die er nach seinem ältesten Sohn Enoch benannte. Der Anfang der Welt war demnach unweigerlich auch der Beginn der Maurerei. Deshalb datierten sie statt »im Jahre der Welt« *(anno mundi)* einfach »im Jahre der Maurerei« *(anno maconii),* und beide trugen die Abkürzung AM.

Die Royal Society

Hier sollten wir im Zusammenhang die Royal Society nicht außer Acht lassen: Wie wir bereits erwähnten, regte der deutsche Theodor Haak 1645 an, daß die namhaften Naturphilosophen wöchentliche Zusammenkünfte abhielten, sich über den Stand der Naturforschung unterhielten und über neue Experimente berichteten. So entstand in Oxford 1645 die private geheime Gesellschaft »Das unsichtbare Kollegium« (*Invisible College*), der unter anderen Samuel Hartlib (1600–1662), der Mathematiker John Wallis (1616–1703), Professor für Geometrie in Oxford, der Bischof Seth Ward (1617–1689), Professor für Astronomie, der Physiker Elias Ashmole (1617–1692), der Naturforscher und Erfinder Robert Boyle (1627–1691), der Architekt Christopher Wren (1632–1723), der Erfinder und Mikroskopist Robert Hooke (1635–1703) und der Schriftsteller Bischof Thomas Sprat (1635–1713) angehörten. Wren war seit 1657 Professor für Astronomie am Gresham College in London, Hooke dort seit 1665 Professor für Geometrie. Bis dahin bestand das Naturwissen aus der Naturphilosophie der Antike und der Scholastik; die Beschäftigung mit der Natur durch Experiment und Alchimie, durch Magie und Okkultismus war bis zur Reformation eine Domäne der Ordensklöster. Magi(e) ist die Latinisierung des griechischen *Magoi*, beide in Plural, von *Magos/Magus*, Mitglied des antiken persischen Klans der Magier, den – ähnlich wie die Leviten bei den Israeliten – Hütern des Geheimwissens und des Kultes.

Heute assoziiert man den Begriff mit Zauberern und Gauklern; am Ausgang des Mittelalters bedeutete Magie jedoch die Summe der Naturkenntnisse und überschnitt sich vielfach mit der Kabbala, Alchimie und Mystik. Pico della Mirandola (1463–1494), Paracelsus (1493–1541), Jakob Böhme (1575–1624), Comenius (1592–1670) sowie die Rosenkreuzer beschäftigten sich stark mit der Magie. So ist es nicht verwunderlich, daß wir denselben Naturforschern des Unsichtbaren Kollegiums im Kreise der Rosenkreuzer oder im von Ashmole 1646 gegründeten Haus Salomonis wieder begegnen.

Ein anderes Mitglied dieses Kollegiums, das die einzige Erwähnung der Freimaurerei aus der damaligen Zeit neben der Eintragung im Ashmoles Tagebuch überliefert hat, war William Dugdale (1605–1686); mit König und Hof in Oxford 1642 bis 1646 und Mitglied des Unsichtbaren Kollegiums, wurde er mit seinem 1656 geschriebenen Geschichtswerk *»Antiquities of Warwickshire«* zum Vater der Geschichts- schreibung der englischen Grafschaften. Dugdale war mit der Bruderschaft der »Adopted Masons« bekannt, nicht zuletzt, weil sein zukünftiger Schwiegersohn Elias Ashmole ein Mitglied dieser Bruderschaft war; er hielt sie, wie es scheint, für die Abkömmlinge einer Zunft italienischer Steinmetzen, der der Papst nach Dugdales Angaben zur Zeit Heinrichs III. (1216–1272) eine Bulle oder ein Patent erteilt hatte, in Europa zu reisen und Kirchen zu bauen (nach John Aubrey 1686, in D. Knoop, G.P. Jones und D. Hamer, Hrsg., Early Masonic Pamphlets, 1945, Seite 42). Dugdale ist auch der Verfasser der dreibändigen Klostergeschichte Englands *»Monasticon anglicanum«* (1655–1673), und war seit 1660 der heraldische Norroy King of Arms, 1667 wurde er geadelt und zum King of Arms des Hosenbandordens gemacht.

In einer Sitzung vom 28. November 1660 im Gresham College, wo die wöchentlichen Zusammenkünfte nach der Wiedereinsetzung Karls II. forgesetzt worden waren, wurde das Kollegium in eine »Gesellschaft zur Förderung von gelehrsamen physikalisch-mathematischen Experimenten« (*Society for the Promotion of Physico-Mathematical Experimental Learning*) umgewandelt. Die Gesellschaft zog nun auch Dichter und Autoren an, die die Sprache modernisieren und sie als Erziehungsträger einsetzen wollten. Dazu gehörten solche Größen wie Edmund Waller (1606–1687), der Ire John Denham (1615–1669), John Evelyn (1620–1706) und John Dryden (1631–1700).

Ende 1662 bekam sie ihren Freibrief als »Königliche Gesellschaft von London für die Förderung der Naturkenntnis und die nützlichen Künste durch Experimente«, in Kurzfassung Royal Society. Sie bestand zum größten Teil aus puritanischen Sympathisanten und Anhängern von Francis Bacon, erhielt auch wenig mehr als moralische Unterstützung von der Krone und traf sich einmal wöchentlich in ihrem neuen Stammhaus in Crane-Court, Fleet Street, London, wo sie über die Schöpfungen und Raritäten der Natur und der Kunst referierte, diskutierte und überlegte, wie solche zum Wohle der Menschheit verbessert werden könnten. Papiere literarischer bzw. philosophischer Natur assoziierter Mitglieder aus dem In- und Ausland wurden vorgetragen und in zwangloser Weise diskutiert, ohne hochtrabende, affektierte Gelehrsamkeit. Die Gesellschaft, deren ständiger Schirmherr Seine britannische Majestät war, wurde von einem Rat aus einundzwanzig Mitgliedern verwaltet, von denen zehn jährlich aus den Reihen der Mitglieder am Sankt-Andreas-Tag (30. November) gewählt wurden; der Ratsvorsitzende führte den Titel Präsident.

Wenn das alles sich auch sehr wissenschaftlich anhört – mit der Naturwissenschaft war es damals nicht weit her. Erscheint uns heute die Datierung nach der Erschaffung der Welt absurd, so war die Bibel im 17. Jahrhundert die einzige wissenschaftliche Autorität über das Alter des Lebens und der Welt; noch gab es weder Linné noch Darwin, noch Lamarck, noch Buffon, noch Neandertaler. Was das Mittelalter hatte, waren Versteinerungen, und diese wurden als Naturspiele, als Laune der Schöpfung, Produkte einer mystischen »Vis plastica« oder »Virtus formativa« ausgelegt – entstanden durch eine formgestaltende Kraft, die allerlei Tier- und Pflanzengestalten sozusagen spielerisch in Stein nachmodelliert. Unter dem Einfluß der Astrologen behauptete man schließlich sogar, die Versteinerungen entstünden durch geheimnisvolle Kräfte, die von den Gestirnen ausgehen. Schuld an diesem Dogma waren Aristoteles und sein arabischer Kommentator Avicenna.

1282 schrieb der italienische Geologe Ristoro d'Arezzo in einem Werk über den Aufbau der Welt, die biblische Sintflut habe deutlich sichtbare Spuren auf den Festländern hinterlassen;

1335 fand man in einer Schottergrube bei Klagenfurt den fossilen Schädel eines eiszeitlichen Wollnashorns und hielt ihn für den Schädel eines Lindwurms;

1370 beschrieb Giovanni Boccaccio im vierten Buch seiner *»Genealogie der Götter«* die fossilen Knochen eines Zwergelefanten aus Sizilien als die Gebeine eines Kyklopen von 300 Fuß Länge;

1443 wurde bei den Ausschachtungen am Wiener Stephansdom der Oberschenkelknochen eines Mammuts gefunden, man hielt ihn für den Knochen eines Riesen;

1517 gelangte der italienische Arzt Girolamo Fracastoro zu der Ansicht, die vielen Fossilen, die bei der Erneuerung der Wälle von Verona zum Vorschein gekommen waren, seien Reste von Tieren, die einst hier gelebt hätten;

1530 sah der deutsche Arzt Georgius Agricola in den Figurensteinen Reste von Wassertieren und schuf für sie den Begriff »Fossilien«;

1544 stellte Agricola folgerichtig fest, daß Steinkohle Erdöl sei, mit Schwefel vermischt und hart geworden;

1551 reihte der Zürcher Arzt Konrad Gessner unter den Fossilien nicht nur versteinerte Tiere und Pflanzen ein, sondern auch Steinbeile, Erzklumpen, Kristalle und sogar archäologische Funde wie Armreife und Edelsteinringe;

1577 wurden unter dem Wurzelwerk einer Eiche bei Luzern die Gebeine eines Mammuts entdeckt. Der Arzt Felix Platter untersuchte sie und erklärte sie für die Überreste eines etwa sechs Meter hohen Riesen;

1580 erklärte der Hugenotte Bernard Palissy, ein Töpfer in Paris, in einem Buch, die versteinerten Muscheln und Schneckenschalen im Pariser Becken müßten von wirklichen Meerestieren herrühren, die einst im Raum von Paris gelebt hatten; Mittelfrankreich war demnach früher einmal eine Meeresbucht gewesen. Dafür wurde er in die Bastille geworfen, wo er auch starb;

1603–1616 verbrachte Sir Walter Raleigh im Tower von London und schrieb dort eine fünfzehnbändige Weltgeschichte; darin äußerte er die Vermutung, nur die Tiere der Alten Welt hätten in der Arche Noah Platz haben können und seien von Noah gerettet worden, die Tiere der Neuen Welt dagegen hätten sich später aus diesen altweltlichen Arten entwickelt;

1613 wurde in einer Sandgrube bei Schloß Chaumont in der Dauphiné das Skelett eines Dinotheriums entdeckt; der Chirurg Mazurier gab die Knochen für die Gebeine des riesenhaften Kimbernkönigs Teutobochus aus;

1613 erklärte der Pfarrer Martin Rinckhardt in Erdeborn, Gott habe allerlei Figuren in Stein geritzt, um den Männern unter Tage zu zeigen, daß er auch allda bei ihnen sei;

1635 riet der französische Professor Etienne Declave, vor den Naturwissenschaften und ihren Gegensätzen Zuflucht zur Metaphysik, zur Theologie, zu nehmen;

1645 stießen schwedische Truppen beim Auswerfen von Schanzgräben am Hundssteig bei Krems in Niederösterreich auf Mammutknochen, hielten sie für die Gebeine eines Riesen und schickten sie nach Schweden und Polen;

1663 entdeckten Arbeiter in einem Gipssteinbruch bei Quedlinburg zahlreiche Mammutknochen und -zähne; der Physiker und Bürgermeister von Mag-

deburg Otto von Guericke stellte sie zum Skelett eines Einhorns zusammen;
1664 untersuchte der Jesuit Athanasius Kircher die Knochen des Zwergelefanten aus Sizilien und erklärte sie für die Gebeine eines Riesen von dreißig Meter Höhe;
1667 untersuchte der Arzt Nikolaus Steno in Florenz einen gestrandeten Hai und kam zur Überzeugung, daß die Zungensteine nicht von einer Naturlaune herrührten, sondern von realen Haifischen stammten;
1669 beschrieb der Antiquar Edward Lluyd aus Wales einen Ichthyosaurier, den er für einen versteinerten großen Fisch hielt; Fischeier seien beim Verdunsten des Meerwassers in die Wolken geraten und dann beim Abregnen aufs feste Land gefallen; dort hätten sie sich im Sand nicht zu lebendigen, sondern zu »steinernen« Fischen entwickelt;
1672 meinte der Naturforscher am britischen Königshof Thomas Shirley, Mineralien und Metalle seien durch einen »Steinsamen« erzeugt worden;
1673 fand der deutsche Arzt Patersonius Hayn den Schädel eines Höhlenbären in den Kleinen Karpaten und verfaßte für die Naturforscher-Akademie zu Halle eine Abhandlung über »Drachenschädel in den Karpaten«;
1685 meinte der Lord-Oberrichter von England Matthew Hale, auch die altweltlichen Arten der Tiere seien zu zahlreich gewesen, um in der Arche Noahs Platz zu finden; Tiere hätten sich also durch allerlei Begebenheiten mannigfach verändert;
1692 berichtete der Bürgermeister von Amsterdam Nicolaus Cornelius Witzen, daß das Behemoth, das im Buche Hiob erwähnt wird, bei den Russen Mammut oder Mammoth hieße; das Tier lebe jetzt unter der Erde und stoße hier seine Hörner, nämlich jene Zähne, ab;
1695 versuchte der englische Physikprofessor und Mitglied der Royal Society zu London John Woodward die biblische Sintflut zu beweisen: versteinerte Meerestiere seien Überbleibsel der Sintflut, fossile Knochen seien keine Riesen, Drachen oder Einhörner, sondern Landtiere, Opfer der Sintflut.

Bei diesem Wissensstand lag es auf der Hand, daß man sich nur auf ein einziges wissenschaftliches Werk verlassen konnte, wenn es um das Alter der Erde und der Lebewesen ging: die Bibel!

Zwar sollte die Baukunst auch unter die von der Royal Society behandelten Künsten fallen, doch gab es damals keine nennenswerten Vertreter der Architektur. Vielleicht existierten nicht mehr als ein halbes Dutzend Männer in England mit einer einigermaßen profunden Kenntnis der Bauentwurfstheorie, doch keiner mit dem Zutrauen, die Baukunst in den intellektuellen Interessenbereich der Royal Society einzubringen, d.h. zur wissenschaftlichen Beschäftigung. Hier fand Christopher Wren ein großes Betätigungsfeld, hier könnte er die Intuition des Physikers und die Kunst des Modellbauers vereinen zum Entwerfen von Werken größten Ausmaßes und kniffligster Konstruktion.

Bereits 1661 wurde der neunundzwanzigjährige Wren eingeladen, die Hafen- und Befestigungsanlagen von Tanger (die Stadt sollte von den Portugiesen an England als Teil der Mitgift von Katharina von Braganza der zukünftigen Gemahlin Karls II. von England, abgetreten werden) zu inspizieren, mußte jedoch wegen seines schlechten Gesundheitszustands absagen. Allein mit der Einladung war ihm angedeutet worden, er könnte mit der Zeit zum königlichen Oberbauleiter avancieren. 1662 entwarf Wren bereits das Sheldon-Theater in Oxford. Das Theater war das Geschenk des Bischofs Sheldon von London an seine alte Universität und sollte ein Theater im klassischen Stil werden. Wren ließ sich von der klassischen Form des Marcellus-Theaters in Rom inspirieren, setzte jedoch eine Decke aus einem Holzgerüst moderner Art ein; so verband er den klassischen Baustil mit empirischer Moderne im typischen Royal-Society-Geist.

Vom Entwurf begeistert, beriet sich Sheldon mit Wren über die baufällige Sankt-Paul-Kathedrale von London, und Wren wurde immer tiefer mit der Baukunst verbunden. Was ihm jedoch gefehlt hatte, war der Kontakt zum Baustil des Klassizismus auf dem Festland. Da er weder das Geld noch die Zeit hatte, Italien zu besuchen, begnügte sich Wren mit dem Besuch von Paris als Mitglied einer Gesandtschaft. Der Besuch fand 1665 statt. Architektur hatte damals am Hofe Ludwigs XIV. den Gipfel der Kreativität erreicht. Der Louvre-Palast war beinahe fertiggestellt und der Generalumbau von Versailles hatte begonnen. Bernini, der große Bildhauer und Architekt, war in Paris mit Entwürfen für die Ostfront des Louvre befaßt; der greise Italiener erlaubte Wren, einen Blick in die Bauzeichnungen zu werfen. In den sechs Monaten seines Aufenthalts in Paris besichtigte Wren berühmte Bauten wie Val-de-Grace, die Sorbonne sowie die zahlreichen Châteaus in der unmittelbaren Umgebung. Und sein Gepäck beherbergte manch einen Bauplan und manch eine Fassadenzeichnung.

Inzwischen wütete die Pest in London, und sowohl das Parlament als auch die Regierung quartierten sich in Oxford ein. Hier machte Wren im Frühjahr 1666 seinen ersten Entwurf einer Kuppel für die St.-Paul-Kathedrale, der am 27. August im Prinzip angenommen wurde; doch eine Woche hernach brannte London, einschließlich der Kathedrale, Zweidrittel der Stadt wurden verwüstet, und von der Kathedrale blieb eine Ruine übrig. Zwischen dem 5. und 11. September steckte Wren das genaue Ausmaß der Katastrophe vor Ort ab, arbeitete einen Plan zum Wiederaufbau der Stadt nach neuen und regelmäßigen Grundrissen aus und legte ihn dem König vor. Sein Plan verriet seine Vertrautheit mit Versailles und mit dem Rom des Papstes Sixtus V. (1585–1590). Zwei weitere Mitglieder der Royal Society, der Autor John Evelyn und der Physiker Robert Hooke, sowie andere reichten Pläne ein, und am 13. September kündigte der König an, daß ein neuer Stadtplan für London angenommen werde.

Eine Wiederaufbauakte, die von einem sechsköpfigen Ausschuß (darunter auch Wren) ausgearbeitet worden war, wurde 1667 verabschiedet und bewirkte lediglich, daß bestimmte Straßen verbreitert, Richtlinien für die Errichtung neuer Häuser festgelegt und Steuerabgaben auf die Kohlelieferung nach London gelegt wurden. 1669 starb der Poet und Oberbauleiter des Königs Sir John Denham (er war Mitglied des Parlaments, der Royal Society und des 1399 gestifteten und 1661 erneuerten Ritterordens vom Bade *»Order of the Bath«*); Wren wurde sein Nachfolger (1669–1718) und zog in die Wohnung in Whitehall ein.

1670 wurde eine zweite Wiederaufbauakte verabschiedet: die Kohlesteuer wurde erhöht, um Mittel für den Wiederaufbau der Kathedrale sowie zweiundfünfzig Pfarrkirchen und eine Säule zum Gedenken an den Großen Brand zu beschaffen. Auch wurde Wren 1670 in den Ausschuß für den Wiederaufbau der Kirchen von London gewählt, obwohl er als Oberbauleiter des Königs nicht für die Bauvorhaben der Stadtverwaltung von London zuständig war. London bestellte drei Bauleiter, darunter den Physiker Robert Hooke.

Bereits 1670 wurde mit der Errichtung zahlreicher öffentlicher Gebäude, Zunfthäuser und Kirchen begonnen. Das Tempo, mit dem der Bau fortschritt, und die ungeheure Zahl der beschäftigten Steinmetzen führte zur Verselbständigung derselben im Jahre 1677 vom Maurerhandwerk, wenn sie auch im Masons Hall tagten. Es folgten Companien der Steinmetzen (freestone masons = free masons) in Oxford, Durham, Gateshead, Alnwick und Bristol.

Wren wurde 1673 geadelt, im selben Jahr legte er sein großes Modell für die Kathedrale vor, 1675 wurde er mit dem Entwurf der neuen Bibliothek der Universität Oxford betraut. Während der ganzen Zeit hatte er seine wissenschaftliche Tätigkeit in der Royal Society nicht vernachlässigt: 1680 wurde er deren Präsident und zog gleichzeitig ins Parlament ein.

York in Schottland 1679–1682

Jakob Herzog von York, der zukünftige König Jakob VII. von Schottland, hielt sich von Oktober 1679 bis April 1682 in Schottland auf. Bis auf die Störmanöver der extremen Republikaner, die im Oktober 1680 den König und den Herzog in aller Form exkommunizierten und ein Manifest verkündeten, das aller Obrigkeit absagte, die nicht aus einer Wahl hervorgegangen sei, von Kirchenrecht, Lehnrecht und selbst den Parlamenten nichts mehr wissen wollte und die Idee erneuerte, daß man nach dem Gesetz des Volkes Israel, das Gott selbst gegeben habe, zu leben verpflichtet sei, verlief das politische Leben in Schottland reibungslos. York gebot über Schottland, und obwohl katholisch, begünstigte er die Katholiken Schottlands keineswegs; denn er befand sich dort als Kommissar des Königs, und als solcher handelte er stellvertretend für diesen.

Zwar versuchte die Opposition im englischen Parlament weiter Front gegen seine Thronfolge zu machen, wie im April 1679, so im November 1680 und zuletzt im März 1681, doch dies vermochte die Verhältnisse in Schottland nicht zu erschüttern. Immer wieder versuchte die Opposition die Verschwörungstheorie aufzubauschen und die Angst vor dem Weltkatholizismus zu schüren: am 17. November 1680 hieß es: die City von London sei das große Bollwerk des Protestantismus, ihr werde der erste Angriff gelten, der Herzog gebiete über Schottland, die irischen Papisten und die englischen würden ihm folgen, ihm würden die Beamten hohen und niederen Ranges, die der König eingesetzt habe, Gehorsam leisten.

Und als die Tories in Nordirland sich gegen die Ordnung des Staates und der Kirche auflehnten, unterstützt vom Sippenzusammenhalt der Einheimischen gegen die anglo-schottischen Siedlungen, scheute sich die Opposition am 24. März 1681 nicht zu behaupten, katholische Priester würden die Rebellen unterstützen, um der papistischen Verschwörung zum Erfolg zu verhelfen. Und jedesmal hatte der König reagiert, indem er das Parlament vertagte (10. Januar 1681) bzw. auflöste (28. März 1681), um die Exklusionsakte nicht genehmigen zu müssen.

Die Opposition entlehnte noch im März das irische Wort Tory, um die Gegner der Exklusion und der Verschwörungsprozesse damit zu bezeichnen, weil der Herzog von York als der geheime Beschützer der irischen Rebellen betrachtet wurde.

Im Geiste der Verschwörungsprozesse erschienen die Verfechter des Hoheitsrechts und des Erbrechts als Verbündete des Katholizismus. Daraufhin ergriffen die Beleidigten das schottische Wort Whig und nannten die Männer der Exklusion, die Verteidiger der Realität der papistischen Verschwörung, die Nonkonformisten oder doch deren Freunde und die, die für freie Parlamente petitionierten, solchermaßen.

Shaftesbury war nach wie vor für den Thronanspruch Monmouths; denn die Ansicht von dem gesetzlichen Verhältnis seiner Mutter zum König ließen sich die Menschen nun einmal nicht mehr nehmen. Außerdem habe Monmouth Herz und Benimm; auf die Unbestreitbarkeit seines Rechtes komme es nicht an; der beste König sei der, der den geringsten Anspruch auf die Krone habe; ein solcher sage nicht: Gott und mein Recht, sondern: Gott und mein Volk. Kaum hatte sich York nach Schottland begeben (Oktober 1679), da erschien der seit September verbannte Monmouth gegen Ende November wieder in London, und zwar in Whitehall selbst. Der König weigerte sich, ihn zu empfangen; er forderte seinen Sohn auf, ihm zu gehorchen, Whitehall, London und England zu verlassen. Noch war Monmouth Kapitän der Garde, Karl II. enthob ihn dieser und seiner anderen Stellen im geheimen Rat und Komitee. Monmouth verließ London, aber nicht England, und das ließ sich der König gefallen. Anfang 1680 durchzog Monmouth die westlichen Grafschaften und genoß die Gastfreundschaft der Landedelleute, die mit dem Hofe nicht zusammenhingen; von allen Seiten strömte das Landvolk herbei, um »den protestantischen Herzog« zu sehen. Und kurz vor der Eröffnung des Parlaments (21. Oktober 1680) war er wieder in London.

Hier hatten Shaftesbury und seine Parteigänger zwei große Absichten gefaßt, die an die Vergangenheit anknüpften: die eine, wie in den Elisabethanischen Zeiten, einen Bund zur Sicherung des Königs und des Parlamentarismus zu schließen; die andere, dem König Karl das Recht zuzusprechen, daß er wie Heinrich VII. seinen Nachfolger ernennen möge. Man glaubte sicher zu sein, daß er sich dann zugunsten von Monmouth erklären werde. Der »Thronanwärter« hatte gerade einem Gastmahl des Oberbürgermeisters der Hauptstadt beigewohnt und war dann unter Akklamationen durch die Stadt gezogen. Man wollte ihn an die Spitze des Bundes stellen, um den Herzog von York nötigenfalls mit Gewalt zu bekämpfen. Shaftesbury würde zu seinem alten Posten als Staatskanzler zurückkehren, auch dessen Freunde würden zu hohen Stellungen gelangen, die Staatsverwaltung würde in nonkonformistischem Sinn umgebildet, dem hiermit einverstandenen König aber würden für alle Eventualitäten des inneren und äußeren Krieges reiche Geldmittel zur Verfügung gestellt.

In diesem Sinne schlug der Ausschuß, der die Exklusionsbill abfassen sollte, vor, daß die Krone, wenn der König zu Lebzeiten Yorks stürbe, an denjenigen übergehen solle, dem sie zufallen würde, wenn York selbst bereits gestorben sei. Der Ausschuß meinte nämlich, daß die Bill nur gegen York selbst gehen könne, nicht gegen seine Erben; auch liege kein Grund vor, diese auszuschließen. Schon oft war der Prinz von Oranien aufgefordert worden, persönlich nach England zu kommen und das ihm durch seine Gemahlin zustehende Erbrecht wahrzunehmen. Man forderte jetzt (diese Partei zwischen Whigs und Tories für Wilhelm von Oranien nannte man die Trimmers) eine Fassung des Beschlusses, in der dies ausdrücklich vorgesehen würde.

Die Anhänger Monmouths waren absolut dagegen; und der König hielt an dem Prinzip der Linearerbfolge als Grundsatz fest; er fürchtete, wenn York beseitigt wäre, würde der ganze Impuls der Opposition sich gegen ihn selber richten. Hier griff Ludwig XIV. ein: Bereits im Oktober 1680 vor der Eröffnung des Parlaments hatte York vor dem französischen Gesandten den unerwarteten Gedanken ausgesprochen, sich im äußersten Falle in Schottland gegen das englische Parlament zur Wehr zu setzen, in der Hoffnung, daß alsdann sich ganz Irland für ihn erheben und auch in England sich eine starke Partei für ihn bilden werde. Für einen solchen Fall, in dem seine Sache eine vorzugsweise katholische geworden wäre, nahm er die Hilfe des allerchristlichsten Königs in Anspruch; Ludwig ließ ihm auch Hilfe versprechen, wenn er erst einmal in Schottland festen Fuß gefaßt haben werde. Diese Verbindung zu vermitteln war eine der ersten Handlungen John Churchills.

Und nun, einen Monat später, ließ Ludwig seinen Gesandten König Karl II. in dessen Widerstand gegen das Parlament bestärken und ihm Ludwigs Unterstützung oder, wie er freimütig sagte, seinen Schutz dagegen zusichern. Hierauf fingen die früheren geheimen Unterhandlungen durch den alten Vermittler St. Albans wieder an. Und so vertagte Karl am 10. Januar 1681 das Parlament, noch bevor dieses seinen Beschluß zugunsten der Dissenter durchführen konnte, und kündigte an, daß das nächste Parlament nicht in London, sondern in Oxford tagen werde.

Ein neugewähltes Parlament wurde am 21. März 1681 in Oxford eröffnet und genau eine Woche später aufgelöst; Anfang April wurde die Vereinbarung zwischen den beiden Königen vollzogen: eine Verbalallianz ohne Nieder- oder Unterschrift; außer York und dem französischen Gesandten wußte nur Lorenz Hyde, Yorks Schwager, Finanzminister und der einzige Politiker, der das volle Vertrauen beider Stuarts besaß, davon.

Zunächst folgte auf die Auflösung Unruhe, von der man den Ausbruch einer Empörung befürchtete, nach einiger Zeit jedoch erfolgte ein Stimmungswechsel der öffentlichen Meinung zugunsten der Krone. Denn auf viele hatten die parlamentarischen Vorgänge doch den Eindruck gemacht, als sei die Exklusion, da es kein Gesetz gab, das einen katholischen Fürsten ausschloß, rechtlich nicht begründet und als habe man den König nur im Sturm dazu hinreißen wollen. Sehr wirksam erwies sich eine Deklaration des Königs, in der er seinerseits über das Parlament Klage erhob und es der Willkür beschuldigte, weil es zum Beispiel die gegen die Dissenter bestehenden Gesetze einseitig habe aufheben wollen; überhaupt habe es die Regierung geradezu unmöglich zu machen versucht. Er gab dagegen die Versicherung, die Gesetze streng achten, das Parlament sogar häufig wieder einberufen und den Papismus ausrotten zu wollen. Die kirchlichen Behörden willigten mit Freuden ein, daß diese Erklärung, die zugleich gegen Papisten und Dissenter gerichtet war, von der Kanzel verlesen wurde, und unterstützten sie. Gegen die politischen Theorien der Whigs kam dem König die Autorität der anerkannten Gelehrsamkeit zu Hilfe. Die Universität Cambridge sprach sich gegen die genannten Theorien und zugunsten der royalistischen Grundsätze aus. In einer ausführlichen Adresse erklärte sie ihr Einverständnis mit der Lehre, daß die königliche Gewalt nicht vom Volke stamme, sondern aus dem fundamentalen Erbrecht, das weder durch Religion noch durch irgendeine andere gesetzliche Bestimmung vernichtet werden könne. Die amtliche Zeitung war in den darauffolgenden Monaten angefüllt mit Loyalitätsadressen aus den verschiedenen Teilen des Landes.

Und im Juli 1681 wurde das schottische Parlament von York als Kommissar des Königs eröffnet. Am 14. August wurde da eine Akte verabschiedet, in der die Lehre vom göttlichen Recht und der regelmäßigen Linearerbfolge ausgesprochen wurde, die durch kein Statut verändert, durch keine Differenz in der Religion beeinträchtigt werden könne. Dem entsprach es, wenn dagegen auch die stärksten Versicherungen zugunsten der protestantischen Kirche, wohlverstanden jedoch unter Vorbehalt der bischöflichen Form, eingeflochten wurden. Den öffentlichen Beamten wurde ein Eid vorgeschrieben, den weder Covenanter noch Katholiken schwören konnten und der die ausdrückliche Verpflichtung enthielt, nach keiner Veränderung in der Regierung des Landes zu trachten. Bei den Tories wurde es dem Herzog von York zu großer Ehre angerechnet, daß es unter seiner Leitung zu diesen Beschlüssen gekommen war. Er hatte die natürlichen Sympathien für das angestammte Königshaus zu erwecken und allen Anstoß, den seine religiöse Überzeugung geben konnte, zu vermeiden gewußt.

Am 24. Juli 1681 kam Wilhelm Prinz von Oranien in London an. Bald nach seiner Ankunft wurde eine Konferenz abgehalten, in der er seine Meinung erläuterte: er blieb dabei, daß sich eine Vereinbarung durch Nachgiebigkeit auf beiden Seiten (des Königs und des Parlaments) erreichen lasse; wenn sein Schwiegervater York eine solche verhindere, so werde er sich selbst und zugleich den König zugrunde richten. Karl entgegnete, daß er vielmehr durch den Widerstand seines Bruders gesichert werde: denn wäre dieser erst gestürzt, so würde sich der Angriff gegen ihn, den König, wenden. Das war noch vor der Entscheidung des schottischen Parlaments, die gezeigt hatte, daß die royalistische Sache stärker als Religionsunterschiede war. Unter dieser günstigen Entwicklung meinte Ludwig XIV., der bei weitem enger mit York verbunden war – York hatte sich ihm mit ganzer Seele angeschlossen –, als dem König und dessen Ministern, der Allianz mit England erst sicher zu sein, wenn der Herzog von York wieder bei seinem Bruder wäre. Unaufhörlich hatte er auf dessen Rückkehr drängen lassen: sie wurde ihm jetzt (Ende Februar 1682) bewilligt, um ihn zugleich zu einer Mäßigung seines Verfahrens in den Niederlanden zu veranlassen.

Am 20. April 1682 gab die Artilleriekompanie zu London abermals (wie am 21. Oktober 1679 bei Yorks Rückkehr aus dem Exil in Brüssel) einen Empfang für den Herzog von York, der mit einer Predigt eröffnet wurde; erst danach – denn die Predigt mochte er nicht besuchen – hielt York seinen Einzug in London, von einer großen Anzahl schottischer und englischer Noblemen, die sich ihm angeschlossen hatten, begleitet. Die Whigs wollten diesem Fest durch eine Parteidemonstration begegnen; sie verschickten Einladungen zu einem Dankfest für den wunderbaren Schutz, »den Gott dem König, der protestantischen Religion und den Freiheiten von England gegen die höllischen Angriffe der Feinde derselben angedeihen lasse«. Doch die Opposition war stark geschwächt. Monmouth hielt an seinen alten Freunden Shaftesbury, Montague und Russell fest und wies die Annäherungsversuche der Minister

Seymour und Halifax zurück. Der Geheime Rat verbot die Whigs-Demonstration; er stellte die Polizisten auf ihre Posten und die Milizen unter Waffen, um jenem Verbot den gehörigen Nachdruck zu verleihen. Im Sommer 1682 nahmen Hof und Staatsverwaltung eine noch eindeutigere Richtung gegen die Whigs ein als bisher, verbunden mit einer größeren Annäherung an Frankreich. Die Sheriff-Wahl in London fiel zugunsten der Tories aus. Man kann die Regierung von 1682 als die erste entschiedene Tory-Regierung betrachten, die überhaupt bestanden hat. Sie zielte darauf ab, die Whigs in ihren vornehmsten Bollwerken anzugreifen: den städtischen Freiheiten und der von der vorwaltenden Partei abhängigen Bildung der Geschworenengerichte.

Shaftesbury unternahm noch einen Versuch der Aussöhnung und erklärte sich bereit, wenn der König das Parlament einberufe, ihm nicht allein reichliche Subsidien, sondern auch die Anerkennung der Erbfolge zu verschaffen, vorausgesetzt, daß man eine Limitation der Autorität des papistischen Thronfolgers bewillige. Da er damit zurückgewiesen wurde, beschloß er, eine große Demonstration zu veranstalten, die sein Ansehen festigen sollte. Er rechnete auf einige große Städte und einflußreiche Männer in den Grafschaften sowie den Beistand wirksamer Prediger. Nach Shaftesburys Planung sollte dann Monmouth in dem Feuer der Aufregung, von seinen Anhängern umgeben, die Forderung nach einem Parlament aussprechen und dies in den verschiedenen Grafschaften wiederholen, um zu einer allgemeinen Manifestation gleichartiger Gesinnung des Landes zu führen.

Doch Shaftesburys Annäherung an den Hof blieb kein Geheimnis, und seine Stellung unter den Whigs war nicht mehr unumstritten. Unter ihnen bildete sich eine besondere Gruppe heraus, die unter dem Namen der Southamptons erscheint, nach Russells Landhaus, wo sie sich versammelte, und der Shaftesbury bald zu weit ging, bald nicht weit genug. Sie hielt an der Exklusion fest und wollte keinen Aufruhr. Zu dieser hielt nun Monmouth. Als er noch im September, während er in Stafford an einem Gastmahl teilnahm, verhaftet wurde, leistete er keinen Widerstand, da er sich nicht außerhalb der Gesetze stellen wollte.

Die Stimmung schlug zugunsten der Regierung um; in dem großen Streit um die Wahlen des Sheriffs von London behielt die Regierung zuletzt die Oberhand. Mehr noch: am 22. Oktober wurde der Tory Pritchard vom Recorder der Hauptstadt zum Oberbürgermeister (*Lord-Mayor*) für das nächste Jahr erklärt. Niemand bezweifelte, daß die öffentliche Autorität der Hauptstadt Geschworene in ihrem Sinne aufstellen wolle und daß nun auch dort die Whigs durch feindselige Richtersprüche heimgesucht werden würden. Der erste, der sich davon mit Recht bedroht fühlte, war Shaftesbury selbst. Er hielt sich deshalb in der City bei Freunden versteckt und arbeitete weiter an seinem verwegenen Plan eines Aufruhrs in London. In geheimen Treffen, an denen auch Monmouth (er war im Oktober gegen Kaution freigelassen worden) und Russell teilnahmen, wurde geplant, Whitehall zu überfallen und sich der Person des Königs zu bemächtigen. Mehr als einmal wurde der Tag des Ausbruchs bestimmt und wieder verschoben, da die Verschwörer zu wenige waren, den Plan auszuführen, und zu viele, als daß er verborgen bleiben könnte.

Deshalb brachte sich Shaftesbury im November in Sicherheit durch Flucht in die Vereinigten Niederlande.

In der englischen Geschichte wird Shaftesbury (1621–1683) deshalb für alle Zeiten unvergeßlich bleiben, weil er sich einer royalistisch-anglikanischen Organisation mit Erfolg entgegensetzte. Er ging von dem Begriff der Toleranz aus wie Locke; denn sie beide hatten dieselben Grundsätze. Durch alle wechselhafte Phasen in Shaftesburys Verhalten zog sich die Konsequenz eines einzigen liberalen Gedankens; denn nur insofern war er sehr parlamentarisch, als die Dissenter einen maßgebenden Einfluß auf die Beschlüsse des Unterhauses ausübten. Er kann als der vornehmste Begründer der großen Partei betrachtet werden, die der Prärogative und Uniformität gegenüber politische Freiheit und kirchliche Toleranz auf ihre Fahne schrieb. Und sowohl die Whigs als auch die Gesinnung der kirchlichen Toleranz und der politischen Freiheit (natürlich außer für die Katholiken!) sind die Begründer der englischen Freimaurerei.

Die Freimaurerei in England

Viermal bisher begegneten wir der Freimaurerei in England, wobei es sich offensichtlich stets um schottische Verpflanzungen handelte:

– die erstmalig 1630/31 erwähnte Einrichtung der »Acception« in der Masons Hall, Masons Alley, Basing Hall Street, London (Seiten 153–154), könnte Society of »Accepted Masons« geheißen haben, von einer Aufnahme 1638/39 (fünf Personen, von denen vier alte Mitglieder der Companie waren) und einer anderen 1649/50 (sechs Personen, darunter vier alte Mitglieder) haben wir Kenntnis durch Eintragungen im Rechnungsbuch der Maurercompanie von London;

– am 20. Mai 1641 wurde der schottische Generalquartiermeister Robert Graf von Murray (Seite 143) in Newcastle in eine von der Territorialloge von Edinburgh lizenzierte Feldloge als »Gentleman Mason« aufgenommen;

– am 16. Oktober 1646 (Seiten 146, 154) wurden Oberst Henry Maniwaring aus Karincham in der Grafschaft Cheshire und der Offizier Elias Ashmole aus Oxford in die Feldloge zu Warrington zu »Free Masons« gemacht (die erste Erwähnung der Free Masons überhaupt in solchem Zusammenhang, da der Steinmetz noch immer freestone mason, wie von Norwich 1638 und 1652 belegt, geheißen hatte);

– 1656 erwähnte Sir William Dugdale (Seite 191) in seinem Buch *»Antiquities of Warwickshire«* eine »Fraternity of Adopted Masons« in der Grafschaft Warwick.

Auch das Maurerwort (Seite 102) war eine Verpflanzung aus Schottland: die frühen maurerischen Katechismen haben überhaupt ein starkes schottisches »Aroma«, verschiedene Eintragungen in Logenakten im 17. und frühen 18. Jahrhundert erwähnen das Maurerwort. Ohne Ausnahme gehören diese Akten schottischen Logen; Erwähnungen des Maurerworts finden sich in der nichtmaurerischen Literatur des 17. Jahrhunderts nahezu nur in Schottland, so die von Henry Adamson 1638 in *»The Muses Threnodie«*, von John Lamont 1649 in seinem *»Chronicle of Fife«*, und 1652 in einem Bericht über die Verhandlungen des Presbyteriums zu Keslo.

Der größte englische Dichter und Dramatiker des 17. Jahrhunderts John Dryden (1631–1700), seit 1663 Mitglied der Royal Society, seit 1668 Hofdichter und 1670 königlicher Geschichtsschreiber, schrieb im Juni 1669 das Bühnenstück *»Tyrannische Liebe«*, im Dezember 1670 den ersten Teil des Dramas *»Eroberung Granadas durch die Spanier«*, einen Monat später folgte der zweite Teil; in der Figur des Almansor, dem unerschrockenen Helden des Stückes, erreichte das Thema Liebe und Ehre seinen Höhepunkt. Alle drei Stücke waren große Erfolge am Killigrew Theater. Im Dezember 1671 wurden die Theaterbesucher in London unterhalten mit der satirischen Parodie des historischen Dramas *»The Rehearsal«* (Die Probe) von George Villiers 2. Herzog von

Buckingham (1628–1687), Minister im Kabinett Karls II., in der Dryden selbst (als Mr. Bayes) das Hauptopfer der Satire war. Andrew Marvell (1621–1678) erwiderte 1672 mit dem geistreichen Bestseller *»The Rehearsal Transpros'd«*. In diesem Stück wird das Maurerwort zum erstenmal in England belegt. Sicherlich bezog sich Marvell auf die Bräuche der englischen angenommenen Maurer seiner eigenen Zeit statt auf die der Werkmaurer, die das Maurerwort als System noch nicht kannten. Die Tatsache, daß die Mitglieder der Loge zu Chester 1673 in der Mehrzahl Nicht-Werkmaurer waren, scheint dies zu bestätigen.

Eine andere nichtmaurerische Quelle aus dieser Zeit, die die Verbreitung der Freimaurerei in England belegt, ist eine in *»Poor Robin's Intelligence«* vom 10. Oktober 1676 erschienene Einlage *(divertisement)*; der Absatz nennt unter anderen Organisationen die Companie der angenommenen *(accepted)* Maurer. Das deutet darauf hin, daß das Bestehen der angenommenen Maurerei in London damals auch außerhalb des unmittelbaren Kreises der Maurercompanie bekannt war. 1676/77 findet sich auch die letzte Eintragung über die »Acception« im Rechnungsbuch der Maurercompanie von London; noch immer ist es ungeklärt, als was diese »Acception« fungiert hatte: als Loge, Gesellschaft, Bruderschaft, Genossenschaft oder Companie der angenommenen Maurer?

Nach dem großen Brand von London (1666) wurde das Haus der Maurercompanie (Masons Hall) 1669/70 wiederaufgebaut; 1677 erhielten die Steinmetzen von London ihren eigenen Korporationsbrief als *Company of Freestone Masons,* was kurz darauf in *Company of Free Masons* umbenannt wurde (Seite 196); somit verschwand die Bezeichnung free mason aus der Maurercompanie. Auch die angenommenen Maurer wechselten dorthin, da die Steinmetzen die wahren Vertreter der Königlichen Kunst waren.

Doch ganz gleich, ob es sich bei den Freimaurern um *Company, Society, Fraternity* oder *Fellowship* (Gilde, Gesellschaft, Bruderschaft oder Genossenschaft) gehandelt hatte, sie alle sprachen von angenommenen *(admitted, adopted, accepted)* Maurern, und nur die schottisch-englische Feldloge von 1646 verwandte die Bezeichnung »Free Mason«. Die Einführung dieses Begriffs begann Anfang des 17. Jahrhunderts, als man bei der Annahme schottischer Fassungen der alten Ordnungen nahe am Anfang im Titel »die Pflichten, die einzuhalten jedem wahren Maurer geziehmt«, den Ausdruck »wahrer Maurer« (schott. *true Mason* = wahrer Steinmetz) durch »freier Maurer« (engl. *free Mason*) ersetzte, was vermuten läßt, daß diese besonderen Fassungen der alten Ordnungen für den Gebrauch der Nicht-Werkmaurer bestimmt waren. Das York-Manuskript Nr. 1 von etwa 1620 beginnt mit dem Wort »Masonrie« im schottischen Sinne und verwendet den Ausdruck »freier Maurer« statt »wahrer Maurer«

Auch in England waren die Mischlogen von Werkmaurern und angenommenen Maurern unpolitisch. Zwar beherbergten die Gilden und die zahlreichen politischen Klubs in London, insbesondere seit der Auflösung des letzten Parlaments (März 1681), unzählige Dissenter und Mitglieder der Opposition (Whigs), zwar ließ sich Shaftesbury, der Stadtbürger von London geworden war, in die Maurercompanie einschreiben (Leopold von Ranke, Englische Geschichte, Bd. III, S. 109, Nachdruck der Ausgabe von 1859–68, Hrsg. Prof. Dr. Willy Andreas, Wiesbaden 1957), doch bedeutet dies nicht unweigerlich eine Politisierung der Freimaurerei. In der Tagesliteratur überwogen parlamentarische Tendenzen; eine eigentümliche Erscheinung der Zeit waren die politischen Gedichte, die in Schottland noch den Ton der Ballade anschlugen, in England aber den Streit der Klubs und der Fraktionen widerspiegelten.

Die Stimmung in der Bevölkerung schlug seit der Auflösung des Parlaments um gegen die Whigs und für den König und die Monarchie; man hatte es Shaftesbury übelgenommen, daß er versuchte, Karl II. zu zwingen, den Herzog von Monmouth zum Thronfolger zu bestimmen und den rechtmäßigen Thronerben Herzog von York zu übergehen. Am 2. Juli 1681 wurde Shaftesbury wegen Hochverrat verhaftet und in den Tower verbracht. Die Tories begannen, aus der Minderheit herauszutreten. Blätter entgegengesetzter Richtung gewannen viel Beifall: der *»Heraclitus Ridens«*, der durch Witz, der *»Observator«* von Lestrange, der durch Kampfesfertigkeit glänzte. Selbst Dryden, der Hofdichter in diesen kritischen Zeiten, unterstützte den König mit der Satire *»Absalom and Achitophel«* (November 1681) und zog den Zorn der Whigs auf sich. Er übernahm als Rahmenhandlung die alttestamentliche Geschichte (2. Sam. 14,28–18,18) von König David (= Karl II.), seinem dritten und Lieblingssohn Absalom (= Monmouth) und dem falschen Ratgeber Achitophel (= Shaftesbury), der Absalom überredet, gegen den Vater zu revoltieren, und gab eine satirische Version der Ereignisse der letzten Jahre aus der Sicht des Königs und seiner Tory-Minister unter Beibehaltung des einem König und der Ernsthaftigkeit der politischen Situation angemessenen heroischen Tones.

Eine Woche später (24. November) wurde jedoch Shaftesbury freigelassen, da das Schwurgericht London die Zulassung der Anklage abgelehnt hatte, und die Whigs feierten dieses Ereignis mit der Herausgabe einer Medaille. Und schon veröffentlichte Dryden im März 1682 seine scharfe Satire *»Die Medaille«*, und im November desselben Jahres gab er die Abhandlung *»Religio laici oder der Glaube eines Laien«* heraus, in der er die anglikanische Kirche und ihren »Mittelweg« zwischen der unfehlbaren Kirche von Rom und dem diversen Individualismus der protestantischen Sekten verteidigte. Shaftesbury floh im selben Monat in die Niederlande – am 21. Januar 1683 starb dort Anthony Ashley Cooper Graf von Shaftesbury.

Das war das vorläufige Ende der Opposition. Und so wie die Aktion der starken Opposition im englischen Parlament gegen die Thronfolge des rechtmäßigen Erbberechtigten 1679 das Wiederaufleben der politisch motivierten Feldloge im schottischen »Exil« veranlaßt hatte, wurde die Freimaurerei in London royalistisch-anglikanisch (torystisch): Am 21. März 1683 trat eine Loge in der Masons Hall zu London zusammen, von der uns Elias Ashmole in seinem Tagebuch berichtet. (Er schreibt nach englischem Kalender den 11. März 1682; das englische Jahr begann damals am 25. März und hatte die gregorianische Kalenderreform noch nicht übernommen: 11.3.1682 englisch = 21.3.1683 gregorianisch.)

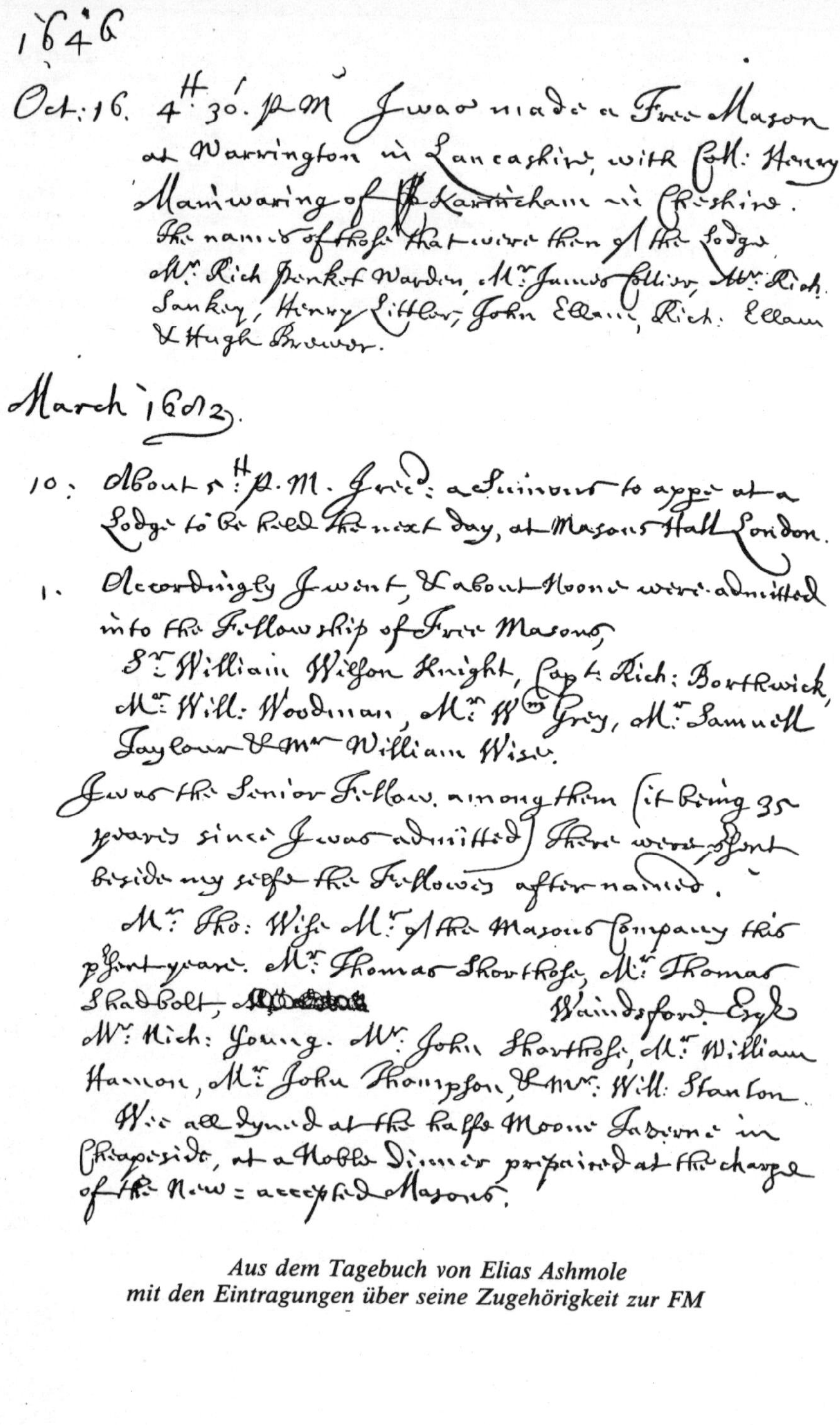

1646

Oct: 16. 4H 30' p.M. I was made a Free Mason at Warrington in Lancashire, with Coll: Henry Mainwaring of Karticham in Cheshire.
The names of those that were then of the Lodge, Mr: Rich Penket Warden, Mr: James Collier, Mr: Rich: Sankey, Henry Littler, John Ellam, Rich: Ellam & Hugh Brewer.

March 1682.

10: About 5H: P.M. I recd: a Sumons to appr at a Lodge to be held the next day, at Masons Hall London.

1. Accordingly I went, & about Noone were admitted into the Fellowship of Free Masons,
Sr: William Wilson Knight, Capt: Rich: Borthwick, Mr: Will: Woodman, Mr: Wm Grey, Mr: Samuell Taylour & Mr William Wise.

I was the Senior Fellow among them (it being 35 yeares since I was admitted) There were psent beside my selfe the Fellowes after named.
Mr: Tho: Wise Mr: of the Masons Company this psent yeare. Mr: Thomas Shorthose, Mr: Thomas Shadbolt, [illegible] Waindsford Esqr Mr: Nich: Young. Mr: John Shorthose, Mr: William Hamon, Mr: John Thompson, & Mr: Will: Stanton.
Wee all dyned at the halfe Moone Taverne in Cheapeside, at a Noble Dinner prepaired at the charge of the New-accepted Masons.

Aus dem Tagebuch von Elias Ashmole
mit den Eintragungen über seine Zugehörigkeit zur FM

März 1682

10. Gegen 5 Uhr nachmittag erhielt ich eine Ladung, bei einer Loge zu erscheinen, die am darauffolgenden Tag in der Masons Hall London abgehalten wird.

11. Folglich ging ich hin & gegen Mittag wurden in die Genossenschaft der freien Maurer (Fellowship of Free Masons) aufgenommen,

Sir William Wilson, Ritter; Hauptmann Rich. Borthwick, Mr. Will. Woodman, Mr. Wm. Grey, Mr. Samuell Taylour & Mr. William Wise. Ich war der älteste Genosse (Fellow) unter ihnen (da es 35 Jahre waren, seitdem ich aufgenommen wurde).

Außer mir waren folgende Genossen anwesend: Mr. Tho. Wise, Meister der Maurercompanie im heutigen Jahr, Mr. Thomas Shorthose, Mr. Thomas Shadbolt, (unleserlich), Mr. Mich. Young, Mr. John Shorthose, Mr. William Hamon, Mr. John Thompson & Mr. Will. Stanton.

Wir alle aßen in der Taverne zum Halbmond in Cheapeside an einer Tafel, die auf Kosten der neu-aufgenommenen Maurer bereitet wurde.

Dieses Dokument ist in vielerlei Hinsicht von besonderer Wichtigkeit:

– Mit keiner Silbe wird darin von der »Acception« gesprochen; selbst die Genossen werden aufgenommen (admitted) und nicht angenommen (accepted);

– nur in den Eintragungen von Ashmole 1646 und 1683 wird die »Loge« erwähnt, sie kommt bei den bisher besprochenen Quellen nicht vor;

– nur die Eintragungen von Ashmole 1646 und 1683 sprechen von Free Masons, alle übrigen Quellen sprechen von angenommenen (accepted, adopted) Maurern;

– 1656 spricht Dugdale von einer Bruderschaft (Fraternity), 1676 spricht die Zeitungsbeilage von einer Companie, Ashmole spricht von einer Genossenschaft (Fellowship);

– die Bezeichnung für Mitglied bei Ashmole ist Genosse (Fellow); von Lehrling, Geselle oder Meister wird nicht gesprochen;

– die Bezeichnung »Meister« wird nur für den Vorsitzenden der Companie verwendet.

Nach alledem kann es sich nicht um die »Acception« oder die Bruderschaft bzw. Companie der angenommenen Maurer handeln, sondern um eine neue Einrichtung; und wieder wird die Bezeichnung Free Mason wie bei der schottisch-englischen Feldloge von 1646 angewandt. Da das schottische Element, insbesondere das presbyterianische, damals in England ohne Einfluß war, ziehen wir daraus den Schluß, daß es sich hierbei um die Einführung der politisch motivierten royalistischen (= torystischen) Loge aus Schottland handelt, die der Companie nicht unterstand, noch eine Handwerksvertretung darstellte. Mit Ausnahme der kurzlebigen Feldloge von 1646 war dies die erste Freimaurerloge im heutigen Sinne auf englischem Boden.

Was die Annahme erhärtet, daß diese erste Freimaurerloge eine royalistisch-anglikanisch-episkopale war, ist,

1. daß Shaftesbury (Führer der Opposition) Mitglied der Companie der Steinmetzen (Company of Free Masons) von London, also einer Mischloge von Werk- und angenommenen Maurern, war;

2. daß die Opposition endgültig zerschlagen wurde durch die Aufdeckung der Ryehouse-Verschwörung (Anfang 1683, entdeckt im Juni 1683), mit der man sich des Königs und des Herzogs von York bemächtigen wollte;

3. daß sich der Oberbürgermeister und die Mitglieder des Gemeinderats von London daraufhin (am 21. Juni) zum König begaben, um sich seinem Willen zu unterwerfen und die Freibriefe der Stadt und der Gilden zurückzugeben;

4. daß die Verschwörer am 26. Juni gefaßt und in den Tower verbracht wurden, von denen William Russell Lord Russell (1639–1683) am 21. Juli und Algernon Sidney (1622–1683) am 7. Dezember hingerichtet wurden;

5. daß Monmouth am 7. Dezember des Hofes verwiesen wurde und sich erst nach Flandern, dann nach Holland begab; und

6. daß durch all das die Freimaurerei nicht in Verruf geriet, noch von den Aktionen gegen die Anhänger der Whigs betroffen wurde.

1686 bezeichnet sich Robert Padgett am Ende der Abschrift, die er von der als Antiquity-Manuskript bekannten Fassung der alten Ordnungen anfertigte, als Sekretär der ehrwürdigen Companie der freien Maurer der Stadt London (*Worshipful Company of Free Masons of the City of London*), der Gilde der Steinmetzen also, da die Gilde der Maurer damals London Worshipful Companie of Masons hieß und von 1681 bis 1696 Thomas Stampe zum Sekretär hatte,

1686 schreibt der Historiker Dr. Robert Plot in seinem Werk *»Naturgeschichte der Grafschaft Stafford«* über die »Society of Free-Masons«, deren Mitglieder »accepted masons« hießen,

1686 schreibt der Historiker John Aubrey in seinem Werk *»Naturgeschichte der Grafschaft Wilt«* über die »Fraternity of Free-Masons«, die er auch »adopted masons« und »accepted masons« nennt,

1688 bezeichnet sich Randle Holme III., der Genealoge und Historiker aus Chester, in seinem Werk *»Accademie of Armory«* als Mitglied jener ehrwürdigen, »Free-Masons« genannten Gesellschaft;

7. daß die erste belegte negative Reaktion auf diese Freimaurerei vom Juli 1688 datiert und aus Dublin stammt: es handelt sich um ein Tripos, eine satirische Ansprache, die ein Student bei der Promotionsfeier der Universität hielt. In dieser Rede wird die Gründung eines neuen Colleges vorgeschlagen, in das eingelassen werden sollte eine

»Gesellschaft (Society) der Freimaurer, bestehend aus »Gentlemen«, Handwerkern, Lastträgern, Pastoren, Lumpensammlern, Marktschreiern, Theologen, Klempnern, Rittern ... nach dem Beispiel der Bruderschaft (Fraternity) *der Freimaurer im Trinity-College und Umgebung, die kürzlich für einen in Not geratenen Bruder gesammelt hatte, wobei der Beutel der Wohltätigkeit prall voll geworden war«*

und daß diese negative Reaktion mit der Erstarkung der protestantischen Partei des Calvinisten Prinz von Oranien und die Einladung an ihn (Juni 1688), England vom katholischen König zu befreien, in Zusammenhang stand;

8. daß die Pänalgesetze gegen Dissenter und Katholiken noch in Kraft waren und die whigistische Opposition im Untergrund war, und das auch nach der Thronbesteigung Yorks als Jakob II. von England.

Übrigens läßt sich die Wohltätigkeit als Bestandteil der Freimaurerei bis nach Schottland ins Jahr 1670 zurückverfolgen: die Statuten der Loge von Aberdeen von 1670 treffen Bestimmungen für die Unterhaltung der Maurerkasse zur Unterstützung in Not befindlicher Brüder, insbesondere derjenigen, die der Loge angehören, und für die Erziehung und Ausbildung der Kinder verstorbener Mitglieder. Zweifellos wurde die Wohltätigkeit schon früher ausgeübt, aber wahrscheinlich war die systematische Ordnung der Wohltätigkeitsarbeit der Loge im Jahre 1670 neu; denn das vierte Statut trägt die Überschrift »Gesetze für unsere Kasse für die Armen, zuvor nie in Aberdeine (sic!) angewendet«.

Auch das Konstitutionsmanuskript, das als Dumfries-Manuskript Nr. 3 bezeichnet wird, aus dieser Zeit enthält unter seinen Vorschriften und Pflichten die nachstehende Bestimmung:

»14tens: Ihr sollt jederzeit fröhlich eure milden Gaben zur Unterstützung in Not befindlicher oder kranker Maurer-Genossen verteilen.«

Die angenommenen Maurer in England übernahmen diese Haltung aus Schottland: bereits 1686 erwähnt John Aubrey in seinem Manuskript von der Bruderschaft der angenommenen Maurer (engl. *Fraternity of adopted Masons*):

»Sie erkennen sich an gewissen Zeichen und Paßworten, und das ist noch heute so. Sie haben verschiedene Logen im Lande für ihre Aufnahme, und wenn es einem von ihnen schlecht geht, dann haben die Brüder ihn zu unterstützen etc. Das Verfahren ihrer Annahme ist sehr förmlich und erfolgt mit einem Eid der Geheimhaltung.«

Am 2. Februar 1685 erlitt Karl II. einen Schlaganfall und verlor die Besinnung. Sein Zustand erschien von Anfang an hoffnungslos, so daß der Herzog von York auf der Stelle befahl, die Häfen zu schließen, damit nicht etwa Monmouth nach England käme, um ihm mit seinen Anhängern bei der Thronbesteigung in den Weg zu treten.

Das Land war in drei Lager gespalten:

– Tories = anglikanisch-episkopal, royalistisch, für den rechtmäßigen Thronfolger Herzog von York;

– Whigs = protestantisch-nonkonformistisch, für die Thronfolge des Herzogs von Monmouth;

– Trimmers = protestantisch, republikanisch, für den Thronanwärter Prinz von Oranien.

Wir werden sehen, daß aus diesen Gruppierungen drei Freimaurereien entstehen:

– Tories = royalistisch-anglikanisch-episkopal, für das Haus Stuart als rechtmäßiges Königshaus, ohne Unterschied der Religion des Souveräns, Hauptzentrum Edinburgh und London (Antients);

– Whigs = dissentisch-nonkonformistisch-tolerant, für bisher protestantischen Souverän, Hauptsitz London (Moderns),

– Jakobiten = royalistisch-katholisch, für das katholische Haus Stuart, Hauptsitz St. Germain, Frankreich (Schottische Maurerei).

Aus alledem sieht man, daß die Freimaurerei kein Kind der Aufklärung (in England ab 1690), vielmehr ein Produkt der Reformation ist. Dennoch fällt die Gründung der englischen (Whigs = Moderns) Freimaurerei (1691) in die umwälzende Zeit der neuen Ideen der Toleranz, des Deismus, des Naturrechts, der Naturreligion und hat mit ihrer Ausbreitung die englische Aufklärung in alle Welt getragen.

Jakob VII. von Schottland 1685–1688–1701

Am Freitag, dem 6. Februar 1685, gegen Mittag, starb Karl II., vierundfünfzigjährig; am Tage davor hatte er den Weg zurück in den Schoß der römisch-katholischen Kirche gefunden. Am Sonntag, dem 15. Februar (einen Tag vor der Krönungszeremonie), gegen Mittag, als der Palast nicht allein von den Mitgliedern der Hofhaltung, sondern von einer Menge Menschen, die dem König ihre Huldigung darbringen wollten, erfüllt war, wurden die Türen der Kapelle neben dem großen Saal vor jedermanns Augen geöffnet; König Jakob II. und Königin Maria traten ein und empfingen öffentlich das Sakrament; die Türen blieben offen; bei der Elevation knieten die Katholiken nieder; die Protestanten, die von dem Eintritt überhaupt ausgeschlossen waren, entfernten sich.

Die royalistische Gesinnung der Schotten wurde schon an sich durch die Thronbesteigung eines eingeborenen Königs angeregt, des hundertzwölften in der fabulösen Reihe einer vorgeblich zweitausendjährigen Monarchie; überdies aber hatte der neue König bei seinem letzten Aufenthalt in Schottland, ungeachtet seiner abweichenden Religion, die er als Privatsache ansah, Adel und Gentry persönlich für sich zu gewinnen gewußt. Er erklärte den Schotten auch jetzt, daß er nichts beabsichtige als die Sicherung ihrer Religion, wie sie durch die Gesetze festgestellt sei, und ihres Eigentums. Die Verhältnisse lagen in Schottland so, daß Kirche und Staat eine starke Autorität willkommen hießen. Die wilden Whigs hatten sich von der presbyterianischen Kirche vollends abgesondert und in einer Gesellschaft zusammengeschlossen, die im November 1684 nicht allein ihre Lossagung von der Krone und dem König durch eine öffentliche Deklaration erneuerte, sondern auch alle die, die an der gegen sie verhängten Verfolgung teilnähmen, für Feinde Gottes erklärte und ihnen ankündigte, sie nach dem Maße ihrer Vergehung bestrafen zu wollen, soweit ihre Macht reiche. Da nun bald darauf Mordtaten verübt wurden, eben an solchen, die bei der inkriminierten Verfolgung besonders tätig gewesen waren, so ging ein allgemeiner Schrecken durch die Reihen der Anhänger der Regierung; furchtsame Pfarrer hatten ihre Dörfer verlassen; die Verfolger dagegen verdoppelten ihre Schärfe und Erbarmungslosigkeit. Noch immer fanden Konventikel statt, zu denen sich zuweilen ein paar hundert Mann vereinigten, alle in Waffen, in deren Führung sie geübt gewesen sein sollen.

Die schottischen Emigranten in Holland waren nicht minder gefährlich, insbesondere Archibald Campbell 9. Graf von Argyll (1629–1685), der seit einigen Jahren in der Verbannung in Holland lebte. Er war der Sohn jenes großen Parteiführers, der für die Behauptung des Covenants in Schottland lebte und 1661, zu Beginn der Regierung Karls II., starb. 1681 hielt man ihm zum Verbrechen, daß er die im Covenant ausgesprochenen antiroyalistischen Doktrinen aufrechterhalten wolle, und fand ihn des Verrats schuldig. Argyll gelang es jedoch mit Hilfe seiner Tochter, aus dem Gefängnis zu entkommen und nach Holland zu fliehen. Fast noch mehr aber kam es auf die schottischen Ausgewanderten an, die damals in Rotterdam, zuweilen in Amsterdam, meistens in Utrecht zahlreich beisammen waren und eine Partei für sich bildeten. Es waren eifrige Covenanter, die entweder an den letzten Aufständen teilgenommen oder sich den Verfolgungen durch Flucht entzogen hatten. Sie alle waren eingeschworene Gegner des Herzogs von York, des jetzigen Königs, den sie für das Oberhaupt der papistischen Verschwörung hielten, an deren volle Realität sie glaubten. Sie zweifelten nicht daran, daß der Tod Karls II. auf verräterische Weise herbeigeführt worden war.

Die Engländer scharten sich um Monmouth, die Schotten um Argyll; doch zwischen den beiden gab es kein gutes Einvernehmen; sie gehörten zu verschiedenen Fraktionen in Schottland, Monmouth zu den Gegnern, Argyll zu den Anhängern Lauderdales. Und niemals hätte Argyll in eine Teilnahme Monmouths an seiner schottischen Expedition eingewilligt; aber auf zwei verschiedene Unternehmen, die nur in der Zeit möglichst zusammengreifen sollten, konnten sie sich wohl verständigen.

In Schottland hörte man zugleich von den Bewegungen der versammelten Emigranten in Holland, die einen Einfall in Schottland vorbereiteten. König Jakob VII. rief nach Unterstützung des schottischen Parlaments gegen »diese wilden Fanatiker und unmenschlichen Assassinen«. So wurde das ganze Land aufgeboten, sich gegen innere und äußere Feinde zur Wehr zu setzen. Das Parlament schritt zu einem Beschluß, der die Prediger in fanatischen Konventikeln zum Tode und zur Beschlagnahme der Güter verurteilte. Unter dem doppelten Impuls des Enthusiasmus und der Furcht schloß sich nun das schottische Parlament dem König auf das engste an. Es erklärte nicht allein seinen Abscheu gegen alle Rebellion, sondern auch gegen die Prinzipien und Behauptungen überhaupt, die der obersten souveränen und absoluten Gewalt des Königs entgegenstreben; es begnügte sich ferner nicht damit, die Bewilligung der Akzisen und Zölle, die es dem vorigen König zugestanden, zugunsten des neuen zu erneuern, sondern es sprach sie den rechtmäßigen Nachfolgern der imperialen Krone von Schottland für alle künftigen Zeiten zu. Doch geschah das nicht ohne Vorbehalt: zugleich wurden alle Akten und Statuten, die jemals zur Sicherheit und Freiheit der protestantischen Religion gegeben worden – ausgenommen die auf den Covenant bezüglichen, die man vielmehr aufs neue verurteilte –, von König und Parlament bestätigt, in ihrem ganzen Inhalt, gleich als wären sie hier wörtlich wiederholt. Es war die royalistisch-episkopale Staats- und Kirchenverfassung, die in Schottland, ohne Rücksicht darauf, daß der König Katholik war, in all ihrer Strenge hergestellt wurde, mit einem Eifer, der sich bis zur Grausamkeit steigerte, um die inneren Elemente des Widerstandes zu unterdrücken, ehe sie durch den von den Ausgewanderten zu erwartenden Angriff neues Leben bekämen.

Die Auswanderer ihrerseits versäumten nicht, zuerst die mitausgewanderten Prediger zusammenzurufen und sich ihres Beifalls zu versichern. Die Deklaration, die sie dann erließen, trug noch einmal den altcovenantischen Charakter in seiner Herbheit. Sie bezeichneten es als ihre Absicht, nicht allein das götzendienerische Papsttum zu unterdrücken, sondern auch dessen widerwärtige Fortpflanzung, das Prälatentum und das Supremat; Jakob VII. bezeichneten sie als einen Apostat-Usurpator, dem nach den Gesetzen des Landes nicht die mindeste Autorität gebühre, in der Tat einen erklärten Feind und Rebellen. Damit traten sie nicht geradezu den wilden Whigs und ihrer Deklaration von Torwood bei, aber republikanische Tendenzen legten auch sie an den Tag, und das im republikanischen und calvinistischen Holland. Diese Verjagten selbst stellten sich als der wahre schottische Staat auf; sie konstituierten sich als der hohe Rat, der den Kern einer neuen Organisation bilden sollte.

Am 6. Mai 1685 legten die Emigranten unter Führung Argylls an der äußersten Spitze der Orkaden an; dann nahm Argyll, von Wind und Wetter begünstigt, seinen Lauf nach den westlichen Inseln. Doch die Truppen der Regierung, die der Graf von Dumbarton und der Marquis von Atholl befehligten, erwarteten sie, und noch bevor das englische Parlament, das von Jakob II. einberufen, eröffnet wurde (22. Mai), war der Spuk nahezu vorüber.

Wie groß der Unterschied der zwei Königreiche auf der britannischen Insel doch war! Jakob VII. saß in Schottland fester denn je im Sattel; Jakob II. von England hatte es gegen den Widerstand der englischen Protestanten (Wilhelms Anhänger unter der Führung von Minister Halifax sowie Monmouths Parteigänger) schwer. Er mußte – gegen die eigene Überzeugung – das Parlament einberufen, um die finanziellen Einkünfte des Königs zu sichern. Bisher war den katholischen Engländern die öffentliche Ausübung ihres Glaubens durch Gesetze verboten; die Absicht des Königs ging dahin, den Katholiken nicht allein Freiheit des Gewissens, sondern auch der Religionsausübung zu verschaffen; er hoffte, dies nach und nach zu erreichen, und zwar in Verbindung mit der episkopalen Partei, die er als die royalistische bezeichnete, und ohne dabei zugleich den Nonkonformisten, in denen er noch immer Republikaner sah, eine Erleichterung zuteil werden zu lassen. Darüber sprach er auch gleich in den ersten Tagen seiner Herrschaft mit dem Erzbischof Sancroft von Canterbury und dem Bischof von London, Henry Compton, und ermahnte sie, dafür zu sorgen, daß ihre Kirchen nicht gegen seine Religion, den Katholizismus, predigten. Dann begann er, katholische Offiziere anzustellen; immer mehr Jesuiten scharten sich um ihn, und da Jakob die Verhältnisse zur Regierungszeit Maria Tudors nicht wiederholt sehen und den Katholizismus den Engländern nicht aufzwingen wollte, gingen die Jesuiten mit um so größerem Bekehrungseifer zu Werke. Und von den Kanzeln erschollen sofort Warnungen gegen den Papismus; denn jetzt sei eine Zeit gekommen, wo man sich vor dessen Verführungen besonders in acht nehmen müsse. (Ein prominentes »Opfer« dieser Verführung sollte auch John Dryden werden, der noch 1682 die Kirche von England verteidigt hatte und nun gegen Ende 1685 in die Kirche von Rom überwechselte und – 1687 – den Katholizismus verteidigte, was ihm den Vorwurf des Opportunismus brachte.)

Mit der Krone auf dem Haupt eröffnete Jakob II. am 22. Mai das erste Parlament seiner Regierung. In seiner Thronrede wiederholte er wörtlich, was er in seiner ersten Deklaration gesagt hatte, daß er die Regierung, in Kirche und Staat, wie sie jetzt gesetzlich bestehe, aufrechtzuhalten entschlossen sei. Die Anerkennung der Legalität der Prinzipien der englischen Kirche betonte er noch stärker als damals. Als er nun an seine Zusage die Forderung knüpfte, daß man ihm das von seinem Bruder bezogene Einkommen ebenfalls bewilligen möge, und zwar auf Lebenszeit, ließ sich lautes Gemurmel vernehmen, das Zustimmung bedeutete. Zuletzt erwähnte der König Argyll und die von ihm in Holland erlassene Proklamation, in der man ihn, den König, der Usurpation bezichtige, die aber vielmehr Argylls und seiner Anhänger Verrat beweise; damit ihnen ihr verdienter Lohn zuteil werde, forderte er eine unverzügliche Bewilligung seiner Revenue. In der royalistisch-episkopalen Versammlung konnte kein Mitgefühl für einen Angriff, wie dieser, der eben gegen ihre Prinzipien gerichtet war, aufkommen. Unter einem lauten »Vive le roi« (denn in diesen Dingen walteten noch die französischen Formen; auch die katholischen Predigten in der Kapelle des Königs wurden in französischer Sprache gehalten) verließ Jakob II. den Saal, und auf der Stelle schritten die beiden Häuser zu ihren Deliberationen.

Das Unterhaus versprach dem König, ihm nicht nur allein gegen Argyll, sondern gegen alle Rebellen und Verräter mit Gut und Blut beizustehen. Das Oberhaus widerrief nachträglich die Satzungen, die die Freilassung der katholischen Lords und des Lord Danby eine lange Zeit verhindert hatten, und genehmigte dadurch deren Freilassung. Schon war Oates, der Denunziant der angeblichen Jesuitenverschwörung von 1678, als Verleumder bestraft worden. Von der papistischen Verschwörung durfte unter der Herrschaft eines katholischen Königs nicht mehr die Rede sein.

Nach einer langen und stürmischen Seefahrt langte Monmouth mit 82 Gefährten am 11. Juni 1685 in Dorset an. Auch er hatte eine Deklaration erlassen, mit der er seinen Standpunkt darlegte: die Entscheidung über seine Rechte lege er in die Hände eines freien Parlaments. Er nahm zugleich die Haltung eines parlamentarischen Reformers an: er verlangte ein jährlich zu erneuerndes Parlament, alle seine Privilegien sollten aufrechterhalten bleiben; er verdammte die Aufhebung der städtischen Freibriefe (Juni 1683) und die Hinrichtungen Russells (Juli 1683) und Sidneys (Dezember 1683) aufgrund unzureichender Zeugnisse; er forderte eine unabhängige Stellung des Richterstandes. Gegen die Katholiken ging er bei weitem nicht mit der Schärfe vor wie die Schotten; er erklärte, daß sie nichts von ihm zu befürchten haben sollten, wenn sie das Lager seiner Feinde verließen; aber den meisten Nachdruck legte er doch auf die Abschaffung der Strafgesetze, so sie die Protestanten betrafen; die Dissenter sollten mit den herrschenden Protestanten die gleiche Freiheit haben.

Noch war das Parlament beisammen, in dem sich die Verbindung der monarchischen und kirchlichen Interessen trafen. Die erste Nachricht, die der König dem Unterhaus von der Landung Monmouths gab, wurde von den Gemeinen mit der Erklärung erwidert, daß sie ihm mit Gut und Blut wie gegen alle anderen Rebellen, so auch gegen Monmouth und dessen Anhänger, beizustehen gewillt seien; sie beschlossen einen Haftbefehl *(Bill of Attainder)* wegen Hochverrat gegen diesen, der am 15. Juni bereits zum drittenmal verlesen wurde. Am 18. Juni votierte das Parlament dem König eine Beisteuer von 400.000 Pfund für die außerordentlichen Ausgaben. Die erste Folge, die die

Unternehmen haben mußten und hatten, war eine verstärkte Verbindung der beiden Elemente des öffentlichen Lebens, gegen die sie gerichtet waren.

Am 20. Juni wurde der Herzog von Monmouth auf dem Marktplatz von Tauton unter Assistenz der Stadtbehörden in ihrer Amtstracht als der rechtmäßige König von England, Schottland, Frankreich und Irland, Verteidiger des Glaubens, ausgerufen und hierauf mit dem Titel Majestät begrüßt. Am 24. Juni langte er in der Nähe von Bristol an und stieß auf den ersten Widerstand der royalistischen Truppen (unter Herzog von Beaufort). Am 30. Juni wurde Archibald Campbell 9. Graf von Argyll in Edinburgh enthauptet. Und in der Nacht vom 5. zum 6. Juli 1685 wurde Monmouth in einer Feldschlacht (von Louis Durfort Graf Feversham, Neffen des französischen Marschalls Turenne, seit 1665 in England und seit 1677 Graf von Feversham) vollständig besiegt und am 8. Juli gefangengenommen. Am 15. Juli wurde Jakob Scott Herzog von Monmouth in London enthauptet.

Nichts konnte für den König wünschenswerter sein als der Einfall Monmouths; denn Jakob hatte schon immer in der Aufstellung eines stehenden Heeres das vornehmste Mittel gesehen, die Autorität zu befestigen; so gab ihm dieser Angriff einen willkommenen Anlaß, darin fortzufahren. Die Bewilligung des Parlaments setzte ihn in den Stand dazu. Ohne Rücksicht auf Testakte oder andere Gesetze stellte er katholische Offiziere an. Drei Regimenter Kavallerie, ein Regiment Infanterie und ein Regiment Dragoner wurden aufgestellt.

Aber auch dem Sonnenkönig kam Monmouths Aktion wie gerufen: er beschuldigte die französischen Protestanten, republikanische Ambitionen zu hegen und gegen den Staat zu intrigieren. Die einsetzende Verfolgung derselben gipfelte im Edikt von Fontainebleau (18. Oktober 1685), mit dem das Edikt von Nantes, das zugunsten der französischen Protestanten am 14. März 1598 erlassen worden war, aufgehoben wurde. Damit setzte die Massenauswanderung der französischen Calvinisten – Hugenotten genannt – ein.

Die Hugenotten

Frankreich blieb von der deutschen Bewegung der Reformation (1517) nicht unberührt; Luthers Schriften fanden auch dort Verbreitung und Anhänger. Und auch in Frankreich wurden die Anhänger der Reformation verfolgt; der erste französische Märtyrer wurde bereits 1523 auf dem Scheiterhaufen verbrannt. Die Bezeichnung »Protestant« (aus lat. *protestans*) geht von der feierlichen Verwahrung der evangelischen Reichsstände auf dem Reichstag zu Speyer 1529 gegen die kaiserliche Religionspolitik aus. Die Bezeichnung »Hugenotte« (mittelfranzösisch aus dem Genfer Dialekt *huguenot*) ist eine Bildung analog »Eidgenot« (aus dem deutschen Schweizer Dialekt *eidgenoss*, mittelhochdeutsch *eitgenoz* = Eidgenosse) zur Bezeichnung der Anhänger von Besançon Hugues († 1532), Führer der Bewegung in Genf zusammen mit Freiburg und Bern zur Verhinderung der Annexion durch das Herzogtum Savoyen (= Hugo-genossen) und wurde erst um 1559 auf die französischen Protestanten als Spottname übertragen.

Im Oktober 1534 wurde in Paris die katholische Haltung alarmiert und erschüttert, als man Plakate und Flugblätter, auf denen man die Messe in bösartiger Form attackierte, überall in den Straßen und im königlichen Palast vorfand. Viele Protestanten, darunter auch Johann Calvin (1509–1564) mußten fliehen; dennoch gewann von Genf her die Lehre Luthers, besonders aber der Calvinismus, immer mehr Anhänger, auch unter dem Hochadel. Die Verfolgung ging weiter, und aus einzelnen Hinrichtungen wurden Blutbäder. Unter König Heinrich II. (*1519–1547–1559) waren die Gefängnisse mit Hugenotten gefüllt. Diese Verfolgung war auch der Anlaß, daß 1555 unter der Führung von Villegaignon französische Protestanten eine Niederlassung in Brasilien gründeten.

Nach dem Tode Heinrichs II. (10. Juli 1559) hielten die verstreuten Kongregationen der reformierten Kirche Frankreichs ihre erste Generalsynode in Paris ab; etwa ein Sechstel des französischen Volkes soll damals für die Reformation gewonnen worden sein. Das verabschiedete Glaubensbekenntnis fiel eher calvinistisch als lutherisch aus, und so bildeten die französischen Protestanten eine Reformierte Kirche. Das Edikt Karls IX. (*1550–1560–1574) vom Januar 1562 gab den Hugenotten erstmals Gewissens- und Kultusfreiheit außerhalb der Städte. An ihre Spitze traten Admiral Gaspard de Coligny (1519–1572) und dessen Neffe Louis I. Prinz von Condé (1530–1569). Das gewaltsame Vorgehen der katholischen Gegenpartei unter den Herzögen von Guise im Bunde mit Spanien führte zu den Hugenottenkriegen und zu einer erneuten Auswanderungswelle; von 1562 bis 1565 siedelten Ribault und Laudonnière protestantische Flüchtlinge in Florida an, wo sie in erbitterte Kämpfe gegen die Spanier verwickelt wurden, die sie als Ketzer behandelten, und Fort Carolina am St. John Fluß errichteten; dennoch wurden sie 1565 von den

Spaniern ausgerottet, nicht wegen ihrer Nationalität, sondern wegen ihres Glaubens, hieß es.

In den ersten Kriegen (1562/63, 1567/68, 1568–70) wurden die Hugenotten besiegt, behaupteten aber (im Frieden von August 1570) eine durch Einräumung von Sicherheitsplätzen gestützte politische Sonderstellung. Coligny gewann maßgebenden Einfluß auf den jungen König Karl IX., fiel aber dann doch am 23. August 1572 dem von der Königsmutter Katharina von Medici (1519–1589) veranlaßten Blutbad der Pariser Bartholomäusnacht, auch »Pariser Bluthochzeit« genannt (im Blick auf die Hochzeit des calvinistischen Heinrich III. König von Navarra mit Margarete von Valois, der Schwester des Königs von Frankreich, vom 18. August 1572), mit 2000 Reformierten zum Opfer. Das Blutbad weitete sich auf ganz Frankreich aus, nahezu alle Führer der Hugenotten fanden dabei den Tod. Als Führer der Reformierten folgte 1581 dem Admiral der Bourbone Heinrich, seit 1572 König von Navarra (1553–1610). Die weiteren Kriege (1572/73, 1574–76, 1576/77, 1579/80) brachten keine Entscheidung. Inzwischen war auf Karl IX. 1574 Heinrich III. gefolgt und 1576 ein katholischer Bund (»Heilige Liga«) gegen die Hugenotten gegründet worden.

Unter dem Einfluß der katholischen »Liga« begann Heinrich III. 1585 den 8. Hugenottenkrieg; doch 1588 verbündete er sich mit den Hugenotten gegen die Liga, ließ dann den Herzog von Guise ermorden (23. Dezember 1588) und söhnte sich (30. April 1589) mit dem König von Navarra aus. Gemeinsam belagerten sie am 30. Juli Paris; am 1. August wurde der letzte französische König aus dem Hause Valois ermordet. Danach erbte Heinrich III. von Navarra als Heinrich IV. von Frankreich (1589–1610) den Thron. Zwar trat er im Juli 1593 zum Katholizismus über, um sein Reich zu befrieden und die französische Krone zu sichern, bestätigte aber seinen früheren Glaubensgenossen im Edikt von Nantes (13. April 1598) die freie Religionsausübung und ihre politische Sonderstellung.

Als die Hugenotten in den Kriegen von 1621/22 und 1625–1929 sich von neuem der Krone (Ludwig XIII., 1601–1610–1643) entgegenstellten, verloren sie durch Richelieu (1585–1642), der 1628 La Rochelle eroberte, ihre Sicherheitsplätze; das Edikt von Alès wurde am 28. Juni 1629 unterzeichnet, mit dem die Hugenotten zwar ihre Gewissensfreiheit wiedererlangten, aber sämtliche militärischen Vorteile verwirkten. Mit dem Verlust der politischen Sonderstellung wurden die Hugenotten loyale Untertanen des Königs.

Der französische Klerus der gallikanisch-katholischen Kirche konnte die Hugenotten auf keinen Fall dulden und betrieb die Aberkennung ihrer Rechte. Jahrelang wurden die Protestanten bedrängt und Tausende von ihnen zwangsweise konvertiert. Und nun war es soweit, der lang ersehnte Plan zur Wiedereinführung des Katholizismus in England stand vor der Durchführung; Monmouths Einfall in England lieferte Ludwig XIV. den Anlaß, Verstärkungstruppen zu entsenden, die dort von Feversham (1641–1709), dem Neffen des alten Marschalls Turenne (1611–1675), befehligt wurden. Nach der Vernichtung des Aufstands legte Ludwig seinem Verbündeten Jakob die schriftliche Fassung einer Widerrufung des Edikts von Nantes vor, mit der

der Sonnenkönig die katholische Glaubenseinheit in Frankreich erzwingen wollte. Jakob II. stimmte diesem Schritt mit Freuden zu.

Die Widerrufung des Edikts von Nantes durch das Edikt von Fontainebleau vom 18. Oktober 1685 und die erbarmungslose Verfolgung der Hugenotten in Frankreich bewirkten eine Massenflucht (über 200.000) in die protestantischen Länder (Schweiz, Preußen, Holland, England) und in die Neue Welt. Friedrich Wilhelm, der Große Kurfürst von Brandenburg-Preußen, brach seine Allianz mit Frankreich ab, gewährte allen Hugenotten mit dem Potsdamer Edikt vom 8. November 1685 Asyl in seinem Lande und verbündete sich mit seinem Neffen (eigentlich dem Neffen seiner ersten Frau Luise Henriette von Oranien) Wilhelm Prinz von Oranien gegen Frankreich und dessen katholisierende Ambitionen. Holland, das selbst calvinistisch war – ebenso die Schweiz – begrüßte die calvinistischen Glaubensbrüder aus Frankreich, zumal sie hervorragende Handwerker waren. Die durch die katholisierenden Absichten Jakobs II. und seiner eifrigen Katholiken und Jesuiten aufgeschreckte anglikanische Geistlichkeit, insbesondere Henry Compton, Bischof von London, widmete den unglücklichen französischen Flüchtlingen, die die Straßen von London erfüllten, eine Fürsorge, wie diese sie sonst nur von einem eifrigen Protestanten erwarten konnten. Die Flüchtlinge standen den Nonkonformisten in bezug auf Bekenntnis und Ritus um vieles näher als der Hochkirche; doch nun stand das katholisch-monarchische dem allgemein-protestantischen Interesse gegenüber. Und wir werden unten sehen, welche wichtige Rolle die Hugenotten in der Royal Society und der Freimaurerei spielen sollten.

Bereits im November 1685 befand sich Ferdinando d'Adda als päpstlicher Bevollmächtigter in London. Auf ausdrücklichen Wunsch des Königs war er herübergekommen, nicht einmal in der Erwartung, daß er bleiben, geschweige denn, daß er als Nuntius anerkannt werden sollte; der englische Hof kam ihm in alledem mehr, als er gehofft hatte, entgegen. Denn zu den antikatholischen Gesetzen, die Jakob II. abschaffen wollte, gehörte auch das Verbot des gesandtschaftlichen Verkehrs mit Rom. Doch die eifrigen Katholiken um den König kümmerte das wenig, insbesondere den Jesuiten Edward Petre, der mehr Geist als alle besaß und den meisten Einfluß auf den König gewann, einmal darum, weil er den Rückhalt des mächtigen Ordens besaß, der in Europa damals eine große Rolle spielte, und zum anderen, weil er einem vornehmen englischen Geschlecht entstammte und die Gesichtspunkte des englischen Katholizismus mit den europäischen verband.

Doch die römische Curie war mit dem Bekehrungseifer, mit dem man in England zu Werke ging, nicht einverstanden. Papst Innozenz XI. (1676–1689) nahm eine den katholischen Eiferern entgegengesetzte Haltung an. Ihm war die Anwendung gewaltsamer Mittel in religiösen Dingen überhaupt verhaßt. In einer Instruktion für den päpstlichen Bevollmächtigten in London sprach er zwar die Hoffnung aus, dem Katholizismus in England größere Freiheit zu verschaffen, aber hatte dazu nur den evangelischen Weg empfohlen. Man stand in Rom mit dem Treiben der Jesuiten, insbesondere mit Pater Petre, in ausgesprochenem Gegensatz, dessen Ehrgeiz auf den Besitz einer hohen geistlichen Würde, etwa des Erzbistums York, gerichtet war: eine Stellung, in der er dann zugleich die Autorität des Kirchenamts und die Gnade, in der er beim König stand, zur Verbreitung des Katholizismus in England hätte verwenden können. Aber er war ein Profeß der Gesellschaft Jesu: nach deren Statuten bedurfte er hierzu der päpstlichen Dispensation. In den ersten Monaten des Jahres 1686 schickte Jakob II. einen Gesandten nach Rom: Mylord Castlemain. Sein Auftrag war, eine solche Dispensation zu besorgen. Das Statut besagte jedoch, daß kein Profeß eine kirchliche Prälatur annehmen dürfe, wenn nicht genötigt durch den Gehorsam, den er dem Römischen Stuhle schuldig sei: also nicht so sehr infolge einer Zulassung als eines ausdrücklichen Befehls von Rom. Innozenz XI. war nicht bereit, einer Satzung Abbruch zu tun, die eben dazu dienen sollte, allen weltlichen Ehrgeiz vom Orden fernzuhalten. Daraufhin beantragte Castlemain weisungsgemäß die Erhebung des Paters in die Würde eines Kardinals; denn durch eine solche Erhöhung würde Petre im Rate des Königs den höchsten Rang erhalten haben. Wahrscheinlich schwebte ihm das Beispiel der großen französischen Minister vor, die zugleich Kardinäle gewesen waren. Auch dazu war aber Innozenz nicht zu bewegen. Schließlich gab es auch Kardinal Norfolk, Protektor der englischen Nation. Dieser stand mit dem Papst in gutem Einvernehmen, und die gemäßigten Katholiken hätten nichts mehr gewünscht als seine Anwesenheit in England, um seinen Einfluß beim König in diesem Sinne zu verwenden. Die jesuitische Fraktion, die den König umgab, setzte sich dem nicht allein entgegen, sondern sie wünschte, Norfolk auch aus seiner Würde als Protektor zu verdrängen und ihn durch Kardinal d'Este zu ersetzen, den sie wegen seiner Verwandtschaft mit Königin Maria (sie hieß mit vollem Namen Maria Beatrix d'Este von Modena) zu den ihren rechneten.

Am 29. April 1686 wurde das schottische Parlament in Edinburgh an Stelle der Thronrede mit der Verlesung eines Schreibens eröffnet (das englische war am 20. November 1685 vertagt worden, wurde am 2. Juli 1687 aufgelöst, ohne je wieder einberufen worden zu sein), in dem König Jakob VII. von Schottland an seine Bemühungen für die materielle Wohlfahrt des Landes, namentlich in bezug auf den Handel, erinnerte, einen Generalpardon für alle gegen die Krone begangenen Vergehen und Verbrechen ankündigte, dagegen aber seine Untertanen römisch-katholischer Religion, die so viele Beweise ihrer Loyalität und Friedensliebe gegeben, der Fürsorge des Parlaments empfahl: man möge ihnen den vollen Schutz der Gesetze angedeihen lassen und sie der Verpflichtungen entheben, mit denen ihre Religion nicht vereinbar sei. Es war dasselbe Parlament, das dem König in der letzten Sitzung den eifrigsten Royalismus kundgetan hatte; Jakob hoffte, es werde ihm auch die Abschaffung der Pänalgesetze gegen seine Glaubensgenossen und die ihre Anstellung im öffentlichen Dienst verhindernde Eidesleistungen bewilligen.

So weit aber reichten die Sympathien doch nicht, die sich Jakob VII. in Schottland erworben hatte. Der Episkopalismus hatte sich der Krone in einem Kampf angeschlossen, in dem sie beide bedroht waren; denn noch energischer war der antikatholische Geist in Schottland als in England. Noch immer betrachtete man dort das Papsttum als Idolatrie. Gleich die erste Antwort des Parlaments, in der von den Pflichten des Gewissens die Rede war, ließ Widerstand erwarten. Die Lords of Articles legten dann einen Entwurf vor, nach dem den Katholiken – man bezeichnete sie als die von der römischen Genossenschaft (Fellowship), denn selbst der Ausdruck römisch-katholisch ging den Schotten zu weit, am liebsten hätten sie schlechtweg von Papisten geredet – Freiheit für deren Privatgottesdienst versprochen wurde; an den übrigen gegen das Papsttum gegebenen Gesetze hielten sie fest. Da das Parlament unfügsam blieb, wurde es auf Geheiß des Königs vertagt. Zugleich sprach er unumwunden aus, daß den Katholiken Schottlands der Privatgottesdienst in ihren Häusern gestattet sein solle: er nehme sie gegen die Strenge der Gesetze in seinen königlichen Schutz. Das Scheitern seines schottischen Versuchs schrieb König Jakob vor allem dem bisher mächtigsten Mann in Schottland, William Douglas 1. Herzog von Queensbury, zu. Dieser war mit den beiden Brüdern Henry Clarendon (dem Statthalter von Irland) und Lorenz Hyde Graf von Rochester (dem Großschatzmeister von England) durch die Vermählung seines Sohnes mit einer ihrer Nichten verschwägert und stand bereits mit dem präsumptiven Thronfolger (dem Prinzen von Oranien) in Verbindung.

Der Episkopalismus in Schottland, der mit der königlichen Autorität unauflöslich verbunden zu sein schien, so daß er sich auch einem katholischen König unterwarf, wurde ihm durch die religiösen Tendenzen desselben entfremdet und geriet in offenem Gegensatz zu ihm. Die Episkopalisten von England begrüßten, was in Schottland geschehen war, als einen eigenen Sieg. Was der König (der nun in beiden Reichen ohne Parlament regierte) unternahm und verordnete, erschien als vorübergehend, solange es nicht durch die beiden Parlamente bestätigt war. Anfang Mai gewann der Zwiespalt eine noch persönlichere Färbung: dem Pfarrer von St. Giles zu London, Dr. Sharp, der unter dem Eindruck jener ersten Erklärung des Königs anläßlich der Thronbesteigung eine glückwünschende Adresse in loyalem und zugleich episkopalem Sinne verfaßt hatte, wurde ein Blatt in die Hand gedrückt, in dem der Anspruch der katholischen Kirche, die einzige wahre zu sein, erwähnt wurde. In seiner Predigt widerlegte Dr. Sharp daraufhin diesen Anspruch und führte die Idee aus, daß die protestantische und namentlich die anglikanische Kirche als die wahrhaft allgemeine betrachtet werden müsse. Der König konterte mit dem Befehl an den Bischof von London, den Pfarrer, weil er die getroffene Anordnung übertreten habe, von seinem Amt zu suspendieren. Der Bischof wollte jedoch den Pfarrer nicht einfach entlassen, ohne ihn angehört zu haben. Der König berief sich bei seinem Befehl auf seine Eigenschaft als Oberhaupt der anglikanischen Kirche, als oberster Bischof derselben, und dachte nicht daran, sein Supremat antasten zu lassen: er beschloß, eine kirchliche Kommission einzusetzen, die die Rechte des Supremats verwalte; trotz Widerstandes des Klerus eröffnete diese Kommission am 4. August 1686 ihre Tätigkeit mit dem Verhör des Bischofs.

Die große historische Frage, ob ein Katholik die Aufgaben eines englischen Königs erfüllen, seine Rechte ausüben könne, trat hier in den Mittelpunkt. Die Whigs und Dissenter hatten es verneint, die Tories und Episkopalisten bejaht; aber diese selbst bekamen nun die Unzulänglichkeiten, die daraus entsprangen, am meisten zu spüren: Queensbury wurde seiner Ämter enthoben, Rochester wurde (Januar 1687) aus dem Amt entlassen. Nachdem man festgestellt hatte, daß das vorgesteckte Ziel sich unter dem Einfluß der Tories Clarendonschen Anhangs nicht erreichen ließ, beschloß Jakob, dieser Einfluß müsse gesprengt werden: dem Statthalter in Irland wurde (Februar 1687) ein eifriger Katholik, Richard Talbot Graf von Tyrconnell (1630–1691), an die Seite gestellt, der ihn lähmte und beschränkte.

Um diese Zeit jedoch gewann ein anderer an Einfluß und Wirkung beim katholischen Monarchen: William Penn (1644–1718). Quäker seit seinem einundzwanzigsten Lebensjahr (während der Pest in London Anfang 1666), schrieb er bis 1673 42 Bücher und Broschüren in Verteidigung seiner Überzeugung, darunter das berühmte Buch *»Kein Kreuz, keine Krone«*, das er 1669 während der Haft im Tower verfaßte, und *»Des Volkes alte und gerechte Freiheiten verteidigt«* (1670), in dem er seine Ansichten über Toleranz darlegte. Zu seinen persönlichen Bekannten zählten Tory-Führer, der König (Karl II.) und dessen Bruder, der Herzog von York. Der Gründer der Gesellschaft der Freunde (Quäker), George Fox (1624–1691), der zwischen 1649 und 1673 achtmal inhaftiert worden war, ließ sich von der besonnenen Art und Überzeugung Penns beeinflussen und predigte seinen Anhängern Disziplin, religiöse Freiheit und Toleranz, um die Exzesse radikaler Quäker unter Kontrolle zu bekommen und somit die Regierung weniger herauszufordern. Penns unermüdliche Verteidigung der Gewissensfreiheit, des fundamentalen Prinzips seiner sozialen Gedanken und Aktivitäten, prägte die Verwandlung der Sekte. Seit 1655 predigten Quäker bereits jenseits des Atlantiks; 1674 besaßen auch zwei Quäker das Gebiet von West New Jersey. Penns Einstieg in die Politik fiel mit der Entstehung der Whigs zusammen, deren Parolen von der legislativen Gewalt und religiösen Toleranz ihm sehr zusagten. Sein *»Englands großes Interesse an der Auswahl dieses neuen Parlaments«* (1679) war eine der ersten klaren Manifestationen der Whig-Politik. 1681 überwies ihm Karl II. ein Gebiet in Nordamerika (das spätere Pennsylvanien) als erbliches Eigentum mit unbeschränkten Befugnissen für innere Anordnung für eine Schuldforderung seines Vaters. Da unternahm er, seinen auf die ursprünglichen Bestrebungen der Sekte, aber noch mehr auf philosophische Abstraktion und Erinnerung an die angelsächsische Vorzeit gegründeten Ideen Leben und Darstellung zu geben; die drei Grundrechte, von denen er ausging, die Gesetze zu votieren, das zum gemeinen Nutzen erforderliche Geld zu erheben und Gerechtigkeit zu pflegen, legte er in die Hände der freien Ansiedler, von denen keiner, der sich zu friedlichem Leben verpflichte und sich zum allmächtigen Gott bekenne, wegen seines Gottesdienstes und Glaubens belästigt werden sollte.

Als er im Oktober 1684 aus der Kolonie nach England zurückkehrte – damals waren die Dissenter wegen der vorhergegangenen Unruhen gleichsam verbannt –, rettete ihn die Freundschaft zu den königlichen Brüdern und deren Schutz vor den Verfolgungen der Gegner. Er brachte die Sache der Dissenter bei Karl II. in Erinnerung: er möge das Vergangene vergessen, nicht als Mensch denken, sondern als König, allen Parteien gerecht werden, dann werde er wahrhaftig König sein und das Volk für sich haben. In den Katholiken sah er nur Verbündete gegen die absolute Herrschaft der anglikanischen Kirche; nach der Thronbesteigung Jakobs II. sprach er demselben seine Billigung darüber aus, daß er sich offen katholisch erklärt habe, und seine Erwartung, daß von seinem Gegensatz zur herrschenden Kirche auch die protestantischen Dissenter Vorteil haben würden; Jakob erwiderte, er wolle nicht, daß man friedlich lebende Menschen wegen ihrer Religion belästige. Penn ermahnte hierauf seine Freunde und Anhänger, den König nicht durch Angriffe gegen die katholische Religion zu reizen. Seine Nachgiebigkeit ging so weit, daß man ihn selbst für katholisch hielt. Jakobs Gedanke, eine Vereinbarung zwischen Katholiken und Anglikanern zustande zu bringen, teilte er niemals. Er riet der anglikanischen Kirche, die protestantischen Dissenter nicht zu unterdrücken; denn sie bedürfe eines Gegengewichts gegen die Katholiken, die zwar gering an Zahl, aber doch durch ihre französischen Verbindungen mächtig seien.

1686 gelang ihm die de facto Duldung der Quäker durch Jakob II. zu erreichen; im Sommer desselben Jahres ging William Penn nach dem Haag, um den Prinzen von Oranien womöglich für den Begriff der allgemeinen Toleranz, aber im Gegensatz gegen die Alleinherrschaft der anglikanischen Kirche, zu gewinnen. In Whitehall hatte man nämlich die Hoffnung gehegt, da der Prinz schon aus Widerwillen gegen die Verfolgungen der Reformierten in Frankreich ein Anhänger der Idee der Toleranz war, ihn aus diesem Gesichtspunkt für die verwandten Ideen des Königs empfänglich zu finden (der sich seinerseits durch den offenen Widerstand der anglikanischen Kirche den protestantischen Dissentern als Gegengewicht genähert hatte). Ohne es auszusprechen, war es deutlich, daß Penn vom König zu seinen Eröffnungen beauftragt sei. Er trug sich mit einigen positiven Vorschlägen, die auf ein Gleichgewicht in den verschiedenen Bekenntnissen hinzielten. Danach sollte ein Drittel der öffentlichen Ämter den Anglikanern vorbehalten bleiben, ein anderes den Katholiken, das dritte den protestantischen Dissentern zuteil werden; man wollte gleichsam eine Magna Charta der Gewissensfreiheit aufstellen; allgemeine Toleranz sollte als ein unveränderliches Gesetz den künftigen Königen auferlegt werden.

Der Mann, der jenseits des Ozeans die Grundlage zu einer Republik gelegt hatte, erschien diesseits als Verfechter der monarchischen Ideen. Sein Grundgedanke war die Unabhängigkeit des bürgerlichen Lebens vom positiven Bekenntnis; das ist ebensowohl die Unabhängigkeit der Religion von jeder durch die Verbindung der Kirche und des Staates hervorgebrachten Beschränkung. Vom Parlament, das sich mit der bestehenden Kirche identifiziert hat, geht er auf die einfachsten Grundzüge der bürgerlichen Einrichtungen zurück, die noch in den vorchristlichen Epochen begründet seien. Doch war William Penn seiner Zeit voraus: keine der Parteien war in der Lage, auf ihre Bastionen und Maxime zu verzichten; die Anglikaner nicht, weil sie in der Machtposition und die Uniformitäts- sowie Testeidakte noch immer in Kraft waren; die Katholiken nicht, weil sie – auf König, Papst und Frankreich gestützt – ihr Dogma von der allein seligmachenden Kirche nicht ablegen konnten; die Presbyterianer, Dissenter, Puritaner, Nonkonformisten nicht, weil sie das bischöfliche Prinzip rundweg ablehnten. Solche toleranten Verfassungen wie die Shaftesburys/Lockes (1670) für die Kolonie Carolina oder die Penns (1682) für die Kolonie Pennsylvanien konnten nur von Vertretern der Minderheit stammen, da solche nur in der gemäßigten Haltung zwischen den beiden religiös-politischen Polarisationen bestehen konnten. Auch der Geist der Aufklärung, der abermals durch Locke (1690) sich Gehör zu verschaffen begann, war von Nonkonformisten getragen. Dementsprechend konnte nur die englische Freimaurerei den Geist der Toleranz und der Aufklärung vertreten, wie wir noch sehen werden.

Die Ablehnung der Ideen, die Penn dem Prinzen von Oranien auf das eindringlichste vortrug – verbunden mit den Versprechungen, die er machen durfte – war vorprogrammiert; denn er war nicht der erste, der den Prinzen aufgesucht und ihn für die englischen Belange zu interessieren getrachtet hatte: der gebürtige Schotte Dr. Gilbert Burnet (1643–1715), der durch seine Geschichte der Reformation zur Belebung des antipapistischen Geistes in England wesentlich beigetragen, sich aber damit die Ungnade König Jakobs in einem Grade zugezogen hatte, daß er es für ratsam hielt, England zu verlassen, befand sich damals im Haag, um die Sache der anglikanischen Kirche zu vertreten; doch hatte auch er einige Schwierigkeiten bei seiner Unterhandlung zu beseitigen: Der Prinz war eifriger Calvinist, wie seine Vorfahren; er hielt an der Lehre vom unbedingten Ratschluß (Presbyterianismus) fest und mißbilligte den Zeremoniendienst der anglikanischen Kirche. In Holland hatte er sich außerdem nicht den Ruf erworben, daß er freie Verfassungen liebe. Doch bald konnte sich Burnet überzeugen, daß der Prinz die Notwendigkeit der parlamentarischen Verfassung in England vollkommen begriff. Um den Prinzen für die Partei der englischen Kirche zu gewinnen, mußte Burnet einige Konzessionen machen: zwar beharrte er darauf, daß die gesetzgebende Gewalt, an der die Kirche selbst teilnehme, das Recht habe, kirchlich bindende Gesetze zu geben, forderte jedoch nur Rücksicht auf die Dissentierenden und eine partielle Toleranz; er begnügte sich mit einem der Verfassung entsprechenden bestimmten Maß der menschlichen Freiheit. Burnets eigenes doktrinelles Bestreben war es von jeher, den Presbyterianismus mit der anglikanischen Form auszusöhnen; und in dieser Idee verständigte er sich mit dem Prinzen, der für die Zukunft ausdrücklich versprach, den Presbyterianismus nicht einseitig zu begünstigen. So wurde dem Quäker im Haag entgegnet: wenn er von unwiderruflichen Gesetzen redete, die die Gewissensfreiheit sichern sollten, so frage man ihn, ob nicht auch das Edikt von Nantes ein feierlich bestätigtes und für niemals zurücknehmbar erklärtes Gesetz gewesen sei. Durch einen eifrig katholischen Fürsten, der die Macht dazu in sich gefühlt habe, sei es dennoch vernichtet worden.

Wenn auch die Mission Penns im Haag erfolglos geblieben war, so war seine Wirkung bei König Jakob um so erfolgreicher: am 17. Februar 1687 wurde im schottischen Geheimen Rat ein Erlaß verlesen, in dem Jakob VII. den gemäßigten Presbyterianern, den Katholiken und den Quäkern seine königliche Toleranz verlieh; sie sollen nicht allein ihre Religion ausüben, sondern die ihnen übertragenen Ämter verwalten und Benefizien genießen: er sprach das aus kraft seiner souveränen Autorität, königlichen Prärogative und absoluten Gewalt. Der Geheime Rat billigte im ganzen – nicht ohne einige Zurückhaltung – die Erklärung und fand sie hinreichend begründet.

Daß diese Wandlung der Gesinnung König Jakobs auf den Einfluß Penns zurückgeht, zeigt der Streit im März 1687 mit der Universität Oxford: Bei einer Vakanz, die im März im reichsten und angesehensten Kollegium von Oxford – dem Magdalenenkollegium – auftrat, unternahm Jakob II. den Versuch, dem Kollegium einen Präsidenten in seinem Sinne zu geben; er befahl also, den Bischof von Oxford, Samuel Parker, anzunehmen, der sich für die Indulgenz erklärt und die Annahme der papistischen Idolatrie bekämpft hatte. Das Kollegium ignorierte den Befehl und wählte einen anderen; darin sah der König eine Verleugnung der alten Loyalität der Kirche von England und selbst eine persönliche Beleidigung; mit heftigen Bedrohungen forderte er jetzt die Annahme seines Kandidaten. Penn, der den König begleitete und den Versuch unternahm, die Mitglieder des Kollegiums zur Nachgiebigkeit zu veranlassen, hat dabei ein Wort gesagt, das ein gewisses Licht auf die vorwaltenden Ideen wirft. Auf die Bemerkung der Fellows, sie seien in der Verteidigung nicht allein ihrer Rechte, sondern der Religion begriffen, hat er erwidert, er könne nicht einsehen, daß die gelehrte Erziehung unbedingt an das religiöse Bekenntnis gebunden sein müsse. Er unterschied zwischen Kirchenämtern und den Pfründen der Kollegien: jene sollten an das bischöfliche Bekenntnis gebunden sein, nicht diese.

Daraufhin sprach Jakob II. im Geheimen Rat den Entschluß aus, das Prinzip der Religionsfreiheit anzunehmen. Ein Mitglied widersprach, die anderen nahmen die Ankündigung schweigend hin. Nachdem ein Bericht über die Sitzung darauf vorbereitet hatte, erschien am 4. April eine ausführliche Deklaration, in der der König zwar der anglikanischen Kirche ihre Besitzungen und die Freiheiten, die sie genieße, zusicherte, aber zugleich alle Strafgesetze in Kirchensachen suspendierte: denn jedem seiner Untertanen solle es freistehen, Gott auf seine Weise zu verehren; – er verordnete, daß weder die Eidesleistungen der Treue und des Supremats noch die neu aufgelegten Testeide fortan gefordert werden sollten: alles stehe auf dem Grund der königlichen Prärogative, aber mit dem Ausdruck der zuversichtlichen Erwartung, daß es von den beiden Häusern des Parlaments gebilligt werden würde, wenn er für gut halte, sie wieder zu berufen.

Somit war König Jakob VII. von Schottland und II. von England und Irland im Jahre 1687 der erste Fürst in der Geschichte Europas, der die neue Philosophie der Toleranz auf sein Banner schrieb und sie effektiv durchzusetzen versuchte. Der überzeugte Katholik, der seines Glaubens wegen angefeindet und von radikalen Nonkonformisten von der Thronfolge ausgeschlossen werden sollte, wurde zum Protektor derselben und zum Garant ihrer Gewissensfreiheit. Sie nahmen diese Allianz mit Freuden an; es waren Anabaptisten, Independenten – die sich jetzt Kongregationalisten nannten –, die Quäker der Hauptstadt und zuletzt die Presbyterianer. Die Römisch-katholischen, deren Deputation dem höchsten Adel angehörte, erklärten sich besonders befriedigt darüber, daß es ein Fürst von ihrer Konfession sei, der die allgemeine

Indulgenz einführe: er befestige damit die Grundlagen aller Regierung. Man verglich den König bald mit Moses, der das Volk Israel aus Ägypten, bald mit dem großen Kyros II., der es aus der Babylonischen Gefangenschaft erlöst habe. Die Deputation von Coventry dankte dem König im Namen der verschiedenen Religionsparteien ihrer Stadt: die Presbyterianer, Independenten, Anabaptisten und selbst Anglikaner, sie seien jetzt alle in christlicher Liebe vereint; sie drückten ihre Erwartung aus, daß dadurch der Handel gefördert und die königliche Gewalt befestigt werden würde. Doch nichts mag größere Aufmerksamkeit verdienen als die Ansprache, mit der William Penn eine Adresse der Generalversammlung der Quäker überreichte. Nahezu zwölfhundert »Freunde« waren auf einmal aus dem Gefängnis befreit worden; und der König versicherte, bevor er sterbe, denke er das Zugeständnis zu befestigen, so daß künftige Zeitalter es nicht wieder umstürzen können. Die Gewissensfreiheit, die er bewillige, denke er durch parlamentarisches Gesetz dergestalt zu festigen, daß sie von seinen Nachfolgern nicht zurückgenommen werden könne.

Damit begannen die Vorbereitungen für ein nonkonformistisches Parlament – und für die Katastrophe Jakobs II.

Die »Glorreiche Revolution« (November 1688)

Dadurch, daß Jakob II. die Beamten, Friedensrichter und Sheriffs umbesetzte (ein Drittel Katholiken, ein Drittel Nonkonformisten, ein Drittel gemäßigte Anglikaner), die englisch-schottischen Regimenter, die seit 1678 in holländischen Diensten verblieben waren, im Januar 1688 aus diesem Dienst abberief (die Holländer lehnten die Entlassung aus dem Dienst ab, ließen die Ausreisewilligen ziehen und ersetzten sie durch andere), sich mit der Absicht trug, ein nonkonformistisches Parlament einzusetzen, trieb er die episkopale Kirche – seine torystische Stütze bei der Thronbesteigung – ins oppositionelle Lager. Er war fest entschlossen, die Strafgesetze gegen Katholiken und Dissenter sowie Testeide abzuschaffen und Gewissens- und Religionsfreiheit einzuführen. Sowohl eifrige Katholiken als auch unversöhnliche Anglikaner waren dagegen und verstärkten darauf ihren Kontakt zum Prinzen von Oranien und den englischen Flüchtlingen in den Niederlanden.

Die Anfang 1688 immer deutlicher hervortretende Verbindung Englands mit Frankreich – wenn man auch noch immer von keiner Allianz zwischen beiden wissen konnte – beunruhigte den Calvinisten Friedrich Wilhelm von Brandenburg, den Großen Kurfürsten (1640–1688): eine Erstarkung des Katholizismus in England würde das Inselreich in unmittelbare Abhängigkeit vom Sonnenkönig bringen, was die Übermacht Frankreichs im westlichen Europa bedeutete; das nächste Ziel wären die Niederlande und dann Deutschland, zumal der Kaiser mit der Türkengefahr im Osten voll beschäftigt war (die 1683 Wien zum zweitenmal belagert hatten).

Bereits Anfang 1688 machte Fagel die erste Andeutung eines Unternehmens gegen England in der Versammlung der bevollmächtigten Räte der Generalstaaten, wurde jedoch mit einer ironischen Erinnerung an das Unternehmen und den Untergang Monmouths beantwortet.

In der Zwischenzeit waren in England Kundgebungen von allen Seiten über die Absichten des Königs laut geworden; man hoffte, Jakob II. würde sich mit der Abschaffung der Pänalgesetze, die man ihm anbot, zufrieden geben und von der Abschaffung der Eidesleistungen, die niemand wollte, Abstand nehmen. Doch die zweite Bekanntmachung der Indulgenzerklärung, die gegen Ende April erfolgte, enttäuschte. Im Frühjahr kam Jakob II. mit Ludwig XIV. (1643–1715) überein, daß es wegen der Verhältnisse in Holland nützlich würde, wenn eine englische Flotte im Kanal erschiene; Jakob nahm auch hierfür die Beihilfe von Frankreich in Anspruch, und Ludwig verband damit die Bedingung, daß die Flotte vor allen Dingen dazu bestimmt werde, die Verbindung der Holländer mit den Schweden zu einem Angriff auf Dänemark (mit dem Frankreich verbündet war) zu verhindern. Die englische Flotte von 25 bis 30 Kriegsfahrzeugen solle die nötigen Demonstrationen veranstalten, ohne daß sie jedoch zu einem wirklichen Angriff zu schreiten brauche. Ludwig versprach dazu eine halbe Million Livres Tournois Subsidien.

Im Juni erschien auch die englische Flotte von 20 Kriegsfahrzeugen vor der Küste. Der König von Frankreich ließ in England wissen, er werde seine gegen Algier beschäftigte Kriegsflotte hierauf nach Brest segeln lassen, um sich nötigenfalls mit der englischen Kanalflotte in Erfüllung des gegebenen Versprechens zu vereinigen, dem König von England gegen alle inneren und äußeren Feinde beizustehen.

Und nun geschah es auch, daß die Königin am 10. Juni durch eine Frühgeburt den ersehnten (möglichen) Thronerben gebar: Jakob Franz Eduard. Nichts deutete darauf hin, daß der Säugling seine Kindbettjahre überleben würde (die Königin hatte bereits zwischen 1675 und 1682 vier Töchter und einen Sohn geboren, die in Kleinstkindalter starben), doch die Situation war viel zu brisant, als daß man diese Möglichkeit außer acht ließe: ein katholischer Thronfolger würde die protestantische Prinzessin Maria Stuart von Oranien sowie den calvinistischen Wilhelm III. von der Thronfolge ausschließen und England endgültig in den Schoß der Papisten und Franzosen legen. Daraufhin kamen am 29. Juni die parlamentarisch gesinnten Lords zusammen; die Differenzen der Auffassung verschwanden, da das System, dem beide Parteien angehörten, gefährdet war. Der allgemeine protestantisch-parlamentarische Gedanke herrschte überhaupt in der Versammlung vor, die sich in Westminsterhall zusammengefunden hatte. Am 30. Juni erging die Einladung an den Prinzen von Oranien, noch im laufenden Jahr nach England zu kommen, unter der Behauptung, das Kind der Königin sei untergeschoben, die protestantische Thronfolge zu festigen und für ein geeignetes Parlament zu sorgen. Die Einladung wurde von sieben Lords unterzeichnet: Danby, einer der ältesten und grundlegendsten Tories; Devonshire, einer der ältesten und nahmhaftesten Whigs, Bischof von London; Russell, der Vetter des hingerichteten Parlamentariers; Sidney, der Bruder des hingerichteten Whig-Politikers; Shrewsbury, der früher römisch-katholische und seit 1679 anglikanische Staatsmann; und Lumley.

Für Wilhelm kam die Einladung wie gerufen. Sofort ließ er in Amsterdam den Bürgermeistern Hudde und Witzen eröffnen, daß er einen Präventivangriff auf England plane, um den Engländern zuvorzukommen. Ihre Reaktion zeigte ihm, daß die leitenden Männer in der Stadt, die wieder den größten Einfluß auf die Republik ausübte, wenn der Fall eintrete, nicht gegen ihn, sondern für ihn sein würden. In seiner Eigenschaft als Admiral und Generalkapitän konnte er militärische Anordnungen treffen, ohne die Versammlung der bevollmächtigten Räte zu bemühen: Im Juli wurden 9000 Matrosen ausgehoben. Anfang August ging ein kleines Geschwader der aus Ostindien zurückkommenden Flotte entgegen; ein größeres segelte nach der Doggerbank, um die Bewegungen der englischen Kanalflotte zu beobachten.

Die französischen Ambitionen blieben dem neuen Kurfürsten von Brandenburg (der Große Kurfürst war am 9. Mai 1688 achtundsechzigjährig gestorben; sein Nachfolger wurde dessen Sohn Friedrich III., 1688–1713, Vetter des Prinzen von Oranien und dessen Thronfolger) nicht verborgen; ihn beschäftigte der Anspruch von Wilhelm Egon Fürst von Fürstenberg (1629–1704), seit 1682 Kardinal von Straßburg, an die territoriale Hinterlassenschaft des Kurfürsten Maximilian von Köln. Daß Fürstenberg nicht auch in Münster und Hildesheim durchdrang, war hauptsächlich das Werk der brandenburgischen Regierung, so wie die niederländische seine Wahl in Lüttich verhinderte; wenn er aber in Köln wenigstens einen scheinbaren Anspruch davontrug und denselben mit Hilfe Ludwigs XIV. durchzuführen unternahm, so erschien auch das schon als eine dringende Gefahr für die Selbständigkeit des deutschen Reiches.

Bei einem Besuch in Berlin vereinbarte der Kurfürst Friedrich III. mit dem Landgrafen Karl von Hessen (1670–1730), dem Bruder seiner verstorbenen Gemahlin, ein Bündnis, all ihr Sinnen und Trachten dahin zu richten, daß das Reich ohne Schmälerung bestehe, die Städte Koblenz und Köln, auch die Vereinigten Niederlande erhalten werde. Sie wollen behutsam überlegen, was zum Schutze der protestantischen Religion, die auf Anstiftung auswärtiger Potenzen angefochten werde, geschehen könne. Kurz danach wurde der brandenburgische geheime Rat Fuchs zu einem geheimen Treffen in Celle mit dem Vertrauten des Prinzen, Bentink, entsandt, um die Lage zu besprechen. Bentink erklärt die Bedenken der Oberhäupter der Republik, die Invasion in England würde das niederländische Gebiet von Truppen entblößen und der Gefahr aussetzen, einem Einfall von Frankreich ohne Gegenwehr zu erliegen; die beiden Bevollmächtigten vereinbarten nun, daß eine ansehnliche Abteilung (9000 Mann) brandenburgischer Truppen zum Dienst der Republik in ihr Gebiet einrücken solle, um eine mögliche französische Diversion abzuwehren; dafür wurden dem Kurfürsten erneut Zusicherungen in bezug auf die oranische Erbschaft gemacht. Bentink nahm daraufhin mit dem leitenden Minister des Herzogs Georg II. Wilhelm von Celle (1665–1705) Rücksprache: wenn die katholische Konversion in England durchgeführt sei, so werde das auch in Holland und zuletzt in Deutschland versucht werden; Kardinal Fürstenberg habe es auf den Ruin Deutschlands abgesehen; nicht allein Koblenz und Köln, sondern auch Hamburg und Lübeck müsse man schützen, denn der zweite Verbündete Frankreichs, der König von Dänemark, würde leicht die günstige Gelegenheit zu einem Angriff nutzen. Der Herzog sei in dieser Angelegenheit auf des Prinzen Seite, versicherte der Minister Bernstorf. Danach festigte Bentink die Verbindung mit Hessen.

Prinz Wilhelm hielt zwischen Breda und Antwerpen eine Zusammenkunft mit dem Generalgouverneur der spanischen Niederlande und begab sich Ende August nach Minden zu einer Konferenz mit dem Kurfürsten von Brandenburg. Noch geschah alles unter strengster Geheimhaltung aus der Besorgnis, daß es, ehe es gereift sei, bekannt und von der französischen Kriegsmacht vereitelt werde. Doch alle Heimlichkeit nützte nichts: Anfang September wurde der Gesandte Ludwigs XIV. im Haag beim Prinzen vorstellig, um eine Erklärung seines Königs vorzubringen. Aus ihren Rüstungen, so ließ er den Generalstaaten eröffnen, müsse man auf kriegerische Absichten schließen: wahrscheinlich würden diese gegen den König von England gerichtet sein; – aber bei dem engen Verhältnis der Freundschaft und der Allianz, in dem er mit diesem Fürsten stehe, erkläre er, daß er den ersten Akt der Feindseligkeit gegen denselben als einen Bruch mit seiner eigenen, der französischen Krone, betrachten werde. Zur selben Zeit beantragte Bonrepaus, der damals ein hohes Amt in der französischen Marine bekleidete, in England die Angelegenheit der unverzüglichen Vereinigung der beiden Flotten. In England verkannte man schon damals die Absicht des Prinzen von Oranien nicht; aber man meinte, er werde Schwierigkeiten finden, die Generalstaaten für sein Unternehmen zu begeistern. Eine Aktion der Franzosen gegen Holland hätte man sogar gern gesehen, weil man davon erwartete, daß sie die Republikaner von einem Angriff gegen England abhalten würde. Nur wollte man nicht an einer solchen Aktion etwa selber teilnehmen. Die Verbindung der Flotten würde die Engländer in eine allgemeine Gärung gebracht haben. Allianz mit Frankreich und Einberufung eines Parlaments waren nicht zu kombinieren. Man hat damals dem König Jakob gesagt, das Anerbieten Ludwigs XIV. gehe nur darauf hinaus, das Parlament unmöglich zu machen. Auch die einseitige Erklärung im Haag machte beim englischen Hofe den Eindruck einer Anmaßung und selbst einer Gefahr. Denn dieser Fürst nehme darin die Haltung eines Protektors an, er spreche von England wie von einem Kardinal Fürstenberg, gleich als könne es sich nicht allein verteidigen. Jakob II. war über den Streit zwischen Ludwig XIV. und Papst Innozenz XI. (1676–1689), der sich zu einem Schisma eingelassen hatte, und bei dem England zwischen beiden vergebens zu vermitteln suchte (Juni 1688), sehr verärgert. Zum erstenmal seit seiner Thronbesteigung schloß er den französischen Gesandten von seinen politischen Ratgebern aus.

Jakob II. bemühte sich, den Eindruck zu verwischen, den jene Erklärung Ludwigs in Holland hervorgerufen hatte. Dem holländischen Gesandten in London, van Citters, wurde eine Audienz erteilt, in der Jakob ihm versicherte, eine Allianz, wie die in der Erklärung erwähnte, bestehe überhaupt nicht. Ganz im Gegenteil: sein Entschluß sei, sich an auswärtigen Angelegenheiten gar nicht tätig zu beteiligen, nicht einmal als der Vermittler darin aufzutreten. Der englische Gesandte Albyville erhielt den Auftrag, den Generalstaaten einen Vertrag zur Erhaltung des Nimweger Friedens und des zwanzigjährigen Stillstands anzubieten.

Der Rat des Königs von Frankreich war der Meinung, dieser sollte die dem Bruder des Königs nach dem Abgang der Simmmernschen Linie durch seine Gemahlin auf die pfälzische Verlassenschaft erwachsenen Rechte zur Geltung bringen und zugleich Kaiser und Reich zur definitiven Abtretung der durch den Stillstand überlassenen Gebiete nötigen. Schon waren die Truppen kriegsbereit und in der Nähe versammelt; Mitte September brachen sie, ohne vorangegangene Kriegserklärung, in die oberdeutschen Gebiete ein, zunächst um Philippsburg zu belagern. Es war der Wiederbeginn einer ungeheuren Aktion der Franzosen nach Osten hin.

Der Erfolg war jedoch ein anderer, als Ludwig XIV. wohl erwartete:

Unter dem Eindruck des Einmarsches wurde auch Jakob II. überzeugt, daß das vornehmste Mittel, dem Prinzen von Oranien zu widerstehen, darin liege, ihm die Unterstützung der episkopalen Partei zu entziehen, indem man den Forderungen derselben gerecht werde. Die erste öffentliche Kundgebung einer veränderten Gesinnung war eine Proklamation, die am 21. September erschien. Darin war nicht mehr von der Abschaffung der Eidesleistungen die Rede; der weiteren Ausschließung der Katholiken vom Unterhaus wurde nachgegeben. Noch hielt der König daran fest, daß er seinen Untertanen allgemeine Gewissensfreiheit verschaffen wolle; aber er fügte hinzu, dafür würde die Weglassung einiger drückender Bestimmungen in der Uniformitätsakte genügen, man brauche diese Akte nicht ganz aufzuheben. Damit wollte man die Dinge wieder in den Stand stellen, wie sie bei der Thronbesteigung Jakobs II. gewesen waren, und die geistlichen und weltlichen Lords zu einer Konsultation zusammenrufen.

Die Behauptungen des Prinzen von einer zwischen Frankreich und England bestehenden Allianz wurden durch die Belagerung von Philippsburg bestätigt; in der sah man in Holland die größte Gefahr für die Zukunft und war darin einer Meinung, daß ihr durch einen großen Schlag ein Ende gemacht werden müsse; der Widerspruch gegen das Vorhaben des Prinzen hörte auf; man begrüßte nachträglich, daß er sich bereits gerüstet hatte.

Nicht minder vorteilhaft war das Unternehmen der Franzosen für die deutschen Fürsten. Wilhelm hatte schon selbst eine Unterhandlung mit Sachsen eröffnet, jedoch noch nichts erreicht. Doch nun nahm Kurfürst Friedrich III. von Brandenburg unter dem Eindruck jener Ereignisse die Sache in die Hand. Gegen Ende September schickte er einen außerordentlichen Gesandten, dem sich der Fürst von Anhalt anschloß, an den Kurfürsten Johann Georg II. von Sachsen (1686–1698). Feldmarschall Flemming erklärte, das sächsische Fußvolk werde binnen acht Tagen marschbereit sein, bald darauf die Reiterei und Artillerie; er selbst und sein Kurfürst würden nicht fehlen. Sachsen wollte den Krieg am Mittelrhein führen, Österreich sollte am oberen, Brandenburg am unteren Rhein die Ausführung haben.

Anfang Oktober begab sich Fuchs zum zweitenmal nach Celle, wo er mit dem Herzog Ernst August von Hannover (1679–1698), damals der Schwiegervater des Kurfürsten von Brandenburg, zusammentraf. Ernst August versicherte dem Gesandten, mit dem Kurfürsten gegen Frankreich einzutreten. Auch die Herzöge von Celle und Wolfenbüttel versprachen, zum Krieg nach besten Kräften beizutragen. So bildete sich eine Vereinigung derselben Fürstenhäuser, die einst die Reformation der Kirche durchgefochten hatten, zu ihrer Rettung in Europa. Brandenburg, das nunmehr das mächtigste unter ihnen geworden war, übernahm die Leitung. Und wie in Minden (Ende August) versprochen und von den Anhängern des Prinzen in England ausdrücklich gefordert, überließ der Kurfürst dem Prinzen von Oranien Marschall Schomberg zur Ausführung seiner Pläne. Nach Prinz Ruprecht von der Pfalz (1619–1682) handelte es sich um den zweiten Deutschen, der eine entscheidende Rolle in der englischen Geschichte spielte und als Engländer starb.

Friedrich Hermann von Schomberg (Schönburg, 1615–1690) war der Sohn des protestantischen Hofmarschalls von Friedrich V. Kurfürst von der Pfalz und Anna, Tochter des englischen Lord Dudley. 1633 leistete er unter Friedrich Heinrich von Oranien freiwillig Militärdienst, 1634–37 diente er während des Dreißigjährigen Krieges in der Armee des Bernhard von Sachsen-Weimar für Operationen am Oberrhein; 1639 ging er wieder nach Holland und diente dort einige Jahre. 1650 versicherte sich Kardinal Mazarin in der Krise der Fronde Schomberg und dessen deutschen Infantristen für die königliche Armee; mit deren Hilfe wurde der rebellierende Marschall Turenne in der Schlacht von Rethel (15. September 1650) besiegt. Schomberg wurde am 28. Oktober 1652 zum Marschall ernannt, nachdem Turenne die Seiten gewechselt hatte, und war einer der besten Offiziere Turennes in den Kämpfen gegen die Spanier und den Prinzen von Condé. 1660 ging er nach Lissabon, um eine portugiesische Armee gegen Spanien zu organisieren. Nachdem er 1668 durch eine Palastrevolution Don Pedro zur Macht verholfen hatte (später Pedro II.), kehrte er zu seiner Stellung bei der französischen Armee zurück, zumal er die französische Bürgerschaft erhielt. Während des Holländischen Krieges (1672–1678) ging er nach England auf Einladung Karls II., um eine Armee zur Invasion in Holland zu bilden, kehrte jedoch bald nach Frankreich zurück und war im Offiziersstab Ludwigs XIV. bei der Belagerung und Eroberung von Maastricht (Juni 1673); 1675 war er einer der acht Marschälle Frankreichs, die nach Turennes Tod ernannt wurden. Die Widerrufung des Edikts von Nantes (1685) zwang den siebzigjährigen Protestanten Schomberg, das Land zu verlassen; das Potsdamer Edikt des Großen Kurfürsten hieß ihn in Brandenburg willkommen, wo er den Auftrag erhielt, die preußische Armee nach französischem Vorbild zu modernisieren. Ein weiterer Ausländer von Rang, der Engländer Lord Leven, stand in Berlin eine Zeitlang in Militärdienst. Als dieser im September 1687 zu seinem Vater, dem Flüchtling Lord Melville, nach Holland zurückging, gab ihm Schomberg einen Brief an Henry Sidney mit. Darin drückte Schomberg den Wunsch aus, den Prinzen und die Prinzessin einmal in England gut etabliert zu sehen. »Dafür«, schrieb er, »würde ich alles opfern; es würde mir die größte Genugtuung verschaffen, wenn wir ihm einmal gemeinsam Dienste zu leisten vermöchten«. Sidney wurde einer der sieben Unterzeichner der Einladung vom 30. Juni an den Prinzen; so kam es, daß die Verschwörer in England die Dienste des bejahrten Marschalls nahezu forderten. Und nun wurde er mit den brandenburgischen Truppen an den Prinzen von Oranien ausgeliehen.

Noch Anfang Oktober wurde Fuchs nach dem Haag mit Instruktionen geschickt: der Prinz sollte danach erinnert werden, wenn ihm Gott Erfolg verleihe, vor allem anderen beim englischen Parlament eine Kriegserklärung gegen Frankreich zu erwirken, um Jakob II. vollends allen Rückhalt zu entziehen. Am 7. Oktober eröffnete der Prinz den deputierten Räten, die für die auswärtigen Geschäfte zuständig waren, in geheimer Sitzung, daß er den Engländern in ihrem Widerstand beistehen wolle; das sei für die Vereinigten Niederlande das Mittel, sich in ihrer Unabhängigkeit zu behaupten und ihrer Religion auf immer Sicherheit zu verschaffen. Er gedachte dann seiner Rechte in England, vor allem der Ansprüche seiner Gemahlin an die englische Krone. Er denke nicht etwa, den König vom Throne zu stoßen und sich an dessen Stelle zu setzen: er werde lediglich dafür sorgen, daß ein berechtigtes Parlament gebildet, Religion und Freiheit gesichert und die Nation in den Stand gesetzt werde, ihren alten Verbündeten – den Niederlanden – wieder beizustehen. Die deputierten Räte stimmten ihm in alledem zu. Am folgenden Tage kam die Angelegenheit in den Generalstaaten – noch immer unter Geheimhaltung – zur Sprache; man sprach dem Prinzen Dank dafür aus, daß er um eine Beihilfe nachsuche, und beschloß, ihn in Ausführung seines Vorhabens mit Volk und Schiffen zu Wasser und zu Lande zu unterstützen. Und dementsprechend fiel die Antwort der Generalstaaten an Jakob II. auf seinen Annäherungsversuch vom September negativ aus. Auch die vornehmsten Autoritäten in der katholischen Welt, die sich durch die universale Überlegenheit Frankreichs bedroht fühlten, billigten Wilhelms Vorhaben. Selbst in Rom war dies der Fall; dort hatte man an der Durchführung der Pläne Jakobs II. keinen Gefallen; Papst Innozenz XI. sprach aus, daß sie weniger der Religion als dem Ehrgeiz Ludwigs XIV. Vorteil verspreche: die Folge würde sein, daß die englische Krone zuletzt selbst der französischen Übermacht erläge.

In den schottisch-englischen Regimentern, die den Kern der Expeditionsarmee des Prinzen bildeten, stellte sich die protestantisch-englische Gesinnung in ihrer Entfremdung von der königlichen Autorität recht eigen dar; denn entgegen dem Willen ihres Königs waren sie im holländischen Dienst geblieben. Den Engländern gesellte sich nun aber der europäische Protestantismus in der lebendigsten Repräsentation, die es geben konnte, bei, den französischen Hugenotten. Diese waren zum Teil alte Soldaten; viele dienten in der Garde des Prinzen, andere waren in anderen Regimentern; einige ausgezeichnete Ingenieure und Artilleristen waren unter ihnen. Außerdem fand sich eine Schar von etwa 500 französischen Freiwilligen, die noch nie gedient hatten. Den Marschall Schomberg begrüßten sie wie ihren geborenen Anführer. Die Kavallerie des Prinzen bestand größtenteils aus Deutschen, insbesondere aus Brandenburgern; von diesen nahmen auch noch einige Regimenter zu Fuß sowie einige Scharen Nationalschweden am Zug teil. Diesen schlossen sich von ganzem Herzen die Holländer an. Ein protestantisch-europäisches Unternehmen also mit dem Segen der katholischen Welt (Spanien, Papst und Österreich) verband sich mit der englischen Opposition zur Rettung der europäischen Freiheit und der protestantischen Religion.

Noch einen letzten Schritt unternahm Prinz Wilhelm vor dem Start: er schrieb dem Kaiser eine Erklärung, die die Einwendungen beseitigen sollte, die man dort aus Sympathie für Legitimität und Katholizismus gegen sein Vorhaben erheben könnte. Er versicherte, er sei weit davon entfernt, dem König Jakob und denen, die einen rechtlichen Anspruch an die Thronfolge haben, Unrecht tun oder sich selbst die Krone aneignen zu wollen. Er traf damit den Sinn des Kaisers; sein Schreiben wurde mit Genugtuung aufgenommen.

In der Zwischenzeit zeigte Jakob II., daß er mit der Kehrtwendung ernst machte: am 3. Oktober willigten die Bischöfe in bezug auf die Uniformitätsakte ein, daß mit einer Erneuerung doch auch auf die Gewissensfreiheit Rücksicht genommen werden müsse; sie verlangten unverzüglichen Erlaß neuer Ausschreibungen zu einem regelmäßigen und freien Parlament, Aufhebung der kirchlichen Kommission, unverzügliche Besetzung der vakanten bischöflichen Sitze, Beseitigung der Amtsführung sogenannter apostolischer Vikare, sowie der römisch-katholischen Schulen, Wiederherstellung der protestantischen Fellows im Magdalenenkollegium der Universität Oxford; eben die vornehmsten Punkte, in denen sich die Feindseligkeit des Königs gegen die anglikanische Kirche hauptsächlich manifestiert hatte. Der König ließ auf die Erfüllung der letzten Forderungen nicht lange warten: am 5. Oktober verkündete er im Geheimen Rat, daß er die kirchliche Kommission aufzuheben beschlossen habe; am 6. Oktober brachte der Lordkanzler dem Oberbürgermeister von London die Freibriefe zurück; am 10. Oktober wurde befohlen, die Unregelmäßigkeiten, die bei der neuen Regulation begangen worden seien, abzustellen; am 12. Oktober bekam der Bischof von Winchester den Auftrag, das Magdalenenkollegium von Oxford den Statuten gemäß einzurichten. War die Absicht hierbei, die Sympathien der Nation gegen den Prinzen von Oranien instandzusetzen, so schien sie erreicht zu werden. Die neuen Stadtbehörden von London versicherten feierlich, Leib und Gut zur Verteidigung Seiner Majestät und der eingeführten Landesregierung einzusetzen nach den Grundsätzen der englischen Kirche. Die alte Doktrin, daß das Bistum und das Königtum unzertrennlich verbunden seien, auf der die ursprüngliche Einrichtung der Herrschaft der Stuarts beruht hatte, bahnte sich wieder einen Weg.

Am 11. November fiel dem König die Proklamation des Prinzen, die noch nicht ausgegeben war, zufällig in die Hände. Ihr Inhalt konnte nicht gerade großen Eindruck auf ihn gemacht haben, da die wohlbekannten Beschwerden wiederholt wurden. Tiefer berührten ihn die Zweifel, die darin über die Echtheit des Prinzen von Wales geäußert wurden.

Am 15. November 1688 landete Wilhelm Prinz von Oranien mit einer Flotte von mehr als 500 großen und kleinen Fahrzeugen und 14.000 Mann an Bord in der Bucht von Torbay in Devonshire. Am 29. November traf der König bei seiner Armee in Salisbury ein. In der Zwischenzeit kam in allen Regionen des Landes die vorbereitete Empörung zum Ausbruch. Es war, als ob die Weigerung des Königs, das Parlament einzuberufen, allenthalben das Zeichen gegeben hätte, sich selbst zu helfen. Der 2. Baron Delamere in Chester (Grafschaft Cheshire), William Cavendish 4. Graf von Devonshire in Nottingham (Grafschaft Devonshire), Thomas Osborne 1. Graf von Danby in York (Grafschaft Yorkshire), um die wichtigsten zu nennen, General John Churchill sowie Henry Fitzroy Graf von Grafton, die mit dem Prinzen in Verbindung standen, desertierten mit ihren Truppen zu diesem; selbst der Schwiegersohn Jakobs, Prinz Georg von Dänemark (1653–1708, seit 1683 mit Prinzessin Anna, Jakobs zweiter Tochter, verheiratet), entfernte sich aus dem Lager von Andover und schloß sich dem Oranier an. Und als Jakob am 6. Dezember in London eintraf, stellte er fest, daß seine Tochter Anna (1665–1714) mit ihrer Hofdame Sarah Jennings (1660–1744), General Churchills Gattin, ebenfalls entflohen war – kurz darauf erschienen beide im Lager der Rebellen.

Am 7. Dezember gewann Jakob endlich die Überzeugung, daß er der Forderung, die von allen Seiten als die vornehmste aufgestellt wurde (die überhaupt Wilhelm von Oranien herbeigeführt hatte), nachgeben und ein Parlament ankündigen müsse. Er versammelte noch am selben Tag einen großen Rat der Magnaten in alter Weise – die geistlichen und weltlichen Lords, die sich gerade in der Hauptstadt befanden –, um es ihnen bekanntzugeben. Doch da wurde er eines Besseren belehrt: mit der Ankündigung eines Parlaments sei die Sache nicht abgetan, er müsse all denen, die sich dem Prinzen angeschlossen hatten, im voraus Verzeihung gewähren, sonst sei kein Parlament möglich; und damit es nicht zu einem Zusammenstoß der Streitkräfte komme, eine Unterredung mit dem Prinzen selbst führen; schließlich alle Katholiken aus seinem Rat und seiner Umgebung entfernen.

Am anderen Morgen (8. Dezember) erklärte König Jakob im Geheimen Rat, er wolle das Parlament für den 25. Januar 1689 einberufen und dazu einen Generalpardon aussprechen; ferner erklärte er sich bereit, mit dem Prinzen von Oranien die reibungslose Versammlung des Parlaments zu verabreden. Als der Lordkanzler bestätigte, daß die Ausschreiben zum Parlament schon ausgefertigt seien, hielt Lord Clarendon, der an der Spitze der Hochtories stand, es für ratsam, sich unverzüglich zum Prinzen zu begeben, um sich dessen Zustimmung zu versichern. Er meinte noch beide, den Prinzen und den König, im Staate kombinieren zu können, indem dieser seinen Titel behalte, jener aber die Administration in die Hand nehme; damit schien ihm eine Anerkennung des Prinzen von Wales durch das Parlament sehr vereinbar, wenn man diesen im protestantischen Glauben erziehe.

Doch Halifax wußte diese Bemühungen zu untergraben, so daß der König allein und verlassen dastand; da kam Jakob II. auf den Gedanken, sich selbst nach Frankreich zu retten. Die Idee war zuerst vom Jesuitenpater Petre in bezug auf den Prinzen von Wales angeregt worden. Der König war in seiner Seele entschlossen, sich dem künftigen Parlament in der Sache der Katholiken und dem französischen Bündnis nicht zu unterwerfen. Anfangs dachte er daran, sich nach Portsmouth zu retten oder nach Irland oder nach Schottland, und hatte einige Vorbereitungen getroffen: aber da sich alles als unausführbar erwies, drückte er zuletzt dem französischen Gesandten seine Absicht aus, nach Frankreich zu kommen und Ludwig XIV. um ein Asyl in seinem Reiche zu bitten.

In der Nacht vom 19. zum 20. Dezember fuhr Königin Maria samt dem Kind und seiner Pflegerin in der Obhut des Grafen Lauzun auf einer bereitgehaltenen Barke über die Themse; am anderen Ufer brachte sie ein Wagen nach Gravesend, wo sie eine Jacht bestiegen, die sie mit günstigem Wind am anderen Tage nach Calais brachte. Sie zeigte ihre Ankunft auf französischem Boden dem König Ludwig an und begab sich vorläufig nach Boulogne, wo sie weitere Nachrichten aus England abwartete. In der Nacht vom 20. zum 21. Dezember verließ Jakob Whitehall in Begleitung des katholischen Offiziers Edward Hales und gelangte bei Vauxhall an das andere Ufer, wo ein Wagen bereitstand, der sie nach Ernsley-Ferry brachte; hier wartete ein Zollhausboot auf sie, das sie aufnehmen und nach Frankreich bringen sollte. Doch der Wind war ungünstig, eine Verzögerung trat ein, und sie wurden erkannt, festgehalten und nach London zurückgebracht.

Unmittelbar nachdem Jakobs Flucht ruchbar geworden war, am Morgen des 21. Dezember, kamen die Lords, die sich in London befanden, in der Guildhall zusammen, auch der Erzbischof von Canterbury war unter ihnen, und verfaßten eine Erklärung, in der sie beklagten, daß die Ausführung der

Proklamation des Königs, nach der ein freies Parlament einberufen werden solle, durch seine Entfernung verhindert werde, aber zugleich sprachen sie die Erwartung aus, ein solches Parlament werde unter der Mitwirkung des Prinzen von Oranien zusammentreten, um Gesetze, Freiheit, Eigentum, besonders auch der anglikanischen Kirche, jedoch mit der nötigen Rücksicht auf die Freiheit der protestantischen Dissenter, sicherzustellen. Die Lords übertrugen dem Prinzen keinerlei Gewalt; sie luden ihn nicht einmal ein, nach London zu kommen; als wäre es ihre Absicht gewesen, die Leitung in die Hand zu nehmen: verbündet mit dem Prinzen, aber dabei unabhängig von ihm, die vom König angetastete Verfassung des Landes und der Kirche wiederherzustellen.

Einige Obersten in London betrachteten den Prinzen von Oranien als Sieger; durch den Fluchtversuch des Königs sei die militärische Gewalt von Rechts wegen an ihn übergegangen. Noch an jenem 21. Dezember ließ der Marquis von Miremont im Park bei Westminster sein Regiment zusammentreten und erklärte, er stelle sich unter den Befehl des Prinzen; ein Beispiel, dem Lord Northumberland mit einigen Kompanien der Leibgarde folgte. Zwar hatten die Lords vermieden, den Prinzen nach der Hauptstadt einzuladen, aber diese selbst hatte es getan: der Oberbürgermeister, die Ratsherren und der Gemeinderat hatten den Prinzen um seinen Schutz angefleht und ihn ersucht, nach London zu kommen. Da der Prinz sich weigerte, den König gefangenzunehmen oder gar abzusetzen, fand man es als die eleganteste Lösung, den König aus London wegzubringen, bevor der Prinz dort eintraf.

Am Morgen des 28. Dezember verließ der König aufs neue den Palast, um eine Barke zu besteigen, die ihn nach Rochester bringen sollte; er selbst hatte unter den Plätzen, die man ihm anbot, Rochester gewählt, von wo er am leichtesten entfliehen zu können meinte. Noch am Abend vor seiner Abreise hat er diese Absicht ausgesprochen. Und drei Stunden, nachdem die Barke abgelegt hatte, langte Prinz Wilhelm in Westminster an. Als der König einen erneuten Fluchtversuch (2. Januar 1689) unternahm, hinderte ihn niemand daran, am 4. Januar die französische Küste bei Ambleteuse zu erreichen; man wollte ihn nicht zum Märtyrer machen. In der Zwischenzeit hatte Ludwig XIV. Maria Beatrix, geborene Prinzessin von Este, Tochter des Alfons IV. von Modena und Königin von England, Schottland und Irland, mit großem Pomp in der Nähe von Versailles (seit 1682 die neue Residenz der Könige von Frankreich, bis dahin war es das Schloß St.-Germain-en-Laye bei Paris gewesen) empfangen und nach St. Germain geführt. Am 4. Januar trat Jakob II. vor den König von Frankreich als Hilfesuchender. Seine Anwesenheit und die Aufnahme, die man ihm gewährte, hatten eine politische Bedeutung. Ludwig XIV., der großmütig und uneigennützig erschien, wurde als der vornehmste Rückhalt und Schutz der katholischen und der dynastischen Ideen in der Welt betrachtet. Von der Verbindung der beiden Könige erwarteten die Royalisten die Aufrechterhaltung der alten Formen des Staates, die Katholiken die Befestigung und Ausbreitung ihrer Kirche. Die Anhänger Jakobs in England und Schottland atmeten auf, als sie seine glückliche Ankunft in St. Germain vernahmen. Wem von ihnen es möglich war, bereitete sich darauf vor, ihm bald nachzufolgen und ihm seine Dienste zu seiner Zurückführung anzubieten.

In einer Versammlung der Lords am 2. Januar 1689, in der über die Berufung eines Parlaments entschieden werden sollte, wurde beschlossen, den Prinzen von Oranien zu ersuchen, an der Einberufung einer Konvention mitzuwirken und bis zum Zusammentritt derselben die Administration des Landes in die Hand zu nehmen. Darauf entschloß sich dieser, alle die zusammenzurufen, die in den Parlamenten Karls II. gesessen hatten, um die ergebenen Anhänger des geflohenen Königs aus dessen Parlament auszuschließen. Am 5. Januar trafen sie sich im Sitzungssaal des Unterhauses und beschlossen, die zur Wahl einer Konvention erforderlichen Ausschreiben zu erlassen. Am 7. Januar nahm der Prinz die ihm gemachten Anträge an, und am 1. Februar versammelten sich die gewählten Mitglieder im Unterhaus in Westminster. Am 7. Februar beschloß die Konvention, König Jakob II. habe das Land freiwillig verlassen und somit auf die Krone verzichtet. Der gefaßte Beschluß enthielt eine Art von Kompromiß, in dem zwar die whigistische Tendenz die Oberhand behielt, aber auch die torystische zur Geltung gelangte. Einen Tag später wurde die Erklärung abgegeben, die Erfahrung habe gezeigt, daß es mit der Sicherheit und der Wohlfahrt dieses protestantischen Reiches unverträglich sei, von einem papistischen Fürsten regiert zu werden. So trat die Konvention, indem sie die Erbfolge durch eine außerhalb des natürlichen Rechts liegende konfessionelle Satzung zu beschränken unternahm, in die engste Beziehung zu den protestantischen Ideen. Aber die Hauptsache lag in dem Wort Vakanz, das den Anspruch des Parlaments, die Regierung des Königs Jakob nicht allein für beendet, sondern auch die rechtmäßige Erbfolge für unterbrochen zu erklären und den Thron nach seinem eigenen Ermessen zu besetzen, in sich schloß. Unmittelbar nachdem die Vakanz des Thrones ausgesprochen worden war, stellten die Freunde des Prinzen von Oranien – es war Thomas Wharton, Vater des späteren Großmeisters der englischen Freimaurerei Philipp Wharton – den Antrag, ihn und seine Gemahlin auf den Thron zu erheben. Dieser Ausschluß des gekrönten Königs und des rechtmäßigen (katholischen) Thronfolgers sollte die Freimaurerei ein Jahrhundert lang prägen!

Am 12. Februar legte die eigens hierfür gebildete Kommission dem Unterhaus den Entwurf einer Deklaration der Rechte (*Bill of Rights*) vor, in der dem Thronfolger eine Reihe von Bedingungen gestellt wurden, die er anerkennen sollte, bevor er zum König ausgerufen werden könnte. Somit war die konstitutionelle Monarchie in England begründet, die noch bis zum heutigen Tage die Souveräne des Inselreichs bindet: eine Erbfolge war durch parlamentarische Thronfolge ersetzt worden. Mit Ausnahme einiger Artikel, die die individuellen Rechte gegenüber der königlichen Gewalt garantierten, waren die Hauptbedingungen der Deklaration an Parlament und König gerichtet. Sie sollte die freie Rede, freie Wahlen und häufige Versammlungen des Parlaments bestätigen und die Erhebung von Abgaben sowie die Haltung eines stehenden Heeres ohne Zustimmung des Parlaments verbieten. Vor allem sollte fortan kein Mitglied der königlichen Familie sich mit einer Persönlichkeit von katholischem Glauben vermählen dürfen. König und Königin sollten sich beim Antritt der Regierung zur Erhaltung der protestantischen Religion sowie der Gesetze und der Freiheiten der Nation verpflichten, und der Krönungseid sollte einer Revision unterworfen werden. Am 16. Februar entschieden sich die Lords aller Parteien im Oberhaus für den Beschluß, daß der Prinz und die Prinzessin fortan König und Königin von England sein sollten. Bei der Abfassung des Eides, der dem neuen Königspaar geleistet werden sollte, wurden die Ausdrücke »rechtmäßig und gesetzlich« absichtlich weggelassen; denn in den eifrigen Tories würden sie Skrupel angeregt haben, die man vermeiden wollte.

Was die Lords, die Gemeinen und die Stadt noch besonders bewog, unverzüglich eine Regierung zu bilden, war die in Irland täglich zunehmende Unruhe. Viele von ihnen hatten selbst Besitzungen in Irland: sie zu behaupten, war ihr persönliches Anliegen. Der Prinz versprach ihnen, darauf seine besondere Aufmerksamkeit zu richten.

Jakob in Irland 1689–1690

Das gute Verhältnis Jakobs zu den eingeborenen Iren beruhte nicht allein auf seinem Katholizismus, sondern auch auf verwandten politischen Rechtsauffassungen. Die von Cromwell getroffene und von Karl II. im ganzen bestätigte Landverteilung, die die größte Beschwerde der Iren ausmachte, hielt auch Jakob für eine Ungerechtigkeit. Er hatte immer den Wunsch kundgetan, sie zu verringern. Wenn dann ferner ein zur Emanzipation von Irland gebildeter Verein die Gleichstellung der Katholiken in bezug auf bürgerliche und militärische Ämter mit den Protestanten anstrebte, so entsprach dies dem eigensten Grundsatz Jakobs II., daß es ihm freistehen müsse, in seine Dienste zu nehmen, wen er wolle. An die Spitze der Verwaltung stellte er einen Katholiken seines Vertrauens, Richard Talbot Graf von Tyrconnell, der bei der Zusammensetzung des Heeres den Katholiken sogar den Vorzug gab.

Richard Talbot (1630–1691) war zur Regierungszeit Karls II. ein enger Mitarbeiter und Parteigänger des katholischen Bruders des Königs geworden; als Jakob den Thron bestieg, machte er unverzüglich Talbot zum Grafen von Tyrconnell; im März 1686 wurde dieser Generalleutnant der Irischen Armee, im Februar 1687 stellvertretender Vizekönig von Irland. Nach dem Einfall Wilhelms von Oranien in England und der Flucht Jakobs nach Frankreich regierte Tyrconnell Irland im Namen Jakobs mit eiserner Hand. Die Protestanten, insbesondere die etwas zu verlieren hatten, flüchteten mit ihrem Besitz nach England, oder sie suchten sich die festen Plätze von Ulster zu sichern. Aber Tyrconnell hatte bei weitem die Oberhand. Er setzte sich in den Besitz der meisten festen Plätze und sammelte eine stattliche Heeresmacht um sich. In dieser Stellung lud er in der ersten Hälfte des Februars König Jakob ein, nach Irland zurückzukommen, indem er ihn zugleich seiner unbedingten Treue versicherte. Die Einladung kam Ludwig XIV. wie gerufen; denn ein englischer König im Exil nützte seinen Plänen ganz und gar nicht, wenn er auch durch die großzügige Aufnahme des flüchtigen Königs und des Prinzen von Wales als der vornehmste Rückhalt und Schutz der katholischen und dynastischen Ideen in der Welt betrachtet wurde. Von der Verbindung der beiden Könige erwarteten die Royalisten die Aufrechterhaltung der alten Formen des Staates, die Katholiken die Festigung und Ausbreitung ihrer Kirche und die irischen Eingeborenen die Wiedererwerbung der ihnen durch die Konfiskationen Cromwells entzogenen Besitztümer zur Geltung zu bringen.

Die Eingeborenen (Nativisten) besaßen nur noch 22% des Landes (1688), obwohl sie die absolute Mehrheit der Bevölkerung darstellten; ihnen – als Katholiken – war das Wohnrecht in Städten seit 1665 verweigert worden, und sie lebten in der Hoffnung, nachdem eine entgegengesetzte Wendung der Dinge (durch die Thronbesteigung eines Katholiken) eingetreten war, wieder in den Besitz ihres väterlichen Bodens zu gelangen. In diesem Sinne hatten sie eine Armee gebildet, von der katholischen Nobility und Gentry zusammengebracht, den herkömmlichen Stammesverhältnissen gemäß, und sie einigermaßen militärisch ausgerüstet und selbst eingekleidet. Die Truppe war jedoch ebenso schlecht bewaffnet wie ausgebildet; doch die Iren seien stets gute Soldaten gewesen, verkündete die irische Delegation voller Stolz, und diese Armee zähle nicht weniger als 50.000 Mann! Die Eingeborenen und die Katholiken wünschten sich nun, mit Frankreich in die engsten Beziehungen zu treten.

Für Ludwig bot Irland strategisch gesehen aus verschiedenen Gründen eine ausgezeichnete Gelegenheit, England im kontinentalen Krieg zu neutralisieren. Der Sieg Wilhelms von Oranien, die Anstalten, ein neues Parlament in London einzusetzen, und die Verhandlungen des spanischen Botschafters mit dem Prinzen von Oranien über die Möglichkeit einer englischen Landung an den französischen Küsten ließen eine Ableitung der Kriegskräfte von England und Holland nach Irland sehr vorteilhaft erscheinen. Jakob II. müsse nach Irland gehen; entscheidend für seine Sache sei, daß er dort eine Armee finden werde, die ihm vollkommen ergeben sei, mit der er seine Anhänger in Schottland unterstützen und – worauf der größte Wert gelegen hat – nach England hinübergehen könne. Die Unzufriedenheit der Offiziere der englischen Armee gebe Grund zur Hoffnung, daß ein neues Zusammentreffen zu einem ganz anderen Ausgang führen werde als das frühere.

Das paßte sehr zu den Plänen, die Jakob II. von Anfang an auf die Wiederherstellung seiner Autorität über die drei Reiche ausrichtete: Irland sollte nur als die Basis und das Mittel dienen, ein großes Unternehmen gegen England selbst in Gang zu setzen. Daraus ergab sich aber eine von den Tendenzen Tyrconnells weit abweichende Folgerung: Man mußte mit Irland rasch zu Ende kommen, und zwar in einer Form, die die Wiederherstellung der Krone im ganzen Reich fördern konnte, nämlich eine Befriedung Irlands durch Schonung der dortigen Protestanten. Man dachte nicht daran, sie auszustoßen, sondern wollte sie gewinnen, was nicht schwer fiel; denn gegen die Person des Königs war ihre Feindseligkeit nicht gerichtet.

Durch die Anwesenheit Jakobs II. in Irland meinte Ludwig XIV. seinen Gegner dergestalt zu beschäftigen, daß dieser nach keiner anderen Seite hin tätig eingreifen könne. Und mit verhältnismäßig geringen Opfern schien sich das erreichen zu lassen. Jakob brauchte vor allen Dingen Waffen und Munition, zu deren Herbeischaffung die beiden sonst nicht eben einigen Minister des Krieges und der Marine, Louvois und Seignelay, zusammenwirkten. Eine Anzahl von Offizieren wurde dem König Jakob zur Disziplinierung und Führung seiner Armee beigegeben: Generalleutnant Rosen als kommandierender General, Marschall de Camp Maumont als Generalleutnant und einige andere. Auch eine Summe Geldes war flüssig gemacht worden; sie wurde dem Grafen d'Avaux anvertraut, der die Expedition als diplomatischer Repräsentant Ludwigs XIV. begleitete. In der Anweisung vom 21. Februar an d'Avaux wurde als Ziel der Expedition die Vereinigung aller guten Untertanen Jakobs II. im Lande unter seinem Zepter angegeben und der Botschafter aufgefordert, seine ganze Geschicklichkeit dazu zu verwenden, die Katholiken und die Protestanten miteinander auszusöhnen und darauf hinzuwirken, daß König Jakob in der Behandlung der einen und der anderen keinen Unterschied mache. In der Instruktion vom 12. März hieß es, die getreuen Untertanen solle man im Besitz der Güter lassen, die sie innehaben; man dürfe keinen Anlaß geben, daß jemand in England und Schottland durch den König eine Gefahr für sein Eigentum erleide; die Berücksichtigung der gerechten Ansprüche der Katholiken möge Jakob II. verschieben, bis seine Autorität in seinen Staaten wiederhergestellt sei. Für den Fall, daß Jakob II. bei seinem Unternehmen umkäme, solle der Prinz von Wales unverzüglich als König ausgerufen werden.

In der Zwischenzeit hatte das englische Oberhaus dem Prinzen von Oranien und seiner Gemahlin die Krone von England angeboten; das Unterhaus fügte den plantagenetischen Titel »König von Frankreich und Irland« hinzu. Am 22. Februar kam die Prinzessin Maria von England, älteste Tochter Jakobs II., zum erstenmal seit ihrer Vermählung in Whitehall an; am 23. Februar wurde die Bill of Rights verkündet, und es fand daraufhin die große Zeremonie der Übergabe der Krone statt. Und am 2. März erklärte sich die Konvention, die all das beschlossen hatte, zum Parlament.

Am 22. März langte Jakob II. in Kingsale an und gab den Predigern dieses Ortes mündliche und bald darauf dem Bischof von Cork schriftliche Zusicherungen in versöhnlichem Sinne, die einen guten Eindruck machten; und die Protestanten, die sich eben zur Flucht entschieden hatten, nahmen jetzt die Schutzbriefe des Königs mit Freuden an. In Cork erschien eine Deputation einer soeben überwältigten protestantischen Gemeinde; ihr Prediger bat den König in feierlicher Rede um Verzeihung, die ihm auch gewährt wurde. Als der König am 24. März unter großem Jubel der katholischen Bevölkerung nach Dublin zurückgekommen war, hielt er es für eine seiner ersten Aufgaben, auch den Protestanten durch eine allgemeine Versicherung gerecht zu werden und sie zu gewinnen. Er ließ eine Proklamation entwerfen, in der nicht allein die Geflüchteten unter dem Versprechen des königlichen Schutzes zur Rückkehr in das Land aufgefordert wurden, sondern den Protestanten überhaupt versichert werden sollte, daß man ihnen ihre Güter zurückgäbe und sie zu den öffentlichen Ämtern zuließe. Man erwartete, eine solche Zusage werde ihren Widerstand brechen und zur Befriedung des Landes sehr wesentlich beitragen.

Aber gleich bei diesem ersten Schritt geriet der zurückgekehrte König mit dem Gemeingefühl der Iren in Widerstreit: Die Führer der Iren suchten den französischen Botschafter d'Avaux auf und gewannen ihn für ihren Standpunkt. Entgegen seiner Instruktionen nahm er für die Eingeborenen und Katholiken Partei und widersetzte sich der Proklamation mit dem ganzen Gewicht, das ihm seine Stellung verlieh: denn diese würde nur dazu dienen, die Partei zu entfremden, auf die man sich allein verlassen könne, ohne daß man sich doch damit der anderen versichere. Die Proklamation erschien daraufhin ohne jene auf die enteigneten Güter und den Anteil an den Ämter bezogenen Zusagen; diese Form vermochte niemanden zu beruhigen oder zu gewinnen.

Während Ludwig XIV. seine Küsten verteidigungsbereit machte, die Befestigungen von Calais und La Rochelle erneuerte und erweiterte und eine Kriegsankündigung (im April) gegen Spanien erließ, beschäftigte sich das englische Parlament mit der Vorbereitung der Krönung. Um die labile Eintracht der Tories und Whigs nicht zu gefährden, einigte man sich Anfang April, die Formel des Eides, den der König bei seiner Krönung schwören sollte, so abzuändern, daß weder die Anglikaner noch die Presbyterianer daran Anstoß nehmen könnten. Und am 21. April wurde die Krönung in der Westminsterabtei vollzogen. Vor dem Altar kniend, schworen König und Königin, nach den vom Parlament festgesetzten Statuten zu regieren und die durch die Gesetze eingeführte Religion zu behaupten. Von den Zeremonien war König Wilhelm III. nicht sehr erbaut; in ihnen fand er zu viele Überbleibsel des Papsttums, so daß er sie im Kreise seiner calvinistischen Freunde aus Holland als Komödie bezeichnete. Den Eid aber konnte er mit gutem Gewissen und in der Überzeugung schwören, daß er dadurch an Feststellungen zugunsten der Presbyterianer, wie er sie beabsichtigte, nicht gehindert werde.

Und bereits am 26. April machte er, zum erstenmal nach seiner Krönung im vollen königlichen Ornat, den versammelten Häusern den Vorschlag, da er gerade mit der Besetzung der vakanten Stellen beschäftigt sei, solche Anordnungen zu erlassen, daß er alle Protestanten, die es wünschten, in den Dienst aufnehmen könne; denn diese Verbindung aller – im Angesicht der Gefahren aus Schottland und Irland – werde sie um so stärker machen, um ihren gemeinsamen Feinden Widerstand zu leisten. Überhaupt war die Frage der Eidesleistung der Prüfstein der neuen Zusammensetzung des Konventionsparlaments: das Unterhaus forderte die vorgeschriebene Eidesleistung von jedermann, auch von der Geistlichkeit; die Geistlichen hatten jedoch Bedenken, daß ihr dem König Jakob geleisteter Eid, aus dem sie dieser nicht entlassen habe, sie abhalten müsse, einem anderen Fürsten zu schwören. Das Unterhaus war hingegen der Meinung, das Parlament habe die früheren Eide angeordnet und könne sie daher auch zurücknehmen; ferner wunderte es sich, wie man Bischöfe im Oberhaus dulde, die der Meinung seien, daß ihr Gehorsam dem König Jakob gebühre.

An der Spitze derer, die den Eid nicht leisten wollten, standen fünf von jenen sieben Bischöfen, die einst (Mai 1688) die Indulgenzerklärung Jakobs II. verworfen hatten. Dem Prinzip der parlamentarischen Omnipotenz setzten sie das Prinzip der kirchlichen Unabhängigkeit entgegen. Die Bischöfe faßten die Resolution, daß dem Parlament das Recht gar nicht zustehe, der Geistlichkeit einen Eid vorzuschreiben. Von ihrer Entzweiung mit dem König über diesen Punkt war die Bewegung, die zur Revolution führte, größtenteils ausgegangen. Hier war eine Grundsatzfrage angesprochen: Wer war stärker, die Geistlichkeit oder das Parlament? Hier hatten Episkopalisten und Presbyterianer zusammengewirkt, um das englische Ereignis herbeizuführen; in den Erklärungen des anglikanischen Klerus selbst waren den Presbyterianern Zusicherungen gemacht worden, die die Erneuerung des Druckes, unter dem sie bisher gestanden hatten, ausschlossen. Es war das Geringste, was ihnen für ihre Teilnahme an der großen gemeinsamen Aktion bewilligt werden konnte, daß sie von den Strafen, die auf der Lossagung von der Staatskirche standen, freigesprochen wurden. Nicht etwa die Gesetze wurden aufgehoben, denn das wäre auch den Katholiken zugute gekommen, sondern nur ihre Anwendung auf die protestantischen Dissenter, unter denen die Presbyterianer bei weitem am zahlreichsten waren. Das war es, was die Anglikaner Toleranz nannten. Die Quäker wurden jedoch, obwohl ihre Abweichung in der Trinitätslehre einige Bedenken erregte, unter die Kategorie der protestantischen Dissenter, denen die Toleranz zuteil wurde, aufgenommen. Man fürchtete, sie würden sich sonst auch ferner an Jakob II. halten und ihn vielleicht mit Geld unterstützen – denn reich waren sie schon damals. Doch waren die Presbyterianer nicht gewillt, es bei dieser Toleranz bewenden zu lassen: ihnen ging es um die Gleichstellung mit den Mitgliedern der Staatskirche und die Zulassung zu den Ämtern des Staates. Das war auch der Hintergrund des Antrags des neuen Königs vom 26. April. Aber er stieß damit auf entschiedenen Widerstand: man fand es anstößig, daß alle Dissenter von den gläubigen Eiferern bis hin zu den Atheisten, auf diese Weise Zutritt zu den Ämtern erlangen sollten. Der König war Calvinist; man meinte, daß er die anglikanische Kirche nach seinen persönlichen Überzeugungen umgestalten wolle. Auch der etwas moderate Antrag bei den Lords einige Tage später, die Bestimmung, nach der für den Eintritt in ein öffentliches Amt die Bescheinigung notwendig war, daß man das Abendmahl in einer episkopalistischen Kirche empfangen habe, dadurch abzuändern, daß die Bescheinigung jeder anderen protestantischen Kongregation dieselbe Wirkung haben sollte, wurde mit großer Mehrheit abgelehnt. Als nächstes regte man an, man möge den Ritus der anglikanischen Kirche in den Punkten, an denen die Presbyterianer Anstoß nahmen, dahin modifizieren, daß diese am Gottesdienst ohne Bedenken teilnehmen konnten.

Obwohl die Schule der anglikanischen Geistlichen, die die Aussöhnung mit dem Presbyterianismus anstrebte, dies unterstützte, fiel die Antwort der Staatskirche negativ aus: sie hielt für sich selbst an der Behauptung fest, daß sie keiner Verbesserung bedürfe. Gegen eine Gleichstellung mit protestantischen Kirchen anderer Verfassung setzte sie sich mit großem Selbstgefühl zur Wehr. Sie wollte die Kirche von England sein: weiter nichts, aber dies ausschließlich. Und darin traf sie mit der im Parlament herrschenden Stimmung zusammen. Manchem presbyterianischen Whig soll es doch angenehm gewesen sein, daß die Gleichstellung nicht zustande kam. Man hätte befürchtet, der König würde durch eine unter seiner Autorität zustande gebrachte Vereinigung der Dissenter und der Episkopalisten zu viel Einfluß gewinnen. Einen mächtigen König wollte man aber eben nicht.

Und dementsprechend fiel die Toleranzakte vom 24. Mai aus: den Dissentern wurde die Freiheit zur Ausübung ihrer Religion gewährt, den Nonkonformisten ihre eigenen Gotteshäuser, Lehrer und Prediger erlaubt mit der Bedingung der Leistung eines gewissen Treueids unter Beibehaltung der bestehenden sozialen und politischen – einschließlich des Ausschlusses von politischen Ämtern – Dienstunfähigkeiten für die Dissenter. Von dieser Toleration waren Katholiken, Unitarier und Juden ausgenommen.

Und dennoch: die Whigs hatten die wichtigsten Stellen inne, waren jedoch noch nicht zufrieden; höchst ungern sahen sie ihre alten Gegner von der Partei der Tories in hohen und niederen Staatsämtern: der König sollte genötigt werden, sie zu entlassen. Die Verbindung der beiden Parteien, durch die Notwendigkeit einer gemeinsamen Aktion gegen Jakob II. hervorgebracht, löste sich auf. Die englischen Bischöfe nahmen eine abwartende Haltung ein.

In Irland hingegen versammelte sich am 30. Mai das irische Parlament in Dublin; von den 69 protestantischen Lords, die sonst im Oberhaus saßen, waren nur noch fünf in Irland geblieben; von den 22 geistlichen Lords nahmen nur vier ihre Sitze ein; das Unterhaus bestand aus Korporationen, die man eben erst im katholischen Sinne konstituiert hatte. Und diese Versammlung zögerte keinen Augenblick, Jakob II. als ihren rechtmäßigen König anzuerkennen; das Unterhaus forderte die Aufhebung der Akten Cromwells und die Herstellung eines jeden in den Besitz seiner Väter; es mißbilligte, daß die protestantischen Bischöfe nicht mit einem Schlag entfernt und durch katholische ersetzt wurden. Die irischen Commoner hatten dem König für den Krieg ansehnliche Subsidien votiert; aber sie ließen vernehmen, wenn ihnen der König nicht ihr Recht verschaffe, so seien sie nicht verpflichtet, ihm im Kriege zu dienen. Im entscheidenden Augenblick hat d'Avaux den König aufgesucht, um ihm die Gefahr eines weiteren Widerstandes aufzuzeigen; hierauf gab Jakob nach, und die Bill passierte.

So war Wilhelm vom englischen und Jakob vom irischen Parlament abhängig. Die anglikanischen Bischöfe in Irland sollten durch Katholiken ersetzt werden; denn das katholische Parlament beabsichtigte seinerseits eine Konfiskation über die Protestanten als Rebellen gegen Jakob II. zu verhängen. Wenn auch die Staatskirche in England noch die Übermacht besaß, so waren die Presbyterianer im Kommen, wie man auch in Schottland beobachten konnte.

Die Haltung der schottischen Bischöfe war eine ganz andere als die der englischen. Die Bischöfe der episkopalen Kirche in Schottland versprachen beim Ausbruch der Unruhen in England ihrem König Jakob VII., allem Volke Gehorsam und Loyalität als eine religiöse Pflicht einzuschärfen; denn in Schottland verdankte das Bistum sein Dasein der Einwirkung der Krone und besonders dem Schutze Jakobs; es hielt unabdingbar an ihm fest.

Mit der Flucht des Königs brach die unter der Hand auch in Schottland vorbereitete Bewegung aus; sie blieb aber hier nicht bei der Bekämpfung des Papsttums stehen; man rief den Prinzen von Oranien auf, das Land vom Joch der Prälaten zu befreien und das presbyterianische Kirchenregiment wiederherzustellen. Unter Mitwirkung des Prinzen, den die in London anwesenden Schotten dazu aufgefordert hatten, wurde auch hier eine Konvention einberufen. Aber zugleich trat auch von seiner Seite ein Unterschied hervor. Die Sympathien der schottischen Anglikaner für Jakob bewirkten, daß der Prinz von Oranien – der als überzeugter Calvinist ohnehin so gut wie Presbyterianer war – die seinen den Presbyterianern zuwendete. In diesem Sinne instruierte er den Lord Melville (er gehörte zu den Schotten, die der Teilnahme am Ryehouse-Komplott verdächtigt worden und nach Holland geflüchtet waren), den er als seinen Kommissar nach Schottland schickte, sich vor allen Dingen zu vergewissern, ob das Interesse der Presbyterianer wirklich das stärkste im Lande sei, und wenn ja, es zu unterstützen, ohne eine Verfolgung der anderen Partei zu veranlassen.

Beim Zusammentreten der Konvention (24. März) hatte das Komitee für die Wahlprüfungen, das aus 15 Mitgliedern bestand, 12 Presbyterianer in seinen Reihen. Dementsprechend siegte deren Präsidentschaftskandidat, Herzog von Hamilton, der in London vornehmlich die Verhandlungen mit Wilhelm III. geführt hatte, über den Kandidaten der Episkopalisten, den Marquis von Atholl. Die presbyterianisch-whigistische Mehrheit setzte dann fest, daß König Jakob durch Verletzung der Freiheiten und Gesetze des Königreichs, Einführung einer despotischen und willkürlichen Gewalt und Anwendung derselben zur Untergrabung der protestantischen Religion sein Recht an der Krone verwirkt habe. In der anschließenden Rechtsanforderungsakte (*Claim of Rights*) hielten sie an der Ausschließung der Katholiken von ihrem Thron und am alten protestantischen Krönungseid nachdrücklich fest. Sie forderten die Abschaffung der Prälaten als ein gutes Recht des Landes und ersuchten den neuen König von England und seine Gemahlin, auch die Krone von Schottland anzunehmen. Am 21. Mai bot eine schottische Deputation (bestehend aus Archibald Campbell 10. Graf von Argyll, Sir James Montgomery und Sir John Dalrymple) in Whitehall König Wilhelm und seine Gemahlin die Krone an.

Man kann nicht leugnen, daß sich ein echtes Gefühl der Loyalität für Jakob II. geregt hat. Viele glaubten nicht an die große Gefahr der Religion und der Gesetze, die der Grund der Empörung gewesen war; sie verwarfen den Anspruch des Parlaments, über den Thron zu verfügen. Den Beschlüssen desselben zum Trotz hielten sie Jakob II. für den wahren König und den Prinzen von Wales für den rechtmäßigen Erben. In Schottland kam zu den legitimistischen Gefühlen ein eigentümliches religiös-politisches Motiv hinzu. Der Episkopalismus war dort durch die Krone eingesetzt und gefördert worden. Alle Episkopalisten in Schottland waren zugleich Jakobiten, denn sie bedurften einer Staatsgewalt, die nicht in den Händen der Presbyterianer war. In den Beschlüssen der Konvention sahen sie Willkür und eine Anmaßung, die allen Gesetzen entgegenlaufe: denn die bischöfliche Verfassung sei in Schottland auf legalem Wege eingeführt, dem Covenant der Presbyterianer allenthalben abgeschworen worden. In Nobility und Gentry, vieler städtischer Korporationen, in der Hauptstadt selbst, bemerkte man widerstrebende Gesinnungen, die einen nahen Ausbruch von Unruhen ankündigten; und es gab nur einen Mann, der fähig und entschlossen war, sich ihrer zu bedienen, um die Kräfte des Widerstands in seiner Hand zu vereinen: John Graham von Claverhouse, erster Vicomte von Dundee (1649–1689).

Ein schottischer Laird von den Borders, Kriegsmann, in den niederländisch-französischen Feldzügen unter Turenne und Prinz Wilhelm von Oranien in den Besitz der militärischen Ausbildung des Jahrhunderts gelangt, war 1678 nach Schottland zurückgekehrt, wo er Hauptmann der Dragoner wurde; war dann in den Dienst des Herzogs von York getreten, wurde sein Adjutant und hatte dessen unbedingtes Vertrauen erworben. Als der Herzog den Thron 1685 bestieg, wurde Claverhouse Mitglied des Staatsrates; nach dem Einfall Argylls (1685) in Schottland bildete Claverhouse eine wohlgeschulte und vollkommen ergebene Soldateska aus, mit deren Hilfe er Schottland in Zaum hielt. Im März 1688 war er zum Bürgermeister von Dundee ernannt worden; doch als Wilhelm von Oranien (November 1688) im Südwesten Englands landete, wurde Claverhouse Unterbefehlshaber der schottischen Armee, die nach England zur Unterstützung des Königs geschickt wurde; Jakob machte ihn am 22. November zum ersten Vicomte von Dundee. Als Jakob nach Frankreich floh und der oberste Führer der Schotten, Herzog von Douglas, zum Prinzen überlief, eilte Dundee unverzüglich nach Schottland zurück, um das Interesse des Königs in der Konvention zu behaupten. Und als die Partei, die er niedergehalten hatte, die Oberhand erlangte, begab er sich in die Highlands, um eine Partei für König Jakob zu sammeln. In jenem Augenblick, in dem die Konvention die covenantischen Tendenzen wieder aufnahm, erweckte das Auftauchen Dundees die ererbten royalistischen Sympathien in den Clans. Sie alle schenkten den Aufforderungen Dundees Gehör. Was sie einst, vor noch nicht dreißig Jahren, erlebt hatten, daß das verjagte königliche Haus doch auf den Thron zurückgekehrt war, bestärkte sie in der Erwartung, daß das gleiche auch jetzt geschehen werde; und sie waren wild entschlossen, daran teilzunehmen. Ende Mai sammelten sich die Stämme auf einem wilden Heidegebiet in Lochaber. Am 26. Juli 1689 überfiel Dundee mit 2000 Mann den englischen General Hugh Mackay mit seinen 4000 Mann am Killiecrankie-Paß und besiegte sie völlig, wurde dabei jedoch tödlich verwundet. Es läßt sich nicht beschreiben, welchen Eindruck Parlament und Regierung in Edinburgh bei der ersten Nachricht von der Niederlage ihrer Truppen empfanden. Sie meinten, den Feind schon in Stirling oder vor Edinburgh selbst zu sehen: worauf sich alle Episkopalisten für Jakob VII. erheben würden. Aber alles beruhigte sich, als man hörte, daß Dundee gefallen sei; denn es gab niemanden in der Hochlandarmee, der ihre Leitung hätte übernehmen können. So fiel der Widerstand in sich zusammen: im August wurde er in der Schlacht von Dunkeld endgültig niedergeschlagen.

Wie in Schottland, so stand auch in Irland die keltische Bevölkerung auf der Seite des angestammten Königs, doch in Irland bildete sie bei weitem die Mehrheit; während man in Schottland, weit entfernt, das Übergewicht der germanischen Bevölkerung oder auch der protestantischen Religion zu bekämpfen, nur einer plötzlichen Revolution entgegentrat, um die in den letzten Jahrzehnten gesetzlich eingeführte Verfassung zu behaupten, ging man in Irland darauf aus, die bisherige Regierungsweise vollkommen umzugestalten und das germanische Element entweder zu vernichten oder doch unzweifelhaft zu beherrschen.

Die Nativisten (Eingeborenen) von Irland verharrten in ihrer seit anderthalb Jahrhunderten gelebten und unauflöslich gewordenen Vereinigung mit der katholischen Religion, die ihnen einen Rückhalt in der romanischen Welt verschaffte. Die Folge davon war, daß sich das germanische Element, durch den Protestantismus zusammengehalten, ohne Rücksicht auf die in ihm herrschenden kirchlichen Differenzen zum Widerstand vereinigte. Die Protestanten schottischer und englischer Herkunft gingen eine Verbindung gegen die papistischen und illegalen Ratgeber des Königs Jakob ein und schlossen sich ausdrücklich der Regierung von England an.

Seit Ankunft Jakobs in Irland wurden die Truppen der protestantischen Assoziation allenthalben geschlagen; angesehene Bürgerschaften – das autonome Gebaren der protestantischen Truppen mißbilligend – zogen es vor, unter den Gehorsam des legitimen Königs zurückzukehren. Nur zwei Plätze widerstrebten dieser Autorität: (London-)Derry in der Seebucht Loch Foyle und Enniskillen auf einem kleinen Eiland des Loch Erne in Fermanagh. Derry war der Mittelpunkt der einst von Jakob I. geschaffenen schottisch-englischen Kolonien in Ulster und der militärisch wichtigste Platz für die Eingewanderten in Irland; Enniskillen war eine Kolonie hauptsächlich cromwellscher Soldaten. In diesem Kampf verteidigte man zugleich das nun einmal in Britannien zur historischen Tatsache gewordene Verhältnis der germanischen Bevölkerung zur altkeltischen und die Autonomie der auf dem Boden von Irland einheimisch gewordenen englisch-schottischen Kolonien. Für den Gang der Weltereignisse war es von Bedeutung, ob die Festungsmauern von Derry sich der irisch-französischen Belagerung gegenüber behaupten würden oder nicht.

Auf die Nachricht von der Landung Schombergs (er war anläßlich der Krönung im April als Engländer eingebürgert und im Mai zum Herzog von Schomberg gemacht; nun war er als Oberbefehlshaber nach Irland gegen Jakob II. geschickt worden) im August mit 6000 Mann auf der Reede von Bangor in der Bucht von Carrikfergus, steckten die Iren ihr Lager in Brand und brachen die Belagerung ab. Jakob II. ging mit 200 Mann nach Drogheda, wo er die große Standarte wehen ließ.

Die Geburt der englischen Freimaurerei

Ende 1689 brachten die Whigs den Antrag vor, daß diejenigen, die vor einigen Jahren an der Auslieferung der städtischen Freibriefe teilgenommen hatten, des Rechtes, ein Amt in den Korporationen zu bekleiden, verlustig erklärt werden sollten. Die Tories, in deren Händen diese Ämter waren, würden sie mit einem Schlag verloren haben; die Whigs würden nicht allein hier an ihre Stelle treten, sie würden, da die Korporationen einen entscheidenden Einfluß auf die Wahlen ausübten, die Mehrheit im Parlament auf immer gesichert haben!

Somit mehrten sich die mit der neuen Regierung unzufriedenen Tories, die unter den Druck der sich im Aufwind befindlichen Whigs gerieten; ein Agent Jakobs II. berichtete diesem über seinen Aufenthalt in London in den letzten Monaten des Jahres 1689, er habe den Eindruck, daß alles zu einem Umsturz des neuen Staates reif sei; denn das Land sei ruiniert, der Adel unzufrieden, die anglikanische Kirche durch die Behandlung der Bischöfe entfremdet, Wilhelm III. im Verdacht, daß er nach einer absoluten Macht trachte, wogegen sich zwischen Schotten und Engländern eine Vereinigung bilde. William Penn, noch immer ein Freund Jakobs II., reiste im Lande unter persönlicher Gefahr herum, um dessen Anhänger in ihrer Hingebung zu bestärken. Die jakobitischen Bewegungen in Schottland und England flüchteten zur Tarnung vor Spitzeln und Regierungsagenten in die von Tories kontrolierten Maurerlogen. Die angenommene Maurerei erlebte Ende der 1680er Jahre einen gewaltigen Aufschwung, wurde jedoch dadurch auch parteipolitisch orientiert. Die Katholiken waren nach wie vor verboten und verfolgt; ihnen blieb kein sicherer Weg als die Auswanderung entweder nach Irland selbst, um im Schutze der katholischen Regierung Jakobs aktiv zu werden, oder nach Saint-Germain in Frankreich, wo sich langsam eine ansehnliche schottisch-englisch-irische Kolonie jakobitischer Katholiken bildete. Auch hier war man vor Spitzeln Wilhelms nicht sicher – die Verhältnisse der ersten Flucht 1649 vor Cromwell wiederholten sich; und wieder bediente man sich der schottischen Feldloge mit verschärften Ritualen:

Bis dahin (seit den Schaw-Statuten von 1598) kannte die operative Maurerei in Schottland mehrere Stufen und zwei Geheimnisse: der unterste Grad der organisierten Arbeiter, die Handwerkslehrlinge (*handicraft apprentices*), war durch seine Lehrverträge gebunden, alle Angelegenheiten seiner Lehrmeister geheimzuhalten; sie hatten keinen Anteil an der Leitung der Loge und erhielten das Maurerwort nicht; ihre Lehrzeit betrug sieben Jahre. Die eingetragenen Lehrlinge (*enter'd apprentices*) hingegen waren wirklich Mitglieder der Organisation und empfingen nach den Statuten die Vergünstigung des Maurerworts »bei ihrer Eintragung«. Erst nach weiteren drei Jahren wurde der eingetragene Lehrling zum Handwerksgesellen (*fellow craft*) befördert. Das Geheimnis, d. h. das esoterische Wissen (Legende, Ritual, Maurerwort, Erkennungszeichen), wurde jeweils in den Zeremonien der Eintragung und der Beförderung mitgeteilt. Bei der Aufnahme des eingetragenen Lehrlings wurde die maurerische Konstitution (*Mason Charter*) verlesen. Während der Zeit der Eintragung durfte der ausgelernte Lehrling nicht in die Reihe der Gesellen aufgenommen werden, bevor er Freibürger (*freeman*) geworden war; und um Freibürger zu werden, mußte der eingetragene Lehrling einem Freibürger zwei Jahre gedient haben. Somit war die Gesellenstufe nur Freibürgern vorbehalten, erst danach konnte er ein Steinmetzmeister (*master mason*) mit Steinmetzzeichen (*mark mason*) werden, die in das Steinmetzzeichenbuch (*Masons' Mark Book*) eingetragen wurden. Hier sei nochmals darauf hingewiesen, daß das schottische »mason« für Steinmetz und das schottische »cowan« für Steinleger = Maurer stand. (1598 und 1599, die Schaw-Statuten: Es ist den »masons« verboten, mit »cowans« zusammenzuarbeiten, d. h. diese in ihre Korporation aufzunehmen; 1623 in Glasgow: Cowans dürfen Stein und Mörtel verarbeiten und Mauern mit Mörteln bauen, jedoch keine Steine behauen oder bearbeiten; 1636 in Canongate: Cowans dürfen mit Stein und Lehm ohne Kalk arbeiten. Ungelernte Bauarbeiter hießen »loses«; 1598 in den Schaw-Statuten: Steinmetzen dürfen keine »loses« beschäftigen, wenn Freibürger zur Verfügung stehen; und wenn »loses« beschäftigt werden, dürfen sie nicht »die Vorrechte des Zirkels, des Winkelmaßes, der Wasserwaage und des Senkbleis« erfahren. Die Bedeutung des Begriffs »cowan« in den Konstitutionen von 1723 wird uns noch beschäftigen.)

Der Grad des eingetragenen Lehrlings diente also dazu, den gelernten Steinmetzen zum Freibürger werden zu lassen. Das war für den angenommenen Steinmetzen (*Gentleman mason*) nicht nötig, weil die Voraussetzung seiner Aufnahme war, daß er ein »freier Mann von gutem Ruf« (*freeman of good standing*) sein mußte. Daher wurde er gleich zum Gesellen gemacht, indem man eine kombinierte Zeremonie aus Aufnahme- und Beförderungsritual verwendete; dafür lagen die Aufnahmebeiträge für nicht-operative Mitglieder der Organisation bedeutend höher als die der operativen. Zusätzlich zu den zwei »Geheimnissen« der beiden Grade gab es bei den schottischen Steinmetzen andere »Geheimnisse«, die ausschließlich den Meistern der Logen vorbehalten waren; und um es nicht jedem Gesellen zu ermöglichen, in diesen Rang aufzusteigen, hat man die Beiträge dieses Ranges so hoch bemessen, daß es nicht einen Steinmetzen von Hundert gab, der die hohen Kosten auf sich nahm, den Teil des Meisters durchzumachen, »es sei denn interesseshalber«. (The Mystery of Free-Masonry, 1730; zitiert nach Knoop/Jones a. a. O., S. 261)

Auch die Wohltätigkeit (wesentliches Anliegen der heutigen Freimaurerei) läßt sich bereits in den Statuten der Territorialloge von Aberdeen von 1670 nachweisen, die Bestimmungen für die Unterhaltung der Steinmetzenkasse zur Unterstützung in Not geratener Brüder, insbesondere derjenigen, die der Loge angehören, und für die Erziehung und Ausbildung der Kinder verstorbener Mitglieder enthalten. Zweifellos wurde die Wohltätigkeit schon früher ausgeübt, aber wahrscheinlich war die systematische Ordnung der Wohltätigkeitsarbeit der Loge im Jahre 1670 neu; denn das vierte Statut trägt die Überschrift: »Gesetze für unsere Kasse für die Armen, zuvor nie in Aberdeine (sic!) angewendet«.

Und nach wie vor gehörte ein Großteil der presbyterianischen Pfarrer dem Bunde an: Die Antwort des Presbyteriums von Kelso vom 24. Februar 1653, das im Jahre 1652 befragt worden war, ob Reverend (Hochwürden) James Ainslie das Maurerwort (besser: Steinmetzwort) empfangen habe, lautet unter anderem:

»... daß in diesem Wort nach unserer Beurteilung weder Sündhaftes noch Schändliches stäke, da in den reinsten Zeiten dieser Kirche Steinmetzen, die dieses Wort besaßen, Pfarrer gewesen sind; daß Steinmetzen und Männern im Besitze dieses Wortes in unseren Sitzungen waren und täglich sind, und daß viele Bekenner im Besitze dieses Wortes täglich zu den Riten zugelassen werden.»
(Hew Scott, Fasti Ecclesiae Scotianae, Neuauflage 1917, II. S.132; zitiert nach Knoop/Jones a. a. O. S. 136)

1670 gehörten auch die Pfarrer von Slaines und Tyvie der Loge in Aberdeen an. Überhaupt waren von 49 Mitgliedern der Loge nur zehn operative Steinmetzen, die übrigen waren Adlige, Geistliche, Kaufleute, Ärzte, Professoren usw. (James Anderson, nach dem die Konstitutionen von 1723 benannt werden, war selbst Pfarrer und 1679 in Aberdeen geboren!)

Erst die Schotten im Exil nach der Hinrichtung König Karls I. (1649) entwickelten in ihrer Feldloge einen besonderen Meistergrad mit zusätzlichem esoterischen Wissen als Erkennungszeichen der Anhänger des Hauses Stuart: in der Allegorie von Hiram, dem Erbauer des Salomonischen Tempels, als »Sohn der Witwe« wurde der rechtmäßige König der Schotten Karl II., Sohn der Witwe Karls I., symbolisiert. Diese Symbolik war der schottischen operativen Maurerei völlig fremd und fand auch darin keinen Eingang. Mit der Wiedereinsetzung König Karls II. (1660) war der Zweck dieser Exillogen erfüllt, und sie schliefen ein.

Erst Ende 1679, als der Katholik Jakob Herzog von York in Schottland ein erneutes Exildasein fristete, da die neu entstandene Partei der Whigs seinen Ausschluß von der Thronfolge forderte, tauchte die schottische politisch motivierte Feldloge erneut auf (in Ayrshire); auch diese rein spekulative (= nichtoperative, nicht aus Handwerkern bestehende) Maurerloge, die den Handwerksterritoriallogen nicht unterstand, bediente sich der Symbolik des Meistergrads vom »Sohn der Witwe«, war doch Jakob als Bruder König Karls II. ebenfalls Sohn der Witwe Karls I.

Könnte man zur Unterscheidung die schottische Loge im Exil von 1651 »stuartisch« nennen, so müßte man die von 1679 »jakobitisch« bezeichnen. Und wieder verschwand diese Art von partei-politisch motivierten Maurerlogen nach der Thronbesteigung Jakobs VII., doch nicht für lange: mit der Wiedereinsetzung des Presbyterianismus in Schottland (1690) und der zunehmenden Bedrängung der katholischen Anhänger Jakobs, setzte eine Massenflucht der katholischen Schotten in die katholischen Länder des Kontinents ein, insbesondere nach Frankreich und an den Hof König Jakobs VII. im Exil (seit

Juli 1690). Diesmal lebten die katholisch-jakobitischen Exillogen »auf ewig«, da das Haus Stuart (inzwischen nur noch katholisch) bis zum Erlöschen der Hauptlinie im Jahre 1807 nicht mehr an den Thron zurückkehren sollte. Und wieder zur Unterscheidung von den jakobitischen Logen in den drei Reichen Schottland, Irland und England (überwiegend anglikanisch-torystisch), auch nach dem Tode Jakobs VII. (1701) und der Proklamation des Prinzen von Wales als Jakob VIII. von Schottland, bezeichneten sie sich als »schottische« Maurer.

An dieser Stelle sollten wir eine Angabe richtig stellen, die nahezu jedes Buch über die Freimaurerei schmückt: mit der Ankunft Jakobs II. 1688 im Schloß Saint-Germain habe das Regiment der dortigen irischen Wachen die erste schottische Loge auf französischem Boden gebildet. Nach englischer Datierung erreichte Jakob II. auf der Flucht am 25. Dezember 1688 die französische Küste, was nach dem gregorianischen Kalender 4. Januar 1689 bedeutet; also war er 1688 noch nicht in Frankreich. Die »Bill of Rights« trägt das Datum 13. Februar 1688, da das englische Jahr erst am 25. März begann, was gregorianisch den 23. Februar 1689 ausmacht. Am 12. März 1688 nach englischer Zeitrechnung landete Jakob in Irland, also am 22. März 1689. Und so lange er dort regierte, bestand weder für die katholischen Iren noch Schotten bzw. Engländer irgendwelcher Grund zur Flucht; ganz im Gegenteil, sie hielten sich für die bevorstehende Landung in England bereit, um dem rechtmäßigen König zum Throne zurückzuverhelfen. Als Jakob in Irland in Bedrängnis geriet und Nachschub aus Frankreich benötigte, schickte ihm Ludwig XIV. im März 1690 ein Hilfskorps aus sechs Regimentern Infanterie, nicht ohne dagegen eine gleiche Anzahl (6300 Mann) von Iren in seinen Dienst zu nehmen. Und als Jakob zur eigenen Sicherheit im Juli 1690 nach Frankreich zurückkehrte, war seine Sache in Irland noch nicht verloren; da beschloß Ludwig, die streitfähigen irischen Mannschaften wegen des Krieges auf dem Kontinent in seinen Dienst zu nehmen. Und erst jetzt gaben die schottischen Katholiken die Hoffnung auf und flüchteten nach Frankreich, und erst jetzt konnte die »schottische« Loge in St. Germain entstehen und das Regiment der irischen Wachen damit in Berührung kommen.

Auch diesmal bediente man sich der Symbolik des Meistergrads vom »Sohn der Witwe«, schottete sich gegen Spione und Spitzel des neuen Regimes in England durch verschärfte Sicherheitsmaßnahmen ab und verlangte von den Mitgliedern einen Verschwiegenheitseid besonderer Art. War die Maurerei in Schottland 1560 zum Obdach des durch Auflösung der Klöster verwaisten Geheimwissens geworden, und begehrten die höher gestellten Persönlichkeiten die Aufnahme in die Maurerei, um an dieses Geheimwissen zu gelangen, so war das Wesen der »schottischen« Maurerei nahezu rein politisch und ihr Ziel die Wiedereinsetzung des Königs, was in der Allegorie der Wiedererweckung Hirams durch die fünf Berührungspunkte (Fuß an Fuß, Knie an Knie, Herz an Herz, Hand in Hand, Ohr an Ohr) symbolisiert wurde. Und da die Entwicklung dieser Maurerei, die zwar dieselben Rituale und »Geheimnisse« wie die operative Maurerei von Schottland anwendete, jedoch von den Handwerksorganisationen losgelöst operierte, nicht mehr unterbrochen wurde, können wir mit Recht behaupten, daß die Geburt der organisierten spekulativen Maurerei im Jahre 1690 stattgefunden hat; sie war schottischer Herkunft, entwickelte sich jedoch auf französischem Boden und strahlte durch die regen Verbindungen zu den Katholiken Schottlands und Irlands (Nach der Kapitulation der irischen Katholiken Ende Juli 1691 wurde den Anhängern Jakobs gestattet, nach Frankreich zu gehen; es waren etwa 12.000 Mann: sie wurden in Regimenter zu Fuß und zu Pferd formiert. Als sie anlangten, ist Jakob II. selbst gekommen, um sie zu inspizieren und an ihrer Formierung teilzunehmen.) nach dort aus, was wiederum auf diesen Umweg in England seinen Niederschlag finden sollte. Wir werden diese Schlußfolgerung unten noch im einzelnen begründen.

Von England sind die Zeugnisse der Freimaurerei aus dieser Zeit recht dürftig: seit der Verleihung des Korporationsbriefes an die Companie der Steinmetzen von London (*Company of Free Masons of the City of London*) im Jahre 1677 finden wir in der Companie der Maurer von London keine Erwähnung einer Aufnahme nicht-operativer Mitglieder, was beweisen mag, daß die nicht-operativen Maurer (hier als »accepted mason« im Vergleich zum schottischen »Gentleman mason«) eher der Steinmetzkorporation zuzuordnen sind. Elias Ashmole spricht in seiner Aufzeichnung vom 21. März 1683 von der Genossenschaft der Freien Maurer (*Fellowship of Free Masons*), und aus diesem Eintrag wird deutlich, daß auch die englische (torystische) Maurerei aus zwei Graden bestand, dem des Lehrlings und dem des Gesellen (*fellow*); nur der Leiter der Loge hieß Meister (der Loge). Während 1686 Robert Padgett als »Schreiber der Ehrwürdigen Gesellschaft der Freien Maurer der Stadt London« (*London Worshipful Company of Free Masons*) unterzeichnet, belegen im selben Jahr Dr. Robert Plot und John Aubrey – wie Elias Ashmole drei Jahre zuvor für London – die Existenz einer wohl spekulativen Gesellschaft (*Society*) bzw. Bruderschaft (*Fraternity*) der Freien Maurer (= Freimaurer) in den Grafschaften Staffordshire und Wiltshire, sagen jedoch nichts über ihre Zusammensetzung, Rituale oder Grade; nur Aubrey beweist uns mit seiner Bemerkung über die Unterstützung von Brüdern in der Not, daß auch die Wohltätigkeit aus der schottischen Maurerei übernommen worden war.

Nach dem Sieg über Jakob (Juli 1690) in Irland haben die Whigs endgültig das Übergewicht in London errungen; und jetzt (1691) wurde die erste whigistische Freimaurerloge Englands gegründet: die Loge »Goose and Gridiron Ale–house« (Bierhaus zur Gans und zum Bratrost) in St.Paul's Churchyard (St.-Paulus-Domplatz). Und da auch diese Entwicklung nicht unterbrochen wurde, können wir in dieser Loge die Geburt der »englischen« Freimaurerei sehen. Sir Christopher Wren (1632–1723), seit 1669 königlicher Oberbauleiter und in Whitehall selbst wohnhaft, soll am 25. Mai 1691 in dieser Loge als Freimaurer aufgenommen worden sein. Kurz darauf verbreitete sich die whigistische Freimaurerei überall in England als Gegengewicht zur torystischen und jakobitischen.

Die Politisierung der Loge wird deutlich aus den Vorschriften der »Alten Pflichten« 1693, die einschärfen, die Verschwörer anzuzeigen. Auch diese neue Freimaurerei übernahm die Einrichtung der Feldloge aus Schottland –

wie diese bereits 1641 und 1646 in England vorübergehend in den Reihen der schottischen Truppen bestanden hatte –; und der beste Beleg hierfür hängt mit der Person des Herzogs von Richmond zusammen:

Karl Lennox erster Herzog von Richmond, erster Herzog von Lennox, Herzog von Aubigny (1672–1723), war der natürliche Sohn König Karls II. (1630–1685) mit seiner französischen Mätresse Louise-Renée de Kéroualle Herzogin von Portsmouth, Herzogin von Aubigny (1649-1734). Mit drei Jahren (1675) wurde er von seinem Vater zum Herzog von Richmond gemacht, mit zwölf (1685) verließ er nach dem Tode seines Vaters England in Begleitung seiner Mutter nach Frankreich. Dort wurde er römisch-katholisch und diente in der französischen Armee. Während des englisch-französischen Krieges (1689–1697) kehrte er 1692 heimlich nach England zurück, wo er dem Katholizismus abschwor und den Anglikanismus annahm, sich mit Wilhelm III. befreundete und diesem seit 1693 bis zum Tode Wilhelms (1702) als Adjutant diente. 1695/96 muß er Meister einer Feldloge der englischen Freimaurerei in Chichester in der Nähe von Plymouth gewesen sein: Bruder Edward Hall, Mitglied der Loge »Zum Schwan« in Chichester, legte am 2. März 1732 der Großloge von London einen Antrag vor, in dem er ausführte, er sei 1696 in Chichester vom Herzog von Richmond zum Maurer gemacht worden. Der Sohn des Herzogs (selbst Großmeister in London 1724/25) bestätigte dies und befürwortete den Antrag.

Und dann dürfen wir nicht vergessen, daß Jakob noch zahlreiche Anhänger in Schottland hatte, die wohl mit den katholischen Jakobiten in Frankreich in Verbindung standen, was unweigerlich zur Übertragung der »schottischen« Maurerei auf die bestehende spekulative Maurerei in Schottland führen mußte: der älteste Katechismus der nicht-operativen Maurerei, der sich bis heute finden ließ, ist das Edinburgh-Register-House-Manuskript von 1696; und dieser Katechismus enthält erstmalig zwei Grundmerkmale der »schottischen« Maurerei in Frankreich: die Meistergradslegende mit den »fünf Punkten der Genossenschaft« (zur Wiedererweckung des »Sohn der Witwe«) und den verschärften Eid, wie er bisher weder in der Werkmaurerei noch in der spekulativen je vorgekommen war: Gemäß der »Form der Erteilung des Maurerwortes« mußte »die Person, die das Wort erhalten sollte«, zunächst einen Geheimhaltungseid schwören, weder durch Wort noch durch Schrift irgendeinen Teil dessen zu enthüllen, was sie sehen oder hören würde, noch dies mit der Spitze eines Schwertes oder anderen Werkzeuges in den Schnee oder Sand zu zeichnen.

Der Kandidat ging dann mit dem jüngsten Maurer hinaus, von dem er das Zeichen, die Haltungen und die Worte seines Eintritts erlernte. Er begab sich dann wieder unter die Gesellschaft und sprach seine Eintrittsworte, die wie folgt lauteten:

»Here come I, the youngest and last enter'd apprentice. I am sworn by God and St. John, by the Square and Compass, and common judge to attend my master's service at the Honourable Lodge, from Monday in the morning till Saturday, and to keep the keyes thereof, under no less pain than having my tongue cut out under

my chin and of being buried within the flood mark, where no man shall know.« (Hier komme ich, der jüngste und letzte eingetragene Lehrling; ich bin bei Gott und dem Heiligen Johannes, beim Winkelmaß und Zirkel und dem allgemeinen Urteil vereidigt, zum Dienste meines Meisters in der Ehrenwerten Loge von Montag früh bis Samstag gegenwärtig zu sein und deren Schlüssel zu bewahren, bei keiner geringeren Strafe als der, daß mir die Zunge unter dem Kinn herausgeschnitten und [ich] innerhalb der Flutmarke begraben werde, wo niemand es wissen wird.)

Dann machte er nochmals das Zeichen, indem er die Hand unter dem Kinn über die Gurgel zog, was bezeichnete, daß sie herausgeschnitten würde, sollte er sein Wort brechen. (Zitiert nach Knoop/Jones, a. a. O. S. 208).

Seit 1695 war die Pressezensur aufgehoben und Freiheit der Meinungsäußerung garantiert (natürlich nicht für Katholiken, Juden und Unitarier!), und das nutzten die Whigs und Dissenter zur ersten Kampagne gegen die neue Form der jakobitischen Freimaurerei: 1698 erschien in London ein Flugblatt, für einen gewissen M. Winter gedruckt, und wandte sich an »alle frommen Leute in der Stadt London« mit folgenden Worten:

»Da ich es für notwendig erachtet habe, euch vor den von jenen sogenannten befreiten Maurer (those called Freed Masons) *im Angesicht Gottes begangenen Un- und Übeltaten zu warnen, sage ich: Nehmt euch in acht, damit ihre Zeremonien und geheimen Schwüre nicht von euch Besitz ergreifen; und seht euch vor, daß keiner euch von eurer Frömmigkeit abirre! Denn diese teuflische Sekte von Männern trifft sich insgeheim und flucht allen außerhalb ihrer Gefolgschaft. Sie sind der Antichrist, der kommen sollte, um die Menschen von der Gottesfurcht abzubringen. Denn wie wollten Menschen das Werk Gottes tun, die sich an geheimen Orten treffen und mittels geheimer Zeichen dafür Sorge tragen, daß niemand sie beobachte? Sind das nicht die Methoden von Übeltätern?*

In dem Bewußtsein, daß Gott sie heimlich beobachtet, die in der Finsternis sitzen, sollen sie heimgesucht und die Geheimnisse ihrer Herzen bloßgelegt werden. Mischt euch nicht unter diese verderbten Leute, damit ihr beim Weltenbrand nicht unter ihnen gefunden werdet.«
(Zitiert nach Knoop/Jones, a. a. O. S. 149)

Also nahm man hier recht deutlich Anstoß am Verschwiegenheitseid, was bis zum heutigen Tage immer wieder Anlaß zur Verunglimpfung der Freimaurerei gab und gibt. Die lapidare Erklärung der zahlreichen Autoren, dieser Eid sei aus der alten Zunfttradition erwachsen und habe nichts zu bedeuten, ist irreführend, ja geradezu falsch: Nahezu alle Fassungen der maurerischen Konstitutionsmanuskripte und Katechismen enthalten eine Bestimmung über die Verschwiegenheit; nach Punkt drei des Regius-Manuskripts (1390) soll der Lehrling schwören, geheimzuhalten, was ihn sein Meister lehrt und was er in der Loge sieht und hört. Nach Punkt drei des Cooke-Manuskripts (1410) soll der künftige Maurer den Ratschluß seiner Genossen in Loge und Kammer »verhehlen« (engl. *hele*). Die vierte Allgemeine Pflicht der meisten späteren Fassungen verlangt, daß jeder Maurer über alle anderen Beratungen maurerischer Angelegenheiten schweigt. Da der Maurer schwor, die Pflichten zu beachten, könnte man denken, daß die Verschwiegenheit in seinem allgemeinen Eid mit enthalten wäre; wir aber neigen zu der Annahme, daß diese Geheimnisse des Lehrlings, des künftigen Maurers (Geselle) und des Maurers gewerbliche bzw. technische Geheimnisse (Berufsgeheimnis) waren. Der Verschwiegenheitseid, den wir meinen, bezog sich auf alle dem Kandidaten mitgeteilten esoterischen Kenntnisse; und diese Kenntnisse wurden durch den inneren Kreis des Geheimwissens nach 1560 hinzugefügt. So waren danach zwei Eide vorgesehen, einer, der unmittelbar nach der Verlesung der Pflichten (und sie wurden nur mündlich mitgeteilt, das Manuskript war Eigentum der Loge und wurde weder abgeschrieben noch gedruckt) abgelegt, nämlich die Pflichten zu beachten und zu erfüllen, der andere unmittelbar nach Verlesung des letzten Neuen Artikels (Die alten Manuskripte des reinen Handwerks bestanden aus sieben Teilen: 1. einer Anrufung der Dreieinigkeit, 2. der »Geschichte« der Maurerei, 3. einer Unterweisung über die Abnahme des Eides, die Pflichten zu beachten, 4. dem dringenden Rat, die Pflichten ernst zu nehmen, 5. den Allgemeinen und besonderen Pflichten, 6. einer kurzen Ermahnung, die Pflichten zu befolgen, 7. einem kurzen Schlußgebet), worin es heißt, daß niemand als Freimaurer angenommen werden oder die Geheimnisse besagter Gesellschaft (Society) kennenlernen solle, bis er den nachstehenden Verschwiegenheitseid geleistet habe (In den späteren Manuskripten der angenommenen Maurer seit 1560 kamen also drei weitere Teile hinzu: 8. die Neuen Artikeln, 9. ein Verschwiegenheitseid, 10. eine Lehrlingspflicht). Das Maurerwort fiel demnach unter den zweiten Verschwiegenheitseid.

Doch keiner der Eide enthielt irgendwelche drakonischen Strafen. Als Beispiel sei der Eid der Gilde von St. Katharina in Stamford, Schottland, vollständig wiedergegeben:

»Ich werde Gott dem Allmächtigen, der heiligen Maria und der heiligen Katharina, zu deren Ehre und Anbetung diese Gilde gegründet ist, getreu sein und werde dem Vorsteher (engl. alderman) *dieser Gilde und seinen Nachfolgern gehorsam sein und zu ihm und seinen Brüdern kommen, wenn ich geladen werde, und nicht ohne triftigen Grund fortbleiben. Bereitwillig werde ich stets in schottischer Münze bezahlen und meinen Anteil tragen und alle meine Verpflichtungen bezahlen und erfüllen. Bis ans Ende meines Lebens werde ich die Verordnungen, die Verfassung und die Regeln der Gilde halten, ihnen gehorchen, sie ausführen und nach Kräften bis an mein Lebensende verteidigen; (das schwöre ich) so wahr mir Gott und die Heiligen helfen und bei diesem Buch.«*
(Zitiert nach Knoop/Jones, a. a. O., S. 84 f)

Die Androhung mit der Todesstrafe von 1696 betraf demnach ein ganz anderes Geheimnis, weder das Maurerwort noch das esoterische Geheimwissen. Hier wurde der Schwörende verpflichtet, die Identität der Mitschwörer nicht preiszugeben; das erinnert an den Einzug Jesu Christi mit seiner Schar in Jerusalem, an die frühen Christen in Rom, die sich durch Zeichen (der Fische),

Gruß und Wort untereinander zu erkennen gaben und das Geheimnis der anderen mit ins Grab nahmen. Bedenkt man die Gefahren, denen die Verschwörer (Jakobiten) unter einer fanatischen Herrschaft der Presbyterianer in allen drei Reichen ausgesetzt waren, so versteht man diese Sicherheitsmaßnahmen. Das Datum 1696 ist auch nicht von ungefähr, es war das Jahr der jakobitisch-französischen Landungspläne und des Attentats gegen Wilhelm III.!

Bereits 1693 ließen die englischen Royalisten Jakob II. wissen, sollte er sich verpflichten, die Testakte nicht zu verletzen, alle unter der neuen Regierung abgefaßten Gesetze anzuerkennen, wenn sie ihm vom Parlament vorgelegt würden, selbst die Landverteilung Karls II. in Irland wiederherzustellen, den Besitz der protestantischen Verfassung und Gesetzgebung zu sichern, so wäre England bereit, den legitimen König wieder anzuerkennen und ihm zu gehorchen. Die Anzahl der Legitimisten wuchs nach dem Tode der Königin Maria (1695) schon darum, weil sie als die wahre Trägerin der erblichen Gewalt erschienen war; das folgende Übergewicht der Whigs in der Regierung trug dann weiter dazu bei, die Partei zu stärken, die die Rückkehr des Königs Jakob unter sicheren Bedingungen gern gesehen hätte.

Beauftragt von angesehenen Lords und anderen bedeutenden Männern – die man als *Compounders* bezeichnete –, begab sich Charles Middleton 2. Graf von Middleton (1640–1719), ein Schotte, auf dessen jakobitische Gesinnung man unbedingtes Vertrauen setzte, 1695 nach St. Germain, um den Vergleich durchzuführen. (Von da an wurde Middleton der Staatssekretär Jakobs II. und dessen Sohnes und Nachfolgers Jakob III. bis 1713, 1701 wurde er Katholik.) Jakob II. legte die Artikel dem französischen Hof und den französischen Ministern vor: jedermann riet ihm, sie anzunehmen. Und mit großem Eifer hielt Middleton dann an der neuen Deklaration fest, in der die von ihm vorgelegten Punkte angenommen worden waren; er erklärte sie für so bindend wie jeden anderen Antrag; denn nur aufgrund derselben würden die Legitimisten König Jakob wieder anerkennen. Die Franzosen waren bereit, das Unternehmen mit 18 Regimentern zu Fuß, 5 zu Pferd und 500 Transportschiffen zu unterstützen, »jedoch nur in dem Fall, daß eine Empörung die Nachrichten, die man vom Eifer der Engländer für ihn erhalte, bestätigen würde.« Um es jenseits des Kanals so weit zu bringen, begab sich der natürliche Sohn Jakobs II., James Fitzjames Herzog von Berwick (1670–1734), ein junger Mann von Unternehmungsgeist und militärischem Talent, nach England; es gelang ihm auch, unerkannt hinüberzukommen. (Berwick war der Sohn von Arabella Churchill, der Schwester von John Churchill Herzog von Marlborough, in Frankreich geboren und erzogen, 1687 wurde er von seinem Vater Jakob II. zum Herzog von Berwick gemacht; er begleitete 1689 seinen Vater nach Irland und vertrat dort ab Juli 1690 Tyrconnell als Statthalter von Irland bis Januar 1691.) Auch eine Anzahl von Ausgewanderten, die darauf brannten, ihrem König zu dienen, trafen zusammen und beschlossen, die Empörung in England und Schottland vorzubereiten; sie gelangten Ende 1695 auf die eine oder andere Weise hinüber. König Jakob hatte eine Kommission ausgestellt, in der er seine getreuen Untertanen ermächtigte, ja aufforderte, sich in Waffen gegen den Usurpator des Thrones zu erheben und den offenen Krieg gegen ihn zu beginnen. Und so kam es, daß die Jakobiten in Edinburgh unter strengster Geheimhaltung, verborgen hinter der Fassade der Maurerloge, den Aufstand vorbereiteten und auf die Nachricht vom Gelingen des Attentats auf Wilhelm III. warteten. Nur so kann man verstehen, welche Angst, entdeckt und als Hochverräter hingerichtet zu werden, sie zu solchen Vorsichtsmaßnahmen und diesem Eid unter Androhung des Verräters mit der grausamen Vergeltung getrieben hatte. Einem von denen nämlich, die aus Frankreich herübergekommen waren, dem Schotten Barclay, gelang es, Robert Charnock (einer von denen, die bei der Reaktion in Oxford zum Katholizismus übergetreten waren, und sich eingeredet hatten, die beste Lösung sei, Wilhelm selbst zu beseitigen) aus dem Wortlaut der Kommission zu überzeugen, daß ein Attentat auf Wilhelm dadurch gerechtfertigt erscheine, wenn er von seiner Garde umgeben und diese zugleich mit ihm angegriffen werde: denn das könne als eine militärische Handlung gelten. Das Attentat wurde für den 25. Februar 1696 geplant; Jakob II. wurde hiervon in Kenntnis gesetzt und begab sich voller Erwartung nach Calais; die französischen Truppen wurden in Alarmbereitschaft versetzt. Doch ein Tag vor dem Termin zur Ausführung des Attentats wurde es durch einen irischen »Doppelagenten« an den Vertrauten des Königs, den Holländer Bentink 1. Herzog von Portland, verraten; der Befehlshaber der Garde ließ die namentlich bekannt gewordenen Verschwörer verhaften, und das große Unternehmen mußte abgeblasen werden, da der Überraschungseffekt verspielt worden war. Die Tatsache also, daß wir diesen verschärften Eid in den anderen zeitgenössischen Katechismen nicht vorfinden, beweist die Existenz verschiedener Maurereien mit unterschiedlicher Zielsetzung nebeneinander.

Der Beginn des 18. Jahrhunderts sollte noch mehr Komplikationen mit sich bringen: Königin Maria II. von England starb zweiunddreißigjährig an den Pocken am 7. Januar 1695 (engl. 28. Dezember 1694), ohne jemals ein Kind geboren zu haben. Da Wilhelm und Maria bereits bei der Krönung kinderlos waren und die protestantische Thronfolge gesichert werden sollte, wurde Prinzessin Anna (1665–1714) und deren männliche Nachkommenschaft als Thronerbin eingesetzt. Zwischen 1683 und 1700 war Anna achtzehnmal schwanger, doch nur fünf Kinder kamen lebend zur Welt (drei Töchter und zwei Söhne), und nur eines von ihnen war am Leben, als Maria starb: Wilhelm Herzog von Gloucester (*1689). Als auch dieser im August 1700 elfjährig an den Blattern starb, mußte das Parlament eine neue Regelung der Thronfolge festlegen. Bei dem kranken Zustand des Königs und der labilen Gesundheit der Prinzessin, die auch ihr kein langes Leben zu verheißen schien, sah man sich der Aussicht auf eine baldige Thronvakanz gegenüber. Auf der anderen Seite erwachten alle Hoffnungen der Jakobiten auf die Herstellung des legitimen Königs. Der englische Gesandte in Frankreich beschreibt die Erwartungen, die in St. Germain auftauchten, als überaus zuversichtlich. Von den in Frankreich anwesenden Engländern waren die meisten dafür gewonnen; und viele Einheimische schlossen sich ihnen an. Von Schottland liefen um so zahlreichere Ergebenheitsbezeugungen ein, da die vorherrschende Stimmung gegen König Wilhelm ging. Die Absichten waren nicht immer auf

Jakob II./VII. selbst gerichtet, sondern auf den Prinzen von Wales, den jetzt die meisten als den rechten Erben anerkannten.

Aber schon meldete Viktor Amadeus II. Herzog von Savoyen (1666–1732) einen Anspruch auf den Thron von England für seine Kinder. Er war mit Anne Marie von Orléans (1669–1728), der Tochter jener Schwester Karls II., Henriette Anna Herzogin von Orléans (1644–1670), verheiratet; und da nun der ältere Bruder (Karl II.) ohne legitime Nachkommen gestorben und der jüngere Bruder (Jakob II.) mit seiner Nachkommenschaft ausgeschlossen war, so käme allerdings der nächste Anspruch an die Nachkommen der Schwester und ihrer Tochter im Hause Savoyen. Da der Herzog jedoch von der Allianz abfiel und sich ausschließlich dem katholischen Interesse anschloß, fanden die Verhandlungen um die Thronfolge ein jähes Ende.

Und so griff man auf den einzig verbliebenen (protestantischen) Zweig der Stuarts zurück – auf das Haus Hannover. Diesem gehörte die damalige Kurfürstin von Hannover an: Sophie von der Pfalz (1630–1714), Enkelin Jakobs I. von England durch dessen Tochter Elisabeth Stuart und ihren Gemahl Friedrich Kurfürst von der Pfalz. Sie war das zwölfte und letzte Kind aus jener Ehe, geboren im Exil der Eltern im Haag und seit 1658 mit Ernst August (1629–1698), Bischof von Osnabrück und (seit 1692) Kurfürst von Hannover aus dem Hause Braunschweig-Lüneburg, verheiratet. Aus dieser Ehe war eine zahlreiche Nachkommenschaft hervorgegangen; der älteste Sohn, Georg Ludwig (1660–1727), auf den die Rechte der Mutter übergingen, war bereits ein Mann von vierzig Jahren, seit 1682 mit Sophie Dorothea von Celle (1666–1726) verheiratet, selbst seit zwei Jahren Kurfürst von Hannover, und hatte einen siebzehnjährigen Sohn, Georg August.

Da waren sich plötzlich Tories und Whigs einig, die Früchte der Revolution zu wahren, die parlamentarische Macht über den König zu behaupten und katholische Monarchen von der Thronfolge auszuschließen. Im Juni 1701 wurde das Gesetz zur Festlegung der Thronfolge (*Act of Settlement*) verabschiedet. Danach sollte die Krone nach dem Ableben Wilhelms III. an Prinzessin Anna (36) und nach ihr an Kurfürstin Sophie (71) und danach an ihre protestantischen Erben übergehen. Das Gesetz sah weiter vor, daß künftige Monarchen sich zur anglikanischen Kirche bekennen müssen und nicht ins Ausland reisen noch englische Steuergelder zur Verteidigung ihrer ausländischen Gebiete verwenden dürfen, ohne vorherige Zustimmung des englischen Parlaments; Ausländern sollte die Mitgliedschaft in beiden Häusern des Parlaments, im Staatsrat sowie jegliches hohe Amt bzw. Pension verboten werden.

Jakob III./VIII. 1701–1766

Am 16. September starb Jakob II. in Saint Germain an den Folgen eines Schlaganfalls, den er im März 1701 erlitten hatte, und sofort rief Ludwig XIV. dessen dreizehnjährigen Sohn Jakob Franz Eduard zum König Jakob III. von England, Schottland und Irland aus und verbot die Einfuhr englischer Güter nach Frankreich und Spanien; die englische Öffentlichkeit unterstützte Wilhelms neue Große Allianz (1701) gegen Frankreich. Nach Marias Tod verließ sich Wilhelm uneingeschränkt auf die Whigs (Dissenter), was die Tories (Anglikaner) in den Hintergrund schob. Doch der unerwartete Tod Wilhelms (im März 1702 an den Folgen eines Jagdunfalls) und die Herrschaft der Königin Anna brachte für sie die Wende: Von Anfang an bewies Anna ihre Hingabe zur anglikanischen Kirche und ihre Abneigung gegen Katholiken und Dissenter, indem sie die Tories der Kirche von England bevorzugte. Die Wahlen vom Juli 1702 verschafften den Tories und Anglikanern die Oberhand; und nun – wieder einmal – bildeten die Whigs die Opposition und versuchten mit den Presbyterianern Schottlands und den Protestanten Irlands gemeinsame Sache zu machen. Indessen bildeten Marlborough (1650–1722) und Godolphin (1645–1712) ein Tory-Kabinett, obwohl beide nur Tories im klassischen Sinne waren.

Zur Anerkennung der Thronfolge des Hauses Hannover waren die Schotten nicht bereit, zumal der Souverän Anhänger der anglikanischen Kirche werden sollte; das schottische Parlament verabschiedete gar 1703 eine Sicherheitsakte, in der man festsetzte, daß die Nachfolge der Königin in Schottland eine andere sein solle als die in England; man entschied sich für die protestantische Linie der Stuarts, es sei denn, die schottische Regierung würde vom »englischen oder sonstwelchem fremden Einfluß« befreit. Godolphin hingegen bemühte sich im Parlament um die Hilfe der whigistischen Opposition bei der Durchsetzung einer Unionakte beider Reiche als Vermächtnis des sterbenden Königs Wilhelm III., und eine Union war entschieden im Sinne der Whigs, die durch die Verbindung mit den Presbyterianern Schottlands die erwünschte Mehrheit zu erlangen hofften. Das englische Parlament beantwortete die Sicherheitsakte mit der Fremdenakte (1705), mit der die Schotten als Fremde (Ausländer) vom Handel und der Einfuhr ihrer Güter nach England ausgeschlossen wurden, bis sie die Hannoversche Thronfolge anerkannten. Eine Kommission aus beiden Ländern arbeitete mühselig eine Vereinbarung der Vereinigungsbedingungen aus und legte sie im August 1706 der Königin vor; und im Juli 1707 nahm das letzte Parlament von Schottland, nicht ohne lebhafte Debatten und mannigfache Proteste, die Bill an. Danach beließ man den Schotten ihr Rechtssystem und die Presbyterianische Kirche (schott. *Kirk*), gab ihnen den Vorzug freien Handels auf dem neuen britischen Gemeinsamen Markt und löste ihr Parlament auf; dafür gab man ihnen 16 Sitze im Ober- und 45 im Unterhaus.

Und das war das Signal für die Jakobiten zu retten, was noch zu retten war: Die Whigs hatten sich seit den Wahlen von 1705 immer mehr der Regierung bemächtigt und waren absolut für die Beteiligung Englands mit Holland auf der Seite der Kaiserlichen Truppen im Spanischen Erbfolgekrieg (1701–1714); der Gemahl der Königin, Prinz Georg von Dänemark (1653–1708), galt dem Namen nach als Oberbefehlshaber der Truppen zu Lande und zur See; aber in der Landarmee wurde er durch Marlborough selbst, in der Admiralität durch dessen Bruder, dem die meisten Mitglieder dieser Behörde sich anschlossen, seines unmittelbaren Einflusses beraubt. Die großartigen Erfolge Marlboroughs bei Höchstädt (1704) – nachdem Gibraltar im August 1704 durch Landgraf Georg von Hessen für England erobert worden war –, der die Große Allianz rettete, und bei Ramillies (1706), der die Franzosen aus den Spanischen Niederlanden vertrieb, sowie der Erfolg des Königs aus dem Hause Österreich auf der Pyrenäischen Halbinsel mit Hilfe der englischen Eskadron im selben Jahr verstärkten die kriegerischen Tendenzen des englischen Parlaments und festigten die Stellung der Whigs mehr denn je. Die schottisch-englisch-irischen Regimenter im französischen Exil kämpften auf der Seite ihres Verbündeten Ludwig XIV., und die Whigs benutzten dies als Antrieb gegen die Tories, die verhinderten Jakobiten, Front zu machen: Sunderland wurde Staatssekretär, Somers Vorsitzender des Geheimen Rates und Wharton Statthalter von Irland. Thomas 5. Baron von Wharton war ein Mann der gelegentlichen Konformität (*Occasional Conformity*): er nahm zwar das Abendmahl nach anglikanischem Ritus, blieb aber vollkommen Dissenter.

Eine Neuauflage des Aufstands der Jakobiten von 1696 wurde nun inszeniert: irische Jakobiten suchten ihre Genossen in Irland auf; Schotten bereiteten eine Invasion Englands von Schottland aus für März 1708 vor. Und diesmal taucht die »schottische« Maurerei erstmalig in Irland auf! War die erste Nachricht (1688) von der Existenz einer Freimaurerloge im Bereich der Universität von Dublin ein Hinweis darauf, daß die torystisch-royalistische Maurerei aus Schottland auch in Irland vertreten war, konnte es sich nicht um eine katholische Loge gehandelt haben, da es den Katholiken damals nicht gestattet war, in Städten zu wohnen; und da der Spott von einem whigistischen Studenten (der damaligen Opposition, die sich an den Prinzen von Oranien wandte, um an die Macht zu gelangen) herrührte, konnte sie auch keine »englische« gewesen sein. Das Merkmal der »schottischen« Maurerei (der Meistergrad) ist jedoch diesmal nachweisbar: ein kurzer maurerischer Katechismus, bekannt als Dubliner Trinity-College-Manuskript, aus dieser Zeit aus den Papieren des Sir Thomas Molyneux (1661–1733), eines berühmten Arztes und Naturwissenschaftlers, der eher eine Gedächtnisstütze eines angenommenen Maurers darstellt, spricht vom Maurerwort (Meisterwort), Gesellen (*fellow craftsmen*), eingetragenen Lehrlingen (*enterprentices*) – sämtlich schottische Ausdrücke, die erst in den Konstitutionen der Großloge von London der »englischen« Maurerei von 1723 auftauchen. Doch der Beweis dafür, daß es sich hierbei nicht um die torystisch-jakobitische, sondern um die katholisch-jakobitische (»schottische«) Maurerei handelt, ist die Tatsache, daß dieses Manuskript die erste bekannte sichere Erwähnung dreier verschiedener Maurergrade ist, jedes mit seinen eigenen Geheimnissen. Die Stelle, die das maurerische esoterische Wissen in drei Teile teilt, lautet:

»Des Meisters Zeichen ist Rückgrat, das Wort ist ›matchpin‹. Das Zeichen des Gesellen ist Knöchel und Sehnen, das Wort ist Boaz oder es ist hohl. Drücke den Meister gegen das Rückgrat, stelle dein Knie zwischen seine und sage matchpin. Drücke den Gesellen auf Knöchel und Sehnen und sage jachquin. Drücke den eingetragenen Lehrling auf die Sehnen und sage Boaz oder es ist hohl.«
(Zitiert nach Knoop/Jones, a. a. O. S. 263)

Auch diesem Versuch der Jakobiten, die Verhältnisse im Inselreich zugunsten Jakobs III. zu verändern, war kein Erfolg beschieden: die französischen Schiffe, mit denen Jakob nach Schottland zu gelangen hoffte, wurden von der englischen Flotte geschlagen.

Bereits während der ersten Tory-Regierung unter Königin Anna (1702–1708) hatte Kurfürst Georg Ludwig von Hannover einen Vertrag mit Herzog von Marlborough geschlossen, in dessen Folge eine stattliche Schar hannoverscher Truppen, im Sold zum Teil der Königin Anna und zum Teil der Generalstaaten, am Krieg gegen Frankreich teilnahm. Unmittelbar unter Marlboroughs Befehl haben diese Regimenter zum großen Erfolg bei Höchstädt (1704) beigetragen. Zu der Zeit überlegten die Tories, die Kurfürstin Sophie, Mutter des Kurfürsten, um ihre Thronfolge zu sichern, nach England zu berufen. Die Whigs waren damals strikt dagegen, und als Marlborough im Jahre 1705 eine Reise nach Hannover unternahm, trat er dort diesem Plan entgegen und überzeugte den Kurfürsten, daß es dessen Interesse nicht dienlich sei. Seitdem herrschte ein wachsendes Verständnis zwischen den beiden. Es geschah auch auf Marlboroughs Antrieb und unter seiner Vermittlung, daß der Kurfürst im Jahre 1707 ein Kommando am Rhein übernahm, ganz im Sinne der Whigs. Und obwohl die meisten Menschen in England kriegsmüde waren, gewannen die Whigs die Wahlen vom Mai 1708, weil der Schock der jakobitischen Invasion vom März noch in ihren Knochen saß und die Wahlparolen der Whigs die Tories als Gelegenheitsjakobiten verteufelt hatten. Der Sieg Marlboroughs bei Oudenarde (Juli 1708) über die französische Armee und die Eroberung Menorcas durch die englische Flotte schienen die whigistische Politik zu bestätigen. Anfang 1709 war der Krieg gegen Frankreich bereits gewonnen, und die Whigs begannen, mit Ludwig XIV. über einen Frieden zu verhandeln, unter dem Motto »Kein Frieden ohne Spanien«. Als Ludwig die englische Bedingung, König Philipp V. gewaltsam zu entthronen, ablehnte, brachen die Whigs die Verhandlungen ab; und Marlborough gewann seine letzte wichtige Schlacht bei Malplaquet (September 1709). Danach brachte Lord Townshend (1675–1738), einer der aktivsten und eifrigsten Whigs, das Grenztraktat in Holland zustande (Oktober). Darin war den Holländern eine ihre Erwartungen übertreffende Ausdehnung zugestanden – ein kleines Königreich, wie Marlborough sagte –; dafür hatten die Holländer die Thronfolge des Hauses Hannover nicht nur angenommen, sondern garantiert und mit ihren eigenen Truppen zu verfechten zugesagt. Kurfürst Georg Ludwig war mehr als zufrieden; der Kurprinz von Hannover Georg August wurde mit dem Titel Marquis und Herzog von Cambridge bedacht, der in der königlichen Familie zuweilen erteilt wurde, und man dachte daran, ihn unter diesen Titel zum Pair von England zu ernennen. Doch am 5. November 1709 predigte der Anglikaner Dr. Henry Sacheverell (1674–1724), der für den zunehmenden Rationalismus in der Religion (eine whigistische Philosophie) nichts übrig hatte, mit feurigen Worten gegen Godolphin und die Whigs. Nicht nur er: Jakob III. selbst schrieb im Dezember 1709 an Papst Klemens XI. (1700–1721) und erbat dessen Hilfe, »die übrigens auch Seine Allerheiligste Majestät Uns bewilligen wird, um Uns wieder einzusetzen und, mit Uns, auch die Religion in unseren Staaten wiedereinzusetzen.« Die Whig-Führer im Unterhaus klagten Sacheverell des Hochverrats an, doch die Lords verfuhren viel gnädiger mit ihm und verurteilten ihn zu einer geringen Strafe (drei Jahre Suspendierung). Dennoch fand Sacheverells Predigt bereitwillige Bürger, denen er aus der Seele gesprochen hatte, und die Stimmung schlug abermals gegen die Whigs um. Im April 1710 wurde Lady Sarah Churchill Herzogin von Marlborough aus den Diensten der Königin entlassen, im August war Godolphin an der Reihe; und mit dem Ruf »Sacheverell und der Frieden« gewannen die Tories erneut die Wahlen (Oktober 1710). In geheimgehaltenen Unterhandlungen mit Frankreich, die im Oktober 1711 zu konkreten Präliminarien führten, handelte man, zum Leidwesen des Kurfürsten, einen Separatfrieden aus, der Philipp V. auf dem Thron belassen, Britannien Gibraltar, Menorca, Hudson Bucht, Neufundland und Nova Scotia sichern und Handelsprivilegien mit den spanischen Kolonien in der Neuen Welt einräumen würde. Während die Ansichten der Whigs über diesen Frieden ihren Ausdruck in den zahlreichen Kaffeehäusern durch die journalistischen Bemühungen von Joseph Addison (1672–1719), Herausgeber des *«Spectator«*, und Richard Steele (1671–1729), Herausgeber des *»Tatler«* fanden, engagierten die Tory-Führer den irischen Kirchenmann der anglikanischen Kirche Jonathan Swift (1667–1745), Herausgeber des *»Examiner«*, der den »Frieden ohne Spanien« in seinem *»Verhalten der Alliierten«* (November 1711) verteidigte. (Sowohl Steele als auch Swift waren Freimaurer, jedoch in entgegengesetzten Maurereien!) Auch als Nebenwirkung der Friedenspolitik wurde Marlborough vom Dienst suspendiert (Dezember 1711), und die englischen Truppen wurden zurückgezogen. Bereits Anfang 1712 machte der erste Mann im Staat, der Premier des Tory-Ministeriums Robert Harley Graf von Oxford, dem Prätendenten (wie die Engländer Jakob III. bezeichneten) eine geheimnisvolle Eröffnung über die Mittel, diesen wieder auf den Thron zu bringen: viele Jakobiten saßen damals im Parlament, so daß sie die Mehrheit innehatten; und um sein Ministerium gegen die Whigs zu behaupten, bedurfte Oxford der Unterstützung der Jakobiten im Unterhaus. Er erreichte auch, daß Jakob III. sich mit einem Aufruf vom 25. April 1712 »Im elften Jahre Unserer Regierung«, den er in Saint Germain verkündete, an seine Untertanen wandte:

»Wir sind nicht bloß um Unserer eigenen Interessen wegen besorgt; Unsere unwandelbare Liebe zu Unserem Volk ist so groß, daß Wir nicht ohne Trauer sehen

können, wie sein Gut und sein Blut für eine so unzurechtfertigende Sache vergeudet wird, und daß, wenn ein Friede zu Unseren Ungunsten geschlossen werden sollte, Unsere Untertanen zum mindesten unter die Herrschaft von Ausländern fallen und deren Beute werden.«
(Zitiert nach Alec Mellor, Unsere getrennten Brüder – Die Freimaurer, Paris 1961, dt. 1964 S. 102)

Jakob erteilte allen seinen alten Anhängern den Befehl, sich dem Tory-Ministerium anzuschließen; und dieses hatte damals ein Hauptziel vor Augen: den Krieg zu beenden. Die Jakobiten schöpften erneut die Hoffnung, ihren rechtmäßigen König auf dem ihm zustehenden Thron zu sehen, und bereiteten sich abermals auf diesen Augenblick vor. Die Whigs hingegen beherrschten die Presse und die Kaffeehäuser, ja selbst die Literaturklubs.

Das Charaktergetränk des Hochbarocks war der Kaffee, der von den Arabern und Türken eingeführt worden war. Das erste europäische Kaffeehaus war in Venedig 1640 eröffnet worden. Das erste im westlichen Europa war das Virginia Coffee-House, das 1652 in London eröffnet wurde und allmählich überall Nachahmung fand. In London entstand auch zuerst die Sitte, daß alle Parteien, Klassen und Berufe ihre bestimmten Kaffeehäuser hatten: es gab papistische, puritanische, whigistische und royalistische Kaffeehäuser, Kaffeehäuser für Stutzer, für Ärzte, für Dirnen, für Handwerker. Will's berühmtes Kaffeehaus war das Literatencafé, in dem Dryden (1631–1700) Cercle zu halten pflegte: ein Dichter, dessen Verse er dort gelobt hatte, war für die nächste Saison gemacht; zu Button's lenkte man seine Schritte, um Dichter zu bestaunen; zu Lloyd's, um ein Schiff zu versichern; und von dort zum Baltic, um über Frachten zu verhandeln; weiter zu Garraway's oder Jonathan's zum Treffen mit Börsenmaklern. (Anfang der 1670er wurde das erste Kaffeehaus von Paris, 1679 in Hamburg, 1683 in Wien und 1707 in Berlin eröffnet.) Die führenden Whigs gründeten auch den Literatur- und Gesellschaftsklub Kit-Cat Club in London durch den Buchverleger Jacob Tonson (1656–1736), er wurde nach Christopher Cat benannt, in dessen Speisegaststätte die ersten literarischen Versammlungen stattgefunden hatten. Die erste regelmäßig erscheinende Wochenschrift wurde während der Tory-Herrschaft 1702–1708 vom Whig Daniel Defoe (1660–1731) 1704 im Kerker gegründet (*»The Review«*), ihm folgte während der Whig-Regierung 1708–1710 der Whig Richard Steele (1672–1729) 1709 mit *»The Tatler«* und die beiden Whigs Joseph Addison (1672–1719) und Jacob Tonson 1711 mit *»The Spectator«*. Selbst die englische Aufklärung, besonders hervorgetreten im Deismus (1689–1742), war ein Werk der Dissenter und Whigs. Der Philosoph der »glorreichen Revolution« war der Puritaner und Whig John Locke (1632–1704), der in der Theologie den Standpunkt der liberalen »Latitudinarier«, in der Politik die Sache des parlamentarischen Konstitutionalismus vertrat. In seinem *»Briefe über Toleranz«* (1689) erklärte er die Religion für eine Privatangelegenheit; in seinen *»Abhandlungen über die zivile Regierung«* (1690) forderte er die Teilung der Staatsgewalt zwischen Volk und König; in seinem berühmten *»Versuche über den menschlichen Verstand«* (1690) entwarf er ein bis in die letzten Konsequenzen durchgeführtes System des Empirismus (Aufklärungsphilosophie) und lehrte, daß alle Erkenntnis aus der Erfahrung stammt; in seinem *»Einige Gedanken über die Erziehung«* (1693) plädierte er für eine naturgemäße Erziehung als praktische Vorbereitung auf das Leben im Dienste der Gesellschaft; und mit seinem *»Die Vernunftgemäßheit des Christentums«* (1695) trat der englische Deismus besonders hervor. Aus dem Jahre 1696 stammt auch das Lokke-Manuskript, eine Handschrift der maurerischen Konstitutionen aus dem Besitz des genialen Philosophen! Und der anglo-irische Whig John Toland (1670–1722), der in Glasgow, Edinburgh, Leiden und Oxford studiert hatte, begründete 1696 mit seinem *»Christentum ohne Geheimnis«* den freidenkerischen Deismus. Die Vorläufer der späteren Freidenker waren die «Latitudinarier«, die alle konfessionellen Unterschiede der christlichen Sekten für unwesentlich hielten und nur die in der Heiligen Schrift niedergelegten »Grundwahrheiten« als bindend erachteten. Toland versuchte nachzuweisen, daß in den Evangelien nichts Widernatürliches, aber auch nichts Unvernünftiges enthalten sei, und sprach als erster von »freethinkers«. 1699 prägte der Whig und Dissenter Anthony Graf von Shaftesbury (1671–1713) die englische Moralphilosophie mit seinem *»Eine Untersuchung über die Tugend«* und schuf eine Art Ästhetik der Moral, die er in seinem dreibändigen Werk *»Kennzeichen der Menschen, Sitten, Meinungen und Zeiten«* (1711–1714) fortsetzte. Die Deisten waren besonders leidenschaftlich gegen jede Form von religiösem Fanatismus und von Schwärmerei. In dieser Hinsicht war Shaftesburys *»Brief über die Schwärmerei«* (1708), veranlaßt durch die wilde Hysterie einer Gruppe französischer Protestanten, die 1707 in London weissagte, das wichtigste Dokument der Darlegung deistischer Ideen.

Diese Haltung prägte die »englische« Freimaurerei von Anfang an: sie war von dissentischen Whigs im Sinne des Deismus als Gegengewicht zu den konservativen Tories geschaffen worden. London war die Hochburg der neuen Maurerei und fand während der Whig-Regierung unter Wilhelm III. zahlreiche Ableger. Dazu zählt jedoch die Loge von York nicht, die während der Tory-Regierung unter Königin Anna 1705/1706 vom Baronet Sir John Tempest und im Jahre darauf von Lord Bingley, dem Oberbürgermeister von York, geleitet wurde: sie geht auf die Übernahme schottischer Formen und Aufnahme von Nicht-operativen nach der Personalunion Schottlands und Englands unter Jakob I. (1603–1625) zurück und hatte mit den politischen, religiösen und gesellschaftlichen Neuerungen der Whigs nichts im Sinn. Als die Tories im Oktober 1710 die Wahlen gewannen und die Regierung bildeten, entfaltete die Loge von York im Norden Englands – wo die Jakobiten so zahlreich waren – eine besondere Aktivität und hielt Zusammentreffen in verschiedenen Ortschaften der Grafschaft ab (so 1713 in Bradford).

Doch interessanter war eine Loge, die Mitte 1712 im Hause des ersten Vicomte Doneraile in Irland abgehalten wurde: hier handelt es sich um eine »schottische« Loge aus dem französischen Exil, die in der Art einer Feldloge Parteigänger und Anhänger des katholischen Königs Jakob III. aufnahm und verpflichtete; sie arbeitete im dritten Grad (Meistergrad) und kannte den verschärften Verschwiegenheitseid; nur einer Panne, die dabei geschah, verdanken wir die Nachricht von der Existenz einer solchen »schottischen« Loge auf irischem Boden aus dieser Zeit: die neunzehnjährige und einzige Tochter des Lords, Elizabeth St. Leger (1693–1773), wurde versehentlich Zeugin dieser Aufnahme, was alle Vorsichtsmaßnahmen gefährden konnte. Also gab es nur einen Ausweg aus dieser Gefahr: die Dame mußte selbst aufgenommen und zum Schweigen verpflichtet werden!

Der Friedensvertrag von Utrecht zwischen England und Frankreich wurde am 11. April 1713 unterzeichnet; darin anerkannte Ludwig XIV. die Bestimmungen über die englische Thronfolge und verpflichtete sich, keinen anderen König von Großbritannien anzuerkennen als den, der durch dieselben zum Throne berufen sei. Jakob III. war genötigt, mit seinem Exil-Ministerium Frankreich zu verlassen und Zuflucht in Lothringen zu suchen. Aber die oppositionellen Whigs meinten, daß er dabei doch in allzu großer Nähe verweile: sie hielten die Toryminister für fähig, an einer Herstellung desselben, selbst im geheimen Verständnis mit dem König von Frankreich, dessen Zusage nicht ernst gemeint sei, zu arbeiten. Diese Besorgnis zu erhalten und die Gerüchte, durch die sie bestätigt wurde, zu verbreiten, gehörte selbst mit zu den damals aufkommenden Künsten der Londoner Börse (die seit 1692 durch Gründung zahlreicher Aktiengesellschaften einen großen Aufschwung erfahren hatte); der Fall der englischen Fonds, der dadurch bewirkt wurde, übte immer einen Rückschlag auf den Schatzmeister Graf Oxford aus, und bei den Wahlen von 1713 gewannen die Whigs eine Anzahl von Stimmen, blieben jedoch in der Minderheit. Doch das Zögern Ludwigs XIV., die Friedensbedingung, die von allen fast die populärste in England war, durch die er zur Schleifung von Dünkirchen verpflichtet wurde, zu voller Ausführung zu bringen, trug selbst dazu bei, daß die Stellung der Tories, denen er alles verdankte, schwieriger wurde und die Whigs wieder mehr Grund und Boden gewannen. Die bittere Rivalität zwischen dem Schatzmeister Oxford und dem Staatssekretär Bolingbroke (1678–1751) um die Führung der Tories und die ernsthafte Erkrankung der Königin (Dezember 1713), trieb beide zu getrennten Verhandlungen mit Jakob III. in Lothringen. Bolingbroke schlug dem König vor, er möge sich vom Katholizismus abwenden und Anglikaner werden, womit seine Thronfolge absolut sicher wäre.

Der Zeitpunkt war schlecht gewählt: sein ganzes Leben lang war Jakob III. ein beispielhafter Katholik und dennoch tolerant Andersgläubigen gegenüber. In einem Brief vom 2. Mai 1711 schrieb er: »... Sie dürfen es Uns nicht übel nehmen, wenn Wir dieselbe Freiheit anwenden, die Wir auch den anderen zubilligen, und der Religion anhängen, die Unser Gewissen Uns für die beste halten läßt.« (Zitiert von G. Hilton Jones, »The Main Stream of Jacobitism«, 1930 S. 94 f, nach A. Mellor, »Die unbekannte Grundurkunde der christlichen Freimaurerei«, 1965, dt. 1968 S. 117) Außerdem erregte damals der Rastatter Friede vom 7. März 1714 zwischen dem Kaiser und der französischen Krone großes Aufsehen, insofern darin wieder katholische Intentionen hervortraten. Und so fiel die Antwort Jakobs III. unmißverständlich aus, er wolle am Katholizismus festhalten. Die Unterstellung des Abbé Gaulterio wies er entrüstet zurück, der ihm dargelegt hatte, ob es ihm nicht passend erscheine, zu sehen, ob der Ruhm Gottes nicht auf seine Rechnung komme mit einer Scheinkonversion zur anglikanischen Kirche, verbunden mit einem Geheimbrief an den Papst (Brief von 23. April 1714 von Jakob III. an Kardinal Gaulterio, den päpstlichen Nuntius in Paris von 1700–1706).

Die Whigs sahen die Thronfolge des Hauses Hannover gefährdet; sie setzten voraus, daß die Tories sich der katholischen Sinnesweise zuwenden könnten und sich auf die Seite des Prätendenten schlagen würden: sie drängten die Königin zu einer Ächtung des Prätendenten für den Fall, daß er den englischen Boden betrete, und forderten im April die Einberufung des Herzogs von Cambridge (Kurprinz von Hannover, Sohn des Kurfürsten Georg Ludwig) zum Parlament; denn nur durch seine Anwesenheit würde die Thronfolge gesichert werden können. Gesetzlich ließ sich die Forderung nicht verweigern; das Writ der Berufung wurde ausgefertigt, doch blieb es noch in den Händen des Kanzlers, bis es vom Hofe von Hannover abgefordert würde.

Der Philosoph und Ratgeber des welfischen Hauses von Hannover Leibniz (1646–1716) schrieb von Wien, wo er sich damals aufhielt, man suche von England her den Kaiser und die Republik zu entzweien und organisiere oder desorganisiere vielmehr für die Zwecke des Prätendenten; auch Prinz Eugen von Savoyen (1663–1736) gab dem Hause Hannover den Rat, sich zu regen: er war auch jetzt noch der Freund und Verbündete des Whigs Marlborough. Und so erhielt Mitte April 1714 der Gesandte Hannovers in London den Auftrag, das Einberufungsschreiben abzufordern, was dieser Anhänger der Whigs mit Freuden tat. Königin Anna reagierte sehr gereizt und ließ Bolingbroke ein Schreiben an die Kurfürstin Sophie aufsetzen. »Madame Schwester Tante«, so schrieb sie ihr, »ich muß Euerer Kurfürstlichen Durchlaucht sagen, daß ein solches Vorhaben die Thronfolge selbst gefährden kann, die nur so weit gesichert ist, als der Fürst, der die Krone trägt, seine Prärogative behauptet.« Am 2. Juni traf dieser Brief in Hannover ein, am 4. Juni starb Sophie ohne Priester, ohne Arzt und ohne Schmerzen. Und nun erhob der Kurfürst Georg Ludwig in seinem eigenen Namen Anspruch auf die englische Sukzession in einem keineswegs sehr demütigen, aber doch begütigenden Schreiben an Königin Anna.

Die Königin mußte am Ende ihrer Tage erleben, daß die Partei der Tories, auf die sie sich bisher stützte, selbst auseinanderfiel. Im Parlament kam es anläßlich einer Debatte über den mit Spanien geschlossenen Handelsvertrag (Ende 1713, darin übernahm England an Stelle Frankreichs den Sklavenhandel für die spanischen Kolonien) zu einem förmlichen Bruch zwischen Oxford und Bolingbroke; der Sturz des Ministeriums schien unmittelbar bevorzustehen; es wurde auch von den Jakobiten angegriffen, die ihm nicht verzeihen konnten, daß es sich zu jener Proklamation gegen Jakob III. (Ächtung) hatte bringen lassen. Die Sitzungen des Parlaments wurden hierauf (9. Juli 1714) geschlossen. Die Königin wollte den hannoverschen Thronfolger aus England fernhalten, sie konnte auch das entzweite Ministerium nicht mehr im Amt lassen; ihr war allmählich Jakob lieber als Georg, und darin fand sie bei Bolingbroke die freudige Bereitschaft, mit dem Prätendenten zu verhandeln. Doch weit kamen beide nicht damit: Um halb 8 Uhr am Morgen des 10. August

1714 starb Königin Anna neunundvierzigjährig, das letzte Mitglied des Hauses Stuart auf dem schottisch-englischen Thron.

Um 8 Uhr versammelte sich der Geheime Rat nahezu vollzählig: man berief zugleich den hannoverschen Gesandten Bothmer, unter dessen Teilnahme die für diesen Fall niedergelegten Weisungen zur Bildung einer Regentschaft eröffnet wurden. Die Mitglieder des Ministeriums, die zur Regentschaft berufenen Mitglieder des Geheimen Rates, leisteten ihren Eid. Danach schritt man zur Proklamation des neuen Königs: der hohe und mächtige Fürst Georg, Kurfürst von Braunschweig-Lüneburg, wurde als der gesetzliche und rechtmäßige König von Großbritannien, Frankreich und Irland ausgerufen.

Die Whigs triumphierten, denn ihre große Stunde war gekommen, und in der Tat währte ihr Supremat bis 1760! Die Tories zerfielen in zwei Lager: Jakobiten und Unentschlossene. Und da sie in den öffentlichen Ämtern durch Dissenter und Whigs abgelöst wurden, blieb ihnen nur noch der Weg in die Opposition. Am 20. September 1714 erreichte Georg I. London, und sofort wurde Herzog von Ormonde in der Heeresführung durch Herzog von Marlborough ersetzt, Bolingbroke verlor sein Amt als Staatssekretär und Graf von Mar seine Stellung als Sekretär für Schottland; James Stanhope (1673–1721) wurde der neue Staatssekretär, Charles Spencer 3. Graf von Sunderland (1674–1722) wurde Lord-Siegelbewahrer, Charles Townshend 2. Viscounte Townshend (1675–1738) Staatssekretär und Robert Walpole (1676–1745) Kanzler – sämtlich bedeutende Führer der Whigs. Seit der Krönung Georgs I. fungierte der Whig und Freimaurer Herzog von Richmond (1672-1723) als dessen Kammerherr.

Die Jakobiten setzten nun verstärkt ihre ganze Hoffnung auf die Wiedereinsetzung des Königs im Exil, und dieser schickte bereits seine Emissäre nach Schottland und England. Darunter waren schillernde Persönlichkeiten, die man von der Geschichte der Freimaurerei nicht wegdenken kann: König Karl II. (Onkel des Prätendenten) hatte unter anderem eine natürliche Tochter, die mit dem Schotten James Radcliffe Graf von Derwentwater verheiratet war; sie hatte drei Söhne (James, Francis und Charles), die das Exil mit ihrem Vetter (Jakob III.) teilten. Und nun zogen alle drei Söhne »für Gott und König«, begleitet von anderen Getreuen, wie dem Schotten Sir John Macleane, nach Schottland. Getarnt als Maurerloge »Lodge of Journeymen Masons« (Loge der Maurergesellen) bereiteten sie den Boden für die jakobitische Erhebung. Übrigens verweigerte ihnen die Territorialloge von Edinburgh das Recht, das Maurerwort zu erteilen, und sie gingen 1715 vor Gericht, um sich dieses Recht zu sichern! (Seggie & Turnbull, Annals of the Lodge of Journeymen Masons No. 8, Kapitel I., zitiert nach Knoop/Jones, a. a. O. S. 280.) Wie sehr die jakobitischen Pläne in das politische Konzept Ludwigs XIV. und der europäischen Mächte paßten, mag man am Beispiel der Instruktionen des Sonnenkönigs (3. Januar 1715) an seinen Botschafter in Wien, Graf von Luc, ersehen:

»Wenn etwa die Absichten und die Macht des Königs von Großbritannien dem Kaiser einiges Unbehagen verursachen sollten, wie es schon einmal eintreten

könnte, sei es durch eine allzu enge Union zwischen diesem König und den deutschen Protestanten, sei es durch die Unterstützung der Holländer bei den Auseinandersetzungen, die zwischen dem Kaiser und ihnen in Sachen der Niederlande (seit 1713 war Belgien ein Teil der Spanischen Niederlande durch Festlegung im Frieden von Utrecht) *vorkommen könnten, dann wäre es leicht, in England große Unruhen hervorzurufen, besonders in dem Zustand, in dem die englische Nation sich heute befindet, dadurch, daß man die Rechte des »Ritters von St. Georg«* (Jakob III.) *unterstützte.*

Obwohl zur Zeit von derartigen Projekten nicht die Rede sein kann, so wird es doch im Interesse des Dienstes am König liegen, wenn der Graf von Luc so weit wie möglich erkundet, welches die Absichten des Kaisers in bezug auf den Ritter von St. Georg sind, und wenn er darüber berichtet.«

(Zitiert nach A. Mellor, Die unbekannte Grundurkunde der christlichen Freimaurerei, 1965, dt. 1968 S. 51)

Daß der Prätendent sich regte und in einer Proklamation, in der er seine Rechte wahrte, die Behauptung einfließen ließ, er habe Grund gehabt, auf das Wohlwollen der verstorbenen Königin zu rechnen, kam der neuen Regierung sehr zustatten. Denn dadurch schien der Verdacht, als habe diese in Verbindung mit ihm gestanden, bestätigt zu werden. Die Überzeugung, daß England durch und durch eine protestantische Regierung haben müsse, bekam neuen Boden. Alles, was seit anderthalb Jahrhunderten gegen das Papsttum gesagt worden war – der ganze Widerwille über fremden Einfluß auf die inneren Parteistreitigkeiten von England, der so oft ausgebrochen war, fiel jetzt auf das Haupt des Prätendenten. Der Aufruf, in dem die Regierung bei den Wahlen, die Anfang 1715 stattfanden, das Interesse des Protestantismus zur Sprache brachte, hatte seine volle Wirkung hervorgebracht: die Wahlen fielen im Sinne der Whigs aus; hier und da, z. B. in London, erließen die Wahlkorporationen Erklärungen, in denen sie sich noch besonders gegen den letzten Frieden und dessen Verhandlung ohne die Alliierten aussprachen. Und sobald das neue Parlament sich versammelte (17. März 1715), begab sich Bolingbroke zu Jakob III.; am 9. Juni 1715 erfolgte die Anklage Bolingbrokes, Ormondes, Oxfords und Staffords auf Hochverrat; Oxford und Stafford wurden verhaftet und in den Tower gebracht, Ormonde gelang im August die Flucht an den Hof Jakobs III., wo Bolingbroke bereits (seit Juli) das Amt des Staatssekretärs bekleidete. Mar gelangte heimlich und unerkannt nach Schottland. Der Whig-Terror begann. Inzwischen starb am 1. September 1715 Ludwig XIV. und hinterließ einen fünfjährigen Urenkel als Ludwig XV.; der Neffe und Schwiegersohn des Sonnenkönigs, Philipp II. Herzog von Orléans (1674–1723), wurde als Regent eingesetzt.

Graf von Mar (1675–1732) rief am 6. September 1715 in Braemar Jakob als König von Großbritannien aus; Thomas Forster (1675–1738) rief in Greenrig, Northumberland, am 6. Oktober 1715 den Prätendenten zum König Jakob III. aus; der Schotte William Gordon 6. Vicomte Kenmure (†1716) rief am 11. Oktober 1715 in Lochmaben, Dumfries/Schottland den Prätendenten zum König von Schottland Jakob VIII. aus (an dem Tag wurde Walpole Finanzminister von Großbritannien). Am 25. Oktober 1715 stellte Bolingbroke den Text einer Proklamation Jakobs fertig, die bei seiner Landung in Schottland verkündet werden sollte.

Doch was allen fehlte, waren die militärische Erfahrung und disziplinierte Truppen: Mar wurde am 13. November von John Campbell 2. Herzog von Argyll besiegt (dabei fiel Francis Radcliffe); Kenmure marschierte gen Süden, um sich mit Forster zu vereinen, doch Forster ergab sich am 14. November bei Preston nach einem fruchtlosen Marsch: der Vereinigung der aus Irland herübergekommenen Regimenter Willis mit den aus Northumberland heranrükkenden Dragonern konnten die Schotten nicht einmal ernstlich Widerstand entgegensetzen, 75 Engländer und 143 Schotten von Rang fielen in die Hände ihrer politischen Feinde, darunter Kenmure sowie der Graf von Wintown (oder Wintoun oder Winton) 5. Graf von Seton und nicht zuletzt James Radcliffe Graf von Derwentwater und sein Bruder Charles.

In Schottland selbst nahm die Sache noch einmal einen gewissen Aufschwung, als der Prätendent am 22. Dezember 1715 persönlich anlangte. Seine Erscheinung in der alten Art und Weise seiner Väter belebte die nationalen Sympathien: er wurde am 27. Januar 1716 als Jakob VIII. in Scone gekrönt, unter hoffnungsvoller Teilnahme der Häuptlinge der Nation. Und da hätte nun die schwedische Hilfe bei ihm eintreffen sollen; denn König Karl XII. (1682–1718) hatte mit Frankreich und den Jakobiten gemeinsame Sache gemacht, um die hannoverisch-preußische Koalition von 1714 zu spalten. Aber kurz vorher (im September) war die schwedische Flotte durch eine Verbindung englischer Rangschiffe, die die dänische Flagge aufzogen, mit den dänischen in den Gewässern von Rügen angegriffen und seeunfähig gemacht worden: Karl XII. von Schweden konnte sich dort nicht mehr behaupten, geschweige denn Jakob unterstützen; im Dezember mußte er Stralsund und Wismar verlassen.

Dafür rückten die Holländer (6000 Mann unter General Cadogan) im Januar 1716 von Berwick nach Schottland vor. Schon ihr Vorrücken reichte aus, um dem schottischen Partikularismus ein Ende zu machen. Wie einst der Vater aus Irland, so flüchtete am 10. Februar der Sohn, in der Meinung, daß seine Sache doch noch eine Zukunft habe, aus Schottland. Glücklich, wer mit ihm oder nach ihm entkommen konnte. Die Hochländer kehrten in ihre Berge zurück und zerstreuten sich. Noch im Januar wurden Derwentwater und Kenmure zum Tode verurteilt und am 24. Februar hingerichtet.

Georg I. (1660–1727) war in England unbeliebt, er war Ausländer und konnte kein Englisch; mit seinen Ministern verständigte er sich auf französisch; die Gerüchte über seine Behandlung der Gemahlin (Sophie Dorothea von Celle 1666–1726, 1682 mit ihm vermählt, 1694 von ihm nach hannoverschem Recht geschieden und seitdem in Hausarrest auf Schloß Ahlden wegen eines Verhältnisses mit dem Grafen von Königsmarck) und die Gier seiner beiden deutschen Mätressen trugen nicht gerade zu seiner Beliebtheit bei. Umso beliebter waren sein Sohn Georg August Prinz von Wales (1683–1760) und dessen Gemahlin (seit 1705) Karoline von Ansbach (1683–1737): Ihr Haus in London, das Leicester House, wurde zum Mekka der abgesplitterten

Gruppen der Whigs, die mit der Politik der hohen Whigs in der Regierung nicht einverstanden waren. Immer deutlicher hatte sich nämlich gezeigt, daß die großen Whigs – auf Gedeih und Verderb an den Hannoveraner König gekettet – diesem zu Willen waren und die englische Außenpolitik nach den Bedürfnissen der hannoverschen Interessen formten; deshalb verließen 1716 die Minister Robert Walpole und dessen Schwager Charles Townshend die Regierung und führten seitdem die whigistische Opposition um den Thronfolger und im Kit-Cat Club, dem Treffpunkt whigistischer Literaten wie Congreve (1670–1729), Addison und Steele.

Georg I. hatte seinen Sohn nie gemocht; eine verhaltene Feindseligkeit herrschte stets zwischen den beiden, die 1717 zu einem offenen Streit führte. Jetzt schritt die Whig-Opposition um den Prinzen von Wales zu einer Tat, die Weltgeschichte machen sollte: vier kleine Whig-Logen in London und Westminster, die sich für diese Opposition entschieden hatten, taten sich zusammen und gründeten die Großloge von London und Westminster – ein Ereignis, das nachträglich das Datum 24. Juni 1717 erhalten hat und als Beginn der spekulativen Freimaurerei gefeiert wird!

IV

Entfaltung

Die Großloge von London und Westminster (1717–1813)

Die einzigen Berichte über die Gründung der Großloge sind:

(1) die zweite Fassung (1738) des Konstitutionsbuches, das 1722 vom Pfarrer James Anderson (1679–1739) zusammengestellt und 1723 veröffentlicht worden war;

(2) *»The Complete Free Mason or Multa Paucis for Lovers of Secrets«* (Der vollständige Freie Maurer oder Vieles in wenigen Worten für Liebhaber von Geheimnissen), das 1763 oder 1764 anonym veröffentlicht worden war. (Nachdruck in Band VII der Leicester Masonic Reprints, 1924, der Lodge of Research No. 2429 in Leicester, unter der Redaktion von J. T. Thorp herausgegeben.)

Allein die Tatsache, daß die so wichtige Gründung in der Fassung von 1723 nicht erwähnt wurde, zeigt, daß diese Gründung ganz und gar nicht so wichtig war! Erst als die »englische« Freimaurerei sich entfalten konnte, mußte diese Lücke ausgefüllt werden.

Danach sollen vier Logen im Lokal der drittgenannten Loge irgendwann im Jahre 1716 zusammengekommen sein und beschlossen haben, eine Zentralisierung ihrer Bemühungen und Tätigkeit durch Gründung einer Großloge zu bekräftigen. (Nach Anderson; Multa Paucis stellt lediglich fest, daß die Meister und Aufseher von sechs Logen zusammengekommen waren.)

1. Goose and Gridiron Ale-house in St. Paul's Churchyard [Bierhaus zur Gans und zum Bratrost, jetzt Lodge of Antiquity No. 2],
2. Crown Ale-house in Parker's Lane [Bierhaus zur Krone, 1736 bereits gelöscht],
3. Apple Tree Tavern in Charles Street, Covent Garden [Schenke zum Apfelbaum, jetzt Lodge of Fortitude and Old Cumberland No. 12],
4. Rummer and Grapes Tavern in Channel Row, Westminster [Schenke zum Römer und zur Traube, jetzt Royal Somerset House and Inverness Lodge No. 4]

Anderson nennt kein Datum; Multa Paucis den Johannistag, sagt aber nicht, ob Sommer- [24. 6.] oder Winterjohannisfest [27. 12.]; vermutlich war es letzteres, wenn überhaupt: Anderson sagt, nach einer Abschrift der alten Konstitutionen habe am 27. Dezember 1663 eine Generalversammlung stattgefunden und gewisse Anordnungen erlassen, die er anführt; im August 1722 wurde diese angesprochene Fassung der alten Konstitutionen – Roberts-Druck genannt – in fünf aufeinanderfolgenden Nummern der Zeitschrift *»Post Man«* gedruckt und kurz darauf von Roberts als Broschüre herausgebracht, noch bevor die Konstitutionen von Anderson veröffentlicht wurden; dort wird das Datum der Generalversammlung mit 8. Dezember 1663 angegeben; die Verlegung des Datums bei Anderson auf den 27. Dezember, den Tag Johannis des Evangelisten, des Schutzpatrons der Klosterbauhütten, zeigt eine bestimmte Tendenz, alle wichtigen Ereignisse der Freimaurerei mit den beiden heiligen

Johannes – dem Täufer, Schutzpatron der Steinmetzgilden und nachträglich der Freimaurer, 24. 6., und dem Evangelisten – in Verbindung zu bringen. Multa Paucis erwähnt nichts von einer Generalversammlung oder Anordnungen vom Jahre 1663.)

Sie hielten es »für angebracht, sich unter einem Großmeister als Mittelpunkt der Einheit und Eintracht zusammenzuschließen«, da sie sich von Sir Christopher Wren (vorher als Großmeister Wren bezeichnet) vernachlässigt fühlten, so Anderson 1738.

Wren starb 1723 neunzigjährig, sein Hauptwerk, die St. Paul's Kathedrale 1675–1711, war bereits abgeschlossen, und seit 1696 war er mit der Errichtung des Greenwich Hospital befaßt; bei der Thronbesteigung Georgs I. 1714 war Wren achtzig Jahre alt und trug den Titel »Oberbaumeister (Anderson: *Grand Master* = Großmeister) des Königs« ehrenhalber. Doch waren bereits seit einiger Zeit feindlich gesinnte Elemente mit neuen architektonischen Idealen und Ambitionen am Werk. Wren hatte deren Wirkung bereits beim Bau der Kathedrale zu spüren bekommen, als man ihn zum Bau einer überflüssigen Balustrade entlang der Brüstung zwang und als das Innere der Kuppel, gegen seinen Rat, mit biblischen Motiven bemalt wurde. Er wohnte nicht mehr in Whitehall, sondern in seinem Londoner Haus in St. James's Street oder in dem ihm von Königin Anna zum Geschenk gemachten Haus in Hamdon Court. 1718 hat man es sogar soweit gebracht, den Greis der Mißwirtschaft anzuklagen und ihm den Ehrentitel abzuerkennen, obwohl er seit vier Jahren mit der Bauverwaltung nichts mehr zu tun hatte.

Im nachhinein, da er in Ungnade gefallen war, bot es sich wie von selbst an, ihn als Grund für den Zusammenschluß der vier Logen anzugeben, doch das dürfte gar nicht möglich sein: selbst wenn man Wren als eine Art Vorsitzenden des Bauwesens ansehen könnte, was er nie war, so trifft die Angabe nicht zu, da wir es mit spekulativen und nicht operativen Maurern zu tun haben, die sich in Kneipen und nicht im Gildenhaus trafen! Und will man Wren als Vorsitzenden einer spekulativen Freimaurervereinigung ansehen, so ist es noch unglaubwürdiger, da wir bis heute keinen Anhaltspunkt für eine Überorganisation der Maurerlogen vor 1717 haben.

1738 waren die abgesplitterten Whig-Gruppen von 1716 wieder mit den regierenden Whigs (seit 1720) versöhnt und vereint, und der Prinz von Wales war bereits (seit 1727) als Georg II. auf dem Thron; die Begründung von Anderson muß daher als rücketymologische Erklärung außer acht gelassen werden. Als Ziel der Großloge gibt Anderson (1738) an, vierteljährliche Versammlungen der Beamten der Großloge sowie eine Jahresfestversammlung abzuhalten, in der der Großmeister eingesetzt werden sollte. 1717 befahl der Großmeister »den Meistern und Aufsehern der Logen, sich in jedem Vierteljahr mit den Großbeamten in einer Versammlung zu treffen«; 1718 empfahl der Großmeister »die strikte Einhaltung der Vierteljahresversammlungen«; aber es gibt keinen Beleg dafür, daß vor dem 27. Dezember 1720 eine Versammlung abgehalten wurde. Am 24. Juni 1717 also, dem offiziellen Datum der Gründung der modernen, spekulativen Freimaurerei in ihrer heute noch bewahrten Form, wurde im Bierhaus zur Gans und zum Bratrost am St. Pauls

Kirchplatz (das Datum wird von beiden oben genannten Quellen angegeben) eine Versammlung abgehalten, in der Anthony Sayer (1672–1742), Meister der Loge Schenke zum Apfelbaum, zum Großmeister gewählt wurde. Man hat in den Kreisen der Freimaurer lange gerätselt, warum man einen so unbedeutenden Mann gewählt hat; die Freimaurerei sei noch nicht bekannt gewesen, hieß es, und habe keine große Anziehungskraft gehabt. Allein was wir auf über 270 Seiten darzulegen versuchten, zeigt, wie bekannt und begehrt die Freimaurerei war, wenn auch aus den verschiedensten Gründen – ein solcher Freimaurer und Whig wie Herzog von Richmond, der Kammerherr des Königs, war keine rühmliche Ausnahme. Betrachtet man jedoch die Entstehung der Großloge im historischen Zusammenhang der Ereignisse, versteht man, warum solche Männer von Adel kein Interesse daran hatten, ihr beizutreten: die Großloge war eine politische Gruppierung der kleinen und oppositionellen Whigs; kaum gelang es Walpole (1720), König und Kronprinzen zu versöhnen und das absolute Supremat der Whigs wiederherzustellen, tauchten Herzöge als Großmeister der Großloge auf, und sie begann eine Vormachtstellung in der (whigistisch-)englischen Freimaurerei zu behaupten. (Übrigens: nur die Loge Zum Römer und zur Traube bestand ausschließlich aus nicht-operativen Maurern.)

Zur Funktion der Logen als Versammlungsstätten der verschiedenen Parteien kam noch die der politischen Öffentlichkeitsarbeit und des Nachrichtendienstes. Der Aufbruch des Nationalismus seit dem Westfälischen Frieden (1648) sah das Anwachsen stehender Heere und der professionellen Diplomaten; und das wiederum nötigte den Staatsmann, Nachrichten über Truppenstärken und -bewegungen zu sammeln und auszuwerten; und so begann man, entsprechende Organisationen einzurichten und Agenten zu verpflichten. Bereits Königin Elisabeth I. (1558–1603) unterhielt einen gut funktionierenden Nachrichtendienst; ihr Hauptstaatssekretär Sir Francis Walsingham (1532–1590) entwickelte ein Netz von Agenten im Ausland; er rekrutierte fähige Absolventen der Universitäten Oxford und Cambridge und verfeinerte die schwarze Kunst der Spionage und der ausländischen politischen Intrige, ja hatte sogar Geräte und Instrumente, um Codes zu knacken, womit er zum Vater des modernen Nachrichtendienstes wurde. Später wurden Kardinal Richelieu und Oliver Cromwell mit ihren Spionagediensten berühmt.

Dazu gesellte sich bald der Arm der Propaganda, und man benötigte gute Schreiber (Autoren, Journalisten, Redner), die Flugschriften (Pamphlete) verfassen konnten, daher wurden sie Pamphletisten genannt. Als Beispiel hierfür mag Daniel Defoe (1660–1731), Verfasser des berühmten Werkes *»Robinson Crusoe«*, dienen: Er kam aus einer begüterten Handwerkerfamilie, konnte jedoch weder in Oxford noch Cambridge studieren, da er Dissenter war, daher studierte er in der Privathochschule Newington Green; 1683 erschien seine erste politische Flugschrift; als Dissenter und Whig nahm Defoe an der Rebellion des Herzogs von Monmouth (1685) teil, konnte jedoch dem katastrophalen Ausgang entgehen. Drei Jahre später beeilte sich Defoe, Wilhelms Armee zu begrüßen; während der gesamten Herrschaft Wilhelms war Defoe sein Hauptpamphletist. 1702, zu Beginn der Herrschaft der Königin Anna und der

Tories, griff er die Tory-Regierung mit einer Flugschrift an, die seine Inhaftierung bewirkte (Mai 1703); noch im Newgate-Gefängnis gründete er (1704) die erste (whigistische) Wochenschrift *»The Review«*. Seine Gnadengesuche blieben unerhört, bis Robert Harley, der mächtigste Mann in der Regierung, sich bereit erklärte, Defoe unter der Bedingung zu entlassen, daß er sein Pamphletist und Agent werde. Das tat Defoe mit Hingabe, reiste unermüdlich und schrieb Protokolle und Berichte sowie Flugschriften, besuchte mehrmals Schottland, insbesondere um die Zeit der Unionsakte (1707), und berichtete Harley ausführlich über die öffentliche Meinung. Seine Wochenschrift führte er eigenhändig bis 1713 durch, seit 1705 dreimal wöchentlich, auch als die Tories (1710) die Regierung bildeten und ihn verschiedentlich inhaftierten. Nach der Thronbesteigung Georgs I. erkannten die Whigs die Wichtigkeit Defoes, und er setzte seine Tätigkeit als Pamphletist und Geheimagent der Regierung bis zu seinem Tode fort.

Ein Spion und Agent anderer Art war wohl der Geistliche Strickland. Sohn einer katholischen, nach St. Germain geflüchteten jakobitischen Familie (*1675), wurde er während seines Studiums der Theologie in Douai als Agent für die Whigs angeworben, 1712 nach England zur Unterweisung und »Ausbildung« geschickt und war dann nach Frankreich zurückgekehrt, um seine Studien am englichen Seminar St. Gregory in Paris abzuschließen. Denn man wollte einen Geistlichen in das Lager der Katholiken in England einschleusen, und zu diesem Zweck wurde Strickland vom Botschafter des englischen Hofes, Lord Stair, in Paris als Agentenführer »betreut«; das Einschleusen des Geistlichen als Koadjutor des apostolischen Vikars in London, Msgr. Gifford, scheiterte 1716 an der ablehnenden Haltung des Vikars. Die 1716 in London erschienene Schrift, gezeichnet mit »P. R.«, unter dem Titel *»Ein römisch-katholisches Untertanenpflichtsystem zugunsten der gegenwärtigen Macht«*, deren Schlußfolgerung lautete, daß das Martyrium nur aus religiösen, aber nicht aus politischen Gründen zulässig sei, daß die Katholiken auf dem Holzweg seien, wenn sie meinten, die Kirche werde sie unterstützen, und daß ein Katholik sich ruhig auf die Seite des Hauses Hannover schlagen könne, ohne an seinem Glauben Schaden zu nehmen oder bei den Tories Anstoß zu erregen – ein Aufruf, der offensichtlich von einem Protestanten verfaßt worden war –, zeitigte keinen Erfolg und führte zur Einsetzung der »Geheimwaffe« Strickland: im Herzogtum Bar umschmeichelte er 1716 Stanislaus I. König von Polen (1677–1766, 1704 durch Karl XII. von Schweden auf den Thron gesetzt und seit 1709 im Exil), trat an die Häupter der großen katholischen Familien heran – Norfolk, Stonor, Blount – und nahm in der Maske eines ehrlichen Maklers mit Geschick seine Tätigkeit als »agent provocateur« auf. Durch einen Brief des Kardinal-Staatssekretärs Paulicci an den Nuntius in Paris vom 22. April 1717 erfahren wir, daß Strickland vom Papst in Audienz empfangen worden war. Aus einem Brief Lord Stairs an Stanhope vom 25. April 1718 geht hervor, daß der Lord richtige Polizeiberichte von Strickland erhielt, die auf Strafverfolgungen wegen Hochverrat und Zusammenarbeit mit dem Hof von Saint Germain gegen den apostolischen Vikar Gifford, Msgr. Pritchard und Pater Richard Plowden, Provinzial der Gesellschaft Jesu, abzielen. Auf

Empfehlung Stairs versprach 1718 der Herzog von Orléans (1674–1723), dem Abbé Strickland die Abtei von Préaux als Pfründe. In Rom wurde 1718 ein anonymes Pamphlet herumgereicht, das den Titel trug: *»Ein Brief von einem Gentleman in R(om) an einen Freund in L(ondon)«*. Der anonyme Autor war gut informiert, zu gut, um nicht erkannt zu werden. Er bespöttelte die »Bigotterie« des Prätendenten, wußte aber auch, daß der Graf von Mar gegen Ormonde eine tiefe Eifersucht empfand. Wir werden Strickland später wieder begegnen.

Auch die Jakobiten hatten ihre Agenten in den Reihen der Gegner: Philip Wharton, späterer Herzog von Wharton (1698–1731), Sohn des Protestanten Thomas Wharton 5. Baron von Wharton und 1. Marquis von Wharton, des whigistischen Statthalters von Irland in der Regierung Georgs I. Beim Scheitern des jakobitischen Aufstands 1716 war er erst achtzehn und voller Bewunderung für den jungen Prätendenten und voller Ressentiments gegen den deutschen Usurpator Georg Ludwig. So begab er sich nach Avignon (in Südfrankreich, seit 1348 in päpstlichem Besitz), um dort dem im Exil wohnenden König Jakob III. zu huldigen. Er schwor ihm Treue und stellte sich in seinen Dienst. Verstärkt mit 2000 Livres, die er in St. Germain von der Witwe Jakobs II., Maria von Modena (1658–1718), erhalten hatte, kehrte er als jakobitischer Agent nach England zurück. Dort begann er, das Whig-Lager zu unterwandern, und ging 1717 nach Irland zum Vater, begleitet vom Dichter und Dramatiker Edward Young (1683–1765). Und obwohl er gerade neunzehn Jahre alt war, erhielt er die Erlaubnis, im irischen Oberhaus den Sitz seines soeben verstorbenen Vaters einzunehmen, wo er zeigte, daß er ein eifriger »Hannoveraner« war, so sehr, daß Georg I. ihn zum Herzog erhob. Und das gestattete ihm, ins englische Oberhaus einzuziehen. Er sollte eine große Rolle in der Freimaurerei spielen, und wir werden später auf ihn zurückkommen.

Als letztes Beispiel der Verkettung von Politik und Religion in der Maurerei sei noch ein weiterer jakobitischer Agent erwähnt: Nach dem Zusammenbruch des jakobitischen Aufstands von 1715/16 flüchteten Sir David Threipland und dessen Sohn nach Dünkirchen, wo sie sich mit weiteren Jakobiten »schottisch«-maurerisch betätigten. Von da aus zogen die beiden, wie viele andere Jakobiten, nach Bologna in Norditalien. Dort bot ihm ein Whig 1718 die Autorisation zur Heimkehr an. Als treuer Parteigänger meldete er dies dem »Ritter von St. Georg« in Bar und bat um Rat. Am 22. Oktober 1718 – im Wissen ob der Vorbereitungen zur Erhebung in Schottland mit Hilfe Spaniens – schrieb Jakob III. an Threipland und empfahl ihm, da er »unerschütterlich in seinen Grundsätzen wie ein Fels« sei, die Autorisation zur Heimkehr anzunehmen. »Ein Gefolgsmann zu Hause wiegt zehn Gefolgsleute im Exil auf.« Threipland folgte dem Rat und wurde Agent des Prätendenten in der whigistischen Freimaurerloge »The Bear and Harrow« in Bath.

All das stand im Hintergrund der »Gründung« der Großloge von London und Westminster. Sie war unscheinbar, uninteressant, armselig (ihr erster Großmeister, Anthony Sayer, endete als Wohltätigkeitsempfänger) und profillos. Der einzige überragende Name in ihren damaligen Reihen war zweifellos der Hugenotte Dr. John Theophilus Desaguliers (1683–1744): Er war der

Sohn eines protestantischen Pfarrers aus der Gegend von La Rochelle, der Frankreich 1685 nach der Aufhebung des Edikts von Nantes verließ. Nach einem zeitweiligen Aufenthalt auf der Kanalinsel Guernsey siedelten Vater und Sohn nach England über, wo der Vater vom Bischof von London ordiniert wurde. Eine Zeitlang war der Vater Geistlicher an der französischen Kapelle in der Swallow Street und dann Schulmeister zu Islington. Er erzog bis zu seinem Tode (1699) selbst seinen Sohn, der dann seine Studien bei einem gewissen Mr. Sanders in Sutton Cornfield fortsetzte. 1705 trat der Sohn in das Christ Church College in Oxford ein und studierte dort Philosophie und bei Kelly experimentelle Physik. 1710 wurde er ordiniert und hatte Pfründen zu Stanmore in Middlesex und zu Bridgham in Norfolk inne; letztere tauschte er gegen die zu Little Warley in Essex. Er war Hauptgeistlicher des Herzogs von Chandos, des Patrons der Pfründe zu Stanmore, und danach des Prinzen Friedrich Ludwig von Wales (1707–1751). Seine Neigungen gehörten jedoch mehr der Naturwissenschaft als der Theologie. Im Jahre 1710 wurde er zum Lehrbeauftragten für experimentelle Naturwissenschaft zu Hart Hall in Oxford ernannt. Nach seiner Heirat (1712) ließ er sich in Westminster nieder, wo er sich ein zusätzliches Einkommen durch öffentliche Vorträge über Naturwissenschaften verschaffte, und erwies sich als ein volkstümlicher und erfolgreicher Vertreter der Lehren Sir Isaac Newtons (1643–1727), die damals in weiten Kreisen Aufmerksamkeit erregten. 1714 wurde er zum Mitglied der Royal Society taxfrei gewählt und hatte das Amt des Kurators der Gesellschaft inne. 1718 erhielt er den Grad eines Doktors der Rechte in Oxford, und 1719 wurde er in die Großloge aufgenommen und kurz darauf (24. Juni 1719) zum (3.) Großmeister gewählt.

Die »englische« Freimaurerei entsprach politisch und religiös Desaguliers' Gesinnung: 1718 schrieb er ein Vorwort zur Übersetzung des *»Christlichen Philosophen«* von Nieuwentyt; der Übersetzer John Chamberlain entschuldigte sich auf dem Vorsatzblatt beim Leser, weil er als Titel »Der religiöse Philosoph« und nicht »Der christliche Philosoph« gewählt habe, wie das Original eigentlich hieß. Desaguliers hatte die Fortlassung der Seiten über die offenbarte Religion gefordert, weil er sich nicht auf eine Verteidigung des Christentums einlassen wollte. In Wirklichkeit hatte er es aber für sicherer gehalten, um die Atheisten zu überzeugen, daß er die Debatte lediglich auf die Frage der Existenz Gottes beschränkte. Das war ein gewählter Gesichtspunkt apologetischer Taktik, keinesfalls eine darin einbegriffene Ablehnung des Christentums, die von seiten eines hugenottischen Pastors, und mochte er noch so sehr Newtonianer sein, recht paradox erschienen wäre.

Wenn auch der Aufstandversuch der Jakobiten von 1719 gescheitert war, so hatte er eine unerwartete politische Nebenwirkung: er zeigte König Georg I., wie wackelig sein Thron war; eine gespaltene Whigpartei und ein Zwist im Hause Hannover zwischen König und Thronfolger dienten nicht gerade der Verbesserung der Zukunftsaussichten. Und so gelang es Walpole Anfang 1720, die Versöhnung herbeizuführen; seit April 1720 gehörten Walpole und Townshend wieder der Regierung an; und, laut Anderson, um diese Zeit wurden einige Edelleute Brüder.

Auch im jakobitischen Lager gab es grundlegende Veränderungen: In Frankreich, wo sie als befreundete Katholiken große Bewegungsfreiheit genossen und in der französischen Armee Dienst taten, war Ludwig XIV. im September 1715 gestorben und hatte einen fünfjährigen Urenkel als König in der Obhut des Herzogs von Orléans und den Staat in den Händen zweier nachträglich anerkannter natürlicher Söhne zurückgelassen. Philipp II. von Orléans (1674–1723) war mit Françoise-Marie de Bourbon, der legitimierten natürlichen Tochter Ludwigs XIV., verheiratet und träumte davon, dem kränklichen Kind bald auf den Thron zu folgen; deswegen strebte er die Alleinherrschaft an, ließ am 12. September 1715 das Parlament die Bestimmung des Testaments des verstorbenen Königs über die Einsetzung der legitimierten Söhne annullieren und löste das Ministerium auf. Fortan regierte er mit Hilfe von Geheimräten, darunter Bischof Guillaume Dubois (1656–1723), dem Lehrer seiner Kindheit und Jugend, als Geheimrat für Außenpolitik. Doch war Orléans nicht der einzige Thronanwärter: König Philipp V. von Spanien (*1683–1700–1746), Enkel Ludwigs XIV., war dem Throne noch näher. Um seinen Anspruch gegen diesen zu behaupten, ließ Orléans seinen Geheimrat Dubois 1716 mit dem Erzfeind Großbritannien einen Pakt schließen; Dubois versicherte, Frankreich würde den englischen König Georg I. gegen die Jakobiten unterstützen, dafür garantierte England die Unterstützung der dynastischen Ansprüche von Orléans. Während Frankreich diesen Pakt 1717 auf Holland und am 2. August 1718 zur Quadrupelallianz Frankreich/Großbritannien/Holland/Österreich ausdehnen konnte, mußte Jakob III. nach Bar (Herzogtum Bar zwischen Luxemburg, Metz und der Maas) weichen, wo sich bereits der Exilhof eines anderen Königs gebildet hatte: König Stanislaus I. Leszczynski (1677–1766, König 1704–1709) von Polen. (Zu den Jakobiten, die mit dem Prätendenten nach Bar zogen, gehört auch der Whig-Agent Strickland!). Hier verbanden sich die polnischen (katholischen) Exiladeligen mit der Sache der Jakobiten und gewannen die Unterstützung Spaniens. Philipp V. hatte nämlich unter dem Einfluß seiner zweiten Gemahlin, Prinzessin Isabella Farnese (1692–1766, seit 1714 seine Gemahlin), einige österreichische Gebiete in Italien besetzt, um sie ihren gemeinsamen Söhnen zu sichern. Daraufhin griffen 1719 Frankreich und Großbritannien im Rahmen der Allianz mit Österreich Spanien an; und Spanien bemühte sich, durch die Unterstützung der jakobitischen Erhebung in Schottland (1719), Großbritannien zu isolieren. Der Aufstand mißlang, die Jakobiten erlitten einen Rückschlag und mußten im Exil noch vorsichtiger auftreten; Jakob III., der inzwischen Maria Klementine Sobieska (1702–1735), Enkelin des polnischen Königs Johann III. Sobieski (*1629–1674–1696) – Retter Wiens (1683) vor den Türken – geehelicht hatte, zog mit ihr für immer nach Rom (1719) um, und im Juni 1720 wurde Philipp V. gezwungen, seine Ansprüche auf den französischen Thron fallenzulassen.

Eine andere Entwicklung in Frankreich um diese Zeit erschütterte das Vertrauen zu den Schotten um so mehr: 1717 hatte Orléans den schottischen Bankier John Law (1671–1729) beauftragt, die französische Finanzmisere, die aus den immensen Ausgaben Ludwigs XIV. für seine kostspieligen Kriege entstanden war, zu sanieren. Law hatte 1716 eine Privatbank eröffnet und 1717 die Gesellschaft des Westens zur Finanzierung der französischen Neugründung New Orleans (1718) ins Leben gerufen; zur gleichen Zeit unternahm die englische Südseegesellschaft (gegründet 1711 durch die Tories) ihre erste Reise in den Süden, um Sklaven für die spanischen Kolonien zu besorgen. Als Georg I. 1718 der Präsident dieser Gesellschaft wurde, kletterten ihre Aktien in ungeahnte Höhen und warfen 100 Prozent Rendite ab. Die Zusammenarbeit zwischen beiden Gesellschaften florierte. Die Südseegesellschaft schlug 1720 dem Parlament vor, einen Großteil der Staatsschulden zu übernehmen, was dieses auch billigte. Das führte zur größten Spekulation, die die Börsen in London und Paris je erlebt hatten: der Wert der Aktien schnellte von 128,5 im Januar auf 1000 im August hoch (die Aktien der Kolonialgesellschaft erreichten in Paris die fantastische Höhe von 9000), doch dann brach der Markt im September zusammen (England: *»South Sea Bubble«*, Frankreich: *»Mississippi Bubble«*) und ruinierte – unverdienterweise – Laws Banksystem; die Regierung von Orléans geriet in Mißkredit, was Dubois' Position (seit September 1718 Außenminister) gefährdete. Dieser suchte seine Stellung durch die Förderung einer prospanischen Politik – sehr populär im damaligen Frankreich, da beide Länder von einem Bourbonen regiert wurden – zu sichern. Das Ergebnis war der Franko-spanische Vertrag von März 1721 und die Verlobung Ludwigs XV., mit der Infantin Marianne, Tochter Philipps V. Gleichzeitig blieb Dubois seiner britischen Allianz treu; hier konnte er seine Verbündeten – mit Hilfe Stricklands – über die jakobitischen Machenschaften auf den Laufenden halten.

Eine Gegenaktivität war angezeigt: jetzt erst begann die englische Freimaurerei das Interesse der regierenden Whigs zu wecken, und die Werbung Desaguliers' in der Royal Society zeigte erste Früchte: der Pfarrer, Historiker und Mediziner Dr. William Stukeley (1687–1765) äußerte den Wunsch, dem Freimaurerbund beizutreten, und wurde am 6. Januar 1721 in der Loge Salutation Tavern, London, aufgenommen; seine Notiz hierüber im Tagebuch ist sehr aufschlußreich: »Ich war seit vielen Jahren der erste, der als Freimaurer aufgenommen wurde. Wir hatten große Schwierigkeiten, genügend Mitglieder zu finden, um die Zeremonie durchzuführen.« Das Motiv seines Beitritts war nicht politisch; den Altertumsforscher Stukeley, den Spezialisten für die Deutung von Stonehenge nördlich von Salisbury (Wiltshire), führte die Wißbegier dazu, sich in die Mysterien der Freimaurerei einweihen zu lassen, da er meinte, sie könnten die Überbleibsel der Mysterien der Alten sein. (Noch erwartete der Geistliche und gefeierte wallisische Dichter Goronwy Owen, 1723–1769, in der Freimaurerei die verborgene Weisheit der alten Druiden zu finden.) Und jetzt tauchten die ersten Adeligen in der englischen Freimaurerei auf: die erste Hälfte des Jahres 1721 sah die Aufnahme solcher Männer wie John 2. Herzog von Montagu (1688–1749), Philip Dormer Stanhope, der spätere Graf von Chesterfield (1694–1773), Lord Herbert, Sir Andrew Fountain und andere. Jetzt galt es, ein eigenes Image zur Unterscheidung von den anderen Maurereien im Lande zu schaffen; Manuskripte der alten Konstitutionen waren allenthalben aufgetaucht und teilweise veröffentlicht worden. Hier bemühte sich George Payne (Großmeister 1718/19 und 1720/21) um die Sammlung, Sichtung und Auswertung solcher »alter Pflichten« *(Old Charges)* und trug das Ergebnis seiner Bemühungen (die dreiteilige Konstitution Geschichte, Pflichten und Anordnungen) der Großloge in der Jahresmitgliederversammlung vom 24. Juni (Johannistag) 1721 vor; in einem begründenden Vortrag erklärte der bisherige Großmeister Payne in der Stationer's Hall (Buchhändler Halle) in London, infolge der Wirren, verursacht durch die Sachsen-, Dänen- und Normannenkriege, seien die Aufzeichnungen der Maurer sehr beeinträchtigt worden. Daher hätten es die Maurer/Steinmetzen von England zweimal für nötig erachtet, ihre Satzungen, Pflichten und Anordnungen zu korrigieren, zuerst unter der Herrschaft des Sachsen Aethelstan (925–939) und lange Zeit später während der Regierungszeit des Normannen Eduard IV. (1461–1483). Die alten Konstitutionen seien in England sehr durch Einschübe verfälscht, verstümmelt und erbärmlich verdorben worden, nicht nur durch falsche Schreibweise, sondern auch durch falsche Tatsachen und grobe Fehler in Geschichte und Chronologie, durch den Lauf der Zeit und die Unwissenheit der Schreiber in den ungebildeten Zeiten vor dem Wiederaufleben der Geometrie und uralter Baukunst. Die Versammlung der Großloge genehmigte die vorgelegte Arbeit im Prinzip und folgte der Anregung Paynes, weiteres Material zu sammeln und zu sichten.

An diesem Tag wurde auch der erste adelige Großmeister, Herzog von Montagu, installiert, fand der erste öffentliche Umzug der Großloge von der King's Arms Tavern statt, wo sie vormittags die Sitzung abgehalten hatte, über St. Paul's Churchyard zur Stationer's Hall, wo das feierliche Einsetzungsbankett abgehalten wurde. Das Datum ist für die Gestaltung der englischen (whigistischen) Freimaurerei von Bedeutung: das Amt des zugeordneten Großmeisters wurde geschaffen, die neuen Artikel im Vortrag des scheidenden Großmeisters Payne bestätigt und die neue Vorschrift beschlossen, daß der Großmeister – im Hinblick auf die hohen Würdenträger aus dem Oberhaus – seinen Nachfolger vorschlagen soll. Die Whig-Zeitung *»The Post Boy«* berichtete in ihrer Ausgabe von 24.–27. Juni 1721 ausführlich über die Feier. Inzwischen zählte die Großloge zwölf Mitgliedslogen in London und Westminster. Stukeley leitete bereits eine davon.

Daß die Zeichen und Worte eines angenommenen Maurers, auch der »englischen« Freimaurerei, vom Maurerwort der schottischen Werkmaurerkorporationen hergeleitet waren, wird nachdrücklich durch die Tatsache erhärtet, daß Dr. Desaguliers, als er am 24. August 1721 die Territorialloge von Edinburgh besuchte, als »in allen Punkten der Maurerei gehörig befähigt« befunden und als Bruder empfangen wurde. Der Besuch deutet nicht auf eine Ausbreitung der englisch-whigistischen Freimaurerei hin, denn bis 1725 beschränkte sich der Anspruch der Großloge auf London und Umgebung und hatte keine »Weltmaurerei« im Sinn. Desaguliers war lediglich an Katechismen und Konstitutionen interessiert, die im Gebrauch waren; und wir werden sehen, daß der verschärfte Eid sowie große Teile der mit dem Maurerwort verbundenen Rituale von Schottland in die neuen Konstitutionen der Freimaurerei eingeflossen sind.

Und nun tauchte ein neues Gesicht in der Großloge von London auf, dessen Name seinen Träger überleben sollte: der Prediger James Anderson (1679–1739). Der zweite Sohn des Glasers James Anderson aus Aberdeen in Schottland wurde im Marischal College zu Aberdeen erzogen, studierte von 1694–1698 die sieben Freien Künste und von 1698–1702 Theologie; dann wurde er offenbar als Prediger der (presbyterianischen) Kirche von Schottland ordiniert und predigte vor 1709 wahrscheinlich einige Jahre in Schottland. Seine erste Stelle in London war an der Kirche in Glasshouse Street. 1710 zog er mit seiner Gemeinde in die Swallow Street in Picadelly um (die Kapelle hatte ursprünglich den fanzösischen Protestanten gehört, wo Desaguliers' Vater gepredigt hatte!) und blieb dort bis 1734. Andersons Vater war ein Gentleman-Mason, ein nichtoperatives Mitglied der Loge von Aberdeen, und hatte hier das Amt des Sekretärs viele Jahre und das des Meisters zweimal inne. Wann der Prediger Freimaurer geworden war, steht ebensowenig fest, wie wann Desaguliers sich dem Bunde anschloß, denn aus dieser frühen Zeit existieren keinerlei Unterlagen; da sind wir auf Andersons Angaben gegen Ende des »historischen« Teiles der Konstitutionen angewiesen, die nach ihm benannt werden. Seine erstmalige Verbindung zur Großloge erfolgte jedenfalls am 29. September 1721, und prompt wurde er – auf Anregung seines Berufskollegen Desaguliers – von der Großloge beauftragt, die von Payne vorgelegten Konstitutionen mit dem inzwischen gesammelten Material aus Schottland, Italien und verschiedenen Teilen Englands zu vergleichen und auf eine neue und bessere Art durchzuarbeiten. Dabei stand Desaguliers Pate und ließ die erste Pflicht des Maurers im deistischen Sinne ändern: Während alle Fassungen der maurerischen Konstitutionsmanuskripte mit einer Anrufung der Dreieinigkeit beginnen und in der ersten Pflicht das nachdrückliche Gebot enthalten, daß der Maurer gegenüber Gott und der heiligen Kirche ein treuer Mann sein und Irrglauben und Ketzerei vermeiden soll, steht bei Anderson keine Anrufung oder Erwähnung der Dreieinigkeit; und die erste Pflicht bei ihm macht keinen besonders christlichen Glauben obligatorisch: *»Ein Maurer ist durch seine innere Haltung verpflichtet, das Moralgesetz zu befolgen; und wenn er die Kunst recht versteht, wird er niemals ein einfältiger Atheist sein, noch ein irreligiöser Freigeist. Aber obwohl in alten Zeiten die Maurer in jedem Lande verpflichtet waren, von der Religion dieses Landes oder Volkes zu sein, welche auch immer sein mochte, so hält man es jetzt doch für sinnvoller, sie nur der Religion zu verpflichten, in der alle Menschen übereinstimmen, ihre eigenen Meinungen aber ihnen selbst zu überlassen; das heißt, gute und redliche Männer zu sein, Männer von Ehre und Rechtschaffenheit, durch welche Glaubensbekenntnisse oder -anschauungen sie auch unterschieden sein mögen, wodurch die Maurerei der Mittelpunkt der Einigkeit und zum Werkzeug wird, treue Freundschaft unter Menschen zu stiften, die sonst in steter Entfernung von einander hätten bleiben müssen.«* Diese Fassung der deistischen Freimaurerei wurde der Großloge am 27. Dezember 1721 zur Genehmigung vorgelegt. Auf Wunsch der Großloge beauftragte der Großmeister Montagu vierzehn »gelehrte Brüder« damit, Andersons Manuskript zu prüfen und der Großloge Bericht zu erstatten. Die Formulierung der ersten Pflicht in der uns durch Anderson bekannten Fassung verrät zweierlei Tendenzen, beide geschichtlich nur aus den damaligen Verhältnissen in London verständlich: die neutral-religiöse Form zweier Pfarrer protestantischer Kirchen aus dem schottischen bzw. französischen Dissentermilieu versucht, die noch immer im Ruch der Mittelmäßigkeit stehende Whigpartei durch Zufuhr neuer Anhänger aus den besser gestellten anglikanischen sowie katholischen Schichten zu stärken. (In den Mitgliederverzeichnissen 1723–1725 finden sich sogar jüdische Namen und der Name des Jesuitenpaters R. P. Thomas Coxon in der Loge »Zur Sonne« in Southside, London.) Um einer Aufnahme und Eidesleistung nicht dieselben Schwierigkeiten wie bei der Aufnahme ins Unterhaus und in öffentliche Ämter, die inzwischen nur noch den Dissenter und Whigs offenstanden, entgegenzustellen, griff man auf die Philosophie der Naturreligion zurück und verzichtete auf eine Festlegung zugunsten einer der drei Hauptkonfessionen des Landes. Die Ausklammerung von »einfältigen Atheisten« und »irreligiösen Freigeistern« hing mit den sozialen und gesellschaftlichen Verhältnissen Londons zusammen: Seit dem Vertrag von Methuen mit Portugal (1703) wurden die Portweine zollfrei nach England eingeführt, und die Aristokratie sprach ihm ebenso zu wie es das reiche Bürgertum mit Gin und die unteren Klassen mit Bier taten. Und in London, wo es von Klubs nur so wimmelte, entstand ein besonderer Typ von Klub, der sich »Hell Fire Club« (Höllenfeuerklub) nannte. Diese entwickelten sich zu mehr oder minder geschlossenen Klubs, deren Mitglieder sich praktisch als Wüstlinge betätigten und sich mit ihrem Atheismus brüsteten. Einige hatten ihre Statuten, ja sogar ihre Rituale und Würdenträger – Freigeist, Unzucht und Gottlosigkeit gehörten einfach dazu; es war irgendwie Pflicht, blasphemisch zu sein. Sie legten sich die Namen von Propheten, Heiligen oder Märtyrern zu. Der Verfasser des 1727 erschienenen Buches *»The Accomplished Rake«* (Der vollkommen lasterhafte Mensch) beschrieb eine »Einweihung«, bei der der Aufzunehmende um ein Uhr in der Nacht auf einem Friedhof einen Trinkspruch auf die Gesundheit des Teufels ausbringen mußte, unter Strafandrohung (zitiert nach Robert J. Allen, The Clubs of Augusten London). Am 20. April 1721 brachte Lord Willoughby of Broke, Dekan von Windsor, im Oberhaus einen Gesetzesentwurf ein, der die Bekämpfung der Gotteslästerung und der Heiligtumsschändung verstärken sollte. Die Hell Fire Clubs hatten es zu toll getrieben – aber der Gesetzesvorschlag war auch seinerseits zu weit gegangen: seine Befürworter hatten die Gelegenheit benutzen wollen, einen Text durchzubringen, der es gestattet hätte, die Nonkonformisten zu verfolgen, denen die Toleranzakte feierlich die religiöse Freiheit garantiert hatte.

Das war die passende Gelegenheit für den jungen Herzog von Wharton, seine Beredsamkeit und hannoversche, whigistische Gesinnung unter Beweis zu stellen: Er hielt eine donnernde Rede im Namen der englischen Freiheiten, an die Bench of Bishops gewandt, mit dem Ergebnis, daß der Entwurf auf unbestimmte Zeit mit 60 gegen 31 Stimmen vertagt wurde; und niemals wieder sollte davon die Rede sein. (Noch im selben Jahr wurde Wharton Mitglied der whigistischen Freimaurerei.) Gerade dieser Erfolg, hochgestellte Adelige aus den Reihen der Whigs für die noch unterprivilegierte whigistische Freimaurerei zu gewinnen, erklärt die Tendenz, eine vorsichtige Formel zu finden, der alle Konfessionen zustimmen könnten. Von den zehn Männern, die während der ersten sechs Jahre der Großloge Großaufseher waren, bezeichnete Anderson zwei als Zimmerleute, zwei als Steinhauer, einen als Maurer und einen als Grobschmied. Die einzelnen Logen unterschieden sich in ihrem gesellschaftlichen Ansehen. Von den zwölf Logen (1721) war die in der Horn Tavern in Westminster tagende Loge die aristokratische: die Mehrzahl ihrer Mitglieder waren Lords, deren Söhne, Baronets, Ritter, Herren vom Stand und Vermögen sowie Offiziere.

Dennoch rief dieser dissentisch-whigistisch-deistische Charakter der Großloge eine scharfe Reaktion aus den Reihen der anglikanisch-torystisch-christlichen Logen in London hervor. Zwischen 1717 und 1721 sind nicht weniger als fünfzehn Erwiderungen und »Enthüllungen« in Büchern, Flugschriften, Aufsätzen im *»Post Boy»* oder in der *»Flying Post«* erschienen. Und das war erst der Anfang; der Ausschuß der Großloge meldete am 25. März 1722, er habe Andersons Manuskript durchgesehen, nämlich die Geschichte, Pflichten, Anordnungen und das Meisterlied, und es nach einigen Verbesserungen gutgeheißen. Darauf wünschte die Großloge, daß der Großmeister Montagu (er hatte in dieser Sitzung seinen Nachfolger vorgeschlagen: Philip 1. Herzog von Wharton, damals der einzige Herzog außer ihm in der englischen Freimaurerei) den Druckauftrag erteilte. Wie sehr die whigistische Freimaurerei an Ansehen gewonnen hatte, kann man aus dem Brief des Dr. William Stratford, Kanonikus zu Christ Church in Oxford, im April 1722 an Lord Harley ersehen: *». . . Vielleicht ist der edle Herr, der den Grundstein legte, ein Freimaurer. Dies ist jüngst eine von der vornehmen Welt sehr begehrte Ehre geworden.«* Der jakobitische Agent Wharton hatte den Gipfel erklommen! Von hier aus konnte er der Sache seines Königs effektiver dienen. Der andere jakobitische Agent Sir David Threipland war auch in der whigistischen Loge von Bath (Bear and Harrow) etabliert. Da schlug der Meisterspion Strickland erneut zu: Aus erster Quelle um den katholischen Herzogs von Norfolk berichtete er seinem Meister Dubois (seit Juli 1721 Kardinal) von einer jakobitischen Verschwörung und nannte Roß und Reiter. Dubois informierte daraufhin seinen Amtskollegen Walpole vertraulich über das jakobitische Komplott, und so wurde der anglikanische Bischof Francis Atterbury (1663–1732) wegen Verdachts der Komplicenschaft in einem jakobitischen Komplott gegen König Georg I. verhaftet. Tatsächlich stand er seit 1717 in brieflichem Kontakt mit dem exilierten Stuart, insbesondere seit dieser in Rom weilte und den anglikanischen Geistlichen George Berkeley (1685–1753) für die geistlichen Bedürfnisse der protestantischen Mitglieder seines Gefolges behielt. Man verdächtigte auch Thomas 8. Herzog von Norfolk, mit dieser Affäre in Zusammenhang zu stehen, da er eine gewisse Dame Spellman benutzt hatte, um mit dem bekannten Jakobiten Jerningham (einem Katholiken wie er selbst) korrespondieren zu können. Die Affäre verursachte eine solche Panik, daß die Bank von England bis auf die Grundfesten erschüttert wurde. Nach dem *»London Journal«* vom 16. Juni 1722 war die Großloge derart ängstlich, in den Strudel der Verdächtigungen – die gegen andere Logen dank Strickland ausgesprochen worden waren – zu geraten, daß eine Abordnung den Minister Townshend (seit April 1722 Minister des Innern) aufsuchte, um ihn der absolut whigistischen Haltung der Großloge zu versichern. Dieser erklärte ihnen, *»sie brauchten keine Belästigungen seitens der Regierung zu befürchten, solange sie sich nicht dazu hergäben, gefährlichere Dinge zu betreiben als die alten Geheimnisse der Gesellschaft zu hüten, welche von sehr harmloser Natur sein müssen, denn so sehr die Menschen auch lieben, Böses zu tun, so hat keiner sie verraten. . .«* (Übrigens wurde Atterbury verbannt und verbrachte den Rest seines Lebens im Dienste Jakobs III.)

Die »schottische« Maurerei war nicht minder aktiv: Auf dem Kontinent bildete sich 1721 eine Kette von Feld- und Regimentslogen unter den Jakobiten in Dünkirchen und Mons, ja in Schweden, Bar, Lothringen und Italien. Was als katholisch angefangen hatte, verwandelte sich in christliche Maurerei, da man um jeden Parteigänger des Stuarts dankbar sein mußte. In Dublin veranstalteten sie 1721 ein Maurertreffen, von dem die Zeitungen berichteten. In Schottland wirkten sie noch immer in Journeymen Mason Logen außerhalb der Zuständigkeit – und der Anerkennung – der Territoriallogen, wo die Gentleman-Mason stark vertreten, jedoch von den operativen Steinmetzen nicht getrennt waren. So lebten weiterhin drei spekulative Maurerein nebeneinander, von denen nur die Logen Schottlands nicht politisch waren.

Die Konstitutionen der Großloge wurden in Druck gegeben, noch bevor Philip Herzog von Wharton in sein Amt als Großmeister eingesetzt worden war. Am 17. Januar 1723 lagen sie der Großloge gedruckt vor, und am 28. Februar 1723 wurden sie zum Kauf angeboten. (Wegen ihrer Wichtigkeit bis zum heutigen Tage als Katechismus der Freimaurerei, insbesondere in Deutschland, drucken wir den vollen Wortlaut dieser Konstitutionen in der Fassung von 1723 im Anhang.) Die Reaktion der Jakobiten in Irland ließ nicht lange auf sich warten; sie gründeten die Großloge von Dublin und arbeiteten in drei Graden wie bisher (während die Großloge von London nur den Grad des eingetragenen Lehrlings und den des Handwerksgesellen kannte), wobei der dritte Grad (Meistergrad), dessen Legende von den Andersonschen Konstitutionen zum Teil übernommen worden war, den Namen Royal Arch (königliches Gewölbe) erhielt und zunächst nur in Irland praktiziert wurde.

Mit der Festigung der whigistischen Macht in Regierung und Parlament versuchte die Großloge, einen exklusiven Charakter, ja eine Monopolstellung zu erlangen. Bereits am 25. November 1723 beschloß sie, »daß keine neue Loge in London oder in der Nähe von London von der Großen Loge zugelassen werde, wenn sie nicht regulär gegründet ist.« Am 19. Februar 1724 hieß es, »daß kein Bruder zur gleichen Zeit mehr als einer Loge innerhalb des Weichbildes von London angehöre. . ., und da einige Maurer sich versammelt und ohne die Erlaubnis des Großmeisters eine Loge gegründet haben, so wird beschlossen, daß keine dieser Personen in regulären Logen zugelassen werden darf.« Und daß sie mit ihrem Anspruch noch immer nicht gegen die Torylogen angekommen war, zeigt der Beschluß vom 20. November 1724, *»falls irgendwelche Brüder sich irregulär versammeln und Aufnahmen an irgendeinem*

Ort innerhalb von zehn Meilen um London durchführen, dürfen die bei der Aufnahme anwesenden Personen (mit Ausnahme der neuen Brüder) nicht einmal als Besucher in irgendeiner regulären Loge zugelassen werden.« Bereits mit den Konstitutionen betrachtete sich die Großloge als die einzige seligmachende Freimaurerei und zeigte keine Toleranz gegenüber den bereits bestehenden Logen in ihrem Wirkungsbereich. Wie stark noch der Widerstand gegen diesen Anspruch der Großloge war, sieht man aus einem Eintrag vom 16. Dezember 1725 im Protokollbuch der Loge The Queen's Head in der Hollis Street: *»Ein Brief vom 8. des Monats von Bruder George Payne, zweiter Großaufseher, förmlich an uns gerichtet, dem ein Brief vom Herzog von Richmond, Großmeister ... beiliegt, an den Präsidenten und die übrigen Brüder ... gerichtet, in dem er irrtümlicherweise auf einem vorgeblichen Recht besteht und dieses sich anmaßt, unsere sehr ehrwürdige und hochachtbare Gesellschaft dafür zur Rechenschaft zu ziehen, daß sie auf irreguläre Weise Maurer aufgenommen habe ...«*

In York entstand daraufhin (1725) die Großloge von Ganzengland *(Grand Lodge of All-England),* die in Yorkshire, Cheshire und Lancashire vierzehn Logen hatte. Hier vermischte sich schottisches Brauchtum mit englischer (torystischer) Entwicklung; sie berief sich auf ihre alte Tradition und die Tatsache, daß sie die älteste Bauhütte des Landes sei. Der Vorsitzende hieß »Präsident«, die Einzelloge »Private Lodge« und die Bezirksloge der jeweiligen Grafschaft »General Lodge«; die Zulassung zur Loge erschien unter der Terminologie »sworn and admitted«. Sowohl die Konstitution als auch der christliche Charakter dieser Großloge zeigen, daß sie nicht aus der whigistischen Freimaurerei stammte, sondern bereits seit 1705 bestand.

Auch Dublin reagierte (1725) mit dem offiziellen Zusammenschluß der sechs »Lodges of Gentleman Masons« in Dublin und der Wahl des Grafen von Rosse zum ersten Großmeister. In allem war diese irische Maurerei torystisch-jakobitisch und hielt am alten schottischen Brauchtum fest. 1726 tat es Cork den Dublinern gleich und gründete die Großloge von Munster.

Auch 1725 gründete der jakobitische Katholik Charles Radcliffe (1693–1746, er hatte mit seinen Brüdern an der jakobitischen Erhebung von 1715 teilgenommen, war festgenommen und eingekerkert worden und im Dezember 1716 aus dem Tower geflohen) im Speiselokal »Au Louis d'Argent« in der Rue des Boucheries im Faubourg Saint-Germain zu Paris die »Schottenloge« Saint Thomas (nach dem heiligen Thomas Beckett von Canterbury benannt), die vor allem eine katholische Loge war und aus britischen Edelleuten im Dienste der Stuarts und des Königs von Frankreich bestand.

Und ebenso 1725 wurde der erste deutsche Freimaurer registriert: Albrecht Wolfgang zur Lippe (1699–1748). Glaubensstreitigkeiten in seinem Elternhaus (sein Vater Friedrich Christian Graf zu Schaumburg-Lippe, 1655–1728, wollte unter dem Einfluß des Wiener Hofes seine Erziehung im katholischen Geiste durchführen; die Mutter Johanne Sophie Gräfin von Hohenlohe-Langenburg, 1673–1743, aber wollte am ererbten Glauben festhalten) brachten die Ehe seiner Eltern 1702 zum Scheitern. Zuletzt lebte seine protestantische Mutter mit ihren beiden Söhnen am Fürstenhof zu Hannover (als Hofdame der Kurfürstin Sophie von der Pfalz, 1630–1714, die am 8. Juni 1714 in ihren Armen starb) und folgte 1714 dem Kurfürsten Georg Ludwig (1660–1727) nach London; dafür mußte sie ihre beiden Söhne an den Hof nach Bückeburg zurückschicken. Die beiden widersetzten sich jedoch dem Druck des Vaters, sie zum katholischen Glauben zu konvertieren, und flüchteten 1718 in die Vereinigten Niederlande, wo sie auf Anordnung Georgs I. in Utrecht ein Unterkommen fanden. Von hier aus ging Albrecht Wolfgang zunächst nach Paris und von dort nach London, wo er Anfang 1720 eintraf. Dort verkehrte er in dem Kreis um den Prinzen von Wales und dessen Gemahlin Karoline von Brandenburg-Ansbach (1683–1737, seit 1705 verehelicht), deren Schwägerin Sophie Dorothea (1687–1757), Georgs Tochter aus der Ehe mit Sophie Dorothea von Celle und Schwester des Prinzen von Wales, seit 1706 mit König Friedrich Wilhelm von Preußen (1688–1740) vermählt und seit 1712 Mutter des späteren Friedrich des Großen war. Nach der Aussöhnung des Königs mit dem Prinzen von Wales im April 1720 trat Albrecht Wolfgang in Georgs Dienste und ehelichte im Oktober 1721 die jüngste Tochter Georgs aus der morganatischen Ehe mit Melusine von der Schulenburg (1667–1743), Gertrude (1701–1726), des Königs liebste Tochter. Im Ehevertrag versprach Georg, die Übernahme Schaumburg-Lippes durch Albrecht Wolfgang zu unterstützen und daß er und seine Nachfolger aus dem Hause Hannover Schaumburg-Lippe gegen jeden Angreifer verteidigen würden. 1722 drohte Albrechts Vater, der mit Maria Anna Victoria von Gall inzwischen verheiratet war, diesem die Enterbung an, wenn er nicht in den Gehorsam des kaiserlichen Hofes zurückkehren würde, aber der König von England hielt vertragsgemäß seine schützende Hand über ihn. 1723 begleitete Albrecht den König bei dessen Besuch in Deutschland. Hier traf Georg seine Tochter Sophie Dorothea Königin von Preußen und vereinbarte mit dem Preußenkönig eine Doppelheirat zwischen den beiden Fürstenhäusern zur Festigung ihres 1719 geschlossenen Bündnisses: Kronprinz Friedrich (*1712, der spätere Friedrich II. von Preußen) sollte seine Base Anna (*1709, älteste Tochter des Prinzen von Wales), und Friedrich Ludwig von Hannover (*1707, ältester Sohn des Prinzen von Wales) seine Base Wilhelmine (*1709, älteste Tochter des Preußenkönigs) ehelichen. 1724 schickte Georg den Schwiegersohn Albrecht Wolfgang zur Lippe in diplomatischer Mission nach Mannheim.

Hier nämlich zeigt sich, wie die Freimaurerei nach Deutschland »exportiert« wurde: Zwischen den Reformierten und Lutheranern einerseits und den Katholiken in der Pfalz andererseits lassen sich Religionsstreitigkeiten mindestens bis in das frühe 17. Jahrhundert und das Ende des Dreißigjährigen Krieges (1648) zurückverfolgen. Trotz früherer Zusicherungen mußten um 1700 etliche Mannheimer reformierte Familien wallonischer Herkunft aus Glaubensgründen nach Magdeburg und Brandenburg übersiedeln; 1705 kam erneut eine Einigung unter dem 18. Kurfürsten Johann Wilhelm (1690–1716) dahingehend zustande, daß die Religionsfreiheit ausdrücklich garantiert wurde. Am 24. April 1719 zog der 19. Kurfürst Karl III. Philipp (1716–1742) den Heidelberger Katechismus ein, weil darin die katholische Lehre vom Meßopfer als »vermaledeyte Abgötterey« dargestellt würde, und beanspruchte nun die Heidelberger Heiliggeistkirche ganz für den katholischen Gottesdienst, obwohl die Katholiken weniger als ein Drittel der Stadtbevölkerung ausmachten. Die Reformierten wandten sich daraufhin an die protestantischen Reichsstände. Tatsächlich erhoben sich in England, Holland, Preußen und Hessen-Kassel laute Stimmen gegen diese Willkür. Die protestantischen Mächte – zum Teil als Garanten des Westfälischen Friedens – drohten dem Kurfürsten sogar mit der Unterdrückung der Katholiken in ihrem Bereich. Karl Philipp nahm daraufhin den Streit zum Vorwand, 1720 seine Residenz von Heidelberg über Schwetzingen nach Mannheim zu verlegen. Den Unruhen der Reformierten folgten bald die Beschwerden der Lutheraner, und nun griff König Georg I. in den weiteren Verlauf der Streitigkeiten ein, indem er 1724 Albrecht Wolfgang zur Lippe nach Mannheim entsandte. Dieser nahm sich der gestellten Aufgabe mit Vehemenz an und führte auf dem Reichstag zu Regensburg Beschwerde. Nach seiner Rückkehr tauchte er, gemeinsam mit Desaguliers, 1725 unter den Mitgliedern der Westminsterer Loge »Zum Römer und zur Traube« auf, neben Mitgliedern wie George Payne, James Anderson, dem Dissenterprediger Lord Paisley, dem Physiker Sir Richard Manningham, Mitglied der Royal Society, und dem Diplomaten Lord Waldegrave, dem englischen Botschafter am Hofe zu Paris. 1726 erleben wir Albrecht Wolfgang erneut in der gleichen Mission; in Mannheim blieb er diesmal mindestens drei Monate. Hier starb seine junge Gemahlin an Tuberkulose und wurde in der Trinitatis-Kirche begraben.

Der wahre Grund für das Eingreifen der protestantischen Höfe lag in politischen Erwägungen drohender Erbfolgeverhältnisse. (Der Kurfürst war aus der katholisch orientierten Linie der Pfalz-Neuburg, die gleichzeitig Herzöge von Jülich-Cleve-Berg mit der Hauptstadt Düsseldorf waren.) Das bevorstehende Erlöschen der Pfalz-Neuburger Linie brachte in der Kalkulation Friedrich Wilhelms I. von Preußen (der seit 1719 eine Allianz mit England unterhielt) und Karls III. Philipp von der Pfalz durchweg neue Aspekte in die Nachfolgefrage von Jülich und Berg. Während die Politik des Pfälzers mit der Reichspolitik bislang mehr oder minder konform ging, wandte er sich 1726 in der Hoffnung auf einen neuen Bundesgenossen in der Erbfolgeregelung an Frankreich. Dies zu verhindern war die eigentliche geheime Mission des Albrecht Wolfgang zur Lippe: unter dem Deckmantel von Beschützern der Glaubensfreiheit suchten hintergründig nicht nur Georg I. von England (in seiner Eigenschaft als Kurfürst von Hannover), sondern auch andere Herrscher ihre Interessen im Hinblick auf Jülich und Berg zu wahren. 1727, also zu einer Zeit, als die Großloge von London noch nicht an eine weltweite Ausbreitung dachte, stiftete Albrecht Wolfgang eine Freimaurerloge in Mannheim und konstituierte sie selbst 1728, bevor er nach dem Tode seines Vaters die Regierung seines eigenen kleinen Staates als Graf von Schaumburg-Lippe übernahm. Wir werden von ihm noch hören.

Ein nicht minder bekannter Deutscher und Freimaurer in London war der Gesandte Friedrich von Thoms (1697–1746). Als Sohn des Postmeisters und Gastwirts »Zum wilden Mann« in Gießen geboren, studierte er dort die Rechte und begleitete 1717 den Reichsfreiherrn vom Stein, Reichsgesandten des Herzogs von Braunschweig, nach Regensburg. 1720 in Hannover, wurde er von König Georg I. als Sekretär der deutschen Kanzlei mit nach London genommen, wo er dann als Gesandter auch den Herzog August Wilhelm von Braunschweig-Lüneburg vertrat und Mitglied der Royal Society wurde, womit er Desaguliers kennenlernte und durch ihn am 6. November 1729 in London als Freimaurer aufgenommen wurde.

Inzwischen war König Georg I. am 11. Juni 1727 gestorben worauf der dreiundvierzigjährige Prinz von Wales als Georg II. auf dem Thron folgte. Jetzt erst schlug die Großloge von London zu, gab ihre Beschränkung auf London und Umgebung auf und nannte sich Großloge von England. Und bereits 1728 finden wir in ihren Listen Logen in Bath, Bristol, Norwich, Chichester, Chester, Reading, Gosport, Carmarthen, Salford und Warwick sowie Provinzialgroßlogen von Cheshire und Süd-Wales.

Ein erbitterter Kampf der Systeme brach nun aus. Die torystischen Logen, die in den Augen der whigistischen Großloge »irregulär« waren, griffen in Zeitungsartikeln, Pamphleten und Flugschriften die »Neuerungen«, das »neue Modell«, die »Gottlosigkeit«, die »Trunksucht«, die »Sittenlosigkeit« und den Anspruch dieses »neumodischen« Systems, allein selig machend zu sein, an. Fortan klebte die Schimpfbezeichnung »Moderns« an der englisch-hannoverschen Freimaurerei; dafür nannten sich die alten Logen in England und Irland Traditionalisten, »Ancients« (= Alten). Da die alten Logen den Charakter der Werkloge beibehielten (insbesondere in Schottland), betonten die »neuen« ihren nicht-operativen Charkter mit der Bezeichnung »Accepted Free Masons« (= Angenommene Freie Maurer). Hier wurde auf die Entfernung von der ursprünglichen Bedeutung von Freemason (= Steinmetz) großer Wert gelegt: statt Freemason sollte Free Mason verstanden werden. In der Tat lautete die erste französische Umsetzung Freys-Maçons und in Italien Frammasonis und nicht Francs-Maçons! Die Jakobiten auf dem Kontinent und deren Geheimlogen in der Heimat sprachen lieber von Maurern und Maurerei, wie es in ihrem Heimatland (Schottland) schon immer Brauch gewesen war: Mason = Steinmetz.

Regelrecht antimaurerische Gesellschaften wie die Gormogonen (1724) und Scald Miserables entstanden in London und breiteten sich im ganzen Land aus. Die Spionagetätigkeit in den Logen nahm heftig zu; Philip Herzog von Wharton, Großmeister 1722/1723 und jakobitischer Meisterspion, verließ England 1725 und schloß sich dem Prätendenten in Rom an; dort wurde er zum Herzog von Northumberland gemacht und als Gesandter Jakobs III. nach Wien geschickt. In der kaiserlichen Metropole organisierte er 1725 die erste jakobitische Maurerloge in Österreich. 1726 schickte ihn der Ritter von St. Georg (wie Jakob von seinen Getreuen genannt wurde) als Gesandter nach Madrid, wo er am Ende des Jahres zum Katholizismus übertrat und am 5. Februar 1728 die erste jakobitische Maurerloge Spaniens stiftete.

Auf dem Kontinent gab es nicht nur Jakobiten unter den Tausenden von Engländern, Schotten und Iren, und die Versuche beider Parteien (Jakobiten und Hannoveraner), unter ihnen Parteigänger, Agenten und Spione zu gewinnen, wurden immer aufdringlicher. In diesem Rahmen beschloß die Großloge von England, Logengründungspatente fürs Ausland zu erteilen. Als erstes wurde am 15. März 1729 ein Patent (Nr. 50) zur Gründung einer Loge in Madrid erteilt. Noch im selben Jahr wurden Patente für eine Loge in Fort Williams (Kalkutta) in Bengalen und eine in Gibraltar erteilt. Und am 26. Juni 1730 erteilte der erste Katholik als Großmeister der Großloge von England, Thomas 8. Herzog von Norfolk, ein Patent, durch das ein gewisser Daniel Coxe zum Provinzialgroßmeister der Provinzen New York, New Jersey und Pennsylvanien in Nordamerika ernannt wurde; ein weiteres Patent vom selben Tage ernannte Friedrich von Thoms zum Provinzialgroßmeister von Niedersachsen! Allein die Tatsache, daß dieses Patent erteilt wurde, beweist, daß das Gebiet Niedersachsen zahlreiche Freimaurer vorzuweisen hatte.

Indes breiteten sich auf dem Kontinent nicht nur die Jakobiten (die sich seit 1729 »schottische« Logen bzw. Schottische Maurerei nannten) und Hannoveraner, sondern auch die »Ancients« aus: War die erste Loge in Paris (1725) jakobitisch, so wurde am 17. Mai 1729 eine Maurerloge durch den französischen Philantropen André-François Leberton in der Rue des Boucheries eröffnet; im gleichen Jahr stiftete auch der englische Steinschneider Goustaud die Loge »Sainte-Marguerite«; auch 1729 wurde in Louisiana in Nordamerika die Loge L'Etoile Polaire konstituiert, die in französischer Sprache nach dem »Rite écossais« (Schottischen Ritus) arbeitete; 1730 folgten Logen in Gent und Tournai. In dieser »christlichen« (im Gegensatz zur deistischen Freimaurerei der »Moderns«) Maurerei wurde auch der erste schwedische Freimaurer, Axel Ericson Graf von Wrede-Sparre (1708–1772), am 4. Mai 1731 in Paris aufgenommen.

Der spektakulärste Deutsche, den die englische Diplomatie einfangen konnte, war zweifelsohne Franz Stephan Herzog von Lothringen (1708–1765), der spätere Kaiser Franz I.: Sohn des Türkenbesiegers Karl von Lothringen, wurde er seit seinem vierzehnten Lebensjahr (1723) am kaiserlichen Hof zu Wien erzogen und von Karl VI. zum Gemahl seiner Tochter, der Erzherzogin Maria Theresia (1717–1780), bestimmt. 1729 wurde er Herzog von Lothringen; am 30. Januar 1731 hielt er seinen Einzug in Paris. Um diese Zeit fühlte sich König Georg II. mehr als Kurfürst von Hannover denn als König von Großbritannien und war entschlossen, aus den laufenden Verhandlungen mit dem Kaiser seinem Kurfürstentum Vorteile zu verschaffen. Sein »hannoverscher« Botschafter in Wien, Dieden, komplizierte mittels seiner »Deutschen Punkte« des Vertrages die Aufgabe des englischen Botschafters im Haag, Philip Dormer Stanhope 4. Graf von Chesterfield (1694–1773, seit 1721 Freimaurer und seit 1728 Botschafter in den Generalstaaten), die wohl darin bestand, die Vereinigten Niederlande für den Vertrag zu gewinnen; ein Brief Chesterfields an Lord Harrington vom 16. Februar 1731 zeigt uns sogar, daß der König sich nicht scheute, an den Kaiser Forderungen zu stellen. Dabei ging es Karl VI., dem letzten Sproß der direkten Linie der Habsburger, einzig und allein darum, noch zu seinen Lebzeiten die Anerkennung seiner »Pragmatischen Sanktion« zu erwirken, die die Thronfolge seiner Tochter Maria Theresia vorsah. Mehrere Jahre hindurch opferte er diesem Ziel gewaltige

Einsätze an Diplomatie, Geduld und Geld; und die Mächte, die genau wußten, daß er den Preis dafür bezahlen würde, verschleppten ihre Zustimmung, bis man fast von Erpressung sprechen konnte. Im Auftrage seines zukünftigen Schwiegervaters sollte Franz Stephan 1731/32 eine (politische) Reise nach Holland, England und Preußen unternehmen; und hier reifte bei Chesterfield der Gedanke, Franz Stephan für den Maurerbund zu gewinnen, mit dem Fernziel, ihn für die Belange des hannoverschen Englands einzusetzen. So wurde der Graf von Schaumburg-Lippe-Bückeburg auf Franz Stephan angesetzt. Graf Schaumburg hatte mit Graf Chesterfield zweierlei gemeinsam: beide waren Brüder und Mitglieder der »hannoverschen« Freimaurerei, und beide waren auch Schwippschwäger: Chesterfield war mit der älteren Schwester der Gemahlin Schaumburg-Lippes, Melusine Gräfin von Walsingham (1693–1778), beide Töchter Georgs I. und Halbschwestern Georgs II. verheiratet! Außerdem hatte Schaumburg-Lippe durch Heirat die englische Nationalität erworben.

Albrecht Wolfgang Graf von Schaumburg-Lippe gelang das Kunststück, den zweiundzwanzigjährigen Herzog von Lothringen zu überzeugen, und erhielt seine Zustimmung. Franz Stephan stimmte deshalb zu, weil er auf der Suche nach dem Stein der Weisen war und erwartete, daß die Maurerei ihm die Lösung an die Hand geben würde, um »seine Millionen beträchtlich zu vermehren!« Chesterfield meldete dies der Großloge und erhielt vom Großmeister Lord Lovell die Erlaubnis, eine mobile Loge, eigens zur Aufnahme des Fürsten, im Haag zu konstituieren. Am 6. April machte Minister Zinzendorf im Namen Karls VI. den Vereinigten Niederlanden ein großzügiges Angebot, mit dem er den Widerstand der antiösterreichischen, profranzösischen Gruppe (die fürchtete, das englische Bündnis könnte zu einer Wiederherstellung der Statthalterschaft zugunsten des Prinzen Wilhelm Karl von Oranien-Nassau, 1711–1751, führen, der seit 1727 mit der ältesten Tochter Georg II., Anna, 1709–1759, verlobt war) zu überwinden hoffte. Franz Stephan gelangte über Brüssel inkognito nach dem Haag. Vor ihm war eine Abordnung der Großloge unter der Führung des unermüdlichen Desaguliers in aller Stille eingetroffen. Das Geheimnis ihrer Ankunft wurde streng gewahrt; die Initiierung fand innerhalb der englischen Botschaft am 14. Mai 1731 statt: Franz Stephan wurde zum (eingetragenen) Lehrling und (Handwerks-)Gesellen gemacht. Das anschließende Festmahl besorgte der Chefkoch der Botschaft, der Franzose und Freimaurer Vincent la Chapelle.

Das Band zwischen Franz von Lothringen und seinen englischen »Meistern« wurde im Haag geknüpft; bei seinem Englandbesuch im November desselben Jahres stellte der Premierminister Robert Walpole sein prachtvolles Landgut Haughton Hall in Norfolk zur Verfügung für die Erhebung des Herzogs in den Meistergrad, womit er berechtigt wurde, Logen selbst zu konstituieren und zu stiften, natürlich nach »hannoverscher« Lehrart. Am 9. Dezember 1731 verließ Franz Stephan von Lothringen England als Freimaurer in den höchsten Graden. (In der Zwischenzeit hatten England am 17. Mai, Spanien am 6. Juni und die Vereinigten Provinzen im August 1731 den Vertrag unterzeichnet.)

Frankreich, besser gesagt Kardinal André-Hercule de Fleury (1653–1743), seit 1726 Staatsminister mit weitreichenden Befugnissen, begann nun, geheime Kontakte zum englischen Premierminister Walpole zu unterhalten, um eine unnötige Zuspitzung der Lage bis zu einem Krieg zu vermeiden. Walpole nutzte die Gelegenheit, in Paris für die Whigs und Hannoveraner zu werben: am Hofe der Herzogin von Portsmouth und Aubigny (1649–1734), der Mätresse Karls II., Großmutter des Charles 2. Herzogs von Richmond (1701–1750, Großmeister 1725/26), in Aubigny versammelte sich ein Kreis von Whigs unter den wachsamen Augen des englischen Botschafters zu Paris, Graf von Waldegrave, der 1731 Stair abgelöst hatte. Und so entstand 1732 die erste »hannoversche« Loge »King's Head at Paris« mit der Nummer 90 im Londoner Matrikelbuch; gleichzeitig wurde in London die Franzosenloge »Union French Lodge« unter englischer (deistischer) Konstitution gegründet. 1733 folgte die Loge »La Parfaite Union« in Valenciennes (Französisch-Flandern) mit der Nummer 127 der Londoner Matrikelrolle.

Inzwischen war die Zahl der Deutschen unter den Freimaurern derart gestiegen, daß der Großmeister James Lyon Graf von Strathmore 1733 elf deutschen Herren, guten Brüdern, die Vollmacht erteilte, in Hamburg eine Loge zu gründen. Friedrich von Thoms war als Gesandter des Herzogs Friedrich II. von Sachsen-Gotha seit 1732 damit beschäftigt, die Heirat der Prinzessin Augusta von Gotha, Tochter des Herzogs, mit Friedrich Ludwig (1707–1751), ältestem Sohn Georgs II. und seit 1728 Prinz von Wales, zu betreiben; außerdem war er inzwischen Mitglied der Royal Society und der Gesellschaft zur Förderung des Christlichen Glaubens in London *(Society for Propagating Christian Knowledge,* 1699 gegründet) geworden.

Im Gegenzug breitete sich die »schottische« Maurerei auch nach England aus. Seit einiger Zeit bestanden Logen in England, die nur aus Meistern zusammengesetzt waren; sie begannen mit dem Meistergrad als *Mark Mason* und gingen über *Excellent Master* über in den *Royal Arch*-(Königliches Gewölbe)Grad mit der Royal-Arch-Legende und dem Symbol des Schlußsteins. Es handelte sich hierbei um Elemente aus der »schottischen« Maurerei der Exilfeldlogen, wie sie in Irland weiterentwickelt und nach England exportiert wurden. Sie arbeiteten nicht in Logen, sondern in Kapiteln *(Chapter),* waren also den klassischen Graden der Werkmaurerei aufgesetzt und von der Großloge unabhängig (bereits auf Seite 59 der Konstitutionen von 1723 erwähnt). Doch unabhängig davon tauchte 1733 in London eine Loge »schottischer« Maurer *(Scots Mason's Lodge)* auf, deren Hochgrad (4. Grad) »Schottischer Meister« hieß. Sie konnte auf allgemeine Zustimmung gestoßen sein, denn die in London erscheinende, von Sir Robert Walpole finanzierte Zeitschrift *»The Free Mason«* schreibt in der Nr. 5 vom 11. Dezember 1733: *»Beim Sonnenuntergang der Maurerei für die südlichen und westlichen Teile der Erdkugel bewahrten die alten Maurer Schottlands, die Sterne des Nordens, ihr Licht und gaben es der Menschheit zurück.«*

Daß die Großbeamten der Großloge den »Hochgraden« des Royal Arch nicht ablehnend gegenüberstanden, beweist die Tatsache, daß Dr. Desaguliers und Herzog von Montagu im Dezember 1734 an einem Kapitel, das in der Bibliothek zu Ditton abgehalten wurde, teilgenommen haben, in dem drei Maurer »zu Kapiteln gemacht« wurden (in den Hochgraden *Royal Master, Select Master* und *Superexcellent Master*). (Knoop/Jones, a. a. O. S. 292.) Dies geht aus einem Brief hervor, den Mick Broughton an den Herzog von Richmond am 1. Januar 1735 geschrieben hat. Richmond befand sich damals in Aubigny, da seine Großmutter Louise-Renée Herzogin von Portsmouth und Aubigny vierundachtzigjährig am 14. November 1734 gestorben war.

Und nun unternahm der frühere Großmeister Richmond den entscheidenden Schritt zur Installierung der deistisch-hannoverschen Freimaurerei auf dem Kontinent: am 12. August 1735, mit dem Patent eines Provinzialgroßmeisters und dem Patent Nr. 133 für die im Schloß Aubigny sporadisch gehaltene Loge, gründete er unter Mitwirkung des unermüdlichen Desaguliers die Loge D'Aubigny. Die Londoner *»St. James Evening Post«* vom 20. September 1735 berichtet darüber:

»Man schreibt aus Paris, daß Se. Gnaden der Herzog von Richmond und der Hochwürdige Reverend Dr. Desaguliers, gewesene Großmeister der Alten und Ehrwürdigen Gesellschaft der Angenommenen Freien Maurer, zu diesem Zwecke versehen mit einer handgeschriebenen Vollmacht des jetzigen Großmeisters und besiegelt mit seinem und dem Ordenssiegel, eine Loge berufen haben in das Hotel de Bussy, Rue de Bussy. Anwesend waren: S. Excellenz Graf Waldegrave, Botschafter Sr. Majestät beim König von Frankreich, der Sehr Ehrw. Präsident Montesquieu, der Marquis von Lomuren, Lord Dursley, Sohn des Grafen Berkeley, der Ehrenw. Fitz-Williams, die Herren Knight Vater und Sohn, Dr. Hickham und mehrere andere französische und englische Persönlichkeiten. Die hernach genannten Adeligen und Gentlemen sind in den Orden aufgenommen worden: Se. Gnaden der Herzog von Kingston, der Ehrenw. Graf von Saint-Florentin, Staatssekretär Sr. Allerchristlichsten Majestät, der Sehr Ehrw. Chewton, Sohn von Lord Waldegrave, Herr Pelham, Herr Arminger, Herr Colton und Herr Clément. Anschließend an die Feier haben die neuen Brüder der ganzen Gesellschaft ein glänzendes Bankett dargeboten.«

Die damals gültige (erste) Fassung der Konstitutionen von 1723 wurde ins Französische übersetzt: *»Constitutions, histoires, loix, charges, réglements, et usages de la très vénérable confrairie des* acceptés franc-maçons«.

Eine entsprechende Übersetzung (durch Jean Kuenen) erschien auch 1736 im Haag.

1734 wurde eine Loge »L'Union Royale« im Haag in der Hofstraße im »Goldenen Löwen« gegründet; ihr Meister war 1735 Vincent la Chapelle, der französische Chefkoch des Prinzen von Oranien (selbst Freimaurer) und früherer, bis 1732, Chefkoch des englischen Botschafters Chesterfield (der 1732 nach England zurückgekehrt war). 1735 wurde eine englische Loge im Haag mit dem Namen »Le véritable Zèle« und eine weitere, »De la Paix«, in Amsterdam gegründet, die meist aus Engländern bestanden. Letztere wurde am 16. Oktober 1735 von einem fanatisierten Pöbel überfallen, der die gesamte Einrichtung zerstörte. Am 30. November 1735 wurde von den Staaten Holland und Westfriesland beschlossen, »die oben bezeichneten Bruderschaften, die sich den Namen Freie Maurer gegeben haben, aufzuheben.« In der Bekanntmachung gaben die Staaten selber zwei Gründe für dieses Verbot an: daß »Menschen von allerhand Gesinnungen und Gefühlen hinsichtlich der Religion zu der vorgenannten Bruderschaft zugelassen sind« (was der Pflicht Nr. 1 der Konstitutionen entsprach) und daß »ein Bruder, der des Aufruhrs gegen den Staat überführt ist, nicht aus der Loge ausgeschlossen werden kann, obgleich sie gehalten ist, seine Auflehnung zu mißbilligen.« (was der Pflicht II. *Von bürgerlicher Obrigkeit, hoch und untergeordnet* entsprach). Dabei bezogen sich die Verbieter auf die Aufnahme von Katholiken und Juden in die Loge vom Haag, was eindeutig zeigt, daß das Verbot sich gegen die »deistische« und nicht gegen die »christliche« Maurerei richtete.

Ausbreitung der »christlichen« Freimaurerei

Im Gegenzug nämlich hielten die »anderen«, die Logen der christlich-jakobitischen Freimaurerei Irlands und Englands, die in Frankreich bereits als Großloge konstituiert waren und den Großmeister James Hector Macleane (1703–1750), Sir und Baronet und Jakobit aus Schottland, hatten, am 27. Dezember 1735 eine Generalversammlung in Paris ab. Sie verkündeten feierlich, daß die Religion eines Maurers, der seine Kunst recht versteht, jene Religion ist, in welcher jeder Christ übereinstimmt, und nahmen die von Macleane (er war nicht anwesend, da er gerade im Schuldturm saß) abgeänderten Konstitutionen an, die 1723 vom Großmeister Philip Herzog von Wharton herausgegeben worden waren. (Die Konstitutionen von 1723 weisen den Namen James Anderson als Verfasser nirgends ausdrücklich auf, so hießen sie einfach die Konstitutionen der Großloge von London. Als Anderson jedoch im Februar 1735 um Genehmigung für die zweite Auflage bat, trug er der Großloge vor, daß ein gewisser William Smith in *»A Pocket Companion for Free-Masons«* vom Dezember 1734 einen erheblichen Teil seiner Konstitutionen geplündert habe, »zum Schaden des besagten Br. Anderson, des alleinigen Eigentümers«, wie das Protokoll der Sitzung besagt. Seitdem und erst seit der neuen Ausgabe von 1738 sprach man von den Anderson'schen Konstitutionen.) Dazu berichtete die *»Gazette manuscrite«* vom 4. Januar 1736 in Paris:

»Am 27. des vorigen Monats, am Tage des Hl. Johannes des Evangelisten, gab es in Grand Saint-Germain, Rue du Paon, eine allgemeine Versammlung der Alten und Sehr Ehrwürdigen Gesellschaft der Freien Maurer, um zur Wahl eines Groß-Meisters zu schreiten. Nach den üblichen Zeremonien hat man Herrn Charles Radcliffe Graf von Derwentwater, Pair von England, zum Groß-Meister ausgerufen, anstelle des Hohen und Mächtigen Herrn Hector Macleane, Ritter und Baronet von Schottland, der zur Zufriedenheit der Gesellschaft während mehrerer Jahre in diesem Amt verlängert worden war. Bei dieser Gelegenheit hat es ein prächtiges Fest gegeben, wo mehrere, sechzig an der Zahl, gekommen sind im großen Zeremonienkostüm und sich mit Karosse zur Großloge begeben haben, wo, nach dem Mahle, die Proklamation des Groß-Meisters und seiner Beamten von einem allgemeinen Beifall begleitet worden ist und unter dem Klang der Trompeten, Pauken und Jagdhörner, wonach ein Vokal- und Instrumentalkonzert gehalten wurde.«

Die Konstitutionen der »christlichen« Freimaurerei unterscheiden sich in zwei wesentlichen Punkten von denen der »deistischen«: (1) die erste Pflicht (Seite 50 der 1723er Fassung; Seite 1 der 1736er Fassung) betont den christlichen Charakter dieser Maurerei, (2) sie nennt sich Freie Maurerei *(Maçonnerie libre)* im Gegensatz zur »deistischen« Angenommenen Freien Maurerei *(Accepté franc-maçonnerie).* Und außerdem erteilte sie Patente an Brüder als stellvertretende Großmeister zur Gründung einer entsprechenden Maurerei im Ausland.

Als erstes entstand in Genf im Februar 1736 die »Société des Maçons libres« mit einem Patent als Stellvertretender Großmeister der »christlichen« Großloge von Frankreich; bereits im Januar 1736 war in Genf die deistische Freimaurerloge »Francs-Maçons du Parfait Contentement« von Engländern gegründet worden. Im März dieses Jahres interpellierte im »Rat der Zweihundert« ein Mitglied wegen der neuen Gründung; auch die calvinistische Geistlichkeit protestierte. Daraufhin verbot der Rat dem Vorsitzenden Meister der Loge, »Einwohner der Stadt in die Gesellschaft aufzunehmen, weil sie eine Schule der Gottlosigkeit ist.« Hier wird zweierlei deutlich: (1) die Loge konnte nicht geschlossen werden, da sie als englische Gründung für englische Bürger in der Stadt »exterritorial« war und der Jurisprudenz des Rates nicht unterstand, daher konnte das Verbot sich nur auf Aufnahme von Genfern beschränken; (2) »Schule der Gottlosigkeit« bezog sich auf den deistischen Charakter der englischen Loge, da der Deismus und die Aufklärung Englands in der Schweiz noch nicht Fuß gefaßt hatten. Gleichzeitig wird aber auch deutlich, daß das Verbot nur die deistische und nicht die christliche Freimaurerei betraf!

1736 erhielt Johann Cornelius Radermacher, Generalschatzmeister des letzten Statthalters Wilhelm IV. von Oranien (inzwischen seit 1734 mit der ältesten Tochter Georgs II. vermählt), vom Großmeister der christlichen Großloge von Frankreich Charles Radcliffe Graf von Derwentwater ein Patent als stellvertretender Großmeister für die Vereinigten Provinzen; die Loge »L'Union Royale« im Haag wurde daraufhin, nachdem Radermacher ihren Vorsitz übernommen hatte, in »Loge du Grand Maîtres des Provinces Unies et du Ressort de la Généralité« umbenannt.

Als drittes Land erhielt Schweden ein entsprechendes Patent: Baron Karl Friedrich von Scheffer (1715–1786) wurde am 14. Mai 1737 in der Loge »Coustos-Villeroi« zu Paris in den Maurerbund aufgenommen und erhielt von Lord Derwentwater am 29. November 1737 das Patent als stellvertretender Großmeister für Schweden (vom »Grafen Derwentwater, Großmeister der Sehr Alten und Sehr Erleuchteten Gesellschaft der Freien Maurer – Maçons libres – im Königreich Frankreich, zum Zwecke der Konstitution von Logen im Königreich Schweden«). Die erste jakobitische Loge war bereits 1733 durch den Grafen Axel Ericson von Wrede-Sparre in Stockholm gegründet worden, der am 4. Mai 1731 vom selben Lord Derwentwater aufgenommen worden war. Und so kam die christliche Freimaurerei nach Schweden, was später auf Deutschland einwirken sollte. Das nächste Patent war für Deutschland bestimmt!

Ritter Ramsay und die Rittergrade

Bei all diesen miteinander konkurrierenden Systemen und der Versteifung auf die Symbole des Steinmetzenhandwerks vergaß man zwei entscheidende Merkmale der humanitären Maurerei: ihre Herkunft aus dem Kloster des frühen Mittelalters und die Rolle der Templer in der Vereinigung der Hermetischen mit der Königlichen Kunst. Im Unterschied zu den zahlreichen Klubs und Kaffeehäusern im Inselreich versprach sich die Öffentlichkeit von einer Aufnahme in die Freimaurerei Einblick in Mystik, Okkultismus und geheimnisvolle Mysterienbräuche. Daß die Freimaurerei sich von Anfang an nicht als Fortsetzung des Handwerks verstanden hat, beweisen die vielen Hochgrade, die in England und Irland in Kapiteln erteilt wurden: Mark Master, Excellent Master, Past Master, Most Excellent Master, Royal Master, Select Master, Superexcellent Master und Royal Arch Master; vom »Schottischen Meister« ganz zu schweigen.

Das Verdienst, auf die Rolle der Ritterorden in der Entwicklung der Freimaurerei im Mittelalter hingewiesen zu haben, gebührt dem Schotten und Ritter des Heiligen Lazarus Andrew Michael Ramsay (1686–1743). Es war überhaupt die Zeit des Ritterlichen: 1650–1750 war die Blütezeit der »Ritterakademien« mit den Fächern Reiten, Fechten, Tanz für den Adelsstand. Schottland belebte den exklusiven Andreas-Ritterorden (Distelorden, 1687 durch Jakob VII. und 1703 erneut durch Königin Anna), den zweitwichtigsten (nach dem Hosenbandorden) Ritterorden Großbritanniens mit dem vollen Namen »Der Höchstalte und Höchstedle Orden von der Distel«; England belebte (1661 durch Karl II. und 1725 erneut durch Georg I.) den Ritterorden vom Bade (Der Höchstehrwürdige Orden vom Bade); ferner gab es die weniger exklusiven Ritterorden des Heiligen Ludwig, des Heiligen Georg, des Heiligen Lazarus etc. Das Thema des Templerordens war kein Tabu mehr: 1703 veröffentlichte Gürtler sein lateinisches Werk *»Historia Templariorum«* und wurde damit zum Patron der Templerforschung.

Ramsay, Bäckersohn aus Ayr in Schottland, war im Spanischen Erbfolgekrieg (1701–1714) Offizier bei den englischen Truppen in den Niederlanden und kam dadurch nach Cambray, wo er den 1699 vom Pariser Hofe wegen seiner religiösen Ideen verdrängten Erzbischof François Fénelon (1651–1715) kennenlernte und vor lauter Hochachtung für diesen hochgesinnten Kirchenfürsten Katholik wurde. Nach dem Tode Fénelons (7. Januar 1715) ging Ramsay nach Paris, wurde Sekretär der Madame Guyon und durch ihren Einfluß vom Herzog von Orléans (seit September 1715 Regent für den Kind-König Ludwig XV.) noch 1715 in den Orden des Heiligen Lazarus als Ritter aufgenommen. Danach wurde er Erzieher des Prinzen von Turenne und naturalisiert. 1724 hielt er sich am Hofe Jakobs III. in Rom auf als Erzieher dessen dreijährigen Sohnes Karl Eduard. Die Begeisterung Ramsays für die von Madame Guyon verbreitete Lehre der Reinen Liebe und eine visionäre Theologie behagte dem Prätendenten nicht, und er mußte auf Ramsays Dienste als Erzieher verzichten. 1725 kehrte dieser nach Frankreich zurück, und es gelang ihm, durch Vermittlung des englischen Gesandten am französischen Hofe, nach Oxford zu gehen, wo er seine Doktorwürde der Rechte erhielt und *»Das Leben Fénelons«* sowie *»Die Reisen des Kyros«* (1727) schrieb, das ganz im Geiste Fénelons verfaßt wurde. Auf Seite 156 heißt es zum Beispiel:

»Auf dem Grunde aller heidnischen Religionen fanden sich die wesentlichen Bestandteile des Christentums. Trismegistos verbarg die religiösen Mysterien unter Hieroglyphen und Allegorien ... Die Weisen, diese Gottesmänner, wußten, daß die gemeinen Geister der himmlischen Wahrheiten nur teilhaftig werden konnten, wenn ihr Herz von den Leidenschaften gereinigt wurde. Deshalb breiteten sie über die Religion einen heiligen Schleier, der sich auftut und abfällt, wenn die Augen des Geistes den hervorbrechenden Glanz ertragen können.« (Zitiert nach A. Mellor, Logen ... a. a. O., S.255)

Als der Prätendent durch James Murray Graf von Dunbar davon Kenntnis erhielt, kommentierte er in einem an Murray gerichteten Billett vom Dezember 1727, »Ramsay ist ein sonderbarer Mensch. Er hat sich hier Uns und vielen anderen gegenüber in seltsamer Weise offenbart; aber Wir wollen nachsichtig genug sein, ihn für besessen zu halten.« (Zitiert nach A. Mellor, Brüder... a. a. O., S. 121) Diese Bemerkung bezog sich offenkundig auf Ramsays Theogonie, die mystische Vorstellung von der Abstammung der Götter.

Doch die »wissenschaftlichen« Arbeiten des Dr. Ramsay sicherten ihm die Mitgliedschaft der Londoner Royal Society. Und dort machte er die Bekanntschaft von Desaguliers, über diesen fand er den Weg in die Freimaurerei: nach der »London Evening Post« vom 17. März 1730 (28. März 1731 gregorianisch!) wurde Ramsay »am vergangenen Montag« in der Loge »Horn«, Westminster, unter der Hammerführung des Herzogs von Richmond aufgenommen.

Bei der Gründung der Loge »D'Aubigny« Nr. 133 in Paris durch Richmond und Desaguliers am 12. August 1735 war Ramsay nicht anwesend, dafür bei der Wahl von Derwentwater zum Großmeister der christlichen Großloge von Frankreich am 27. Dezember 1735. Am 20. März 1737 schrieb er als Redner dieser Großloge an Kardinal Fleury und legte ihm das Manuskript einer Rede zur Genehmigung vor, die er am darauffolgenden Tag in der Versammlung der Großloge halten wollte, da es damals in Frankreich keine Versammlungsfreiheit gab und eine solche erst genehmigt werden mußte. Diese Rede (Discours) ist für die Weiterentwicklung der Freimaurerei von solcher Bedeutung, daß wir sie hier im Wortlaut nach Schiffmanns Übersetzung von 1878 wiedergeben wollen:

»Meine Herren, der edle Eifer, welchen Sie zeigen, um in den edlen und berühmten Orden der Freimaurer einzutreten, ist ein sicherer Beweis dafür, daß Sie schon alle die Eigenschaften besitzen, welche nötig sind, um seine Mitglieder zu werden, nämlich *Humanität, reine Sittlichkeit, unverbrüchliche Verschwiegenheit und Geschmack an den schönen Künsten.*

Lykurg, Solon, Numa und alle politischen Gesetzgeber haben ihren Einrichtungen keine Dauer verleihen können; so weise auch ihre Gesetze waren, sie haben sich nicht über alle Länder und Zeiten ausdehnen können. Da dieselben nur die Siege und Eroberungen, die Militärgewalt und die Erhebung eines Volkes über das andere im Auge hatten, konnten sie weder allgemein werden noch mit dem Geschmack, dem Geist und den Interessen aller Nationen sich im Einklang befinden. Sie hatten nicht die Menschenliebe zu ihrer Grundlage. Falsch verstandene und übertriebene Vaterlandsliebe zerstörte in diesen kriegerischen Republiken die allgemeine Liebe und Humanität. Die Menschen sind wesentlich nicht unterschieden durch die Verschiedenheit der Sprachen, die sie reden, der Kleidung, die sie tragen, der Länder, die sie bewohnen, noch der Würde, die sie bekleiden. Die ganze Welt ist nur eine große Republik, von der jede Nation eine Familie, jeder einzelne ein Kind ausmacht. Um diese wesentlichen Grundsätze, welche aus der Natur des Menschen entnommen sind, wieder zu beleben und zu verbreiten, dazu ist unsere Gesellschaft zu Anfang gestiftet. Wir suchen alle Menschen von erleuchtetem Verstande, von milden Sitten, von freundlicher Gemütsart zu vereinen, nicht nur durch die Liebe zu den schönen Künsten, sondern noch mehr durch die erhabenen Grundsätze der Tugend, der Wissenschaft und der Religion, in welchen das Interesse der Brüderschaft zum Interesse des ganzen menschlichen Geschlechtes wird, woraus alle Nationen gründliche Kenntnisse schöpfen können und woraus die Untertanen aller Königreiche lernen können, sich gegenseitig zu lieben, ohne auf ihr Vaterland zu verzichten. Unsere Vorfahren, die Kreuzfahrer, welche sich aus allen Teilen der Christenheit im heiligen Land zusammengefunden hatten, wollten so die Menschen aller Nationen in eine einzige Brüderschaft vereinigen. Wie sehr ist man diesen vortrefflichen Männern verpflichtet, welche ohne groben Eigennutz, selbst ohne der natürlichen Herrschsucht Gehör zu geben, eine Einrichtung ersonnen haben, deren einziger Zweck die Einigung der Geister und Herzen ist, um sie zu bessern und in der Folge eine ganz geistige Nation zu bilden, worin man, ohne daß den Pflichten Abbruch geschieht, welche die verschiedenen Stufen fordern, ein neues Volk geschaffen wird, welches, aus verschiedenen Nationen zusammengesetzt, sie alle bis zu einem Punkt durch das Band der Tugend und der Wissenschaft verknüpfen wird.

Die gesunde Sittlichkeit ist das zweite Erfordernis in unserer Gemeinschaft. Die religiösen Orden wurden gestiftet, um die Menschen zu vollkommenen Christen zu machen; die militärischen Orden, um ihnen die Liebe zum wahren Ruhm einzuhauchen; der Freimaurerorden, um Menschen zu bilden, und zwar liebenswerte Menschen, gute Bürger, gute Untertanen, unwandelbar in ihren Versprechen, treue Verehrer des Gottes der Freundschaft, welche mehr Gewicht legen auf Tugend als auf Belohnung.

Polliciti servare fidem, sanctumque vereri
Numen amicitiae, mores, non munera amare.
(Das Versprechen treu halten, die Gottheit der Freundschaft als heilig verehren, die guten Sitten, nicht Geschenke lieben.)

Indes, wir beschränken uns nicht bloß auf rein bürgerliche Tugenden. Wir haben unter uns drei Arten von Brüdern: Novizen oder Lehrlinge, Gesellen oder Professoren, Meister oder Vollkommene. Den ersten erklärt man die sittlichen Tugenden der Heiden und den letzten die christlichen Tugenden; in der Art, daß unsere Einrichtung die ganze Philosophie der Gefühle und die ganze Theologie des Herzens in sich schließt. Darum sagt einer unserer ehrwürdigen Brüder:

Freimaurer, erhabener Großmeister,
Nehmet meine erste Begeisterung an.
Der Orden hat sie in meinem Herzen hervorgerufen,
das glücklich ist, wenn edles Streben
mich eurer Achtung würdig macht
und mich erhebt zu dem wahrhaft Hohen,
zu der ersten Wahrheit,
zu dem reinen göttlichen Wesen,
dem himmlichen Ursprung der Seele,
der Quelle des Lebens und der Liebe.

Da eine traurige, scheue und menschenfeindliche Philosophie den Menschen die Tugend verleidet, so wollten unsre Vorfahren, die Kreuzfahrer, sie angenehm machen durch den Reiz unschuldiger Vergnügen, anmutiger Musik, reiner Freude und vernünftiger Heiterkeit. Unsre Feste sind nicht, was die profane Welt und die unwissende Menge sich einbilden. Alle Laster des Herzens und des Geistes sind daraus verbannt, und man hat die Irreligiosität und Freigeisterei, den Unglauben und die Schwelgerei davon ausgeschlossen. Unsere Mahlzeiten gleichen den tugendhaften Abendmahlzeiten des Horaz, wo man sich von alledem unterhielt, was den Verstand aufklären, das Herz in Ordnung bringen und den Geschmack für das Wahre, Gute und Schöne einflößen kann.

O noctes coenaeque Deum . . .
Sermo oritur, non de regnis domibusve alienis
. . . sed quod magis ad nos
Pertinet et nescire malum est, agitamus: utrumne
Divitiis homines, an sint virtute beati;
Quidve ad amicitias, usus rectumve trahat nos,
Et quae sit natura boni summumque quid ejus.
O Nachtmahlzeiten der Götter . . .
. . . sondern, was uns mehr angeht,
und was nicht zu wissen ein Übel ist, behandeln wir:
ob die Menschen durch Reichtum oder durch Tugend glücklicher sind;
ob der Nutzen uns zur Freundschaft führe oder die Tugend,
und was das Wesen des Guten und was das höchste Gut sei.

Demnach sind die Pflichten, welche der Orden euch auferlegt, eure Mitbrüder mit eurem Ansehen zu beschützen, durch eure Einsicht sie aufzuklären, durch eure Tugenden sie zu erbauen, in ihren Bedürfnissen zu unterstützen, jeden persönlichen Widerwillen aufzugeben und alles hervorzusuchen, was zum Frieden und zur Einigkeit der Gesellschaft beitragen kann.

Wir haben Geheimnisse; dies sind figürliche Zeichen und geheiligte Worte, welche eine bald stumme, bald sehr beredte Sprache bilden, um sich selbst in der größten Entfernung Mitteilung zu machen und um unsre Mitbrüder zu erkennen, von welcher Sprache sie auch seien. Es waren die Losungsworte, welche die Kreuzfahrer sich einander gaben, um sich gegen Überfälle der Sarazenen zu sichern, welche sich oft unter ihnen einschlichen, um sie zu ermorden. Diese Zeichen und Worte rufen die Erinnerung wach, entweder an einen Teil unserer Wissenschaft, oder an eine moralische Tugend, oder an irgend ein Glaubensgeheimnis. Bei uns hat sich ereignet, was noch bei keiner anderen Gesellschaft sich zugetragen hat. Unsere Logen sind bei allen gesitteten Nationen errichtet und verbreitet, und dennoch hat unter einer so großen Zahl von Männern niemals ein Bruder unser Geheimnis verraten. Die leichtsinnigsten, die unbedachtesten, die am wenigsten an Schweigen gewöhnten Geister lernen diese große Kunst, indem sie in unsre Gesellschaft eintreten. Solche Macht hat die Idee der brüderlichen Vereinigung über die Geister! Dies unverletzliche Geheimnis trägt wesentlich dazu bei, Personen aller Nationen zu verbinden und die Erteilung von Wohltaten unter uns leicht und gegenseitig zu machen. Wir haben davon in den Jahrbüchern unsres Ordens mehrere Beispiele. Unsre Brüder, welche in verschiedenen Ländern reisten, durften sich in unsern Logen nur zu erkennen geben und wurden dann sogleich mit jeder Art Hilfeleistung überhäuft, selbst in den Zeiten der blutigsten Kriege, und vornehme Gefangene haben da Brüder gefunden, wo sie nur Feinde zu finden glaubten.

Wenn jemand die feierlichen Versprechungen, welche uns binden, verletzen sollte, so wissen Sie, meine Herren, daß die Strafen, welche wir ihm auferlegen, in den Gewissensbissen, der Schande seiner Untreue und der Ausschließung aus unserer Gesellschaft bestehen, gemäß den schönen Worten des Horaz:

Est et fideli tuta silentio
Merces; vitabo, qui Cereris sacrum
Vulgarit arcanum, sub iisdem
Sit trabibus, fragilemque mecum
Solvat phaselum.

Auch treue Verschwiegenheit hat ihren sicheren Lohn; wer das heilige Geheimnis der Ceres ausbreitet, mit dem will ich nicht unter demselben Dache weilen, noch soll er mit mir in gebrechlichem Kahne fahren.

Ja, meine Herren, die berühmten Feste der Ceres zu Eleusis, der Isis in Ägypten, der Minerva in Athen, der Urania bei den Phöniziern und der Diana in Scythien hatten Ähnlichkeit mit den unsrigen. Man feierte dort Mysterien, worin sich mehrere Spuren der alten Religion des Noah und der Patriarchen fanden. Sie endigten mit Mahlzeiten und Trankopfern, und man wußte dabei nichts von Unmäßigkeit und Ausschweifungen, in welche die Heiden allmählich verfielen. Die Quelle dieses Verderbens lag in der Zulassung von Personen beiderlei Geschlechts bei den nächtlichen Versammlungen, im Gegensatz gegen die ursprüngliche Einrichtung. Um solchem Mißbrauch vorzubeugen, hat man die Frauen von unserem Orden ausgeschlossen. Wir sind nicht so ungerecht, jenes Geschlecht für unfähig zur Verschwiegenheit zu erachten. Aber seine Gegenwart könnte unvermerkt die Reinheit unserer Grundsätze und Sitten schädigen.

Die vierte Eigenschaft, welche in unserm Orden gefordert wird, ist der Geschmack an den nützlichen Wissenschaften und den Freien Künsten. Daher fordert der Orden von jedem von Ihnen, daß er durch seine Begünstigung, durch seine Freigebigkeit oder durch seine Arbeiten zu einem großen Werk etwas beitrage, das keine Akademie zustande bringen kann, weil alle diese Gesellschaften, da sie aus einer sehr kleinen Zahl von Männern bestehen, mit ihrer Arbeit ein so ausgedehntes Werk nicht umfassen können. Alle Großmeister in Deutschland, England, Italien und anderswo ermahnen alle Weisen und alle Künstler der Brüderschaft, sich zu vereinen, um Material zu einem Universal-Lexikon aller Freien Künste und nützlichen Wissenschaften zu sammeln, von dem nur die Theologie und Politik ausgeschlossen sein soll. Man hat das Werk bereits in London begonnen, und durch die Vereinigung unserer Mitbrüder könnte man es in einigen Jahren vollenden. Man erklärte darin nicht nur technische Worte und ihre Ableitung, man gibt darin auch die Geschichte jeder Wissenschaft und jeder Kunst, ihre Grundlehren und die Art, darin zu arbeiten. Dadurch wird man die Einsicht aller Nationen in einem einzigen Werk vereinen, welches gleichsam eine Universal-Bibliothek alles Schönen, Großen, Lichtvollen, Gründlichen und Nützlichen ist in allen Wissenschaften und in allen edlen Künsten. Dies Werk wird in jedem Jahrhundert zunehmen, nach der Vermehrung des Lichts, und wird überall Nacheiferung erwecken und den Geschmack an schönen und nützlichen Dingen verbreiten.

Der Name Freimaurer darf nicht im buchstäblichen, groben und materiellen Sinne genommen werden, als wenn unsere Stifter einfache Steinarbeiter gewesen wären oder nur Kunstliebhaber, welche die Künste vervollkommnen wollten. Es waren nicht nur geschickte Architekten, welche ihre Fähigkeiten und ihre Güter zur Erbauung äußerer Tempel darbringen wollten, sondern auch fromme und kriegerische Fürsten, welche die lebendigen Tempel des Höchsten erleuchten, erbauen und schützen wollten. Dies will ich nachweisen, indem ich die Geschichte *oder vielmehr die Erneuerung des Ordens mitteile.*

Jede Familie, jede Republik, jedes Reich, dessen Ursprung in einem dunklen Altertum verborgen liegt, hat seine Fabel und seine Wahrheit, seine Legende und seine Geschichte. Einige führen unsere Stiftung bis in die Zeiten Salomons zurück, andere bis Moses, andere bis Abraham, einige bis Noah und selbst bis Henoch, welcher die erste Stadt erbaute, oder bis Adam. Ohne diese Herleitungen zu leugnen, gehe ich zu den weniger alten Dingen über. Ich biete hier einen Teil dessen, was ich aus den alten Annalen Großbritanniens, aus den Akten des britischen Parlaments gesammelt habe, welche oft von unseren Privilegien sprechen, und aus der mündlichen Überlieferung der englischen Nation, welche seit dem 11. Jahrhundert der Mittelpunkt unsrer Brüderschaft gewesen ist.

Zur Zeit der Kreuzzüge nach Palästina vereinten sich mehrere Fürsten, Adlige und Bürger und taten ein Gelübde, die christlichen Kirchen im heiligen Lande wiederherzustellen und sich zu bemühen, die Bauart derselben *auf ihre erste Einrichtung* zurückzuführen. Sie verständigten sich über mehrere *alte Zeichen* und aus der Religion entnommene symbolische Worte, um sich daran vor den Ungläubigen und Sarazenen zu erkennen. Man teilte diese Zeichen und Worte nur denjenigen mit, welche feierlich und oft am Fuße des Altars versprachen, sie niemals zu offenbaren. Dies heilige Versprechen war daher kein verabscheuungswürdiger Schwur, wofür man ihn ausgibt, sondern ein achtungswertes Band, um die Christen aller Nationen in ein und derselben Brüderschaft zu vereinen. Einige Zeit nachher verband sich unser Orden aufs engste mit den Rittern des heiligen Johannes von Jerusalem. Seit der Zeit tragen alle unsere Logen den Namen Logen des heiligen Johannes. Diese Vereinigung geschah nach dem Vorbilde der Israeliten, als sie den zweiten Tempel erbauten. Während diese mit der einen Hand Kelle und Mörtel handhabten, trugen sie mit der anderen Degen und Schild. Unser Orden darf deshalb nicht als eine Erneuerung der Bacchanalien angesehen werden, sondern als ein sittlicher Orden, in den ältesten Zeiten gestiftet und durch unsere Vorfahren im heiligen Lande erneuert, um sich der höchsten Wahrheit inmitten unschuldiger Vergnügungen der Gesellschaft zu erinnern. Die Könige, Fürsten und Herren errichteten bei der Rückkehr in ihre Staaten verschiedene Logen. Zur Zeit der letzten Kreuzzüge sah man schon mehrere Logen in Deutschland errichtet, in Italien, in Spanien, in Frankreich und von da aus in Schottland, wegen der engen Verbindung der Schotten mit den Franzosen. Jacob Lord Steward von Schottland war Großmeister einer Loge, die zu Kilwin im westlichen Schottland 1286 errichtet war, bald nach dem Tode Alexanders III., Königs von Schottland, und ein Jahr bevor Johann Balliol den Thron bestieg. Dieser Herr nahm die Grafen von Glocester und Ulster in seine Loge auf, von denen der eine ein Engländer, der andere ein Ire war.

Nach und nach wurden unsere Logen und unsere Feierlichkeiten an den meisten Orten vergessen. Daher kommt es, daß von allen Geschichtsschreibern die von Großbritannien die einzigen sind, die von unserm Orden sprechen. Dessen ungeachtet erhielt er sich unter den Schotten in seinem Glanz, welchen unsere Könige (von Frankreich) während mehrerer Jahrhunderte die Bewachung ihrer geheiligten Person anvertrauten.

Nach den bedauernswerten Unfällen der Kreuzzüge, dem Untergang der christlichen Heere und dem Siege des Bendoidar, Sultans von Ägypten, während des achten und letzten Kreuzzuges, sah der große Prinz Eduard, Sohn Heinrichs III., Königs von England, daß im heiligen Lande für seine Brüder keine Sicherheit mehr vorhanden war, da die christlichen Truppen von dort sich zurückzogen. Er führte deshalb sie alle zurück, und diese Kolonie von Brüdern ließ sich in England nieder. Wie dieser Prinz alles besaß, was zum

Helden gehört, so liebte er auch die schönen Künste, erklärte sich zum Protektor unsres Ordens und verlieh demselben neue Vorrechte. Damals nahmen die Glieder dieser Brüderschaft den Namen Freimaurer an, *nach dem Beispiel der Vorfahren.*

Seit dieser Zeit war Großbritannien der Sitz unsres Ordens, die Erhalterin unserer Gesetze und die Bewahrerin unserer Geheimnisse. Die verhängnisvollen religiösen Zwistigkeiten, welche Europa im 16. Jahrhundert verwirrten und zerrissen, verursachten, daß der Orden entartete, der so edlen Ursprungs war. Man veränderte, entstellte und unterdrückte mehrere unserer Gebräuche und Gewohnheiten, welche den Vorurteilen der Zeit entgegen waren. Daher kam es, daß mehrere unserer Brüder wie die alten Juden den Geist unserer Gesetze vergaßen und nur den Buchstaben und die Rinde festhielten. Man hat angefangen, dagegen Mittel anzuwenden. Es handelt sich nur darum, daß man fortfahre und alles auf seine erste Einrichtung zurückführe. Dies Werk kann in einem Staate nicht schwer sein, wo die Religion und die Regierung unsern Gesetzen nur günstig sein können.

Von den britischen Inseln beginnt die Königliche Kunst wieder zurückzukehren nach Frankreich unter der Regierung des liebenswürdigsten Königs, dessen Humanität alle Tugenden belebt, und unter dem Ministerium eines Mentors, der alles verwirklicht hat, was man für fabelhaft hielt. In dieser glücklichen Zeit, wo Friedensliebe die Tugend der Helden geworden ist, wird diese Nation, *eine* der geistvollsten in Europa, der Mittelpunkt des Ordens werden. Sie wird über unsere Arbeiten, unsere Satzungen, unsere Sitten Anmut, Freiheit und guten Geschmack verbreiten, so wesentliche Eigenschaften für einen Orden, dessen Grundlage die *Weisheit,* die *Schönheit* und die *Stärke* des Geistes bilden. So werden in Zukunft in unsren Logen, wie in öffentlichen Schulen, die Franzosen, ohne daß sie reisen, die Eigentümlichkeiten aller Nationen erkennen, und die Fremden werden aus Erfahrung lernen, daß Frankreich das Vaterland aller Völker ist, *Patria gentis humanae.«*

Die katholische Kirche und die Freimaurerei

Der Heilige Stuhl gewährte den Stuarts von Anfang an seinen Schutz, der nie erlahmte und im Unglück weniger denn je. Als Jakob II. gestorben war (16. September 1701), hatte Klemens XI. (1700–1721) ihm vor dem versammelten Heiligen Kollegium feierlich die Leichenrede gehalten. Er hinterließ Jakob III. auch ein nahmhaftes Legat. Klemens XII. (*1652, Papst von 1730 bis 1740) eröffnete sein Pontifikat (12. Juli 1730) mit einer Schenkung von 10.000 Kronen an Jakob III. (42) und der Rangerhöhung mehrerer Geistlicher seiner Umgebung. Zu Weihnachten versöhnte er ihn mit seiner Gemahlin, der Prinzessin Maria Klementine Sobieska (1702–1735). Er zeigte volles Verständnis und volle Duldung für die Existenz einer kleinen protestantischen Kapelle im Palast Jakobs III. zu Rom, wo zwei Kapläne nacheinander, Berkeley und Cooper, den Gottesdienst hielten. Klemens XII. war 78 Jahre alt, als er 1730 zum Papst gewählt wurde; zwei Jahre später erblindete er, 1736 verlor er das Gedächtnis.

Die katholische Bevölkerung Londons hielt den Gottesdienst im Verborgenen ab; die Gläubigen wagten nicht zu sagen, daß sie »zur Messe« gehen, sondern wählten den Ausdruck »zum Gebet« gehen. Seit 1688 gab es im ganzen Land nur vier Bischöfe, die sich ebenfalls verborgen hielten. Seit dem Beginn des Jahrhunderts war jedoch unbestritten eine Beruhigung eingetreten. England befand sich in vollem wirtschaftlichen Aufschwung, und die irische Arbeiterschaft wurde zwar verachtet, mußte aber geschont werden. Die Zeit der großen Bekehrungen war noch fern, aber die Kreise der Denkenden diskutierten bereits. Bei Hofe trug die Königin Karoline (1683–1737) ihren Eklektizismus zur Schau. Natürlich waren Katholiken nicht ganz rechtgläubig; die Toleranzakte hatte sich nicht auf die Katholiken erstreckt, hatte ihnen aber indirekt genützt, denn mangels des Anreizes zu Verfolgungen waren viele kleine fanatische Sekten erloschen und ihre Wutausbrüche mit ihnen.

Rom hatte England niemals aus den Augen verloren und wartete auf einen günstigen Augenblick, um die Missionierung zu verstärken; es durfte aber nichts überstürzt werden, um nicht den Haß der Dissenter neu zu wecken, und diese warteten Gewehr bei Fuß. 1733 publizierte ein Anonymus ein katholikenfeindliches Pamphlet mit dem Titel *»Die gegenwärtige Lage des Papismus in England«* und empörte sich darüber. Die *»Gazette d'Utrecht«* vom 13. März 1733 meldete, die Kongregation »De propaganda fide« habe auf Weisung des Papstes von der apostolischen Kammer 40.000 Kronen erhalten, um Missionare nach Schottland und Irland zu senden. Das alles nötigte den englischen Premierminister Robert Walpole (1676–1745; seit 1725 Sir Robert Walpole, 1742 1. Graf von Orford), über die Vorgänge in Italien, dem Zufluchtsort der Stuarts, unterrichtet zu sein. Dafür setzte er seinen Meisterspion Philipp Freiherr von Stosch aus Hannover ein. Dieser, 1691 zu Küstrin geboren, war ein Gelehrter, Numismatiker und großer Kenner von Altertümern. Er entdeckte und erwarb in Augsburg die berühmte Peutingersche Tafel, eine Straßenkarte des Römischen Imperiums aus dem 3. Jahrhundert, die in einer Abschrift von 1264 erhalten geblieben war. Sein ganzes Leben lang sammelte er und verkehrte mit Gelehrten. In seiner Jugend kam er nach dem Haag, wo sein Vetter, der preußische Gesandte von Schmetten, ihn dem »Staatsschreiber« der Vereinigten Provinzen, Fagel, einem Freund des Freimaurers und englischen Diplomaten Lord Chesterfield, vorstellte, mit dem er dreißig Jahre lang in Korrespondenz blieb. Chesterfield war gerade erst (1728) als Gesandter nach dem Haag geschickt worden; er brachte Baron Stosch dem Premier Walpole gegenüber in Erwähnung, nachdem Stosch sich in Rom niedergelassen (unter dem Pontifikat Benedikts XIII., also noch vor dem 21. Februar 1730) und die Gunst des Kardinals Alessandro Albani, eines Archäologen, gewonnen hatte. Er wurde nach England berufen, wo er die persönliche Gunst Georgs II. erfuhr, naturalisiert und nach dem Haag zur weiteren Unterweisung geschickt wurde. Er befand sich 1731 im Haag, als Franz Stephan Herzog von Lothringen eintraf und zum Maurer gemacht wurde, und lernte diesen kennen. Danach wurde er von Walpole wieder nach Rom entsandt mit dem Auftrage, als Geheimagent Georgs II. von England den Prätendenten und die Jakobiten zu bespitzeln und tägliche Berichte über die Tätigkeiten und Handlungen der königlichen Familie im Exil an Walpole zu schicken. Die Jakobiten hatten damals bereits in Florenz, Pisa, Livorno, Siena, Perugia und Rom »maurerisch« gearbeitet.

Hier muß etwas klargestellt werden, was stets zu Mißverständnissen geführt hat: die 1733 in Florenz gestiftete »erste Freimaurerloge auf italienischem Boden« war weder englisch (deistisch) noch französisch (christlich) noch schottisch (jakobitisch) – sondern irisch. Im Juli 1731 war James 4. Lord Kingston (Großmeister der Großloge von England 1728 bis 1729) zum Großmeister der Großloge von Dublin gewählt worden; einen Monat später erkannte ihn die Großloge von Munster als Großmeister an und vereinigte sich mit der Großloge von Dublin zur Großloge von Irland (nur die Logen in Ulster hielten sich fern). Allen sich unterstellenden Logen wurden Freibriefe ausgestellt. Im Jahr davor (September 1730) veröffentlichte John Pennell in Dublin die Konstitutionen der Großloge von Dublin, die eine Abschrift der Konstitutionen der Großloge von England bis auf zwei wesentliche Änderungen war: (1) Pennell rückt von der deistischen Fassung ab und fügt ein Gebet hinzu, das bei Eröffnung der Loge oder der Aufnahme eines Bruders zu sprechen ist: *»Und wir flehen Dich an, o Herr Gott, segne unser jetziges Unternehmen und gewähre, daß dieser unser neuer Bruder sein Leben Deinem Dienste widmen und uns ein wahrer und getreuer Bruder sein möge; statte ihn mit göttlicher Weisheit aus, damit er mit den Geheimnissen der Maurerei die Mysterien der Frömmigkeit und des Christentums erfahren kann. Darum bitten wir demütig namens und wegen Jesu Christi, unseres Herrn und Erlösers. Amen.«* (2) Im Gegensatz zur Großloge von London enthalten die irischen Konstitutionen das Dreigradsystem. (Diese irische Maurerei samt Konstitutionen Pennells war das Vorbild der christlichen Großloge von Frankreich bei der Abfassung der Konstitutionen im Dezember 1735.)

Die Großloge von Irland (als erste Großloge überhaupt) übernahm die (von Schottland stammende) Einrichtung der Feldloge: es handelt sich naturgemäß um solche bei britischen Truppenteilen, die nach Amerika, in den afrikanischen Urwald und die asiatischen Dschungelgebiete, später auch nach Australien, in Feldlager und Forts, in Städte und Dörfer ihre Logentruhe mitführten, um die Brüder nach hartem Dienst zur freimaurerischen Arbeit aufrufen zu können. Der erste Stiftungsbrief, den eine solche militärische Loge erhielt, wurde 1732 von der Großloge von Irland ausgestellt. Er ermächtigte zur Gründung einer Regimentsloge im »ersten Fußregiment«, das sich aus Iren zusammensetzte. Zahlreiche andere ambulante Gründungen folgten; zu diesen gehörte auch das Patent, das Charles Sackville Graf von Middlesex (1710–1769), Sohn des Vizekönigs von Irland Lionel Cranfield 7. Graf und 1. Herzog von Dorset, erhalten hat. So kam es zur Stiftung der Loge zu Florenz in der Via Maggio 1733 durch Sackville.

In Rom haben wir den definitiven Beweis, daß es 1735 eine »schottische« (jakobitische) Loge gegeben hat (ihr Protokollbuch befindet sich bei der Großloge von Schottland); hier spionierte Stosch solange, bis seine Tätigkeit entdeckt wurde. Der Ritter von St. Georg setzte bei Klemens XII. die Ausweisung des Barons durch und rettete ihm vielleicht dadurch das Leben; denn er sollte von den Jakobiten ermordet werden. Stosch wechselte nach Florenz, wo er sich prunkvoll einrichtete; sein Haus in der Via del Malcontenti, das fast einem Museum glich, wurde ein Mittelpunkt, in dem die literarische Gesellschaft verkehrte. Sein Kontaktmann dort wurde Horace Mann, der 1737 zum Stellvertreter des Gesandten Fane in Florenz ernannt worden war; auch dieser war »hannoverscher« Freimaurer und verkehrte in der Loge als Bruder unter gleichen.

Dazu mußte auch kommen, daß die Loge von Livorno jesuitenfeindliche Literaten, wie Dr. Lami und Professor Pascasio Gianetti von der Universität Pisa, zu ihren Mitgliedern zählte. Diese griffen in literarischen Ergüssen die Gesellschaft Jesu an; als Gegenschlag machte sich der Jesuit Pater Cordara in lateinischen Versen über die »Graeculi« lustig, wobei er mit dieser dem römischen Altertum entnommenen herabsetzenden Bezeichnung gewisse Pamphletisten geißelte, die die Gesellschaft Jesu und durch sie die Religion angeschossen hatten. Der Jesuit Pater Lagomarsini kommentierte diese Verse und übernahm die Verteidigung der Gesellschaft Jesu gegen ihre ewigen Verleumder; dabei brachte er die Hypothese vor, daß die betreffende Stelle gar nicht die »Graeculi« meine, sondern eine neue Sekte, die er in folgenden Worten schilderte: *»Ich glaube aber nicht, daß hier so sehr die ›Graeculi‹ gemeint sind als vielmehr eine allen Wohlgesinnten höchst suspekte Sekte. Viele verdächtigen sie nicht ohne Grund, daß sie, nachdem sie wegen der Strenge der Gesetze und aus Furcht vor der Todesstrafe aus England und Frankriech geflohen war, den Sitz ihrer Tätigkeit und ihrer Mysterien nach Italien verlegt habe. Aber sie irren sich, wenn sie meinen, sie könnten, während ein so wachsamer und heiliger Papst die Christenheit leitet, sich länger bei den Italienern halten. Die Anfänge dieser Sekte sind okkulter als die der Mysterien des Ceres zu Eleusis; sie bieten den Besonnenen auch eine größere Handhabe zum Verdacht und zur Besorgnis . . . Man sagt* *nämlich, daß diese Sekte zwei Regeln habe, die nicht an letzter Stelle aufscheinen: daß keine von Jesuiten verfaßten Bücher in den Händen der Initiierten seien und daß keine bis zum heutigen Tage gegen die Jesuiten geschriebenen Bücher nicht bei ihnen seien; vor allem die »Provicíales« oder die »Tuba Magna«, von denen das eine beinahe das Ansehen des Alten, das andere das Ansehen des Neuen Testaments besäße. Ob das alles wahrheitsgetreu oder fälschlich erzählt wird, weiß ich nicht; es wird aber erzählt, und ich meine, daß der Dichter darauf Bezug genommen hat.«*

Der Klatsch also, dessen Gegenstand anscheinend die Freimaurerei war, ist sicher unsinnig. Der Angriff auf die »neue Sekte« als antijesuitisch hätte die kirchlichen Behörden gar nicht berührt, war doch der Inquisitor von Florenz, Ambrogio Ambrogi, Angehöriger der *Fratres Minori Conventuali di Santa Croce* (Mindere Brüder Konventualen des Heiligen Kreuzes); auch der Kardinal Nereo Corsini (1685–1770) war so wenig »jesuitisch«, daß er persönlich mit den römischen Jansenisten sympathisierte. Wohl standen die Eingeweihten der deistischen (antichristlichen) Haltung der englischen (»hannoverschen«) Freimaurerei ablehnend gegenüber und betrachteten sie als Häresie und Verrat an der christlichen Trinität; doch die jesuitischen Angriffe und der Klatsch richteten sich nicht gegen diesen »Verrat«. Daß ihr Angriff den Lehrern der Universität Pisa galt, wird auch aus den Berichten des Agenten der Republik Lucca (F. Sbigoli, Lettre del Diodati e del Marchi, agenti della Republica di Lucca e decreti del Governo di questa intorno al Frammasonis; zitiert nach A. Mellor, Brüder... a. a. O., S. 158 ff.) deutlich: aus seinem Bericht an die Regierung von Lucca vom 12. Juni 1737 erfahren wir, *»daß sich seit kurzem die Kirchenbehörden aufgrund von Maximen beunruhigt zeigen, die einige von den Lehrern der Universität Pisa beeinflußte Florentiner Literaten vertreten haben. Diese ›virtuosi‹ hätten eine in Frankreich verbotene Sekte zum Muster genommen, die selbst die Nachahmung einer englischen Sekte, der Freimaurer (Frammasonis), sei. Sie hätten einen Eid abzulegen, über alles, was dort gesagt oder getan werde, zu schweigen. Zwei apostolische Delegierte oder zwei Delegierte der Inquisition würden erwartet und sollten eine Untersuchung eröffnen.«*

Es handelte sich demnach um eine Loge der »christlichen« Großloge von Frankreich und nicht um eine »deistische« Loge der Großloge von England. Also gab es damals Logen aller drei Systeme in Florenz; denn am 16. Juni berichtete derselbe Agent seiner Regierung, *»daß eine Loge in Florenz von einem gewissen Mylord Middlesex, einem zweiten Engländer, dessen Name ihm nicht bekannt sei* (wohl Lord Henry Fox Holland, Leiter der Loge), *einem gewissen Baron Stosch aus Hannover und einem Juden gegründet worden sei. Sie werde viel besucht, von Adeligen, Klerikern, Bürgern und Studenten. Die Lehre, die dort gelehrt werde, sei geheim. Ihre Enthüllung solle mit dem Tode bestraft werden, was unglaubwürdig klinge. Alles, was der Agent habe erfahren können, als man die Freimaurerei in Turin einzuführen versuchte, lasse sich auf drei Punkte zurückführen: Es sei erlaubt, geschlechtliche Beziehungen mit einer verheirateten Frau zu unterhalten; die Beichte sei überflüssig, sobald Reue vorhanden sei; es sei unnötig, das Fastengebot einzuhalten. Die beiden von der Inquisition entsandten Dominikaner seien in aller Heimlichkeit eingetroffen. Der Nuntius und der*

Erzbischof täten ihr Möglichstes, um das Verbot der Freimaurerei zu erwirken, es stehe aber zu befürchten, daß, selbst wenn neue Logen nicht mehr gegründet werden könnten, Anwerbungen von Einzelpersonen unter dem Vorwand vorgenommen werden würden, daß alle Mitglieder mit der ersten in London gegründeten Loge eins seien.«

(Die indirekte Rede in diesen Berichten rührt daher, daß sie Zusammenfassungen des »Agentenführers« in Lucca über die vertrauliche Information seines Agenten darstellen.) Hier sieht man, daß die zusammengetragenen »Informationen« vom Hörensagen stammten, daß der Agent kein Wissen aus erster Hand besaß, daß man alle drei Systeme der Maurerei durcheinander brachte, daß man den »deistischen« Charakter der Freimaurerei nicht kannte und daß man die Loge als christlich-häretische Sekte angesehen hat.

Anders waren die Kenntnisse und Berichte, die dem Heiligen Stuhl vorgelegen haben müssen, als Klemens XII. (selbst aus Florenz) am 25. Juni 1737 die Kardinalversammlung zu der historischen Sitzung einberief, in der die Verurteilung der Freimaurerei beschlossen wurde: die Akten ergaben bereits, daß das hannoversche England es seit zwanzig Jahren wunderbar verstanden hatte, in seinem erbarmungslosen Kampf gegen die Jakobiten bzw. den englischen Katholizismus, nicht nur seine im Ausland wirkenden Botschafter und Gesandten einzusetzen, sondern auch die Logen und sogar einen spionierenden Kleriker (Strickland Bischof von Namur). Die Tätigkeit des aus Rom ausgewiesenen und in Florenz aktiven Baron Stosch war dem Vatikan hinreichend bekannt.

Um die Untersuchung gegen diese hannoversche Freimaurerei nicht zu hemmen bzw. um nicht in den Strudel der Verdächtigung hineinzugeraten, veranlaßte Jakob III. auf Anraten des Heiligen Stuhles am 20. August 1737 die Schließung der »schottischen« Loge zu Rom.

Aus Florenz hingegen (Florenz, Livorno und Pisa gehörten allesamt zum Großherzogtum Toscana) erfahren wir am 19. Juni 1737 mittels des Agenten Diodati, *»daß es der Inquisition bloß gelungen sei, ein paar Angehörige des niederen Klerus und ein paar Mönche in Livorno zu verhaften. Standespersonen seien nicht behelligt worden, ebensowenig die ausländischen Gründer der Loge. Es liefen Gerüchte über Verhaftungen angesehener Personen und sogar von Damen um; sie seien unwahr. Aber das Gift dringe weiter ein, und es sei bedauerlich, daß man nicht sofort die erforderlichen strengen Maßnahmen angewendet habe, denn sogar die häretischen* (= protestantischen) *Nationen würden bald daraufkommen – manche seien bereits daraufgekommen* (Holland und Genf) –, *daß, wenn auch keine Gefahr für die Religion bestehe, zu der sie sich bekennen, hier doch eine Gefahr für die Regierungen liege.«*

Hier kristallisieren sich die beiden Aspekte der Bekämpfung der hannoverschen Freimaurerei: der religiöse (Deismus) und der politische. Am 2. Juli empfahl der Agent Mißtrauen gegenüber dem Angebot des Mylord Middlesex, auf seine Kosten eine Theatergruppe nach Lucca zu schicken (die Republik Lucca lag auf der Westküste Italiens nördlich des damaligen Großherzogtums Toscana). Der Baron Stosch könnte dies ausnützen. Er sei der wirklich Gefährliche.

Am 9. Juli 1737 starb Großherzog Gian Gastone (1671–1737, Großherzog der Toscana seit 1723), der letzte Fürst aus dem Hause Medici, ohne Nachkommen. Im Wiener Vorfrieden (3. Oktober 1735) im Polnischen Erbfolgekrieg (1733 bis 1738) machte die französische Diplomatie folgende verwickelte Abmachung zur Bedingung ihrer Anerkennung jener für Karl VI. so wertvollen Urkunde (seine Tochter Erzherzogin Maria Theresia als Nachfolgerin anzuerkennen): Frankreich würde die Pragmatische Sanktion anerkennen, als Gegenleistung dafür würde der Schwiegervater Ludwigs XV., Stanislaus Leszczynski, der seinen polnischen Thron 1709 verloren hatte, als Entschädigung auf Lebenszeit Lothringen erhalten. Der Herzog Franz Stephan von Lothringen (damals noch Verlobter der Tochter des Kaisers) würde seinerseits eine Entschädigung in Toscana erhalten. Diese Präliminarien wurden am 1. Mai 1737 zu einem definitiven Vertrag. Schon am Todestag des letzten Medici begab sich der Fürst von Caon mit großem Prunk zum Senat nach Florenz, ließ den neuen Großherzog (seit 12. Februar 1736 mit Maria Theresia vermählt) durch diesen anerkennen und bis zu dessen Eintreffen (1739) einen Regentschaftsrat unter seinem Vorsitz einsetzen. Am 16. Juli berichtete der Agent der Republik Lucca, *»Es wird berichtet, daß der Herzog von Lothringen Freimaurer sei und wie einige andere Florentiner ›Patrizier‹ der Gruppe der englischen Freimaurer angehöre. Diese sei sehr alt und biete, abgesehen vom Geheimnis, nichts Besonderes zu berichten. Es würden Männer jedes Standes und jeder Nation zugelassen, und es werde allgemein angenommen, daß das Geheimnis ganz einfach ein Nichts sei und daß die Versammlungen gänzlich bedeutungslos seien. Wenn sich aber in Florenz eine andersartige Entwicklung abzeichne, wäre größte Vorsicht geboten.«*

Der Umschwung in der Berichterstattung ist leicht verständlich: Wenn der Landesfürst selbst Freimaurer war, dürfte man keine negativen Gerüchte mehr darüber verbreiten. Die bisherigen Skandale um die Freimaurerei wurden zu lokaler Entwicklung erklärt und nicht mehr auf die Freimaurerei als Gesellschaft übertragen.

Und am 4. Mai 1738 (nicht 28. April 1738, wie nahezu alle Bücher zitieren) wurde die päpstliche Bulle *»In eminenti«* erlassen. Es hat keinen Zweck, über Sinn, Ziel und Tragweite der Bulle zu sprechen, ohne deren Inhalt zu kennen; daher geben wir hier ihren Wortlaut in deutscher Übersetzung auszugsweise wieder:

KLEMENS, Bischof, Knecht der Knechte Gottes, allen Christgläubigen Gruß und apostolischen Segen!

Da die göttliche Vorsehung, Unserer Unwürdigkeit ungeachtet, Uns auf den erhabenen Wächterstuhl gesetzt hat, damit Wir für die Uns Anvertrauten die schuldige Hirtenfürsorge beobachten, so richten Wir, soviel Uns der Beistand von Oben unterstützt, Unsere eifrigste Sorge darauf hin, daß den Irrtümern und Lastern der Einbruch versperrt wird, die Unberührtheit der rechtgläubigen Religion möglichst erhalten wird und in diesen äußerst schwierigen Zeitläuften von der ganzen katholischen Welt die Gefahren der Verwirrung ferngehalten werden.

§ 1. – Schon durch das öffentliche Gerücht ist Uns bekannt geworden, daß gewisse Gesellschaften, Vereine, Zusammenschlüsse, Verbindungen, Versammlungen und Konventikel unter dem Namen Liberi Muratori *oder* Francs Massons, *oder je nach Verschiedenheit der Sprache unter einer anderen Benennung, sich weit und breit ausdehnen und von Tag zu Tag erstarken, in welchen Menschen aller Religionen und Sekten, die mit einer gewissen Art von natürlicher Rechtschaffenheit zufrieden sind, sich durch ein enges und geheimnisvolles Bündnis nach festgelegten Gesetzen und Statuten miteinander verbinden und sowohl durch einen auf die Heilige Schrift abgelegten Eid als auch durch Androhung schwerer Strafen zu einem unverbrüchlichen Stillschweigen über das, was sie gleichfalls im geheimen wirken, verpflichtet werden. Da es aber die Natur des Verbrechens mit sich bringt, daß es sich selbst verrät und einen Lärm macht, der es entlarvt, so haben die vorgenannten Gesellschaften und Konventikel den Gemütern der Gläubigen einen so starken Argwohn eingeflößt, daß es für Kluge und Fromme ganz dasselbe ist, ob man sich einer solchen Gesellschaft einschreibt oder das Brandmal der Bosheit und Verderbtheit auf sich nimmt; denn wenn sie nichts Böses täten, so würden sie nicht so sehr das Licht hassen. Dieses Gerücht hat sich so weit verbreitet, daß in den meisten Gegenden die erwähnten Gesellschaften von den weltlichen Obrigkeiten als für die Sicherheit des Staates gefährlich geächtet und schon längst ausgewiesen sind.*

§ 2. – Da Wir so die schweren Schäden erwägen, welche so oft durch Gesellschaften oder Konventikel nicht nur der Ruhe des Staates, sondern auch dem Heile der Seelen zugefügt werden, und daß diese Schäden weder mit bürgerlichen noch mit geistlichen Satzungen zusammen bestehen können, da Wir ferner durch das göttliche Wort angewiesen werden, als ein getreuer Knecht und kluger Vorsteher des Hauses des Herrn Tag und Nacht zu wachen, damit nicht dieser Art Menschen wie Diebe das Haus untergraben oder gleich den Füchsen den Weinberg zu zerstören trachten, damit sie also nicht die Herzen der Einfältigen verderben und die Unschuldigen im Finstern mit Pfeilen treffen, so haben Wir, um den so breiten Weg zu versperren, der auf diese Weise dem Eindringen der Bosheit geöffnet werden könnte, und auch aus anderen Uns bekannten, gerechten und vernünftigen Gründen, *für gut befunden und beschlossen, besagte Gesellschaften, Vereine, Zusammenschlüsse, Verbindungen, Versammlungen und Konventikel unter dem Namen* liberi Muratori *oder* Francs Massons *– oder unter irgendeiner anderen Benennung – auf den Rat einiger Unserer ehrwürdigen Brüder und der Heiligen Römischen Kirche Kardinäle wie auch auf eigenen Entschluß und auf Grund sicheren Wissens und reiflicher Überlegung kraft apostolischer Machtfülle zu verurteilen und zu verbieten, so wie Wie sie denn durch diese Unsere immerwährend geltende Verordnung verurteilen und verbieten . . .*

§ 4. – Darum gebieten Wir allen und jedem Christgläubigen, was auch ihr Stand, ihr Rang, ihr Herkommen, ihre Ordnung, ihre Würde und ihr Vorrang sei, sowohl Laien wie Welt- und Ordensgeistlichen, einschließlich derer, die besonders genannt sein sollen, ausdrücklich und kraft des heiligen Gehorsams, daß keiner unter irgendwelchem Vorwand oder Anschein sich erkühne oder unterstehe, in vorgenannte Gesellschaft der liberi Muratori *oder* Francs Massons, *oder wie sie sonst genannt werden mögen, einzutreten oder für sie zu werben, sie zu unterstüt-*

zen, zu fördern, noch sie in seinem Hause und seiner Wohnung oder sonstwo aufzunehmen oder zu verbergen, sich bei ihnen einschreiben oder ihnen zugesellen zu lassen oder zugegen zu sein, noch ihnen eine Gelegenheit oder leichte Möglichkeit zu verschaffen, daß sie irgendwo versammelt werden, ihnen zur Hand gehen oder sonst Rat, Hilfe oder Gunst, öffentlich oder heimlich, mittel- oder unmittelbar, selbst oder durch andere auf irgendeine Weise zu leisten; ebensowenig andere zu ermahnen, zu verleiten, aufzufordern oder zu überreden, sich dergleichen Gesellschaften einschreiben, zuzählen zu lassen oder an ihnen teilzunehmen oder ihnen, auf welche Weise es sei, zu helfen oder sie zu begünstigen; Wir gebieten vielmehr, daß sie sich gänzlich solchen Gesellschaften, Vereinen, Zusammenschlüssen, Versammlungen oder Konventikeln zu enthalten haben, unter Strafe der Exkommunikation, der alle Zuwiderhandelnden, wie sie eben kenntlich gemacht wurden, durch die Tat selbst ohne weitere Erklärung verfallen und von der niemand, außer von Uns oder dem jeweiligen Römischen Papst, es sei denn im Falle des Todes, die Wohltat der Lossprechung zu erhalten vermag.

Wir wollen überdies und befehlen, daß Bischöfe und höhere Prälaten und andere örtliche Ordinarien sowie die überall abgeordneten Inquisitoren der häretischen Verderbtheit gegen die Übertreter – wes Standes, Würde, Ranges, Hoheit und Vorrechtes sie sein mögen – Verfahren und Untersuchungen anstellen und sie – als der Häresie heftig verdächtig – mit verdienten Strafen belegen und züchtigen. Denn Wir geben und verleihen ihnen und jedem von ihnen Gewalt, gegen diese Übertreter vorzugehen und Untersuchungen anzustellen und sie mit verdienten Strafen zu züchtigen, auch, im Falle es nötig ist, zum Beistand des weltlichen Armes Zuflucht zu nehmen ...

Gegeben zu Rom, in Santa Maria Maggiore, im Jahre nach der Menschwerdung Jesu Christi 1738, am 4. der Kalenden des Mai, im achten Jahre Unseres Pontifikates.

Um es mit einem Wort zu sagen: Der Heilige Stuhl, der genauestens im Bilde zu sein scheint, verurteilt die Freimaurerei, »in welcher Menschen aller Religionen und Sekten, die mit einer gewissen Art natürlicher Rechtschaffenheit zufrieden sind, sich ... miteinander verbinden«, womit die »deistische«, englische Freimaurerei gemeint ist. Aus der Sicht der katholischen Kirche hat diese Freimaurerei durch Verzicht auf die Dreieinigkeit den Boden des Christentums verlassen und andere Religionen und Sekten als gleichwertig anerkannt; somit stellt sie für den Katholizismus eine häretische Sekte, eine Stätte des Unglaubens dar. Die politische Tätigkeit der Loge wird diplomatisch mit der Bemerkung verurteilt, »um den so breiten Weg zu versperren, der auf diese Weise dem Eindringen der Bosheiten geöffnet werden könnte, *und auch aus anderen Uns bekannten, gerechten und vernünftigen Gründen«*. Auch die Bezeichnung Francs Massons und nicht die »christliche« Maçons libres zeigt in diese Richtung.

Deutschland und die Freimaurerei

Wie bereits ausgeführt, war Albrecht Wolfgang zur Lippe der erste uns bekannte deutsche Maurer der »hannoverschen« Lehrart; auf ihn geht die Gründung (wenn auch ohne Patent der Großloge von London) einer Loge in Mannheim 1727 zurück. Wie weit er seit seiner Übernahme der Regierung der kleinen Grafschaft Schaumburg-Lippe in Niedersachsen (1728) für die Ausbreitung der »hannoverschen« Freimaurerei tätig geworden war, ist nicht bekannt; doch die Tatsache, daß Friedrich von Thoms 1730 ein Patent der Großloge von London als Provinzial-Großmeister für das Gebiet Niedersachsen erhielt, zeigt, daß zumindest im Raume Hannover zahlreiche englische und deutsche Mitglieder dieses Bundes vorhanden waren. Ob Thoms diese Eigenschaft je ausgeübt hat, wissen wir nicht. Seit 1732 war er als Gesandter des Herzogs Friedrich von Sachsen-Gotha damit beschäftigt, die Heirat der Prinzessin Augusta von Gotha mit Friedrich Ludwig Prinz von Wales zu betreiben, die 1736 zustande kam. 1736 wurde er preußischer Gesandter in Venedig, nachdem er die Aussöhnung der Könige Georg II. von Großbritannien und Friedrich Wilhelm I. von Preußen vermittelt hatte. Dann war er Hofmarschall des Königs von Neapel, der ihn in den Grafenstand erhob (Graf von Jacobi). Von 1739 an lebte er in Holland.

Noch berühmter war Franz Stephan Herzog von Lothringen, der im Mai 1731, unter Vermittlung des Albrecht Wolfgang Graf von Schaumburg-Lippe, im Haag in einer eigens zu diesem Zweck gehaltenen Loge der »hannoverschen« Großloge von London aufgenommen worden war und im Dezember 1731 von der Norwicher »Maid's Head Lodge« im Landhaus des englischen Premiers Robert Walpole in Norfolk den Meistergrad erhalten hatte. Ob er sich je »maurerisch« betätigt hat, wissen wir nicht; seinen alchimistischen Neigungen, die ihn zur Aufnahme in den Freimaurerbund veranlaßt hatten, huldigte er weiterhin. Seine Alchimisten standen jedoch der Freimaurerei fern.

Zu den Deutschen am Hofe Georgs II., die den Weg in die Freimaurerei gegangen sind, gehört auch Georg Ludwig Graf von Kielmansegge (1705–1785), Sohn der Halbschwester Georgs I., der 1732 in der Londoner »Bear and Harrow Lodge« eingeweiht wurde. Im englischen Konstitutionsbuch heißt es in der Ausgabe von 1738 auf Seite 194, der Großmeister James Lyon Graf von Strathmore habe 1733 elf deutschen Herren, guten Brüdern, die Vollmacht erteilt, in Hamburg eine Loge zu gründen. Die genannten elf Brüder werden nicht namentlich aufgeführt, doch interessanter ist die Frage: Warum gerade Hamburg?

Hamburg, damals mit 70.000 Einwohnern die zweitgrößte deutsche Stadt (nach Köln), war Sitz der Nachfolgerin der englischen Merchant Adventurers Company für den Handel mit Rußland und dem Baltikum seit Schließung des Hanse-Stahlhofes in London (1598). Nach der Erfindung des Konvoysystems durch die Holländer (1682) und der Errichtung von Stützpunkten an der Goldküste Guineas durch die deutsche Afrikanische Handelskompanie (1683) wurde Hamburg Deutschlands Tor zur Welt Nummer eins. Die Stadt orientierte sich im Geschmack nach England: das erste Kaffeehaus wurde 1677 von einem Engländer eingerichtet, das Wochenblatt *»Der Vernünftler«* erschien 1713 nach englischem Vorbild. Einer der Mittelpunkte des gesellschaftlichen Lebens war die im Jahre 1710 in der »Großen Allee« eingerichtete »Tour à la mode«, ein Wagenkorso, zu dem sich die Hamburger Gesellschaft in prächtigen Karossen einfand.

Diese mondäne Gesellschaft, die die Wirren des Nordischen Krieges (1700–1721), die Pestepidemie (1711–1714) und die Einäscherung Altonas durch die Schweden (1713) überstanden hatte, war das Ziel der »hannoverschen« Bemühungen gewesen, als die Großloge von London ihr Augenmerk auf Hamburg richtete.

1735 gelang es den Lords Keith und Marshall, in Hamburg eine »hannoversche« Freimaurerloge »St. George« zu gründen. Von all diesen Bemühungen erfahren wir durch die zweite Ausgabe der Anderson'schen Konstitutionen (1738). Sonst haben sich unseres Wissens keine Belege hierüber in Hamburg finden lassen – oder doch?

Doch bevor wir zur ersten nachweisbaren Hamburger Loge kommen, sollten wir vielleicht des Werdegangs der Mannheimer Loge gedenken. Während der Großherzog von Toscana aus dem Hause Medici, Gian Gastone, im Juni 1737 eine Verfügung gegen die Freimaurerei erließ und den päpstlichen Inquisitor in die Toscana rief, der mehrere Logenbrüder in Livorno verhaften ließ (die Berliner *»Vossische Zeitung«* vom 30. Juni 1737 meldete aus der Lombardei, *»das heilige Amt der dasigen Inquisition, bei welchem die errichtete Gesellschaft der Frei-Mäurer denunciieret worden, habe geurteilt, daß darunter ein heimlicher Molinismus oder Quietismus verborgen seyn müsse. Man habe auch bereits die gerichtliche Verfolgung wider diese Brüderschaft angefangen und verschiedene Personen in Verhafft genommen, ob man gleich große Ursache zu zweifeln hat, daß ihre Grund-Sätze mit einigen Erleuchtungen und hohen Betrachtungen, welche bei dem Molinismo und Quietismo zu finden, sollten in Vergleich zu stellen seyn«);* während die »Sacra Congregatio Inquisitionis« in Rom am 25. Juni 1737 eine Konferenz gegen die Freimaurerei einberufen hatte; während die Pariser Polizei am 10. September 1737 eine Razzia bei dem Weinhändler Chapelot in der Rue de la Rapée unternahm, wo in Anwesenheit vieler Adeliger gerade Loge gehalten wurde, und der Generalleutnant der Polizei, René Herault, am 14. September ein »Verbot an alle« erließ, sich zu versammeln, Vereinigungen von »Freys-Maçons« zu bilden oder Freimaurersitzungen zuzulassen (Chapelot erhielt eine Geldstrafe von 1000 Livres und seine Haustür wurde für sechs Monate vermauert); verbot der Kurfürst Karl III. Philipp von der Pfalz mit einem Erlaß vom 21. Oktober 1737 den in seinen Diensten stehenden Zivil- und Militärbeamten die Mitgliedschaft in der »Société des francs maçons« bei Verlust ihrer Ämter. Dies geht aus folgendem Dokument hervor:

»Serenissimus Elector
Nachdem Ihre Churfürstl. Durchl. aus sicheren dieselben hierzu bewandten ursachen gnädigst verordnet haben und ernstlich wollen, daß keinen von denen in dero civil oder militar diensten stehenden persohnen ohne unterschied der geburth und des rangs in die sogenannte brüder oder gesellschaft des francs maçons eintretten, mithin der jenige, welcher diesem ernsthaften Churfürstl. verbott entgegen handeln wird, seiner obhabenden diensten ohne einiges einsehen ohnfehlbar entsetzet werden solle; also hat dero Churpfältz. Regierung sich nicht nur demgemäß gehorsamst zu betragen, sondern es auch denen übrigen hiesigen Dicasteriis zur gleichmäßiger schuldigster nachachtung fort in hiesigen Landen mittels auf willkürliche strafgerichteter generalien bekannt zu machen.
Mannheim, den 21. Oct. 1737 *Carl 3 Philipp (Unterschrift)*
Die Churpfältz. Regierung«

Die Verordnung wurde in allen Oberämtern und in den pfälzischen Hauptstädten Mannheim, Heidelberg und Frankenthal am 25. Oktober 1737 bekanntgegeben.

An diesem Dekret fallen gleich drei wesentliche Punkte auf: (1) es wird kein Grund für das Verbot angegeben, weder ein politisches noch religiöses; (2) da das Verbot den Beitritt von Beamten in die Gesellschaft selbst untersagt, kann es nur die politische Seite berührt haben; (3) der Name der Gesellschaft zeigt auch, welche politische Tätigkeit gemeint ist: »francs maçons« bezeichnet die deistisch-hannoversche Freimaurerei, und da die deistische Haltung nicht berührt wird, geht es um die politische Tätigkeit für das hannoversche England, womit wir zu der Einführung der englischen Freimaurerei in Mannheim 1727 durch Albrecht Wolfgang zur Lippe gelangt wären.

Doch ganz gleich, wie der Streit um die Ehre, die erste Loge auf deutschem Boden zu sein, ausgeht: die Mannheimer waren »hannoversche« Freimaurer, die Hamburger nicht!

Am 15. November 1737 schrieb die kurpfälzische Regierung einen dreiseitigen Brief, in dem es unter anderem heißt:

»Durchlauchtigster Churfürst, Gnädigster Herr
... Nach dermahlen wir aber dessen ohngeachtet in sichrer erfahrung gebracht, daß in verschiedenen hiesigen gast- undt wirtshäusern sich solche persohnen aufhalten, welche freymaurer zu seyn sich öffentl. bekennen, mithin da sie sonsten dahier nichts zu verichten haben, unseres unterthgsten erachtens weither nichts suchen als ein- und andere junge Leuthe zu verführen undt in ihre verdächtige gesellschaft anzuwerben, wir hingegen von seither dero nachgesetzten regierung des ohnvergewißlichen dafürhaltens sindt, daß dergleichen verdächtigen Leuthen das Consilium abeundi von obrigkeitswegen auferlegt werden mögte; daß haben Eurer Churfürstl.Durchl. wie ein solches zu dero nähren gdgst. gefälliger Entschließ. undt Verordtnung hierdurch unterthgst berichten, anbey in Erwartung dero gdgsten resolution hierüber mit schuldigem respekt verbleiben sollen
Eurer Churfürstl.n Durchl. unterthgst... Mannheim, den 15.ten Novemb. 1737«

Worauf der Kurfürst seiner Regierung am 21. November 1737 mit einem Folgedekret antwortete.

1739 erschien in Frankfurt ein Buch mit dem Titel *»Historisches Jahrbuch vom Jahr Christi 1737 . . .«*. Auf Seite 257 heißt es dort unter »Freymäurer«:
»Freymäurer nisten sich auch in Mannheim ein
Die teutsche Nation hält nunmehr bey der seit wenigen Jahrhunderten eingeführten Gewohnheit, alles, was müßige Köpfe in fremden Ländern erfinden, auch in ihren Gräntzen bekandt zu machen, allzustrenge, als daß die in Engelland ausgeheckte, und immer weiter sich verbreitende Frey-Mäurer, nicht auch in unserem Vatterlande hätten eingeführt werden sollen. Zu Mannheim thate sich in der Mitte dieses Jahres eine solche Gesellschaft hervor die wie andere ihre Brüder auch ihren Ursprung von dem Turm zu Babel herleiten wollte. Sie mußte aber hier gleichfalls das Schicksal erfahren, welches sie in andern, auf dergleichen Gesellschaften aufmerksamen Staaten gehabt. Der Chur Fürst befall nemlich, diese ohne Erlaubnis eingeschlichene Zunfft auszurotten, und verbot allen Officieren und Soldaten, wie auch allen übrigen Bedienten und Unterthanen, bey Verlust ihrer Bedienungen und der Churfürstlichen Gnade, an derselben Theil zu nehmen.«
Weiter heißt es auf Seite 559: *»Daß die Secte, welche sich vor einem Jahr im Kirchen-Staat hervor zu thun angefangen würcklich von den Frey-Mäurern gewesen, die man in Rom für Epikurer hält, ist durch die Nachrichten von diesem Jahr bestättigt worden. Es wurde aber dieselbe bald unterdrücket.«*

Und nun zu Hamburg: Alle maurerischen und »profanen« Veröffentlichungen haben sich mit der Version zufriedengegeben, die Freimaurerei sei erstmalig auf deutschem Boden durch die Gründung der Loge »Absalom Zu den drei Nesseln« am 6. Dezember 1737 in Hamburg belegt. Doch diese Angabe ist falsch und irreführend! Diese Loge war weder englisch noch »regulär«. Wir haben bereits die Angaben in der zweiten Ausgabe der Anderson'schen Konstitutionen von 1738, was Deutschland angeht, angeführt:

- 1730 Patent für Friedrich von Thoms (1697–1746) als Provinzial-Großmeister für das Gebiet (Circle) Niedersachsen: Aktivität nicht nachgewiesen;
- 1733 Deputation an elf deutsche Gentlemen genehmigte zur Konstituierung einer Loge in Hamburg: Wir werden sie noch nachweisen;
- 1735 gründet John Keith Graf von Kintore, auf dem Weg zurück von Schweden, die Loge »St. George« in Hamburg: Auch diese werden wir nachweisen.

Lassen wir das Originalprotokoll der Gründung der Loge »Absalom Zu den drei Nesseln« vom 6. Dezember 1737 sprechen: *»Divers Membres de la très vénérable SOCIETÉ, des acceptés Maçon libres de LA St. LOGE de St. Jean, ayant formé et etablie une Loge à Hambourg, dans la rue des Boulangers à l'enseigne de la Taverne d'Angleterre, le 6me Xbre l'an 1737 sous la domination du très vénérable Deputé Grand Maitre de Prusse & de Brandenbourg le frère Charles Sarry & ses Surveillants le frère George Louis d'Oberg, le frère Pierre Carpser, le Secretair le frère Pierre Stüven, les Membres: le frère Jean Daniel*

Krafft, le frère Jean Arbin, qui fut recu le meme jour dans notre Vénérable Société & elu Membre de notre Loge, le Portier: Frère Gustave Schultze ont resolu de s'assembler regulierement les quartres premiers Samedis du mois, à huit heures du soir & y ont admis les Loix Suivantes savoir . . .«
Mit anderen Worten: in der Kneipe »Taverne d'Angleterre« in der Beckerstraße verkehrten neben den Engländern auch Mitglieder des literarischen Kreisen »Teutschübende Gesellschaft« (1714 von Barthold Heinrich Brockes gegründet) und des politischen Salons »Patriotische Gesellschaft« (1716 ebenfalls von Brockes gegründet, der seit 1724 nach englischem Vorbild eine moralische Wochenschrift unter dem Titel *»Patrioten«* herausgab), darunter Baron Georg Ludwig von Oberg (1711–1762), Rechtsanwalt Dr. Peter Stüven (*1710), Stadtwundarzt Peter Carpser (1699–1759) und der Kaufmann Johann Daniel Krafft, allesamt Freimaurer aus verschiedenen Systemen. Zu diesen stieß nun der junge Hugenotte Charles Sarry (1716–1766), der seit Oktober 1737 in Hamburg weilte. (Am 15. September 1737 wurde in Hamburg das Aufgebot zur Heirat des Isaac Deshons aus Hamburg und der Susanne Jeanne Sarry aus Berlin – Sarrys Schwester – bestellt; die Ehe wurde am 1. Oktober 1737 in Berlin geschlossen.) Dieser unterschied sich insofern von den anderen, als er ein Patent als Stellvertretender Großmeister für Preußen und Brandenburg der »christlichen« Großloge von Frankreich besaß (Charles Jacques Louis Sarry wurde am 29. November 1716 in Berlin als Sohn des Jacques Daniel Sarry, Kaufmann und Kommerzienrat aus Châlons, geboren), die ihn befähigte, Logen zu konstituieren, was er auch mit Hilfe der genannten Personen am 6. Dezember 1737 vornahm. Zur Gründung einer gerechten Loge brauchte man mindestens drei Meister, einen Gesellen und einen Lehrling, was beweist, daß die genannten Personen (Sarry, Oberg, Carpser, Stüven und Krafft) diese Bedingung erfüllt haben müssen; zum Ritual der Gründung benötigte man jedoch sieben Personen, und so wurden Jens Arbien, der Wirt der Kneipe, und Gustav Schultze aufgenommen.

Diese Sachlage wird aus dem oben aufgeführten Eintrag im Protokoll der Loge deutlich: Société des acceptés Maçon libres ist die Bezeichnung der »christlichen« Freimaurerei, die sich seit 1735 von Frankreich her ausbreitete (siehe oben »Ausbreitung der christlichen Freimaurerei«) und von den Gegnern »schottische« nach den Feldlogen der Schotten oder »jakobitische« nach der politischen Gesinnung ihrer Mitglieder genannt wurde. Die »englische« bzw. »hannoversche« oder »deistische« Freimaurerei bediente sich der französischen Bezeichnung francs-maçons und nicht maçons libres; auch die Bezeichnung Deputé Grand Maître deutet auf die »christliche« Freimaurerei Frankreichs hin, da die Großloge von England nur Provinzial-Großmeister und nicht Stellvertretende Großmeister kannte. Auch die 43 Lokalgesetze, die im Gründungsprotokoll »de la Très Vénérable Société des acceptés Maçons libre de la Ville de Hambourg« niedergelegt sind, beweisen, daß die Gründung nicht auf einer Initiative aus England beruhte und daher nicht die französische Übersetzung der Konstitutionen der Großloge von London (1723) angewandt wurde, die bereits 1736 in Den Haag in der Übersetzung von Jean Kuenen als *»Constitutions, histoires, loix, charges, réglements, et usages de la*

Très Vénérable Confrairie des Acceptés Francs-Maçons. Tirés de leurs témoignages authentiques & traditions fidelles de plusieurs siècles, trad. de l'anglois par Jean Kuenen. La Haye 1736« erschienen war. Daher können wir in London vergebens nach einem Patent zur Gründung dieser Loge suchen, war sie doch ein »Konkurrenzunternehmen« zu den zwei »englischen« Gründungen »Bunch of Grapes« in dem Weinhaus von Wieck und Alardus in der Beckerstraße von 1733 (Nr. 108), die sich jeden zweiten Donnerstag versammelte, und »St. George« beim Gastwirt François Guillaumont im Kaiserhof am Neß von 1735 (Nr. 196). Aus dem Hausgesetz der Loge d'Hambourg erfahren wir, daß sie sich an den vier ersten Samstagen des Monats versammelte, und daß alle drei Monate ein neuer Meister der Loge gewählt wurde. Bereits am 14. Dezember wurde Baron von Oberg zum Meister der Loge gewählt; am 21. Februar 1738 wurde Carpser dessen Nachfolger und Sarry verabschiedet, der nach Holland wollte. Zu den Mitgliedern der Loge d'Hambourg, die später eine gewichtige Rolle in der Ausbreitung der Freimaurerei in Deutschland spielen sollten, gehören Philipp Simon (am 14. Dezember aufgenommen), Jakob Friedrich Bielfeld (14. Dezember), Matthias Albert Luttman (21. Dezember), Generalmajor und Geheimer Kammerrat Friedrich Christian Baron von Albedyll (3. Februar 1738), Heinrich Otto Baron von Albedyll (6. Februar) – und Friedrich von Preußen (15. August 1738).

Kronprinz Friedrich von Preußen

Die freimaurerischen Historiker erwähnen nicht ohne Stolz, daß mit Aufnahme des Prinzen von Wales (1737) in London und des Kronprinzen von Preußen (1738) in Braunschweig die gekrönten Häuser an die Spitze der Bruderschaft gerückt seien, was den elitären Charakter der Freimaurerei ausmache. Daher lohnt es sich, diese beiden Aufnahmen näher zu betrachten:

Friedrich Ludwig, ältester Sohn Georgs II. von Großbritannien, wurde am 6. Januar 1707 in Hannover geboren und mußte auch dort bleiben – als Pfand für die Treue des Kurfürstentums Hannover –, als seine Eltern mit dem Großvater Georg Ludwig (1714) nach London übersiedelten; 1718 wurde er zum Herzog von Gloucester gemacht. Wenn auch der Großvater häufig in Hannover weilte (1716, 1719, 1720, 1723, 1725 und 1727; dafür mußte der Thronfolger in England als Unterpfand bleiben) und auch in Deutschland (Osnabrück) am 11. Juni 1727 starb, so durfte der Prinz erst 1727, zwanzigjährig, zu seinen Eltern nach London, wo er 1728 zum Prinzen von Wales gemacht wurde. 1736 heiratete er Augusta von Gotha; sein Kaplan war der geistige Vater der »hannoverschen« Freimaurerei, Dr. John Theophilus Desaguliers! Dennoch war der Thronfolger nicht an einer Aufnahme interessiert. Doch als er sich mit seinem Vater überwarf und 1737 vom Palast verbannt wurde, machte er sein neues Heim, Leicester House in London, zum Treffpunkt der politischen Opposition gegen den Premierminister Robert Walpole. Und in diesem Zusammenhang wurde er am 5. November 1737 in einer eigens zu diesem Zweck im Kew Palace bei Richmond abgehaltenen und von Desaguliers persönlich geleiteten Arbeit in den Maurerbund aufgenommen.

Der am 24. Januar 1712 geborene Vetter des Prinzen von Wales und erste Sohn des militanten Preußenkönigs, Kronprinz Friedrich von Preußen, orientierte sich sehr gern (durch die Mutter Sophie Dorothea von England, Tochter Georgs I., darin stark beeinflußt) nach England und nach der Philosophie der Aufklärung, die von dort langsam überzugreifen begonnen hatte: Christian Wolff (1679–1754) aus Breslau, Vater der deutschen Aufklärung, Philosoph, Mathematiker und Wissenschaftler, der in Breslau, Jena und Leipzig studiert hatte und Schüler des Philosophen und Mathematikers Gottfried Wilhelm Freiherr von Leibniz (1646–1716), und auf dessen Empfehlung hin 1707 zum Professor der Mathematik an der Universität Halle ernannt worden war, begann 1712 mit einer Reihe von Veröffentlichungen, die Aufklärungsphilosophie zu verbreiten: *»Vernünftige Gedanken von den Kräften des menschlichen Verstandes* (1712), *»Vernünftige Gedanken von Gott, der Welt und der Seele des Menschen, auch allen Dingen überhaupt«* (1719, rational. Philosophie nach Leibniz), *»Vernünftige Gedanken von der Menschen Tun und Lassen zur Beförderung ihrer Glückseligkeit«* (1720), *»Vernünftige Gedanken von den Wirkungen der Natur«* (1723) und *»Vernünftige Gedanken von den Teilen der Menschen, Tiere und Pflanzen«* (1725); damit verbreitete er die Philosophie Leibniz' in deutscher Sprache und geriet in theologischen Disput mit den Pietisten, den Anhängern der deutschen Bewegung für mehr Pietät in den Lutheranischen Kirchen, weshalb er 1723 von König Friedrich Wilhelm I. von Preußen ausgewiesen wurde (er war 1723–1740 Professor für Mathematik und Philosophie an der Universität Marburg in Hessen und wissenschaftlicher Berater des Zaren Peter des Großen und Mitbegründer der St. Petersburger Akademie der Wissenschaften in Rußland). Der junge Kronprinz war besonders von Wolffs charakteristischer These der Aufklärungsphilosophie beeindruckt: »Die Hauptabsicht der Welt ist diese, daß wir daraus Gottes Vollkommenheit erkennen sollen.« Vater und Sohn hatten sich nie verstanden, und statt Liebe und Zuneigung herrschten Gehorsam und Furcht vor; in aller Öffentlichkeit zwang der König seinen Stammhalter, ihm den Stiefel zu küssen. Die Gedanken der Aufklärung vermittelten dem jungen Prinzen Trost und inneren Halt gegen den Drill des Vaters, der aus Friedrich einen guten Soldaten machen wollte. Vergeblich versuchte sich der Kronprinz den väterlichen Erziehungsidealen zu widersetzen, und das zu einer Zeit, als man über eine Doppelhochzeit (Wilhelmines mit dem Prinzen von Wales und Friedrichs mit dessen Schwester Amalie) mit dem englischen Königshaus verhandelte. Als diese Verhandlungen plötzlich abgebrochen wurden, hielt es Friedrich unter dem Joch des Vaters nicht mehr aus: mit Hilfe seiner beiden Freunde und Mitleutnants, Hans Hermann von Katte und Peter Karl Christoph von Keith, versuchte Friedrich im Sommer 1730 vom preußischen an den englischen Hof zu fliehen. Im letzten Augenblick durch Keiths Gewissensbisse verraten (der selbst des Landes floh), wurden Friedrich und Katte als Deserteure verhaftet, ihres Rangs und ihrer Rechte entkleidet, eingekerkert und vor einem Kriegsgericht des Hochverrats angeklagt. Das Gericht verurteilte Katte zu zwei Jahren Festungshaft und erklärte sich nicht kompetent, gegen den Thronfolger zu Gericht zu sitzen. Der König jedoch, der bereits verfügt hatte, daß Friedrich von der Thronfolge ausgeschlossen werde, setzte sich über das Urteil hinweg, verhängte die Todesstrafe über Katte und ließ bekannt werden, daß das gleiche seinem Sohne bevorstünde. Auf seinen Befehl hin wurde Katte vor den Augen des Sohnes enthauptet. Der achtzehnjährige Prinz war dermaßen in Schock und Terror versetzt, daß der Gefängniskaplan dem König die bedingungslose Unterwerfung Friedrichs melden konnte. Der König reagierte mit Entlassung auf Bewährung: Friedrich sollte seine Freiheit und Wiederherstellung in Rang und Würden sowie die Thronfolge durch eine Tätigkeit auf unbestimmte Zeit in der Zivilverwaltung verdienen. 1733 wurde er, gegen seinen Willen, mit Elisabeth Christine, Tochter des Herzogs von Braunschweig-Bevern, vermählt; er füllte seinen kleinen Hof mit Gleichgesinnten, darunter auch Maler, Literaten und Musiker, las und schrieb und spielte die Flöte und schloß Brieffreundschaft mit Voltaire, dem ungekrönten König der französischen Aufklärung. Der Geist, in dem sich Kronprinz Friedrich der Freimaurerei näherte, wird deutlich in einem politischen Flugblatt, das er im April 1738 mit dem Titel *»Betrachtungen über den gegenwärtigen politischen Zustand Europas«* unter dem Pseudonym eines Engländers erscheinen ließ und in dem er unter anderem schrieb:

»Der Irrtum der meisten Fürsten besteht in dem Glauben, Gott habe die Menge von Menschen, deren Wohlfahrt ihnen anvertraut ist, bloß aus ganz besonderer Sorge für ihre Größe, ihr Glück und ihren Stolz geschaffen und ihre Untertanen seien nur zu Werkzeugen und Dienern ihrer zügellosen Leidenschaften bestimmt... Wollten sich die Fürsten von diesen Irrtümern losmachen, wollten sie mit ihrem Nachdenken bis zu dem Zweck ihrer Einsetzung hinaufsteigen, so würden sie sehen, daß ihr Rang, auf den sie so eifersüchtig sind, daß die Tausenden von Menschen, die ihnen unterworfen sind, sich keineswegs zu Sklaven eines Einzelnen hingegeben haben, um ihn furchtbarer und mächtiger zu machen; daß sie sich keineswegs einem Bürger unterworfen haben, um Märtyrer seiner Launen und ein Spielball seiner Einfälle zu sein; sondern daß sie aus ihrer Mitte denjenigen ausgewählt haben, den sie für den Gerechtesten hielten, um sie zu regieren, für den Gütigsten, um ihnen ein Vater zu sein, für den Menschlichtsten, um Mitleid bei ihrem Unglück zu fühlen und ihnen beizustehen, für den Tapfersten, um sie gegen ihre Feinde zu beschützen, für den Weisesten, damit er sie nicht ohne Grund in verheerende und verderbliche Kriege verflechte: mit einem Wort für den Mann, der am fähigsten wäre, den ganzen Staat zu repräsentieren und bei dem die höchste Gewalt zu einer Stütze der Gesetze und der Gerechtigkeit und nicht zu einem Mittel, ungestraft Verbrechen zu begehen und die Tyrannei zu begründen, dienen solle.«

Friedrich Wilhelm I., der »Soldatenkönig«, reiste Anfang Juli 1738 mit großem Gefolge, darunter auch sein Sohn Friedrich, von Berlin an den Rhein. In Minden waren die Preußen zu Gast beim regierenden Grafen von Schaumburg-Lippe; dieser war Witwer der Halbschwester von Sophie Dorothea von Hannover, Gemahlin des Preußenkönigs, sein Schwippschwager gewissermaßen. Bei der Hoftafel mokierte sich der Preußenkönig über die Aufklärung und vor allem über ihre Träger, die Freimaurer, die seit 1736 in Leipzig und Berlin ihr Unwesen trieben (1738 erschien sogar in Leipzig bei Breitkopf eine kleine freimaurerische Wochenschrift *»Der Freymäurer«*).

Es ist erstaunlich, aus welchen Gründen die Zensoren jeweils gegen die Freimaurerei vorgingen: in Genf wegen ihrer Toleranz gegen Andersgläubige, in Florenz wegen ihrer Unsittlichkeit, in Mannheim wegen ihrer religions-politischen Richtung und Geheimhaltung, und in Hamburg (am 7. März 1738) wegen des Beitritts städtischer Beamter. Der Rat der Stadt veröffentlichte an jenem Tag folgenden Beschluß:

»Dem Directeur der Gesellschaft dahin Bedeutung zu thun, daß ein Hochweiser Rath dieselbe und alles, was derselben anhängig, gänzlich subprimiert wissen wolle, oder in Entstehung dessen solches durch ein öffentliches Verbot zum Effekt bringen würde; auch dem Prätor committiert habe, auf alle fernere demarchen dieser Leute zu vigilieren und in von denen in Erfahrung bringenden Contraventions-Fällen relation abzustatten.«

Weshalb der Stadtwundarzt (städtischer Beamter) Peter Carpser das Amt des Meisters der Loge, das er am 1. März angetreten hatte, am Tage nach dem Beschluß niederlegte; auch die Logenarbeiten wurden zunächst für zwei Monate eingestellt. Die nächsten Zusammenkünfte hernach erfolgten nicht mehr im Gasthaus des Jens Arbien, sondern in den Wohnungen der einzelnen Mitglieder, so daß sie dem Auge der Öffentlichkeit noch mehr entzogen waren. Und am 4. Mai 1738 verurteilte der Heilige Stuhl die Freimaurerei wegen ihres »ketzerischen« Deismus und der politischen Betätigung zugunsten ausländischer Mächte. Und der absolutistische Fürst Friedrich Wilhelm war gegen die Toleranzidee der Freimaurerei!

Zum großen Erstaunen der Tischgesellschaft widersprach der Gastgeber, Graf Albrecht Wolfgang von Schaumburg-Lippe, seinem königlichen Gast aufs entschiedenste, verteidigte die Ziele der Freimaurerei und bekannte schließlich, seit 1725 selbst Mitglied dieser alten und ehrenwerten Gesellschaft zu sein. Friedrich Wilhelm I. war fassungslos. Doch das war nichts, verglichen mit der Reaktion des jungen Kronprinzen: alle Aufklärungsideale, die er durch Christian Wolff schätzengelernt hatte, die tolerante politische Haltung gegen die Tyrannei absolutistischer Herrscher vom Schlage seines Vaters, die er am eigenen Leibe und an eigener Seele erfahren hatte, fand er in dieser Freimaurerei widergespiegelt.

Daß der Vater von Machenschaften der Freimaurerei in Berlin wußte (tatsächlich bestand damals eine »schottische« Loge in Berlin), machte es dem Kronprinzen nicht leicht, ihr dort unter den wachen Augen der Spitzel nachzugehen. Umso hoffnungsvoller war es, durch Schaumburg-Lippe zur gewünschten Aufnahme zu gelangen. Hier konnte er endlich den richtigen Kreis Gleichgesinnter finden und sicher sein, daß die Mitgliedschaft geheimgehalten wurde. Nachdem die Tafel aufgehoben war, richtete der Kronprinz die Bitte an den Grafen Albrecht Wolfgang, er möge ihm Zugang zur Gesellschaft der Freimaurer verschaffen.

Am 19. Juli schrieb Graf Albrecht Wolfgang aus Stadthagen an den Generalmajor und Geheimen Kammerrat in Hannover Friedrich Christian von Albedyll (1699–1769), den er aus der Zeit in London in der deutschen Kanzlei kannte, der wie er selbst dort zum Freimaurer geworden war (ins heutige Deutsch übertragen):

»Ich habe den Auftrag aus erhabener Hand, die aber zunächst nicht genannt sein will (so lautete auch die Formulierung bei dem Aufnahmeersuchen des Franz Stephans Herzog von Lothringen, 1731, seitens Albrecht Wolfgang an Graf Chesterfield im Haag!), *wenn möglich eine Gelegenheit zu schaffen, damit der Betreffende in Braunschweig, wo er sich in diesem Sommer aufhalten wird, zum Freimaurer aufgenommen werden kann. Von den Brüdern des Bundes kenne ich nur Sie. Was mich angeht, so weiß ich, obgleich zum Meister erhoben, zu wenig von der Sache, um eine Loge zu leiten, falls eine genügende Zahl von Brüdern zusammengebracht werden könnte. Bitte teilen Sie mir mit, ob Sie in der Lage sind, diesem Mangel abzuhelfen. Sie können sich wohl denken, daß ich diesen Auftrag aus einer sehr erhabenen und achtbaren Hand empfangen haben muß, da ich es auf mich nehme, Sie damit zu behelligen. Ich bin jedoch so dringend gebeten worden, daß ich eine klare Antwort für den Fall brauche, daß Sie uns nicht aus der Verlegenheit helfen und nicht nach Braunschweig kommen können, wohin ich mich begeben würde, falls Sie kommen und mir eine ausreichende Zahl von Brüdern sowie einen für die Aufnahme geeigneten Meister bezeichnen.«*

Damit hat sich die Frage beantworten lassen, ob Graf von Schaumburg-Lippe in seiner Grafschaft freimaurerisch tätig geworden war oder nicht: weder er noch Franz Stephan hatten je in ihrem Herrschaftsgebiet eine Loge gegründet. Albedyll schrieb am 22. Juli aus Hannover an den Sehr Ehrwürdigen Meister, die Aufseher und Beamten der gesetzmäßigen Loge der Freimaurer zu Hamburg, die er bereits am 3. Februar 1738 besucht hatte:

»Sehr ehrwürdige und geliebte Brüder! Ich unterbreite Ihrer weisen Entschließung beiliegend im Auszug einen Brief, den ich von seiner Exzellenz, dem regierenden Grafen von Schaumburg-Lippe, unserem hochachtbaren Mitglied und alten Meister, erhalten habe. Die Bedeutung des erhabenen Kandidaten, den ich noch nicht nenne, erfordert, daß wir unsererseits alles tun, um die Aufnahme so ehrenvoll wie irgend möglich zu gestalten, würdig der Person, die uns die Ehre ihres Eintritts geben will. Es ist jetzt an Ihnen, dafür zu sorgen, daß einige Großbeamte der Loge sich bereitfinden, in Braunschweig die Zeremonie vorzubereiten, einen Meister zu ernennen, der die Aufnahme leitet, und mit allen Mitteln dahin zu wirken, daß die Zeremonie so feierlich und gesetzlich vor sich geht, wie es unsere alten Statuten erfordern. Ich erwarte Ihre Beschlüsse mit der ersten Gelegenheit, um sie dem Herrn Grafen von Lippe mitzuteilen, und ich zweifle nicht daran, daß Sie nur einen weisen und vollkommen erfahrenen Meister auswählen, um die Aufnahmearbeit zu leiten. Da es in diesem Fall um die Ehre des Bundes und der Bruderschaft geht, so wird Ihre Weisheit wohl die Mittel ausfindig machen, den Wunsch des erhabenen Suchenden zu erfüllen. Ich bin mit Eifer und unverbrüchlicher Anhänglichkeit

F. C. Albedyll

Albedylls Schritt war sehr korrekt: für eine solch wichtige Aufnahme wandte er sich an den Großmeister und die Großbeamten, die er bei seinem Besuch in der Hamburger Loge am 3. Februar 1738 kennengelernt hatte; damals weilte Großmeister Sarry noch in Hamburg und saß bei der Logenarbeit zur Rechten des Meisters der Loge (Meister vom Stuhl) Oberg. Nur einem Großmeister kam die Einsetzung einer Loge zu; also war das Schreiben Albedylls nicht an die Loge d'Hambourg sondern an die Großloge gerichtet, eine Abordnung zu bestimmen und kraft des Patents des Großmeisters eine Loge in Braunschweig für diese einmalige Arbeit einzusetzen. Großmeister Sarry weilte jedoch schon lange nicht mehr in Hamburg, Oberg hatte das Amt des Meisters vom Stuhl bis Ende Februar innegehabt und war zur Zeit des Eintreffens von Albedylls Schreiben abermals Meister vom Stuhl der Loge.

Am 29. Juli beschloß die Loge, die gewünschte Abordnung nach Braunschweig zu schicken, falls es sich bei dem erhabenen Unbekannten um eine regierende Persönlichkeit handeln sollte. Zum Leiter der Abordnung wurde Baron von Oberg bestimmt, der seinerseits den Baron Fabian von Löwen und Dr. Peter Stüven als Aufseher und Jakob Friedrich Bielfeld als Sekretär für diese Aufgabe vorsah. Albedyll in Hannover wurde über die Beschlüsse verständigt und unterrichtete seinerseits wieder den Grafen Albrecht Wolfgang. Am 10. August machten sich die Hamburger auf die Reise nach Braunschweig. Stüven mußte im letzten Augenblick zurückbleiben, weil er plötzlich erkrankt war, dafür wurde noch der Kammerdiener Obergs, Rabon, als dienender Bruder mitgenommen. Die Reisekosten wurden der Logenkasse entnommen. Am folgenden Abend kamen sie in Braunschweig an und stiegen im Hotel Korn ab, der vornehmsten Unterkunft der Stadt; fast zur gleichen Zeit waren Graf von Lippe, Baron von Albedyll und Graf von Kielmansegge aus Hannover angekommen. Georg Ludwig Graf von Kielmansegge (1705 bis 1785) war der Sohn der Halbschwester Georgs I. und im hannoverschen Staatsdienst, 1732 war er in der Londoner »Bear and Harrow Lodge« eingeweiht worden. Somit war die erforderliche Zahl von sieben Mitgliedern zur Logenarbeit vollständig. Bei der Besprechung, die noch am 11. August stattfand, erfuhren die Hamburger, daß der Preußenkönig mit großem Gefolge die Messe in Braunschweig besuchen käme, und daß der Kronprinz in aller Heimlichkeit aufgenommen werden wollte; am 12. August verkündete Kanonendonner die Ankunft des Königs von Preußen. Über Graf von Lippe, der sich als einziges Mitglied der geplanten Logenarbeit bei Hofe hatte sehen lassen, erfuhren die übrigen, daß die Feier in der Nacht vom 14. zum 15. August in ihrem Quartier stattfinden sollte. Und so geschah es also: Kronprinz Friedrich von Preußen, der ganz im Geiste der englischen Aufklärung lebte und durch drei in London aufgenommene Freimaurer begleitet wurde, erhielt die Einweihung in allen drei Graden in einer Nacht – durch eine Loge der »christlichen« französischen Lehrart, die in den Augen der Großloge von London »irregulär« war!

Die Loge d'Hambourg war durch das Senatsverbot inaktiv und hatte seit Februar 1738 (seit der Abreise Sarrys, des zugeordneten Großmeisters für Preußen und Brandenburg) keine weitere Aufnahme vorgenommen. Die Ironie wollte es, daß der stellvertretende Großmeister für Preußen auf dem Umweg über Hamburg das Licht der Freimaurerei nach Preußen bringen sollte, und das noch aktiver als er es sich je hätte träumen lassen. In der Versammlung der Loge von Hamburg vom 10. September (13 Mitglieder anwesend) stießen sich die in Hamburg verbliebenen Mitglieder daran, daß die Abordnung für Braunschweig entgegen dem Beschluß der Loge vom 29. Juli (eine Abordnung nur für den Fall zu schicken, daß der Suchende eine regierende Persönlichkeit wäre, was Friedrich von Preußen wohl nicht war) dorthin reiste und darüber hinaus die Reisekosten in Höhe von 438 Mark der Logenkasse entnommen hatte, ohne zuvor einen entsprechenden Beschluß der gesamten Loge herbeigeführt zu haben; sie – mit Ausnahme von Carpser und Stüven – protestierten »in aller Form« gegen das angewandte Verfahren, worauf Oberg und Stüven ihre Namen aus dem Protokollbuch strichen und sich »für immer« von der Loge lossagten. Die verbliebenen Mitglieder entschieden sich für Matthias Albert Luttman als Nachfolger Obergs in der Leitung der Loge – von der Großloge sprach niemand mehr! Doch aus der dreimonatigen Amtszeit des Meisters vom Stuhl wurden mehr als drei Jahre, da die Loge in Vergessenheit geriet!

Umso eifriger wurde der neue Bruder Friedrich von Preußen; er lud wenige Monate nach seiner Aufnahme Oberg und Bielfeld nach Schloß Rheinsberg ein, damit sie dort ebenfalls eine Loge stifteten. Bielfeld berichtet darüber in einem Brief vom 12. März 1739: *»Der Kronprinz von Preußen, dem ich gelegentlich der Braunschweiger Messe die Ehre hatte nähertreten zu dürfen, sandte mir* *den Herrn Grafen Truchseß von Waldburg, Oberst im Dienste des Königs, seines Vaters, ... Unter anderen Aufträgen sollte er mich sondieren, ob ich geneigt wäre, in den Dienst seiner königlichen Hoheit zu treten. Er hat mir dann auch in aller Form einen Antrag gemacht ... Herr Baron von Oberg, auf den man, wie ich glaube, gleichfalls sein Augenmerk gerichtet hatte, würde mit bei der Gesellschaft sein, und wir würden die Reise gemeinschaftlich machen.«*

Oberg und Bielfeld reisten nach Rheinsberg, wo die beiden dem Kronprinzen eine Schloßloge einrichteten, der Oberg als Meister vom Stuhl vorstand. Der Kronprinz übernahm die Leitung der Loge selbst erst, als Oberg im November 1739 nach Hamburg zurückkehrte; Bielfeld wurde Gesellschafter und Vertrauter des Kronprinzen.

In der Zwischenzeit gelangte 1738 die Freimaurerei nach Sachsen (Dresden): Friedrich August Graf von Rutowsky (1702–1764), natürlicher Sohn des Königs August des Starken von Polen und Kurfürsten von Sachsen (*1670–1733), Kursächsischer Generalfeldmarschall im Polnischen Erbfolgekrieg (1733–1738), soll 1738 in Warschau die Fundamente der Freimaurerei gelegt haben, noch bevor er nach Obersachsen als Gouverneur von Dresden (1738) kam; hier soll er noch im gleichen Jahr die Loge »Aux trois Aigles blancs« (Zu den drei weißen Adlern, nach dem polnischen weißen Adler) gestiftet haben, er selbst soll ihr Meister vom Stuhl gewesen sein und solchen Zulauf gehabt haben, daß noch im selben Jahr eine weitere Loge, »Aux trois Glaives d'Or« (Zu den drei goldenen Schwertern), gestiftet worden wäre. Leider liegen uns keinerlei schriftliche Dokumente aus dieser Zeit vor, aus denen wir ersehen könnten, nach welchem System diese Logen arbeiteten und von wem Rutowsky ein Patent zur Stiftung von Freimaurerlogen erworben hatte, daher können wir diese Angaben nur kommentarlos wiedergeben.

Ende Mai 1740 reiste der Blaufärber Matthias Albert Luttman (1703–1763), seit 10. September 1738 Meister vom Stuhl der (eingeschlafenen) Loge d'Hambourg, geschäftlich nach London und versuchte bei dieser Gelegenheit, mit der dortigen Großloge zu verhandeln, um einen gesetzlichen Status für seine Loge zu erbitten. Eine Reise anderer Art trat Kronprinz Friedrich von Preußen Ende Mai 1740 an: am 31. Mai starb unerwartet König Friedrich Wilhelm I., und der Thronerbe wechselte von Rheinsberg nach Charlottenburg über. Er hatte ungeduldig auf diesen Augenblick gewartet und ein komplettes Regierungsprogramm vorbereitet: zwar behielt er den status quo in bezug auf die allgemeine Zivilverwaltung und die militärischen Einrichtungen bei, doch als erste Amtshandlung schuf er die Folter als Mittel des gerichtlichen Verhörs, die Pressezensur, die religiöse Diskriminierung und die Grenadiergarde (Riesen von 6 Fuß Mindestgröße) ab, rief die verbannten Diener zurück und lud ausländische Wissenschaftler ins Land ein, um die vernachlässigte Königlich Preußische Societät der Wissenschaften (1700 nach dem Vorbild der Royal Society von London in Berlin gegründet und 1711 offiziell eröffnet) wiederzubeleben. Vor allem rief er seinen Lehrer Christian Wolff aus Marburg zurück. Bielfeld folgte dem neuen König nach Berlin, wo Friedrich II. schon wenige Tage später, noch vor der Beisetzung seines Vaters, im Schloß Charlottenburg eine Loge hielt, bei der Bielfeld als Aufseher fungierte.

Bis zum Ausbruch des Ersten Schlesischen Krieges trat dann diese Schloßloge noch mehrfach unter der Leitung Friedrichs II. zusammen, doch erhielt sie keinen besonderen Namen, sondern wurde einfach »Loge du Roi«, »Loge Première« oder »Noble Loge« genannt.

Hier wird die besondere Rolle Friedrichs in der Freimaurerei deutlich: zum erstenmal in der Geschichte des Bundes setzte ein regierender Monarch die Ideale der Freimaurerei in die Tat um, ohne Rücksicht auf die politischen Kämpfe (Hannoveraner und Jakobiten), die die englischen Verhältnisse beherrschten; von Rechts wegen müßte Friedrichs Loge als eine gesetzliche Gründung der »christlichen« Großloge von Frankreich (wenn auch auf Umwegen) bezeichnet werden, doch der aufgeklärte Fürst dehnte seine Toleranz auch auf Nichtchristen aus, womit er sich dem Deismus Englands näherte, ohne um einen Freibrief der Großloge von England zu ersuchen. Daher kann man mit Fug und Recht von der ersten »national«-deutschen Loge sprechen.

Der inzwischen zum Legationsrat im Departement für auswärtige Angelegenheiten in preußische Dienste getretene Bielfeld schrieb an seinen Schwager Peter Stüven am 20. Juni 1740 über die erste Arbeit dieser Loge: *»Der König hat öffentlich erklärt, daß er Freimaurer sei, und Seine Majestät haben in den letztvergangenen Tagen eine glänzende Loge gehalten. Ich hatte alles Notwendige dazu vorbereitet und als erster Aufseher amtiert. Seine Majestät selbst nahm den Stuhl ein. Der ganze Hof zitterte vor Neugier. Wir haben verschiedene Aufnahmen vollzogen: den Prinzen* (August) *Wilhelm* (1722–1758, Bruder des Königs), *den Markgraf Carl* (von Schwedt) *und den Herzog* (Georg) *von Holstein, die alle über die Aufnahme sehr glücklich waren.«*

Und noch im Juni 1740, wenige Wochen nach seiner Thronbesteigung, antwortete der junge Preußenkönig auf die Anfrage des Generaldirektoriums, ob ein Katholik in Frankfurt an der Oder das Bürgerrecht erwerben dürfe: *»Alle Religionen seindt gleich und guht, wan nuhr die leute, so sie profesiren, Erlige leute seindt, und wen Türken und Heiden kähmen und wollten das Land pöpliren, so wollen wir sie Mosqueen und Kirchen bauen.«* Und in diesem Geist versammelten sich in Berlin am 13. September 1740 die Brüder Philipp Simon, Jean Serre, Paul Benezet und Christian Gregory und beschlossen, mit Genehmigung des Hofes eine »gerechte, vollkommene und gesetzliche Loge der freien Maurer« zu stiften: die Stiftungsurkunde der Loge, die den Namen »Aux trois Globes« (Zu den drei Weltkugeln) annahm, trägt das Datum 9. November 1740.

Noch im November kam Friedrich Markgraf von Bayreuth nach Berlin zu Besuch bei seinem Schwager, denn er war mit Friedrichs älterer Schwester Wilhelmine (1709–1758) vermählt. König Friedrich und die markgräfliche Familie begaben sich sodann nach Rheinsberg, wo der König, obgleich er an einem Fieber litt, in seinem Zimmer Loge hielt und dort zwischen dem 20. und 30. November 1740 seinen Schwager, den Markgrafen von Bayreuth, zum Freimaurer aufnahm; mit von der Partie waren Bielfeld und Stüven, der ihm nach Berlin gefolgt war. Am 2. Dezember kehrte Markgraf Friedrich nach Bayreuth zurück, und der König reiste nach Ausbruch des 1. Schlesischen Krieges zu den Truppen; die »Loge du Roi« stellte deshalb vorübergehend ihre Tätigkeit ein, ihre Mitglieder wechselten zur Loge »Aux trois Globes«. Markgraf Friedrich beschloß sofort, auch in seiner Residenz Bayreuth eine Loge zu gründen, und beauftragte Stüven, die organisatorische Seite dieses Vorhabens zu übernehmen. Stüven, der die Prachtliebe des Markgrafen erkannte, hat offensichtlich die Einrichtung und Ausstattung der Räume zur vollen Zufriedenheit des Fürsten besorgt, denn nach älteren Schilderungen soll die ganz in zierlichem Rokoko-Stil gehaltene Ausstattung »mit Gold durchwirktem schwerem Samt und Seide, reich geschnitzten und vergoldeten Möbeln und einer überreichen Beleuchtung eine überaus glänzende gewesen sein«. Die Loge zu Bayreuth wurde am 21. Januar 1741 von dem Markgrafen Friedrich, Peter Stüven, Wilhelm Friedrich von Gleichen-Rußwurm und Daniel de Superville eröffnet.

Luttmans Verhandlungen in London waren zäh und mühselig: die Großloge von England konnte beileibe keine »irreguläre« Loge anerkennen, die mit einem »umstrittenen« Patent der Großloge von Frankreich gegründet worden war (Charles Sarry war »stellvertretender Großmeister für Preußen und Brandenburg«, als er die Loge d'Hambourg konstituierte; seine Befugnisse hatten sich nicht auf Hamburg erstreckt!); wenn Luttman um Anerkennung für eine »ruhende« Loge nachsuchte, dann sollte er die Loge »Bunch of Grapes« Nr. 108 vom Jahre 1733, ebenfalls in der Beckerstraße, wieder beleben. Als er sich schließlich damit einverstanden erklärte, erhielt er mit dem Datum 23. Oktober 1740 den entsprechenden Freibrief. Mehr noch: jetzt hatte die Großloge von England (in den Dokumenten hieß sie noch immer Großloge von London) Anlaß, das alte Patent von 1730 einer Provinzialgroßloge von Niedersachsen (die sie Friedrich von Thoms ausgestellt und die dieser niemals in die Tat umgesetzt hatte) erneut zu erteilen unter Einschluß von Hamburg, versteht sich: am 30. Oktober 1740 wurde Luttman zum Provinzial-Großmeister in diesem Sinne ernannt.

Anfang 1741 wurde Christian Wolff Kanzler des Königreiches Preußen, Graf Truchseß von Waldburg außerordentlicher preußischer Gesandter und Bielfeld Mitglied der preußischen Gesandtschaft in London, wo er den englischen Altgroßmeister John Theophilus Desaguliers kennenlernte und dessen Vorlesungen hörte. In einem Brief vom 6. März 1741 aus London an Etienne Jordan, der damals Schriftführer der Schloßloge Friedrichs II. in Berlin-Charlottenburg war, schreibt er darüber:
»Ich reiße mich in der That wöchentlich zweymal von meinen Arbeiten los, um bey dem berühmten Doctor Desaiguilliers, Capellan bey Sr. königlichen Hoheit, dem Prinzen von Wallis, die Physik oder Experimentalphilosophie zu hören. Ich habe fast alle ausländischen Minister, die sich hier aufhalten, bewogen, diesen Vorlesungen beyzuwohnen. Das Zimmer des Doctors sieht mehr dem Saale, wo ein Congreß gehalten wird, als einem Hörsaale eines Professors ähnlich, und weil wir ihn reichlich bezahlen, so spart er, so zu sagen, hinwiederum weder Mühe noch Kosten, um uns davor wohl zu bewirten, und uns alle, auch die verborgensten Triebfedern der Natur zu entdecken. Die eigentlich so genannte Physik, die Mechanik, die Hydraulik, die Hydrostatik, die Optik, die Astronomie, alles wird bey seinen Vorlesungen mit erkläret.«

Mit der Rückkehr von Charles Sarry (5. Juni 1741) nach Berlin war die Legalität wiederhergestellt: Der zugeordnete Großmeister der Großloge von Frankreich für Preußen und Brandenburg konnte nun seine Großloge installieren und weitere Tochterlogen konstituieren. Philipp Simon war bereits am 18. Mai 1741 mit einem Freibrief für Breslau dorthin unterwegs; Ende August erfolgte die Aufnahme des Herzogs Karl Friedrich von Sachsen-Meiningen, zu der der Großmeister Sarry eine Delegation, bestehend aus dem Kammerherrn von Eickstedt, dem Großmeister Charles Sarry und dem Kriegsrat Karl David Kircheisen, nach Meiningen schickte. Anschließend gründete der Herzog in seiner Residenz am 7. September 1741 unter dem Namen »Aux trois Boussoles« (Zu den drei Kompassen) eine Loge, die als erste Tochterloge ein Patent der Berliner Mutterloge »Zu den drei Weltkugeln« erhielt.

In Hamburg hingegen fand die letzte Versammlung der Loge d'Hambourg (und die erste seit drei Jahren!) am 6. September 1741 statt, mit der sie aufgelöst wurde; an ihre Stelle trat seit 12. September die englische Loge »Bunch of Grapes«, die jeden zweiten Donnerstag unter der Hammerführung Luttmans zusammentrat und innerhalb von neun Monaten 27 neue Mitglieder gewinnen konnte. Wenn also die Loge Absalom sich (zu Recht) als die älteste Loge auf deutschem Boden bezeichnen möchte, so sollte sie sich auf die 1733 gegründete Loge »Bunch of Grapes« No. 108, Beckerstraße, Hamburg, berufen, die von Anfang an mit Patent der Großloge von London gestiftet worden war, und nicht auf die 1737 »unrechtmäßig« (da nicht in seinem Zuständigkeitsbereich) von Charles Sarry gestiftete Loge d' Hambourg! Die Matrikelnummer 108 zeigt übrigens, daß sie die Originalnummer von 1733 ist: die Pariser Loge »King's Head« von 1732 trägt die Nummer 90, und die Loge »La Parfaite Union« in Valencienne von 1733 die Nummer 127; auch die erste Tochterloge Absaloms vom 24. September 1743 »St. Georg« trägt die Nummer 196 ihrer Erstgründung im Jahre 1735. Es handelt sich bei beiden um die ersten (und einzigen) englischen Gründungen auf deutschem Boden, alle übrigen Logen wurden nach Patenten aus Frankreich oder über den Umweg Schweden bzw. Polen gestiftet. Auch die erste Frankfurter Loge von 1742 geht auf französische Gründung zurück.

Am 20. Oktober 1740 starb Kaiser Karl VI. im guten Glauben, seine Tochter Maria Theresia würde bei der Thronfolge keine Schwierigkeit finden; doch Karl Albrecht Kurfürst von Bayern (*1697–1745) war anderer Ansicht: er war mit Maria Amalia, Tochter des Kaisers Joseph I., verheiratet und entschlossen, seine erhobenen Ansprüche auf die österreichischen Länder mit Waffen geltend zu machen und eine Art Groß-Bayerisches Reich zu schaffen. Hierfür suchte er Hilfe bei jenen Staaten, die – wie Frankreich und Spanien – bisher die Hauptgegner Österreichs waren oder – wie Kursachsen und Preußen – selbst einen Teil der österreichischen Länder rechtlich in Anspruch nahmen. Karl Albrecht ließ sich 1741 in Prag als König von Böhmen huldigen und bereitete sich darauf vor, nach Frankfurt zu ziehen, um hier die Kaiserkrone zu empfangen. Doch zunächst mußten seine Unterstützer, vornehmlich Frankreich, ihre diplomatischen Machenschaften entfaltet haben; die Gesandtschaften der Höfe, die ihn stark begünstigten, waren bereits im Jahre

1741 hier eingetroffen: der Außerordentliche Gesandte Frankreichs, der königliche Marschall Charles Louis Auguste Graf von Belle-Isle z. B., vielleicht die wichtigste diplomatische Persönlichkeit, die Wahl zu beeinflussen. Er war schon um den 1. April 1741 inkognito in Frankfurt eingetroffen, hatte dann Ende Juni mit seiner Gemahlin großen Einzug gehalten, reiste viel, u. a. an den Hof von Dresden, und empfing am 26. Oktober eine feierliche Deputation des hochedlen Rates der Stadt Frankfurt. Zu seinem Gefolge gehörte ein Marquis de la Tierce, von dem nachher noch die Rede sein wird. Unter dem Personal der Kursächsischen und Reichvikariatsgesandtschaft befanden sich der Marquis de Gentil und der Baron Karl Ludwig von Schell und der Kursächsische Legationssekretär Philipp Friedrich Steinheil (1703–1783). Unter Kurbrandenburgs, also preußischer Protektion stand der Hof- und Legationsrat Wilhelm von Gerresheim – allesamt Freimaurer! Steinheil (1734–1741 Legationssekretär beim königlich polnischen und kursächsischen Gesandten am königlich großbritannischen Hof zu London) und Tierce kannten sich: sie beide waren Mitglieder der am 17. August 1732 in London (in dem Gasthaus »à l'enseigne du Duc de Lorraine, Suffolkstreet«) gegründeten französischen Freimaurerloge »L'Union« (Union French Lodge). Und es ist nicht verwunderlich, daß diese Brüder allmählich zueinander fanden und sich häufig, wenn nicht regelmäßig, im Gasthaus »Zum Krachbein« (seit 28. Oktober 1737 im Besitz des Frankfurter Bürgers Daniel Friedrich Breitenbach) trafen und so die Loge »L'Union« (zur Einigkeit) gründeten.

Sofort nach vollzogener Wahl hielt Karl Albrecht seinen Einzug am 24. Januar 1742 in Frankfurt und wurde von seinem jüngeren Bruder, dem Erzbischof von Köln, im Frankfurter Dom am 12. Februar, seine Gemahlin Maria Amalia erst am darauffolgenden 8. März gekrönt; die feierliche Huldigung der Bürgerschaft auf dem Römerberg fand am 15. März statt. Anläßlich der Krönungsfeierlichkeiten weilte auch der kaiserlich königliche Kammerherr, Brigadier, Generaladjutant und Ritter Louis Eugen Graf von Beaujeu in Frankfurt, was für die Geschichte der Freimaurerei hier von Bedeutung werden sollte: er hatte nämlich ein Patent der »christlichen« Großloge von Frankreich als deputierter Großmeister und war dadurch befugt, Logen zu stiften! Und so wurde bereits am 1. März 1742 im genannten Gasthaus beschlossen, eine Großloge von Frankfurt zu konstituieren und Steinheil als Stuhlmeister der Frankfurter Loge feierlich einzusetzen. Marquis de la Tierce bemühte sich um eine französische Fassung der »christlichen« Konstitutionen von 1735 des Grafen von Derwentwater und der berühmt gewordenen Rede des Ritters Ramsay von 1737. Am 29. März wurden die Lokalgesetze (ähnlich wie 1737 in Hamburg durch Sarry) durch Beaujeu festgelegt. Das alles beweist, daß die Gründung nicht auf einer Initiative aus England beruhte. Bereits am 21. April traten neun Brüder, sämtlich angesehene Bürger von Frankfurt selbst, gemeinsam durch Affiliation ein – darunter Heinrich Franz Baron von Barckhausen (Kaiser Karl VII., wie Karl Albrecht nach seiner Krönung hieß, hielt beinahe drei Jahre lang, mit Unterbrechungen, Hof in Frankfurt; dabei wohnte er im Barckhausen'schen Haus – erbaut 1690 – an der Südseite der Zeil, gegenüber dem Roten Haus). Am 2. Mai wurden die französische Fassung der Konstitutionen und Ramsays Rede von Tierce angekauft. De la Tierce, der in England zu den Mitgliedern der französischsprachigen Loge L'Union zählte, übernahm bei seiner Fassung der Konstitutionen die für die englische Freimaurerei verwendete Bezeichnung francs-maçons statt der im französischen Original seiner Unterlage vorkommenden Bezeichnung maçons libres; dies geschah wissentlich mit der Absicht, von der Großloge von London anerkannt zu werden. Und am 27. Juni 1742 wurde die Großloge von Frankfurt offiziell und feierlich im Gasthaus »Zum Krachbein« in der Fahrgasse konstituiert: Großmeister Graf von Beaujeu und die Großaufseher Marquis von Gentil und Baron von Schell leiteten die Arbeit (Eine Gedenkmünze erinnert an diese Gründung der Großloge, ohne den Namen derselben zu erwähnen; bislang hielt man sie – grundlos – für die Gedenkmünze der Gründung der Loge L'Union!). Es war die vierte Großloge auf deutschem Boden (nach der von Hamburg vom Dezember 1737, Berlin vom Mai 1741 – beide vom Großmeister Sarry konstituiert – und Dresden vom Februar 1741, vom Grafen Rutowsky gegründet), die auf französische Großlogenpatente zurückgeht. (Das englische Patent der Provinzial-Großloge von Hamburg und Niedersachsen vom 30. Oktober 1740 wurde erst im März 1743 aktiv!) Am 11. Juli besuchte der Schauspieler und Professor der französischen Sprache Joseph Uriot die Frankfurter Loge und hielt in seiner Muttersprache einen glänzenden Vortrag in Gestalt des Briefes eines Freimaurers an einen Freund (*Lettre d'un Franc-Maçon à Monsieur de Vaux, Conseiller de Sa Majesté le Roy de Pologne, Duc de Lorraine et de Son Altesse Electorale Le Prince Palatin*; gedruckt in Frankfurt/Main 1742. 24 Seiten 8°), der so gut ankam, daß Uriot sogleich gebührenfrei affiliiert wurde. Der Meister vom Stuhl, Steinheil, hatte bereits am 10. März 1741 in der Londoner Großloge eine glänzende Rede (*Discours prononcé dans la Grande Loge de Londres a l'occasion de l'élection d'un Grand-Maître*) anläßlich der Wahl des Großmeisters gehalten, die sehr gut aufgenommen worden war; diese wiederholte er nun in der nächsten Sitzung. Nun wurde angeregt, Steinheil möge seine guten Beziehungen zur Großloge in London zum Anlaß nehmen, ein Patent des Großmeisters zu erlangen; ein Schreiben in diesem Sinne wurde verfaßt und am 4. und 19. Oktober verlesen und genehmigt. Am 6. November 1742 schließlich wurde das Schreiben an den Großmeister John Ward Baron von Birmingham (seit 27. April 1742 Großmeister der Großloge von London) abgeschickt (Porto: 1 Gulden 52 Kreuzer); gleichzeitig erschienen die Konstitutionen im Frankfurter Verlag Varrentrapp unter dem Titel *»Histoire, obligations et statuts de la très vénérable confraternité des francs-maçons tirez de leurs archives et conformes aux traditions les plus anciennes: approuvez de toutes les Grandes Loges et mis au jour pour l'usage commun des Loges repandues sur la surface de la terre«*.

Daß das Ersuchen um Patent nicht grundlegend für die Entwicklung der Großloge von Frankfurt war, erkennt man daran, daß sie bereits am 13. April 1743 die Loge »Zu den drei Löwen« in Marburg/Lahn stiftete, ohne auf die Antwort aus London zu warten. In der Tat war die Londoner Großloge nicht bereit, die in ihren Augen »irregulär« gegründete Frankfurter Loge anzuerkennen, geschweige denn ihr einen Freibrief auszustellen. Da versuchte Tierce einen anderen Weg: er war Gründungsmitglied der Loge L'Union in Frankfurt und Mitglied der französischen Loge L'Union in London, die ihrerseits von der Großloge in London anerkannt war! Erklärte man sich zur Tochter der besagten Londoner Loge, wäre die Hürde der Irregularität überwunden. Auf Vermittlung des Augenarztes des Prinzen von Wales, de Beaumont, Meister vom Stuhl der Londoner L'Union, war der Großmeister bereit, gegen Vorauszahlung der Gebühren eine entsprechende Anerkennung als Tochter der Londoner Loge, ohne Freibrief und Matrikelnummer also, auszustellen. Am 12. November 1743 wurde der Betrag von 10 Pfund 13 Schilling = 94 Gulden 4 Kreuzer zu diesem Zweck »gegen Wechselbrief« dem Marquis de la Tierce übergeben, der sich auf den Weg nach London über Hamburg machte. Am 21. November besuchte er die Hamburger Loge (wie zuvor Graf von Beaujeu am 25. Juli 1742 kurz nach der Feier der Großlogeneinsetzung in Frankfurt). Noch im November wurde von der Frankfurter Großloge die Inkorporation einer Militärloge in die Wege geleitet (damals zählte sie bereits 73 Mitglieder) und am 17. Januar 1744 vollzogen. Kurz darauf erhielt die Frankfurter Loge die Urkunde aus England, die im Grunde genommen wertlos war! Sie lautete in deutscher Übersetzung (aus dem französischen Original):

»(Siegel) WARD G. M.
An Euch, Unsere Sehr Ehrwürdigen, Ehrwürdigen und geliebten Brüder.
Wir, John Ward Baron von Birmingham in der Grafschaft Warwick, Groß-Meister der Alten und Ehrenwerten Gesellschaft der Frei-Maurer etc. – Gruß –
tun zu wissen, daß in dem großen Vertrauen und der guten Meinung, die Wir von unserem sehr achtenswerten und wohlgeliebten Bruder De Beaumont, Augenarzt Seiner Königlichen Hoheit des Prinzen von Wales und Intendant des Ordens, der Uns versichert hat, daß man in Frankfurt in gehöriger Form eine Loge konstituiert hat unter dem Namen de L'Union, die sich als Tochter unserer guten Londoner Loge de L'Union erklärt und von uns wünscht, in dieser Eigenschaft in das große Buch des Ordens eingetragen zu werden. Wir erklären hiermit, daß Wir sie als Tochter der Londoner Loge de L'Union (zur Einigkeit) *anerkennen, und ordnen an, daß sie eingetragen wird, daß sie in Zukunft dieselben Vorrechte wie die regulären Logen genieße, und genehmigen, daß die Maurer der einen und der anderen Loge gegenseitige Mitglieder der beiden Logen seien.*
Zu Urkund dessen haben Wir Gegenwärtiges unterzeichnet und das Siegel des Ordens beifügen lassen.
Gegeben zu London am achten Februar A. D. 1743 und A. L. 5743.
Robert Cawley, Distriktgroßmeister, Edward Hodge, 1. Großaufseher, Sam. Berington, 2. Großaufseher«

Also betrachtete die Großloge von London die »Einigkeit« in Frankfurt als Deputationsloge der L'Union in London, weiter nichts! Die deutschen Quellen zitierten das Datum der Urkunde (8. Februar 1743) ohne zu bedenken, daß es nach dem gregorianischen Kalender dem 19. Februar 1744 entspricht, und kamen zu ganz falschen Schlußfolgerungen! Auch zu falschen Schlußfolgerungen kam man bezüglich der Hamburger Loge, die sich plötzlich »Absalom« nannte. Als Luttman am 27. Juni 1742 beschloß, sich seinen großmeisterlichen Aufgaben zu widmen und deshalb für die Leitung der Hamburger Loge nicht mehr zu kandidieren (seit September 1738 hatte er dieses Amt inne), wählte die Loge Baron Georg Gottfried von Boeningk zum Meister vom Stuhl. Dennoch verzeichnete die Großloge noch keinerlei Aktivität; aus einem Protokoll vom 10. März 1743 geht hervor, daß die Großloge erst zu diesem Zeitpunkt in Funktion getreten war. Eine gewisse Öffentlichkeitsarbeit kann damit in Verbindung gebracht werden: Der Journalist Behn fragte beim Hamburger Senat an, ob er eine ihm übergebene Anzeige zum Lobe der Freimaurer drucken dürfe; am 1. Juli wurde ihm dies untersagt. Hier verhandelte Luttman mit der Loge »St. George«, die im Lokal des Wirtes François Guillaumot auf dem Kaiserhof zusammentraf, um ein Zusammengehen der beiden englischen Gründungen herbeizuführen. Da wurde die Notwendigkeit deutlich, sich von den restlichen freimaurerischen Gründungen abzuheben: sie alle waren ohne Patent der englischen Großloge von London entstanden, nicht so die Hamburger Logen von 1733 bzw. 1735. Und was bot sich besser an als der versteckte Hinweis auf den englisch-whigistischen Ursprung, als der Name »Absalom«! Erinnern wir uns: 1681 schrieb der Pamphletist und Poet John Dryden eine politische Satire in heroischen Couplets, eine biblische Allegorie mit dem Titel *»Absalom und Achitophel«*, in der Absalom (dritter und Lieblingssohn König Davids, der sich gegen seinen Vater empörte, von ihm jedoch besiegt und auf der Flucht erschlagen wurde) für den Herzog von Monmouth, den natürlichen Sohn Karls II., und Achitophel (der satanische Versucher) für den Grafen von Shaftesbury, den Anführer der Whigs, der Monmouth ermutigte, sich des Thrones zu bemächtigen, stand. Somit wurde das politische Element der englischen Maurerei nach Hamburg getragen. Der Name «Absalom« für die Hamburger Großloge taucht aktenkundig erstmalig am 26. Juli 1743 auf, und am 24. September unterstellte sich die Loge »St. George« der Provinzial-Großloge von Hamburg und Niedersachsen. Am 4. Juni 1744 nahm die Hamburger Loge selbst den Namen »Absalom« an, um die Verbindung der Beauftragung Luttmans vom Oktober 1740 durch die Großloge von London in doppelter Funktion zu dokumentieren. Die Provinzial-Großloge weitete ihre Befugnisse zu einer Großloge aus und ernannte bzw. bestimmte bewährte Mitglieder zu deputierten Provinzial-Großmeister bestimmter Städte oder Provinzen, »vorbehaltlich der Bestätigung aus London«, so aus der Loge »Absalom« Johann Peter Simon am 26. Juli 1743 für Göttingen und das ganze hannoversche Land und Ernst Karl Lebrecht von Kissleben am 5. Juni 1744 für Braunschweig.

Die Hochgrade fanden 1738 in Deutschland Einzug: das von den exilierten Stuarts in Frankreich ins Leben gerufene Hochgradsystem (mit den Rittergraden noch nicht verbunden), das allgemein Schottengrade, Schottische Meister oder Schottische Maurerei genannt wurde, eröffnete in Berlin durch sieben Mitglieder der Großloge »Aux trois Globes« (Zu den drei Weltkugeln) »für das Emporstreben ihrer jüngeren Brüder zur höheren oder sogenannten Schottischen Maurerei« den Reigen; 1742 wurde dort die Schottenloge »L'Union« gegründet. Anfang 1744 tat sich der kaiserliche Rittmeister Graf von Schmettau, Mitglied der Schottenloge von Berlin, in Hamburg mit den Brüdern Oberg, Carpser und Arbien zusammen und gründete dort eine Schottenloge. Die Patente hierfür kamen aus Frankreich, wo 1738 der erste französische Großmeister Herzog d'Antin den Grafen von Derwentwater abgelöst hatte. D'Antin sollte, nach dem Vorbild der Ordensgenerale, auf Lebzeit Großmeister bleiben; sein früher Tod 1743 (36jährig) führte zur Wahl des Louis de Bourbon-Condé Graf von Clermont (1709–1771) zu seinem Nachfolger. Der Grund der besonderen Aktivität der exilierten Schotten und Jakobiten, nicht zuletzt auch des Grafen Derwentwater selbst, war die bevorstehende jakobitische Erhebung in Schottland: Während des Österreichischen Erbfolgekrieges (1740–1748) schloß sich 1744 der älteste Sohn Jakobs III., Karl Eduard Stuart (1720–1788) einer gewaltigen französischen Flotte an, die England angreifen sollte, jedoch von Stürmen auseinander getrieben wurde, noch bevor sie ihr Vorhaben verwirklichen konnte. Der junge Stuart (sein Vater »regierte« als König im Exil bis 1766) landete in Arras statt an der englischen Küste; und da die Franzosen für sein Vorhaben keine Truppen erübrigen wollten, organisierte er 1745 seine Parteigänger unter dem Deckmantel des Rosenkreuzerkapitels (*Souverain Chapitre primatial et métropolitain de Rose-Croix sous le titre distinctif d'Ecossais Jacobite*) von Arras und gelangte mit einer kleinen Schar im Juli 1745 nach Schottland (Westküste), die Highlander erhoben sich unter seiner Führung; am 17. September eroberte er Edinburgh, vier Tage später vernichtete er Sir John Copes Armee bei Prestonpans in Ostlothian (in der Nähe von Edinburgh), Anfang November überschritt er die englische Grenze und marschierte auf London zu.

Charles Radcliffe Graf von Derwentwater folgte dem jungen Stuart im November 1745 auf dem französischen Schiff »Espérance«, wurde jedoch von der englischen Fregatte »Sheerness« aufgebracht und verhaftet; mit ihm wurden sein Sohn James-Clément und etwa zwanzig irische, schottische oder französische Offiziere und ungefähr sechzig Mannschaften gefangengenommen. Er und sein Sohn kamen in den Tower von London, nicht zuletzt, weil man die Vermutung hegte, der junge Radcliffe sei in Wirklichkeit der junge Stuart selbst! (Am 30. November schrieb Herzog von Northumberland an Herzog von Richmond: »Man hat guten Grund anzunehmen, daß der zweite Sohn des Prätendenten auf dem Schiff gefangengenommen ist und für den Sohn Eures Vetters Radcliffe gilt.«)

Dieser, Karl Eduard Stuart, kam bis Derby, bevor seine Offiziere, durch den Mangel an französischer und englischer Unterstützung entmutigt, ihn zwangen, nach Schottland zurückzukehren; dort zerstoben seine Truppen, und am 16. April 1746 besiegte ihn Wilhelm August Herzog von Cumberland (1721–1765, jüngerer Sohn Georgs II.) entscheidend bei Culloden Moor in der Grafschaft Inverness (Auf der Seite der Hannoveraner kämpfte der Herzog von Richmond, früherer Großmeister der englischen Großloge von London!). Für die nächsten fünf Monate mußte sich Karl Eduard in seinem Vaterland von Versteck zu Versteck schlagen vor den britischen Verfolgern, bis er im September 1746 mit dem Schiff nach Frankreich fliehen konnte. Derwentwater, der andere Altgroßmeister, hatte nicht so viel Glück: er wurde am

8. Dezember 1746 im Tower enthauptet! Karl Eduard irrte in Europa umher auf der Suche nach Unterstützung für die Sache seines Vaters; der bewiesene Mut des jungen Stuart brachte ihm Bewunderung und Hochachtung und seiner Sache Sympathie und Wohlwollen ein. In Toulouse gründete 1747 der irische Stuartist Jean de Barnwall de Tremlestown (er war 1745 von Ludwig XV. zum französischen Grafen gemacht worden) das Hochgradkapitel »Ecossais fidèles de la vieille bru« (Treue Schotten der alten Schnur), ein System von neun Graden in drei Kapiteln: das erste umfaßte die symbolischen Stufen in vier Graden (Lehrling, Geselle, Meister, Schottischer Meister), das zweite die Maurerei der Kreuzzüge in weiteren vier (Rittergrade); und das dritte – der neunte Grad – enthielt die Geheimnisse der »wissenschaftlichen« Freimaurerei. Ein Jakobit arbeitete 1754 die Hochgrade für die Großloge von Frankreich unter Graf Clermont aus, die dessen Namen (*Chapitre de Clermont*) tragen sollte. Im Siebenjährigen Krieg (1756–1763) erhielt der kriegsgefangene französische Offizier Gabriel Filley Marquis de Lerneu 1758 in Berlin die Erlaubnis der Berliner Großloge (seit 12. Juni 1744 »Große Königliche Mutterloge zu den drei Weltkugeln«), aus gleich ihm kriegsgefangenen Kameraden eine Militärloge »La Fidélité« zu gründen, die aber keine Aufnahmen vollziehen durfte. Dieser Lerneu brachte jedoch ein Clermont-Kapitel nach Berlin und richtete es im Dezember 1758 bei der Mutterloge »Zu den drei Weltkugeln« als Kapitel von Jerusalem-Rittern ein. 1760 wandelte es der Großmeister der Mutterloge, Friedrich Wilhelm Freiherr von Printzen (1718–1773) in ein »Hierosolymatisches Hochkapitel« um, so daß über den drei Johannisgraden (Lehrling, Geselle, Meister) vier als Erkenntnisstufen bezeichnete Hochgrade bearbeitet wurden: 4. Schottenmeister (Schottenstufe), 5. Auserwählter Bruder, 6. Geweihter des Inneren Tempels, 7. Vertrauter der Vollendung. (Der allerneuste Ableger dieses Systems ist die Schottenloge »Rhenana« im Bunde der Großen National-Mutterloge – so seit 1772 genannt – »Zu den drei Weltkugeln« in Frankfurt am Main, die »nach langjähriger Abstinenz« am 15. Mai 1988 ihr Stiftungsfest mit einem anschließenden Schottenmahl im Beisein des Altschottischen Obermeisters aus Berlin feierte.)

Das war keineswegs der »offizielle« oder »reguläre« Weg zur Einsetzung eines Hochgradsystems; das Clermont-Kapitel belebte die alte Tradition der christlichen Ritterorden, insbesondere des Tempelherrenordens, Europa wurde abermals in Provinzen des Ordens geteilt und »Heermeister« (Provinzial-Großmeister) bestallt; unter ihnen interessieren wir uns besonders für zwei Heermeister: Karl Friedrich Eckleff (1723–1784) aus Schweden und Karl Gotthelf Freiherr von Hund und Altengrottkau (1722–1776) aus Deutschland.

Eckleffs Patent stammte aus der Zeit um 1750 und war in Chiffreschrift in französischer Sprache abgefaßt und von einem *»Grand Chapitre de la Confraternité l'Illuminée«* in der V. Provinz (Burgund und Schweiz) in Genf ausgestellt. Am 30. November 1756 gründete Eckleff die erste schwedische St.-Andreas-(Schottische)Loge »L'Innocente« in Stockholm und wurde zum Begründer der streng christlichen Schwedischen Lehrart; drei Jahre später, am 25. Dezember 1759, gründete er ein Ordenskapitel, das »Chapitre illuminé de Stockholm«, 1760 wurde die Große Landesloge (Großloge) von Schweden geschaffen, die auf das Patent der Großloge von Frankreich zurückging und den christlichen Charakter dieser Großloge streng bewahrte; 1761 war der Aufbau der Schwedischen Lehrart vollendet, die Grade sind:

1.–3. Johannisgrade (Schutzpatron: Johannes der Täufer, Tag: 24. Juni), erteilt in der Arbeitenden oder St.-Johannis–Loge:
1. Lehrling
2. Geselle
3. Meister
4.–6. Andreasgrade (Schutzpatron: der Apostel Andreas, Tag: 30. November), bearbeitet in der Leuchtenden oder St.-Andreas-Loge:
4. Auserwählte Brüder oder Schottische St.-Andreas-Lehrlinge
5. Schottische St.-Andreas-Gesellen
6. Schottische St.-Andreas-Meister
7.–10. Kapitelgrade (Schutzpatron: der Evangelist Johannes, Tag: 25. Dezember), erteilt in der Erleuchteten und Wirkenden oder Stewardloge:
7. Stuartbrüder oder Ritter des Ostens und Prinzen von Jerusalem
8. Vertraute Salomonis oder Ritter des Westens
9. Vertraute Brüder St. Johannis
10. Vertraute des heiligen Andreas
11. Ritter-Kommandeure mit dem Roten Kreuz.

Die Rittergrade, die auf Ritter Ramsay (1737) zurückzugehen scheinen, waren ein Merkmal der Kapitel und nicht der Schottengrade oder -loge. In Dresden gab es ein solches Kapitel bereits 1738: Graf Rutowsky hatte gegen Ende des Polnischen Erbfolgekrieges (1733 bis 1738) die Loge »Aux trois aigles blancs« und noch im selben Jahr das Kapitel »Aux trois glaives d'or« gegründet. Im Kapitel trug jedes Mitglied einen besonderen Ritternamen: Graf Rutowsky – Chevalier de l'Aigle, Baron Albedyll – Chevalier de Grossraup, Herzog von Holstein – Chevalier du Château. 1742 wurde ein Sachse, Karl Gotthelf Reichsfreiherr von Hund und Altengrottkau, von einem »Chevalier a penna rubna« im Kapitel des altschottischen Templerordens im Gefolge des Stuarts Karl Eduard aufgenommen. Um 1750 erhielt er, wie sein Mitritter Eckleff, die Bestallung zum Heermeister der VII. Ordensprovinz (Deutschland an der Elbe und Oder) als Chevalier de l'Épée. Sein Patent war ebenfalls wie das Eckleffs in Chiffreschrift in französischer Sprache abgefaßt. Nach Deutschland zurückgekehrt, errichtete Hund in seinem Schloß zu Kittlitz das Kapitel »Zu den drei Säulen«; 1755 gab Hund seiner Gemeinschaft von Tempelrittern einen Operationsplan. Es sollten möglichst viele Personen hohen Standes herangezogen werden, außerdem wurde ein Finanzplan entworfen, da der Orden bis dahin nur von den persönlichen Einkünften Hunds lebte.

Strenger Gehorsam war Grundbedingung des Systems, daher auch der Name »Strikte Observanz«. Es umfaßte die drei Johannisgrade, den Schottengrad und den Inneren Orient (Novizengrad und Rittergrad); als Ordenstracht galt ein über weißwollenem Unterkleid getragener weißer Mantel, der das rote Templerkreuz zeigte; als Uniform galt ein purpurroter Waffenrock mit neun kleinen, goldgestickten Schleifen und blauer Weste. Der Aufzunehmende, zu »Rektifizierende«, hatte eine »Obödienzakte« zu unterzeichnen und unterzog sich Einweihungszeremonien, die denen der alten Ritterorden glichen. Der Siebenjährige Krieg zwang Hund, sein Kapitel auf das Gut Unwürde in der Lausitz zu verlegen.

Während des genannten Krieges entstand, wie bereits oben aufgeführt, das Clermont-Kapitel in Berlin (1758); der Großmeister Printzen, der das »Hierosolymatische Hochkapitel« ohne Patent stiftete, beauftragte einen protestantischen Theologen namens Philipp Samuel Rosa (eigentlich Dietrich Schuhmacher), als General-Deputierter Meister die neue Lehrart in Norddeutschland zu verbreiten und Kapitel zu gründen, was er mit großem Erfolg auch tat: zum erstenmal seit der Reformation knüpfte er an die alten Aufgaben des inneren Ordens im mittelalterlichen Kloster und im Tempelherrenorden an und verhieß »theologische, astrologische, kosmologische, kosmosophische, physiognomische, alchimistische, kabbalistische und theosophische Kenntnisse«. 1763 erschien Georg Friedrich von Johnson-Fünen (eigentlich Johann Samuel Leucht) mit einem »Hofstaat« von vier Personen in Jena und erklärte, »Ritter vom großen Löwen des hohen Ordens der Tempelherren zu Jerusalem« und »Großprior des wahren Templerordens der eigentlichen schottischen Oberen« zu sein, abgesandt von dem verborgenen Großkapitel der ganzen Welt in Schottland, mit dem Auftrag, den falschen Lehrarten der Freimaurerei ein Ende zu machen, die Logen in Deutschland nach echtem Templerbrauch zu reformieren, eine Miliz des Ordens zu errichten und den Brüdern die Nutznießung der geretteten Schätze und geheimen Wissenschaften des alten Ordens zu vermitteln. Er erklärte die Berliner Oberbehörde des Clermont-Kapitels für unrechtmäßig, errichtete ein neues Hochkapitel und nahm neue Ritter auf. Er forderte die verschiedenen von Rosa und dessen Berliner Freunden gegründeten Kapitel des Clermont-Rosa'schen Systems auf, sich seiner Obedienz zu unterwerfen. Das geschah auch; von allen Seiten kamen Abgeordnete, die ihm ihre Urkunden ablieferten und nach deren feierlicher Vernichtung sich neuerlich ins Noviziat aufnehmen ließen. Selbst der Heermeister Baron Hund huldigte ihm am 26. Mai 1764 kniend und in mittelalterlicher Rüstung auf dem Konvent zu Altenberge, einem Gut bei Weimar, der ihn daraufhin feierlich als Heermeister investierte. Doch als Johnson-Fünen nach alter Templermanier alle Novizen aufforderte, ihr gesamtes Allodialvermögen dem Orden zu vermachen, sich zu Adjutantendiensten zu verpflichten und gegen die Türken auf Zypern zu kämpfen, rebellierten die Ritter und stellten sich hinter den Heermeister Hund. Sie seien als Freimaurer zu den Rittergraden gelangt und nicht als Mönche oder christliche Ritter zu einem christlichen Ritterorden mit Kreuzzugsauftrag, das Gelübde des Ordens gelte für sie symbolisch und nicht wörtlich. Daß die Kriegsgefangenen (deren Loge 1763 durch Austausch der Gefangenen erloschen war) nicht die reguläre Art wären, eine Lehrart zu installieren, leuchte ihnen ein, dafür brauchten sie nur das Patent des Heermeisters für Deutschland anzuerkennen; und so wurde Hund Alleinherr, und die Strikte Obsevanz breitete sich wie ein Lauffeuer über Deutschland aus.

Am 11. Januar 1765 wurde der Provinzial-Großmeister von Hamburg und Niedersachsen, Gottfried Jacob Jänisch, als *Eques ab urtica* (Ritter von der Nessel) in den Inneren Orient der Strikten Observanz aufgenommen; am 30. Januar erklärte er das bisherige englische Logensystem (deistische) für falsch. (Im Rittergrad der Strikten Observanz mußten alle Freimaurer, ob Protestanten oder Katholiken, wenn sie Ritter werden wollten, den folgenden Eid leisten: *»Ich schwöre dem Allmächtigen, der heiligen Jungfrau Maria, allen Heiligen und Dir, o Herr, mein ganzes Leben hindurch die vom hl. Bernhard von Clairvaux den Tempelrittern gegebene und durch den Honorius II. bestätigte Regel zu beobachten, in allen Artikeln, soweit sie auf den heutigen Stand des Ordens anwendbar und nicht dispensiert sind, lebend in Gehorsam ohne Eigentum im Orden und in geistiger Keuschheit.«*)

Die Provinzial-Großloge wurde nebst ihren Tochterlogen »auf ewig« geschlossen: die Mutterloge (Absalom) wurde noch am gleichen 30. Januar als »Absalom zu den drei Nesseln« neu konstituiert. Dänemark schloß sich ebenfalls 1765 der Strikten Observanz an, die Mutterloge »Zu den drei Weltkugeln« in Berlin folgte am 9. August 1766. England verlor sein einziges Bollwerk im protestantischen Deutschland, griff daher mit Freuden die Gelegenheit auf, in Berlin vertreten zu werden: der am 12. April 1761 patentierten Tochterloge der »Drei Weltkugeln« »de l'amitié aux trois Colombes« (zur Freundschaft zu den drei Tauben) war die Ehre zuteil geworden, am 27. Juli 1765 den auf der Durchreise in Berlin befindlichen Eduard August Herzog von York (1739–1767), den ältesten Bruder von Georg III., König von Großbritannien, aufzunehmen. (York war erst der zweite aus dem Königshaus von Großbritannien, nach dem Prinzen von Wales – 1737 aufgenommen –, der sich dem Bunde anschloß.)

Auf Ersuchen der Loge übernahm der Herzog das Protektorat, und es wurde beschlossen, der Loge den Namen »La Loge Royale d'York de l'Amitié« zu geben. Durch Vermittlung des Herzogs trat die Loge (nachdem die Mutterloge der Strikten Observanz beigetreten war) in unmittelbaren Kontakt mit der Großloge von England in London, von der sie unter dem 24. Juni 1768 ein Konstitutionspatent erhielt, und stiftete in den folgenden Jahren mehrere Tochterlogen. So gab es in Berlin zwei Mutterlogen gleichzeitig, und bald sollten es ihrer drei werden:

Johann Wilhelm Kellner von Zinnendorf (eigentlich Ellenberger), 1735–1782, Generalfeldstabsmedikus der preußischen Armee, war 1757 in Halle in den Freimaurerbund aufgenommen worden; nach Abschluß des Siebenjährigen Krieges schloß er sich 1763 in Berlin der Mutterloge »Zu den drei Weltkugeln« an, gerade als die Kriegsgefangenen ausgetauscht wurden. Von der Legitimität des Hierosolymatischen Hochkapitels nicht überzeugt, versuchte er 1763 in Schweden etwas über die Grundlagen der dortigen Freimaurerei und das Schwedische System zu erfahren. Nach dem Konvent zu Altenberge trat Zinnendorf 1764 der Strikten Observanz als *Eques a lapide nigro* (Ritter vom schwarzen Stein) bei und wurde Präfekt der Präfektur Templin (Mark Brandenburg und Pommern) des Ordens. Im Juni 1765 wurde er Großmeister der Mutterloge (bis Juni 1766); am 9. August 1766 trat die Mutterloge der Strikten Observanz bei, am 14. September erhielt Zinnendorf von dem Ordensmeister der schwedischen Freimaurer, Eckleff, die sogenannten »Schwedischen Akten«, d. h. die hauptsächlichen Unterlagen über die schwedische Lehrart, die ihm viel mehr zusagte. Er versuchte daraufhin, das Oberhaupt der Strikten Observanz, den Heermeister Hund, für das schwedische System zu gewinnen, und als dieser Versuch scheiterte, kam es zum Bruch. Am 16. Dezember 1766 trat Zinnendorf aus der Strikten Observanz aus, am 6. Mai 1767 entzog er seine Mitgliedschaft der Mutterloge »Zu den drei Weltkugeln« und am 13. Mai 1768 gründete er bereits die erste Freimaurerloge nach schwedischer Lehrart, die Loge »Minerva« in Potsdam. Mit den bis dahin sieben von ihm gegründeten Logen installierte er am 27. Dezember 1770 die »Große Landesloge der Freimaurer von Deutschland«, am 16. Juli 1771 erhielt er hierfür einen Schutzbrief von König Friedrich dem Großen.

In der in insgesamt zehn Grade gegliederten, sonst dem Schwedischen System ziemlich identischen Zinnendorf'schen Lehrart heißen die Gradbezeichnungen (bis heute),

Johannisloge:
1. Johannislehrling
2. Johannisgeselle
3. Johannismeister

Andreasloge:
4. Andreaslehrling
5. Andreasgeselle
6. Andreasmeister

Kapitel:
7. Ritter des Ostens, Stuartbruder, Prinz von Jerusalem
8. Ritter des Westens, auch Vertrauter Salomos
9. Grad der Vertrauten der Johannisloge
10. Auserwählter, auch Vertrauter des heiligen Andreas (Andreas-Vertrauter)

Dazu kommen, nicht als Grad, sondern als Auszeichnungsstufe: die Ritter-Komture mit dem roten Kreuz.

Bis auf die von England patentierte Loge »York zur Freundschaft« in Berlin kämpfte die englische Freimaurerei auf verlorenem Posten. Ganz Deutschland, ja fast ganz Europa hatte sich für die christliche irisch-schottische Maurerei entschieden; die vom Papst und den verschiedenen Regierungen bekämpfte deistische englisch-whigistisch-hannoversche Freimaurerei war gebannt; und somit traf der Vorwurf der Verbote, die Freimaurerei sei antichristlich (häretisch) und würde für die Interessen einer fremden Macht arbeiten (hochverräterisch), nicht mehr auf die Maurerei des Kontinents zu. Die Verbindung zu den Wurzeln der Maurerei im Kloster des Mittelalters, zu den sieben Freien Künsten und den Hermetischen Wissenschaften sowie zum Ritterideal als Träger und Fortsetzer dieser Wurzeln in die profane Welt war wiederhergestellt.

Die englische (deistisch-whigistische) Freimaurerei stand im eigenen Lande unter Beschuß. Die alten Logen im Lande, die Logen der Großloge von Ganz-England in York, die der Großen Loge von Irland und schließlich der Großloge von Schottland blieben hart gegen den unchristlichen Geist der Neuerer (Moderns) von London; die jakobitische Erhebung von 1745/46 zeigte die Grenzen der Whigpartei und des Hauses Hannover, die Stimmung gegen die Alleinherrschaft der Whigs war bereits seit Jahrzehnten feindlich und inkooperativ; die Parteiengruppierung hatte sich verwässert: alte Whigstreiter lehnten sich gegen die »Vetternwirtschaft« der Whig-Großen auf und stimmten gegen diese ab. Die Großloge von York, die 1744 bei der Vorbereitung der jakobitischen Revolte aktiv tätig war, wollte nach dem Scheitern der Erhebung nicht mehr auffallen; sie hielt zu anderen gleichgesinnten Logen in London, Südengland und Irland engen Kontakt und wirkte in dem gemeinsamen Ausschuß (*Grand Committee*) mit, die sie untereinander als Basis der Zusammenarbeit eingerichtet hatten. Soweit Logengründungen in Betracht kamen, wurden die Logenpatente von dazu bevollmächtigten Logenmeistern ausgestellt. Am 20. März 1751 starb der Prinz von Wales, seit 1737 Freimaurer und Hauptstütze der Whigs. Die neue Situation trieb die alten Logen zur Eile: am 17. Juli faßte das Grand Committee in der »Taverne zum Türkenkopf« in der Greek Street den Beschluß, sich als Großloge zu konstituieren, am 5. Februar 1752 wurde die »Grand Lodge of England According to the Old Institutions« als Nachfolgerin der »Großloge von Ganz–England« feierlich eingesetzt; am 27. Dezember 1756 gewann sie den ersten Adeligen, Graf von Blessington, zum Großmeister. Der Ire Laurence Dermott (1720–1791) sollte ein Desaguliers der Großloge der »Ancients« werden: 1756 verfaßte er das Konstitutionsbuch *»Ahiman Razon« (Ahiman Razon, or Help to a Brother, shewing the Excellency of Secrecy and the First Motive of the Instruction of Free-Masonry*) nach dem 1751 von Eduard Spratt (Großschriftführer der Großen Loge von Irland) für Irland herausgegebenen Konstitutionen und widmete es dem Grafen von Blessington.

Da das irische Element in dieser Großloge sehr stark dominierte und die Anziehungskraft in England darunter hätte leiden müssen, wurde die Großloge von York (Grand Lodge of York According to the Old Rules) 1761 erneut belebt, jedoch nur bis 1790, da die ursprüngliche Befürchtung nicht mehr bestand: 1766 hatten die »Ancients« 145 Logen, bis 1774 192 und bis 1813 359 Logen im Register eingetragen (59 in London, 127 im Lande, 173 im Ausland); die »Moderns« hatten 1813 bereits 565 Logen (81 in London, 277 im Lande und 207 im Ausland).

1766 starb Jakob III. in Rom; ihm folgte Karl Eduard als Karl III. und heiratete Luise von Stolberg (1752–1824) Gräfin von Albany. 1788 starb er kinderlos in Rom. Seinen Thronanspruch erbte als letzter sein Bruder Heinrich Stuart Kardinal Herzog von York (1725–1807). Kurz nach seiner Geburt ernannte ihn sein Vater (Jakob III.) zum Herzog von York; während des jakobitischen Aufstands von 1745/46 bemühte sich York, in Frankreich Truppen auszuheben, doch die Erhebung war vorüber, noch bevor ihm dies gelingen konnte. 1747 machte Papst Benedikt XIV. den frommen und gütigen Herzog zum Kardinal von York; 1758 wurde er zum Erzbischof von Korinth geweiht, von 1761 bis 1803 war er Bischof von Frascati in Italien. Nach dem Tode seines Bruders Karl III. (1788) erklärte sich York zum König Heinrich IX., verlor seinen Besitz während der napoleonischen Invasion in Italien und lebte seit 1800 von einer Jahrespension, die ihm Georg III. von England gewährt hatte.

Mit dem Tode des letzten Mitglieds der direkten Linie der Stuarts (1807) endete die Spaltung Großbritanniens zwischen Stuarts und Hannoveranern, das politische Element verschwand aus den Logen, der Toleranzgedanke lebte wieder auf. Bereits 1799 waren die beiden englischen Großlogen zu einer gemeinsamen Aktion gezwungen: damals wurde im Parlament ein Gesetzentwurf eingebracht, der alle Vereinigungen, die einen staatlich nicht genehmigten Eid von ihren Mitgliedern einfordern, für ungesetzlich erklären sollte. Dies hätte auch die Freimaurerei einschließen müssen, doch das Königshaus war darin stark vertreten:
- Friedrich Ludwig Prinz von Wales (1707–1751) seit 1737 seine Söhne
- Eduard August Herzog von York (1739–1767) seit 1765
- Wilhelm Heinrich Herzog von Gloucester (1743–1805) seit 1766
- Heinrich Friedrich Herzog von Cumberland (1745–1790) seit 1767, Großmeister 1782–1790

und seine Enkel (Söhne Georgs III. 1738–1820, seit 1760 König)
- Georg IV. August Friedrich Prinz von Wales (1762–1830) seit 1787, Großmeister seit 1790
- Friedrich Herzog von York (1763–1827) seit 1787
- Wilhelm IV. Heinrich Herzog von Clarence (1765–1837) seit 1787
- Eduard Herzog von Kent und Strathearn (1767–1820) seit 1790
- Ernst August Herzog von Cumberland (1771–1851) seit 1796
- August Friedrich Herzog von Sussex (1773–1843) seit 1798

(und Sohn des Herzogs von Gloucester 1743–1805)
- Wilhelm Friedrich Herzog von Edinburgh (1776–1834) seit 1795

Die beiden Großmeister, der amtierende Großmeister der Moderns Francis 2. Graf von Moira 1754–1826 (für den Großmeister Prinz von Wales) und der Großmeister der Ancients John 4. Herzog von Atholl schritten gemeinsam beim Parlament ein und erreichten eine Ausnahmeverfügung für die Freimaurer: sie wurden gegen jährliche Vorlage der Mitgliederverzeichnisse beim Friedensrichter von dieser Bestimmung ausgenommen. Nach dem Tode des letzten Prätendenten (1807) gelang die Annäherung der beiden Großlogen: 1809 ließ Graf von Moira in einer eigens eingesetzten, aus je neun Stuhl- bzw. Altmeistern bestehenden Lodge of Promulgation die Alten Landmarken gründlich untersuchen und Annäherungen an das Ritual der Alten Freimaurer vornehmen. 1813 war es dann soweit: beide Großmeister traten zurück; die Moderns wählten Herzog von Sussex und die Ancients seinen (6 Jahre älteren) Bruder Herzog von Kent zum Großmeister. Sussex und seine Großbeamten ließen sich formell durch Beitritt in eine Loge der Alten regularisieren und wohnten der Einsetzung des Herzogs von Kent als Großmeister der Alten bei; die von den Alten bearbeiteten Hochgrade wurden übernommen bzw. an-

- JAKOB I. Stuart 1566–1625 ⚭ Anna von Dänemark 1574–1619
  - Heinrich 1594–1612
  - Elisabeth 1596–1622 ⚭ 1613 Friedrich V. Kurf. v. d. Pfalz 1596–1632
    - Friedr. Heinr. 1614–1629
    - Karl Ludwig –1680
    - Rupert 1619–1682
    - 8 Kinder
    - Sophie 1630–1714
  - Margarete 1598 jung gest.
  - KARL I. 1600–1649 ⚭ 1625 Henriette v. Frankreich 1609–1669
    - Karl 1629 jung gest.
    - KARL II. 1630–1685
    - Maria 1631–1660
    - JAKOB II. 1633–1701
    - Elisabeth 1635–1650
    - Anna 1637–1640
    - Katharina 1639
    - Heinrich Hzg. v. Gloucester 1640–1660
    - Henriette 1644–1670
  - Robert 1601 jung gest.
  - Maria 1605–1607

⚭ 1658 Ernst August Kurf. v. Hannov. 1629–1698	Georg Ludwig 1660–1727 GEORG I. 1714–1727	⚭ 1682 Sophie Dorothea von Celle 1666–1726	Georg August 1683–1760 GEORG II. 1727–1760
⚭ 1662 Katharina v. Portugal 1638–1705			
⚭ 1641 Wilhelm II. von Oranien 1626–1650	WILHELM III. 1650–1702	⚭ 1677 Maria II. 1662–1694	
⚭ 1660 Anna Hyde 1637–1671	1 Sohn 2 Töchter jung gest.		
	MARIA II. 1662–1694	⚭ 1677 Wilhelm III. 1650–1702	
	Jakob Hzg. v. Cambridge 1663–1667		
	ANNA 1665–1714	⚭ 1683 Georg v. Dänemark 1653–1708	
	Karl Hzg. v. Kendal 1666–1667		
	Edgar Hzg. v. Cambridge 1667–1671		
⚭ 1673 Maria von Modena 1658–1718	1 Sohn 4 Töchter jung gest.		
	Jakob Eduard 1688–1766 JAKOB III. 1701–1766	⚭ 1720 Maria Clementine Sobieska 1702–1735	Karl Eduard 1720–1788 KARL III. 1766–1788 Heinrich Hzg. Kardinal York 1725–1807 HEINRICH IX. 1788–1807
	Luise Maria 1692–1712		
⚭ 1661 Philipp Hzg. v. Orléans 1640–1701	Marie Luise	⚭ Karl II. von Spanien 1661–1700	
	Anne Marie 1669–1728	⚭ Viktor Amadeus v. Savoyen 1666–1732	Jakobiten nach 1807

erkannt. In den am 25. November 1813 unterzeichneten *»Articles of Union between the two Grand Lodges of Freemasons in England«* wurde festgesetzt, daß die Freimaurerei aus den drei Graden Lehrling, Geselle und Meister bestehe, mit Einschluß des höchsten Ordens vom heiligen Royal Arch, daß die Bearbeitung anderer Grade geduldet werde und daß ein einheitliches Brauchtum und eine einzige unverfälschte Bundeslehre nach den Alten Landmarken überliefert werden müsse. Von einer Lodge of Reconciliation sollte die Einheitlichkeit des Rituals in verbindlicher Form festgelegt und weitergegeben werden. Am 27. Dezember 1813 wurde dann die Vereinigte Großloge (Vereinigte Großloge der Alten, Freien und Angenommenen Maurer – A. F. A. M. – von England) feierlich geschaffen, Herzog von Sussex wurde Großmeister (bis zu seinem Tode 1843).

Der Weg der deutschen Freimaurerei zur Einigung war hingegen dornig und langwierig:

In Berlin bestanden drei Großlogen verschiedener Herkunft: die Große National-Mutterloge der Preußischen Staaten »Zu den drei Weltkugeln« (1741 gegründet), die Große Landesloge der Freimaurer von Deutschland (1770) und die Großloge Royal York, genannt »Zur Freundschaft« (1798); sie alle hatten eines gemeinsam: sie hielten am christlichen Prinzip der Freimaurerei fest und ließen Nichtchristen (= Juden) weder als Besuchende noch als Mitglieder zu. Während in England und in den romanischen Ländern Juden bereits im 18. Jahrhundert zugelassen wurden, verhielten sich die deutschen Großlogen ablehnend. Daher entstanden Judenlogen (Toleranzlogen), die sich teils aus fremdländischen Juden zusammensetzten und in Hamburg (1787), Berlin (1790) und Frankfurt (1807) arbeiteten. Das Bekenntnis der Loge der Toleranz (1790) in Berlin gibt als Hauptprogrammpunkt der Loge die Absicht kund, durch die Maurerei Juden und Christen einander näherzubringen und veraltete Vorurteile zu verwischen. Sie erhielt auch ein königliches Protektorium, wurde aber von den übrigen Logen abgelehnt und löste sich bald wieder auf. 1810 gründeten die drei altpreußischen Großlogen zur Behandlung gemeinsamer Angelegenheiten den Preußischen Großmeisterverein in Berlin. Am 6. August 1806 legte Franz II. die deutsche Kaiserkrone nieder; das war das Ende des Heiligen Römischen Reiches Deutscher Nation, und Deutschland ging an Napoleon verloren. Mit den Franzosen kam auch der Grand Orient der französischen Freimaurerei (am 24. Mai 1773 als Gegensatz zur englischen Großloge von Frankreich entstanden, trug die Ideologie der Französischen Revolution einschließlich der Abkehr von der Religion mit) nach Deutschland. Um die Einverleibung in den Groß Orient von Frankreich als Provinzial-Großloge zu verhindern, beschloß die Provinzial-Großloge von Hamburg und Niedersachsen am 4. Februar 1811, sich als unabhängige Große Loge von Hamburg zu erklären. Diesem Beispiel folgten die Große Landesloge von Sachsen (28. September 1811) und die Großloge »Zur Sonne« in Bayreuth (11. Dezember 1811).

In Frankfurt hatte sich die Provinzial-Großloge für den ober- und niederrheinischen und fränkischen Kreis (1766 von der Großloge von England eingesetzt) 1782 von England losgesagt und 1783 als unabhängiger Eklektischer

Freimaurerbund konstituiert. Der Groß Orient von Frankreich gründete 1807 in Frankfurt für Frankfurter Juden, die in Frankreich aufgenommen worden waren, die Loge »L'Aurore naissante« (Zur aufgehenden Morgenröte), der Ludwig Börne, Gabriel Riesser, Berthold Auerbach u. a. angehörten. Diese wurde vom Eklektischen Freimaurerbund, der 1811 das christliche Prinzip als Gegensatz zum Groß Orient von Frankreich einführte, nicht anerkannt. Im Juni 1815 brachte der Wiener Kongreß die Wiederherstellung der alten Mächte auf dem Kontinent (einschließlich Frankreich unter den Bourbonen); zugleich wurde der Deutsche Bund geschaffen, ein loser Staatenbund von fünfunddreißig souveränen Fürsten und vier Reichsstädten ohne Bundesexekutive; einziges Organ des Bundes war die Bundesversammlung zu Frankfurt am Main, ein Gesandtenkongreß unter österreichischem Vorsitz. Die Toleranzloge zu Frankfurt wandte sich nun an die Vereinigte Großloge von England um Anerkennung; 1817 nahm diese Großloge unter dem Herzog von Sussex die »Judenloge« unter ihren Schutz und stellte ihr ein Patent aus, ohne die Frankfurter Logen zu befragen (seit 1785 betrachtete England den Eklektischen Freimaurerbund als Provinzial-Großloge). Daraufhin sagten diese sich (1822) von England los und nahmen 1823 als selbständige Großloge den Namen Große Mutterloge des Eklektischen Bundes an. (1841, sieben Jahre vor der bürgerlichen Gleichstellung der Juden, wurde ihre maurerische Gleichstellung durch Aufnahme des ersten Juden in Hamburg vollzogen; die Zeit solcher Schriften wie *»Werden, können Israeliten zur Freimaurerei aufgenommen werden?«* von 1788 schien vorbei zu sein.) 1844 siegte hier das Humanitätsprinzip in seiner reinen Form; in »ausführlichen Erläuterungen« an die Logen wurde vorgeschrieben: *»Der Maurer muß Bekenner und Verehrer des alleinigen Gottes sein, weil dieses Religionsbekenntnis das einzige ist, in dem alle Menschen übereinstimmen können. Jedem Maurer soll seine besondere Meinung und Glaubensansicht überlassen bleiben.«*

Dazu trug auch der Großmeister des Eklektischen Bundes, Georg Burkhard Kloß (1787–1854), Professor der Medizin und Praktischer Arzt in Frankfurt am Main, mit seiner Schrift *»Über die Unstatthaftigkeit des Versuchs, ein positives Christentum in die Freimaurerei hineinzuziehen«*, die scharf die Grenze zwischen dem christlichen und dem Humanitätsstandpunkt zog und nachhaltiges Aufsehen erregte. Mehrere der Aufnahme von Juden abholde Logen traten aus und gründeten (1846) die Großloge »Zur Eintracht« in Darmstadt, die am christlichen Prinzip (bis 1870) festhielt. Bismarcks »kleindeutsche« Lösung führte 1866 zum Krieg mit Österreich; Preußen besetzte Hannover, Kurhessen, Sachsen und Frankfurt, und die altpreußischen Großlogen breiteten sich dort aus; und da alle drei das christliche Prinzip vertraten (nur die Großloge Royal York genannt »Zur Freundschaft« hatte 1854 den Besuch jüdischer Brüder gestattet), die Großlogen von Hannover, Sachsen und Frankfurt bereits zugelassen hatten, entstanden Schwierigkeiten bei der Anerkennung der genannten und der (1866) Übernahme der Großloge von Hannover durch die altpreußischen Großlogen. Nach der Gründung des Deutschen Reiches (1871) gestattete die Großloge Royal York (1872) die Aufnahme von Juden in die Johannisgrade; auch die Darmstädter Großloge ließ seit 1873 Juden zu.

Ein neues Prinzip war in der Politik aufgetaucht: der Nationalidealismus; statt dem Vaterland treu beizustehen, identifizierte man sich mit dem Staat und damit auch mit allen seinen Vorurteilen sowie politischen, militärischen und moralischen Notwendigkeiten. Die humanitäre Freimaurerei, ein Vorreiter der Menschenrechte, der Gleichberechtigung und des Gemeinsamen in Kultur und Zusammenleben der europäischen Völker, sah sich vor eine neue Aufgabe gestellt: Abbau von Vorurteilen und Förderung des Pazifismus; anläßlich eines Freimaurerkongresses in Genf wurde 1902 Das Internationale Büro, auch Freimaurerische Weltgeschäftsstelle genannt, gegründet und sollte der freimaurerischen Forschung dienen sowie die internationalen freimaurerischen Beziehungen im Geiste des Pazifismus fördern. Eine Einheit anderer Art strebte der 1913 in Norddeutschland gegründete »Germanenorden« an: Er war nach dem Vorbild einer Freimaurerloge aufgebaut; zu seinen Grundsätzen gehörte: *»Nur ein bis ins dritte Glied rassenreiner Deutscher kann Mitglied werden. Besonderer Wert ist auf die Propaganda der Rassenkunde zu legen. Die Prinzipien der Alldeutschen sind auf die ganze germanische auszudehnen. Es muß gegen alles Undeutsche gekämpft werden.«*

Mit dem Kreis dieses Ordens (der sich 1918 nach München verlegte und »Thulegesellschaft« nannte) standen in mehr oder weniger enger Verbindung Julius Streicher, Rudolf Heß, Alfred Rosenberg, Gottfried Fiehler, Dietrich Eckart und Hans Frank, alles Männer, die in der NS-Bewegung eine bedeutende Rolle spielten.

Am 1. August 1914 erklärte Deutschland Rußland den Krieg; die vaterländische Begeisterung, die alle Deutschen erfaßt zu haben schien, machte natürlich erst recht nicht vor den Logentüren halt.

Die meisten Logen veranstalteten Abschiedsfeiern für Mitglieder, die schon in den ersten Tagen ins Feld zogen; so schon am 2. August in Bayreuth die Großloge »Zur Sonne«. In Hamburg wurde eine Lazarettkommission gebildet und Ende August von der Loge Absalom ein Barackenlazarett (125 Betten) errichtet.

Das Wort vom deutschen Wesen, an dem die Welt genesen müsse, spukte auch in den deutschen Logen herum; nicht nur bei den drei altpreußischen Großlogen in Berlin, wo es eher zu erwarten war, wurde es gebraucht, sondern auch bei »humanitären« Logen, wie beispielsweise in einem Vortrag vom 27. September in der Loge »Herder« in Bremen: *»Nun, solange noch große und schwere Arbeit unser harrt, solange gehört unsere Kraft dem Vaterlande, und wir tun gut, uns aller utopischen Pläne zu entschlagen, denn sie lenken uns ab von dem Nächstliegenden und Notwendigsten. Darum fort mit dem immer noch nicht ausgeträumten Traume von einer in Freiheit, Gleichheit und Brüderlichkeit geeinten Menschheit, und alle Kraft eingesetzt für deutsche Kultur, für deutsche Sitte und Art, den Bedingungen für Deutschlands Glück, Größe und Unüberwindlichkeit. Solche Arbeit ist auch für uns in Wahrheit der einzige Weg, für die Menschheit zu wirken, denn reifen unserem Volke dank unserer Tätigkeit herrliche Früchte, so wirken wir sicher auch vorbildlich und anregend auf andere Völker, und so kann sich das schöne, beinahe prophetische Wort erfüllen, daß einmal am deutschen Wesen die Welt genesen wird.«*

Die erste Feldloge auf deutscher Seite wurde am 1. Januar 1915 gegründet: »Zum Eisernen Kreuz« in Lüttich; dabei erklärte der Redner, Feldwebel-Leutnant Rosenthal, Rechtsanwalt aus Würzburg: *»Jetzt, wenn ein Engländer in unsere Mitte träte und versicherte und bewiese, er sei kein Spion, sondern ein Bruder, wer würde ihm die Bruderhand reichen, den Platz zu seiner Rechten bieten wollen, seinen Versicherungen Glauben schenken, daß er das Verhalten seiner Regierung nicht billige, daß er das deutsche Volk schätze und seinem ernstlichen wirtschaftlichen Streben Anerkennung zolle, wie ein Konkurrent ehrlicher Weise die Leistungen des anderen nicht heruntersetzt? Wer würde es ihm glauben, und wenn er mit Engelszungen redete? Für wen wäre er nicht der Vertreter des falschen Albion? Und schließlich, wenn er für seine Person überzeugend dartun könnte, daß er anders denke und handle, wie die vielen anderen, wer würde nicht sagen: Du bist ein Engländer und hast zu verantworten und zu vertreten, was dein Volk dem unsrigen angetan, denn das Volk ist nicht anders als die Gesamtheit der Einzelnen . . .*

Und etwas anderes hat uns die Zeit gelehrt: die nationalen Interessen gehen den internationalen vor! Sobald das Volk, der Staat in seinen Lebensinteressen, seinem Bestand bedroht ist, haben alle außerhalb dieser Sphäre liegenden Fragen zu schweigen. Und deshalb müssen und dürfen wir als Freimaurer, besonders gegenüber den Anfeindungen von außen, stets betonen, daß wir in erster Linie Deutsche und dann erst Freimaurer sind und auch die Sicherheit, die Ehre, den Bestand und die Größe unseres Vaterlandes über alles stellen.«

»Vom Geist der Feldlogen« hieß eine Schrift (der Großen Landesloge), die 1917 veröffentlicht wurde; darin lautete es: *»Wir alle, deutsche Brüder Freimaurer, wissen es, daß unsere Gegner im eigenen Vaterlande ebenso zum Kampfe rüsten gegen uns wie unsere Feinde jenseits der Grenzen. Ja selbst in profanen Kreisen der Heimat unter sonst uns Wohlgesinnten herrscht eine unheilvolle Auffassung, als ob wir mit den Umtrieben der romanischen Freimaurer und ihrer unheilvollen, nachweisbar zum Kriege führenden Verhetzung im geistigen Zusammenhang ständen. Wir müssen, Brüder der deutschen Feldlogen, die Hüter an den Toren des Tempels sein mit dem flammenden Schwert der Wahrheit und Gerechtigkeit. Wir müssen in erster Linie die Gefahr von der Seite unserer historisch traditionellen Gegner nicht gering achten, wir müssen durch Aufklärung und öffentliche Ablehnung jeglicher Verbindung mit irgendwelchen internationalen Vereinigungen den rein nationalen Charakter unserer neuen maurerischen Orientierung im Vaterlande und vor der Welt dokumentieren; der selbstverständlichen Treue vaterländischer Pflichterfüllung müssen wir eine höhere Weihe geben durch Höchstleistungen im Felde und in der Heimat und Konsolidierung des deutschnationalen Freimaurertums. Vor allem, und das sei mein ernstes dringendes Bekenntnis, müssen wir jede leiseste Regung des utopistischen Pazifismus in unseren Reihen mit der Wurzel ausrotten.«*

Im Mecklenburgischen Logenblatt, das zur »Großen Landesloge« gehörte, hieß es 1917 in dem Artikel *»Auf den Pfaden der internationalen Freimaurerei«*: *»Wir stehen im Herbst 1917 vor der merkwürdigen Tatsache, daß die Weltorganisation der internationalen Freimaurerei seit Jahren den Vernichtungskrieg gegen Deutschland und Österreich heraufbeschworen, dem Kriege seine bisherige Aus-*

dehnung gegeben und jeden Versuch einer friedlichen Lösung des Weltkonflikts mit allen Mitteln einer verbrecherischen Propaganda verhindert hat. Alle Fragen, die hier noch offen geblieben waren, bzw. um nicht den Ereignissen voranzueilen, mit Rückhalt beantwortet werden mußten, lösten sich seitdem im Sinne einer bewußt unmenschlichen, wollüstig grausamen und unerbittlich zerstörungssüchtigen Politik dieser Weltbruderschaft von sogenannten Freimaurern. Jetzt sind uns endgültig die Augen geöffnet; diese 99 Prozent aller, die sich auf der Erde Freimaurer nennen, werden immer unsere Erzfeinde bleiben.«

Anlaß zu dieser Hetze der christlich-nationalen gegen die humanitär-internationale Freimaurerei gab das folgende Ereignis: Vom 28. bis 30. Juni 1917, während des Krieges also, trafen sich in Paris Vertreter der neutralen und Entente-Großlogen, um den Gedanken einer »Liga der Nationen« zu erörtern, der von dem französischen Abgeordneten André Lebey als Referent des Kongresses entwickelt wurde.

Damals, unmittelbar nach dem Eingreifen der Vereinigten Staaten von Amerika in den Weltkrieg, erklärte Lebey, auf die Dauer könne nur ein Bündnis Deutschland-Frankreich-England zusammen mit einer durchgreifenden Abrüstung eine Gewähr für den Weltfrieden sein, der ja auch die Konsequenz des freimaurerischen Wollens darstelle. Es müsse ein Völkerbund geschaffen werden, der den Krieg ächte.

Die Kluft zwischen den »christlichen« und den »humanitären« Großlogen in Deutschland war noch nie so tief und unüberbrückbar wie gegen Ende des Weltkrieges; die drei altpreußischen Großlogen hatten bereits seit 1839 einen Großmeisterverein gebildet, alle Großlogen waren seit 1871 im »Deutschen Großlogenbund« lose zusammengefaßt, im April 1918 schließlich beschlossen die fünf »humanitären« deutschen Großlogen in Weimar, sich innerhalb des Großlogenbundes ebenfalls enger zusammenzuschließen, was sie im Sommer 1920 mit dem »Johannisbund« in die Tat umsetzten. Als der Krieg für Deutschland verloren war, entdeckte der Deutsche Großlogenbund seine Freimaurereigenschaft wieder. Nach wie vor befangen in der Zweigleisigkeit nationalistischen Denkens, konnte der Vorsitzende des Deutschen Großlogenbundes durch Vermittlung des hessischen Ministerpräsidenten Mitte November 1918 an die Vereinigte Großloge von England und an die Großloge von New York folgendes Telegramm schicken: *»Im Namen der Menschheit, die wir Freimaurer vor aller Welt vertreten, bitte ich für Millionen deutscher Frauen und Kinder, die durch die harten Bedingungen des Waffenstillstandes dem drohenden Hungertode überantwortet sind, Ihren Einfluß geltend zu machen, damit die Waffenstillstands- und Friedensbedingungen insoweit gemildert werden, daß das Schlimmste von unschuldigen Menschenleben abgewendet wird. Kann es eine größere und edlere Aufgabe für Brüder geben, ein Volk in Not vor dem sicheren Tod zu retten! Jetzt ist der Augenblick für die Freimaurer gekommen, ihre humanen Grundsätze im großen Stil vor Gott und der Welt zu beweisen. Helfen Sie, geliebte Brüder! Millionen geängstigter und zerschlagener Herzen rufen Sie an um Ihre Hilfe ...«*

Die »Vereinigte Großloge von England« hüllte sich in Schweigen, der IX., hauptsächlich aus deutschsprachigen Logen bestehende Distrikt der »Großloge von New York« schickte gleich nach Friedensschluß Geld und Lebensmittel, die zum größten Teil deutschen Lungenheilstätten zugewiesen wurden. Der Wandel bahnte sich bereits bei Kriegsende an: der letzte Protektor der drei altpreußischen Großlogen, Prinz Friedrich Leopold von Preußen, schloß sich im November 1918 bei Ausbruch der Revolution der »Deutschen Demokratischen Partei« an und schrieb am 18. Dezember an den Großmeister der »Großen Landesloge der Freimaurer von Deutschland«: *»Ich beschränke mich darauf, nachdrücklich zu betonen, daß ich mich in dieser neuen Zeit um so freudiger wie jeder andere zuverlässige Bürger in den Dienst des Vaterlandes gestellt habe, als ich in den gegenwärtigen Verhältnissen die Möglichkeit der Betätigung derjenigen freimütigen Gesinnung erkenne, welcher ich, von liberalen Regungen geleitet, schon seit langer Zeit gehuldigt und, dies zu bekunden, ich längst herbeigewünscht habe.«*

Der vom amerikanischen Präsidenten und Nichtfreimaurer Woodrow Wilson entworfene Völkerbund hatte mit dem des Kongresses von 1917 in Paris die Ideologie und teilweise auch den Wortlaut gemeinsam. Diese Satzung wurde am 28. April 1919 durch die Vollversammlung der Pariser Friedenskonferenz angenommen. Zaghaft bekannten sich die deutschen Freimaurer zu dieser von der »Weltfreimaurerei« geborenen Idee; am 1. Dezember 1919 veröffentlichte das »Bundesblatt« der Großen National-Mutterloge »Zu den drei Weltkugeln« in Berlin folgende Erklärung: *»Berlin – Die unterzeichneten Brüder Freimaurer, zugleich Freunde der Deutschen Liga für Völkerbund, haben sich zu einem Bluntschli-Ausschuß vereinigt, der es sich zur Aufgabe gestellt hat, den mit der Freimaurerei so nahe verwandten Völkerbunds-Gedanken im Bruderkreise zu vertreten und zu verbreiten. Brüder, die Freunde des Völkerbunds-Gedanken sind und anerkannten Freimaurerlogen angehören, werden um Mitarbeit gebeten. Nähere Auskunft erteilt der Vorsitzende des Bluntschli-Ausschusses, Bruder Ludwig Müffelmann.«* Unter den acht Unterzeichnern des Aufrufes befand sich auch »Bruder Dr. Hjalmar Schacht«.

Mit der Ratifizierung des Versailler Vertrages am 10. Januar 1920 trat die Satzung des Völkerbundes in Kraft. Am 24. Februar 1920 wurde die in München am 5. Januar 1919 gegründete Deutsche Arbeiterpartei (DAP) in Nationalsozialistische Deutsche Arbeiterpartei (NSDAP) umbenannt; im Punkt 24 ihres Parteiprogramms heißt es unter anderem: *Sie* (die NSDAP) *bekämpft den jüdisch-materialistischen Geist in und außer uns. Eine besonders gut getarnte Pflegestätte dieses Geistes ist die Freimaurerei.* In Deutschland wurde sie vom Nationalsozialismus weltanschaulich überwunden.

Bei solchen Tönen in den parteiamtlichen Schriften, dürfte das Rundschreiben der Coburger Loge »Ernst für Wahrheit, Freundschaft und Recht« an ihre auswärtigen Mitglieder vom 19. April 1920 verständlich erscheinen, in dem zu tatkräftiger Abwehr schamloser Angriffe »von klerikaler, antisemitischer, alldeutscher, deutsch-völkischer Seite« aufgerufen wurde und in dem es hieß: *»Es ist Sache jedes Bruders, so in der Freimaurerei bewandert zu sein, daß er bei gesprächsweiser Erwähnung dieser Angriffe in profanen Kreisen aufklärend wirken kann, daß er die den angreifenden Kreisen bisher unbewußt geliehene Unterstützung, z. B. durch sein Verhalten im Leben, die Verleumder Lügen straft.«*

Im Sommer gründeten die fünf »humanitären« deutschen Großlogen den »Johannisbund«; in diesem Zusammenschluß sahen jedoch die Berliner Großlogen eine gegen sie gerichtete Spitze, denn sie betonten mehr als die anderen Großlogen das nationale Prinzip und glaubten an eine Verständigung mit den national-völkischen Kräften, daher war es nur natürlich, daß sie sich immer bewußter gegen die »humanitären« Logen abzugrenzen suchten. Auf Initiative der »Großen Landesloge« traten sie 1922 aus dem Großlogenbund (gegründet 1872) mit folgender Begründung: *»Die Weltmachtstellung Deutschlands ließ nach dem Frieden von 1871 eine freundschaftliche und brüderliche Annäherung an die Weltfreimaurerei auch für die altpreußischen Großlogen unbedenklich und mit deutscher Ehre und Würde vereinbar erscheinen. Die vom Sieger so großmütig ausgestreckte Bruderhand wurde zwar ergriffen, indessen geschah dies, wie die Erfahrung gelehrt hat, nur zu dem Zwecke, auch diesen an sich nicht wichtigen Faktor zu benützen, um die Deutschen in Sicherheit zu wiegen und sich in aller Stille zu einem gemeinsamen vernichtenden Schlag gegen unser Vaterland zu rüsten. Die Erfahrungen der letzten fünfzig Jahre sollten uns darüber belehren, wo wir unsere Feinde und unsere Freunde zu suchen haben. Das Vernichtungswerk, an dem die Weltfreimaurerei erfolgreich mitgearbeitet hat, ist nach Ansicht unserer Feinde noch nicht vollendet, und die Befürchtung, Deutschland könne sich einst von diesem Schlage erholen, wird unseren Feinden dauernd die Waffe gegen uns in die Hand drücken, wird sie dauernd zu unseren offenen oder geheimen Gegnern machen. Daran vermag auch die deutsche Freimaurerei, vermögen alle schönen Redensarten von Menschenliebe und Menschenverbrüderung, in denen sich die sogenannte humanitäre Weltfreimaurerei nicht genug tun kann, nicht das geringste zu ändern. Hier ist eine Grenze, an der sich humanitäre und altpreußische nationale Freimaurerei scharf voneinander scheiden. Wir drei altpreußischen Großlogen lehnen es ab, an der allgemeinen humanitären Welt- und Menschenverbrüderung teilzunehmen ...«*

Mehr noch: der »Verein deutscher Freimaurer« (1861 in Potsdam gegründet) verurteilte gleich darauf in einer Resolution seiner Hauptversammlung den »in Haß und Rachsucht wurzelnden Versailler Vertrag« und dessen Grundlage, »die Lüge von der alleinigen Schuld Deutschlands am Weltkrieg«. Weiter hieß es: *»Wahrheit und Ehrlichkeit in unser Leben zu bringen, ist freimaurerisches Ideal. Wir verlangen die Wahrheit auch für die Lösung der Frage nach der Ursache des Weltkrieges und der Schuld an ihm. Wir fordern alle Freimaurer und freimaurerischen Verbände aller Länder auf, sich dieses Ideals bewußt zu sein und mit uns gegen Lüge und Verleumdung zu kämpfen. Wir erheben als Deutsche feierlich Einspruch dagegen, die Parias der Menschheit zu sein, wir verteidigen unsere nationale Würde und Ehre.«*

Damit war die innere Zerrissenheit, in die Deutschland durch den Ausgang des Ersten Weltkrieges gestürzt wurde, auch in die deutsche Freimaurerei hineingetragen, die dafür auf Grund ihrer Geschichte besonders anfällig sein mußte. Denn einerseits standen die deutschen Freimaurer seit einem Jahrhundert immer konsequenter auf nationalem Boden, andererseits fühlte sich ein Teil (bis 1933 waren es ein Viertel aller ca. 80.000 deutschen Freimaurer!), eingedenk der universellen Grundlage der Freimaurerei, zur Weltfreimaurerei und dem Gedanken der Weltbruderkette hingezogen. Hinzu kamen die Proteste der völkischen und nationalen Sprecher in Deutschland gegen die sogenannte »Kriegsschuldlüge«; aus der Weltfreimaurerei wurde plötzlich eine Weltverschwörung der Freimaurerei gegen die nationalen Interessen.

Waren die Vorbehalte und Vorwürfe der katholischen Kirche gegen die tolerante Haltung der humanitären Freimaurerei, weil sie die Formel einer Religion propagierte, in der alle Menschen übereinstimmen (was unweigerlich zur Gleichstellung des christlich-katholischen Glaubens mit allen, aus der Sichte des Heiligen Stuhles, häretischen Sekten und daher – verständlicherweise – von ihm nicht geduldet werden konnte), und waren die Verbote der Fürsten im 18. Jahrhundert aus politischen Motiven (da sie in den Logen der englischen Lehrart Spionagezellen für eine ausländische Macht erblickten), so tauchte nun ein neues Motiv gegen die Freimaurerei auf: Im November 1922 wurde auf dem 4. Kongreß der Kommunistischen Internationale folgender Beschluß gefaßt: *»Es ist eine unbedingte Notwendigkeit, daß die führenden Organe der Partei alle Brücken abbrechen, die zum Bürgertum führen, und deshalb auch einen radikalen Bruch mit der Freimaurerei vollziehen. Der Abgrund, der das Proletariat vom Bürgertum trennt, muß der kommunistischen Partei voll zum Bewußtsein gebracht werden. Ein Bruchteil der führenden Elemente der Partei* (in Frankreich) *hat versuchen wollen, über diesen Abgrund verborgene Brücken zu schlagen und sich der Freimaurerlogen zu bedienen. Die Freimaurerei ist die unredlichste und infamste Prellerei des Proletariats seitens eines nach der radikalen Seite neigenden Bürgertums. Wir sehen uns gezwungen, sie bis aufs äußerste zu bekämpfen.«*

Altkommunist Leo Trotzki erläuterte 1923 in dem Moskauer Regierungsorgan *»Iswestija«*, wie die Freimaurerei von der kommunistischen Partei beurteilt wird: *»Sie ist die kapitalistische Feindin des Kommunismus; sie ist rückständig wie die Kirche, der Katholizismus. Sie stumpft die Schärfe des Klassenkampfes durch Mystizismus, Sentimentalität und moralischen Formenkram ab ... Mit glühenden Eisen müßte sie mit ihrer Gefolgschaft ausgerottet werden, denn sie schwächt die Lehren des Kommunismus durch ihre bürgerlichen Journalisten ab.«*

Für die Nationalsozialisten jedoch war der »jüdisch-materialistische Geist« in der Freimaurerei der Stein des Anstoßes: Alfred Rosenberg, seit 1921 Chefredakteur des *»Völkischen Beobachters«* und bekannter antisemitischer Publizist, betrieb die Verfolgung der Freimaurerei (1922 *»Das Verbrechen der Freimaurerei«*). Die absolute Mehrheit der deutschen Freimaurer war Mitglied der drei altpreußischen nationalen Großlogen von Berlin, die überall im Reich ihre Tochterlogen hatten. Eine schillernde Figur tauchte in diesem Zusammenhang am 2. Mai 1923 in der Münchner Loge »Empor« (Tochter der Großen National-Mutterloge »Zu den drei Weltkugeln« in Berlin, am 26. November 1920 gestiftet) als Besucher auf: Erich Ludendorff (1865–1937), bei Kriegsausbruch (1914) war er Oberquartiermeister bei der 2. Armee, am 21. August 1914 wurde er Generalstabschef der 8. Armee unter Hindenburg. Die Siege bei Tannenberg und an den Masurischen Seen über die Russen begründeten seinen Mythos und seine steile Karriere zum Generalstabschef des Heeres, am

29. August 1916 zum Ersten Generalquartiermeister und zu einer Art Militärdiktator; bei Kriegsende am 26. Oktober 1918 entlassen, kämpfte Ludendorff mit seiner Popularität gegen die Republik und schürte als Mitglied der NSDAP in deren Kampfblatt »Völkischer Beobachter« die von Hindenburg am 18. November 1919 vor dem parlamentarischen Untersuchungsausschuß erstmals vorgebrachte Dolchstoßlegende, das »im Feld unbesiegte Heer« sei durch die Novemberrevolution 1918 »von hinten erdolcht« worden. Er stellte die These auf, »Das Geheimnis der Freimaurerei ist überall der Jude«. Solche Angriffe veranlaßten die Münchner Loge »Freundschaft im Hochland« (eine Tochterloge der Großen Loge »Zur Freundschaft« in Berlin, der einzigen altpreußischen Großloge, die Juden aufnahm), am 28. September 1923 an die Mutterloge zu schreiben:

»Der deutschen Freimaurerei droht die Gefahr der Auflösung bzw. des Verbots, wenn die Kreise, die sie (die NSDAP) *befehlen, zu entscheidendem Einfluß in der Regierung gelangen. Große Teile des deutschen Volkes sind unsere Gegner geworden, alle mißtrauen uns, und vor allem stehen uns unsere nationalgesinnten Volksgenossen feindlich gegenüber. Die Gegnerschaft stützt sich besonders auf die Tatsache, daß die Freimaurerei unter jüdischem Einfluß stehe, daß unter den Mitgliedern sich zahlreiche Pazifisten, ja sogar Marxisten befinden, und daß die deutsche Freimaurerei innige Beziehungen zur Weltfreimaurerei unterhalte. Infolgedessen versagen uns die nationalen Kreise das jedem wahren Deutschen zustehende Recht, mit allen Mitteln geistiger und materieller Art und unter Einsetzung der ganzen Persönlichkeit, ja des Lebens mitzuwirken an der Wiederaufrichtung unseres in höchster Not befindlichen Vaterlandes. Jede Aufklärung durch persönliche Einwirkung oder Vorträge und Schriften bleiben wirkungslos, solange wir nicht in aller Form und in voller Öffentlichkeit nachweisen können, daß unsere Freimaurerei christlich und national eingestellt ist und in gleicher Weise wie alle anderen vaterländischen Vereinigungen den Internationalismus jeglicher Art ablehnt. Hier müssen gerade die altpreußischen Großlogen, die von jeher ihren christlichen und nationalen Standpunkt betonten, vorangehen. Wir unterbreiten daher unserer ehrwürdigen Großloge folgende Anträge:*

Es wolle in der Verfassung festgelegt werden:

a) daß Suchende, die nicht auf rein nationalem Boden stehen, sowie Juden grundsätzlich nicht aufgenommen werden;

b) daß jeder freimaurerische Verkehr mit Logen oder Logenmitgliedern von Staaten, die deutschfeindlich gesinnt sind, bei Ausschluß aus dem Bund verboten ist, ebenso der freimaurerische Verkehr mit nicht anerkannten Logen in Deutschland oder Mitgliedern solcher Logen;

c) daß die vorsitzenden Meister aller Tochterlogen durch ein Gelöbnis zu verpflichten sind, ihre Logen in christlichem und streng nationalem Geist zu führen, die Mitglieder zu begeisterten Tatmenschen zu erziehen, die bereit sind, für das Vaterland jedes Opfer zu bringen ...«

Diese Anträge, die von einigen weiteren Tochterlogen der Großloge »Zur Freundschaft« unterstützt wurden, sollten ihren Eindruck nicht verfehlen: Die Großloge änderte noch 1923 Teile ihres Grundgesetzes und bezeichnete nunmehr als Zweck der Großloge, *»nach den Grundsätzen des Christentums und des deutschen Idealismus Religiösität, Sittlichkeit, Vaterlandsliebe und Brudersinn mit Hilfe der altüberlieferten, der Freimaurerei eigentümlichen Mittel zu erwecken, zu nähren und zu verbreiten«*. Für die Aufnahme aber wurde der Satz hinzugefügt: *»Sie* (die Suchenden) *müssen auf dem Boden christlicher Anschauung stehen und im deutschen Volkstum wurzeln.«*

Dessen ungeachtet beschloß der Nationalverband deutscher Offiziere – Landesverband Groß-Berlin –, freimaurerische Offiziere aus seinen Reihen auszuschließen. Die betroffenen Offiziere gaben eine Erklärung ab, der die drei altpreußischen Großlogen in Berlin am 16. Februar 1924 beitraten und eine eigene gemeinsame Grundsatzerklärung veröffentlichten, in der es unter anderem heißt:

»Die Große National-Mutterloge Zu den drei Weltkugeln, die Große Landesloge der Freimaurer von Deutschland und die Große Loge von Preußen, genannt Zur Freundschaft, stehen mit ihren Grundsätzen auf dem Boden deutscher und christlicher Anschauung. Diese drei Großlogen, die drei Viertel aller deutschen Maurer umfassen, sind keine Geheimgesellschaften, sondern haben ihre Zwecke und Ziele, früher sogar unter dem besonderen Schutze der preußischen Könige, offen bekannt und verfolgt. Es sind Vereinigungen deutscher Männer, die nach Veredelung streben, nach einer symbolischen, auf uralten Überlieferungen beruhenden Erziehungsmethode in systematisch fortschreitenden Erkenntnisstufen. Wir lehnen daher jede politische Tätigkeit, welcher Art sie sei, besonders aber wie sie die romanische Freimaurerei betreibt, als unserem Wesen und unseren Zwekken widersprechend ab. Ebenso entfernt sind wir aber von irgendeinem Internationalismus ...

Unser Verkehr mit den Logen der neutralen Staaten beschränkt sich auf den Gedankenaustausch und die Höflichkeitsbezeugungen, die zwischen wissenschaftlichen und ethischen Vereinigungen befreundeter Völker üblich sind. Unsere Beziehungen zu den Logen noch jetzt feindlicher Staaten sind dagegen vollständig abgebrochen. Wir würden den Deutschen verachten, dem die Ehre seines Volkes so wenig gilt, daß er die Schmach und die Unbill, die Deutschland durch und nach dem Versailler Diktat erlitten hat, so vergessen kann, daß er mit Angehörigen eines anderen Volkes in Verkehr treten kann, ehe dieses nicht das uns zugefügte Unrecht rückhaltlos anerkennt. Für die Erneuerung und die Wiederherstellung der Ehre unseres Volkes zu kämpfen, ist eine der ersten sittlichen Pflichten unseres Bundes.« Wesentlich gemäßigter drückten sich die »humanitären« Großlogen aus. In einer gemeinsamen Erklärung der Großen Loge von Hamburg, der Großen Landesloge von Sachsen, der Großloge des Eklektischen Bundes, der Großloge »Zur Sonne«, der Großloge »Zur Eintracht« und der fünf unabhängigen Logen Deutschlands heißt es:

»... Die vorgenannten Großlogen und Logen stehen dabei fest auf dem Boden der humanitären deutschen Freimaurerei und gewährleisten daher ihren Mitgliedern Glaubens- und Gewissensfreiheit. Sie achten jede ehrliche Überzeugung, die vaterländischen und religiösen Bestrebungen nicht zuwiderläuft. Sie lehnen jede politische und konfessionelle Tätigkeit für sich als eine die nationale Einheit schädigende Handlung ab und stehen in gleicher Weise dem Internationalismus

fremd gegenüber ... Deutschen Männern in einem solchen Bunde ist daher die freimaurerische Arbeit an der Menschheit, die von Unwissenden oder Voreingenommenen leichthin als ›antinational‹ oder ›international‹ bezeichnet wird, nur heiligste Pflicht an ihrem Volke. Sie dient der Pflege deutschen Volksbewußtseins und fördert die Hingabe an einen wirklichen Aufbau des deutschen Vaterlandes.«

In der Frühjahrsversammlung 1924 machte die Großloge »Zur Freundschaft« den Beschluß von 1872, Juden als Mitglieder zuzulassen, wieder rückgängig und kehrte zum sogenannten christlichen Prinzip zurück. Das sollte sie allerdings ebensowenig wie die beiden anderen Berliner Großlogen vor weiteren Angriffen der völkischen Kreise bewahren. Ihnen wurde nunmehr vorgeworfen, in der »Judenfrage« heuchlerisch zu sein, denn getaufte Juden durften diesen Großlogen angehören, weil es sich für sie ja eigentlich nur um ein religiöses Problem handelte.

In dem Prozeß (24. Februar bis 1. April 1924) gegen zehn Teilnehmer am Hitler-Putsch wurde Ludendorff freigesprochen. Der Prozeß glich streckenweise einer Farce, da die Richter Hitler eine ausgiebige Selbstdarstellung erlaubten und die gesetzliche Mindeststrafe (auf Hochverrat) von fünf Jahren Festungshaft (mit Aussicht auf baldige Strafaussetzung zur Bewährung) verhängten. In Landsberg am Lech diktierte der Vorzugshäftling Adolf Hitler zunächst seinem Chauffeur Maurice und später seinem persönlichen Sekretär Heß den ersten Band seines Buches *»Mein Kampf«* in die Maschine. Nach seiner vorzeitigen Entlassung am 20. Dezember 1924 diktierte er den zweiten Band seiner Sekretärin und Amann; der erste Band mit dem Untertitel *»Eine Abrechnung«* erschien am 18. Juli 1925, der zweite, *»Die national-sozialistische Bewegung«* untertitelt, am 11. Februar 1926 im Eher-Verlag in München.

Ludendorff hingegen zog 1924 in den Reichstag ein, kandidierte 1925 erfolglos für die Reichspräsidentschaft, trat dann von der Reichsführerschaft der Hitlerleute zurück und gründete 1925 den Tannenbergbund, einen Dachverband der völkischen Wehr- und Jugendbünde. Weltanschaulich verstand sich der Tannebergbund als Kampfgemeinschaft der »von der christlichen Suggestion Befreiten« gegen die »überstaatlichen Mächte« (katholische Kirche, Marxisten, Juden, Freimaurer u. a.) und für eine »deutsche Gotterkenntnis«. In seinem Sprachrohr, *»Ludendorffs Volkswarte«* in München, führte er in zahlreichen Artikeln einen heftigen Kampf gegen Freimaurer, Juden und Jesuiten. Im Feldzug gegen das Freimaurertum erblickte er zuerst seine Lebensaufgabe, später erweiterte er dann die Front. 1926, »am Tage von Lüttich«, ließ er seine erste Angriffsschrift erscheinen: *»Vernichtung der Freimaurerei durch Enthüllung ihrer Geheimnisse«*. Gestützt hauptsächlich auf Stellen aus dem Ritual der Großen Landesloge der Freimaurer von Deutschland, wollte er den Satz beweisen, »Das Geheimnis der Freimaurerei ist überall der Jude«. In dieser Schrift stellte er seine sieben Thesen gegen die Freimaurerei auf:

1. Das Geheimnis der Freimaurerei ist überall der Jude.
2. Es gibt nur eine Weltloge.

3. Beziehungen zum Christentum sind in der Freimaurerei nur rein äußerlich vorhanden, und zwar auch nur soweit sie im Grunde im Alten Testament wurzeln.
4. Das Ziel der Freimaurerei ist die Verjudung der Völker und die Errichtung der Juden- und Jehova-Herrschaft mit Hilfe aller Völker.
5. Die Organisation der Weltloge geschieht nach Ordensprovinzen, an deren Spitze die Vicarii Salomonis stehen; der Name des über den Vicarien stehenden Oberen bleibt Geheimnis, bis er die Regierung persönlich übernimmt.
6. Freie, aufrechte, stolze Männer kann die Freimaurerei nicht schaffen, sondern nur eingeschüchterte Menschen.
7. Die Verbindungen der Freimaurerei sind staatsgefährlich, vielleicht geradezu landes- und hochverräterisch.

Und zum erstenmal in der Geschichte der deutschen Freimaurerei gab es eine gemeinsame Aktion aller neun deutschen Großlogen; im Herbst 1926 gaben sie folgende gemeinsame Erklärung ab: *»Die Unterzeichneten, als gesetzliche Vertreter von zirka 80.000 treudeutschen, vaterländisch gesinnten Freimaurern, geben in deren Namen ihrer Entrüstung darüber Ausdruck, daß Herr Erich Ludendorff in seiner Schrift ›Vernichtung der Freimaurerei‹ sie in verleumderischer Weise beleidigt und in den Augen des deutschen Volkes herabzusetzen versucht hat. Sie bedauern gleichzeitig, daß ein Mann von der einstigen Größe und Bedeutung des Generals der Infanterie Ludendorff sich zur Verhetzung des deutschen Volkes und zur Irreführung breiter Massen herabgewürdigt hat. Obwohl das Pamphlet einer Entgegnung kaum wert ist, weil es der deutschen Freimaurerei geradezu wahnsinnige Ziele unterstellt und sich dabei auf dunkelste und trübste Quellen stützt oder sich bewußt der unglaublichsten Verdrehungen und Entstellungen bedient, so behalten wir uns doch zur Aufklärung der öffentlichen Meinung eine eingehende sachliche Stellungnahme vor.«*

Allen Anfeindungen zum Trotz wurde am 27. Juli 1930 in Hamburg die »Symbolische Großloge von Deutschland« gegründet. In der ersten Nummer der Großlogen-Zeitschrift *»Die alten Pflichten«* heißt es unter dem Titel »Unsere Aufgabe«: *»Eine neue Großloge ist notwendig, weil auch von der Gruppe der humanitären Großlogen folgende Ideen nicht anerkannt werden, die aber Wesensinhalt moderner Freimaurerei sind, wenn die Freimaurerei zeitgemäß sein soll. Diese Ideen sind: Internationale Zusammenarbeit in der allgemeinen Weltkette, Bruderliebe aller Freimaurer der ganzen Welt. – Der deutsche Großlogenbund hatte klipp und klar zum Ausdruck gebracht, daß internationale Arbeit von ihm nicht gewünscht würde ... Diese beiden Prinzipien bilden den Grund für den Aufbau einer neuen Großloge in Deutschland. Diese Großloge wird die Einheitsbestrebungen der alten Großlogen sehr begrüßen. Ihre Macht liegt in dem klaren und festen Eintreten für die internationale Freimaurerei, für die Arbeit im Sinne der Weltfreimaurerei.«*

Die neue Großloge erhielt Zustrom vor allem aus den Logen der bereits bestehenden Großlogenorganisationen, so daß die »Symbolische Großloge« kurz vor Hitlers Machtergreifung bereits 25 Tochterlogen mit etwa 1000 Mitgliedern umfaßte. Entscheidend für die weitere Entwicklung war jedoch, daß die »Symbolische Großloge« eine Tochterloge auch in Jerusalem »Zur Quelle Siloah« am 31. März 1931 gründete. Das Jahr 1931 sah auch den ersten Versuch der humanitären Großlogen, eine Einheitsgroßloge zu bilden: am 14. und 15. Februar tagte der »Ausschuß für die Beratung über die Gründung einer Einheitsgroßloge der humanitären Großlogen«, in dem die Großmeister der Großlogen des Eklektischen Bundes, »Zur Sonne«, »Zur Eintracht« und der Großen Loge von Hamburg saßen. Der Ausschuß legte damals zunächst als Diskussionsgrundlage den »Entwurf eines Grundgesetzes für den Deutschen Großlogenbund« vor, der den Namen »Vereinigte Großlogen zu den alten Pflichten« erhalten sollte.

Die in Braunschweig herausgegebene Zeitung *»Volksfreund«* druckte in ihrer Ausgabe vom 6. August 1931 ein geheimes Rundschreiben der nationalsozialistischen Partei ab, das durch Indiskretion in die Presse gelangt war:

»R. F. S. S. Streng vertraulich! Nur bis zum Truf.

Nachrichtenbogen Nr. 1 Der Bogen ist genau auszufüllen.
Die Parteileitung braucht Unterlagen, um die Beteiligung der Freimaurerlogen am politischen Leben beweisen zu können.
Allgemeine Richtlinien:

1. *Die Beantwortung der Fragen muß gewissenhaft und streng der Wahrheit entsprechend erfolgen, da sie sonst wertlos sind.*
2. *Eine Anleitung, wie einzelne Tatsachen zu erfahren sind, kann nicht gegeben werden. Die Fragen müssen früher oder später beantwortet werden. Ich verlange hier von der S. S. F., daß sie den Weg zur Beantwortung irgendwie finden werden.*
3. *Notwendig zur Lösung dieser Aufgaben ist eine durch keinen Mißerfolg zu besiegende Tätigkeit und Pflichttreue.*
   a) Welche Freimaurerlogen sind an Ihrem Ort?
   b) Genaue Angaben (Straße, Hausnummer, Telefonnummer) der einzelnen Logenhäuser?
   c) Wann finden die regelmäßigen Logenabende statt?
   d) Wer sind die Führer der einzelnen Logen?
   e) Bemühen Sie sich, ein Mitgliedsverzeichnis der Logen auf irgendeinem Wege zu bekommen.
   f) Senden Sie photographische Aufnahmen der Logenhäuser sowie photographische Aufnahmen möglichst sämtlicher Mitglieder der Logen, wenn diese das Logenhaus betreten.«

Um dieser Verfolgung zu entgehen, wandelte sich die Große Landesloge der Freimaurer von Deutschland am 9. November 1931 um in das Ordenskapitel »Deutsch-Christlicher Orden«. Mit einem Rundschreiben der Großen Loge von Preußen genannt Zur Freundschaft vom Anfang 1932 wurden die Mitglieder zu folgendem aufgefordert:

»1. Gegen die Gottlosenbewegung und für die Erhaltung christlicher Gesinnung einzutreten,

2. Ehrenamtliche Arbeit für den Staat, die Kirche und Gemeinde zu leisten,
3. Deutsche Waren und Erzeugnisse zu kaufen und zu verwenden,
4. Kampf gegen das Fremdwortwesen,
5. Unterstützung des Deutschtums im Ausland,
6. den Geist der Wahrhaftigkeit zu verbreiten und gegen Kriegsschuldlüge anzukämpfen.«

Diese nationale und christliche Haltung der altpreußischen Großlogen stand im absoluten Gegensatz zu den »humanitären« Großlogen; die letzten Verbindungen zwischen den beiden Lagern lösten sich, als sich drei »humanitäre« Großlogen – die Hamburger, die Bayreuther und die Frankfurter – kaum ein Jahr vor Hitlers Machtübernahme dazu entschlossen, die maurerischen Beziehungen zur Großen Loge von England wiederaufzunehmen (Bekanntgabe der Wiederaufnahme in der Großlogenversammlung vom 27. Februar 1932 in Hamburg). Am 24. März 1932 distanzierten sich die Berliner mit einem Schreiben der Großen Landesloge von Deutschland – deutschchristlicher Orden an die Große Loge von Hamburg von dieser Aktion: *»Die Hauptversammlung ist der Ansicht, daß es der nationalen Würde widerspricht, wenn deutsche Großlogen die brüderlichen Beziehungen mit der Großloge von England aufnehmen. England hält nach wie vor am sogenannten Friedensvertrag von Versailles fest, der dem deutschen Volk hauptsächlich durch die gegen Frauen und Kinder gerichtete völkerrechtswidrige Hungerblockade abgepreßt worden ist, und vertritt immer noch die Lüge von der deutschen Schuld am Weltkriege. England ist nach wie vor im Genuß der uns geraubten deutschen Kolonien. Trotz der unpolitischen Haltung unseres Ordens müssen solche rein vaterländischen Belange für uns maßgebend sein. Die Hauptversammlung beschließt daher, daß die Große Landesloge den Verkehr mit denjenigen Großlogen abbricht, die zur Großloge von England Beziehungen aufgenommen haben oder aufnehmen werden.«*

Die nationale Gesinnung spaltete die Nation und trübte den Blick für die Realität; der Versuch der Berliner Großlogen, sich etwa auf eine rein christliche Freimaurerei zurückzuziehen, um die Logen über das nahende »Dritte Reich« zu retten, war trügerisch, denn die Nationalsozialisten wollten auch nur diejenigen christlichen Institutionen dulden, die ihnen genehm waren. So hieß es beispielsweise 1932 in einem Aufruf der NSDAP zu den in Preußen bevorstehenden Kirchenwahlen: *»Wir wollen eine evangelische Kirche, die im Volkstum wurzelt, und lehnen den Geist eines christlichen Weltbürgertums ab. Wir wollen die aus diesem Geist entspringenden verderblichen Erscheinungen wie Pazifismus, Internationale, Freimaurertum usw. durch den Glauben an unsre von Gott befohlene Sendung völkisch überwinden. Die Zugehörigkeit eines evangelischen Geistlichen zur Freimaurerloge ist nicht statthaft.«*

Und in der Kirche selber machten sich ähnliche Strömungen bemerkbar. So hieß es zur gleichen Zeit in Richtlinien der »Deutschen Kirche«: *»Die Deutsche Kirche sagt Krieg an einer Kirche, die ... Freimaurer beschützt und Deutschbewußte bekämpft, die Volkstum und Rasse, Vaterland und Freiheit für Güter zweiten Ranges erklärt, die statt gegen die sittliche Vergiftung des Volkes tatkräftig zu kämpfen, Heiden- und Judenmission betreibt und mit dem Bau von*

Krüppel- und Blindenhäusern das Volksübel am Ende bekämpft, statt am Ursprung, die Schaffung eines gesunden Volkskörpers.«

Der Vorwurf des Hochverrats am deutschen Volk und der arischen Rasse traf die »Humanitären« nun voll; die drohende Gefahr der Verfolgung vertiefte die Kluft zwischen den beiden Hauptströmungen der deutschen Freimaurerei mehr denn je. Am 8. Juni 1932, ein halbes Jahr vor der nationalsozialistischen Machtübernahme, wurde diese Kluft durch die »Gemeinsame Erklärung der Altpreußischen Großlogen« offen manifestiert: *»Immer wieder taucht in der Öffentlichkeit die Behauptung auf, daß auch die drei Altpreußischen Großlogen internationale Bindungen hätten, und zwar durch ihre maßgebenden Führer, von deren Tätigkeit auf dem Gebiete der politischen Beziehungen zwischen den Völkern die Bruderschaft selbst nichts ahne. Auch stößt man immer wieder auf die Darstellung, als seien den Führern der Altpreußischen Großlogen irgendwelche internationalen freimaurerischen Stellen oder Personen übergeordnet, deren Weisungen für das Tun und Lassen ihrer Großlogen bestimmend seien. Wir erklären noch einmal mit aller Bestimmtheit, daß alle diese Behauptungen völlig unwahr sind. Die unterzeichneten drei Großmeister haben, jeder für seine Großloge, die alleinige Verantwortung nach ihren, den zuständigen Staatsbehörden und der Öffentlichkeit bekannten Satzungen.«*

Auf die Machtübernahme vom 30. Januar 1933 und die Verordnung des Reichspräsidenten zum Schutze von Volk und Staat vom 28. Februar 1933 nahm die Reaktion der Freimaurerei in Deutschland panikartige Formen an. Die Große Loge von Hamburg verkündete in der letzten Ausgabe – 66. Jahrgang, Nr. 652/3 – des *»Hamburger Logenblattes«* unter der Überschrift »Unsere Zukunft«: *». . . Wir haben als Männer von Ehre, die alle einem ehrenhaften Beruf nachgehen, von denen sich viele in angesehenen Stellungen und Ämtern befinden, berechtigten Anspruch darauf, daß die Regierung eines Rechtsstaates unsern Worten und Taten Glauben schenkt. Wir haben bei unserer Aufnahme, an Eides statt, auf unser Ehrenwort und durch unsere Unterschrift gelobt, ›den Gesetzen treu und gehorsam zu sein‹. Dies Gelöbnis verpflichtet uns natürlich auch dem neuen Deutschland und seiner Regierung gegenüber, der wir von ganzem Herzen wünschen und helfen wollen, unser Vaterland zu neuer Blüte, zur Ehre und Freiheit zu führen . . .«*

Hingegen hörte die Große Landesloge von Deutschland – Deutsch-Christlicher Orden am 10. April 1933 nach einer Unterredung mit dem preußischen Minister des Innern Hermann Göring (7. April) auf als Freimaurer-Orden zu existieren und lebte fort unter dem Namen »Deutsch-Christlicher Orden der Tempelherren«. Die Große National-Mutterloge »Zu den drei Weltkugeln« wurde am 11. April in »Nationaler Christlicher Orden: Friedrich der Große« umbenannt; die Großloge von Preußen »Zur Freundschaft« nannte sich ab 12. April »Deutscher Orden der Werkleute«. Alle drei altpreußischen Großlogen trennten sich gleichzeitig radikal von der freimaurerischen Basis und wandelten sich in profane Vereine um. Hingegen löste sich die Hamburger Loge »Absalom zu den drei Nesseln« am 13. April auf; am selben Tage wandelte sich die Große Loge von Hamburg in den »Deutschen Orden e. V.« um, während aus den Vereinigten fünf Hamburger Logen die »Vereinigten fünf

Hamburger Ordensämter« (18. Mai) wurden. Die »Symbolische Großloge« wurde am 15. April geschlossen; die Großloge »Zur Sonne« erklärte sich am 18. April für aufgelöst.

Am 30. April 1933 trafen sich in Santiago de Chile Vertreter der beiden Logen »Lessing« und »Drei Ringe«, beide Tochterlogen der Großen Loge von Hamburg, und beschlossen, eine Provinzial-Großloge zu errichten und die Belange der deutschen Freimaurerei zu vertreten. So entstand am 17. Oktober 1933 die »Große Loge von Hamburg im Exil« in Chile; während die Tochterloge der »Symbolischen Großloge von Deutschland« in Jerusalem, »Zur Quelle Siloah«, die »Symbolische Großloge von Deutschland im Exil« vertrat. Bei einer festlichen Tempelarbeit am 19. Juni 1949 in der Frankfurter Paulskirche im Anschluß an die Konstituierung der »Vereinigten Großloge der Freimaurer von Deutschland« brachten Vertreter beider Exilgroßlogen gemeinsam das Licht ein und entzündeten damit den neunarmigen Leuchter auf dem Altar. Am gleichen Tag wurde die Symbolische Großloge im Exil aufgelöst, und ihre fünf Tochterlogen schlossen sich der »Großloge von Israel« an.

Heute bestehen die »Vereinigten Großlogen von Deutschland« (VGL) – nach dem Jahrbuch 1988 der VGL – aus:

I. Vereinigte Großloge der Alten Freien und Angenommenen Maurer von Deutschland (GL AFuAM vD)
II. Große Landesloge der Freimaurer von Deutschland (GLL FvD)
III. Große National-Mutterloge »Zu den drei Weltkugeln« (GNML 3 WK)
IV. American Canadian Grand Lodge AF&AM (ACGL)
V. Grand Lodge of British Freemasons in Germany (GL BFG)

und umfassen 22 272 Mitglieder, die sich wie folgt verteilen:

GL	Logen	Mitglieder	%
I	233	9 638	42,9
II	80	3 742	16,6
III	28	1 028	4,6
IV	38	6 332	28,2
V	13	1 732	7,7
	391	22 472	100,0

Entwirrung

Wie es verschiedene Demokraten (Sozial-, Christ-, Freidemokraten) gibt, so gab und gibt es auch verschiedene Freimaurer: humanitäre, christliche, nationale. Sie alle wollen dennoch dasselbe: die Selbstveredelung. Lassen wir zum Schluß ein anderes »profanes« Werk, Meyers Enzyklopädisches Lexikon in 25 Bänden von 1973, zu Worte kommen:

»FREIMAUREREI (Lehnübersetzung von englisch freemasonry), eine international verbreitete Bewegung von humanitärer, der Toleranz verschriebener, auf lebendige Bruderschaft abzielender Geisteshaltung, die den Freimaurern über ihre Logen in rituellen Arbeiten vermittelt wird. In Achtung vor der Würde jedes Menschen treten Freimaurer für Toleranz, freie Entfaltung der Persönlichkeit, Hilfsbereitschaft, Brüderlichkeit und allgemeine Menschenliebe ein. In diesem Sinne suchen sie den einzelnen anzusprechen und zu bilden. Grundlage der Freimaurerei ist die Überzeugung, daß alle Konflikte ohne zerstörerische Auswirkungen ausgetragen werden können, wenn ein ausreichendes Vertrauensverhältnis zwischen den Menschen verschiedenster Absichten und Überzeugungen geschaffen werden kann. Gegenstand der Freimaurerei ist stets nur der einzelne Mensch, der im Sinne eines ethischen Imperativs in der brüderlichen Gemeinschaft der Loge dazu befähigt werden soll, sich aus seinen besonderen Verhältnissen herauszulösen und sich unter Absehen von seinen persönlichen Interessen mit der gesamten Menschheit und deren Wohl zu identifizieren. In dem Wissen, daß zwar in jedem denkenden Bemühen um Ethik ein Suchen nach einem in sich begründeten Grundprinzip des Sittlichen, das die Gesamtheit aller sittlichen Forderungen in sich vereinigt, enthalten ist, daß es aber niemals gelungen ist, ein solches Prinzip ausreichend zu formulieren, besitzen die Freimaurer keine ethischen Lehrsätze, nach denen sie sich richten. Vielmehr erfahren und erleben sie in rituellen Arbeiten die Selbstbesinnung auf das Letzte und Elementarste als den einzig verläßlichen Wertmesser. Die in der brüderlichen Gemeinschaft in sogenannten »Tempelarbeiten« gewonnene Selbsterkenntnis schärft zugleich Gewissen und Verantwortungsgefühl gegenüber Staat und Gesellschaft. Von hier ist es zu verstehen, daß so viele Freimaurer hervorragend im staatlichen und kulturellen Leben der Nationen gewirkt haben. Die geistige Grundlage der Freimaurerei wird nicht in erster Linie durch Worte dargestellt, die Gedanken sollen nicht nur gehört und vom Verstand erfaßt, sondern darüber hinaus auch anschaulich und erlebbar werden. Der Freimaurer erfährt sie durch Bilder und sinnbildliche Handlungen. Das Ritual der Freimaurer, das in seinen wesentlichen Bestandteilen überall auf der Welt gleich ist, kann als ein dynamisches Symbol des kosmischen Geschehens gedeutet werden. Das teilnehmende Logenmitglied ordnet sich mit Hilfe der Symbolik der rituellen Handlungen bewußt in die Gesetzmäßigkeit des Universums ein und soll durch diese lebendige Beziehung lernen, sein Leben in immer zunehmenderem Maße aus einem übergeordneten Bewußtsein heraus zu gestalten. Jede Arbeit besitzt den Charakter einer Feier: zu Beginn wird ein Gebet oder ein Sinnspruch gespro-

chen und zum Ausklang symbolisch die Kette gebildet. Das Brauchtum der Freimaurer ist alt, paßt sich aber den Änderungen der Umwelt an. Es wurzelt vielfach in der Herkunft der Freimaurerei aus den Bauhütten. Die Freimaurerei stellt eine sinnbildliche Baukunst dar, Gegenstand dieses Bauens ist der einzelne Mensch und über ihn hinaus die gesamte Menschheit. Die Hauptwahrheiten des Bundes werden in rituellen Gebräuchen dargestellt, die dieser Vorstellung der Freimaurerei als Baukunst entsprechen. Die Arbeiten werden in drei Graden abgehalten, dem des Lehrlings, des Gesellen und des Meisters, und erfassen das gesamte Leben des Mannes: von der Aufnahme, die als Geburt zu einem ethischen Leben angesehen wird und bei der der neue Bruder zur Selbsterkenntnis gewiesen wird und sich als »rauhen Stein« sieht, der an sich zu arbeiten hat, damit er sich in den Bau einer humanitären Gesellschaft einfügen läßt, über die Arbeit des Gesellen mit der Verpflichtung zum ethischen Handeln bis zur Arbeit des III. Grades, wo der Meister der Unausweichlichkeit des Todes gegenübergestellt wird. Die Freimaurer verwenden auch besondere Zeichen und tragen zu ihren Arbeiten Abzeichen, Schurz und weiße Handschuhe. Wo die Sprachen trennen, dienen die Symbole als verständliche Bindemittel der Freimaurer untereinander. Die Freimaurerlogen sind keine geheimen Gesellschaften, sondern meist im Vereinsregister eingetragene Vereine. Die Freimaurer besitzen auch keine geheimen Kenntnisse. Da Verschwiegenheit als Voraussetzung für das Vertrauen untereinander gilt, schweigt der Freimaurer über alles, dessen Offenbarung einen anderen Freimaurer in seelischer Hinsicht berührt. Über die Rituale wird geschwiegen, weil kein Mitglied in seiner seelischen Verfassung gestört werden soll durch Profanierung von Handlungen, die Ausgangspunkt für sein humanitäres Streben zum Nutzen aller Menschen sind. Die Abgeschlossenheit gegenüber Neugierigen und Nichteingeweihten ist notwendig, um die Freimaurerei erlebbar zu machen.

*Zu den geistigen Grundlagen der Freimaurerei zählen Urkunden wie die »Alten Landmarken« und die »Alten Pflichten«. Erstere stammen zum Teil bereits aus dem 14. Jahrhundert und verlangen die Anerkennung eines »Großen Baumeisters aller Welten«, das Auflegen der Bibel bei den freimaurerischen Arbeiten, die Eigenschaft des freien Mannes von gutem Ruf für die Mitglieder, die Loge als reinen Männerbund. Diese Grundlagen wurden 1723 von dem englischen Geistlichen J. Anderson (*1680) in die von ihm verfaßten »Alten Pflichten« übernommen (bzw. auf die damalige Zeit übertragen) und gelten noch heute unveränderlich fort (die »Alten Pflichten« wurden im Original mit deutscher Übersetzung zuletzt 1972 herausgebracht); ihre Grundforderungen an die Mitglieder der Logen sind ungeschmälert in die Verfassungen der Großlogen übernommen. Seitens der »United Grand Lodge of England« hat man sich 1929 auf die sogenannten »Basic principles« festgelegt, worin die unumgänglichen Forderungen an eine anzuerkennende Großloge aufgestellt sind.*

*Die Freimaurerei besitzt keine über die ganze Erde reichende, zusammenhängende Organisation. Sogenannte »geheime Obere«, denen unbedingter Gehorsam zu leisten wäre, gibt es nicht und hat es wohl auch im System der »Strikten Observanz« unter Reichsfreiherr K. G. von Hund und Altengrotkau (*1722, †1776) nicht gegeben. Die regulären Freimaurerlogen sind innerhalb eines Staates, in dem sie arbeiten, in einem oder auch mehreren Bünden zusammenge-*

schlossen (Großloge). Die Mitglieder einer Loge wählen in freier Wahl ihren Vorsitzenden, den Meister vom Stuhl bzw. Logenmeister. Die Logenmeister wählen auf dem Großlogentag den Großmeister und seine Mitarbeiter in der Führung der Großloge. Die Logen regeln ihre Angelegenheiten selbständig im Rahmen der auf dem Großlogentag verabschiedeten Verfassung. Auch die Großlogen sind eingetragene Vereine oder Körperschaften des öffentlichen Rechts. In der Bundesrepublik Deutschland besteht ein von allen Logen gemeinsam getragenes »Freimaurerisches Hilfswerk«. In Bayreuth besteht ein Deutsches Freimaurer-Museum mit Bibliothek...«

Eine Frage, ja vielleicht ein Einwand drängt sich auf: Ist denn die Freimaurerei noch zeitgemäß? Ist sie nicht ein Relikt aus längst vergangener Zeit?

Hier wagen wir zu behaupten, daß die Freimaurerei heute nötiger denn je ist!

Seit der Antike war das größte menschliche Glück die Selbstveredelung, Vervollkommnung, Besinnung, Einswerdung mit der Natur; Eremiten, Asketen, Einsiedler, Mönche, Bettelmönche und »Wissenschaftler« waren stets auf der Suche nach diesem Ideal, christliche Ritterorden verbanden dies mit dem weltlichen Ritterideal. Nach der Reformation, nach der Verselbständigung der Geistes- und Naturwissenschaften als Fächer des Hochschulstudiums, durch die fortschreitende Technisierung, Materialisierung und Profanierung der Gesellschaft ist die einzige Alternative auf der Suche nach Veredelung ein Bund, der die willkürlich gewachsenen, Menschen trennenden Grenzen der Geschichte, Politik, Konfession, Kultur und Rasse überwindet und den gemeinsamen Nenner alles Menschlichen pflegt in Annäherung der Utopie aller Religionen und Philosophien: Brüderlichkeit und Menschenliebe durch Selbsterkenntnis. Von allen Gruppierungen der menschlichen Gesellschaft zielt nur eine darauf ab: die Freimaurerei. Aus unserer vorliegenden Arbeit wird deutlich, daß die Anfeindungen, Angriffe und Verleumdungen dieses Bundes stets aus der jeweiligen zeitgenössischen Entwicklung erklärlich und verständlich waren, daß sie aber auch nie den Kern, das Ziel, das Ideal der Bewegung antasteten, sondern sich stets gegen einzelne Haltungen richteten:

– die Aufnahme von Nichtchristen galt für die Kirche (insbesondere die katholische) als Verrat am Christentum;
– die Aufnahme von Kontakten zu Brüdern in feindlichgesinnten Ländern galt für die Nationalgesinnten als Verrat am Vaterland;
– die Aufnahme von Juden in den Bund in Deutschland galt für die Nationalsozialisten und Völkischen als Verrat am Deutschtum und an der arischen Rasse;
– die Freimaurerei galt für die Kommunisten als ein dekadenter bürgerlicher Versuch, die Arbeitermassen auszubeuten.

Allein daraus erkennt man, daß die Angriffe nicht den Zielen der Freimaurerei galten; diese sind zeitlos und undogmatisch, die traditionelle Symbolik und Rituale verleihen ihr lediglich eine universelle Sprache als Erlebnis.

Zwar wurde die heutige Freimaurerei in Schottland (ab 1560) geboren und erfuhr ihre Dreigradgestaltung in Frankreich unter schottischen Asylanten (ab 1651), zwar hat sie ihren Namen aus England erhalten (mindestens ab 1646), doch handelt es sich hierbei um die Organisationsform und die Symbolik aus der Baukunst, einschließlich der Rituale. Die Suche nach Veredelung und Selbsterkenntnis ist jedoch so alt wie die Menschheit. Das ist es auch, was die freimaurerischen Autoren meinen, wenn sie feststellen, die Freimaurerei habe von Anbeginn der Welt bestanden.

Wir hoffen, daß unsere Vertiefung in die schottisch-englische Geschichte einiges zum Verständnis und zur Entwirrung der Herkunft und Entstehung der Freimaurerei beigetragen hat.

Die

KONSTITUTION,

Geschichte, Gesetze, Pflichten, Verfügungen, Anordnungen und Gebräuche

der

Recht Ehrwürdigen BRUDERSCHAFT der

Angenommenen Freien MAURERN;

gesammelt

aus ihren allgemeinen NIEDERSCHRIFTEN und ihren getreuen ÜBERLIEFERUNGEN vieler Zeitalter

Zu verlesen

bei der Aufnahme eines NEUEN BRUDERS, wenn der Meister oder Aufseher beginnen oder einen anderen Bruder dazu anhalten soll, wie folgt vorzulesen:

Im Jahr der Welt 1 4003 v.Chr.

Adam, unser Urvater, der nach dem Bilde Gottes, des großen Baumeisters des Universums, geschaffen wurde, muß die Freien Wissenschaften, vor allem die Geometrie, in seinem Herzen eingeschrieben gehabt haben; denn selbst seit dem Sündenfall finden wir deren Grundsätze in den Herzen seiner Nachkommen, und welche, im Laufe der Zeit, sich fortentwickelten zu einer brauchbaren Methode von Lehrsätzen durch Beachten der Proportionsgesetze aus der Mechanik: so daß als die Mechanischen Künste dem Gelehrten die Gelegenheit gaben, die Elemente der Geometrie zu einer Methode zusammenzufassen, so wurde diese edle Wissenschaft, dergestalt vereinfacht, nunmehr die Grundlage aller dieser Künste (vor allem der Maurerei und der Baukunst) und die Regel, nach der sie ausgeführt und gestaltet werden.

Zweifellos lehrte Adam seine Söhne die Geometrie und deren Gebrauch, zumindest in den verschiedenen brauchbaren Künsten und Handwerken, in jenen frühen Zeiten; denn Kain, wie wir feststellen, erbaute eine Stadt, die er GEHEILIGT oder GEWEIHT nach dem Namen seines ältesten Sohnes HENOCH; und da er der Fürst der einen Hälfte der Menschheit wurde, so sollte seine Nachwelt sein königliches Beispiel nachahmen, indem sie sowohl die edle Wissenschaft als auch die nützliche Kunst verbesserte.*)

Wir dürfen auch nicht annehmen, daß SETH minder unterrichtet war, er, der als Fürst der anderen Hälfte der Menschheit und darüber hinaus der früheste Entwickler der Astronomie wohl mit gleicher Sorgfalt die Geometrie und die Maurerei seine Nachkommen gelehrt haben mochte, die überdies den großen Vorteil hatten, daß Adam unter ihnen lebte.**) Doch ohne unsichere Berichte zu berücksichtigen, können wir mit Sicherheit darauf schließen, daß die alte Welt, die 1656 Jahre andauerte, der Maurerei nicht unkundig gewesen sein kann; und daß die beiden Familien Seths und Kains viele bemerkenswerte Werke errichteten, bis schließlich NOAH, der neunte nach Seth, von Gott beauftragt und geleitet wurde, die große Arche zu bauen, die obgleich aus Holz, sicherlich mit Hilfe der Geometrie hergestellt wurde und nach den Regeln der Maurerei.

Anno Mundi 1757 2247 v.Chr.

A.M. 1810 2194 v.Chr.

NOAH und seine drei Söhne JAPHET, SEM und HAM, alle wahre Maurer, brachten mit sich, über die Sintflut hinaus, die Überlieferungen und Künste der Vorsintflutmenschen und gaben sie umfassend an ihre zunehmende Nachkommenschaft weiter; denn etwa 101 Jahre nach der Flut finden wir sie in großer Zahl, wenn nicht gar das ganze Geschlecht Noahs, im Tale Schinear, damit beschäftigt, eine Stadt und einen großen Turm zu bauen, um sich selber einen Namen zu machen und ihrer Zerstreuung vorzubeugen. Und obgleich sie das Werk zu einer ungeheuerlichen Höhe trieben und durch ihre Eitelkeit Gott veranlaßten, ihre Pläne durch eine Sprachverwirrung zu vereiteln, was zu ihrer Zerstreuung führte, so wird ihre Fertigkeit in der Maurerei nicht minder gerühmt, wo sie mehr als 53 Jahre auf das erstaunliche Werk verwandt hatten; und durch ihre Zerstreuung trugen sie das machtvolle Wissen mit sich in entlegene Gebiete, wo sie guten Gebrauch davon machen konnten bei der Errichtung ihrer Königreiche, Gemeinwesen und Dynastien. Und obwohl sie später in den meisten Erdteilen verloren ging, so wurde sie doch vor allem in Schinear und Assyrien bewahrt, wo NIMROD***) der Begründer jener Monarchie, nach der

---

*) Wie auch andere Künste von ihnen verbessert wurden, so die Metallarbeit durch TUBAL KAIN, die Musik durch JUBAL, die Weidewirtschaft und der Zeltbau durch JABAL, welch letzteres gute Architektur ist.

**) Denn durch einige Zeugnisse des Altertums finden wir einen von ihnen, den göttlichen ENOCH (der nicht starb, sondern lebend in den Himmel versetzt wurde), wie er die letzte Feuersbrunst am Tage des Jüngsten Gerichts prophezeit (wie der Heilige Judas uns berichtet) und ebenso die Sintflut zur Strafe für die Welt. Woraufhin er seine zwei großen Säulen errichtete (obgleich andere diese Seth zuschreiben), die eine aus Stein, die andere aus Ziegeln, auf denen die Freien Wissenschaften & c. eingeschrieben standen. Und daß die steinerne Säule in Syrien blieb bis in die Tage des Kaisers Vespasian.

***) NIMROD, was Rebell bedeutet, war der Name, den ihm die heilige Familie und Moses gaben; doch unter seinen Freunden in Chaldäa war sein eigentlicher Name BELUS, was HERR bedeutet; und später wurde er bei vielen Völkern als Gott verehrt unter dem Namen Bel oder Baal, und wurde zum Bacchus der Alten, oder Bar Chus, Sohn des CHUS.

Zerstreuung viele großartige Städte erbaute wie Erech, Akkad und Kalneh in SCHINEAR; von wo aus er später nach ASSYRIEN ging und Ninive, Rehoboth, Kelach und Resen erbaute.

In diesen Gebieten, am Tigris und Euphrat, wirkten später viele gelehrte Priester und Mathematiker, bekannt unter den Namen CHALDÄER und MAGIER, die diese gute Wissenschaft, die Geometrie, bewahrten, so wie die KÖNIGE und großen Männer die Königliche Kunst förderten. Aber es ist nicht ratsam, offener über das Obenerwähnte zu sprechen, es sei denn in geöffneter Loge.

Von da an also wurden Wissenschaft und Kunst an spätere Generationen und ferne Himmelsstriche weitergegeben, ungeachtet der Verwirrung der Sprachen oder Mundarten, was zwar dazu beitragen könnte, der Maurer Fertigkeit und den alten universellen Brauch zu fördern, miteinander ohne Sprechen zu verkehren und einander von weitem zu erkennen, aber dennoch nicht hinderte, daß die Maurerei in jeder Siedlung und ihre Bekanntmachung in ihrer eigenen nationalen Mundart verbessert wurde.

Und zweifellos wurde die Königliche Kunst nach Ägypten gebracht durch MIZRAIM, den zwei-
ten Sohn von Ham, etwa sechs Jahre nach der Verwirrung in Babylon und 160 Jahre nach der **A.M.**
Sintflut, als er seine Gruppe dorthin führte; (denn Ägypten ist Mizraim auf Hebräisch) weil wir **1816**
feststellen, daß das Treten des Nils über die Ufer bald eine Verbesserung der Gemometrie herbei- **2188**
führte, was dementsprechend eine starke Nachfrage nach Maurerei brachte: denn die alten herr- **v. Chr.**
schaftlichen Städte mit den anderen großartigen Bauwerken jenes Landes, und vor allem die berühmten PYRAMIDEN, beweisen den frühen guten Geschmack und das Genie jenes alten Königreichs. Mehr noch, eine jener ägyptischen PYRAMIDEN*) wird als das Erste der Sieben Weltwunder angesehen, die Kunde von der, durch Historiker und Reisende, nahezu unglaublich ist.

Die Heiligen Berichte bekunden uns wohl, daß die elf großen Söhne von KANAAN (dem jüngsten Sohn von Ham) sich bald in befestigten Plätzen verschanzten und in stattlich ummauerten Städten die schönsten Tempel und herrschaftlichen Wohnhäuser errichteten. Denn als die Israeliten unter dem großen Josua in ihr Land einbrachen, fanden sie es so gleichmäßig geschützt, daß ohne den unmittelbaren Eingriff Gottes zugunsten seines besonderen Volkes, die Kanaaniter unangreifbar und unbesiegbar gewesen wären. Noch können wir weniger für die anderen Söhne Hams vermuten, z. B. Kusch, seinen Ältesten, in Südarabien und Put oder Puts (jetzt Fez genannt) in Westafrika.

Ebenso muß die gute und tapfere Nachwelt des JAPHET (des ältesten Sohnes von Noah), selbst soweit sie zu den Inseln der Heiden reiste, gleichweise in Geometrie und Maurerei geübt gewesen sein, obgleich wir wenig wissen von ihren Taten und mächtigen Bauten, bis ihre ursprüngliche Kenntnis nahezu völlig verloren ging in den Verwüstungen des Krieges und durch die Nichtbeibehaltung eines gebührenden Schriftverkehrs mit den gesitteten und gebildeten Völkern; denn als dieser Verkehr in späteren Zeiten aufgenommen wurde, begannen sie, wie wir feststellten, die erstaunlichsten Baumeister zu sein.

Die Nachwelt von SEM hatte ebenfalls gleiche Gelegenheiten, die nützliche Kunst zu pflegen, sogar jene unter ihnen, die ihre Siedlungen im Süden und Osten Asiens errichteten; mehr noch jene unter ihnen, die im großen Assyrerreich in einem gesonderten Staat lebten oder mit ihren Familien vermischt waren: Ja sogar jener heilige Zweig von SEM (aus dem, was das Fleisch anlangt, CHRISTUS kam) konnte nicht ungeübt sein in den gelehrten Künsten Assyriens; denn ABRAM
wurde, etwa 268 Jahre nach der Sprachverwirrung zu Babel, aus Ur der Chaldäer gerufen, wo er **A.M.**
die Geometrie gelernt hatte und die Künste, die durch sie ausgeübt werden, die er sorgsam wei- **2078**
tergeben sollte an Ismael, an Isaak und an seine Söhne von Ketura; und von Isaak an Esau und **1926**
Jakob und an die zwölf Patriarchen: Ja die Juden glauben sogar, daß ABRAM auch die Ägypter **v. Chr.**
in der assyrischen Bildung unterwies.

In der Tat hat die auserwählte Familie lange Zeit nur militärische Baukunst gebraucht, da sie
Gast unter Fremden war; doch ehe die 430 Jahre ihrer Wanderschaft zu Ende waren, ungefähr 86 **A.M.**
Jahre vor ihrem Auszug, zwangen die Könige Ägyptens die meisten von ihnen, das Hirtengerät **2427**
und die kriegsähnliche Ausrüstung abzulegen, und bildeten sie zu einer anderen Art von Bau- **1577**
kunst in Stein und Ziegel aus, wie uns die Heilige Schrift und andere Geschichtswerke berichten; **v. Chr.**
was Gott in seiner Weisheit überwachte, um sie zu guten Maurern zu machen, bevor sie das verheißene Land in Besitz nahmen, das damals für seine erstaunliche Maurerei berühmt war.

Und während sie nach Kanaan marschierten durch Arabien unter Moses, gefiel es Gott, den BE-
ZALEL vom Stamme Juda und OHOLIAB vom Stamme Dan mit der Weisheit ins Herz zu bega- **A.M.**
ben, daß sie jenes höchst rühmliche Zelt errichteten, das Tabernakel, worin die SCHECHINJA **2514**
1490
v. Chr.

*) Die Marmorblöcke, die auf einem weiten Weg aus den Steinbrüchen Arabiens herbeigebracht wurden, waren meist 30 Fuß lang; und ihre Grundmauern bedeckten 700 Fuß an jeder Seite oder 2800 Fuß im Umfang und 481 in senkrechter Höhe. Sie zu vollenden, wurden Tag für Tag, 20 Jahre lang, 360 000 Mann beschäftigt, von einem altägyptischen König, lange bevor die Israeliten ein Volk wurden, zur Ehre seines Reiches und schließlich, um sein Grabmal zu werden.

wohnte; das, obgleich nicht aus Stein oder Ziegel, doch durch Geometrie erstellt war, ein prachtvolles Stück Baukunst (und nachmals als Modell des Salomonischen Tempels erwiesen) nach dem Plan, den Gott dem Moses auf dem Berge gezeigt hatte; der dadurch Allgemeiner Meister-Maurer wurde, wie auch König von Jessurun, wohlerfahren in aller ägyptischer Gelehrsamkeit und göttlich erfüllt vom tiefsten Wissen über Maurerei.

So waren die Israeliten, als sie Ägypten verließen, ein ganzes Königreich von Maurern, gut ausgebildet unter der Führung ihres Groß-Meisters Moses, der sie oft zu einer gerechten und allgemeinen Loge zusammenrief, als sie in der Wildnis waren, und ihnen weise Pflichten und Befehle gab. Wären sie nur recht befolgt worden. Doch mehr hiervon soll nicht erwähnt werden.

A.M. 2554 1450 v.Chr. Und nachdem die Israeliten in den Besitz von Kanaan gekommen waren, standen sie in der Maurerei nicht hinter den alten Einwohnern zurück, sondern verbesserten diese umfassend durch besondere Anleitung des Himmels; sie verbesserten ihre Stadthäuser und die Paläste ihrer Führer; und nur in der sakralen Architektur standen sie zurück, obwohl das Tabernakel bestand; doch nicht lange; denn das schönste heilige Bauwerk der Kanaaniter war der Tempel des Dagon in Gaza der Philister, sehr prunkvoll und weitläufig genug, um 5000 Leute unter seinem Dach zu bergen, das kunstvoll von zwei Hauptsäulen gestützt wurde*), und dies war ein wundervoller Beweis für die mächtige Geschicklichkeit in wahrer Maurerei, wie zugegeben werden muß.

Aber Dagons Tempel und die besten Bauwerke von Tyrus und Sidon hielten keinen Vergleich aus mit dem Tempel des Ewigen Gottes zu Jerusalem, begonnen und beendet zum Erstaunen der ganzen Welt, in dem kurzen Zeitraum von sieben Jahren und sechs Monaten, durch den weisesten Mann und ruhmreichsten König von Israel, den Fürsten des Friedens und der Architektur, Salomon, (den Sohn Davids, dem diese Ehre verweigert war wegen seines Blutvergießens) mit göttlicher Anleitung, ohne den Lärm der Werkzeuge, obwohl dort nicht weniger als 3600 Führern**) oder Meister-Maurer beschäftigt waren, um das Werk auszuführen nach Salomons Anweisungen, zusammen mit 80 000 Steinhauern in den Bergen, oder Gesellen, und 70 000 Handlangern, alles

in allem	153 600
daneben die Leviten, die unter Adoniram, abwechselnd mit den Sidoniern in den Bergen Libanons arbeiteten	30 000
das sind zusammen	183 600

Diese große Zahl von geschickten Maurern verdankte Salomo dem König von Tyrus HIRAM oder Huram, der seine Maurer und Zimmerleute nach Jerusalem sandte und die Zypressen und Zedern des Libanon nach Joppe, dem nächsten Seehafen.

Aber vor allem schickte er den gleichnamigen HIRAM oder Huram, den vollkommensten Maurer auf Erden.***)

Und die gewaltigen Kosten erhöhten ebenfalls die Vortrefflichkeit (des Bauwerks); denn neben König Davids großen Vorbereitungen beteiligten sich sein reicherer Sohn Salomo und all die wohlhabenden Israeliten und die Adligen aller benachbarten Königreiche mit Gold, Silber und wertvollen Juwelen, was eine fast unglaubliche Summe ausmachte.

Wir lesen von keinem anderen so großen Bauwerk in Kanaan; die Mauer, die es einschloß, war 7700 Fuß im Umfang; viel geringer war jedes heilige Bauwerk, das erwähnenswert wäre, denn es

---

A.M. 2893 1111 v.Chr. *) Mit ihnen stürzte der ruhmreiche Simson es herunter über die Fürsten der Philister und wurde selber in den gleichen Tod verstrickt, den er seinen Feinden beibrachte, weil sie ihm die Augen ausgestochen hatten, nachdem er seine Geheimnisse seinem Weibe enthüllt hatte, das ihn verräterisch in ihre Hand gab; dieser Schwachheit wegen hatte Simson nie die Ehre, zu den Maurern gezählt zu werden: Doch mehr darüber zu schreiben, ist nicht angängig.

**) Im 1. Buch Könige V, 30 werden sie Harodim genannt, Amtsleute oder Aufseher, die dem König Salomo beistanden, die über das Werk gesetzt waren, und ihre dort angegebene Zahl ist nur 3300: Doch in 2. Chron. II, 18 werden sie Menatzchim, Aufseher oder Tröster des Werkvolkes, genannt; ihre Zahl 3600; nun mögen 300 entweder besondere Künstler und Aufseher der genannten 3300 gewesen sein, oder eher noch minder hervorragende und nur Zugeordnete Meister, um einzuspringen bei Tod oder Abwesenheit, so daß immer 3300 leitende Meister vollzählig waren: Oder aber es handelt sich um die Aufseher der 70 000 Isch Sabbal, Lastträger oder Handlanger, die keine Maurer waren, aber den 80 000 Isch Chotzeb dienten, den Steinhauern, auch Ghiblim oder Steinbearbeiter oder Bildhauer genannt, und auch den Bonai, Bildnern in Stein, die teils dem Salomo gehörten, teils dem Hiram, König von Tyrus. vgl. 1. Kön. V, 32.

***) Wir lesen (2. Chron. II, 12), daß Hiram, König von Tyrus (dort Huram genannt) in seinem Brief an König Salomo sagt, ich habe einen kundigen Mann entsandt, Huram-Abi. Das darf nicht aus dem Vulgär-Griechischen und -Lateinischen mit Huram mein Vater übersetzt werden, so als wäre dieser Architekt der Vater König Hirams; denn diese Ansicht wird widerlegt in Vers 13, und das Original betont ausdrücklich, Huram meines Vaters, d. h. der Haupt-Meister-Maurer meines Vaters, des Königs Abibalus; (der die Stadt Tyrus vergrößerte und verschönerte, was uns in alten Geschichtsbüchern kundgetan wird, weshalb die Tyrer die bedeutendsten Könner in der Maurerei zu dieser Zeit waren), obgleich manche meinen, Hiram der König habe Hiram den Architekten Vater genannt, so wie gelehrte und begabte Männer in alten Zeiten gewohnt waren, Vater genannt zu werden, oder wie Joseph der Vater des Pharao genannt wurde. Und derselbe Hiram wird Salomons Vater (2. Chron. IV, 16) genannt, wo es heißt: machte Huram-Abif dem König Salomo. Doch die Schwierigkeit entfällt sofort, wenn man das Wort Abif als Beinamen Hirams des Maurers annimmt, auch genannt (Kap. II, 12) Hiram Abi, wie hier Hiram Abif; da er (2. Chron. II, 13) sehr ausführlich beschrieben wird, können wir durchaus annehmen, daß sein Beiname nicht verschwiegen werden soll: Und diese Lesart macht den Sinn klar und deutlich, nämlich, daß Hiram, König von Tyrus, zu Salomo den Namensvetter Hiram Abif schickte, den Fürsten der Architekten, beschrieben (1. Kön. VII, 14) als einer Witwe Sohn vom Stamm Naphtali; und (2. Chron. II, 13) nennt ihn der besagte König von Tyrus den Sohn eines Weibes aus den Töchtern von

war genau proportioniert und von schönen Abmessungen, von der herrlichen Pforte im Osten hin zum prächtigen und ehrwürdigen Sanctum Sanctorum im Westen mit den lieblichsten und bequemsten Zimmern für die Könige und Fürsten, Priester und Leviten, Israeliten und auch Nichtjuden; es war ein Gebetshaus für alle Völker und konnte im eigentlichen Tempel und in allen seinen Höfen und Räumen zusammengenommen nicht weniger als 300 000 Menschen aufnehmen, nach bescheidener Rechnung, erlaubt man jedem Menschen einen Quadratcubit [1 cubit = 1½ Fuß]. Wenn wir an die 1453 Säulen aus Parischen Marmor denken, mit doppelt so vielen Pilastern, die alle großartigen Kapitelle mehrerer Stile trugen, und an die 2246 Fenster, abgesehen von denen im Pflaster, mit den unbeschreiblichen und kostbaren Verzierungen im Inneren (und noch mehr könnte gesagt werden), so müssen wir zugeben, daß sein Anblick unsere Vorstellung übersteigt; und daß es mit Recht als das schönste Beispiel der Maurerei auf Erden, vorher oder
nachher, und als das größte Wunder der Welt geschätzt wurde; und es wurde von König Salomo A.M.
geweiht und seiner Bestimmung übergeben in der feierlichsten Form. 3000
Doch indem wir lassen, was nicht schriftlich mitgeteilt werden darf und es tatsächlich auch nicht 1004
kann, bestätigen wir gerechterweise, daß, wie strebsam die Heiden im Pflegen der Königlichen v.Chr.
Kunst waren, wurde sie doch niemals beherrscht, bis es Gott gefiel, sein erwähltes Volk anzuleiten zur Errichtung des vorerwähnten stattlichen Zeltes und schließlich zum Bau dieses großartigen Hauses, geeignet zur besonderen Ausstrahlung seines Ruhms, wo er ruhte zwischen den Cherubim auf dem Sitz der Barmherzigkeit, und von wo er ihnen häufig orakelhafte Antworten gab.
Dieses höchst geräumige, strahlende, schöne und prächtige Bauwerk zog bald schon die wissensdurstigen Künstler aller Völker an, einige Zeit in Jerusalem zu verbringen und dessen besondere Sehenswürdigkeiten zu untersuchen, soviel den Heiden erlaubt war; wobei sie bald entdeckten, daß die ganze Welt mit ihrem zusammengefaßten Können die Israeliten an Weisheit und Fertigkeiten der Architektur nicht erreichte, als der weise König Salomo Groß-Meister der Loge zu Jerusalem und der gelehrte König Hiram Groß-Meister der Loge zu Tyrus und der begnadete Hiram Abif Meister des Baus war, als die Maurerei unter der unmittelbaren Obhut und Leitung des Himmels stand, als die Edlen und die Weisen es als ihre Ehre ansahen, den einfallsreichen Meistern und Werkleuten beizustehen, und als der Tempel des Wahren Gottes zum Wunder für alle Reisenden wurde, nach dem sie, als dem vollkommensten Muster nach ihrer Rückkehr die Baukunst im eigenen Land änderten. Und zwar so, daß nach der Errichtung des Salomonischen Tempels die Maurerei bei allen benachbarten Völkern verfeinert wurde; denn die vielen Künstler, die daran beteiligt waren unter Hiram Abif, zerstreuten sich nach seiner Fertigstellung nach Syrien, Mesopotamien, Assyrien, Chaldäa, Babylon, Medien, Persien, Arabien, Afrika, Kleinasien, Griechenland und anderen Teilen Europas, wo sie diese Freie Kunst den frei geborenen Söhnen bedeutender Personen beibrachten, mit deren Kunstverstand die Könige, Fürsten und Machthaber viele großartige Gebäude bauten und Groß-Meister wurden, jeder in seinem Gebiet, und sie wetteiferten, sich in dieser Königlichen Kunst hervorzutun. Ja, sogar in Indien, wohin die Verbindung offen war, können wir gleiches feststellen: Aber keines der Völker, noch alle zusammengenommen, konnte sich den Israeliten vergleichen, geschweige denn sie in der Maurerei übertrumpfen; deren Tempel blieb das ständige Vorbild.*)

Dan; an beiden Stellen heißt es, daß sein Vater ein Mann aus Tyrus war; diese Schwierigkeit wird beseitigt, wenn man unterstellt, daß seine Mutter entweder zum Stamm Dan gehörte oder eine Tochter der nach Dan genannten Stadt war, die zum Stamm Naphtali gehörte; und sein verstorbener Vater ist ein Napthalite gewesen, weshalb seine Mutter eine Witwe von Naphtali genannt wurde; denn sein Vater wird nicht Tyrer nach Abstammung genannt, sondern ein Mann aus Tyrus nach seinem Wohnort. So wie Obed Edom, der Levite, ein Gittiter genannt wird, weil er unter den Gittitern lebt, und der Apostel Paulus ein Mann von Tarsus. Wenn man jedoch einen Fehler der Abschreiber vermutet und sein Vater wirklich ein Tyrer von Geblüt war und seine Mutter nur zum Stamm entweder Dan oder Naphtali gehörte, so besagte das nichts gegen seine umfassenden Fähigkeiten; denn da sein Vater ein Erzschmied war, so war er selber erfüllt von Weisheit und Verstand und dem Vermögen, alle Arbeiten in Erz auszuführen. Und als König Salomo nach ihm sandte, sagte König Hiram in seinem Brief an Salomo: Und nun habe ich einen kundigen Mann geschickt, der Verstand hat, der zu arbeiten weiß in Gold, Silber, Erz, Eisen, Stein, Holz, an purpurnem, blauem und rotem feinen Leinen; auch zu gravieren auf allerlei Art, und jeden Plan zu verstehen, den man ihm vorlegen könnte, mit deinen kundigen Männern und den kundigen Männern meines Herren David deines Vaters. Dieser göttlich begnadete Werkmann bewahrte diese Eigenschaft bei der Errichtung des Tempels und der Herstellung der erforderlichen Gebrauchsgegenstände, weil über die Leistungen von Oholiab und Bezalel hinaus, die gleichfalls zu aller Art von Maurerei befähigt waren.

*) Denn obgleich vom Tempel der Diana in Ephesus angenommen wird, erstmals von einem der Nachkommen Japhets erbaut worden zu sein, wo eine Niederlassung in Ionien zur Zeit des Moses bestand; so wurde er doch oftmals zerstört und wieder aufgebaut, entsprechend den Verbesserungen in der Maurerei; und wir können nicht nachrechnen, ob seine letzte großartige Aufrichtung (die ein weiteres der Sieben Weltwunder wurde), früher liegt als die des Salomonischen Tempels; wohl aber, daß sich viel später die Könige von Kleinasien zusammentaten, 220 Jahre lang, um ihn zu vollenden, mit 107 Säulen aus feinstem Marmor, deren viele die ausgefeiltesten Bildwerke trugen (jedes auf Kosten eines Königs, von den Meister-Maurern Dresiphon und
Archiphron), um die getäfelte Decke und das Dach aus reiner Zeder zu stützen, wie auch die Tore und Wandbekleidungen aus A.M.
Zypressenholz waren: So wurde er das beherrschende Bauwerk Kleinasiens, in der Länge 425 Fuß, in der Breite 220 Fuß: Ja, 3648
ein so bewundernswertes Werk, daß Xerxes es stehen ließ, als er alle anderen Tempel verbrannte auf seinem Weg nach Griechenland; obgleich es schließlich angezündet und niedergebrannt wurde von einem üblen Burschen, nur damit über ihn ge- 356
sprochen werde, genau an dem Tag, an dem Alexander der Große geboren wurde. v.Chr.

Doch zur weiteren Belehrung der Kandidaten und jüngerer Brüder gibt eine bestimmte Frei-Mau-
um rer-Akte aus der Zeit von König Eduard IV. aus der normannischen Linie den folgenden Bericht,
A.D. der da besagt:
1475 Obwohl viele der alten Unterlagen der Bruderschaft in England vernichtet oder verlorengegangen
waren in den Kriegen mit den Sachsen und den Dänen, baute König Aethelstan (der Enkel von
um König Alfred dem Großen, ein mächtiger Bauherr), der erste gesalbte König von England, der die
A.D. Heilige Schrift in die Sächsische Sprache übersetzte, als er dem Land Ruhe und Frieden gebracht
930 hatte, viele große Anlagen. Er ließ viele Maurer aus Frankreich kommen, die er zu Aufsehern darüber machte, und die die Regeln und Pflichten der Logen mit herüberbrachten, die sie seit den Tagen der Römer bewahrt hatten. Sie verständigten sich mit dem König darüber, die Verfassung der englischen Logen zu verbessern, entsprechend dem ausländischen Modell, und die Löhne der Werk-Maurer zu erhöhen.

Der Bericht sagt, Prinz Edwin, der jüngste Sohn dieses Königs, habe die Maurerei erlernt und die Pflichten eines Meister-Maurers auf sich genommen aus Liebe zu dieser Kunst und zu den ehrenhaften Grundsätzen, auf denen sie beruhte. So erlangte er einen Freibrief von König Aethelstan, seinem Vater, denn die Maurer haben eine Vereinbarung untereinander (Correction, wie es vor Zeiten genannt wurde) oder die Freiheit und Macht, sich selbst zu verwalten, auch zu berichtigen, was fehlgelaufen sein könnte, und eine jährliche Besprechung und Allgemeine Versammlung abzuhalten.

Weiter sagt der Bericht, daß Prinz Edwin dementsprechend alle Maurer seines Reiches zu einer Zusammenkunft mit ihm nach York einberief, daß sie kamen und eine Allgemeine Loge bildeten, deren Groß-Meister er war; und da sie alle noch vorhandenen Schriftstücke und Aufzeichnungen mitgebracht hatten, einige in Griechisch, einige in Latein, einige in Französisch und in anderen Sprachen, so stellte die Versammlung daraus die Konstitution und die Pflichten einer englischen Loge zusammen, machte ein Gesetz zu ihrer Bewahrung und Befolgung in allen künftigen Zeiten und verfügte guten Lohn für Werk-Maurer etc.

Weiterhin sagt der Bericht, daß im Laufe der Zeit, als es mehr Logen gab, der Sehr Ehrwürdige Meister und die Mitbrüder mit Zustimmung der Herren des Reichs (denn die meisten bedeutenden Männer waren damals Maurer) festlegten, daß in Zukunft bei der Aufnahme oder Annahme eines Bruders die Konstitution und die beigegebenen Pflichten durch den Meister oder den Aufseher verlesen werden sollten; und daß jene, die als Meister-Maurer oder Werk-Meister zugelassen werden sollten, geprüft werden, ob sie über die Erfahrungen verfügten, ihren jeweiligen Herren zu dienen, den Geringsten wie den Höchsten, zur Ehre und Verehrung der vorgenannten Kunst, und zum Wohle ihrer Herren, denn diese sind die Auftraggeber, die sie in Arbeit setzen und sie bezahlen für ihre Dienste und Wanderschaft.

Und neben anderen Dingen fügt der genannte Bericht an, daß diese Pflichten und Gesetze der Frei-Maurer durchgesehen und bestätigt worden sind durch unseren früheren König Heinrich VI. und durch die Herren seines Ehrbaren Rats, die ihnen beigepflichtet und sie für gut und vernünftig erklärt haben, da sie ausgezogen und gesammelt wurden aus den Verfügungen alter Zeiten.*)

Dann, im dritten Regierungsjahr des genannten Königs Heinrich VI., als er ein Kind von ungefähr vier Jahren war, erließ das Parlament ein Gesetz, das sich nur mit den Werk-Maurern befaßte, die sich, entgegen den Statuten für Arbeiter, zusammengetan hatten, um nur zu ihren eigenen Preisen und Löhnen zu arbeiten; und weil man davon ausging, daß solche Übereinkünfte bei den Allgemeinen Logenversammlungen gemacht würden, die im Gesetz Kapitel und Versammlungen von Maurern genannt werden, schien es zweckmäßig zu sein, das Gesetz gegen diese Zusammenschlüsse anzuwenden.**) Doch als der erwähnte König Heinrich VI. diese Sache aufgriff, legten

---

*) In einem anderen noch älteren Manuskript lesen wir: »Wenn Meister und Aufseher in einer Loge zusammenkommen, soll, falls es nötig ist, der Sheriff der Grafschaft oder der Bürgermeister der Stadt oder deren Ratsherr, wo die Versammlung abgehalten wird, zum Genossen und Mitarbeiter des Meisters gemacht werden, um diesem gegen Aufrührer beizustehen und um die Rechte des Reiches zu schützen.

»Von Lehrlingen wird bei ihrer Aufnahme erwartet, keine Diebe oder Diebsgenossen zu sein; daß sie ehrlich um Lohn auf die Wanderschaft gehen sollen, daß sie ihre Gesellen lieben wie sich selbst, daß sie dem König von England und dem Reich und der Loge treu ergeben sind.

Bei solchen Versammlungen soll nachgeforscht werden, ob irgendein Meister oder Geselle einen der bestätigten Artikel gebrochen habe. Und wenn der Gesetzesbrecher, nachdem er förmlich vorgeladen wurde, sich als Aufrührer erweist und dies nicht einsehen will, dann hat die Loge gegen ihn zu urteilen, daß er seine Maurerei abschwört (oder ihr entsagt) und daß er diese Kunst nicht mehr ausübt; sollte er dem entgegen handeln, so soll ihn der Sheriff der Grafschaft ins Gefängnis stecken und allen seinen Besitz in des Königs Hände geben, bis ihm Gnade widerfährt und verfügt wird. Vor allem um dieser Sache willen sind diese Versammlungen anberaumt, damit dem Geringsten und dem Höchsten gut und treulich in der gesamten Kunst gedient wird innerhalb des gesamten Königreichs von England.

Amen, es geschehe also.«

**) Drittes Gesetz Heinrichs des Sechsten, Kap. I. AD 1425

Überschrift: Maurer sollen sich nicht in Kapitel und Versammlungen zusammenschließen.

»Da in den jährlichen Versammlungen und Verbrüderungen, wie sie die Maurer in ihren Allgemeinen Zusammenkünften die Maurer ihm und seinen Herren die oben erwähnten Aufzeichnungen und Pflichten vor, die diese durchsahen und für gut und vernünftig anerkannten. Mehr noch: der erwähnte König und seine Herren mußten bei den Frei-Maurern aufgenommen worden sein, ehe sie die Niederschriften einsehen durften; und während dieser Regierungszeit, vor den Schwierigkeiten König Heinrichs, wurden die Maurer sehr ermutigt. Auch gibt es keinen Beweis, daß dieses Gesetz seitdem unter seiner oder einer anderen Herrschaft angewendet wurde, und die Maurer vernachlässigten ihre Logen niemals seinetwegen, noch hielten sie es für erwägenswert, ihre edlen und hervorragenden Brüder zu veranlassen, es zu widerrufen; denn die Werk-Maurer außerhalb der Logen schätzen es gering, sich solcher Vergehen schuldig zu machen, und die anderen Frei-Maurer sind an Verstößen gegen die Statuten für Arbeiter nicht interessiert.*)

Die Könige von Schottland förderten die Königliche Kunst sehr stark, von den frühesten Zeiten bis zur Vereinigung der Kronen, wie das die Überreste hervorragender Bauwerke in jenem alten Königreich beweisen und die Logen, die dort seit vielen hundert Jahren ohne Unterbrechung bestanden, deren Aufzeichnungen und Traditionen die große Achtung jener Könige dieser ehrbaren Bruderschaft gegenüber bezeugen, die gewichtige Beweise ihrer Liebe und Loyalität gab, woraus der alte Toast der Schotten-Maurer herrührt: Gott segne den König und das Handwerk!

Nicht unbeachtet blieb aber auch das königliche Beispiel beim höheren und niederen Adel und bei den Klerikern von Schottland, die sich an Allem zum Besten der Kunst und der Bruderschaft beteiligten, wobei die Könige oftmals Groß-Meister waren, bis unter anderem die Maurer von Schottland ermächtigt wurden, einen bestimmten und ständigen Groß-Meister und Groß-Aufseher zu haben, denen die Krone ein Gehalt zahlte und denen eine Anerkennungsgebühr von jedem Neuen Bruder im Königreich bei seiner Aufnahme zustand. Ihre Aufgabe war nicht nur zu regeln, was sich in der eigenen Bruderschaft ereignen könne, sondern auch alle Meinungsverschiedenheiten zwischen Maurern und Bauherren anzuhören und gültig zu entscheiden, den Maurer A.D.
zu bestrafen, wenn er es verdiente, und beide Seiten auf annehmbare Bedingungen zu verpflichten. 1640
Bei solchen Anhörungen präsidierte der Groß-Aufseher, wenn der Groß-Meister (der stets adlig geboren war) abwesend war. Dieses Privileg bestand bis zu den Bürgerkriegen, ist jetzt aber aufgehoben; es kann auch nicht gut wieder eingeführt werden, bis der König Maurer wird, weil A.D.
es zur Zeit der Vereinigung beider Königreiche praktisch niemals angewendet wurde. 1707

Die große Sorgfalt jedoch, mit der sich die Schotten um die wahre Maurerei bekümmerten, erwies sich später für England als sehr nützlich, denn die gelehrte und großmütige Königin Elisabeth, die andere Künste pflegte, ließ diese außer acht, weil sie als Frau nicht zum Maurer gemacht werden konnte, obwohl sie, wie auch Semiramis und Artemisia**), durchaus hätte Maurer in Lohn nehmen können.

Aber nach ihrem Ableben folgte ihr König Jakob VI. von Schottland auf dem Thron von England, und da er ein Maurer-König war, rief er die Logen in England wieder ins Leben. Wie er der Erste König Großbritanniens war, so war er auch der Erste Fürst in der Welt, der die römische Architektur aus den Ruinen Gotischer Unwissenheit heraushob.

Denn nach vielen dunklen oder ungebildeten Zeitaltern, sobald alle Teile der Gelehrsamkeit wieder auflebten und die Geometrie ihre Geltung zurückgewann, begannen die bildungswilligen Völ-

---

veranstalten, die gute Anwendung und der Erfolg der Statuten für Arbeiter offen vereitelt und gebrochen werden, entgegen den Gesetzen und zum großen Nachteil für alle Untertanen, so hat unser Erhabener Herr, der König, beschlossen, in diesem Falle eine Änderung herbeizuführen, gemäß dem Rat und der erwähnten Zustimmung und auf besondere Bitte der Untertanen. So hat er verfügt und bestimmt, daß solche Kapitel und Versammlungen künftig nicht abgehalten werden sollen; und wenn dies dennoch geschieht, daß diejenigen, welche die Zusammenkunft und Abhaltung solcher Kapitel und Zusammenkünfte veranlassen, falls sie dessen überführt werden, als Kapitalverbrecher gerichtet werden sollen und daß die anderen Maurer, die zu solchen Kapiteln und Zusammenkünften kommen, mit Gefängnis bestraft und mit Geldstrafe und Loskauf nach des Königs Willen belegt werden.«

*) Dieses Gesetz wurde in unwissenden Zeiten erlassen, als wahre Gelehrsamkeit ein Verbrechen war und Geometrie als Zauberwerk verurteilt wurde; aber es kann nicht die Ehre der alten Bruderschaft schmälern, die sicherlich niemals eine solche Verteufelung ihrer arbeitenden Brüder gefordert hatte. Die Überlieferung macht glaubhaft, daß die Parlaments-Männer damals zu sehr von ungebildeten Klerikern beeinflußt waren, die keine angenommenen Maurer waren, auch nichts von Baukunst verstanden (wie die Kleriker früherer Zeiten) und im allgemeinen verächtlich über diese Bruderschaft dachten. Da sie jedoch die Überzeugung hegten, sie hätten ein unbestreitbares Recht darauf, alle Geheimnisse zu kennen, auf dem Weg über die Ohrenbeichte, und die Maurer nichts dergleichen beichteten, waren die Kleriker höchst beleidigt und verdächtigten sie der Schurkerei, stellten sie trotz ihrer Minderheit als gefährlich für den Staat hin und veranlaßten sodann die Parlamentsmitglieder, sich mit den angeblichen Vereinbarungen der Werkmaurer zu befassen, um ein Gesetz zu machen, durch das Unehre auf die ganze ehrwürdige Bruderschaft gebracht werde, zu deren Gunsten doch verschiedene Gesetze vor und nach dieser Zeit verabschiedet worden waren.

**) Weil Elisabeth eifersüchtig auf alle Zusammenkünfte ihrer Untertanen war, von deren Anliegen sie sich nicht gehörig unterrichten konnte, versuchte sie, die jährlichen Versammlungen der Maurer als gefährlich für ihre Regierung zu unterbinden. Doch als, nach der Überlieferung alter Maurer, einst die adligen Personen, die Ihre Majestät abgeordnet hatte und die mit großem Gefolge am St. Johannis-Tag in York weilten, in der Loge empfangen wurden, machten diese keinen Gebrauch von ihren Waffen und gaben nach Rückkehr der Königin einen höchst ehrenhaften Bericht von der alten Bruderschaft, so daß ihre politischen Befürchtungen und Bedenken zerstreut wurden und sie sie gewähren ließ als Leute, die von Adligen und Klugen aller gebildeten Völker geachtet werden. Doch während ihrer ganzen Herrschaft vernachlässigte sie die Kunst.

ker, das Verwirrende und das Ungeeignete der gotischen Bauwerke zu erkennen. Im fünfzehnten und sechzehnten Jahrhundert wurde der Augusteische Stil in Italien vom Schutt befreit durch Bramante, Barbaro, Sansovino, Sangallo, Michelangelo, Raffael Urbino, Julio Romano, Serglio, Labaco, Scamozi, Vignola und viele andere begabte Baumeister, doch vor allem durch den Großen Palladio, der nicht nur in Italien gebührend nachgeahmt wurde, obwohl er in England in unserem großen Meister-Maurer Inigo Jones einen gleichbedeutenden Rivalen fand.
Aber wenn auch alle wahren Maurer das Andenken an jene italienischen Baumeister ehren, so muß doch zugegeben werden, daß der Augusteische Stil von keinem gekrönten Haupt wiederbelebt wurde vor König Jakob VI. von Schottland, dem I. von England, der den genannten ruhmvollen Inigo Jones förderte, den er damit beschäftigte, seinen königlichen Palast von White-Hall zu errichten. Während seiner Herrschaft über ganz Großbritannien wurde nur das Banqueting-House, als erster Teil davon, erbaut, das der schönste Raum auf Erden ist. Der begabte Nicholas Stone vollendete ihn als Maurer-Meister unter dem Baumeister Jones.
Auch nach dessen Ableben förderte sein Sohn, König Karl I., der gleichfalls Maurer war, den Inigo Jones, und er drang energisch darauf, daß seines königlichen Vaters Vorhaben von White-Hall im Stile des Inigo Jones weitergeführt werden solle. Infolge der Bürgerkriege wurde er jedoch unglücklicherweise davon abgehalten.*) Nach Beendigung der Kriege und der Wiedereinsetzung
A.D. der Königlichen Familie wurde auch die wahre Maurerei gleichermaßen wieder hergestellt, vor
1666 allem nach dem unglückseligen großen Brand von London anno 1666; denn damals wurden die Stadthäuser mehr im römischen Stil wiederaufgebaut, als König Karl II. den Grundstein zur jetzigen St. Pauls Kathedrale in London legte (da das alte gotische Gebäude niedergebrannt war), ganz im Stile von St. Peter in Rom, aufgeführt von dem einfallsreichen Architekten Sir Christopher Wren. Der König gründete auch seinen königlichen Palast zu Greenwich nach Inigo Jones' Entwurf (den dieser kurz vor seinem Tod erstellt hatte), ausgeführt wurde er von dessen Schwiegersohn Web. Jetzt ist der Palast in ein Hospital für Seeleute umgewandelt. Er gründete auch das Chelsea-College, ein Hospital für Soldaten. In Edinburgh gründete und vollendete er seinen königlichen Palast Holyrood-House, nach Entwurf und Ausführung von Sir William Bruce, Baronet, Meister der königlichen Werke in Schottland.**) So haben wir jetzt neben der lebendigen Überlieferung der alten Maurer, auf die wir uns wohl verlassen können, durchaus Grund zu der Annahme, daß König Karl II. ein angenommener Frei-Maurer war, und jedermann muß zugeben, daß er ein großer Förderer der Werkleute war.
Obwohl unter der Herrschaft seines Bruders König Jakob II. mancherlei römische Bauten aufgeführt wurden, verfielen die Logen der Frei-Maurer in London in Unwissenheit, weil sie nicht gebührend besucht und in Anspruch genommen wurden.
Nach der Revolution jedoch, anno 1688,***) baute König Wilhelm, obwohl ein kriegerischer Fürst, mit gutem Geschmack für Architektur an den beiden Hospitälern Greenwich und Chelsea

---

*) Da Plan und Ansicht dieses großartigen Entwurfs erhalten sind, wird von erfahrenen Architekten die Ansicht vertreten, daß er jeden anderen Palast der bekannten Erde an Symmetrie, Stärke, Schönheit und Bequemlichkeit seiner Architektur übertrifft, denn in der Tat sind alle Entwürfe und Ausführungen des Meisters Jones ureigenstes Werk, und schon auf den ersten Blick erkennt man ihn als den Architekten: Mehr noch, sein mächtiger Genius bewog den höheren und niederen Adel in ganz Britannien (denn er wurde in Schottland ebenso geehrt wie in England), den alten Stil der Maurerei, den man zu lange vernachlässigt hatte, aufzugreifen und wieder zu beleben. Das erhellt aus den vielen merkwürdigen Bauwerken jener Zeit, von denen zumindest eines, und vielleicht eines der schönsten, hier erwähnt werden soll, nämlich das berühmte Tor zum botanischen Garten von Oxford, erstellt von Henry Davers Earl of Danby, das seiner Lordschaft viele hundert Pfund gekostet hat. Es ist ein so merkwürdiges Baustück, wie es niemals zuvor oder später gebaut wurde, mit folgender Inschrift an der Frontseite:

GLORIAE DEI OPTIMI MAXIMI, HONORI CAROLI REGIS, IN USUM ACADEMIAE ET REIPUBLICAE, ANNO 1632.
HENRICUS COMES DANBY.

**) Das war ein alter Königspalast, erneuert im Augusteischen Stil, und zwar so fein, daß er von verständigen Kennern für das schönste Haus gehalten worden ist, das der Krone gehört. Trotz seiner geringen Größe ist es großartig und angemessen, innen wie außen, mit schönen Gärten, einem sehr weiten Park und allem anderen, was dazu gehört.

***) Nach dem königlichen Beispiel seines Bruders Karl II. errichtete die Stadt London das berühmte Monument an der Stelle, wo der Große Brand begann, ganz aus festem Stein, 202 Fuß von Grund auf, als Säule der Dorischen Ordnung, 15 Fuß im Durchmesser, mit einer merkwürdigen Treppe inmitten aus schwarzem Marmor, und einem eisernen Geländer an der Spitze (nicht unähnlich denen von Trajan und Antonius in Rom), von wo aus man auf die Stadt und die Vororte blicken kann. Das ist die höchste Säule, die wir auf Erden kennen. Der Säulenfuß ist 12 Fuß im Quadrat und 40 Fuß hoch, seine Vorderseite ist geschmückt mit den sinnreichsten Symbolen in Basrelief, gearbeitet von dem berühmten Bildhauer Gabriel Cibber und mit großen lateinischen Inschriften an den Seiten. Grundsteinlegung 1671, beendet anno 1677.
Zu der Zeit baute auch die Gilde der Überseekaufleute die Königliche Börse wieder auf (da die alte beim Brand zerstört worden war), ganz aus Stein, im Römischen Stil, das schönste Bauwerk seiner Art in Europa, mit des Königs Standbild in Lebensgröße aus weißem Marmor in der Mitte des Platzes (gearbeitet von dem bedeutenden Meister-Steinmetzen und Bildhauer Grinlin Gibbons, der mit Recht in ganz Europa bewundert wurde, weil er den berühmtesten italienischen Meistern gleichkam, wenn er sie nicht gar übertraf). Der Sockel trägt folgende Inschrift in lateinischer Sprache:
Karl dem Zweiten, Herrscher Britanniens, Vater seines Landes, barmherzigster und hervorragendster der Könige, Beglücker der Menschheit, unbewegt in Widrigkeit und Glück, Wahrer des Friedens in Europa, Herrscher und Beherrscher der Meere, von der Gilde der Überseekaufleute Englands, die seit nahezu 400 Jahren durch königliche Gunst blüht, in unerschütterlicher Loyalität und Dankbarkeit – dies Zeugnis ihrer Verehrung errichtet im Jahre des Heils 1684.

weiter, ebenso an dem schönen Teil seines königlichen Palastes von Hampton Court. Auch gründete und vollendete er seinen unvergleichlichen Palast zu Loo in Holland etc. Das leuchtende Beispiel dieses ruhmreichen Fürsten (der von den meisten für einen Frei-Maurer gehalten wird) beeinflußte den höheren und niederen Adel, die Wohlhabenden und die Gelehrten Großbritanniens, sich umfassend des Augusteischen Stils anzunehmen; das geht aus einer Unzahl von höchst merkwürdigen Bauten hervor, die seitdem im ganzen Königreich errichtet wurden. Denn im neunten Jahr der Herrschaft unseres verstorbenen Souveräns Königin Anna wirkten ihre Majestät und das Parlament zusammen bei einem Gesetz zur Errichtung von 50 neuen Pfarrkirchen in London, Westminster und den Vorstädten, und die Königin beauftragte eine Kommission aus Staatsministern, dem wichtigsten Hochadel, dem großen Landadel und hervorragenden Bürgern, den beiden Erzbischöfen mit mehreren anderen Bischöfen und erlauchten Geistlichen, das Gesetz in die Tat umzusetzen. Sie befahlen, die besagten Kirchen im altrömischen Stil zu errichten, wie er sich an den bereits errichteten zeigt; und da die gegenwärtigen ehrenwerten Kommissionsmitglieder das gleiche gute Urteil haben in bezug auf Architektur, führen sie den gleichen löblichen Entwurf aus, erneuern sie den alten Stil auf Anordnung, mit Unterstützung und Förderung seiner derzeitigen Majestät König Georg, der geruht hat, den Grundstein für die Pfarrkirche St. Martin's-in-the-Fields in der Südostecke zu legen (durch seiner Majestät Stellvertreter, den derzeitigen Bischof von Salisbury), die wieder aufgebaut wird, stark, groß und schön, auf Kosten der Pfarrkinder.*)

Kurz, es bedürfte vieler dicker Bänder, um die mannigfachen herrlichen Beispiele von dem mächtigen Einfluß der Maurerei seit der Schöpfung, in jedem Zeitalter und bei allen Völkern zusammenzufassen, wie sie von Historikern und Reisenden gesammelt werden konnten: Doch vor allem in jenen Teilen der Welt, in denen die Europäer leben und Handel treiben, sind solche Reste alter, großer, seltsamer und geräumiger Säulengänge von Lernbegierigen entdeckt worden, daß man nicht genug über die allgemeinen Zerstörungen der Goten und Mohammedaner klagen kann; und man muß daraus schließen, daß keine Kunst je so gefördert wurde wie diese; wie auch keine andere der Menschheit so uneingeschränkt nützlich ist.**)

Auch sollte nicht das berühmte Theater in Oxford vergessen werden, das Erzbischof Sheldon zur Zeit jenes Königs erbaute, auf eigene Kosten, das, wie seine anderen schönen Werke, von Sir Christopher Wren, des Königs Baumeister, entworfen und errichtet wurde, denn es wird von den Kundigen ebenso bewundert wie das ihm benachbarte Museum; ein schöner Bau, den die Universität in Auftrag gab, wo seither andere Bauten im Römischen Stil errichtet worden sind, so Trinity-College-Chapel, die Allerheiligen-Kirche in High Street, der Peckwater-Platz in Christ-Church-College, die neue Druckerei und das ganze wiedererbaute Queen's College, und vieles mehr, dank freigiebiger Spenden einiger bedeutender Wohltäter und dank des öffentlichen Interesses, der Aufmerksamkeit und der Treue der College-Leiter, die im allgemeinen einen sicheren Geschmack für die Römische Baukunst gehabt haben.

Die gelehrte Universität Cambridge, die nicht über solch freigiebige Spender verfügte, besitzt nicht so viele feine Bauten. Dort befinden sich jedoch zwei in ihrer Art merkwürdigste und hervorragendste Bauten Großbritanniens, einen im Gotischen Stil, King's College Chapel (wenn man von der Kapelle Heinrichs VII. in der Westminster-Abtei absieht), der andere ein Römischer Bau: die Bibliothek von Trinity College.

*) Der Bischof von Salisbury ging, geziemend begleitet, in geordneter Prozession; und nachdem er den ersten Stein gelegt hatte, gab er ihm zwei oder drei Schläge mit dem Hammer, worauf die Trompeten erschallten, und eine große Menschenmenge brach in lauten Jubel aus, als seine Lordschaft eine Börse mit 100 Guineen als Geschenk Seiner Majestät auf den Stein legte zur Verwendung unter den Zunftgenossen. Die folgende Inschrift wurde in den Grundstein gemeißelt und eine Bleiplatte daraufgelegt:

Gott geweiht
von seiner erhabensten Majestät König Georg durch seinen Stellvertreter
den Sehr Ehrwürdigen Vater in Christo
Richard Lord-Bischof von Salisbury
Seiner Majestät Groß-Almosenier
begleitet (auf Befehl Seiner Majestät)
von Sir Thomas Hewett, Ritter,
von Seiner Majestät Königlichen Bauwerken Ober-Aufseher
ward der Grundstein dieser Kirche gelegt
an diesem 19ten im März im Jahre des Herrn 1721
und im achten Jahre seiner Herrschaft.

**) Es führte zu keinem Ende, wollte man die vielen merkwürdigen Römischen Bauwerke aufzählen und beschreiben, die allein in Großbritannien seit der Renaissance der Römischen Maurerei aufgeführt wurden, von denen hier, neben den bereits erwähnten, einige wenige genannt werden mögen:

Das Haus der Königin in Greenwich	gehört der Krone
Die Große Galerie in den Somerset-Gärten	der Krone
Gunnersby-House bei Brentford, Middlesex	gehört dem Herzog von Queensbury
Lindsay-House in Lincoln Inn's Fields	Herzog von Ancaster
Die York-Treppen zur Themse in den York-Bauten.	
St. Paul's Kathedrale in Covent-Garden mit ihrer prächtigen Säulenhalle	
Der Bau und die Piazza von Covent-Garden	Herzog von Bedford
Wilton-Castle in Wiltshire	Earl of Pembroke
Castle-Ashby in Northamptonshire	Earl of Strafford
Stoke-Park, ebendort	Herr Arundel

Wäre es sinnvoll, dann könnte deutlich gemacht werden, daß aus dieser alten Bruderschaft im Laufe der Zeit die Gesellschaften oder Orden der Kriegerischen und auch der Religiösen Ritterschaften viele ihre erhabenen Gebräuche ableiteten; denn keine von ihnen war besser ausgerichtet, keine ordentlicher organisiert oder beachtete gewissenhafter ihre Gesetze und Pflichten als es die Angenommenen Maurer getan haben, die zu allen Zeiten und in jedem Volk ihre Anliegen wahrgenommen und weiter verbreitet haben auf eine ihnen eigentümliche Weise, die der Weiseste und Gelehrteste nicht durchdringen kann, obwohl das oft genug versucht worden ist; weil sie einander kennen und lieben, sogar ohne das Hilfsmittel der Sprache oder in unterschiedlichen Sprachen.

Und jetzt haben wir hier die freigeborenen Britischen Völker, die sich aus Bürger- und auswärtigen Kriegen gelöst haben und die süßen Früchte des Friedens und der Freiheit genießen, die sich letzthin so sehr ihrem glücklichen Genius für Maurerei jeglicher Art hingegeben haben und die die schlaffen Logen in London, dieser blühenden Hauptstadt, wie auch in anderen Landesteilen, wieder gekräftigt haben, gemeinsam mit mehreren würdigen Einzellogen, die ihre vierteljährlichen Versammlungen und ihre jährlichen Hauptversammlungen haben, darin Formen und Gebräuche der ältesten und ehrwürdigsten Bruderschaft so weise erläutert werden, auch die Königliche Kunst gehörig gepflegt und der Mörtel der Bruderschaft bewahrt wird, so daß die gesamte Körperschaft einem gut gebauten Bogen gleicht. Verschiedene Adlige und Herren von bestem Namen, dazu Geistliche und Gelehrte zahlreicher Berufe und Bekenntnisse haben sich ihr freiwillig angeschlossen und es übernommen, sich den Pflichten zu unterwerfen, und sie tragen die Abzeichen eines Freien und Angenommenen Maurers unter ihrem gegenwärtigen würdigen Groß-Meister, dem sehr edlen Fürsten John Herzog von Montague.

Wing-House in Bedfordshire	Herr Wm. Stanhope
Chevening-House in Kent	Earl Stanhope
Ambrose-Bury in Wiltshire	Lord Carleton

Alle entworfen von dem unvergleichlichen Inigo Jones, und die meisten von ihm gebaut oder von seinem Schwiegersohn Web nach Jones' Plänen.

Außerdem wurden viele weitere von anderen Architekten aufgeführt, beeinflußt von dem gleichen glückhaften Genius, z. B.

Der Turm der Bow-Church in Cheapside	gebaut von Sir Chri. Wren
Hotham-House in Beverly, Yorkshire	Sir Charles Hotham, Baronet
Melvin-House in Fife	Earl of Levin
Longleate-House in Wiltshire	Viscount Weymouth
Chesterlee-street-House in der Grafschaft Durham	Herr John Hedworth
Montague-House in Bloomsbury, London	Herzog von Montagu
Drumlanrig-Castle in Nithisdaleshire	Herzog von Queensbury
Castle-Howard in Yorkshire	Earl of Carlisle
Stainborough-House, ebendort	Earl of Strafford
Hopton-Castle in Linlithgowshire	Earl of Hopton
Blenheim-Castle zu Woodstock, Oxfordshire	Herzog von Marlborough
Chatsworth-Castle in Derbyshire	Herzog von Devonshire
Hammilton-Palast in Clydesdaleshire	Herzog von Hammilton
Wanstead-House in Epping-Forest, Essex	Lord Castlemain
Duncombe-Park in Yorkshire	Herr Thomas Duncomb
Meresworth-Castle in Kent	Herr John Fane
Sterling-House nahe Sterling-Castle	Herzog von Argyle
Kinross-House in Kinrossshire	Sir William Bruce, Baronet
Stourton-Castle in Wiltshire	Herr Henry Hoar
Willbury-House, ebendort	Herr William Benson
Bute-Castle auf der Insel Bute	Earl of Bute
Walpole-House nahe Lin Regis (Kings Lynn), Norfolk	Herr Robert Walpole
Burlington-House in Picadilly, St. James, Westminster	Earl of Burlington
Schlafsaal von Kings' School, Westminster	der Krone
Tottenham-Park in Wiltshire	Lord Bruce

Diese letzten drei wurden entworfen vom Earl of Burlington, der verspricht, der beste Architekt Britanniens zu werden (wenn er es nicht schon ist) und wir hören, daß seine Lordschaft beabsichtigt, die wertvollen Aufzeichnungen des Inigo Jones zum Nutzen anderer Architekten zu veröffentlichen.

Außer diesen gibt es noch mehr im gleichen Römischen Stil und noch mehr, die ihn nachahmen, die, wenn sie auch nicht auf einen bestimmten Stil bezogen werden können, Architekten, Buch, genannt Vitruvius Britannicus betrachtet werden können. Und wenn sich die Neigung zur wahren alten Baukunst durchsetzt bei dem höheren und niederen Adel und bei gelehrten Männern (wie es den Anschein hat), dann wird diese Insel die Herrin der Erde werden, was Planung, Entwurf und Ausführung angeht, und sie wird fähig sein, alle anderen Völker in allen Dingen zu belehren, was Bezug hat auf die Königliche Kunst.

Die Pflichten eines Frei-Maurers,

entnommen den alten Aufzeichnungen von Logen jenseits des Meeres, und von jenen in England, Schottland und Irland, zum Gebrauch der Logen in London: zu verlesen bei der Aufnahme neuer Brüder oder wenn es der Meister anordnen wird.

I. Von Gott und Religion.

Ein Maurer ist durch seine innere Haltung verpflichtet, das Moralgesetz zu befolgen; und wenn er die Kunst recht versteht, wird er niemals ein einfältiger Atheist sein, noch ein irreligiöser Freigeist. Aber obwohl in alten Zeiten die Maurer in jedem Lande verpflichtet waren, von der Religion dieses Landes oder Volkes zu sein, welche auch immer es sein mochte, so hält man es jetzt doch für sinnvoller, sie nur der Religion zu verpflichten, in der alle Menschen übereinstimmen, ihre eigenen Meinungen aber ihnen selbst zu überlassen; das heißt, gute und redliche Männer zu sein, Männer von Ehre und Rechtschaffenheit, durch welche Glaubensbekenntnisse oder -anschauungen sie auch unterschieden sein mögen, wodurch die Maurerei der Mittelpunkt der Einigkeit und zum Werkzeug wird, treue Freundschaft unter Menschen zu stiften, die sonst in steter Entfernung von einander hätten bleiben müssen.

II. Von bürgerlicher Obrigkeit, hoch wie untergeordnet.

Ein Maurer ist den bürgerlichen Gewalten ein friedfertiger Untertan, wo immer er wohnt oder arbeitet; nie soll er sich hineinziehen lassen in Anschläge oder Verschwörungen gegen den Frieden und die Wohlfahrt der Nation, noch sich pflichtwidrig verhalten gegen untergeordnete Ämter; denn wie die Maurerei durch Krieg, Blutvergießen und Wirren immer geschädigt worden ist, so sind frühere Könige und Fürsten sehr geneigt gewesen, die Zunftgenossen wegen ihrer Friedfertigkeit und Loyalität zu ermutigen, womit sie praktisch die Spitzfindigkeiten ihrer Gegner beantworteten und die Ehre der Bruderschaft förderten, die stets in Zeiten des Friedens gedieh. Sollte daher ein Bruder ein Aufrührer gegen den Staat sein, so darf er in seiner Auflehnung nicht unterstützt werden, wenngleich er als ein unglücklicher Mann bemitleidet werden mag; und ist er keines anderen Verbrechens überführt, so können sie ihn, obgleich die loyale Bruderschaft seine Auflehnung mißbilligen soll und muß, nicht aus der Loge ausschließen, und sein Verhältnis zu ihr bleibt unantastbar.

III. Von Logen.

Eine Loge ist ein Ort, wo Maurer sich treffen und arbeiten: Daher wird diese Versammlung oder gehörig eingerichtete Gesellschaft von Maurern eine Loge genannt, und jeder Bruder muß zu einer gehören und ihren Satzungen und Allgemeinen Anordnungen unterworfen sein. Sie ist entweder eine einzelne oder eine allgemeine und wird am besten verstanden, indem man sie besucht und durch die nachfolgend beigefügten Anordnungen der Allgemeinen oder Groß-Loge. In alten Zeiten durfte kein Meister oder Geselle von ihr abwesend sein, besonders wenn zum Erscheinen aufgefordert worden war, ohne sich einen strengen Tadel zuzuziehen, es sei denn, dem Meister und den Aufsehern sei klar geworden, daß reine Notwendigkeit ihn abgehalten.

Die als Mitglieder einer Loge zugelassenen Personen müssen gute und redliche Männer sein, freigeboren, von reifem und besonnenem Alter, keine Leibeigenen, keine Frauen, keine unmoralischen oder anstößigen Männer, sondern von gutem Ruf.

IV. Von Meistern, Aufsehern, Gesellen und Lehrlingen.

Aller Vorrang unter Maurern gründet sich allein auf wirklichen Wert und persönliches Verdienst, damit die Bauherren gut bedient, die Brüder nicht beschämt werden, noch die Königliche Kunst nicht in Verachtung fällt. Deshalb wird kein Meister oder Aufseher nach der Dauer seiner Zugehörigkeit, sondern nach Verdiensten gewählt. Es ist unmöglich, diese Dinge schriftlich zu behandeln, und jeder Bruder muß an seinem Platz abwarten, um sie auf eine dieser Bruderschaft eigene Weise zu erlernen. Kandidaten mögen lediglich wissen, daß ein Meister einen Lehrling nur annehmen soll, wenn er genügend Arbeit für ihn hat und wenn er ein untadeliger Jüngling ist, der an seinem Leib keine Verstümmelung oder Gebrechen aufweist, die ihn unfähig machen könnten, die Kunst zu erlernen, seines Meisters Bauherrn zu dienen und zu einem Bruder gemacht zu werden und nach vorgeschriebener Zeit zum Gesellen, sogar nachdem er viele Jahre gedient hat, wie es des Landes Brauch ist; und er soll von ehrbaren Eltern abstammen, damit, wenn sonst geeignet, er zu der Ehre gelangen kann, Aufseher zu sein und dann Meister der Loge, Groß-Aufseher und endlich der Groß-Meister aller Logen, seinem Verdienst entsprechend.

Kein Bruder kann Aufseher werden, bevor er nicht Geselle gewesen ist; auch nicht Meister, ehe er nicht als Aufseher gewirkt hat, noch Groß-Aufseher, bevor er Meister einer Loge gewesen ist, noch Groß-Meister ehe er nicht ein Geselle vor seiner Wahl gewesen ist; auch soll er edel geboren sein oder ein Edelmann nach bester Art oder ein hervorragender Gelehrter oder ein kundiger Architekt oder ein anderer Künstler, Abkömmling ehrbarer Eltern und von einzigartigem Verdienst nach Meinung der Logen. Und für die bessere, leichtere und ehrenhaftere Entlastung in seinem Amt hat der Groß-Meister die Vollmacht, seinen eigenen Zugeordneten Groß-Meister auszuwählen, der jedoch Meister einer einzelnen Loge sein oder früher gewesen sein muß und der das Recht hat zu tun, was immer der Groß-Meister als sein Vorgesetzter tun sollte, wenn dieser nicht anwesend ist oder seine Autorität schriftlich geltend macht.

Diesen Vorsitzenden und Würdenträgern, höchsten wie nachgeordneten, der alten Loge, ist in ihren entsprechenden Ämtern seitens aller Brüder zu gehorchen, und zwar gemäß den alten Pflichten und Anordnungen, und mit aller Demut, Ehrerbietung, Liebe und Bereitwilligkeit.

V. Von der Leitung der Zunft bei der Arbeit.

Alle Maurer sollen an Werktagen rechtschaffen arbeiten, damit sie achtbar an Feiertagen leben können; und die Zeit, wie sie das Gesetz des Landes anordnet oder durch Brauch bestätigt ist, soll beachtet werden.

Der erfahrenste Zunftgenosse soll zum Meister oder Aufseher über das Werk des Bauherrn gewählt oder bestimmt werden; er soll Meister genannt werden von denen, die unter ihm arbeiten. Die Zunftgenossen haben sich aller schlechten Reden zu enthalten und einander nicht mit abschätzigen Namen zu belegen, sondern sich Brüder und Genossen nennen; und sich innerhalb wie außerhalb der Loge höflich zu benehmen.

Der Meister, der sich seiner Geschicklichkeit selber bewußt ist, soll des Bauherrn Werk so vernünftig wie möglich ausführen und über dessen Güter so gewissenhaft verfügen, als seien es seine eigenen; auch soll er keinem Bruder oder Lehrling mehr Lohn geben, als dieser wirklich verdient.

Beide, Meister und Maurer, die ihren gerechten Lohn erhalten, sollen dem Bauherrn treu sein und ihre Arbeit ehrlich beenden, ob nach Stücklohn oder Tagelohn; auch sollen sie da nicht nach Stücklohn arbeiten, wo Taglohn üblich ist.

Keiner soll einen Bruder um dessen Wohlstand beneiden, ihn auch nicht ausstechen oder von der Arbeit vertreiben, wenn er fähig wäre, sie zu beenden; denn niemand kann die Arbeit eines Anderen so sehr zum Nutzen des Bauherrn beenden, wenn er nicht gründlich vertraut ist mit den Entwürfen und Grundrissen dessen, der sie begann.

Wenn ein Zunftgenosse zum Aufseher der Arbeit unter dem Meister ausgewählt wird, soll er sowohl Meister wie Gesellen treu sein, ebenso sorgfältig soll er das Werk in des Meisters Abwesenheit zu des Bauherrn Nutzen überwachen; und seine Brüder sollen ihm gehorchen.

Alle angestellten Maurer sollen ihren Lohn mit Bescheidenheit empfangen, ohne Murren und Auflehnung, und den Meister nicht im Stich lassen, ehe das Werk beendet ist.

Ein jüngerer Bruder soll in der Arbeit unterwiesen werden, um einen Verderb der Baustoffe zu vermeiden aus mangelndem Urteilsvermögen, auch um brüderliche Liebe zu mehren und zu bewahren.

Alle Werkzeuge, die zur Arbeit benötigt werden, sollen von der Groß-Loge genehmigt sein.

Kein Handlanger soll bei der eigentlichen Arbeit der Maurerei beschäftigt werden; noch sollen Freie Maurer ohne dringende Not mit denen zusammen arbeiten, die nicht frei sind, noch sollen sie Handlanger und nicht-angenommene Maurer in der gleichen Weise unterrichten, wie sie einen Bruder oder Gesellen belehren sollen.

VI. Vom Verhalten.

1. In geöffneter Loge.

Ihr sollt keine gesonderten Zirkel oder getrennte Gespräche ohne Erlaubnis des Meisters halten, noch über ungehörige und unziemliche Dinge reden, noch den Meister oder die Aufseher oder irgendeinen Bruder unterbrechen, der mit dem Meister spricht. Auch sollt ihr euch nicht albern oder scherzhaft verhalten, während die Loge mit ernsthaften oder feierlichen Dingen befaßt ist; noch unter welchem Vorwand auch immer, eine ungehörige Sprache gebrauchen, sondern eurem Meister, den Aufsehern und Gesellen die gebührende Achtung erweisen und sie in Ehren halten.

Wenn irgendeine Klage vorgebracht wird, so soll sich der schuldig befundene Bruder dem Urteil und der Entscheidung der Loge stellen, die der rechte und zuständige Richter für alle solche Streitigkeiten ist (sofern Ihr sie nicht vor die Groß-Loge bringt), und bei der sie anhängig gemacht werden müssen, wenn dadurch die Arbeit des Bauherrn nicht behindert wird. In solchem Falle kann ein besonderes Verfahren angewendet werden, doch dürft Ihr niemals vor ein ordentliches Gericht gehen in Sachen, welche die Maurerei betreffen, es sei denn, der Loge leuchtet die absolute Notwendigkeit dazu ein.

2. Verhalten nach Schluß der Loge und vor dem Auseinandergehen der Brüder.

Ihr mögt euch in unschuldigem Frohsinn vergnügen, einander nach Möglichkeit bewirten, doch meidet jede Ausschweifung oder zwingt keinen Bruder, über seinen Wunsch hinaus zu essen oder zu trinken, noch hindert ihn am Weggehen, wenn ihn seine Angelegenheiten rufen; tut und sagt auch nichts Beleidigendes oder was eine ungezwungene und freie Unterhaltung unterbinden könnte; denn dies müßte unsere Eintracht stören und unsere löblichen Absichten zunichte machen. Deshalb dürfen keine privaten Streitereien und Reibereien über die Schwelle der Loge gebracht werden, noch viel weniger Streitigkeiten über Religion oder Völker oder Staatspolitik, weil wir als Maurer allein von der oben erwähnten allgemeinen Religion sind. Wir sind auch von allen Völkern, Zungen, Stämmen und Sprachen, und damit entschieden gegen alle Politik, weil es noch nie zum Besten der Loge geführt hat, noch es je tun wird. Diese Pflicht ist immer streng gefordert und befolgt worden; vor allem aber besonders seit der Reformation in Britannien oder der Abweichung und Abspaltung dieser Völker von der Gemeinschaft mit Rom.

3. Verhalten, wenn sich Brüder ohne Fremde treffen, jedoch nicht in einer Loge.

Ihr sollt einander begrüßen in einer höflichen Art, wie man euch lehren wird, euch untereinander Bruder nennen, euch frei gegenseitig unterrichten, ohne beobachtet oder belauscht zu werden und ohne einander herabzusetzen oder von der Achtung abzugehen, die einem jeden Bruder gebührt, wäre er nicht ein Maurer: Denn obwohl alle Maurer als Brüder einander gleichgestellt sind, so verwehrt doch die Maurerei keinem Mann die Achtung, die er vorher genoß, vielmehr fügt sie seiner Achtung etwas hinzu, vor allem, wenn er sich um die Bruderschaft wohlverdient gemacht hat, die dem Achtung erweist, dem sie gebührt, und die schlechte Sitten meidet.

4. Verhalten in Gegenwart von Fremden, nicht Maurern.

Ihr sollt vorsichtig sein in eurem Auftreten und in euren Worten, damit auch der hartnäckigste Fremdling nicht herausfinden oder entdecken kann, was nicht geeignet ist, mitgeteilt zu werden;

und manchmal sollt ihr eine Unterhaltung ablenken und sie klug steuern zur Ehre der ehrwürdigen Bruderschaft.

5. Verhalten zu Hause und in Eurer Nachbarschaft.

Ihr sollt handeln, wie es einem moralisch empfindenden und klugen Manne geziemt; vor allem eure Familie, Freunde und Nachbarn nicht von den Anliegen der Loge etc. wissen lassen, sondern klug die eigene Ehre und die der alten Bruderschaft befragen aus Gründen, die hier nicht zu nennen sind. Ihr müßt ferner auf eure Gesundheit achten, indem ihr nicht zu lange beisammen oder von zu Hause fern bleibt, nachdem die Logenstunden vorüber sind und in denen ihr Völlerei oder Trunkenheit meidet, damit eure Familien nicht vernachlässigt oder gekränkt werden und ihr selber nicht unfähig zur Arbeit werdet.

6. Verhalten gegenüber einem fremden Bruder.

Ihr sollt ihn vorsichtig prüfen auf eine Art, die euch die Klugheit eingibt, damit ihr nicht von einem unwissenden Unberechtigten betrogen werdet, den ihr mit Verachtung und Spott abweisen müßt. Hütet euch auch, ihm irgendwelche Hinweise auf euer Wissen zu geben.

Erkennt ihr jedoch, daß er ein wahrer und echter Bruder ist, so achtet ihn entsprechend. Ist er in Not, so muß ihm nach Vermögen geholfen werden, oder man muß ihn dorthin verweisen, wo ihm geholfen werden könnte. Ihr müßt ihn einige Tage beschäftigen oder ihn weiterempfehlen. Doch ihr seid nicht verpflichtet, über eurer Vermögen hinauszugehen, sondern nur dazu, einem armen Bruder, der ein guter und rechtschaffener Mann ist, allen anderen Armen in gleicher Lage vorzuziehen.

Kurzum, all diese Pflichten habt ihr zu befolgen und ebenso diejenigen, die euch auf andere Weise mitgeteilt werden sollen; übt brüderliche Liebe, den Grund- und Schlußstein, den Mörtel und Ruhm dieser uralten Bruderschaft, meidet allen Zank und Streit, alle Verleumdung und üble Nachrede; erlaubt anderen nicht, einen ehrlichen Bruder zu verleumden, sondern verteidigt seinen Charakter und erweist ihm alle guten Dienste, soweit das mit eurer eigenen Ehre und Sicherheit vereinbar ist, und mehr nicht. Und wenn einer von ihnen ein Unrecht tut, müßt ihr euch an eure eigene oder seine Loge wenden: und danach mögt ihr die Groß-Loge auf der Vierteljahresversammlung anrufen und danach die jährliche Groß-Loge, wie es das alte löbliche Verfahren unserer Vorväter bei jedem Volk gewesen ist; beginnt niemals einen Rechtsstreit, wenn der Fall anders entschieden werden kann, und hört geduldig auf den ehrenhaften und freundlichen Rat von Meister und Mitbrüdern, wenn sie dazu angetan sind, euch von einem Rechtsstreit mit Fremden abzuhalten, oder euch ermutigen möchten, alle Prozesse beschleunigt zu beenden, damit ihr euch der Sache der Maurerei mit desto größerem Eifer und Erfolg widmen könnt. Doch liegen Brüder oder Gesellen miteinander im Rechtsstreit, so sollen Meister und Brüder willig ihre Vermittlung anbieten, der sich die streitenden Brüder dankbar beugen sollen. Falls dieses Einlenken undurchführbar ist, dann allerdings müssen sie ihren Prozeß oder Rechtsstreit ohne Zorn und Erbitterung führen (nicht auf gewöhnliche Weise) und dabei nichts sagen oder tun, was die brüderliche Liebe und die Erneuerung und Fortsetzung guter Dienste behindern könnte, damit jedermann den wohltätigsten Einfluß der Maurerei sehen kann, so wie das alle Maurer gemacht haben seit Anbeginn der Welt, und wie sie das machen werden bis an das Ende der Zeiten.

Amen, es geschehe also.

ZUSATZ:

Während dieses Buch im Druck war, hat ein würdiger und im Recht erfahrener Bruder dem Verfasser die Meinung des großen Richters Coke über das Gesetz gegen die Maurer (3 Heinrich VI., Kapitel I) mitgeteilt, die in diesem Buch auf Seite 35 wiedergegeben ist. Der Verfasser hat das Zitat mit dem Original verglichen; es lautet:

Cokes Gesetzsammlung III. Teil, S. 99

Der Grund, weshalb dieses Vergehen zum Kapitalverbrechen erklärt wurde, lag darin, daß die rechte Anwendung und Auswirkung der Statuten für Arbeiter verletzt und gebrochen wurden. Jetzt (sagt Mylord Coke) sind alle Statuten, die sich mit Arbeitern befassen, vor diesem Gesetz und worauf sich dieses Gesetz bezieht, aufgehoben durch das Statut 5 Elisabeth Kapitel 4, womit Grund und Zweck, dieses Gesetz zu erlassen, entfallen sind. Folgerichtig ist dieses Gesetz wirkungslos geworden, denn cessante ratione legis, cessat ipse lex [wird der Sinn eines Gesetzes aufgehoben, so wird auch das Gesetz aufgehoben]. Die Verurteilung wegen Kapitalverbrechens muß voraussetzen, daß jene Zusammenkünfte und Versammlungen geeignet waren, die richtige Anwendung und die Auswirkung der Statuten der Arbeiter zu verletzen und zu brechen, was nunmehr nicht mehr behauptet werden kann, da diese Statuten aufgehoben sind. Deshalb wird dies als Delikt der Friedensgerichtsbarkeit entzogen, wie Master Lambert Seite 227 schreibt.

Dieses Zitat bestätigt die Überlieferung alter Maurer, daß dieser sehr erfahrene Richter wirklich der alten Loge angehörte und ein redlicher Bruder war.

treter führt oder auch ein Bruder, den die Groß-Loge als Sekretär bestellen wird, in dem alle Logen registriert werden sollen, mit den üblichen Zeiten und Orten ihrer Zusammenkünfte und den Namen aller Mitglieder jeder einzelnen Loge; wie auch alle Angelegenheiten der Groß-Loge, die geeignet sind zur Niederschrift.

Sie sollen auch über die klügste und zweckmäßigste Weise nachdenken, Geld zu sammeln und zu entscheiden, was davon für Wohltätigkeit vergeben oder bei ihnen verwahrt werden soll, allein zur Unterstützung eines redlichen Bruders, der in Armut oder Gebrechen geraten ist, und für nichts anderes: jede Einzelloge soll jedoch über ihren eigenen Wohltätigkeitsfonds für arme Brüder verfügen, gemäß den eigenen Satzungen, bis man sich unter allen Logen (in einer neuen Anordnung) darüber verständigt hat, die von ihnen gesammelten Spenden bei der Groß-Loge anläßlich der Vierteljahres- oder Jahresversammlungen einzubringen, um daraus einen gemeinsamen Fonds zur besseren Unterstützung notleidender Brüder zu bilden.

Auch soll ein Schatzmeister bestellt werden, ein Bruder von weltoffenem Wesen, der kraft seines Amtes Mitglied der Groß-Loge sein soll, und der immer anwesend sein und die Befugnis haben soll, jede Angelegenheit vor die Groß-Loge zu bringen, vor allem, was sein Amt angeht. Ihm soll alles Geld übergeben werden, das für Wohltätigkeit gesammelt wurde oder auch für jeden anderen Zweck der Groß-Loge, den er in sein Buch einschreiben soll, wie auch die Aufgaben und Zwecke, für welche die verschiedenen Beträge bestimmt sind; und er soll diese Ausgaben oder Verwendungen unter bestimmten Auflagen leisten, der später die Groß-Loge in einer neuen Anordnung zustimmen soll: er ist jedoch nicht berechtigt, bei der Wahl eines Groß-Meisters oder Aufsehers mit abzustimmen, wohl aber bei jeder anderen Verhandlung. Ebenso soll der Sekretär kraft seines Amtes Mitglied der Groß-Loge sein und berechtigt, mit abzustimmen in jeder Sache, ausgenommen bei der Wahl eines Groß-Meisters oder Aufsehers.

Der Schatzmeister und der Sekretär sollen jeder einen Schreiber haben, der Bruder und Geselle sein muß, jedoch niemals Mitglied der Groß-Loge; ohne Aufforderung ist ihm zu sprechen untersagt.

Der Groß-Meister oder sein Stellvertreter sollen stets den Schatzmeister und den Sekretär mit ihren Schreibern und Büchern kommen lassen, um zu sehen, wie die Dinge laufen und um zu wissen, was bei irgendeinem Anlaß geboten sei.

Ein weiterer Bruder, (der Geselle sein muß) soll bestellt werden, die Tür der Groß-Loge zu überwachen, soll ihr aber nicht als Mitglied angehören.

Alle diese Ämter mögen weiter erläutert werden in einer neuen Anordnung, wenn Notwendigkeit und Zweckmäßigkeit dazu der Bruderschaft erkennbarer werden sollten als im Augenblick.

XIV. Falls bei irgendeiner Groß-Logen-Zusammenkunft, den Statuten entsprechend oder gelegentlich, vierteljährlich oder jährlich, der Groß-Meister und sein Stellvertreter zugleich abwesend sind, so soll der amtierende Meister einer Loge, der am längsten Frei-Maurer ist, den Vorsitz übernehmen und als Groß-Meister pro tempore präsidieren; und er soll für diese Zeit mit dessen ganzer Macht und Würde ausgestattet sein, sofern nicht ein Bruder anwesend ist, der zuvor Groß-Meister oder Stellvertreter Groß-Meister gewesen ist; denn der anwesende letzte Groß-Meister oder sonst der anwesende letzte Stellvertreter sollten immer das Recht haben, den Platz des abwesenden derzeitigen Groß-Meisters oder seines Stellvertreters einzunehmen.

XV. In der Groß-Loge kann niemand als Aufseher amtieren, als die Groß-Aufseher selber, falls sie anwesend sind; sind sie abwesend, so soll der Groß-Meister oder der, der an seiner Stelle präsidiert, Aufseher einer Loge anweisen, als Groß-Aufseher pro tempore zu amtieren, deren Stellen von zwei Gesellen der gleichen Loge zu besetzen sind, die zum Amtieren aufgefordert oder von dem entsprechenden Meister dazu entsandt wurden; hat er das unterlassen, so sollen sie durch den Groß-Meister berufen werden, damit die Groß-Loge stets vollständig ist.

XVI. Die Groß-Aufseher oder andere haben sich über die Angelegenheiten der Loge oder der Brüder vorab mit dem Stellvertreter zu beraten und sich an den Groß-Meister nicht ohne Vorwissen des Stellvertreters zu wenden, sofern er nicht seine Mitwirkung in irgendeiner bestimmten unumgänglichen Sache ablehnt. In solchem Fall, oder wenn sich eine Meinungsverschiedenheit zwischen dem Stellvertreter und den Groß-Aufsehern oder anderen Brüdern ergibt, haben sich beide Parteien an den Groß-Meister zu wenden, der die Kontroverse leicht entscheiden und die unterschiedlichen Ansichten kraft seiner großen Autorität ausgleichen kann.

Der Groß-Meister soll Angelegenheiten Maurerey betreffend zuerst nur von seinem Stellvertreter entgegennehmen, ausgenommen in ganz besonderen Fällen, über die der Ehrwürdige sofort urteilen kann; denn wenn die Anrufung des Groß-Meisters unzulässig ist, kann er leicht die Groß-Aufseher oder andere Brüder beauftragen, sich an seinen Stellvertreter zu wenden, der dann die Angelegenheit schleunigst ordnet, um sie dem Ehrwürdigen gehörig vorzulegen.

XVII. Kein Groß-Meister, Zugeordneter Groß-Meister, Groß-Aufseher, Schatzmeister, Sekretär oder wer auch immer für sie an ihrer Stelle pro tempore amtiert, kann zu gleicher Zeit Meister oder Aufseher einer Einzelloge sein; sobald jedoch einer von ihnen sein Großlogen-Amt ehrenvoll aufgegeben hat, kehrt er zurück auf den Posten oder in die Stellung in seiner Einzelloge, woher er zu obigem Amt berufen worden war.

XVIII. Bei Krankheit oder begründeter Abwesenheit des Zugeordneten Groß-Meisters kann der Groß-Meister irgendeinen Gesellen nach seinem Gefallen zu seinem Deputierten pro tempore erwählen: Wer jedoch zum Stellvertreter bei der Groß-Loge, und ebenso zum Groß-Aufseher, gewählt ist, kann nicht entlassen werden, ohne daß die Sache der Mehrheit der Groß-Loge vorgelegt worden ist; und der Groß-Meister kann, wenn er unschlüssig ist, zu dem Zweck eine Groß-Loge einberufen, ihr die Angelegenheit vorzulegen, sowie deren Rat und Beistand einzuholen: Kann die Mehrheit der Groß-Loge zwischen dem Meister und seinem Stellvertreter oder den Aufsehern nicht schlichten, so muß sie dem Meister die Erlaubnis geben, seinen besagten Stellvertreter oder seine besagten Aufseher zu entlassen und sofort einen anderen Stellvertreter zu wählen; und die besagte Groß-Loge soll in diesem Fall andere Aufseher wählen, damit Eintracht und Friede gewahrt bleibe.

XIX. Mißbraucht der Groß-Meister seine Macht und erweist er sich des Gehorsams und der Ergebenheit der Logen unwürdig, so soll er auf eine Art und Weise behandelt werden, die in einer neuen Anordnung vereinbart werden soll; weil bisher die uralte Bruderschaft dazu keinen Anlaß gehabt hat, indem sie sich alle ihre früheren Groß-Meister ihres hohen Amtes würdig gezeigt haben.

XX. Der Groß-Meister mit seinen Stellvertretern und den Aufsehern soll während seiner Amtszeit (mindestens einmal) alle Logen in der Stadt rundum besuchen.

XXI. Sollte der Groß-Meister während seiner Amtszeit sterben oder infolge von Krankheit oder Aufenthalt in Übersee oder aus irgendeinem anderen Grund behindert sein, sein Amt zu delegieren, so soll der Stellvertreter, oder in dessen Abwesenheit der Erste Groß-Aufseher, oder in dessen Abwesenheit der Zweite, oder in dessen Abwesenheit drei anwesende Meister von Logen zuammentreten, um sofort die Groß-Loge zu versammeln, um gemeinsam diese Zwangslage zu beraten und um zwei aus ihrem Kreis abzusenden, den letzten Groß-Meister einzuladen, sein Amt wieder aufzunehmen, das ihm nun wieder zufällt; oder, wenn er ablehnt, den vorletzten und so weiter rückwärts: Wird aber kein früherer Groß-Meister gefunden, dann soll der Stellvertreter als Vorsitzender amtieren, bis ein anderer gewählt ist; oder wenn kein Stellvertreter vorhanden, dann der älteste Meister.

XXII. Die Brüder aller Logen in und um London und Westminster sollen an einem geeigneten Ort eine Jahresversammlung und ein Fest am Tage St. Johannes des Täufers abhalten oder sonst am Tage St. Johannes des Evangelisten, wie das die Groß-Loge durch eine neue Anordnung für geeignet hält; in den letzten Jahren versammelte man sich am Tage St. Johannes des Täufers: Vorausgesetzt, die Mehrheit der Meister und Aufseher, kommen bei ihrer Vierteljahresversammlung, drei Monate zuvor, überein, daß ein Fest und eine Allgemeine Versammlung aller Brüder abgehalten werden sollen: Wenn jedoch entweder der Groß-Meister oder die Mehrzahl der anderen Meister dagegen sind, so muß diese Absicht vorerst fallen gelassen werden.

Doch ob es ein Fest für alle Brüder geben soll oder nicht, so muß doch die Groß-Loge sich jährlich an St. Johanni an einem passenden Ort versammeln, oder, wenn dieser Tag auf einen Sonntag fällt, am nächsten Tag, um jedes Jahr einen neuen Groß-Meister, den Stellvertreter und die Aufseher zu wählen.

XXIII. Erscheint es zweckmäßig und der Groß-Meister stimmt mit der Mehrheit der Meister und Aufseher überein, ein Großes Fest nach der uralten löblichen Sitte der Maurer abzuhalten, dann soll es den Groß-Aufsehern obliegen, die Einlaßkarten vorzubereiten, sie mit dem Siegel des Groß-Meisters zu versehen, über die Karten zu verfügen, das Geld dafür zu vereinnahmen, das Notwendige für das Fest anzuschaffen und einen ordentlichen und geeigneten Ort zum Feiern zu finden; und für alles andere zu sorgen, das mit der Festlichkeit zusammenhängt.

Damit jedoch den beiden Groß-Aufsehern die Arbeit nicht zu beschwerlich wird und alle Angelegenheiten flink und sorgsam erledigt werden, soll der Groß-Meister oder sein Stellvertreter die Vollmacht haben, eine gewisse Anzahl von Schaffnern zu berufen und zu ernennen, die der Ehrwürdige für geeignet hält, mit den beiden Groß-Aufsehern einvernehmlich zu handeln. Alles, was das Fest angeht, wird unter ihnen mit Stimmenmehrheit entschieden; außer, der Groß-Meister oder sein Stellvertreter greifen mit besonderer Entscheidung ein.

XXIV. Aufseher und Schaffner sollen rechtzeitig dem Groß-Meister oder dessen Stellvertreter für Anweisungen hinsichtlich der Vorbereitungen zur Verfügung stehen; doch wenn der Ehrwürdige oder sein Stellvertreter krank oder sonst abgehalten sind, sollen sie die Meister und die Aufseher der Logen zusammenrufen, um sich um deren Ratschlägen und Hinweise zu bemühen; oder sie können auch die Angelegenheit ganz unter einander entscheiden und nach bestem Dafürhalten erledigen.

Die Groß-Aufseher und die Schaffner haben mit der Groß-Loge über alles Geld abzurechnen, das sie einnehmen oder ausgeben, nach dem Essen oder wenn es die Groß-Loge für richtig befindet, die Abrechnungen entgegenzunehmen.

Der Groß-Meister kann, wie es ihm gefällt, zu gegebener Zeit alle Meister und Aufseher der Logen zusammenrufen, um mit ihnen über den Ablauf des Großen Festes zu beraten und über jede dringliche oder zufällige Sache mit Bezug darauf, wie es die Lage erfordert; er kann aber auch alle Entscheidungen selber treffen.

XXV. Die Meister der Logen sollen jeder einen erfahrenen und verläßlichen Gesellen bestimmen, um einen Ausschuß zu bilden, bestehend aus einem von jeder Loge, der in einem passenden Raum jedermann, der eine Einlaßkarte vorweist, empfängt, und der bevollmächtigt ist, sich mit ihm zu unterhalten, wie sie es für richtig erachten, um ihn einzulassen oder abzuweisen, je nach eigenem Dafürhalten: Vorausgesetzt, sie schicken niemanden weg, ehe sie alle Brüder im Versammlungsraum mit ihren Gründen vertraut gemacht haben, um Fehler zu vermeiden; damit kein redlicher Bruder abgewiesen, noch ein falscher Bruder oder gar ein Schwindler zugelassen wird. Dieser Ausschuß muß sehr früh am Johannis-Tag am vorgesehenen Ort zusammenkommen, noch ehe irgendwelche Leute mit Einlaßkarten eintreffen.

XXVI. Der Groß-Meister soll zwei oder mehr zuverlässige Brüder benennen als Pförtner oder Torhüter, die sich ebenfalls aus gutem Grund frühzeitig an Ort und Stelle einzufinden haben; sie haben die Anweisungen des Ausschusses zu befolgen.

XXVII. Den Groß-Aufsehern und den Schaffnern liegt ob, im voraus für die Bedienung bei Tisch eine so große Anzahl von Brüdern zu bestimmen, wie sie das bei dieser Arbeit für angebracht und ausreichend erachten; und sie können sich mit den Meistern und Aufsehern der Logen beraten über die geeignetsten Leute, ob diese genehm sind, oder sie können sie auf deren Empfehlung annehmen; denn an diesem Tage soll niemand außer freien und angenommenen Maurern bedient werden, damit die Versammlung frei und einträchtig verlaufen kann.

XXVIII. Alle Mitglieder der Groß-Loge müssen lange vor dem Essen an Ort und Stelle sein, mit dem Groß-Meister oder seinem Deputierten an der Spitze, die sich dann zurückziehen, um sich vorzubereiten. Und dies geschieht:

1. um alle ordnungsgemäß eingereichten Eingaben entgegenzunehmen, wie oben angeordnet, damit der Antragsteller gehört werde und die Angelegenheit, wenn möglich, freundschaftlich vor dem Essen entschieden werden kann; ist das nicht möglich, dann muß sie aufgeschoben werden, bis der neue Groß-Meister gewählt ist; kann sie nicht nach dem Essen entschieden werden, so mag sie aufgeschoben und einem besonderen Ausschuß überwiesen werden, der sie in Ruhe verhandelt und der nächsten Vierteljahresversammlung Bericht erstattet, damit die Bruder-Liebe bewahrt bleibt.

2. um jedes Mißvergnügen oder alle Meinungsverschiedenheiten zu verhüten, deren Aufkommen an diesem Tage befürchtet werden könnte, damit die Harmonie und das Wohlbehagen bei diesem Großen Fest keine Unterbrechung erfährt.

3. um alles zu besprechen, was Ordnung und Rahmen der Groß-Versammlung angeht und um alles Ungehörige und alle Unarten zu verhindern, denn die Versammlung ist unterschiedlich zusammengesetzt.

4. um jeden guten Vorschlag entgegenzunehmen oder zu bedenken, auch jedes dringende und bedeutsame Anliegen, das von den Einzellogen durch deren Vertreter, die verschiedenen Meister und Aufseher, vorgebracht werden sollte.

XXIX. Sind alle diese Dinge besprochen, so sollen sich der Groß-Meister und sein Stellvertreter, die Groß-Aufseher oder die Schaffner, der Sekretär, der Schatzmeister, die Schreiber und alle anderen Personen zurückziehen, um die Meister und Aufseher der Einzellogen alleinzulassen, damit sie sich in Freundschaft über die Wahl eines neuen Groß-Meisters beraten können oder über die Beibehaltung des derzeitigen, sofern sie das nicht am Tage zuvor getan haben; und wenn sie sich einig geworden sind, den derzeitigen Groß-Meister zu bestätigen, so soll der Ehrwürdige hereingerufen und ehrerbietig gebeten werden, der Bruderschaft die Ehre anzutun, sie im kommenden Jahr zu regieren. Und nach dem Essen wird dann bekannt gemacht, ob er annimmt oder nicht: Denn das soll nicht anders als durch die Wahl selbst entdeckt werden.

XXX: Daraufhin können sich die Meister und Aufseher und alle Brüder in gemeinsame Gespräche vertiefen oder auch, wenn es ihnen gefällt, sich absondern, bis das Essen aufgetragen wird und jeder Bruder seinen Platz am Tisch einnimmt.

XXXI. Geraume Zeit nach dem Mahl wird die Groß-Loge gebildet, nicht in Zurückgezogenheit, sondern im Beisein aller Brüder, die noch nicht deren Mitglieder sind und deshalb noch nicht reden dürfen, ehe man sie dazu auffordert und ermächtigt.

XXXII. Hat sich der Groß-Meister des letzten Jahres vertraulich gegenüber den Meistern und den Aufsehern vor dem Essen bereit erklärt, im kommenden Jahr fortzufahren, dann soll einer aus der Groß-Loge, abgeordnet zu diesem Behuf, allen versammelten Brüdern des Ehrwürdigen gute Amtsführung etc. darstellen. Und indem er sich namens der Groß-Loge an ihn wendet, soll er ihn ehrerbietig bitten, der Bruderschaft die große Ehre (wenn adlig geboren, wenn nicht:) die große Güte zu erweisen, ihr Groß-Meister auch im folgenden Jahr zu sein. Und wenn der Ehrwürdige durch eine Verbeugung oder eine Ansprache, nach seinem Gutdünken, seine Zustimmung gegeben hat, soll der erwähnte Abgeordnete der Groß-Loge ihn zum Groß-Meister ausrufen, und alle Mitglieder der Loge sollen ihn in hergebrachter Weise begrüßen. Und allen Brüdern soll es für einige Minuten erlaubt sein, ihre Genugtuung, ihre Freude und ihre Glückwünsche auszusprechen.

XXXIII. Sollten jedoch die Meister und Aufseher vertraulich entweder an diesem Tage vor dem Essen oder am Tag zuvor den Wunsch ausgesprochen haben, daß der bisherige Groß-Meister sein Amt ein weiteres Jahr ausübt, oder wenn er, obwohl gebeten, nicht zugestimmt hat, dann soll der bisherige Groß-Meister seinen Nachfolger im Amt für das kommende Jahr benennen, der, wenn einstimmig von der Groß-Loge bestätigt und anwesend, als neuer Groß-Meister ausgerufen, begrüßt und beglückwünscht werden, wie oben angeführt, und sofort durch den bisherigen Groß-Meister entsprechend dem Brauch eingesetzt werden.

XXXIV. Wird aber die Nominierung nicht einstimmig gebilligt, dann soll der neue Groß-Meister sofort durch Ballotage gewählt werden, wobei jeder Meister und Aufseher einen Namen aufschreibt, so wie auch der bisherige Groß-Meister den Namen seiner Wahl aufschreibt. Und der Mann, dessen Namen der bisherige Groß-Meister zuerst herausnehmen wird, wie es der Zufall will, soll Groß-Meister für das folgende Jahr sein; und falls anwesend, soll er ausgerufen, begrüßt und beglückwünscht werden, wie oben ausgeführt, und sofort soll er durch den bisherigen Groß-Meister, dem Brauch entsprechend, eingesetzt werden.

XXXV. Wird der bisherige Groß-Meister so bestätigt oder der neue Groß-Meister so eingesetzt, dann soll er zunächst seinen zugeordneten Groß-Meister benennen und bestellen, entweder den bisherigen oder einen neuen, der ebenso vorgestellt, begrüßt oder beglückwünscht werden soll, wie oben angeführt.

Der Groß-Meister soll auch die neuen Groß-Aufseher benennen und, wenn einstimmig von der Groß-Loge gebilligt, sollen sie vorgestellt, begrüßt und beglückwünscht werden, wie oben angeführt; wenn aber nicht, dann sollen sie auf die gleiche Weise wie der Groß-Meister durch Ballotage gewählt werden. Genau wie die Aufseher einer Einzelloge durch Ballotage gewählt werden in jeder Loge, wenn deren Mitglieder nicht mit dem Vorschlag ihres Meisters einverstanden sind.

XXXVI. Aber wenn der Bruder, den der derzeitige Groß-Meister als seinen Nachfolger benannt hat oder den die Mehrheit der Groß-Loge durch Ballotage gewählt haben sollte, durch Krankheit oder aus einem anderen zwingenden Grund beim Großen Fest abwesend ist, kann er nicht zum neuen Groß-Meister ausgerufen werden, wenn nicht der alte Groß-Meister oder einige der Meister und Aufseher der Groß-Loge bestätigen können, auf Maurer-Ehre, daß der Benannte, ob ernannt oder gewählt, bereit ist, das besagte Amt zu übernehmen; in diesem Fall soll der alte Groß-Meister als Bevollmächtigter handeln und den Stellvertreter und die Aufseher in seinem Namen ernennen und auch in seinem Namen die üblichen Ehrenbezeigungen, Grüße und Glückwünsche entgegennehmen.

XXXVII. Dann soll der Groß-Meister jedem Bruder, sei er Geselle oder Lehrling, erlauben zu sprechen, seine Worte an den Ehrwürdigen zu richten oder irgendeinen Vorschlag zum Besten der Bruderschaft zu machen, der entweder unmittelbar behandelt und angenommen oder zur Behandlung durch die Groß-Loge bei der nächsten ordentlichen oder außerordentlichen Zusammenkunft überwiesen werden soll. Wenn das vorüber ist.

XXXVIII. soll der Groß-Meister oder sein Stellvertreter oder irgendein von ihm benannter Bruder eine Ansprache an alle Brüder richten und ihnen guten Rat erteilen: Und schließlich, nach einigen anderen Angelegenheiten, die in keiner Sprache niedergeschrieben werden können, mögen die Brüder auseinandergehen oder noch bleiben, ganz wie es ihnen beliebt.

XXXIX. Jede Jahresversammlung der Groß-Loge hat die ihr zukommende Macht und Autorität, neue Anordnungen zu erarbeiten oder bestehende zu ändern zum wirklichen Wohl dieser uralten Bruderschaft: Immer vorausgesetzt, daß die alten Land-Marken sorgsam gewahrt bleiben und daß solche Änderungen und neue Anordnungen vorgeschlagen und gebilligt werden bei der dritten Vierteljahresversammlung, die dem Großen Jahres-Fest vorausgeht; und daß sie auch zur Prüfung durch alle Brüder schriftlich vor dem Essen zur Verfügung gestellt werden, selbst dem jüngsten Lehrling; Annahme und Zustimmung der Mehrheit aller anwesenden Brüder sind unbedingt notwendig, um sie bindend und zwingend zu machen; dies muß nach dem Essen und nachdem der neue Groß-Meister eingesetzt ist, feierlich erbeten werden; wie es für diese Anordnungen erbeten und erhalten wurde, als sie durch die Groß-Loge den ungefähr 150 Brüdern vorgeschlagen wurden am Tage St. Johannis des Täufers, 1721.

ZUSATZ:

Hier folgt die Art, eine Neue Loge zu konstituieren, wie sie geübt wurde von Sr. Gnaden dem Herzog von Wharton, dem derzeitigen Sehr Ehrwürdigen Groß-Meister, nach den uralten Gebräuchen der Maurer.

Eine Neue Loge sollte, damit Unregelmäßigkeiten vermieden werden, durch den Groß-Meister mit seinem Stellvertreter und den Aufsehern feierlich eingesetzt werden. In Abwesenheit des Groß-Meisters soll der Stellvertreter für den Ehrwürdigen handeln und einen Meister dieser Loge auswählen, ihm beizustehen. Sollte der Stellvertreter abwesend sein, so soll der Groß-Meister einen Meister einer Loge aufrufen, als Stellvertreter pro tempore zu handeln.

Während die Kandidaten, also der neue Meister und die Aufseher, noch inmitten der Gesellen sitzend, soll der Groß-Meister seinen Stellvertreter befragen, ob er sie geprüft habe und ob er den kandidierenden Meister für recht erfahren in der edlen Wissenschaft und der Königlichen Kunst und gebührend unterwiesen in unseren Geheimnissen etc. gefunden habe.

Antwortet der Stellvertreter zustimmend, so soll er (auf Geheiß des Groß-Meisters) den Kandidaten aus der Mitte der Brüder herausholen und ihn dem Groß-Meister vorstellen, indem er sagt: Sehr Ehrwürdiger Groß-Meister, die hier versammelten Brüder begehren, zu einer neuen Loge zusammengeschlossen zu werden, und ich stelle diesen, meinen würdigen Bruder als ihren künftigen Meister vor, von dem ich weiß, daß er von guten Sitten und großer Fertigkeit ist, treu und redlich, auch daß er die gesamte Bruderschaft liebt, wo auch immer sie über den Erdboden verstreut ist.

Dann wird der Groß-Meister, nachdem er den Kandidaten an seine Linke gesetzt und die einhellige Zustimmung aller Brüder erbeten und erhalten hat, sagen: Ich konstituiere und formiere diese guten Brüder zu einer neuen Loge und ernenne Euch zu deren Meister, weil ich nicht an Eurer Fähigkeit und Sorgfalt zweifle, den Mörtel der Loge zu wahren etc. mit einigen anderen Wendungen, die passend und üblich sind bei dieser Gelegenheit, sich jedoch nicht zur schriftlichen Weitergabe eignen.

Hierauf soll der Stellvertreter die Pflichten eines Meisters vortragen und der Groß-Meister soll den Kandidaten fragen: Unterwerft Ihr Euch diesen Pflichten so, wie das die Meister zu allen Zeiten getan haben? Und nachdem der Kandidat seine ehrliche Unterwerfung angezeigt hat, soll ihn der Groß-Meister durch bestimmte bezeichnete Zeremonien und uralte Gebräuche einsetzen und ihm die Konstitutionen, das Logen-Buch und die Werkzeuge seines Amtes übergeben, jedoch nicht auf einmal, sondern eins nach dem andern; und nach jedem soll der Groß-Meister oder sein Stellvertreter die kurze und bündige Pflicht vortragen, die der übergebenen Sache angemessen ist.

Danach verbeugen sich alle Mitglieder dieser neuen Loge gemeinsam vor dem Groß-Meister, ihren Dank abzustatten, und unmittelbar darauf huldigen sie ihrem neuen Meister und geloben ihm Ergebenheit und Gehorsam durch den üblichen Glückwunsch.

Der Stellvertreter und die Groß-Aufseher und alle anderen anwesenden Brüder, die nicht Mitglieder dieser neuen Loge sind, sollen als nächste den neuen Meister beglückwünschen; und er soll seinen Dank zuerst an den Groß-Meister und dann an die übrigen nach ihrem Rang richten.

Hierauf fordert der Groß-Meister den neuen Meister auf, sofort die Ausübung seines Amtes zu übernehmen mit der Wahl seiner Aufseher. Nun ruft der Neue Meister zwei seiner Gesellen auf, stellt sie dem Groß-Meister zur Bestätigung und der neuen Loge zur Zustimmung vor. Ist dies gewährt, so soll der Erste oder der Zweite Groß-Aufseher, oder an ihrer Stelle ein anderer Bruder, die Pflichten der Aufseher vortragen; worauf die Kandidaten, vom neuen Meister feierlich befragt, anzeigen sollen, daß sie sich ihren Pflichten unterwerfen.

Hierauf soll der Neue Meister, indem er ihnen die Werkzeuge ihres Amtes übergibt, sie in gehöriger Form an ihre Stellen einweisen; und die Brüder dieser neuen Loge sollen den neuen Aufsehern ihren Gehorsam durch die üblichen Glückwünsche bekunden.

Nachdem diese Loge auf solche Weise vollständig eingesetzt ist, soll sie in das Buch des Groß-Meisters eingetragen und dies auf sein Geheiß den anderen Logen mitgeteilt werden.

GENEHMIGUNG:

Da infolge der Wirren, verursacht durch die Sachsen-, Dänen- und Normannenkrieges, die Aufzeichnungen der Maurer sehr beeinträchtigt worden sind, haben es die Freien Maurer von England zweimal für nötig erachtet, ihre Konstitutionen, Pflichten und Anordnungen zu korrigieren; zuerst unter der Herrschaft des Königs Aethelstan des Sachsen und lange Zeit später während der Regierungszeit des Königs Eduard IV. des Normannen. Die alten Konstitutionen sind in England sehr durch Einschübe verfälscht, verstümmelt und erbärmlich verdorben worden, nicht nur durch falsche Schreibweise, sondern auch durch falsche Tatsachen und grobe Fehler in Geschichte und Chronologie, durch den Lauf der Zeit und die Unwissenheit der Schreiber in den ungebildeten Zeiten vor dem Wiederaufleben der Geometrie und uralter Baukunst, zum großen Kummer aller gelehrten und einsichtigen Brüder, wodurch auch der Unwissende getäuscht worden ist.

Unser früherer Ehrwürdiger Groß-Meister, Seine Gnaden der Herzog von Montagu, hat deshalb den Verfasser beauftragt, die Geschichte, Pflichten und Anordnungen der alten Bruderschaft auf eine neue und bessere Art durchzuarbeiten, zu bessern und zu ordnen. Er hat dementsprechend mancherlei Schriften aus Italien und Schottland, aus verschiedenen Teilen Englands geprüft und daraus (obwohl sie in mancher Hinsicht irrig waren) und etlichen uralten Aufzeichnungen der Maurer die obigen neuen Konstitutionen mit Pflichten und Allgemeinen Anordnungen zusammengestellt. Das Ganze hat der Verfasser zur Durchsicht und für Verbesserungen dem vorigen und dem derzeitigen zugeordneten Groß-Meister und anderen gelehrten Brüdern vorgelegt und ebenso den Meistern und Aufsehern von Einzellogen bei deren Vierteljahresversammlung. Er hat sie auch ordnungsgemäß dem vorigen Groß-Meister selber, dem genannten Herzog von Montagu, unterbreitet zur Durchsicht, Verbesserung und Genehmigung, und Seine Gnaden ordnete auf Anraten mehrerer Brüder an, daß sie sauber zum Gebrauch der Logen gedruckt werden, obwohl sie zur Zeit seiner Amtsführung noch nicht völlig druckfertig waren.

Darum schließen wir uns, der derzeitigen Groß-Meister der Sehr Ehrwürdigen und uralten Bruderschaft der Freien und Angenommenen Maurer, der Deputierte Groß-Meister, die Groß-Aufseher, die Meister und Aufseher von Einzellogen (unter Zustimmung der Brüder und Mitglieder in und um die Städte London und Westminster), nachdem wir ebenfalls diese Vorlage genau geprüft haben, unseren löblichen Vorgängern in ihrer feierlichen Billigung an, wie wir glauben, den angestrebten Zweck völlig erfüllt. Alles Wertvolle der alten Niederschriften ist bewahrt, die Irrtümer in Geschichte und Chronologie berichtigt, falsche Tatsachen und unziemliche Wörter ausgemerzt und das Ganze ist in eine neue und bessere Form gegossen.

Und wir ordnen an, daß sie in jeder einzelnen Loge unter unserer Oberaufsicht als die Einzigen Konstitutionen der Freien und Angenommenen Maurer unter uns aufbewahrt werden, um verlesen zu werden bei der Aufnahme eines neuen Bruders oder wenn es der Meister für passend hält. Und neue Brüder sollen sich damit befassen, bevor sie aufgenommen werden.

Philip Herzog von Wharton Groß-Meister
J. T. Desaguliers L. L. D. und F. R. S. Zugeordneter Groß-Meister
[= Legum Doctor = Dr. jur.
Fellow Royal Society = Mitglied der Königlichen Sozietät]
Joshua Timson, William Hawkins
Groß-Aufseher

London, am heutigen 17. Tag des Januar, 172$\frac{2}{3}$

Bei der Jahresversammlung wurde dieses Buch, das erarbeitet wurde auf Geheiß seiner Gnaden des Herzogs von Montagu, unserem vorigen Groß-Meister, im Manuskript ordnungsgemäß von der Groß-Loge genehmigt. Am heutigen Tag wird es hier im Druck vorgelegt, wie es von der Gesellschaft gebilligt worden ist. Aus diesem Grunde ordnen wir an, daß es der Öffentlichkeit übergeben werde und wir empfehlen es dem Gebrauch in den Logen.

Philip Herzog von Wharton, Groß-Meister

I. T. Desaguliers Zugeordneter Groß-Meister

ENDE.

Freimaurerauswahl

Aus der nicht unumstrittenen Stellung des Freimaurerbundes in unserer Gesellschaft versteht es sich von selbst, daß es jedem (lebenden) Freimaurer selbst überlassen bleiben muß, sich zu seiner Zugehörigkeit zum Bunde zu bekennen; daher verzichten wir weitgehend auf die Benennung von Mitbrüdern.
Dennoch soll diese Auswahl keine »Ahnengalerie« sein; uns liegt nichts daran, den Beweis für einen »elitären« Verein zu führen. Die Freimaurerei nimmt für sich in Anspruch, Männer zusammenzuführen, die beruflich oder sozial niemals hätten zusammenkommen können. Unsere Auswahl will dies unterstreichen und wählt daher Beispiele aus allen Bereichen unserer Gesellschaft.

Abd El Kader (richtig: Aga Al-Quadir ibn Muhyi Ad-Din ibn Mustafa Al-Hassani Al-Jazairi)
1808–1883, militärischer und religiöser Führer; kämpfte nach der Besetzung Algeriens 1830 gegen die franz. Herrschaft; wurde 1846 als Gefangener in das Château Pau gebracht, wo er etwas über die Prinzipien der Freimaurerei erfuhr, 1852 mit hoher Pension freigelassen; am 18. 6. 1864 in Alexandria für die Pariser Loge »Henry IV« in die Loge »Les Pyramides d'Egypte« aufgenommen.

Abercon, James Hamilton 1. Herzog von
1811–1885, Lordstatthalter von Irland, Mitglied der »Apollo University Lodge No. 357« in Oxford.

Abercon, James Hamilton 2. Herzog von
1838–1913, war Großmeister der Großloge von Irland, 1875 wurde er Großaufseher der Großloge von England und gleichzeitig mit dem Prinzen von Wales (später König Eduard VII.) bei dessen erster Einsetzung als Großmeister in sein Amt eingeführt; später trat er zur irischen Freimaurerei über.

Adjovi, Jean, Prinz des früheren Königreiches Dahomey
Offizier der französischen Kolonialtruppen, wurde 1919 in Cannes in die Loge »Vraie Lumière« aufgenommen.

Adler, Joh. Gunder
1784–1852, dänischer Staatssekretär, Universitätsbibliothekar, Freund von Christian Frederik, des späteren Königs und Großmeisters Frederik VII., wurde 1817 in die Loge »Maria zu den drei Herzen« aufgenommen.

Ady, Endre
1877–1919, ungarischer Dichter und freiheitlicher Schriftsteller.

Aga Khan III., eigentlich Sultan Sir Mohammed Shah (1877–1957), Oberhaupt der Ismailiten (1885–1957), Sohn von Aga Khan II.,
einer der reichsten Männer der Welt, wurde 1951 in die Freimaurerei aufgenommen.

Ajasa, Sir Kitoyi
*1866–? Politiker in Nigeria aus dem Geschlecht der einstigen Häuptlinge Oloto of Oto, Mitglied des Parlaments in Lagos, führender Rechtsanwalt, war Freimaurer.

Ajtay, Josef
**1876–?* Rechtsgelehrter und Publizist, Richter am ungarischen Verwaltungsgerichtshof, Vizepräsident des ungarischen Nationalverbandes, war Freimaurer.

Alardus, Matthias Andreas
1715–1772, Geheimer Legationsrat und Kabinettssekretär des Bischofs von Lübeck, war Mitglied der Loge »Absalom« in Hamburg.

Alava y Esquivel, Miguel Ricardo de
1771–1843, Generaladjudant Wellingtons, nach Wiedereinsetzung von Ferdinand VII. fiel er in Ungnade, wurde Botschafter in den Niederlanden, Präsident der spanischen Cortes (Parlament), später Botschafter in Großbritannien und Frankreich.

Albertini, Johann Baptist von, Dr. phil. und theol.
1769–1831, Bischof, Rektor der Universität Innsbruck, dann des Generalseminars für Bildung und Erziehung des tirolischen Klerus, Redner der Loge »Zu den drei Bergen« in Innsbruck.

Aldrin, Edwin Eugene jr.
*1930, US-Astronaut, der 1969 mit Armstrong als erstem Menschen auf dem Mond landete, ist Freimaurer.

Alembert, Jean Le Rond d'
1717–1783, franz. Enzyklopädist, Mathematiker, Sekretär der Akademie, Mitglied der Pariser Loge »Neuf Sœurs«.

Alison, Sir Archibald, Baronet
1792–1867, berühmter englischer Jurist und Historiker, Rektor der Universität Glasgow und Sheriff von Lanarkshire, war Freimaurer.

Allénde, Gossens Salvadore
1908–1973, Arzt und Politiker, 1970–1973 chilenischer Staatspräsident, durch Militärputsch entmachtet und umgebracht; wurde 1935 in die Loge »Progresso No. 4« in Valparaiso aufgenommen.

Almeida, Antonio José d'
1866–1929, Arzt, Präsident der portugiesischen Republik (1919–1923), Schriftsteller, Journalist.

Amiable, Louis
1837–1897, Richter am Pariser Appellationshof, wurde 1860 in die Pariser Loge »Isis Montyon« aufgenommen.

Ampthill, Lord Arthur Oliver Villier Russel, 2. Baronet
**1869–?* Privatsekretär von Joseph Chamberlain im Staatssekretariat für die Kolonien, Gouverneur von Madras, dann Vizekönig und Generalgouverneur in Indien, kommandierte im 1. Weltkrieg ein Artillerie-Regiment in Frankreich.

Anderson, James, Dr. phil. und theol.
1679–1739, Reverend, Prediger der Kirche der schottischen Presbyterianer in London; erscheint 1723 und 1725 in den Listen der Loge »Horn Tavern«, Westminster, und »Lodge at Salomonis Temple, Hemmings Row«.

Andrássy, Gyula d. Ä., Graf
1823–1890, ungarischer Staatsmann. 1867–1871 ungar. Ministerpräsident, 1871–1879 österr.-ungar. Außenminister, Mitbegründer des Zweibundes; beteiligte sich als Major am ungar. Freiheitskampf 1848/49; flüchtete nach London und Paris, wurde *in contumaciam* zum Tode verurteilt und 1851 *in effigie* gehenkt. Trat in Paris der Loge »Le Mont Sinai« bei.

Anspach, Jules
1826–1879, Bürgermeister von Brüssel; wurde 1857 in die Loge »Les Amis Philantrophes« aufgenommen.

Aranda, Pedro Pablo Abarca de Bolea, Graf von
1718–1798, spanischer Diplomat und führender Minister Karls III., Anhänger der franz. Aufklärungsphilosophie, nahm aktiven Anteil an der Ausweisung der Jesuiten (1769) und der Einschränkung der Macht der Inquisition. Gründer der Gran Logia Espanola 1767.

Ashmole, Elias
1617–1692, englischer Altertumsforscher, Gründer des ältesten, seit 1683 öffentlichen Kunstmuseums für Archäologie und Weltgeschichte, 1675 der Universität Oxford gestiftet; wurde 1646 Freimaurer.

Astor, John Jacob
*1763 (in Walldorf/Baden) bis 1848, wanderte als jüngster von vier Söhnen eines Fleischhauers 1783 nach Amerika aus, gründete 1808 die Amerikanische Pelzgesellschaft; eine von ihm an die Columbia-Mündung entsandte Expedition gründete dort die erste Niederlassung der USA am Pazifik »Astoria«; 1816 wurde er Direktor der Bank der Vereinigten Staaten; seinem Geburtsort Walldorf stiftete er ein Armenhaus, der Stadt New York die Astor-Bibliothek; wurde 1790 in die »Holland Lodge No. 8« in New York aufgenommen.

Augagneur, Victor
**1855–?* franz. sozialistischer Politiker, Professor der Pathologie, Bürgermeister von Lyon, Generalgouverneur von Madagaskar, Innen- und dann Marineminister, Generalgouverneur von Französisch-Mittelafrika, war Freimaurer.

Augereau, Pierre-François-Charles
1757–1816, 1804 Marschall von Frankreich, 1805 Herzog von Castiglione; erscheint 1802 als Mitglied einer Feldloge beim 27. leichten Infanterie-Regiment »Les enfants de Mars«.

Aziz Hassan, ägyptischer Prinz
1873–1925, Sohn des Prinzen Hasan Pascha von Ägypten; diente als General in der türkischen Armee; nahm 1909 als Delegierter des ägyptischen Sûprème Conseil die Einsetzung des A. u. A. Schottischen Ritus in die Türkei vor.

Bach, Johann Christian
1735–1782, Musiker, Komponist, einer der vier Söhne von Johann Sebastian Bach; Mitglied der »Lodge of the Nine Muses No. 235« in London.

Bachoff von Echt, Freiherren von
Johann August, 1717–1794
preußischer Kammerherr und Prälat des Domkapitels zu Kamin;
Ludwig Heinrich, 1725–1792 (Bruder des Johann August), in dänischen Staatsdiensten, Gesandter in Madrid, Regensburg, Dresden; entstammen einer protestantischen Familie, die aus Glaubensgründen die Heimat verlassen mußte. Beide wurden 1741 in die Loge »Aux trois Compas« in Leipzig in den Meistergrad befördert und gründeten mit ihrem Schwager Albert Anton von Rüxleben 1742 die Loge »Archimedes zu den drei Reißbrettern« in Altenburg.

Badia, Domingo
1766–1818, spanischer Forschungsreisender; von 1803–1807 als Mohammedaner Ali Bey in arabischen Gebieten Afrikas und Asiens, später Gouverneur von Cordoba; war der erste Christ, der u. a. die Kaaba in Mekka sowie die Omar-Moschee in Jerusalem gesehen hat; trat 1800 in London dem Freimaurerbund bei.

Baily, Edward Hodges
1788–1867, englischer Bildhauer, Schöpfer der Nelson-Säule am Trafalgar-Square in London; eine Loge in Bristol ist nach ihm benannt.

Bancroft, George
amerikanischer Filmschauspieler, Mitglied des aus Angehörigen der Filmbranche bestehenden freimaurerischen »233 Club« in Hollywood, Hollenbeck Lodge No. 319, Los Angeles und Al Malaikah Temple, Los Angeles.

Barnwell de Tremlestown, Jean de
irischer Aristokrat; ging als Anhänger der Stuarts und wegen seines katholischen Glaubens ins Exil nach Frankreich, wurde dort 1745 von Ludwig XV. naturalisiert und zum französischen Grafen gemacht; gründete 1747 in Toulouse eine Loge, die erst »Eccosais fidèles«, dann »Sagesse et Union« und schließlich »Sagesse« hieß.

Barthold, Frédéric-Auguste
1834–1904, berühmter französischer Bildhauer (u. a. die Freiheitsstatue im Hafen von New York); war Mitglied der Loge »Alsace-Lorraine«.

Bechstein, Ludwig
1801–1860, deutscher Schriftsteller und Dichter; bekannt durch seine Märchen; wurde 1842 in Meiningen in die Loge »Charlotte zu den drei Nelken« aufgenommen.

Bell, Andrew
1726–1809, schottischer Graveur; einer der ersten Herausgeber der Encyclopaedia Britannica, deren erste Ausgabe 1768 begonnen wurde und für die er zahlreiche Kupferplatten fertigte; Mitglied der »St. David Lodge 36« in Edinburgh.

Benesch, Eduard
1884–1948, einer der Begründer der modernen CSSR, aufgenommen 1924 in die »Jan Amos Komenska Loge Nr. 1« in Prag, 1927 Mitglied der Loge »Pravda Vitzezi«.

Benkendorf, Alexander Christoforowitsch, Graf
1783–1844, russischer General, Freund und Vertrauter Alexander I., unter Nikolaus I. Chef der Gendarmerie; war Mitglied der Petersburger Loge »Les Amis Réunis«.

Berlin, Irving (eigentlich Israel Baline)
*1888, amerikanischer Komponist; wurde am 12. 5. 1926 in die »Munn Lodge No. 190« in New York aufgenommen.

Bergquist, Olaf
*1862–?, schwedischer Bischof, war führendes Mitglied der Großloge von Schweden.

Bernhard, Henry
1896–1960, Politiker, Journalist, Sekretär Stresemanns, aufgenommen am 19. 3. 1925 in die Loge »Friedrich der Große Nr. 618« in Berlin.

Bethlen, Grafen von
eines der ältesten ungarischen Adelsgeschlechter, das in der 2. Hälfte des 18. Jahrhunderts in der Freimaurerei stark vertreten war. Allein die Loge »Andreas zu den drei Seeblättern« in Hermannstadt verzeichnet von 1780 bis 1790 sechs Grafen Bethlen als Mitglieder.

Bieberstein, Christian Adam, Marschall von
1732–1786, schlug zunächst die militärische Laufbahn ein, nahm am Siebenjährigen Krieg teil, war später Prälat des Stifts Cammin, wurde 1765 in die Berliner Loge »Zur Eintracht« aufgenommen.

Birkenfeld, Veremont
gest. 1820, geistlicher Rat und katholischer Stadtpfarrer von Offenbach am Main; Gründer der Loge »Carl und Charlotte zur Treue«.

Bischöfe der anglikanischen Kirche von
Birmingham, Bradford, Bristol, Buckingham, Calcutta, Coventry, Derby, Durham, Liverpool, Perth (Erzbischof), Rochester, Willesdon, Worcester, waren im Jahre 1930 Großkapläne (Grand Chaplains bzw. Past Grand Chaplains) der Großloge von England.

Bischöfe, Erzbischöfe, katholische, die dem Freimaurerbund angehörten (u. a.):
Athaide, Bischof von Elvaz, Portugal (1818)
Josef Franz Anton Fürst von Auersperg, Bischof von Passau (1783–1795)
Johann Michael Freiherr von Brigido zu Mohrenfels und Bresoviz, Erzbischof von Laibach (1788–1806)
Klemens August, Herzog von Bayern, Erzbischof und geistlicher Kurfürst von Köln (1723–1761), Bischof von Hildesheim und Münster, Großmeister des Deutschordens (bis 1738)
Karl Theodor Freiherr von Dalberg, Erzbischof von Regensburg (1805–1810)
Kardinal Delci in Rom (1750)
Max von Droste-Vischering, Weihbischof zu Münster (1778)
Franz Ludwig Freiherr von Erthal, Bischof von Bamberg (1779–1795)
José Luiz Alvez Feijo, Bischof von Braganza, Portugal (1862)
Miriam Fernandez Fortique, Bischof von Guyana
Heinrich Förster, Fürstbischof von Breslau (1853–1881)
Michael Horváth Mendez, Erzbischof von Venezuela
Joh. Petrus Mirer, Bischof von St. Gallen (1807–26)
Munviel, Bischof von San Domingo (1810)
Podoski, Erzbischof von Gnesen, Primas von Großpolen (1770)
Louis René Edouard Fürst von Rohan-Gnemené, Kardinal-Fürstbischof von Straßburg (1779–1801)
Philipp Gotthard, Graf von Schaffgotsch, Fürstbischof von Breslau (1748–1795)
Leopold Maria Joseph von Spaur, Fürstbischof von Brixen (1747–1778)
Maria Thaddäus Graf von Trauttmannsdorf, Fürsterzbischof und Kardinal zu Olmütz (1811–1819)
Franz Karl Graf von Welbrück, Fürstbischof von Lüttich (1772–1784)
Ferdinand Christoph Truchseß von Waldburg-Zeil, Fürstbischof von Chiemsee (1772–1786)

Blades, Georg Rowland, 1. Baron Ebbisham
*1806–? Präsident zahlreicher großer Versicherungskonzerne, 1926/27 Lordmayor von London, Mitglied des Unterhauses.

Blücher, Gebhard Leberecht von, Fürst von Wahlstadt
1742–1819, preußischer Generalfeldmarschall, aufgenommen 1782 in Stargard in die Loge »Augusta zur goldenen Krone«.

Blum, Robert
1807–1848, demokratischer Politiker, Abgeordneter in der Paulskirche in Frankfurt am Main von 1848; 1836 aufgenommen in die Loge »Balduin zur Linde«, Leipzig; als Barrikadenkämpfer 1848 gefangengenommen und am 9. 11. in Wien erschossen.

Blumauer, Aloys
1755–1798, Ex-Jesuit, österreichischer Dichter; aufgenommen 1781 in die Loge »Zur wahren Eintracht«, Wien.

Bluntschli, Johann Kaspar
1808–1881, deutscher Rechtsgelehrter und Politiker, geborener Schweizer, aufgenommen in die

Loge »Modestica cum Libertate« in Zürich, schloß sich 1864 der Heidelberger Loge »Ruprecht zu den fünf Rosen« an; verfaßte 1865 ein Rundschreiben an Papst Pius IX. gegen dessen Enzykliken.

Bolivar, Simón
1783–1830, Führer der lateinamerikanischen Unabhängigkeitsbewegung; Freiheitsheld des südamerikanischen Kontinents; Freund von A. v. Humboldt.

Börne, Ludwig (eigentlich Baruch Löb)
1786–1837, deutscher politischer Schriftsteller, aufgenommen 1809 in Frankfurt am Main in die Loge »Zur aufgehenden Morgenröte«.

Boswell, John of Auchinleck
einer der ältesten spekulativen Freimaurer und Vorfahre von James B. (1740–1795), des berühmten Biographen von Dr. Samuel Johnson, bekannt als Laird of Auchinleck; war am 8. 6. 1600 in der Loge Edinburgh als anwesend verzeichnet.

Bourgeois, Léon-Victor-Auguste
1851–1925, französischer Ministerpräsident, 1. Vorsitzender des Völkerbundrates, aufgenommen 1880 in die Loge »Sincerité« in Reims.

Brachvogel, Albert Emil
1824–1878, dram. Dichter und Romanschriftsteller, 1857 in die Loge »Friedrich Wilhelm zur Morgenröte« in Berlin aufgenommen.

Brehm, Alfred Edmund
1829–1884, Zoologe (Brehms Tierleben), aufgenommen 1861 in die Loge »Apollo«, Leipzig.

Brönner, Johann Karl
1738–1812, Buchhändler in Frankfurt am Main, 1759 in Lyon aufgenommen; schloß sich in Frankfurt der Loge »Einigkeit« im Jahre 1763 an, verfaßte zahlreiche maurerische Schriften, darunter eine Geschichte der Loge »Einigkeit« in Frankfurt am Main.

Brongham, Henry Peter, Lord of B and Vaux
1778–1868, englischer Staatsmann, Naturforscher, Rechtsanwalt und politischer Schriftsteller; einflußreicher Liberaler, Lordkanzler, wurde in die »Fortrose Lodge« in Stornoway/Schottland aufgenommen, war später Mitglied der »Cannongate Kilwinning Lodge«, Edinburgh.

Brundage, Avery
1887–1975, war 1952–72 Präsident des Internationalen Olympischen Komitees; wurde 1911 in die »Northern Shore Lodge No. 937« in Chicago aufgenommen.

Buffalo Bill (eigentlich William Frederick Cody)
1846–1917, berühmter amerikanischer Büffeljäger; in Europa bekannt durch seine Wildwest-Show und farbigen Abenteuerbücher; Mitglied der »Platt Valley Lodge«, Nebraska.

Byrd, Richard Evelyn
1888–1957, Admiral, Polarforscher, aufgenommen am 19. 3. 1921 in die »Federal Lodge No. 1«, Washington; gründete 1935 mit 60 Brüdern, die sich unter seinen 82 Expeditionsmitgliedern befanden, in der Antarktis die »Antarctic Lodge No. 777«. Mit seinem Piloten Bernt Balchem warf er über beiden Polen Freimaurer-Flaggen ab.

Cagliostro, Alessandro, Conte di (eigentlicher Name Guiseppe Balsamo)
1743–1795, einer der größten und geistreichsten Hochstapler des 18. Jahrhunderts, der seine Bedeutung – neben sicherlich vorhandenen medialen Fähigkeiten – der Leichtgläubigkeit und dem mystischen Bedürfnis des Adels seiner Zeit verdankte. Er wurde wahrscheinlich 1777 in die Londoner Loge »L'Espérance« aufgenommen. Bereits 1775 hatte er seinen sogen. »Ägyptischen Ritus« gegründet, in den auch Frauen aufgenommen wurden. Er konnte zahlreiche französische Freimaurer für sich gewinnen. Wurde unschuldig in die »Halsbandaffaire« verwickelt, aus Frankreich ausgewiesen; ging nach Rom und wurde dort am 27. 12. 1789 von der Inquisition verhaftet und nach langem Prozeß wegen Häresie, Zauberei und Freimaurerei zum Tode verurteilt; Pius VI. wandelte das Urteil in lebenslängliche Haft um.

Casanova, Giacomo Girolamo
1725–1798; der bekannte Liebesabenteurer war einer der welterfahrensten Männer seiner Zeit und hatte wie kaum ein anderer sein Jahrhundert scharfsinnig erfaßt; war 1750 in Lyon Mitglied des Freimaurerordens geworden.

Cavour, Camillo Benso, Conte di
1810–1861, italienischer Staatsmann.

Chamisso, Adalbert von (eigentlich Louis-Charles-Adélaïde Chamisso de Boncourt)
1781–1838, deutscher Dichter, Mitglied einer Berliner Loge.

Chaplin, Charlie (eigentlich Sir Charles Spencer Chaplin)
1889–1977, in London geborener amerikanischer Schauspieler und Regisseur.

Chesterfield, Philip Dormer Stanhope, 4th Earl of
1694–1773, berühmter englischer Staatsmann, Parlamentsredner, Schriftsteller, Gesandter an verschiedenen Höfen (u. a. im Haag); war bei der Aufnahme Herzogs Franz von Lothringen (1731) anwesend.

Chew Poon, Dr.
1866–1931, chinesischer Journalist in den USA, Vorkämpfer für die rechtliche Gleichstellung seiner Landsleute; Begründer der ersten chinesischen Zeitung in den USA; einer der wenigen Chinesen, die amerikanischen Logen angehören.

Churchill, Sir Winston
1874–1965, britischer Ministerpräsident, wurde am 24. 5. 1901 in die »United Studholme Lodge No. 1591« in London aufgenommen; nach seiner Rückkehr aus Südafrika schloß er sich der »Rosemary Lodge No. 28251« an.

Claudius, Matthias
1740–1815, Dichter, Herausgeber des »Wandsbeker Boten«, wurde 1774 Mitglied der Hamburger Loge »Zu den drei Rosen«.

Colt, Samuel
1814–1862, amerikanischer Erfinder der Colt-Feuerwaffen; war Mitglied der »St. John's Lodge No. 4« in Hartford/Conn.

Corinth, Lovis
1858–1925, Maler; wurde am 27. 3. 1890 in die Loge »In Treue fest Nr. 508« in München aufgenommen. Schuf zahlreiche Bilder mit Szenen aus dem Logenleben.

Dalberg
Carl Theodor Anton Maria (1744–1817) Reichsfreiherr von, letzter Kurfürst von Mainz und Kurerzkanzler, Erzbischof von Regensburg, später Fürst-Primas des Rheinischen Bundes und Großherzog von Frankfurt; befreundet mit Goethe, Schiller, Herder, Wieland; Gelehrter von Rang, 1. Stuhlmeister der 1781 gestifteten Loge »Johannes zur brüderlichen Liebe«, Worms;
Wolfgang Heribert, Freiherr von, Bruder des o. g. (1750–1806), Theaterfachmann, Intendant des Mannheimer Theaters; erkannte als erster Schillers Genie; war Mitglied der Wetzlarer Loge »Joseph zu den drei Helmen«, nahm 1782 am Wilhelmsbader Konvent teil; Mitbegründer der Wormser Loge »Johannes zur brüderlichen Liebe« und der Heidelberger Bauhütte »Karl zum Reichsapfel«;
Johann Friedrich Hugo, Reichsfreiherr von (Bruder der beiden o. g.) (1752–1812), Domkapitular in Trier und Worms, Komponist, Musikschriftsteller, Mitglied der Wormser Loge »Johannes zur brüderlichen Liebe«.

Davis, John William
1873–1955, demokratischer US-Kongreßabgeordneter, US-Generalstaatsanwalt, demokr. Präsidentschaftskandidat, Botschafter in England, Mitglied amerikanischer Logen.

Dehler, Thomas, Dr.
1897–1967, Vizepräsident des Deutschen Bundestages, Bundesjustizminister; 1926 in die Loge »Zur Verbrüderung an der Pegnitz Nr. 437« in Bamberg aufgenommen.

Dempsey, Jack (eigentlich William Harrison Dempsey)
1895–1983, früherer Boxweltmeister im Schwergewicht; Mitglied der »Kenwood Lodge No. 800« in Chicago.

Devonshire, Herzöge von Cavendish
hier vererbt sich seit 1814 die Großmeisterschaft der Provinzialloge von Devonshire (Großloge von England) von Generation zu Generation. Von 1814–1858 bekleidete der 6. Herzog das Amt, ihm folgte z. B. 1858–1859 Spencer Compton Cavendish, Marquis von Hartington, danach der 8. Herzog
Devonshire, 8th Duke of, Spencer Compton Cavendish
1833–1908, hervorragender engl. Staatsmann, 1863 Erster Lord der Admiralität; Kriegsminister im Kabinett Gladstone, 1855–1903 Präsident des Geheimen Rates im Kabinett Salisbury, Kanzler der Universität Cambridge.

Devrient, Karl August
1797–1872, berühmter deutscher Schauspieler, Schwager von Friedrich Ludwig Schröder; 1844 aufgenommen in die Loge »Zur Ceder«, Hannover.

Diederichs, Eugen
1867–1930, deutscher Verlagsbuchhändler, Mitglied der Loge »Urania zur Unsterblichkeit«, Berlin.

Ditfurth, Franz Dietrich, Freiherr von
1738–1813, Reichskammer-Gerichtsassessor, »Vater der Frankfurter Großloge«, Mitglied der Wetzlarer Loge »Joseph zu den drei Helmen«.

Dönhoff,
Ludwig August Karl, Graf
(1742–1803), preuß. Staatsminister; nach dem Edikt von 1798 führte er seine Loge der National-Mutterloge »Zu den drei Weltkugeln« zu;
August Philipp Friedrich, Graf von (1763–1838), Sohn des o. g.; war ebenfalls Marschall des Königreichs Preußen.

Doyle, Sir Arthur Conan
1859–1930, schottischer Schriftsteller, Schöpfer des »Sherlock Holmes«; wurde 1893 in der »Phoenix Lodge No. 257« in Portsmouth zum Meister erhoben.

Dumas, Alexandre (genannt Dumas Père)
1802–1870, franz. Schriftsteller; u. a. über 300 Bände von Abenteuerromanen (z. T. mit A. Maquet verfaßt); 1862 in die Loge »Fede Italia«, Neapel, aufgenommen.

DuPont de Nemours, Pierre Samuel
1739–1817, französischer Ökonom und Politiker, dessen beide Söhne die beiden Niederlassungen der Familie DuPont in Amerika gegründet haben; unterstützte regelmäßig freimaurerische Organisationen in Frankreich.

Edward VII., (Albert Edward Prinz von Wales), König von England (1901–1910)
1841–1910, Sohn von Königin Victoria, wurde 1868 in Stockholm von König Charles XV. aufgenommen.

Edward VIII., (Edward Albert Christian George Andrew Patrick David), König von England
1894–1971, bestieg 1936 den Thron, verzichtete zugunsten seines jüngeren Bruders, der sich George VI. nannte; wurde 1919 in die »Household Brigade Lodge«, London, aufgenommen.

Eisele, Donn Fulton
*1930, amerikan. Astronaut, startete am 11. 10. 1968 zusammen mit Walter Cunningham unter Walter Shirra mit Apollo 7 zu einer 11-tägigen Fahrt ins All mit 136 Erdumkreisungen; Mitglied der »Luther B. Turner Lodge No. 732« in Columbus/Ohio.

Ellington Duke (eigentlich Edward Kennedy Ellington)
1899–1974, amerikanischer Jazz-Musiker, Pianist und Komponist; erhoben am 5. 5. 1932 in der »Social Lodge No. 1« in Washington D. C.

Elsner, Józef
1769–1854, polnischer Komponist, Lehrer Chopins, Kapellmeister in Warschau, Begründer der dortigen »Gesellschaft zur Erhaltung und Förderung der Tonkunst«; Mitglied der Loge »Bouclier du Nord«.

Faber, Eberhard
1859–1946, Chef der Eberhard Faber Bleistiftfabrik in Brooklyn N. Y. und der Eberhard Faber Gummiwerke in Newark, N. Y.; Mitglied der »Chancellor Walworth Lodge No. 271« in New York.

Fairbanks, Douglas (eigentlich Douglas Elton Ulman)
1883–1939, US-Filmschauspieler und Produzent; war Mitglied der »Beverly Hills Lodge No. 528« in Los Angeles.

Ferdinand, Herzog von Braunschweig-Lüneburg
1721–1792, preußischer Generalfeldmarschall und Schwager Friedrichs d. Großen, 1740 in dessen Loge aufgenommen, berief 1782 den Konvent zu Wilhelmsbad ein.

Fichte, Johann Gottlieb
1762–1814, Philosoph, wurde 1794 in Rudolstadt (Loge »Günther zum sterbenden Löwen«) affiliert.

Fisher of Lambeth, Geoffrey Francis Fisher, Baron
1887–1972, Diakon der Anglikanischen Kirche, dann Bischof von Chester, Bischof von London, Erzbischof von Canterbury (1945–1961); wurde 1916 in die »Old Reptonian Lodge No. 3725« aufgenommen.

Fleming, Sir Alexander
1881–1955, Entdecker des Penicillins.

Ford, Gerald Rudolph jr.
*1913, 38. Präsident der USA, wurde 1949 in die »Malta Lodge No. 465« in Grand Rapids aufgenommen.

Ford, Henry
1863–1947, Gründer der Ford-Werke; am 28. 12. 1894 in die »Palestine Lodge No. 357« zum Meister »erhoben«, schloß sich kurz vor seinem Tode der »Zion Lodge No. 1« an, als sein Schwager R. Byrant dort Meister vom Stuhl wurde.

Franklin, Benjamin
1706–1790, amerikanischer Politiker und Naturforscher; 1731 aufgenommen in die Loge »Zum heiligen Johannes von Jerusalem«; war auch Mitglied der Loge »Neuf Sœurs« in Paris.

Frederik VIII., König von Dänemark
1843–1912, Vater des Christian X. von Dänemark und Haakon VII. von Norwegen; aufgenommen 1870 in die Loge »Zorobabel und Friedrich zur gekrönten Hoffnung« in Kopenhagen.

Freiligrath, Hermann Ferdinand
1810–1876, deutscher Dichter und Freiheitssänger, wurde 1842 in die Loge »Zum wiedererbauten Tempel« in Worms aufgenommen.

Frey, Emil
1838–1922, schweizer Bundespräsident, Major im amerikanischen Sezessionskrieg, zurück in der Schweiz wurde er baselländischer Regierungsrat, Redakteur; Gesandter in Washington, Bundesrat und Chef des Militärdepartments; Leiter des Internationalen Büros der Welttelegraphenunion; wurde 1872 in die Baseler Loge »Zur Freundschaft« aufgenommen.

Friedrich II., der Große (1740–1786)
1712–1786, preußischer König, wurde als Kronprinz am 14. 8. 1738 in Braunschweig in die Hamburger Loge »Absalom zu den drei Nesseln« aufgenommen, brachte die Freimaurerei nach Berlin, nahm dort selbst seinen Bruder Wilhelm auf und bewilligte u. a. die Gründung der späteren »Großen Nationalen Mutterloge« »Zu den drei Weltkugeln«.

Friedrich III. (Friedrich Wilhelm Nikolaus Karl)
1831–1888, deutscher Kaiser (1888); wurde 1853 von seinem Vater, Wilhelm I., in die Freimaurerei eingeführt.

Furrer, Jonas
1805–1861, schweizer Staatsmann, Bundesrat, erster Bundespräsident der schweizerischen Eidgenossenschaft nach Schöpfung der Bundesverfassung von 1848; Mitglied der Loge »Akazia« in Winterthur.

Gable, Clark (William)
1901–1960, US-Filmschauspieler; war Mitglied der »Beverly Hills Lodge No. 528«; wurde 1933 aufgenommen.

Gambetta, Léon
1838–1882, französischer Staatsmann, seit 1869 Mitglied der Loge »La Réforme« in Marseille, später auch bei der Loge »Clémente Amité«, Paris.

Garibaldi, Guiseppe
1807–1882, italienischer Staatsmann und Freiheitskämpfer; wurde 1844 in die franz. Loge »Amis de la Patrie« in Montevideo aufgenommen.

Geisenheimer, Sigmund
1774–1828, jüdischer Kaufmann in Frankfurt am Main; wurde in Frankreich aufgenommen; gründete mit Hilfe des Grand Orient de France in Frankfurt die Loge »Zur aufgehenden Morgenröte«; auf ihn geht die Erziehungsanstalt »Philantrophin« sowie die Gründung des jüdischen Krankenhauses in Frankfurt zurück.

Georg II., König von Griechenland (1922–1924) + (1935–1947)
1890–1947, wurde 1930 in die »Wallwood Lodge No. 5143« in London aufgenommen.

Georg IV. (George August Friedrich), König von England und Hannover (1820–1830)
1762–1830, verlieh Hannover eine Verfassung, unter seiner Regierung wurden Indien und das Kap der Guten Hoffnung für die Krone erworben; 1787 als Prinz von Wales in den Freimaurerbund aufgenommen.

Georg V., König von Hannover (1851–1866)
1819–1878; wurde 1857 in die Loge »Zum schwarzen Bären« in Hannover aufgenommen.

Georg VI. (Albert Frederick Arthur George), König von England (1936–1952)
1895–1952, wurde im Dezember 1919 als Prinz Albert Herzog von York in die »Navy Lodge No. 2612« in London aufgenommen.

Georg, Herzog von Kent (George Edward Alexander Edmund)
1902–1942, jüngster Bruder Georgs VI., kam bei einem Flugzeugabsturz ums Leben; wurde 1928 durch seinen Bruder, den Herzog von York, in die »Navy Lodge No. 2612« in London aufgenommen.

Gillette, King Camp
1855–1932, Gründer und Präsident der Gillette Safety Razor Co., hat den Gillette-Rasierapparat erfunden.

Glenn, John Herschel jr.
*1921, Astronaut, Mitglied der »Canaveral Lodge No. 339«; umkreiste 1962 als erster Mensch im Raumschiff dreimal die Erde.

Gneisenau, August Wilhelm Anton, Graf Neidhardt von
1760–1831, preußischer General und späterer Generalfeldmarschall; wurde am 17. 3. 1788 Mitglied der Loge »Zu den drei Felsen«.

Goethe, Johann Wolfgang von
1749–1832; deutscher Dichter; wurde am 23. 6. 1788 in die Loge »Amalia« in Weimar aufgenommen; wirkte 1809 bei der Aufnahme des Kanzlers von Müller und Wielands mit.

Görres, Johann Josef von
1776–1848, deutscher Publizist auf verschiedenen Gebieten (Philosophie, Medizin, Psychologie), Professor in Koblenz, Heidelberg und zuletzt München; Herausgeber des Rheinischen Merkur.

Griffith, David Wark
1875–1948, amerikanischer Filmregisseur und -produzent; gründete 1919 mit Charlie Chaplin, Douglas Fairbanks und Mary Pickford die »United Artists Corp.«; wurde 1912 in die »St. Cecil Lodge No. 568« in New York aufgenommen.

Grock, eigentlich Charles Adrien Wettach
1880–1959, weltberühmter Musikclown aus der Schweiz; war Mitglied einer Loge der Grand Loge de France.

Gustav III., König von Schweden (1771–1792)
1746–1792, wurde 1780 aufgenommen.

Gustav V. Adolf (Oscar Gustaf Adolf), König von Schweden (1907–1950)
1858–1959, von seinem Vater als Kronprinz 1872 in die Loge »Nordiska Första« in Stockholm aufgenommen.

Gustav IV., Adolf, (Oscar Frederik Wilhelm Olaf Gustav Adolf), König von Schweden (1950–1973)
1882–1973, wurde 1902 bei seinem Eintritt in die Armee aufgenommen.

Haakon VII., König von Norwegen (1906–1957)
1872–1957, wurde nach der Trennung Norwegens von Schweden 1906 gekrönt und als Prinz Karl von Dänemark 1896 zusammen mit seinem Bruder Harald von seinem Vater aufgenommen.

Habibullah Khan, Herrscher von Afghanistan (1901–1919)
1872–1919, wurde 1909 in die »Concordia Lodge«, Calcutta, aufgenommen; von 1880–81 bestand in Kabul eine englische Loge, später hat die Großloge von Schottland die Loge »Bolan« in Quetta eingesetzt, wo es ebenfalls zwei englische Logen gab.

Hahnemann, Christian Friedrich Samuel
1755–1843, Begründer der Homöopathie, wurde 1777 in die Loge »Zu den drei Seeblättern« in Hermannstadt/Siebenbürgen aufgenommen.

Hancock, John
1731–1793, amerikanischer Staatsmann, Mitunterzeichner der Unabhängigkeitserklärung, erster Gouverneur von Massachusetts, wurde 1762 in die »Merchants Lodge« in Quebec/Kanada aufgenommen, schloß sich der »St. Andrews Lodge« in Boston an.

Hardenberg, Karl August, Fürst von
1750–1822, preußischer Staatsmann, Staatskanzler, Mitglied der Loge »Zum weißen Pferd« in Hannover.

Harding, Warren Gamaliel
1865–1923, 29. US-Präsident (1921–23), berief die Konferenz von Washington 1921/22 ein; wurde in die »Marion Lodge No. 70« in Marion/Ohio aufgenommen.

Hardy, Oliver
1892–1957, US-Komiker auf Bühne und Leinwand; Mitglied der »Solomon Lodge No. 20« in Jacksonville/Florida.

Haydn, Franz Joseph
1732–1809, Kapellmeister des Fürsten Nikolaus von Esterházy, berühmt als Komponist von Oratorien; wurde 1785 in die Loge »Zur Wahren Eintracht« in Wien in Anwesenheit von Mozart aufgenommen.

Heine, Christian Johann Heinrich (eigentlich Harry Heine)
1797–1856, politischer Schriftsteller, Satiriker, Lyriker; wurde 1844 in die Loge »Les Trinophes« in Paris aufgenommen.

Herder, Johann Gottfried von
1744–1803, Schriftsteller, Theologe und Philosoph, kam 1776 durch Vermittlung Goethes als Generalsuperintendent, Hofprediger und Oberkonsistorialrat nach Weimar; wurde 1766 in Riga in die Loge »Zum Schwert« aufgenommen.

Hidalgo y Costilla, Miguel
1753–1811, katholischer Priester seit 1769, wird als Vater der mexikanischen Unabhängigkeit bezeichnet, 1806 in die Loge »Architectura« in Mexico City aufgenommen.

Hilton, Charles C.
1843–1905, US-Hotelbesitzer, wurde 1866 in die »William B. Warren Lodge No. 309« in Chicago aufgenommen.

Hoover, John Edgar
1895–1972, Direktor des FBI, wurde 1920 Mitglied der »Federal Lodge No. 1« in Washington D. C.

Hoover, Frank G.
1883–1954, Präsident der amerikanischen Hoover Co. (Staubsauger); Mitglied der »William McKinley Lodge No. 431« in Canton/Ohio.

Hufeland, Christoph Wilhelm von
1762–1836, berühmter Arzt und Eklektiker der medizinischen Wissenschaft, Professor der Medizin an der Universität Berlin; wurde 1783 in Göttingen in die Loge »Augusta zu den drei Flammen« aufgenommen; schrieb »Makrobiotik oder die Kunst, das menschliche Leben zu verlängern«.

Hummel, Johann Nepomuk
1778–1837, Komponist, Schüler von Mozart, wurde 1820 als Kapellmeister nach Weimar berufen und im gleichen Jahr in die Loge »Amalia« aufgenommen.

Iffland, August Wilhelm
1759–1814, größter deutscher Schauspieler seiner Zeit; Dichter von Theaterstücken, zuletzt Generaldirektor aller Königlichen Schauspiele in Berlin; durch Schröder in Hamburg in die Loge »Emanuel zur Marienblume« aufgenommen.

Immermann, Karl Leberecht
1796–1840, deutscher Dichter und Dramatiker, Landgerichtsrat, später Theaterintendant in Düsseldorf; wurde 1825 in die Magdeburger Loge »Ferdinand zur Glückseligkeit« aufgenommen.

Jackson, Andrew
1767–1845, 7. Präsident der USA (1829–1837); in Savannah aufgenommen.

Jacobi, Friedrich Heinrich
1743–1819, Philosoph und Schriftsteller, seit 1807 Präsident der Akademie der Wissenschaften in München, Freund Goethes; seit 1795 Mitglied der Loge »La Parfaite Amité« in Düsseldorf.

Johnson, Andrew
1808–1875, 17. Präsident der USA (1865–1869); wurde 1830 aufgenommen, war Ehrenmitglied der Großloge von Florida.

Johnson, Lyndon Baines
1908–1973, 36. US-Präsident; war Vizepräsident unter J. F. Kennedy und wurde nach dessen Tod sein Nachfolger (1963–1969); 1937 in die »Johnson City Lodge No. 561« in Johnson City/Texas aufgenommen.

Jolson, Al (eigentlich Asa Yoelson)
1886–1961, US-Schauspieler, Mitglied der »St. Cecil Lodge No. 568« in New York.

Jones, John Paul
1747–1792, Vater der amerikanischen Flotte, hißte 1777 zum erstenmal das Sternenbanner, war Mitglied der Loge in Kirkcudbright/Schottland, seiner ursprünglichen Heimat, sowie der Pariser Loge »Neuf Sœurs«.

Jones, Melvin
1880–1961, US-Amerikaner, Gründer (1917) des Lions Club; war Mitglied der »Garden City Lodge No. 141« in Chicago.

Jordan, Jean Etienne
1700–1744, stammt aus einer Hugenotten-Familie, Prediger, dann Geheimer Rat Friedrichs des Großen; Vizepräsident der Akademie der Wissenschaften und Künste; wurde 1739 von Friedrich (als Kronprinz) in Rheinsberg aufgenommen und war der erste Schriftführer der Loge des Königs. Auf seinen Antrag hin erteilte ihm Friedrich die Genehmigung zur Errichtung der Loge »Aux trois Globes«.

Kalakaua, I., David
1836–1891, König von Hawaii (1874–1891); war 1875 Meister vom Stuhl der Loge »Le Progrès d'Océanie« in Honolulu.

Kamehameha IV. (eigentlich Alexander Liholiho)
1834–1863, König von Hawaii (1854–1863); wurde 1857 in Honolulu Freimaurer.

Kamehameha V.
1830–1872, letzter König von Hawaii (1863–1872) der Kamehameha-Linie; erster Freimaurer Hawaiis; wurde 1853 in die »Hawaiian Lodge No. 21« als Prinz Lot aufgenommen.

Karl Friedrich, Markgraf von Baden-Durlach (1746–1806)
1728–1811, Großherzog von Baden (1806); wurde in eine englische Loge aufgenommen.

Kemal Atatürk (eigentlich Mustafa Kemal Pascha)
1881–1938, türkischer Offizier und Politiker; setzte 1923 den Sultan ab und rief die Republik aus; seit 1934 »Atatürk«, »Vater der Türken«; war bis zu seinem Tode Mitglied der »Macedonia Resorta et Veritas«-Loge.

Klemens August, Herzog von Bayern
1700–1761, Bruder von Kaiser Karl VII., Kurfürst von Köln, war bis zum Erscheinen der Bannbulle Clemens XII. (1738) Freimaurer; als »Ersatz« soll er um 1740 den »Mopsorden« gegründet haben.

Kielmannsegge, Georg Ludwig, Graf
1705–1785, wurde 1732 in der Londoner »Bear and Harrow Lodge« eingeweiht. Im 18. und 19. Jahrhundert gehörten mehrere Mitglieder der Familie Kielmannsegge dem Freimaurerbund an, u. a. Karl Rudolf August, Hann. Staatsminister.

Kipling, Joseph Rudyard
1865–1936, englischer Schriftsteller, im Kolonialdienst tätig, 1886 in die Loge »Hope and Preservance« in Lahore aufgenommen; wurde 1888 Mitglied der alten Loge »Independence with Philantrophy«.

Kitchener of Khartum and of Broome, Horatio Herbert, 1. Graf
1850–1916, brit. Feldmarschall, einer der Stifter der »Drury Lane Lodge No. 2127«, London.

Klaproth, Martin Heinrich
1743–1817, Professor für Chemie an der Universität Berlin; Entdecker der Metalle Uran, Zirkon, Titan, Tellur, Zer; gehörte seit 1776 der Loge »Zur Eintracht« in Berlin an.

Klopstock, Friedrich Gottlieb
1724–1803, Dichter (u. a. »Messias«), war Mitglied der Loge »Zu den drei Rosen« in Hamburg.

Knigge, Adolph Franz Friedrich, Freiherr von
1752–1796, Schriftsteller, bekanntestes Werk »Über den Umgang mit Menschen«; schloß sich der »strikten Observanz« an (Kassel: »Zum gekrönten Löwen«, Hanau: »Wilhelmine Caroline«).

Konstantin I., König von Griechenland (1913–1917) + (1920–1922)
1868–1923, verzichtete nach dem türkisch-griechischen Krieg am 27. 9. 1922 auf den Thron; wurde in Griechenland von der Großloge aufgenommen.

Kossuth, Lajos
1802–1894, ungarischer Freiheitskämpfer, Führer der Revolution von 1849, wurde als Emigrant in den USA am 19. 2. 1852 in Cincinnati in die Loge No. 133 aufgenommen.

Lafayette, Marie-Joseph-Paul-Yves-Roch-Gilbert-du Mortier, Marquis de
1757–1834, General und Politiker, trat 1777 in die Dienste der nordamerikanischen Freiheitsbewegung, wirkte entscheidend am Sieg bei Yorktown mit; wurde 1777 oder 1779 in eine Militärloge in Morristown in Gegenwart von George Washington aufgenommen; war in Frankreich Mitglied der Loge »Contrat Social«.

La Rochefoucauld-Liancourt, Francois-Alexandre-Frédéric, Duc de
1747–1827, Mitglied der franz. Nationalversammlung, übersetzte die amerikanische Verfassung ins Französische, trat wirksam für die Verbesserung des Gefängniswesens ein, gründete die Musterschule »Ecole des enfants de la patrie« sowie die erste Sparkasse in Frankreich; war Mitglied der Loge »Neuf Sœurs« in Paris.

Lee, Henry
1756–1818, US-General, war im Revolutionskrieg Kommandant der irregulären Truppen, Mitglied des Kontinental-Kongresses, Gouverneur von Virginia, Kongreßmitglied; war Mitglied der »Hiram Lodge No. 59« in Westmoreland County, Virginia.

Leopold I. von Sachsen-Coburg (Léopold-Georges-Chrétien-Frédéric)
1790–1865, König der Belgier (1831–1865); wurde 1813 in die Loge »Zur Hoffnung« in Bern aufgenommen.

Lessing, Gotthold Ephraim
1729–1781, deutscher Dichter, Kritiker und Philosoph; wurde 1771 in Hamburg in die Loge »Zu den drei Rosen« aufgenommen.

Leuschner, Wilhelm
1890–1944, Politiker, Gewerkschaftsführer und Mitverschwörer des 20. Juli 1944; wurde am 7. 2. 1923 in die Loge »Johannes der Evangelist zur Eintracht Nr. 266« in Darmstadt aufgenommen, am 29. 9. 1944 von den Nationalsozialisten ermordet.

Leverhulme, William Hesketh Lever, Viscount
1851–1925, führender englischer Großindustrieller, Begründer der Sunlight-Seifenfabrik; war Großaufseher der Großloge von England.

Lindbergh, Charles Augustus
1902–1947, Flugpionier; wurde am 9. 10. 1926 in die »Keystone Lodge No. 243« in St. Louis aufgenommen.

Liszt, Franz
1811–1886, Pianist und Komponist; wurde am 18. 9. 1841 in die Loge »Zur Einigkeit« in Frankfurt am Main aufgenommen; Bürgen waren der Komponist Wilhelm Speyer und Fürst Felix von Lichnowsky.

Lloyd, Harold
1893–1971, bekannter US-Filmkomiker, wurde 1925 in die »Alexander Hamilton Lodge No. 535« in Hollywood aufgenommen.

Loewe, Johann Carl Gottfried
1796–1869, Komponist zahlreicher Balladen und kirchlicher Musikwerke; wurde 1829 in die Loge »Zu den drei Zirkeln« in Stettin aufgenommen.

Lortzing, Gustav Albert
1801–1851, Komponist, wurde 1826 in die Loge »Zur Beständigkeit und Eintracht« in Aachen aufgenommen, 1834 von der Loge »Balduin zur Linde« in Leipzig affiliert.

Luckner, Felix (Alexander Nikolaus), Graf von
1881–1966, Seeoffizier, Schriftsteller und Forschungsreisender; bekannt durch seine kühnen Kreuzfahrten mit dem »Seeadler« im 1. Weltkrieg; gehörte der Loge »Zur goldenen Kugel« in Hamburg an.

Ludwig Wilhelm August, Prinz von Baden
1829–1897, Enkel des Großherzogs Karl Friedrich von Baden; wurde 1856 in die Loge »Urania zur Unsterblichkeit« in Berlin aufgenommen.

MacMahon, Sir Henry Arthur
*1862–?, englischer Kolonialpolitiker und Diplomat, u. a. Stifter des Friedens von Tibet; war auch Past Grand Warden der Großloge von England und Distriktgroßmeister von Malta.

Marat, Jean-Paul
1743–1793, Arzt, später Journalist; Führer in der Französischen Revolution, wurde in der Londoner Loge »At the King's Head, Gerard Street, Soho« aufgenommen.

Maximilian I., Josef, Kurfürst, seit 1806 König von Bayern
1756–1825, war Freimaurer und gehörte unter dem Ordensnamen Eques ab Aquila Jovis den Hochgraden der Strikten Observanz an.

Mayo, Charles Horace
1865–1939, Chirurg, gründete mit seinem Bruder William die Mayo-Klinik; wurde 1890 in die »Rochester Lodge No. 21« in Rochester, Minn., aufgenommen.

Metternich-Winneburg, Franz Georg Karl, Graf von (später Fürst)
1746–1818, österreichischer Staatsmann, Vater des Staatskanzlers von Franz I.; wurde in die Loge »Karoline zu den drei Pflaumen« in Neuwied aufgenommen.

Meyerbeer, Giacomo
1791–1864, Komponist, u. a. »Die Hugenotten«, »Der Prophet«, »Die Afrikanerin«.

Mille, Cecil B. de
1881–1959, Präsident der Mercury Avitation Co., Hollywood, der ersten kommerziellen Fluggesellschaft, die Passagiere in regulären Flügen beförderte; wurde seit 1913 mit der Filmindustrie identifiziert als Autor, Schauspieler und Produzent; Mitglied der »Prince of Orange Lodge No. 16« New York.

Mix, Tom
1880–1940, US-Filmschauspieler; war Mitglied des freimaurerischen »Club 233« in Hollywood.

Monier, Maurice
1877–1931, franz. Publizist, Redakteur; Vorkämpfer für Völkerversöhnung; Gründer mehrerer Logen in Frankreich.

Montefiore, Sir Moses (Haim), Baronet
1784–1885, Philantroph, Führer des britischen Judentums; war Mitglied der Loge »Mount Moriah« in London.

Montesquieu, Charles-Louis de Secondant, Baron de la Bréde et de
1689–1755, franz. Schriftsteller und Staatsphilosoph, Mitglied der Akademie, Mitbegründer einer der ersten französischen Logen, der 1735 vom Herzog von Richmond und Desaguliers an der Rue Bussy in Paris eingesetzten Bauhütte.

Mongolfier, Jacques-Etienne
1745–1799, gemeinsam mit seinem Bruder Erfinder des Heißluftballons.

Mozart, Johann Chrysostom Wolfgang Amadeus
1756–1791, wurde 1784 in die Wiener Loge »Zur Wohltätigkeit« aufgenommen; außer der Oper »Die Zauberflöte« schuf er zahlreiche logenbezogene Werke; auf seine Veranlassung hin trat auch sein Vater der Freimaurerei bei.

Müller, Wilhelm
1794–1827, Dichter und Philologe (»Griechenmüller«); schrieb von Schubert vertonte Lieder (»Die schöne Müllerin«, »Die Winterreise«); wurde 1820 in der Leipziger Loge »Minerva zu den drei Palmen« aufgenommen.

Naumann, Ernst
1853–1925, Pädagoge, begründete das Hohenzollern-Museum, war Großarchivar der Großen Landesloge der Freimaurerei von Deutschland.

Nehru, Pandit Motilal
1861–1931, Vater von Jawaharlal Nehru, indischer Jurist und Politiker, war Mitglied der »Unity Lodge No. 29« in Allahabad.

Nelson, Horatio, Viscount, Nelson, Duca Di Bronte
1758–1805, britischer Admiral und Seeheld; Mitglied der »Union Lodge, York No. 331«.

O'Connell, Daniel
1775–1847, irischer Katholikenführer, erster katholischer Bürgermeister von Dublin; schloß sich 1799 der Loge No. 198 in Dublin an.

Ossietzky, Carl von
1888–1938, Journalist, Schriftsteller, Herausgeber der »Weltbühne«; wurde 1919 in die Hamburger Loge »Menschentum« aufgenommen; erhielt 1935 den Friedensnobelpreis; starb im Konzentrationslager, wohin er bereits 1933 von den Nationalsozialisten verschleppt wurde.

Philipp, Herzog von Edinburgh (eigentlich Philip Prinz von Griechenland und Dänemark), Prinz des Vereinigten Königreichs (seit 1947) *1921, Gemahl der englischen Königin Elisabeth II.; wurde 1952 in die »Navy Lodge No. 2621« in London aufgenommen.

Philips, Frank
1873–1950, Ehrenvorsitzender der Philips Petroleum Co., seit 1903 im Ölgeschäft; affilierte mit der »Bartlesville Okla Lodge No. 284« im Jahre 1906.

Pike, Albert
1809–1891, General im nordamerikanischen Bürgerkrieg auf Seiten der Südstaaten, war vorher Journalist und Generalanwalt von Arkansas; seit 1859 Großkommandeur des Obersten Rates der südlichen Jurisdiktion des A. u. A. Schottischen Ritus von Nordamerika.

Powell, Richard D.
1904–1963, US-Schauspieler, begann als Sänger und Orchesterleiter; spielte in vielen Filmen; Mitglied der »Ascot Lodge No. 358« in Los Angeles.

Pullmann, George Mortimer
1831–1897, Erfinder des Eisenbahn-Schlafwagens (Pullmann-Car), Begründer von Pullmann City (Vorort von Chicago); war Mitglied einer Loge in Albion, New York.

Puschkin, Alexander Sergejewitsch
1799–1837, russischer Dichter, wurde 1822 Mitglied der Loge »Ovid« in Kischinew.

Reclam, Anton Philipp
1807–1895, Verlagsbuchhändler in Leipzig; seit 1867 Herausgeber der »Universal-Bibliothek«, gehörte seit 1832 der Leipziger Loge »Minerva zu den drei Palmen« an.

Rhodes, Cecil John
1853–1902, südafrikanischer Verwaltungsexperte, Finanzier, Philantrop; erwarb mit seinem Bruder auf den Diamantenfeldern von Kimberley ein großes Vermögen; kaufte ein großes Gebiet vom Matabele-Stamm, das zu seinen Ehren Rhodesia genannt wurde; 1890–96 Premierminister der Kap-Kolonie; wurde 1877 in die »Apollo University Lodge No. 357« in Oxford/England aufgenommen.

Ringling Brothers (eigentlich Rüngeling)
Alfred T. (1861–1919), *John* (1866–1936), *Albert Charles* (1852–1916), *Charles* (1863–1926), *Otto* (1858–1911), *August George* (1854–1907), *Henry* (1868–1918), amerikanische Zirkuskönige; Vater war Mitglied der »Baraboo Lodge No. 34«, Baraboo, Wisconsin; alle Söhne waren Mitglieder von Logen in Baraboo.

Roosevelt, Theodore
1858–1919, 26. Präsident der USA, 1906 Friedensnobelpreisträger; wurde 1900 in die »Matinecocke Lodge No. 806« in Oyster Bay, Long Island, aufgenommen.

Rothschild
1. *Nathan Meyer* (1777–1836) wurde 1802 in die Londoner Loge »Lodge of Emulation« aufgenommen;
2. *Baron James Meyer* (1792–1868), Chef des Pariser Bankhauses, wurde 1846 Freimaurer;
3. *Baron Anselm* (1803–1874)
4. *Baron Ferdinand* (1839–1899), war Mitbegründer der nach ihm benannten »Ferdinand Rothschild Lodge No. 2420« in Wadesdon/Buckinghamshire.

Rückert, Friedrich
1788–1866, deutscher Dichter, war Mitglied der Loge »Karl zum Rauthenkranz« in Hildburghausen.

Ruß-Suchard, Karl
1838–1925, schweizer Wirtschaftsführer, seit 1884 Chef der Schokoladenfabrik Suchard, u. a. Meister vom Stuhl in der Loge »Bonne Harmonie« in Neuchâtel.

Sachs, Karl (Ernst August), Prof. Dr. phil.
1829–1909, Schöpfer des großen »Enzyklopädischen Wörterbuchs der französischen Sprache«, wurde 1854 in die Loge »Friedrich Wilhelm zur gekrönten Gerechtigkeit« in Berlin aufgenommen.

Sackreuther, Karl Albert Joseph
1821–1899, deutscher Freiheitskämpfer, mußte 1848 flüchten, lebte später in Nordamerika; wurde 1844 in die Frankfurter Loge »Sokrates zur Standhaftigkeit« aufgenommen, schloß sich später der Brooklyner »Copernicus Lodge No. 545« an.

Scalabini, Paolo
1713–1742, italienischer Komponist und Dirigent, wurde in die Loge »St. Martin« in Kopenhagen aufgenommen.

Schacht, Hjalmar Horace Greely
1877–1970, Präsident der Deutschen Reichsbank, Reichswährungskommissar, Unterhändler in der Reparationsfrage, Mitglied der Loge »Zur Freundschaft« der Großen Loge von Preußen.

Schadow, Johann Gottfried
1764–1850, deutscher Bildhauer, Rektor der preußischen Akademie der Künste in Berlin; gehörte der Breslauer Loge »Friedrich Wilhelm zur gekrönten Gerechtigkeit« an.

Scharnhorst, Gerhard Johann David von
1755–1813, wurde 1799 in die Göttinger Loge »Zum goldenen Zirkel« aufgenommen; schloß sich 1801 in Berlin der Loge »Zum goldenen Schiff« an; als Generalfeldmarschall war er Reorganisator des preußischen Heeres.

Schröder, Friedrich Ludwig
1744–1816, Schauspielhausdirektor; Mitbegründer des Freimaurer-Krankenhauses der Hansestadt Hamburg (Elisabeth-Krankenhaus); wurde 1774 in die Hamburger Loge »Emanuel zur Maienblume« aufgenommen.

Schurz, Carl
1829–1905, deutsch-amerikanischer Staatsmann, nahm an der deutschen Freiheitsbewegung teil; ging über Schottland, Paris und London nach Philadelphia (1852); Führer der Republikaner, Gesandter in Spanien, Divisionsgeneral während des Sezessionskrieges, Senator und Staatssekretär des Inneren unter Hayes (1877–1881); arbeitete als Publizist; wurde in der deutschen »Hermann-Loge No. 125« in Philadelphia aufgenommen.

Saint-Germain, Comte de, auch Graf Weldon
1710–1784; Abenteurer, der das Vertrauen Ludwigs XV. gewann; seine letzten Jahre verbrachte er beim Landgrafen von Hessen auf Schloß Gottorp; seinen eigenen Angaben nach soll er in die Freimaurerei eingeführt worden sein.

Scott, Walter L.
1771–1832, schottischer Dichter und Schriftsteller; war Mitglied der »St. David Lodge No. 36«.

Scott, Robert Falcon
1868–1912, britischer Seeoffizier und Südpolforscher, Entdecker des König-Eduard-VII.-Landes; wurde 1901 in die »Drury Lane Lodge No. 2127« in London aufgenommen.

Sibelius, Jean
1865–1957, finnischer Komponist, wurde 1922 in Helsinki aufgenommen und ist Mitbegründer der Loge »Suomi Nr. 1«.

Simpson, William
1823–1899, engl. Journalist, Vater der Bildreportage, einer der Gründer der »Quator Coronati«-Loge.

Skelton, Red (eigentlich Bernard Skelton)
*1913, US-Komiker und Filmschauspieler; wurde 1939 in der Loge »Vincennes No. 1« in Vincennes, Indiana, erhoben.

Somoza Gareía, Anastasio
1896–1956, Präsident von Nicaragua (1937–47); wurde am 21. 4. 1939 in Managua erhoben.

Sonnemann, Leopold
1831–1909, Gründer und Herausgeber der »Frankfurter Zeitung«, sozialpolitischer Schriftsteller; seit 1855 Mitglied der Frankfurter Loge »Zur aufgehenden Morgenröte«.

Spohr, Louis (eigentlich Ludwig Spohr)
1784–1859, Komponist und Geigen-Virtuose, zuletzt Generalmusikdirektor in Kassel; wurde in die Loge »Ernst zum Compaß« in Gotha aufgenommen.

Stecchetti, Lorenzo (bekannt als Guerrini Olindo)
1845–1916, italienischer Lyriker, Bibliothekar in Bologna; Mitglied der Loge »Dante Aligheri« in Ravenna.

Stein, Heinrich Friedrich Karl, Reichsfreiherr vom und zum
1757–1831, preußischer Staatsmann; war Mitglied der Loge »Joseph zu den drei Helmen« in Wetzlar.

Steuben, Friedrich Wilhelm August, Freiherr von (eigentlich Friedrich Wilhelm Ludolf Gerhard Augustin von Steuben)
1730–1794, General, ging 1777 nach Amerika, um dort als Generalinstrukteur die Revolutionsarmee zu organisieren; war Mitglied der »Trinity Lodge No. 12« in New York.

Stresemann, Gustav
1878–1929, deutscher Staatsmann, Reichsaußenminister, Reichskanzler, Friedensnobelpreisträger 1926; wurde 1923 in die Loge »Friedrich der Große« in Berlin aufgenommen; erregte weltweites Aufsehen mit der unverkennbar freimaurerisch geprägten Antrittsrede vor dem Völkerbund.

Swift, Jonathan
1667–1745, irischer politisch-satirischer Schriftsteller (u. a. »Gullivers Reisen«), Dekan der St. Patrick's Kathedrale in Dublin (seit 1713); war Mitglied einer Loge am Londoner Haymarket.

Taft, William Howard
1857–1930, 27. Präsident der USA (1909–1913); Mitglied der »Kilwinning Lodge No. 356« in Cincinnati, Ohio.

Talleyrand-Périgord, Charles-Maurice de, Fürst Benevent
1754–1838, berühmter französischer Staatsmann, Diplomat, Bischof, Präsident der Nationalversammlung; Mitglied der Loge »Les Francs Chevalier« in Paris.

Thorwaldsen, Bertel
1770–1844, dänischer Bildhauer, Ehrenmitglied der Kopenhagener Loge »Zorubakel«.

Thurn und Taxis, Carl Alexander, Fürst von
1770–1827, Generaloberpostmeister; Erb-Großpostmeister der Thurn und Taxischen Post; wurde 1789 in die Loge »Carl zum Rauthenkranz« in Hildburghausen aufgenommen.

Truman, Harry S.
1884–1972, 33. US-Präsident (1945–1953); wurde 1909 in die »Belton Lodge No. 450« in Grandview, Montana, aufgenommen.

Tucholsky, Kurt
1890–1935, politischer Journalist und Schriftsteller, wurde 1924 in Berlin in die Loge »Zur Morgenröte« aufgenommen, schloß sich in Paris der Loge »L'Effort« an.

Twain, Mark (eigentlich Samuel Langhorne Clemens)
1835–1910, amerikanischer Schriftsteller, wurde in die »Polar Star Lodge No. 79« in St. Louis (1861) aufgenommen.

Voltaire (eigentlich François-Marie Arouet)
1694–1778, franz. Schriftsteller, wurde am 7. 4. 1778 in die Pariser Loge »Les Neuf Sœurs« aufgenommen.

Wallace, Lewis
1827–1905, Autor von »Ben Hur«; Mitglied der »Montgomery Lodge No. 50« in Crawfordsville.

Wannamaker, John
1838–1922, amerikanischer Kaufhauskönig; war 1905 Meister vom Stuhl der »Friendship Lodge No. 400« in Jenkintown, Penn.

Warner, Jack M.
*1916, US-Filmproduzent; wurde 1938 in der »Mt. Olive Lodge No. 506« in Los Angeles erhoben.

Washington, George
1732–1799, 1. Präsident der USA (1789–1797); wurde 1752 in die »Fredricksburg Lodge« in Virginia aufgenommen; seinen Amtseid leistete er auf die Bibel der »St. John's Lodge No. 1«.

Wellington, Arthur, 1. Herzog von Wellesley von
1769–1852, britischer Feldmarschall und Staatsmann, wurde 1790 zu Trim, Grafschaft Meath/Irland, in die Loge Nr. 494 aufgenommen.

Wieland, Christoph Martin
1733–1813, deutscher Dichter, Professor der Philosophie in Erfurt, Prinzenerzieher in Weimar, Herausgeber der Zeitschrift »Der Teutsche Mercur«, Freund von Goethe und Herder; wurde in die Weimarer Loge »Amalia« aufgenommen.

Wilde, Oscar Fingal O'Flahertie Wills
1854–1900, irischer Dichter und Dramatiker; wurde am 25. 5. 1875 in der »Apollo University Lodge No. 357« in Oxford/England erhoben.

Wilhelm I.
1797–1888, deutscher Kaiser (1871–1888); wurde am 22. 5. 1840 in die Große Landesloge aufgenommen.

Wilhelm II. von Oranien (Willem Frederik George Lodewijk)
1792–1849, König der Niederlande und Großherzog von Luxemburg (1840–1849); wurde 1817 in die Loge »L'Espérance« in Brüssel aufgenommen.

William IV. (William Henry)
1765–1837, König von England und König von Hannover (1830–1837), wurde als Prinz Wilhelm Herzog von Clarence und St. Andrews 1786 in die Loge No. 86 in Plymouth aufgenommen, 1789 Mitglied der »Prince of Wales Lodge« in London; sein Bruder, Herzog von Sussex, Großmeister von England; 1831 wurde er als König Großpatron des Maurerordens.

Ziegfield, Florenz
1869–1932, Theaterproduzent; brachte jährlich die »Ziegfield Follies« heraus; war in New York Mitglied der Loge Nr. 277.

Literatur

Adler, Manfred: *Die antichristliche Revolution der Freimaurerei*; Jestetten 1974
ders.: *Kirche und Loge*; Jestetten 1981
ders.: *»Endziel der freien Welt-Maurer«* in: Diagnosen 9/1982, S. 44–47
ders.: *»Revolution der tödlichen Umarmung«* in: Diagnosen 10/1982, S. 56–59
Agethen, Manfred: *Geheimbund und Utopie*; München 1984
d'Alema, Giuseppe: *Der aufhaltame Aufstieg der Loge P 2*; Reinheim 1984
Anderson, James: *The Constitutions of the Freemasons;* London 1723 (dt.: Die Konstitutionen der Freimaurer aus dem Jahre 1723, übersetzt von Rudolf Ebel; Bayreuth 1983)
Appel, Rolf/Möller, Dieter: *Was ist Freimaurerei?;* Hamburg 1970
Appel, Rolf/Vorgrimler, Herbert: *Kirche und Freimaurer im Dialog;* Frankfurt 1975
Appel, Rolf: *»Die Anfänge der Freimaurerei in Deutschland«* in: Humanität 8/1987, S. 21–29
Barthel, Manfred: *Die Jesuiten;* Düsseldorf 1982
Bauer, W./Dümotz, I. (Hrsg.): *Lexikon der Symbole;* Dreieich 1980
Bieberstein, Johannes Rogalla von: *Die These von der jüdisch-freimaurerischen Verschwörung 1776–1945;* Bern 1976
Blum, Stefan: *»Mannheim, die Stätte frühester maurerischer Betätigung in Deutschland«* – Vortrag vom 17. 11. 1927 – in: Humanität 7/1987 S. 9–12
Böttner, Friedrich John: *Zersplitterung und Einigung. 225 Jahre Geschichte der deutschen Freimaurer;* Hamburg 1962
Bokor, Charles von: *Winkelmaß und Zirkel. Die Geschichte der Freimaurer;* Wien 1980
Boos, Heinrich: *Geschichte der Freimaurerei;* Aarau 1894 (Nachdruck 1969)
Borchers, Klaus: *Mit Bibel, Winkelmaß und Zirkel. Was man über Freimaurer wissen sollte;* Mönchengladbach 1980
Borowski, Wolfgang: *»Alte Pflichten für neue Mächte«* in: Diagnosen 9/1982 S. 48f
Brachvogel, K. H. Wolfgang: Briefmarken-Katalog zum Thema »Freimaurer«; Bonn 1980
Brockhaus, Enzyklopädie in 20 Bänden; Wiesbaden 1968
Chamberlin, E. R.: *The Bad Popes;* New York 1969 (dt.: Die unheiligen Päpste; Tübingen o. J.)
Charpentier, John: *L'Ordre des Templiers;* Paris 1944 (dt.: Die Templer; Frankfurt 1965)
Charpentier, Louis: *Les mystères templiers;* Paris 1967 (dt.: Macht und Geheimnis der Templer; Olten 1986)
Demeter, Karl: *Die Frankfurter Loge zur Einigkeit 1742–1966;* Frankfurt 1967
Denslow, William R.: *10 000 Famous Freemasons;* Richmond 1957
Deschner, Karlheinz: *Abermals krähte der Hahn;* Stuttgart 1962
Diener, J. W.: *Freimaurer im 20. Jahrhundert;* Dinkelsbühl 1968
Dierickx, Michel S. J.: *Freimaurerei – die große Unbekannte;* Antwerpen 1967; dt.: Frankfurt 1968
Dosch, Reinhold: *»Märchen, Mythen und Freimaurerei«* in: Treue Information 102, Heft 4/1982, Berlin
Doublier, Gerda: *Maria Stuart;* Graz 1959
Encyclopaedia Britannica in 3 Volumes; Edinburgh 1768–1771
Enthüllte Welt-Freimaurerei – Sonderdruck aus: Der Aufbau (2. 7. 1934); 6. Auflage, Berlin
Evans, Robert J. W.: *Das Werden der Habsburgermonarchie 1550–1700, Gesellschaft, Kultur, Institutionen;* Wien 1986
Faber, Gustav: *Die Normannen;* München 1976
Fueling, Fritz: *Die Freimaurer – unsere Brüder? Was hat sich geändert? Die Freimaurerei oder die Kirche?;* Jestetten 1975
Findel, Joseph G.: *Schriften über Freimaurerei,* 4 Bde.; Leipzig 1883 (Nachdruck 1986)
Flachsmeier, Horst R.: *Geschichte der evangelischen Weltmission;* Gießen 1963
Forestier, René Le: *La Franc-Maçonnerie templière et occultiste aux XVII et XIX Siècles;* Paris 1970 (dt.: Die templerische und okkultische Freimaurerei im 18. und 19. Jahrhundert. I. Die Strikte Observanz; Leimen 1987)
Forman, Werner: *Byzantium – City of Gold, City of Faith;* London 1981 (dt.: Byzanz – Stadt des Goldes, Welt des Glaubens; Luzern 1982)
Frick, Karl R.: *Die Erleuchteten. Gnostisch-theosophische alchemistisch-rosenkreuzerische Geheimgesellschaften bis zum Ende des 18. Jahrhunderts;* Graz 1973
Friedell, Egon: *Kulturgeschichte der Neuzeit;* München 1927 bis 1931 (Neudruck 1984)
Frieling, Wilhelm: *»Die Freimaurer – verfemt, bewundert«* in: Barz, Paul (Hrsg.) Ein anderes Leben wagen; Bergisch Gladbach 1984
Gichtel, Johann Georg: *Theosophia Practica;* Berlin 1779
Gontard, Friedrich: *Die Päpste – Regenten zwischen Himmel und Hölle;* Wien 1959
Grant, Michael: *Dawn of the Middle Ages;* Maidenhead 1981 (dt.: Morgen des Mittelalters; Bergisch Gladbach 1982)
Der Große Brockhaus; Wiesbaden 1954
Die großen Geheimbünde; Düsseldorf 1979
Großer Historischer Weltatlas; München 1976
Haack, Friedrich Wilhelm: *Freimaurer;* München 1975

Hall, Manly P.: *Freemasonry of the Ancient Egyptians;* Los Angeles 1937, 5. Aufl. 1980
Hammermayer, Ludwig: *Der Wilhelmsbader Freimaurer-Konvent von 1782;* Heidelberg 1980
Hansen, Walter: *Die Ritter;* Pfaffenhofen 1976
Harnack, Adolf von: *Die Mission und die Ausbreitung des Christentums in den ersten drei Jahrhunderten;* Leipzig 1924
Heldmann, Friedrich: *Die drey aeltesten geschichtlichen Denkmale der teutschen Freymaurerbruderschaft. Sammt Grundzügen zu einer allgemeinen Geschichte der Freymaurerey;* Aarau 1819 (Nachdruck 1983)
Herm, Gerhard: *Strahlend in Purpur und Gold;* Düsseldorf 1968
Holtorf, Jürgen: *Verschwörung zum Guten;* Hamburg 1974
ders.: *Die verschwiegene Bruderschaft;* München 1983
Horneffer, August: *Freimaurerisches Lesebuch;* Hamburg 1951
Kehl, Alois: *Warum Dialog zwischen Katholiken und Freimaurern?;* Hamburg 1978
Keller, Werner: *Und wurden zerstreut unter alle Völker;* München 1966
Kessler, Herbert: *Bauformen der Esoterik;* Freiburg i. Br. 1983
Kessler, H./Lauf, D.-I./Thoms, W. (Hrsg.): *Ursprung und Gegenwart des integralen Bewußtseins;* Mannheim 1976
Der Kleine Pauly. Lexikon der Antike in 5 Bänden; München 1975
Kluxen, Kurt: *Geschichte Englands von den Anfängen bis zur Gegenwart;* Stuttgart 1976
Knight, Stephen: *The Brotherhood;* London 1983
Knoop, D./Jones, G. P.: *The Genesis of Freemasonry;* Manchester 1948 (dt.: Genesis der Freimaurerei, Hrsg. v. Dieter Möller; Bayreuth 1968)
Lennhoff, Eugen: *Die Freimaurer;* Wien 1929
Lennhoff, E./Posner, O.: *Internationales Freimaurerlexikon;* Wien 1932 (Nachdruck 1965)
Ludz, Peter Christian (Hrsg.): *Geheime Gesellschaften;* Heidelberg 1979
Maria Stuart: *Ich flehe, ich fordere, ich bekenne! Der Königin Briefe;* Auswahl und Übersetzung H. H. von Voigt-Alastair; Einleitung Werner Picht; Heidelberg o. J.
Markale, Jean: *Le Druidisme – Tradition et Dieux des Celtes;* Paris o. J. (dt.: Die Druiden – Gesellschaft und Götter der Kelten; München o. J.)
Mayer, Anton: *Aufstieg zur Weltmacht – Entstehung, Entwicklung, Vollendung des britischen Weltreiches;* Halle 1936
Mebes, Hans-Detlef: *»Vor 250 Jahren: Erstes 'Freimaurerverbot' in Deutschland«* in: Humanität 7/1987 S. 8–13
Mellor, Alec: *Nos frères séparét, les francs-maçons;* Tours 1961 (dt.: Unsere getrennten Brüder – die Freimaurer; Graz 1964)
ders.: *La Franc-Maçonnerie à l'heure du choix;* Tours 1963 (dt.: Logen, Rituale, Hochgrade; Wien 1967)
ders.: *La charte inconnue de la franc-maçonnerie chrétienne;* Tours 1965 (dt.: Die unbekannte Grundurkunde der christlichen Freimaurerei; Uetersen 1968)
Merhart, Ulrich von: *Weltfreimaurerei;* Hamburg 1969
Meyers Enzyklopädisches Lexikon in 25 Bänden; Mannheim 1973
Meyers Neues Lexikon in 8 Bänden; Mannheim 1979
Miers, Horst E.: *Lexikon des Geheimwissens;* Freiburg i. Br. o. J. (Taschenbuch 1976)
Misch, Jürgen: *Die Langobarden;* Pfaffenhofen 1977
Müller, Ernst (Hrsg.): *Der Sohar – das heilige Buch der Kabbala;* o. O. o. J.
Naudon, Paul: *Histoire générale de la Franc-Maçonnerie;* Fribourg 1981 (dt.: Geschichte der Freimaurerei; Frankfurt 1982)
Neale, J. E.: *Königin Elisabeth;* Hamburg 1936
Nettelbladt, Ch. C.: *Geschichte freimaurerischer Systeme in England, Frankreich und Deutschland;* Berlin 1879
Neuberger, Helmut: *Freimaurerei und Nationalsozialismus 1918–1945. Das Ende der deutschen Freimaurerei,* 2 Bde; Hamburg 1980
Der Neue Brockhaus in 5 Bänden; Wiesbaden 1973
The New Encyclopaedia Britannica in 32 Volumes; Chicago 15. Ausgabe 1974–1986
Otto, Joseph Albert, S. J.: *Gründung der neuen Jesuitenmission;* Freiburg i. Br. 1939
Peters, Bruno: *... für und über ... Die Geschichte der Freimaurerei im Deutschen Reich 1870–1933;* Berlin 1986
Posner, O./Vogel, Theodor: *Am rauhen Stein;* Frankfurt 1951
Praetorius, Friederieke: *»Freimaurerei – Geschichte, Chancen und Effektivität heute«* in: Treue Information 57/58; Berlin 1974
Pruszinsky, Hans: *Die männlichen katholischen Orden und Kongregationen in Spanien;* Wien 1983
Prutz, Hans: *Die Geistlichen Ritterorden;* Berlin 1908 (Nachdruck 1977)
Quenzer, Wilhelm: *Königliche Kunst in der Massengesellschaft – Freimaurerei als Gruppenphänomen;* Stuttgart 1974
Ranke, Leopold von: *Englische Geschichte,* 3 Bde, 1859–1868; (Nachdruck hrsg. Prof. Dr. Willy Andreas, Wiesbaden 1957 bis 1960)
Reinalter, Helmut (Hrsg.): *Freimaurer und Geheimbünde im 18. Jahrhundert in Mitteleuropa;* Frankfurt 1983
Rhyn, Dr. Otto Henne am: *Kurzgefaßte Symbolik der Freimaurerei;* St. Gallen 1907
Riehl, Hans: *Die Völkerwanderung;* Pfaffenhofen 1983
Roskoff, Gustav: *Geschichte des Teufels. Eine kulturhistorische Satanologie von den Anfängen bis ins 18. Jahrhundert;* 1869 (Nachdruck 1987)
»Das Rote Kreuz der Templer« in: Diagnosen 10/1982 S. 18–23
Runciman, Steven: *A History of the Crusades;* Cambridge 1950 bis 1954 (dt.: Geschichte der Kreuzzüge, München 1957
ders.: *The Fall of Constantinopel 1453;* Cambridge 1964 (dt.: Die Eroberung von Konstantinopel 1453, München 1966)

Schauberg, Joseph: *Vergleichendes Handbuch der Symbolik der Freimaurerei;* 3 Bde Schaffhausen 1861–1863 (Nachdruck)
Schick, Dr. Hans: *Das Aeltere Rosenkreuzertum;* Berlin 1942
Schierm, J.: *Life of James Hepburn Earl of Bothwell;* Edinburgh 1887
Schneider, Reinhold: *Das Inselreich – Gesetz und Größe der britischen Macht;* Wiesbaden 1955
Schramm, Petra: *Die Alchemisten – Gelehrte, Goldmacher, Gaukler;* o. O. 1984
Schreiber, Hermann: *Auf den Spuren der Hugenotten;* München 1983
Steffens, Manfred: *Freimaurer in Deutschland – Bilanz eines Vierteljahrtausends;* Flensburg 1964
Stein, Werner: *Kulturfahrplan;* München 1946, 1955, 1976
Der Stern von Bethlehem – Ursprung, Wesen und Ziel der Freimaurerei; Braunschweig 1899 (Nachdruck Hünstetten 1981)
Stöver, H. D.: *Christenverfolgung im Römischen Reich;* Düsseldorf 1982
Trevor-Roper, Hugh: *The Rise of Christian Europe;* London 1965 (dt.: Der Aufstieg des christlichen Europa 325–1492; Wien 1971)
Uhlmann, Fritz: *Leitfaden der Freimaurerei;* Basel 1933
Wehr, Gerhard (Hrsg.): *Rosenkreuzerische Manifeste;* Schaffhausen 1980
Wein, Bernhard: *Die Bauhütten und ihre Entwicklung zur Freimaurerei;* Hamburg 1977
Wendt, Herbert: *Forscher entdecken die Urwelt;* Oldenburg 1965
Westermanns Großer Atlas zur Weltgeschichte; Braunschweig 1956
Wilberg, Max: *Regenten-Tabellen;* Frankfurt (Oder) 1906 (Nachdruck Wiesbaden 1986)
Wolfram, Herwig: *Geschichte der Goten;* München 1983
Wöllner, Johann Christoph von: *Der Signatstern;* Stuttgart 1866 (Nachdruck Freiburg i. Br. 1979)
Zischka, Anton: *Englands Bündnisse – sechs Jahrhunderte britischer Kriege mit fremden Waffen;* Leipzig 1940

Personenregister

A

B

C

D

E

F

G

L

M

N

O

T